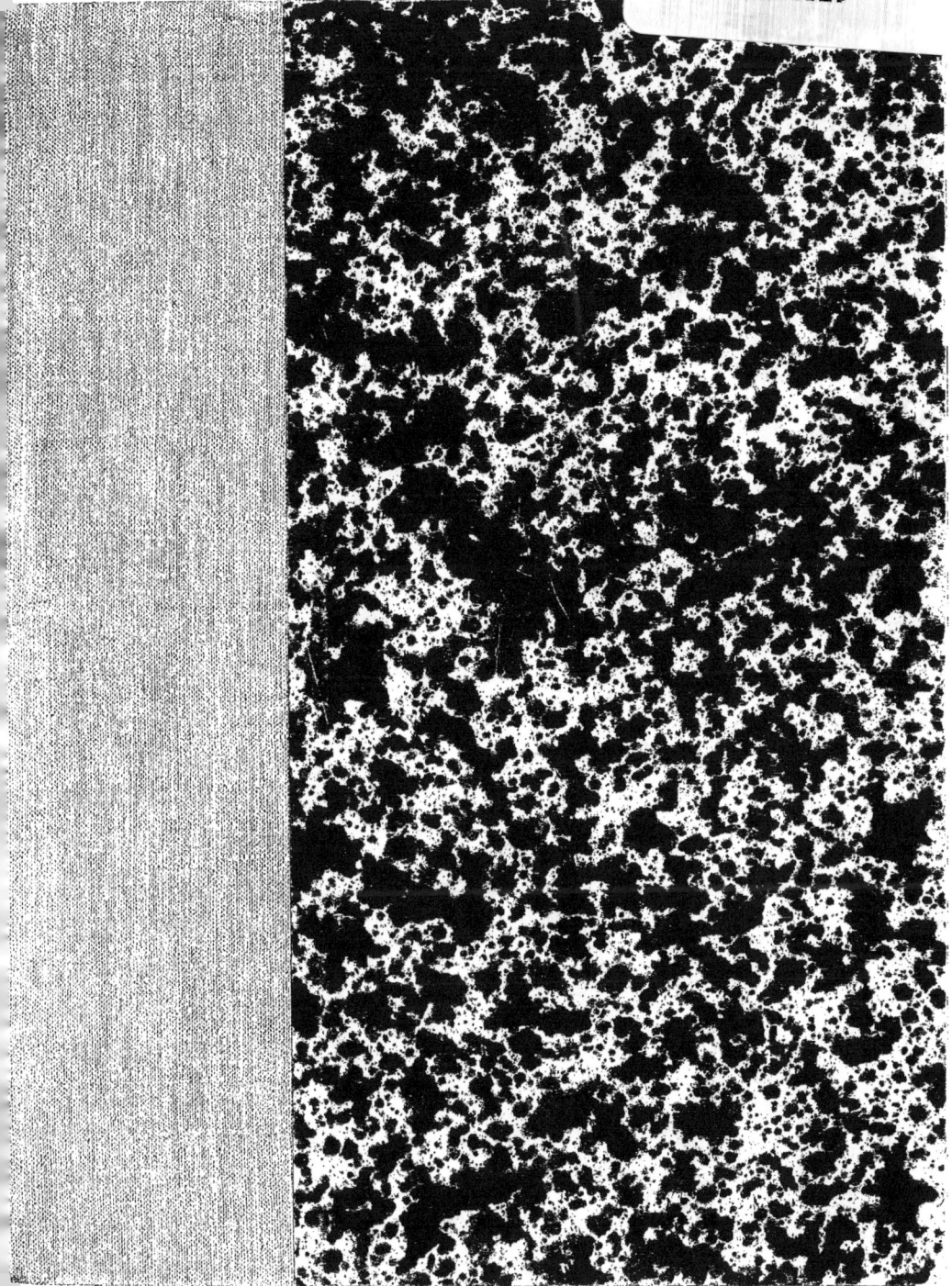

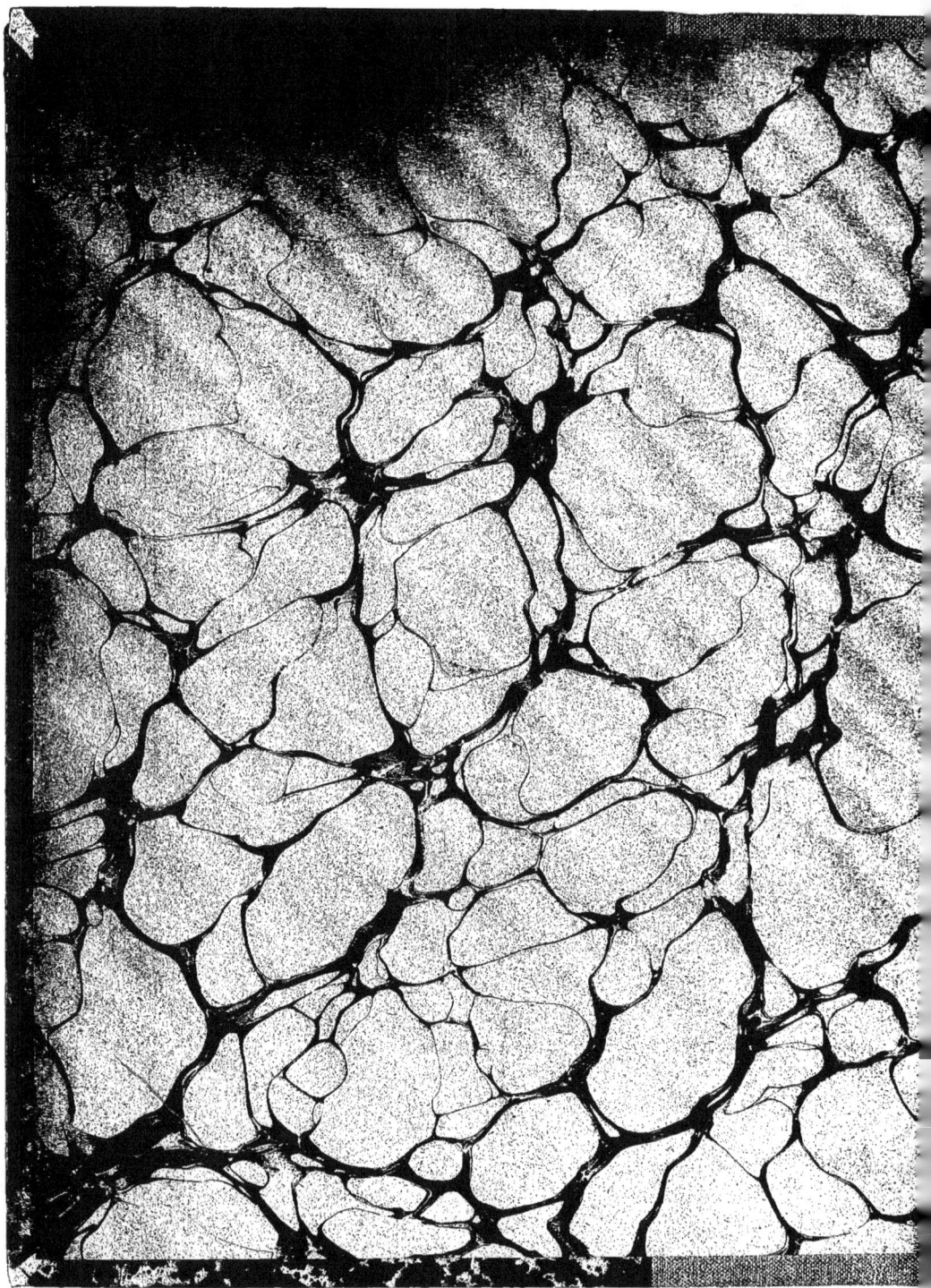

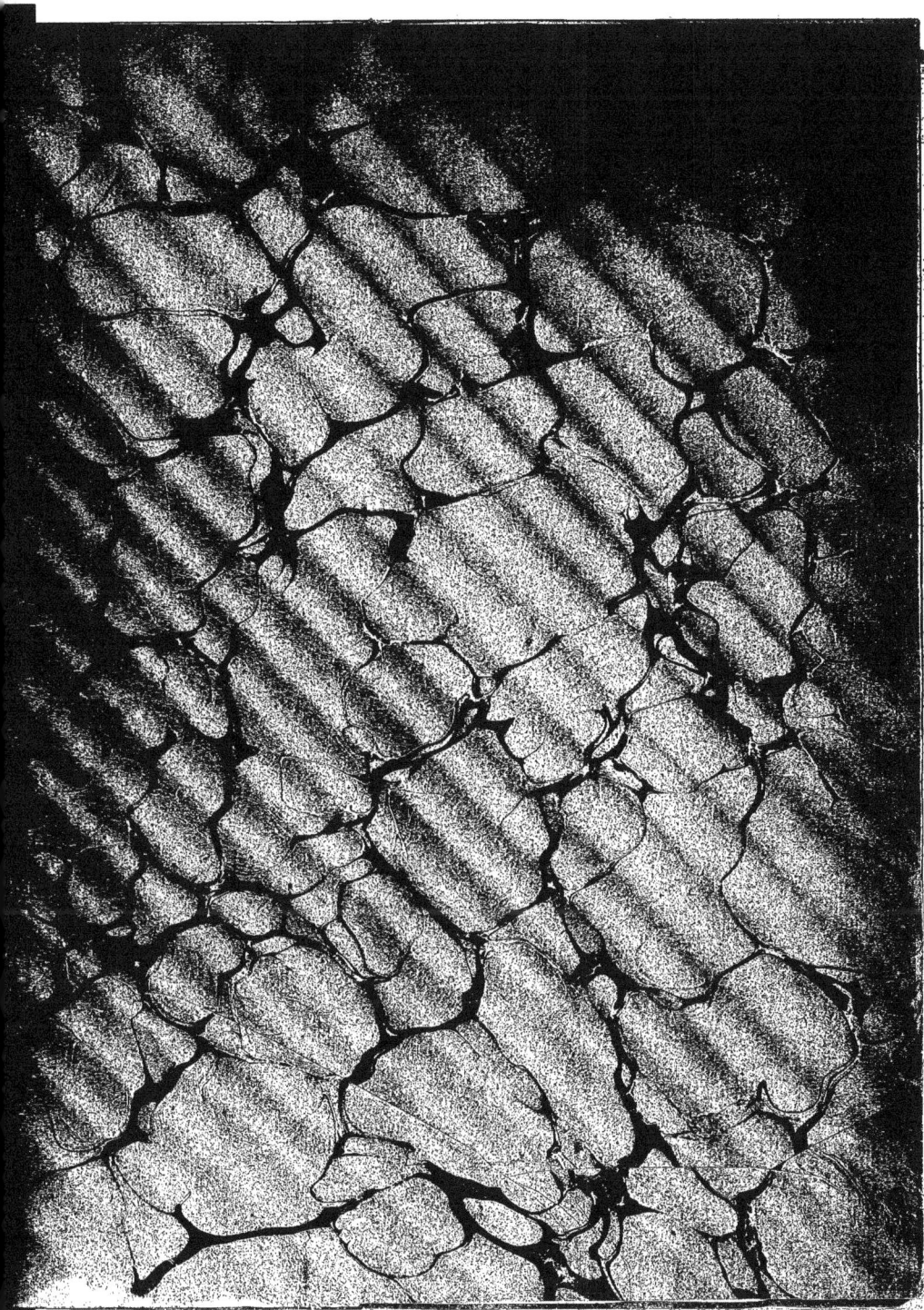

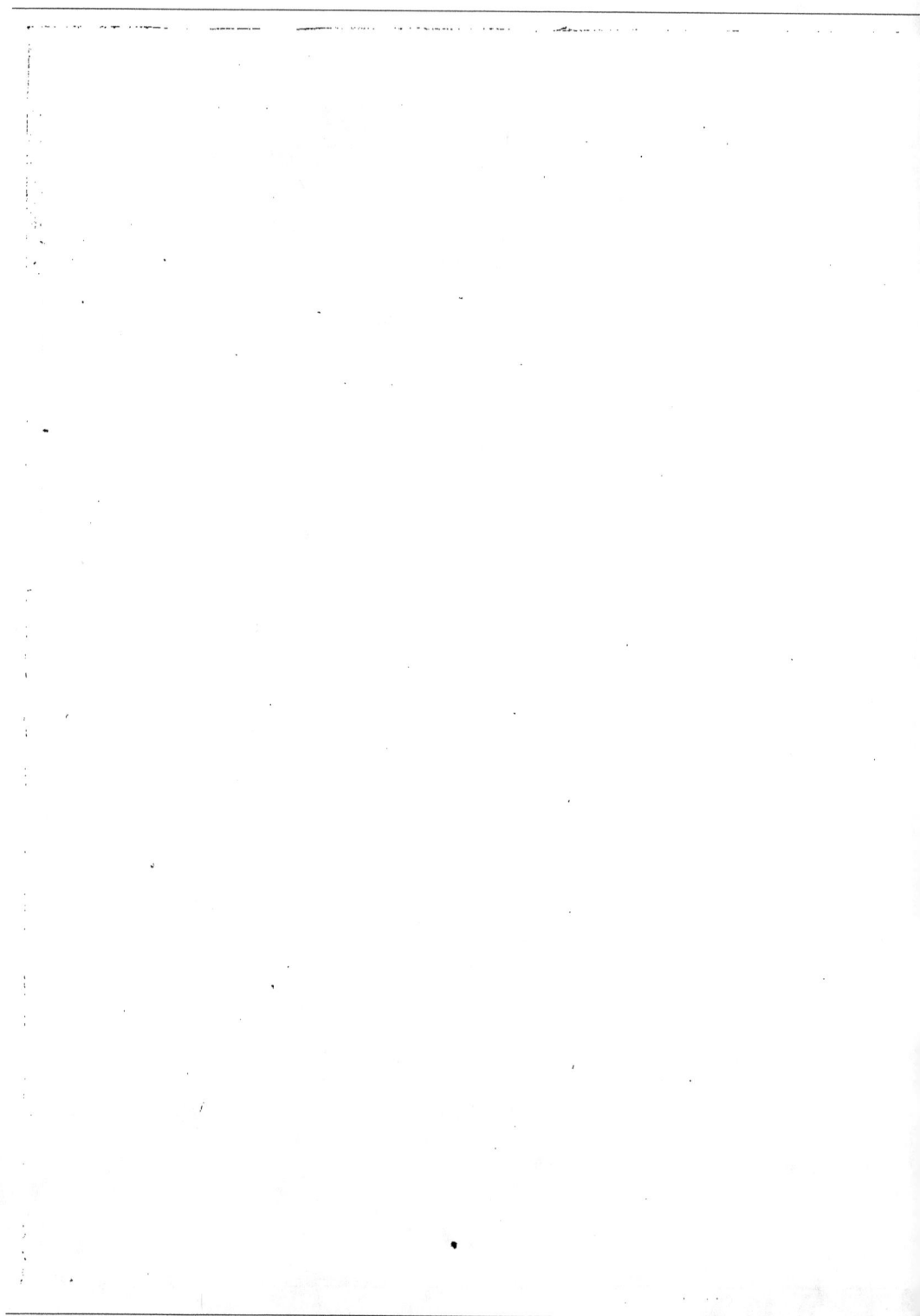

Conserver la Couverture

RECUEIL

DE LÉGISLATION,

PAR

M. LAUDE,

PROCUREUR GÉNÉRAL IMPÉRIAL À PONDICHÉRY,
CHEF DU SERVICE JUDICIAIRE DES ÉTABLISSEMENTS FRANÇAIS
DE L'INDE.

PARIS.

IMPRIMERIE IMPÉRIALE.

M DCCC LXIX

ÉTABLISSEMENTS FRANÇAIS DE L'INDE.

RECUEIL

DE LÉGISLATION.

©

ÉTABLISSEMENTS FRANÇAIS DE L'INDE.

RECUEIL

DE LÉGISLATION

PAR

M. LAUDE,

PROCUREUR GÉNÉRAL IMPÉRIAL À PONDICHÉRY,

CHEF DU SERVICE JUDICIAIRE DES ÉTABLISSEMENTS FRANÇAIS

DE L'INDE.

PARIS.

IMPRIMERIE IMPÉRIALE.

M DCCC LXIX.

RÉPERTOIRE DES ACTES JUDICIAIRES.

I.

DROIT PUBLIC ET LÉGISLATION INDOUE.

CONVENTION DU 7 MARS 1815.

AU NOM DE LA TRÈS-SAINTE ET INDIVISIBLE TRINITÉ.

Le commerce du sel et de l'opium ayant été assujetti, dans l'étendue des possessions britanniques dans l'Inde, à certains règlements et restrictions, qui, s'il n'était pris des mesures convenables, pourraient donner lieu à des difficultés entre les sujets et les agents de Sa Majesté Britannique et ceux de Sa Majesté Très-Chrétienne, Leursdites Majestés ont jugé à propos de conclure une convention spéciale pour prévenir ces difficultés et écarter toute autre cause de discussion entre leurs sujets respectifs dans cette partie du monde. A cet effet, elles ont nommé pour leurs plénipotentiaires respectifs, savoir : Sa Majesté le Roi du royaume-uni de la Grande-Bretagne et de l'Irlande, le sieur Robert, comte de Buckinghamshire, pair du royaume-uni, son conseiller en son conseil privé d'Angleterre et d'Irlande et président du bureau de ses commissaires pour les affaires de l'Inde; et Sa Majesté le Roi de France et de Navarre, le sieur Claude-Louis de la Chatre, descendant des princes de Déoles, comte de la Chatre, commandeur des ordres royaux et hospitaliers de Saint-Lazare et du Mont-Carmel, commandeur honoraire de l'ordre de Malte, chevalier de l'ordre royal et militaire de Saint-Louis, lieutenant général de ses armées et son ambassadeur extraordinaire et plénipotentiaire à la cour de Londres; lesquels, après s'être com-

muniqué leurs pleins pouvoirs respectifs trouvés en bonne et due forme, sont convenus des articles suivants :

« Art. 1er. Sa Majesté Très-Chrétienne s'engage à affermer au Gouvernement anglai dans l'Inde le privilége exclusif d'acheter le sel qui sera fabriqué dans les possessions françaises sur les côtes de Coromandel et d'Orixa moyennant un prix juste et raisonnable qui sera réglé d'après celui auquel ledit gouvernement aura payé cet article dans les districts avoisinant respectivement lesdites possessions, à la réserve toutefois de la quantité que les agents de Sa Majesté Très-Chrétienne jugeront nécessaire pour l'usage domestique et la consommation des habitants de ces mêmes possessions, et sous la condition que le Gouvernement anglais livrera dans le Bengale, aux agents de Sa Majesté Très-Chrétienne, la quantité de sel qui sera reconnue nécessaire pour la consommation des habitants de Chandernagor, eu égard à la population de cet établissement, et que cette livraison sera faite au prix auquel le sel reviendra audit Gouvernement.

« Art. 2. Afin de déterminer le prix du sel conformément à ce qui vient d'être dit, les états officiels constatant ce que le sel fabriqué dans les districts qui avoisinent respectivement les établissements français sur les côtes de Coromandel et d'Orixa aura coûté au Gouvernement anglais, seront soumis à l'inspection d'un commissaire nommé à cet effet par les agents de Sa Majesté Très-Chrétienne dans l'Inde ;

« Et le prix qui devra être payé par le Gouvernement anglais sera fixé tous les trois ans, d'après le taux moyen du sel pendant ce laps de temps, tel qu'il sera constaté par lesdits états officiels, à commencer des trois années qui ont précédé la date de la présente convention.

« Le prix du sel à Chandernagor devra être déterminé de la même manière et d'après celui auquel cet article reviendra au gouvernement anglais dans les districts les plus voisins de cet établissement.

« Art. 3. Il est bien entendu que les salines situées dans les possessions appartenant à Sa Majesté Très-Chrétienne seront et demeureront sous la direction et l'administration des agents de Sadite Majesté.

« Art. 4. Afin d'atteindre le but que les hautes parties contractantes ont en vue, Sa Majesté Très-Chrétienne s'engage à établir dans ses possessions sur les côtes de Coromandel et d'Orixa, et à Chandernagor dans le Bengale, le sel au même prix, à peu près, que le Gouvernement anglais le vendra dans les territoires voisins de chacune desdites possessions.

« Art. 5. En considération des stipulations renfermées dans les articles précédents, Sa Majesté Britannique s'engage à faire payer annuellement aux agents de Sa Majesté Très-Chrétienne dûment autorisés la somme de 4 lacks de roupies sicas, lequel payement sera effectué par trimestre et portion égale, soit à Calcutta, soit à Madras, dix jours après que les traites tirées par lesdits agents auront été présentées au Gouvernement de l'une ou de l'autre de ces présidences.

« Il est convenu que la rente ci-dessus stipulée sera due à partir du 1er octobre 1814.

« Art. 6. Il est convenu entre les hautes parties contractantes, relativement au commerce de l'opium, qu'à chacune des ventes périodiques de cet article, il sera réservé pour le Gouvernement français et délivré à la réquisition des agents de Sa Majesté Très-Chrétienne ou à celles des personnes qu'ils auront autorisées à cet effet, la quantité de caisses d'opium qu'ils demanderont, autant que cette quantité n'excédera pas trois cents caisses par an, lesquelles devront être payées au prix moyen auquel l'opium se sera élevé à chacune de ces ventes périodiques.

« Bien entendu que si les agents du Gouvernement français ne faisaient pas retirer pour son compte, aux termes ordinaires des livraisons, la quantité d'opium qui aurait été demandée à une époque quelconque, elles entreront néanmoins en déduction des trois cents caisses qui doivent être livrées.

« Les demandes d'opium, faites ainsi qu'il vient d'être dit, devront être adressées au gouverneur général à Calcutta, dans l'espace de trente jours, après que l'époque des ventes aura été indiquée par la Gazette de Calcutta.

« Art. 7. Dans le cas où il serait mis des restrictions à l'exportation du salpêtre, les sujets de Sa Majesté Très-Chrétienne n'en auront pas moins la faculté d'exporter cet article jusqu'à la concurrence de 18,000 maunds[1].

[1] Le poids légal du maund a été fixé pour la présidence du Bengale, par la régulation VII de 1833, à 100 livres : soit 37 kilog. 320 gr.

Dans la présidence de Madras, il a été déterminé, par décision du 20 octobre 1866, à 24 livres 10 onces anglaises. La livre anglaise est de 466 grammes.

Le premier est celui qui est usité dans les marchés et transactions du gouvernement de l'Inde.

« Art. 8. Sa Majesté Très-Chrétienne, dans la vue de conserver la bonne harmonie qui existe entre les deux nations, s'étant engagée par l'article 12 du traité conclu à Paris le 30 mai 1814, à n'élever aucun ouvrage de fortification dans les établissements qui doivent lui être restitués en vertu dudit traité, et à n'y avoir que le nombre de troupes nécessaires pour y maintenir la police; de son côté, Sa Majesté Britannique, afin de donner toute sûreté aux sujets de Sa Majesté Très-Chrétienne résidant dans l'Inde, s'engage, si à une époque quelconque il survenait entre les hautes parties contractantes quelque sujet de mésintelligence ou une rupture (ce qu'à Dieu ne plaise!), à ne point considérer ni traiter comme prisonniers de guerre les personnes qui feront partie de l'administration civile des établissements français dans l'Inde, non plus que les officiers, sous-officiers et soldats qui, aux termes dudit traité, seront pour maintenir la police dans lesdits établissements et à leur accorder un délai de trois mois pour arranger leurs affaires personnelles, comme aussi à leur fournir les facultés nécessaires et les moyens de transport pour retourner en France avec leurs familles et leurs propriétés particulières.

« Sa Majesté Britannique s'engage en outre à accorder aux sujets de Sa Majesté Très-Chrétienne dans l'Inde la permission d'y continuer leur résidence et leur commerce aussi longtemps qu'ils s'y conduiront paisiblement, et qu'ils ne feront rien contre les lois et les règlements du gouvernement.

« Mais, dans le cas où leur conduite les rendrait suspects et où le Gouvernement anglais jugerait nécessaire de leur ordonner de quitter l'Inde, il leur sera accordé à cet effet un délai de six mois pour se retirer, avec leurs effets et leurs propriétés, soit en France, soit dans tel autre pays qu'ils choisiraient.

« Il est entendu, en même temps, que cette faveur ne sera pas étendue à ceux qui pourraient avoir agi contre les lois et les règlements du Gouvernement britannique.

« Art. 9. Tous les Européens ou autres quelconques contre qui il sera procédé en justice dans les limites desdits établissements et des factoreries appartenant à Sa Majesté Très-Chrétienne, pour des offenses commises ou des dettes contractées dans lesdites limites, et qui prendront refuge hors de ces mêmes limites, seront délivrés aux chefs desdits établissements ou factoreries, et tous les Européens ou autres quelconques contre qui il sera procédé en justice, hors desdites limites, seront délivrés par les chefs desdits établissements et factoreries, sur la demande qui en sera faite par le Gouvernement anglais [1].

« ART. 10. Afin de rendre la présente convention permanente, les hautes parties contractantes s'engagent à n'apporter aucun changement aux articles stipulés ci-dessus sans le consentement mutuel de Sa Majesté le Roi du royaume-uni de Grande-Bretagne et de l'Irlande, et de Sa Majesté Très-Chrétienne.

« La présente convention sera ratifiée et les ratifications seront échangées à Londres dans l'espace d'un mois, ou plus tôt, si faire se peut.

« En foi de quoi les plénipotentiaires respectifs l'ont signée et y ont apposé le cachet de leurs armes. »

Fait à Londres, le 7 mars, l'an de grâce 1815.

CONVENTION

Du 13 mai 1818, passée entre le gouverneur de Pondichéry et celui de Madras.

Dans la vue d'assurer une pleine et entière exécution aux termes de la convention entre la France et le Gouvernement de la Grande-Bretagne, signée à Londres le 7 mars 1815, lesquels sont relatifs au commerce du sel dans la souveraineté anglaise dans l'Inde, les articles suivants ont été convenus. d'une part, par André-Julien, comte Dupuy, pair de France, grand officier de l'ordre royal de la Légion d'honneur, et Joseph-François Dayot, chevalier du même ordre, administrateurs généraux des établissements français dans l'Inde ; et, de l'autre part, par le capitaine James Stuart et Fréser, commissaires nommés par le Gouvernement britannique pour la remise des pos-

[1] Cet article est la reproduction littérale de l'article 7 du traité conclu à Versailles le 31 août 1787.

Le garde des sceaux, dans une dépêche du 31 décembre 1840, a été d'avis que ce traité ne pouvait être invoqué pour demander l'extradition d'un de nos nationaux qui, ayant commis un crime en France, s'était réfugié à Calcutta.

sessions françaises qui se trouvent dans la dépendance de la présidence du fort Saint-Georges :

« Art. 1er. Toutes les salines situées dans les établissements français de l'Inde cesseront de faire du sel pendant la durée de la présente charte de l'honorable compagnie.

« Art. 2. Le Gouvernement français garantit la stricte observation de la stipulation ci-dessus et l'adoption ultérieure de toutes les mesures qui seront en son pouvoir pour assurer la prohibition effectuelle de la contrebande du sel.

« Art. 3. Le Gouvernement de Madras s'engage à payer au Gouvernement français, comme une indemnité pour les propriétaires des salines, la somme de 4,000 pagodes à l'étoile, par an, pendant la durée de la présente charte de l'honorable compagnie, si cette convention est ultérieurement ratifiée.

« Art. 4. La somme ci-dessus stipulée de 4,000 pagodes à l'étoile par année sera payée par quartier et sera considérée comme ayant commencé du 1er janvier dernier.

« Art. 5. Le gouvernement de Madras s'engage, indépendamment de la confirmation ultérieure, à payer la somme de 4,000 pagodes à l'étoile au Gouvernement français, pour une année, à dater du 1er janvier dernier, et à remplir le même engagement jusqu'à ce que la détermination du gouvernement suprême, ou, s'il y a lieu, celle des autorités en Europe, soit officiellement notifiée au Gouvernement français de l'Inde.

« Art. 6. Le Gouvernement anglais s'engage à délivrer telle quantité de sel qui sera requise pour l'usage domestique et la consommation des habitants des établissements français dans l'Inde ; l'achat, la livraison et la vente subséquente de ladite quantité seront réglés conformément aux stipulations contenues dans les articles 1, 2 et 4 de la convention du 7 mars 1815.

« Art. 7. La présente convention sera ratifiée dans le plus court délai possible. »

Fait à Pondichéry, le 13 mai 1818.

Signé Comte Dupuy, Dayot et James Stuart
et Fréser [1].

_____

[1] Cette convention a été renouvelée en 1832

CONVENTION

Du 12 juillet 1839, passée pour convertir en une prestation en argent la fourniture de sel faite au Gouvernement français de Chandernagor par celui de Sa Majesté Britannique dans l'Inde.

Entre M. Auguste Bourgoin, administrateur par intérim de Chandernagor, procédant avec l'autorisation de M. le gouverneur des établissements français de l'Inde, d'une part;

Et MM. les membres du comité des douanes, du sel et de l'opium, agissant avec l'autorisation de l'honorable gouverneur du Bengale, d'autre part,

A été convenu ce qui suit:

« Art. 1er. Le Gouvernement français de Chandernagor ne recevra plus de sel des golahs anglais pour la consommation dudit établissement.

« Art. 2. Les habitants de Chandernagor seront libres, comme les autres habitants du Bengale, d'acheter le sel, soit directement des golahs du Gouvernement anglais, soit des marchands qui s'approvisionnent dans lesdits golahs, conformément au système établi.

« En conséquence, le Gouvernement français s'engage à donner toutes facilités pour la vente du sel ainsi importé à Chandernagor, et à ne prélever ni laisser prélever par qui que ce soit aucune taxe ou contribution directe ou indirecte sur l'entrée et la vente dudit sel, tant à Chandernagor que dans les districts qui en dépendent.

« Art. 3. Par suite des conventions qui précèdent, le gouvernement du Bengale s'engage à payer à M. l'administrateur de Chandernagor une somme de 20,000 roupies de compagnie par an.

« Ce payement aura lieu par moitié, de semestre en semestre, à partir du jour où la présente convention recevra son exécution.

« Art. 4. Le payement ci-dessus stipulé étant la conséquence du revenu que la consommation du sel à Chandernagor produira au Gouvernement anglais, les autorités françaises aideront l'administration anglaise à réaliser ce produit et tiendront la main à ce qu'il ne soit commis aucune contravention au présent traité par des importations de sel, soit par mer, soit par tout autre moyen.

« ART. 5. Il sera loisible à chacune des parties contractantes, moyennant avis donné au moins une année à l'avance, de rétablir l'ancien ordre des choses, d'après lequel le Gouvernement français, recevant des golahs anglais le sel nécessaire à la consommation des habitants de Chandernagor, le fera débiter à son profit comme par le passé.

« ART. 6. L'époque à laquelle le présent traité commencera à être exécuté est fixée au 1er août 1839.

« ART. 7. La présente convention sera soumise à l'approbation de M. le gouverneur des établissements français de l'Inde et à celle de M. le gouverneur général des possessions britanniques, et ultérieurement à la confirmation du Gouvernement français et du Gouvernement anglais en Europe; et, dans le cas où elle ne serait pas approuvée par lesdits Gouvernements, on reviendra à l'ancien état de choses aussitôt que possible, sans qu'il soit besoin de prévenir un an à l'avance, ainsi qu'il a été stipulé par l'article 5. »

Chandernagor, le 12 juillet 1839.

ARRÊTÉ

Du 23 mai 1834, qui fixe un nouveau mode de répartition de l'indemnité des salines.

Vu la dépêche du 29 janvier 1833, n° 14, par laquelle M. le ministre de la marine et des colonies donne son approbation aux dispositions arrêtées dans la séance du conseil privé du 16 mai 1832, concernant : 1° la prorogation provisoire de la convention du 13 mai 1818, faite avec le Gouvernement anglais à Madras, relative à l'indemnité annuelle de 4,000 pagodes allouée au Gouvernement de Pondichéry comme dédommagement de l'inactivité temporaire des salines de cet établissement et de celui de Karikal, et 2° la modification à l'ancien système de répartition, par suite de laquelle l'indemnité de 4,000 pagodes est désormais affectée aux propriétaires des salines, sous la seule déduction d'une redevance de 32 p. o/o.

à raison de l'assimilation des terres salinières aux terres à menus grains de la dernière classe ;

Considérant que, par suite de cette dépêche, il est nécessaire d'établir le tableau de la nouvelle répartition, afin de déterminer d'une manière invariable la portion afférente à chacun des établissements de Pondichéry et de Karikal, et ensuite à chacun des propriétaires dans les diverses aldées où sont situées les terres salinières ;

Que deux modes se présentent pour faire cette répartition : l'un en raison de l'étendue des terres possédées, et l'autre en raison des produits nets ;

En ce qui concerne le premier mode :

Considérant que les calculs établis sur des documents authentiques prouvent qu'une répartition qui serait faite proportionnellement aux étendues des terres salinières possédées par chacun léserait fortement et trop évidemment les propriétaires de Karikal, tandis qu'elle serait au contraire excessivement avantageuse à ceux de Pondichéry ;

Considérant que les propriétaires des salines, en adhérant aux dispositions arrêtées en conseil privé le 16 mai 1832, ont tous compris que la part qui leur avait été payée jusqu'alors leur était non-seulement assurée dans son intégralité, mais qu'elle serait augmentée dans la proportion de la nouvelle somme à répartir ;

Que tout autre mode de répartition blesserait trop d'intérêts et serait loin de répondre aux vues du Gouvernement, qui sont d'assurer à chaque propriétaire l'équivalent du bénéfice dont il a été privé ;

En ce qui concerne le second mode :

Attendu que les bases sur lesquelles reposait l'ancienne répartition, déterminée par l'ordonnance du 13 octobre 1823, ayant paru à tous les intéressés convenablement établies en tant qu'elles attribuaient à chacun une juste part dans le dividende à répartir, il y a lieu par le même motif à garder encore la même proportion dans la répartition nouvelle ;

Attendu qu'il résulte de documents authentiques, entre autres d'un travail de M. Desbassayns de Richemont, approuvé par dépêche ministérielle du

20 mars 1823, et qui a servi de base à la répartition faite par l'arrêté du 13 octobre 1823, que cette répartition a eu lieu eu égard aux produits en argent que donnaient les salines de Pondichéry et de Karikal, afin d'attribuer à chaque propriétaire un dédommagement équivalent aux bénéfices nets qu'il faisait lorsqu'il jouissait de la faculté d'exploiter des salines;

Que par conséquent il est juste d'adopter ce dernier mode, qui maintient la proportion établie entre les sauniers de Pondichéry et ceux de Karikal;

En ce qui concerne l'époque à partir de laquelle les propriétaires sauniers doivent jouir des avantages qui leur sont accordés par la nouvelle répartition :

Considérant que la dépêche ministérielle du 22 janvier 1833 susmentionnée approuve tout ce qui pourrait tourner à l'avantage des propriétaires sauniers, et que, par ce motif, déjà l'administration leur a donné l'avis que la nouvelle répartition aurait lieu à dater du 13 mai 1833;

Vu le tableau de la nouvelle répartition;

Sur le rapport et la proposition du sous-commissaire de la marine ordonnateur;

De l'avis du conseil privé,

AVONS ARRÊTÉ et ARRÊTONS ce qui suit :

« ART. 1er. La somme de 22,848 francs formant le montant des 68 p. o/o de l'indemnité de 4,000 pagodes, soit 33,600 francs, accordée par le Gouvernement anglais pour l'inactivité des salines, est attribuée aux propriétaires des salines de Pondichéry et de Karikal conformément aux dispositions prises en conseil privé le 16 mai 1832, approuvées par dépêche ministérielle du 29 janvier 1833, et de la manière suivante, savoir :

Pour Pondichéry, 11,379 fr. 9 cent. ci. . . . . 11,379^f 09^c
Pour Karikal, 11,468 fr. 91 cent. ci. 11,468 91

TOTAL ÉGAL. 22,848 00

« ART. 2. La part attribuée au Gouvernement sur ladite indemnité de 33,600 francs, sur le taux de 32 p. o/o, est fixée à 10,752 francs.

« ART. 3. Les répartitions individuelles à faire entre les propriétaires des salines de Pondichéry et de Karikal, pour la part afférente à chacun d'eux dans les sommes attribuées à ces deux établissements, conformément à l'article 1er, sont fixées par l'état de répartition annexé au présent arrêté.

« ART. 4. La nouvelle répartition de l'indemnité de 33,600 francs, payée annuellement par le Gouvernement anglais, aura son effet à dater du 13 mai 1833, et sera payée annuellement après versement effectué par le Gouvernement anglais.

« ART. 5. Le sous-commissaire de la marine ordonnateur et l'administrateur de Karikal sont chargés, chacun en ce qui le concerne, de l'exécution du présent arrêté, qui sera enregistré partout où besoin sera. »

ARRÊTÉ

Du 6 janvier 1819, portant promulgation des codes de la métropole.

Nous, André-Julien, comte Dupuy, etc.

En conséquence des ordres à nous transmis, concernant la promulgation des codes dans les établissements français de l'Inde;

Après en avoir délibéré dans un conseil de législation avec MM. l'intendant général, le procureur général, Saint-Paul, Mariette, Bayet, conseillers assesseurs au conseil supérieur; de Bausset, conseiller honoraire; Blin de Lamairie, juge de la Chaudrie,

AVONS ARRÊTÉ et ARRÊTONS ce qui suit :

« ART. 1er. Les différents codes composant aujourd'hui la législation française, à l'exception du Code d'instruction criminelle, sont promulgués dans les établissements français de l'Inde, pour y avoir leur exécution, en tout ce qui n'est pas contraire au règlement du 22 février 1777, à l'édit de 1784, aux autres édits, déclarations du Roi et règlements dont l'utilité a été consacrée par l'expérience, lesquels continueront d'être observés dans les tribunaux de l'Inde comme lois de localité.

2.

« Art. 2. L'ordonnance de 1660, quant à la procédure criminelle, continuera à être suivie.

« Art. 3. Les Indiens, soit chrétiens, soit maures ou gentils, seront jugés, comme par le passé, suivant les lois, usages et coutumes de leur caste.

« Art. 4. Le présent arrêté sera lu et enregistré dans les tribunaux, publié et affiché partout où besoin sera. »

Le règlement du 22 février 1777 est relatif à la procédure à suivre devant les tribunaux : il a cessé d'être en vigueur par la promulgation de divers arrêtés subséquents, qui ont réglé les formes de procédure, et notamment par celui du 2 juillet 1840. L'édit de 1784 est relatif à l'organisation du conseil souverain, comme corps judiciaire. Les diverses organisations judiciaires promulguées depuis cette époque ont abrogé toutes ses dispositions.

Quels sont les autres règlements anciens dont l'utilité a été consacrée par l'expérience et qui sont maintenus en vigueur ? La jurisprudence seule peut éclairer cette question.

Arrêté de règlement du 27 janvier 1778.

Les dispositions anciennes qui paraissent encore être applicables sont celles qui sont édictées par les articles 5, 6, 9 du titre IV du règlement du 27 janvier 1778 :

« Art. 5. Il est défendu à tous Européens et à tous Malabars, Maures et autres Indiens d'accepter le transport d'aucun billet ou obligation malabares, s'ils ne sont à ordre, à moins que la partie n'y ait consenti ou par-devant le tabellion, ou en présence de M. le lieutenant civil. »

(Arrêts des 26 octobre 1845, 24 mars et 12 mai 1846, 7 novembre 1846, 27 juillet 1845, 23 avril 1850, 25 novembre 1851, 28 juillet et 23 octobre 1849.)

Cet article s'applique même aux créances résultant de jugements.

(Arrêt du 28 novembre 1846.)

« Art. 6. Tous Indiens qui passeront entre eux des billets, promesses ou obligations sous seing privé, seront tenus, ainsi qu'il est d'usage, de le faire en présence de deux témoins qui signeront lesdits billets, promesses ou obligations, à peine de nullité.

« Art. 9. Conformément à la loi tamoule appelée *Panchareddi pattiram*, tous les Indiens chrétiens ou gentils qui se feront des olles entre eux, ou billets pour argent prêté, continueront à signer lesdites olles ou billets, tant celui qui prête que celui qui emprunte, et avec eux les deux témoins qui sont présents et celui qui écrit l'olle ou le billet. »

(Arrêts des 26 avril 1826, 7 avril 1840, 11 novembre 1845, 30 septembre 1854, 4 novembre 1857, 3 septembre 1844.)

Cet arrêté n'est pas applicable à Chandernagor, où il n'a pas été promulgué.

Règlement de 1775.

L'article 19 du règlement de 1775 est encore en vigueur :

« Art. 19. Les testaments des Malabars gentils ou chrétiens, des Maures ou autres Indiens ne pourront être passés que par le tabellion de la Chaudrie, lequel sera appelé à cet effet avec un interprète juré et deux témoins de la religion du testateur, et les mahométans appelleront le cazi et le molla avec deux témoins. » (Arrêt du 28 juin 1862.)

L'article 2 de l'arrêté de 1819 est abrogé par la promulgation subséquente de diverses parties du Code d'instruction criminelle.

L'article 3 forme à proprement parler le droit constitutionnel des natifs de nos établissements. Il est la reproduction de dispositions semblables qui se trouvaient dans les règlements antérieurs. Le gouvernement s'est toujours attaché à respecter les usages des Indiens. Il suffira, pour établir cette politique traditionnelle, de reproduire deux documents, l'un de l'époque de notre puissance, l'autre de l'époque de nos revers.

Règlement du 30 décembre 1769.

Art. 16 du titre II du règlement du 30 décembre 1769 :

« La nation s'étant engagée, dans les commencements de son établissement à Pondichéry, à juger les Malabars et autres Indiens qui auraient recours à la

justice française, suivant les mœurs et coutumes et lois malabares, le lieutenant civil se conformera à cet égard à ce qui s'est pratiqué jusqu'à ce jour
au siége civil de la Chaudrie. »

DÉCLARATION *de M. le gouverneur général des établissements français de l'Inde,
du 13 décembre 1818.*

« André-Julien, comte Dupuy et gouverneur.

« Le respect des Indiens pour les anciennes et constantes traditions devant
être considéré comme un hommage qu'ils rendent à la sagesse de leurs ancêtres, nous voulons, autant qu'il dépend de nous, perpétuer en eux un sen-
timent aussi louable.

« Avant 1789, époque de la Révolution française, le libre exercice des
cultes religieux était permis à Karikal, comme dans nos autres établissements de l'Inde, et pour que cette liberté fût plus respectée, le gouverneur
la protégeait et l'environnait toujours des précautions nécessaires pour empêcher le désordre qui, trop souvent, est la suite des réunions nombreuses.
Alors on exigeait que toute cérémonie religieuse ne pût se faire sans une
permission expresse de l'administrateur en chef, et sous la surveillance
de la police.

« Une pétition était présentée à cet effet par les parties intéressées aux
magistrats de police, qui en référaient à l'autorité supérieure. Dans chacune
des castes, on pratiquait scrupuleusement ce qui s'était pratiqué de temps
immémorial, et tout se passait dans l'ordre.

« Nous voulons en conséquence que ce qui s'est fait avant 1789 continue
de se faire sans restriction et sans innovation. »

Qu'entend-on par *us* et *coutumes ?* Sous ce nom sont compris d'abord la
législation écrite des Indiens des diverses classes, le respect de leur religion,
les coutumes traditionnelles des familles et des castes.

Ces expressions ne s'appliquent qu'aux intérêts civils, et non aux affaires
criminelles.

Bien que l'arrêté n'ait pas reproduit les dispositions des règlements antérieurs qui établissaient cette distinction, on doit néanmoins les considérer
comme étant en vigueur, car elles ne sont que la conséquence du droit de

souveraineté qu'un État n'abandonne jamais. Aussi nous considérons comme toujours applicable l'article 17 du titre II de l'arrêté du 30 décembre 1769.

RÈGLEMENT *du 30 décembre 1769.*

« ART. 17. Toutes les affaires criminelles se traiteront suivant les lois du royaume et non suivant celles des Malabars, qui, à cet égard, ont toujours été rejetées. »

La cour criminelle a en conséquence jugé, le 25 février 1842, que le ministère public avait pu poursuivre, pour détournement de mineure, un individu qui avait détourné une fille âgée de plus de 16 ans et majeure d'après le droit indou, mais mineure de 21 ans d'après le droit français.

La cour de cassation, par arrêt du 16 janvier 1852, a décidé que la disposition de cet article 3 est purement facultative et n'interdit point aux Indiens, sujets français, le droit de se soumettre librement et volontairement à l'empire des lois françaises :

« Attendu que si l'arrêté du 6 janvier 1819, portant promulgation de plusieurs codes français dans les établissements français de l'Inde, déclare par son article 3 que les Indiens, soit chrétiens, soit maures ou gentils, seront jugés comme par le passé, suivant les lois et coutumes de leurs castes, cette disposition, dictée par un sage esprit de tolérance, est purement facultative et n'interdit point aux Indiens, sujets français, le droit de se soumettre librement et volontairement à l'empire des lois françaises et d'en recueillir les avantages en en observant les commandements. »

Ce principe posé par la cour de cassation sera vrai, si toutes les parties acceptent la loi française. Mais que décidera-t-on si l'une des parties invoque le bénéfice de la loi française et l'autre le bénéfice de la loi indoue? Peut-on obliger une des parties à accepter une législation qui n'est pas la sienne?

Un Indien a pu, conformément au Code Napoléon, reconnaître un enfant naturel qu'il avait eu à Maurice d'une femme non indienne.

Les Indiens nés sur le territoire français de l'Inde peuvent seuls invoquer les dispositions de cet article 3 de l'arrêté de 1819. Ceux qui sont nés dans un pays où le Code Napoléon est en vigueur ont droit de se placer sous le bénéfice de la législation française. (Arrêt de Pondichéry du 1er octobre 1861.)

Il ne sera pas inutile de donner comme complément à cet arrêté quelques notions générales sur le droit indou et le droit musulman. Cet exposé succinct embrassera :

1° Le mariage,
2° La minorité,
3° L'adoption,
4° La communauté,
5° Les successions [1].

DU MARIAGE CHEZ LES INDOUS.

Le mariage est chez les Indous un acte essentiellement religieux.

Les filles sont mariées avant l'âge de la puberté. Le mariage célébré est irrévocable, bien que les époux n'habitent pas ensemble. La femme reste chez son père jusqu'à sa nubilité ; elle est alors conduite chez son mari.

La polygamie est interdite. Cependant les hommes peuvent contracter un second mariage du vivant de la première femme dans les cas suivants, qui sont les principaux :

1° Si la femme est stérile ;
2° Si, après dix ans, elle n'a donné le jour qu'à des filles ;
3° Si elle est atteinte de la lèpre ;

[1] Il y a dans l'Inde cinq écoles de jurisprudence :
1° Celle du Bengale, suivie dans le pays de ce nom ;
2° Celle de Bénarès, dont les doctrines sont suivies dans l'Inde centrale ;
3° Celle du Deccan, dont les doctrines sont suivies dans la présidence de Madras ;
4° L'école Mahratte ;
5° L'école de Mithila.
Les doctrines de la première et de la troisième école sont suivies dans nos établissements.
Les principaux ouvrages à consulter sont, pour la première, le Daya-Bhaga et le Daya-Crama-Sangraha, et pour la troisième. le Mitachsara et le Smriti-Chrandrica

4° Si, après quinze ans de mariage, tous les enfants qu'elle a mis au monde sont décédés.

La polygamie existe au Bengale, dans une classe de Brahmes qu'on appelle Kulins.

Le mari qui, sans motifs légitimes, épouse une deuxième femme, est tenu de payer à la première une somme qui ne doit pas excéder le tiers de sa fortune.

Dans tous les cas, elle a droit à des aliments.

Il y a huit modes de mariage :

1° Brahma,

2° Daiva,

3° Arsha,

4° Pradjapati,

5° Asura,

6° Gandarba,

7° Rachsasa,

8° Paisacha.

Les quatre premiers sont réservés aux Brahmes. Le cinquième est particulier aux Vaysias et aux Soudras ; c'est celui qui est généralement suivi dans le sud de l'Inde.

Les veuves, d'après un usage constant, ne peuvent se remarier. Le gouvernement anglais, par un *act* de 1856, a autorisé le mariage des veuves.

La séparation et le divorce sont permis dans les cas où il est licite de contracter un deuxième mariage.

Une femme qui abandonne son mari devenu fou ou impuissant, ou exclu de la caste, n'est pas répréhensible.

L'assemblée de la caste prononce la séparation ou le divorce.

Une femme divorcée, qui appartient aux castes suivantes : 1° Brahmes, 2° Vellajas, 3° Vellanchetty, 4° Cavaré, 5° Yadaval, 6° Cometi, 7° Chetty, 8° Retty, 9° Radjpoute, 10° Mahratte, 11° Canakar, 12° Moutchy, 13° Natta-mane, 14° Maléaman, 15° Vania, 16° Kamavar, 17° Senecodear, 18° Ca-mala, 19° Courachetty, 20° Ariapatounoular, ne peut se remarier. (Comité consultatif du 5 juin 1832.)

Le mariage des veuves est autorisé dans les basses castes.

3

La femme mariée ne peut s'obliger si ce n'est sur ses biens particuliers, ou avec l'autorisation de son mari, ou pour se procurer les choses indispensables à la vie.

Jurisprudence. — Le consentement du père est toujours nécessaire quand le mariage est contracté avec une personne qui n'est pas de la caste. Si le mariage est contracté avec une personne de la caste, le consentement du père peut être substitué par le consentement présumé de la caste et des parents qui assistent au mariage. (Arrêt du 23 mars 1833.)

La première femme qui donne son consentement au deuxième mariage de son mari, en retour d'une stipulation de pension, ne peut faire annuler ce deuxième mariage, si la pension n'est pas servie. (Arrêt du 19 août 1838.)

Une maladie incurable, telle que la lèpre, est une cause suffisante de divorce. (Arrêt du 3 août 1850.)

Les oppositions au mariage entre Indiens doivent être portées devant le juge de paix : usage constant. (Arrêt du 27 octobre 1855.)

Une veuve de sept à huit ans peut être dispensée, par des motifs d'honnêteté et de convenance, d'habiter chez les parents de son mari. (Arrêt du 9 août 1856.)

La monogamie existe en principe dans le droit indou; les deuxièmes mariages ne sont autorisés, du vivant de la première femme, que dans des cas déterminés. (Arrêt du 27 avril 1858.)

Les procès de séparation entre époux doivent être portés devant les notables de la caste. (Comité consultatif du 21 avril 1828.)

Les modes de célébration de mariage en usage dans ce pays sont ceux de Brahma et d'Asura.

Les individus de la caste Cavaré se marient d'après ce dernier mode. (Arrêt du 26 novembre 1861.)

Le mode de célébration du mariage dans la colonie le plus généralement suivi est celui d'Asura. (Arrêt du 5 novembre 1864.)

La loi indoue refuse toute action en dommages-intérêts au mari contre le complice de la femme adultère. (Arrêt du 1er avril 1865.)

Les indigènes ne sont pas obligés de passer devant notaire acte de leurs conventions matrimoniales. (Arrêt du 1er mai 1855.)

Ceux qui ont le droit de s'opposer à un mariage sont : le père, la mère, l'aïeul, l'aïeule paternels, le frère aîné, les oncles paternels. (Avis du comité consultatif du 25 avril 1838.)

DU MARIAGE CHEZ LES MUSULMANS.

1° Les conditions indispensables à la validité de tout mariage sont : 1° le consentement; 2° la puberté; 3° être de condition libre.

2° Le défaut de consentement rend le mariage radicalement nul.

3° Le mariage contracté par des impubères ou des esclaves est annulable : il devient valable par le consentement des personnes sous la puissance desquelles ils sont.

4° Il existe d'autres conditions pour la validité du mariage : 1° qu'il y ait proposition de mariage et acceptation : la proposition se fait par mandataires ou par lettres; la proposition et l'acceptation doivent être concomitantes et il ne doit y avoir aucun intervalle entre elles; 2° la présence de témoins; 3° la constitution d'un douaire dont le minimum est fixé à 10 dirms (environ 8 francs). Si le douaire n'a pas été fixé par contrat, il est déterminé d'après le quantum des douaires accordés aux femmes de la famille du père de l'épousée.

5° Il est défendu d'épouser une femme idolâtre.

6° Un homme peut épouser quatre femmes légitimes.

7° Une femme qui a atteint l'âge de puberté peut épouser qui elle veut, pourvu que le mariage soit convenable et qu'elle épouse quelqu'un de son rang et de sa condition.

8° Le père et le grand-père peuvent conclure le mariage d'un de leurs enfants sans le consulter; l'enfant marié de la sorte ne peut annuler ce mariage, quand il devient capable de donner un consentement valide.

9° Si un mineur a été marié par son tuteur sans avoir été consulté, il peut rompre le mariage quand il atteint l'âge auquel il peut manifester sa volonté.

10° Un homme peut divorcer sans donner de motifs : le divorce dans ce cas ne devient irrévocable qu'autant que le mari a manifesté sa volonté à

3.

tròis reprises et qu'il s'est écoulé trois mois. Il doit y avoir entre chaque manifestation de l'intention de divorcer un délai d'un mois.

11° La femme ne peut contracter un autre mariage qu'après quatre mois et dix jours de la dissolution du précédent.

12° Les causes de divorce sont longuement énumérées dans le Hedaya, auquel on peut recourir.

13° L'enfant né six mois après le mariage appartient au mari.

14° L'enfant né dans les deux années après la mort du mari ou le divorce est réputé lui appartenir.

DE LA MINORITÉ CHEZ LES INDOUS.

Les Indiens, dans les pays qui suivent les doctrines de l'école de Bénarès et du Deccan sont majeurs à seize ans révolus. Au Bengale, la majorité est fixée à l'âge de quinze ans révolus. (*Digeste*, t. 1, p. 300; *Daya-Bhaga*, p. 58.)

Le père est le tuteur légal de ses enfants mineurs; à sa mort, la mère prend la tutelle, sous la surveillance des parents de son mari. (Comité consultatif du 6 mars 1833.)

A défaut de la mère, la tutelle appartient au frère aîné du mineur, à ses oncles paternels et autres parents dans la ligne masculine selon la proximité du degré, et, en dernière analyse, aux parents du côté maternel.

Les pouvoirs du tuteur étant mieux définis dans le Code Napoléon que dans la législation indoue, les tribunaux ont toujours appliqué aux natifs les dispositions de nos lois. (Arrêt du 28 février 1829.)

Les femmes sont en tutelle perpétuelle.

Elles ne sont pas assimilées à des mineurs, et peuvent aliéner les immeubles sans être obligées de suivre les règles imposées aux mineurs. (Arrêt du 16 décembre 1845.)

Les dispositions de la loi indoue qui placent les femmes en tutelle sont plutôt politiques que civiles. Les femmes ne pourraient invoquer, comme moyen de nullité des conventions qu'elles auraient passées, le défaut d'assistance de leur tuteur. (Arrêt du 2 novembre 1844.)

Elles peuvent ester en justice sans l'assistance de leur tuteur. (Arrêt du 11 décembre 1847.)

Les tuteurs ne sont pas obligés, pour la reddition des comptes de tutelle, de suivre les prescriptions du Code Napoléon. (Arrêts des 22 mai 1844 et 31 octobre 1846.)

La tutrice d'un mineur étranger a pu, sans observer les formalités des articles 457 et 458 du Code, aliéner des immeubles du mineur. (Arrêt du 25 octobre 1862.) Cette doctrine est conforme à celle qui est suivie sur le territoire anglais.

La cour de Sudder-Dewanny-Adawlut de Calcutta a, par trois arrêts des 11 décembre 1856, 13 juillet et 13 décembre 1858, jugé que le tuteur avait le pouvoir d'aliéner ou d'hypothéquer, dans certains cas, les immeubles de son mineur. Nous extrayons de l'arrêt de 1856 les passages suivants, qui exposent la doctrine sur cette matière :

« La question à juger est celle de savoir si une mère tutrice a le pouvoir, dans la législation indoue, d'hypothéquer les immeubles de son mineur. Il ne peut y avoir doute dans les cas semblables à celui qui nous est soumis, dans lesquels la tutrice hypothèque par nécessité les immeubles du mineur; seulement, la preuve que la tutrice était dans la nécessité d'hypothéquer est imposée au créancier qui a prêté sur hypothèque.

« N'est-il pas nécessaire, pour la solution du procès qui nous est soumis, d'entrer dans l'examen des circonstances dans lesquelles une tutrice indoue peut aliéner ou hypothéquer les immeubles de son mineur, circonstances qui rendent ces aliénations valables dans la loi indoue? Il suffira de dire que nous tenons pour valable l'hypothèque consentie par une tutrice dans l'intérêt du mineur; que cet intérêt du mineur constitue la cause de la nécessité de l'hypothèque ou de l'aliénation. Il est vrai que cette question s'est présentée rarement devant les tribunaux; les décisions antérieures dans lesquelles la cour a eu à déterminer l'étendue des pouvoirs des tuteurs, d'aliéner ou d'hypothéquer, sont intervenues dans des espèces où l'aliénation ou l'hypothèque avaient été consenties soit pour subvenir aux dépenses de l'éducation du mineur, ou pour fournir à ses aliments et à ceux de sa mère; la nécessité de l'aliénation ou de l'hypothèque était évidente.

« Macnaghten, dans le deuxième volume de ses *Principles and Precedents*, p. 293, rapporte l'opinion d'un Pundit, qui décide : que la vente d'immeubles consentie par la tutrice pour payer les impôts arriérés, ou subvenir à l'entretien du mineur, est valable, parce qu'elle est commandée par la nécessité ; que cette doctrine est conforme au Daya-Bhaga et à d'autres autorités.

« En résumé, nous pensons que le tuteur a le pouvoir de faire tous les actes qui sont dans l'intérêt manifeste et évident du mineur ; que, dans ces circonstances, une vente ou une hypothèque, consenties de bonne foi par une mère tutrice, sont valables d'après la législation indoue. »

(*Decision of the Sudder-Dewanny-Adawlut,* 1856, p. 980 et suiv.)

DE LA MINORITÉ CHEZ LES MUSULMANS.

1° Les Musulmans sont majeurs à l'âge de seize ans révolus, ou à l'époque de la puberté, si elle arrive avant cet âge.

2° Les mineurs sont placés sous la garde de tuteurs.

3° Les tuteurs sont naturels ou testamentaires, proches ou éloignés.

4° Les tuteurs naturels et proches sont le père, le grand-père paternel, leurs exécuteurs testamentaires et les substitués de ceux-ci.

5° Les mères ont la garde de leurs fils jusqu'à l'âge de sept ans et de leurs filles jusqu'à ce qu'elles soient nubiles.

6° Les mineurs ne peuvent, sans le consentement de leur tuteur, se marier, divorcer, emprunter ou faire un acte qui les oblige. Ils peuvent accepter une donation qui n'est pas avec charges.

7° Les parents éloignés n'ont aucun pouvoir d'administration sur les biens ; ils ont un certain droit de surveillance sur l'éducation du mineur et de direction pour le mariage.

8° Le tuteur ne peut aliéner les immeubles de son pupille si ce n'est dans certains cas, tels que pour subvenir à son éducation, à son entretien, payer des dettes de la succession.

9° Dans la pratique, on suit sur les pouvoirs du tuteur les règles tracées par le Code Napoléon.

DE L'ADOPTION.

L'adoption est d'un usage fréquent dans l'Inde. Les formes principales sont les suivantes : 1° Dattaca ou fils donné ; 2° Kritima ou fils fait. Ce dernier mode d'adoption est usité seulement dans les pays qui suivent la doctrine de l'école de Mithila, c'est-à-dire dans le Behar et quelques districts voisins ; il est tombé en désuétude dans les autres contrées de l'Inde.

Les conditions pour la validité de l'adoption sont les suivantes :

1° Le père adoptant ne doit avoir aucun descendant mâle et par les mâles jusqu'au quatrième degré inclus. Si le descendant est exclu de la caste, atteint de folie, ou frappé d'une incapacité permanente d'accomplir les cérémonies funèbres, l'ascendant peut adopter un fils. Toutefois, des auteurs, et notamment Sutherland, soutiennent qu'un père qui a un fils atteint de folie ne peut en adopter un autre. Macnaghten, dont l'autorité est plus grande, soutient le contraire ;

2° L'adopté ne doit être ni le fils aîné d'une autre famille, ni un parent dans la ligne collatérale ascendante, tel qu'un oncle paternel ou maternel. Cependant, l'adoption d'un fils aîné ne pourrait être annulée. La prohibition de l'adoption est plutôt morale que civile ;

3° L'adopté doit être de la même caste que l'adoptant ;

4° L'adopté ne doit pas être le fils d'une femme avec laquelle l'adoptant n'aurait pu contracter mariage, tel que le fils de sa sœur, de sa fille, etc. Cette prohibition ne s'applique toutefois qu'aux trois classes supérieures, Brahmes, Kshatryas et Vaysias, et ne s'étend pas aux Soudras ;

5° On doit de préférence adopter le fils de son frère : l'adoption qui serait faite au mépris de cette recommandation ne serait pas nulle ;

6° L'adopté doit être initié dans la famille de l'adoptant avec les cérémonies prescrites ;

7° L'adopté ne doit pas avoir été initié dans sa famille naturelle par la cérémonie de la tonsure (Churakarana), ou de l'investiture du cordon (Upanayana), pour les classes supérieures, ou par le mariage pour les Soudras. L'accomplissement de ces cérémonies fixe irrévocablement l'enfant dans sa famille et lui conserve ses droits. L'âge que doit avoir l'adopté a été le sujet de grandes discussions. L'opinion la plus correcte et la plus générale paraît être que l'adoption peut avoir lieu et est valable quand les cérémonies de la tonsure, de l'investiture du cordon sacré ou du mariage n'ont pas été célébrées.

On ne peut adopter ni son frère, ni le fils d'une concubine, ni une fille, ni un fils unique. Cette dernière prohibition ne s'applique pas toutefois au fils unique d'un frère. (Arrêt du 17 juillet 1847.)

Une femme ne peut adopter pour elle. Un usage contraire s'est établi à Pondichéry. (Arrêts des 2 décembre 1848 et 4 novembre 1856.)

Une bayadère peut adopter une fille, mais non un fils. L'individu qui ne s'est pas marié ne peut adopter un fils. Les fous, ceux qui sont exclus de leur caste, ne peuvent adopter.

L'adoption fait perdre à l'adopté tous ses droits dans sa famille naturelle; il ne succède à aucun de ses parents en ligne directe ou collatérale. Il ne transmet pas sa succession à ses parents naturels. Ainsi, si un fils adoptif meurt avant son père naturel, celui-ci ne recueillera pas sa succession, qui est dévolue à ses plus proches parents dans sa famille adoptive. Il succède à tous les parents de son père adoptif, soit en ligne directe, soit en ligne collatérale. Cependant le fils adoptif qui concourt, dans la succession de son père adoptant, avec un fils légitime né après l'adoption, n'a pas tous les droits d'un fils légitime; il n'a droit, d'après la législation en vigueur au Bengale, qu'au tiers de la succession, et, d'après d'autres écoles, qu'au quart. S'il concourt avec deux fils légitimes, il n'a droit qu'au septième de la succession, d'après l'école de Bénarès, et au cinquième, d'après d'autres écoles. S'il est en concours avec plus de deux fils, on suit la même proportion pour le partage de la succession. Dans le sud de l'Inde, toutefois, et dans la caste des Soudras, le fils adoptif partage également avec les fils légitimes nés après l'adoption la succession du père adoptant.

Néanmoins, il y a deux cas dans lesquels l'adopté ne sort pas de sa famille naturelle et y conserve tous ses droits : 1° quand le père naturel retient une partie de sa puissance sur son fils en le donnant en adoption ; 2° quand l'adoption intervient après l'accomplissement des cérémonies indiquées plus haut. Dans le premier cas, l'enfant adopté est appelé Nityana Dwaymushyana, et dans le deuxième cas, Anitya Dwyamushyana.

Dans ces deux espèces d'adoption, l'enfant entre dans la famille adoptante et ne sort pas de sa famille naturelle. Il succède dans les deux familles. Les effets de l'adoption, pour celui qui a été déjà initié dans sa famille naturelle, ne s'étendent pas à ses enfants, qui rentrent à sa mort dans leur famille naturelle et sortent entièrement de la famille adoptante.

L'arrêté du 29 décembre 1855 a, pour nos établissements, prescrit certaines formes pour donner date certaine aux actes d'adoption.

ARRÊTÉ

Du 29 décembre 1855, qui pourvoit aux formes de l'adoption parmi les Indiens.

Pondichéry, le 29 décembre 1855.

ÉTABLISSEMENTS FRANÇAIS DANS L'INDE.

Nous, Gouverneur des établissements français dans l'Inde;

Attendu que les adoptions, si fréquentes parmi les Indiens, réclament des garanties dont elles n'ont pas été environnées jusqu'à ce jour, et qu'il est urgent de procéder d'une manière plus sûre à cet égard;

Sur le rapport et la proposition du commissaire de la marine, chef du service administratif, et du procureur général;

Le conseil d'administration entendu,

Avons arrêté et arrêtons ce qui suit :

« Art. 1er. Outre les cérémonies en usage chez les Indiens pour les adoptions, ils devront dorénavant les faire constater par acte authentique passé devant le tabellion et homologué par le juge de paix, jugeant en matière de caste.

« Les adoptions contractées à l'étranger au profit de nos nationaux ou par nos nationaux devront être constatées et homologuées dans la même forme.

« Art. 2. Dans le cas d'adoption par une veuve indienne pour son mari défunt, sur sa désignation antérieurement faite ou avec le consentement de

4

ses parents, cette adoption ne pourra être faite après l'expiration d'un délai de quatre mois écoulés, à dater du jour du décès du mari.

« Art. 3. La validité de toute adoption qui ne serait pas faite dans la forme ci-dessus prescrite pourra être contestée par ceux qui y auront intérêt, et les tribunaux pourront en prononcer la nullité suivant les circonstances.

« Art. 4. Le commissaire de la marine, chef du service administratif, le procureur général et les chefs de service dans les établissements secondaires sont chargés, chacun en ce qui le concerne, de l'exécution du présent arrêté, qui sera enregistré partout où besoin sera. »

DE LA COMMUNAUTÉ.

La communauté dérive de la nature de la propriété.

La propriété est :

1° Patrimoniale,
2° Acquise.

Elle est particulière ou propre, tels que les pécules, le stridhana.
Elle est commune.

La propriété patrimoniale ou venant des ancêtres est administrée par le père.

Il ne peut l'aliéner sans le concours de ses fils.

Il ne peut aliéner les immeubles qu'il a acquis sans leur consentement.

S'il n'a pas de fils, il a la libre disposition de ces biens.

Il dispose librement des meubles.

Après la mort du père, s'il n'y a pas partage, les fils sont en communauté.

L'aîné est l'administrateur de cette communauté.

Il ne peut faire d'aliénations sans le consentement exprès ou tacite de ses communs.

Chacun des communs peut provoquer le partage.

La communauté est tenue de nourrir, entretenir chacun de ses membres, de pourvoir aux cérémonies joyeuses, telles que mariages, et funèbres, telles que enterrements, offrandes aux mânes.

Elle est tenue des dettes contractées par le chef et par les autres communs dans certains cas.

Le chef de la communauté peut être remplacé.

Chacun des communs peut posséder des biens particuliers lui provenant de son industrie privée.

La dissolution de la communauté est établie :

1° Par un acte de partage;

2° Par l'accomplissement séparé des cérémonies religieuses;

3° Par des actes qui supposent des intérêts distincts, tels que se porter caution ou débiteur d'un de ses communs;

4° Par une habitation séparée;

5° Par tous faits incompatibles avec l'état de communauté.

La communauté indoue a toujours été la cause de nombreux procès. L'administration locale , espérant diminuer le nombre des litiges, avait adopté l'arrêté suivant.

ARRÊTÉ

Du 29 novembre 1838, qui trace des règles relatives à la communauté de biens existant entre les Indiens.

Pondichéry, le 29 novembre 1838.

AU NOM DU ROI.

Nous, Pair de France, Maréchal des camps et armées du Roi, Gouverneur des établissements français dans l'Inde ;

Considérant que la majeure partie des procès entre Indiens provient de l'incertitude qui règne en général sur l'existence de la communauté de biens entre parents ;

4.

Qu'en effet, la jurisprudence, d'accord avec les anciennes coutumes locales, a établi, comme règle générale, la présomption de communauté, présomption qui ne cède qu'à la preuve contraire résultant d'un acte de wisty ou de certaines circonstances déterminées;

Que, d'une part, les actes sous seings privés n'ayant, faute d'enregistrement, aucune date certaine, il arrive souvent que des fraudes se commettent à l'aide de wistys supposés ou antidatés;

Que les circonstances impliquant séparation de communauté sont souvent suspectes; qu'ainsi il résulte de cet état de choses que le droit civil, qui n'accueille la preuve testimoniale qu'avec défiance, au point de ne l'admettre que dans les contestations d'une valeur moindre de cent cinquante francs, lui accorde ici la force de trancher des questions où est intéressée la fortune entière des familles;

Considérant dès lors qu'il est urgent de fixer invariablement les droits des cohéritiers;

Qu'il suffit à cet égard de tracer des règles sûres, qui, loin de porter atteinte aux lois locales sur la matière, en seront au contraire la consécration et le développement;

Qu'en effet, il suffit de laisser aux cohéritiers la faculté de vivre en communauté ou séparés de biens, en se bornant à établir des présomptions légales et des principes qui ne laissent jamais dans l'incertitude la position des cohéritiers;

Sur le rapport et la proposition du procureur général du Roi;

Provisoirement et sauf l'approbation de Sa Majesté,

Avons arrêté et arrêtons ce qui suit:

« Art. 1er. La communauté de biens existant entre parents se dissout par la mort naturelle ou civile de l'un des communs en biens.

« Elle ne pourra être rétablie que par un acte spécial, passé par le tabellion ou déposé chez lui; dans ce dernier cas, l'acte n'aura d'effet que du jour où il aura acquis date certaine par ce dépôt.

« Il en sera de même de toutes personnes voulant se constituer en état de communauté.

« Art. 2. L'acte de communauté devra, à peine de nullité, contenir inventaire exact et détaillé des sommes et valeurs mises en communauté.

« Art. 3. Aucune preuve, de quelque nature qu'elle soit, ne pourra suppléer à cet acte pour prouver l'existence de la communauté ; l'acte seul fera foi en justice.

« Art. 4. A la mort d'un Indien, ses héritiers auront un délai de deux mois pour faire inventaire et délibérer ; à l'expiration de ce terme, ils auront encore la faculté de faire l'acte de communauté ; seulement alors, les créanciers pourront exercer leurs droits contre la succession, et forcer les héritiers à prendre qualité.

« Art. 5. A défaut de stipulation contraire, les acquêts particuliers n'entreront point en communauté.

« Art. 6. Tout cohéritier qui, sans avoir été déclaré commun en biens par un acte, se sera néanmoins immiscé dans les biens de la succession, pourra être poursuivi comme détenteur et forcé de restituer jusque sur ses biens personnels, sans que jamais ce fait puisse le constituer en état de communauté.

« La preuve des valeurs soustraites pourra être faite sur inventaire, par commune renommée.

« Art. 7. Tout payement, toute remise de fonds, faits à un individu ne justifiant pas de sa position de commun en biens, comme il est dit aux articles 1, 2 et 3, seront considérés comme nuls, à moins qu'ils ne puissent être imputés à la personne qui a reçu, sur ses droits comme cohéritier pur et simple.

« Art. 8. Le procureur général et les chefs de service de Chandernagor, Karikal, Mahé et Yanaon sont chargés de l'exécution du présent arrêté, qui sera enregistré partout où besoin sera. »

Les arrêtés du gouverneur, avant l'ordonnance organique de 1840, n'étaient parfaits qu'après l'approbation du ministre. L'arrêté sur la communauté n'a jamais eu cette approbation nécessaire à sa validité et à sa constitutionnalité. Dans une dépêche du 21 février 1840, le ministre ordonne de l'abroger. Il prescrit d'adopter des mesures pour assurer la preuve des partages.

La cour n'a jamais appliqué cet arrêté : elle a décidé qu'il était resté à l'état de lettre morte et sans autorité réelle dans les tribunaux. (Arrêts des 2 octobre 1852 et 18 novembre 1854.)

DÉPÊCHE DU 21 FÉVRIER 1840.

Nous reproduisons en entier l'importante dépêche du 21 février 1840 :

« MONSIEUR LE GOUVERNEUR,

« Monsieur votre prédécesseur a rendu, le 29 novembre 1838, en matière de communauté de biens entre Indiens, un arrêté qui donne lieu à de vives réclamations, et sur lequel je crois nécessaire d'appeler votre attention.

« Je mentionnerai d'abord pour ordre l'irrégularité grave qui résulte : 1° de ce que cet arrêté a été rendu sans discussion préalable en conseil privé; 2° de ce qu'il n'a été porté à ma connaissance que par la correspondance de M. l'inspecteur colonial.

« Je vais maintenant m'occuper du fond.

« De tout temps, le droit commun parmi les Indiens a été que la communauté de biens existe entre tous les membres d'une même famille et se perpétue héréditairement jusqu'à ce qu'un acte appelé *wisty* constate qu'un partage a eu lieu dans la famille. Ainsi, la communauté était le principe, et le partage, l'exception.

« Le nouvel arrêté établit au contraire que la communauté est dissoute par le décès de l'un des communs en biens, et que désormais la présomption légale sera pour l'état de partage, tandis que la communauté devra être prouvée par un acte authentique.

« Cet acte paraît avoir été dicté par le désir de diminuer le nombre des procès résultant du défaut d'authencité des wistys ou de l'insuffisance des témoignages destinés à y suppléer.

« Mais il est évident que ce but ne peut être atteint par une mesure qui a elle-même pour effet de multiplier beaucoup le nombre des actes, et qui d'ailleurs ne donne point à ces actes la publicité nécessaire pour éveiller l'attention des tiers intéressés.

« A ces considérations vient se joindre l'inconvénient grave de toucher à la législation civile des indigènes, que l'administration française s'est toujours imposé le devoir de respecter.

« Je ne puis que vous inviter à rendre en conseil un arrêté abrogatif de celui du 29 novembre 1838, sauf à pourvoir, au besoin, au supplément de garanties qui pourrait être exigé pour la preuve du partage.

« Vous aurez à reviser dans le même sens un arrêté du 6 décembre suivant, portant nouvelle organisation du tabellionage, dont l'objet se rattache en grande partie à celui du précédent.

« La présente dépêche devra être enregistrée à l'inspection. »

JURISPRUDENCE DE LA COUR SUR CETTE MATIÈRE.

La communauté entre Indiens est toujours présumée exister. (Arrêts des 24 novembre 1849, 20 novembre 1849, 9 avril, 31 août 1850.)

Le chef de la communauté l'engage par les dettes qu'il contracte : il y a présomption qu'il a contracté dans l'intérêt de la communauté. (Arrêts des 26 mars, 23 avril 1833, 24 avril 1841, 26 mars 1844, 7 mai 1850, 23 mai 1854, 25 juillet 1857.)

Il engage la communauté quand il stipule en sa qualité de chef et pour son intérêt particulier, sauf le recours des communs pour lui faire supporter l'intégralité de la dette. (Arrêt du 6 mai 1837.)

Le chef de la communauté peut aliéner les immeubles de la communauté; il n'est pas nécessaire qu'il ait l'autorisation expresse des autres communs; une autorisation tacite suffit et peut s'induire des circonstances. Cette autorisation est toujours réputée exister de la part des mineurs et des filles. (Arrêt du 18 juin 1850.)

Le consentement exprès ou tacite des communs n'est pas exigé quand le chef aliène des immeubles pour acquitter des dettes de la communauté. (Arrêt du 27 juillet 1850.)

Le chef engage tous les biens de la communauté par les obligations qu'il contracte. (Arrêt du 30 septembre 1834.)

Il a seul qualité pour payer et recevoir pour la communauté. (Arrêt du 6 décembre 1834.)

Les membres d'une communauté sont solidairement tenus des dettes contractées par le chef dans l'intérêt commun. (Arrêt du 7 avril 1849.)

Les communs ne sont tenus que jusqu'à concurrence des valeurs communes, des obligations contractées par le chef. (Arrêt du 23 mai 1854.)

Une dette contractée par un commun est réputée, à moins de preuve contraire, avoir été contractée dans son intérêt particulier. (Arrêt des 23 mai 1854 et 25 juillet 1857.)

La communauté existe alors même qu'elle ne possède aucun bien. (Arrêts des 5 octobre 1847, 2 septembre 1848, 9 avril 1850.)

Une séparation trentenaire est une preuve de dissolution de la communauté. Il est nécessaire, d'après les usages du pays, que la séparation ait une durée de trente ans. (Arrêts des 18 septembre 1827, 16 août 1828, 25 juillet 1837, 17 août 1844, 14 avril 1852, 11 avril 1854, 16 mars 1847, 31 août 1850.)

Une séparation longtemps continuée, quoique n'ayant pas une durée de trente ans, peut être une preuve de dissolution de communauté. (Arrêt du 23 mars 1850.)

C'est à celui qui invoque une dissolution de communauté à en fournir la preuve. (Arrêts des 8 septembre 1838 et 17 décembre 1836.)

L'égalité la plus stricte doit régner dans les partages de communauté. (Arrêt du 23 juin 1851.)

On peut attaquer tout partage inégal. Cette action n'est pas soumise à la déchéance de l'article 1304 du Code Napoléon. (Arrêt du 17 avril 1849.)

L'impuissance n'est plus une cause d'exclusion du partage. La surdité n'est une cause d'exclusion qu'autant qu'elle est complète. (Arrêt du 13 novembre 1855.)

Une communauté dissoute ne peut être rétablie qu'en observant les formalités prescrites par l'arrêt du 29 novembre 1838. (Arrêt des 22 août 1857 et 3 décembre 1859.)

Le commun en biens peut acquérir et posséder des biens particuliers. Arrêts nombreux.)

En matière de partage, les dispositions des articles 882 et 885 du Code Napoléon ne sont pas applicables aux Indiens : on doit appliquer les lois indigènes. (Arrêt du 20 mars 1847.)

Le chef de la communauté qui aliène un immeuble pour acquitter une dette commune fait un acte de bonne gestion. (Arrêt du 10 septembre 1864.)

Cette fluctuation dans la jurisprudence sur toutes les questions de communauté jette de l'incertitude dans les affaires et froisse les intérêts privés. Il serait temps d'adopter les mesures que le ministre indiquait dans sa dépêche du 21 février 1840; en assurant l'authenticité des partages, on mettrait un terme à des procès ruineux et on consoliderait les droits des communs et ceux des tiers.

DES SUCCESSIONS CHEZ LES INDOUS.

La loi des successions chez les Indous est fondée sur leur croyance à la transmigration des âmes. Les héritiers sont appelés à raison, non de leur parenté plus ou moins rapprochée avec le défunt, mais à raison des bienfaits qu'ils peuvent procurer à son âme par leurs offrandes. Ce sont ceux qui sont tenus de faire aux mânes du défunt les offrandes d'eau et de nourriture qui sont appelés à sa succession.

Les femmes sont, à cause de leur sexe, incapables d'accomplir les devoirs funèbres prescrits par la loi; elles sont, en général, incapables de succéder. Il y a toutefois à cette règle quatre exceptions en faveur des personnes suivantes :

1° La veuve, en considération de l'aide qu'elle a donnée à son mari dans l'accomplissement de ses devoirs religieux; elle participe aux effets de ses actions pures ou impures : c'est à elle qu'incombe, à défaut de fils, le devoir de faire les oblations funèbres;

2° Les filles qui ont ou qui peuvent avoir des enfants mâles, parce qu'elles continuent l'ordre de succession : une fille veuve, sans enfants ou qui est stérile, ou qui n'a que des filles, sans espoir d'avoir des enfants mâles, est exclue de la succession;

3° La mère, parce qu'elle a porté l'enfant dans son sein et l'a nourri durant son enfance;

4° La grand'mère.

Ces quatre personnes ne viennent à la succession, dans les pays qui suivent la doctrine de l'école de Bénarès et de Mithila, qu'autant que le défunt n'était pas en communauté.

5

ORDRE DE SUCCESSION D'APRÈS L'ÉCOLE DU BENGALE.

1° Les fils,

2° Les petits-fils,

3° Les arrière-petits-fils,

Le droit de représentation est admis pour les descendants des fils jusqu'au degré d'arrière-petit-fils. Le fils de l'arrière-petit-fils ne vient à la succession qu'après le parent indiqué au n° 42 de ce tableau.

4° La veuve,

5° Les filles : en première ligne, celle non mariée.

6° Le fils de la fille,

7° Le père,

8° La mère,

9° Le frère,

10° Le fils du frère,

11° Le petit-fils du frère,

12° Le fils de la fille du père,

13° Le fils de la fille du frère,

14° Le grand-père paternel,

15° La grand'mère paternelle,

16° L'oncle paternel,

17° Le fils de l'oncle paternel,

18° Le petit-fils de l'oncle paternel,

19° Le fils de la fille du grand-père paternel,

20° Le fils de la fille de l'oncle paternel,

21° L'arrière-grand-père paternel,

22° L'arrière-grand'mère paternelle,

23° Le frère du grand-père paternel,

24° Son fils,

25° Son petit-fils,

26° Le fils de la fille de l'arrière-grand-père paternel.

27° Le fils de la fille du frère du précédent,

28° Le grand-père maternel,

29° L'oncle maternel,

3o° Son fils,

31° Son petit-fils,

32° Le fils de sa fille,

33° L'arrière-grand-père maternel,

34° Son fils,

35° Son petit-fils,

36° Son arrière-petit-fils,

37° Le fils de sa fille,

38° Le trisaïeul maternel,

39° Son fils,

4o° Son petit-fils,

41° Son arrière-petit-fils,

42° Le fils de sa fille,

Puis les autres parents jusqu'au quatorzième degré, en comptant d'abord dans la ligne descendant par le fils de l'arrière-petit-fils du défunt;

A leur défaut:

Le précepteur spirituel,

Le pupille,

Le compagnon d'étude des Védas,

Les personnes portant le même nom de famille,

Les Brahmes habitant le même village,

L'État.

ORDRE DE SUCCESSION D'APRÈS L'ÉCOLE DE BÉNARÈS.

1° Le fils,

2° Le petit-fils,

3° Les arrière-petits-fils,

4° La veuve, s'il n'y a pas communauté,

5° Les filles : d'abord celle non mariée, ensuite celle qui est mariée et qui est pauvre; puis les filles mariées qui sont riches;

6° Le fils de la fille,

7° La mère,

8° Le père,

9° Le frère : d'abord le frère germain, ensuite les frères consanguins,

10° Leurs fils dans le même ordre,

11° La grand'mère paternelle,

12° Le grand-père paternel,

13° Les oncles paternels, d'abord les oncles germains.

14° Leurs fils dans le même ordre,

15° L'arrière-grand'mère paternelle,

16° L'arrière-grand-père paternel,

17° Son fils,

18° Son petit-fils,

19° Son arrière-petit-fils.

A leur défaut, les parents paternels succèdent dans le même ordre jusqu'au quatorzième degré. S'il n'y a pas de parents paternels au quatorzième degré, la succession passe aux cognats :

1° Le fils de la sœur du père,

2° Le fils de la sœur de la mère,

3° Le fils de l'oncle maternel,

4° Le fils de la tante paternelle,

5° Le fils de la tante maternelle du père,

6° Le fils de l'oncle maternel du père,

7° Le fils de la tante paternelle de la mère du *de cujus*,

8° Le fils de la tante maternelle de la mère,

9° Le fils de l'oncle maternel de la mère,

10° Le précepteur spirituel,

11° Le pupille,

12° Le compagnon d'études,

13° Les Brahmes,

14° L'État.

SUCCESSION AUX BIENS PARTICULIERS DES FEMMES.

Les femmes peuvent posséder des biens particuliers qui leur proviennent de donations qui leur sont faites par leurs maris, par des étrangers, et des acquisitions qu'elles font à l'aide de leur industrie. Ces biens particuliers s'appellent *stridhana*.

Ne sont pas compris dans le stridhana des femmes les biens qu'elles recueillent dans la succession de leurs maris, de leurs pères, de leurs fils,
petits-fils. A leur mort, ces biens passent à l'héritier mâle le plus proche en
degré. (Madras, 23 mars 1867, Smriti-Chrandrica.)

Les biens qui composent le stridhana de la mère, et dont la fille hérite, ne
composent pas le stridhana de celle-ci. A sa mort, ils sont dévolus aux héritiers les plus proches dans l'ordre ordinaire des successions.

L'ordre de succession au stridhana varie selon la condition de la femme
et la manière dont les biens ont été acquis.

Si la femme n'était pas mariée, les héritiers sont :

1° Son frère,

2° Sa mère,

3° Son père,

4° Les parents paternels les plus proches.

Le fiancé reprend les biens qu'il aurait donnés à sa fiancée.

Si la femme était mariée et que les biens lui aient été donnés au moment
de son mariage, les héritiers sont :

1° Les filles, dans l'ordre suivant : la fille non mariée, la fille fiancée, la
fille mariée, la fille veuve ;

2° Le fils,

3° Le fils de la fille,

4° Le fils du fils,

5° Le petit-fils du fils,

6° Le fils d'une seconde femme, son petit-fils, son arrière-petit-fils.

A défaut de ces héritiers, on recherche, pour régler la succession, la
forme sous laquelle le mariage a été célébré.

Si le mariage a été célébré sous l'une des formes suivantes, Brahma,
Daiva, Arsha, Gandarba, Pradjapati, les héritiers sont, après les précédents :

1° Le mari,

2° Le frère,

3° La mère,

4° Le père.

Si le mariage a été célébré d'après l'une des formes de Paisacha, Rachsasa, Asura, les héritiers sont, après ceux qui sont indiqués au premier tableau :

1° La mère,
2° Le père,
3° Le frère,
4° Le mari.

Au delà de ces héritiers, on ne consulte plus la forme du mariage et la succession est dévolue :

1° Au plus jeune frère du mari,
2° Au fils du frère,
3° Au fils de la sœur,
4° Au fils de la sœur du mari,
5° Au fils du frère,
6° Au beau-fils,
7° Au beau-père,
8° Au frère aîné du mari;

Ensuite au parent le plus proche en degré.

Si les biens ont été donnés par le père, mais non au moment du mariage, on suit l'ordre de succession précédent.

S'ils n'ont pas été donnés par le père, l'ordre de succession est ainsi établi :

1° Les fils et les filles non mariées,
2° Les filles mariées,
3° Le fils du fils,
4° Le fils de la fille,
5° Le petit-fils du fils,
6° Le fils d'une seconde femme, le petit-fils, l'arrière-petit-fils,
7° Les filles veuves ou stériles concurremment.

Puis on passe à l'ordre des héritiers, d'après les distinctions précédentes quant à la forme du mariage.

Des auteurs admettent que le mari hérite, de préférence à tous autres, des biens qu'il aurait donnés à sa femme après le mariage, si elle meurt sans postérité; que le frère a, dans le même cas de décès sans postérité, un droit de préférence sur les biens donnés par le père ou la mère après le mariage.

Nous joignons à ce tableau de l'ordre des héritiers quelques notes tirées des décisions de la cour de Pondichéry et de la cour de Sudder-Dewanny-Adawlut de Calcutta :

1° Les lois indoues n'admettent pas la renonciation à une succession. Un usage contraire paraît néanmoins s'être introduit à Pondichéry; mais cet usage n'est pas constant. (Arrêt du 8 avril 1844.)

2° Les héritiers Sapindas peuvent renoncer à une succession et ne sont pas tenus des dettes. Cette décision, conforme à l'opinion de William Jones et à des textes de Catyayana et de Nareda cités dans le Digeste de Colebrooke, a été consacrée par la cour, par arrêt des 27 septembre 1859 et 6 avril 1867.

3° Les héritiers collatéraux peuvent renoncer à la succession. (Arrêt du 17 décembre 1825.)

4° Une femme peut renoncer à la succession de son mari pour s'en tenir à la reprise de son stridhana. (Arrêt du 25 avril 1848.)

5° Les Sapindas sont : 1° le fils, petit-fils, arrière-petit-fils, dans la ligne descendante; 2° dans la ligne ascendante, le père, grand-père, arrière-grand-père; 3° dans la ligne collatérale, les parents agnatiques jusqu'au septième degré inclus.

6° Les Saculyas sont : 1° en ligne descendante, le fils de l'arrière-petit-fils et ses descendants jusqu'au quatrième degré; 2° dans la ligne ascendante à partir du trisaïeul, les aïeux jusqu'au quatrième degré.

7° Les Bandhu ou cognats sont : 1° les fils de la sœur du père du *de cujus*, de la sœur de sa mère et de son oncle paternel; 2° les fils de la tante paternelle du père, de la tante maternelle et de l'oncle maternel; 3° les fils de la tante paternelle de la mère, de la tante maternelle de la mère, de l'oncle maternel de la mère.

8° Les fils partagent également la succession de leur père, sans distinction entre ceux qui sont frères germains et ceux qui sont frères consanguins.

9° La représentation est admise et la succession se divise par souche et ensuite par tête dans chaque souche partageante. Les petites-filles par un fils viennent par représentation de leur père, quand elles concourent avec des petits-fils.

10° Un Indien laisse pour héritiers un fils adoptif et un fils légitime né après l'adoption. Celui-ci prend les trois quarts de la succession, et le fils adoptif le quart. (Calcutta, 1825.)

11° Un Indien a quatre fils : l'un est donné en adoption; deux autres meurent après lui. Le fils donné en adoption est exclu de la succession, laquelle est partagée par égales portions entre les veuves et l'autre fils. (Calcutta.)

12° Les fils d'un individu décédé en communauté de biens héritent, à l'exclusion des autres communs, des biens particuliers acquis par leur père. (Calcutta, 1819.)

13° Les petits-fils par une fille sont exclus de la succession de leur grand-père maternel par la veuve d'un fils. (Calcutta; 1817.)

14° Les petits-fils par des filles nées de mères différentes partagent la succession de leur grand-père maternel *per capita et non per stirpes*. (Calcutta, 1821.)

15° L'adoption fait perdre à l'adopté les droits de succéder dans sa famille naturelle.

16° L'adoption dite *Critima* n'est pas en usage dans le sud de l'Inde. Elle n'est pratiquée que dans le Behar, où l'on suit les doctrines de l'école de Mithila.

17° Un fils adoptif succède aux parents collatéraux de son père adoptant.

18° Le père adoptant ne peut, par testament, déshériter son fils adoptif.

19° La veuve peut, si son mari lui en a donné l'autorisation, adopter un fils pour lui, et, en conséquence, exclure de la succession les parents collatéraux les plus proches.

20° Le fils adopté par une veuve pour son mari n'a aucun droit sur les biens particuliers de l'adoptante, lesquels sont dévolus à ses plus proches parents naturels. (Calcutta, 1821.)

21° Un Indien, du vivant de son père, donne à sa femme le pouvoir d'adopter un fils après sa mort. Il meurt, et, en exécution de ses dernières volontés, sa veuve adopte un fils, avec le consentement du père de son mari. Celui-ci ne peut, par des dispositions testamentaires, priver ce petit-fils par adoption des droits dans sa succession.

22° Les enfants naturels d'un Soudra sont héritiers de leur père. Ils ont une demi-part, quand ils concourent avec des enfants légitimes.

23° Les enfants naturels d'un Brahme, d'un Kshatrya, d'un Vaysia avec une femme Soudra ne sont pas héritiers. Ils ont droit à des aliments.

24° Si le *de cujus* laisse deux veuves, elles partagent par égales parts. La part de celle qui décède la première accroît à la survivante. (Calcutta, 1816, 1824.) La première femme hérite seule des biens de son mari; la deuxième femme n'a qu'un droit de survivance. (Pondichéry, 3 mai 1856.)

25° Au Bengale, les veuves héritent de leur mari, soit qu'il ait été en communauté, soit qu'il ait été séparé de biens. Elles sont tenues de conserver les biens, qui, à leur mort, retournent aux héritiers les plus proches de leur mari dans la ligne masculine. Elles n'ont la disposition de ces biens que dans certains cas exceptionnels, qui ne sont pas nettement déterminés par les législateurs indous et qui sont laissés à l'appréciation des tribunaux. On cite comme permises les aliénations faites pour accomplir des cérémonies religieuses pour le défunt ou pour subvenir à des nécessités impérieuses.

26° Dans le sud de l'Inde et dans les contrées qui suivent les doctrines de l'école de Bénarès, la veuve n'hérite de son mari qu'autant qu'il était séparé de biens. S'il meurt en état de communauté, elle n'a droit qu'à des aliments.

27° Les deux écoles diffèrent donc sur le point important de la vocation de la veuve à l'hérédité de son mari. Diffèrent-elles sur la nature et l'étendue des droits de la veuve héritière? Les meilleurs auteurs inclinent vers la négative. Les veuves, dans toute l'Inde, n'ont, d'après leur opinion, qu'un droit d'usufruit sur les biens provenant de la succession de leur mari. Elles ne sont pas, à proprement parler, héritières, parce qu'elles ne peuvent accomplir les cérémonies funéraires, qui sont prescrites à tout héritier envers la mémoire du défunt; elles sont placées sous la garde et la surveillance des parents et héritiers de leur mari. Elles peuvent être déchues de leur droit d'usufruit dans deux cas : 1° si elles ne gardent pas la chasteté; 2° si elles dilapident les biens recueillis dans la succession de leur mari. Les tribunaux sont appréciateurs souverains des actes entraînant la déchéance. D'après le Mitachsara, tout ce qu'une femme a acquis par succession fait partie de son stridhana ou biens propres.

28° La veuve peut : 1° payer les dettes de la succession; 2° marier les

6

filles, les orner de bijoux selon leur rang, leur constituer un stridhana ; 3° faire des aliénations pour la célébration des cérémonies funéraires du défunt ; 4° faire des aliénations pour subvenir à ses dépenses de première nécessité.

29° Le Smriti-Chrandrica, qui a une grande autorité dans le sud de l'Inde, établit une distinction entre les veuves qui ont des filles et celles qui n'en ont pas. Les premières succèdent aux biens mobiliers et immobiliers de leur mari séparé de biens, tandis que les secondes ne succèdent qu'aux biens mobiliers. S'il y a deux veuves, celle qui a des filles prend tous les immeubles, et partage également avec l'autre veuve les biens meubles. (Macnaghten, *Principles of Hindu law*, p. 20 et 21 ; *Elberling's Treatise of inheritance*, n°s 149, 152, 163 et suivants ; Strange, *Elements of Hindu law ; Mitacshara*, ch. II, sect. 1re, *passim.*)

30° La veuve, quand la communauté existe, n'hérite pas des biens communs ; mais elle hérite, à l'exclusion de tous autres que les descendants mâles, des biens particuliers de son mari. (Arrêts de Pondichéry des 28 mars 1829 et 19 juillet 1862.)

31° La veuve, au Bengale, peut provoquer le partage de la communauté dont son mari était membre. (Arrêt de Pondichéry du 8 octobre 1859.)

32° La veuve n'a pas droit à une réserve dans la succession de son mari ; elle n'a droit qu'à des aliments. (Arrêt du 29 novembre 1859.)

33° L'étendue des droits successifs de la veuve peut être modifiée par le testament du mari. (Arrêt du 17 juillet 1847 ; *contra*, 21 avril 1838.)

34° Les veuves, au Bengale, héritent à la charge de conserver et de rendre. Les aliénations qu'elles font sont valables s'il n'y a pas eu opposition des héritiers à futur de leur mari. Ceux-ci n'ont pas le droit de provoquer un inventaire. (Arrêt du 25 juin 1844.)

35° Le stridhana d'une femme est insaisissable du vivant de la femme, par toutes personnes, à l'exception du mari, qui ne peut l'aliéner que dans certains cas déterminés. (Arrêt du 25 avril 1848.)

36° La veuve perd tout droit à une pension alimentaire de la part des parents de son mari, quand elle retourne dans sa famille après la mort de son mari, en emportant ses bijoux de *pariom*. (Arrêt du 14 mars 1829.)

37° La veuve d'un fils mort durant la vie de son père n'a aucun droit à la succession de celui-ci; elle est dévolue à la veuve du père. (Calcutta, 1820, 1825.)

38° Décidé que les petits-fils par une fille sont exclus par la veuve d'un fils de la succession du grand-père maternel. (Calcutta, 1817.)

39° La fille hérite avant les frères et les neveux. Si elle meurt sans postérité, la succession retourne à ces derniers. (Calcutta, 1816, 1824.)

40° Les fils d'une fille excluent les frères.

41° Décidé que le fils de la fille d'un fils exclut le fils d'une fille. (Calcutta, 1814.)

42° Le fils de la fille d'un frère et le petit-fils d'un fils de fille n'héritent pas, quoiqu'il n'y ait pas d'autres héritiers. (Calcutta, 1820.)

43° La fille Putrica-Putra [1] est assimilée à un fils légitime. (Arrêt de Pondichéry du 25 juillet 1857.) L'enfant mâle qui naît d'elle est assimilé à un petit-fils par un fils.

Les filles, veuves, mères ou aïeules exclues de la succession ont le droit d'être nourries, mariées par les héritiers qui recueillent la succession de leur père, mari ou fils. Leur droit, pour être à l'abri de toute fraude, doit porter sur les biens. (Arrêt du 27 juin 1863.)

ORDRE DE SUCCESSION DANS LE MALÉALOM.

Dans la province du Malabar où se trouve situé Mahé, l'ordre de succession suit la ligne féminine et non la ligne agnatique. Ainsi les fils d'un individu ne sont pas ses héritiers; les biens vont aux parents les plus rapprochés dans la ligne féminine :

1° Aux sœurs,

2° Aux fils des sœurs,

3° Aux filles des sœurs,

4° Aux fils des filles des sœurs,

5° Aux filles des filles des sœurs,

6° A la mère,

7° Aux sœurs de la mère,

---

[1] On donne ce nom à la fille que le père choisit expressément pour lui tenir lieu de fils.

8° Aux enfants de ces sœurs,

9° A la grand'mère maternelle,

10° A ses sœurs,

11° A leurs enfants.

A défaut d'héritiers dans la ligne féminine, la succession passe au disciple, au compagnon d'études, au trésor.

Toutes les castes ne suivent pas cette loi.

On excepte :

1° Les Brahmes;

2° Les Akapoudouals;

3° Les charpentiers, les fondeurs, les forgerons, les orfèvres;

4° Les individus de caste Cheromar, Maleayer, Paniar, chez lesquels la succession est partagée dans la ligne masculine.

Les individus de caste Tère et les pêcheurs, dans la partie nord du Malabar, suivent le premier ordre de succession, tandis que dans le sud ils suivent l'ordre agnatique.

Toutes les autres castes suivent l'ordre de succession dans la ligne féminine, même les Maplais du nord qui, quoique musulmans, ont adopté la loi indoue.

Dans cette législation, les familles vivent en communauté. La communauté s'appelle *Tarwad*, le chef s'appelle *Carnaven*, les membres s'appellent *Anandraven*. Le chef est toujours le plus âgé, lors même qu'il y aurait des parents plus proches en degré. Il administre les biens; il peut aliéner les biens mobiliers, quelle qu'en soit l'origine. Il ne peut aliéner les immeubles qu'avec le consentement écrit du principal des communs en biens ou Anandraven.

Il peut, sans ce consentement, emprunter ou hypothéquer; les dettes qu'il a faites sont présumées avoir été contractées dans l'intérêt de la famille. Le Tarwad est responsable des dettes qu'il a contractées pour l'intérêt général. Le Carnaven peut être remplacé, s'il est incapable d'administrer, s'il est exclu de la caste, s'il est sourd, aveugle, fou, prodigue.

Chacun des membres du Tarwad peut, à l'aide de son travail ou de son industrie, acquérir des biens qui lui restent particuliers et dont il a l'entière disposition.

Ces biens ne forment un pécule qu'autant qu'ils ont été acquis sans l'emploi des fonds du Tarwad.

Le Tarwad ne peut être dissous que du consentement mutuel des Anandraven. Les créanciers ou l'un des Anandraven n'ont pas le droit d'en provoquer le partage.

Le partage s'opère d'abord entre les diverses souches, et, dans chaque souche, entre les individus.

Les filles sont en général mariées avant qu'elles aient atteint l'âge de la puberté. Lorsqu'elles sont parvenues à cet âge, elles peuvent s'unir avec tous ceux qui leur plaisent, pourvu qu'ils appartiennent à leur caste ou à une caste supérieure.

DES SUCCESSIONS CHEZ LES MUSULMANS.

Le règlement des successions chez les musulmans présente souvent des difficultés inextricables. Dans les questions qui se présenteront soit pour la fixation des parts, soit pour l'ordre de la vocation des héritiers, les juges agiront avec prudence en consultant au préalable le cazi.

Nous avons extrait les principes qui suivent de l'excellent traité sur le droit musulman par Sadagopa Charlou (*Manuel of Mahamadan civil law*).

En droit musulman, on ne distingue pas, pour le règlement de la succession, l'origine de la propriété, si elle provient des ancêtres, ou si elle est acquêt.

Les femmes ne sont pas exclues de la succession.

L'adoption ne confère aucun droit d'hérédité.

Le droit de représentation n'existe pas; ainsi, un petit-fils est exclu par les fils.

Les enfants naturels n'héritent que de leur mère et de leurs parents maternels.

Les enfants posthumes héritent.

La part d'une femme est la moitié de celle d'un homme son cohéritier au même degré. Il y a exception à cette règle pour la mère en concours avec le père, et les sœurs utérines en concours avec des demi-frères.

Les héritiers du double lien sont préférés aux autres.

La loi musulmane reconnaît quatre causes d'indignité : l'homicide, l'esclavage, la différence de religion et la différence d'allégeance. La première est actuellement la seule admise en jurisprudence.

Il y a trois classes principales d'héritiers :

1° Ceux qui ont une part déterminée ;

2° Ceux qui n'ont pas de part déterminée;

3° Les parents éloignés.

Les parts déterminées par la loi sont : la moitié, le quart, le huitième, les deux tiers, le tiers, le sixième.

Les héritiers qui ont des parts déterminées se divisent en trois classes :

1° Le père, la mère, la fille, le mari, la femme;

2° Le grand-père, la grand'mère, la fille d'un fils;

3° La sœur germaine, le frère et la sœur utérins.

Les héritiers de la première classe ont toujours droit à une part.

Les héritiers des autres classes sont exclus par les héritiers plus proches en degré, à l'exception toutefois des frères et des sœurs utérins, qui ne sont pas exclus par la mère.

§ 1er. --- DE LA PREMIÈRE CLASSE D'HÉRITIERS, OU CEUX QUI ONT UNE PART DÉTERMINÉE.

1° LE MARI. --- S'il y a des enfants ou des enfants de fils, il a droit au quart. S'il n'y a pas d'enfants ou d'enfants de fils, il a droit à la moitié.

2° LA FEMME. --- Dans le premier cas ci-dessus, elle a un huitième; dans le second cas, elle a un quart. S'il y a plusieurs femmes, elles partagent également entre elles le quart ou le huitième.

3° LES FILLES. — S'il n'y a pas de fils, la fille unique prend la moitié; s'il y a plusieurs filles, elles prennent les deux tiers. En concours avec des fils, elles rentrent dans la seconde classe d'héritiers.

4° LES FILLES DE FILS. — Elles ont la même part que les filles, en leur absence et en l'absence de fils de fils. S'il y a une fille seulement, les filles de fils ont droit au sixième. S'il y a plusieurs filles, les filles de fils sont exclues.

5° Le père. — S'il y a des fils ou des descendants de fils, il a un sixième.

6° Le grand-père. — Si le père est décédé, le grand-père a droit au sixième, s'il est en concours avec des fils ou des descendants de fils.

7° La mère. — Si elle est en concours avec des fils, descendants de fils, deux ou plusieurs frères ou sœurs, elle a droit au sixième; dans les autres cas, à la moitié. En concours avec le mari ou la femme, elle a droit au tiers, après prélèvement de la part des premiers.

8° La grand'mère. — En l'absence de la mère, elle a droit au sixième. La mère exclut les grand'mères paternelle et maternelle, tandis que le père n'exclut que la grand'mère paternelle.

9° Les sœurs germaines. — En l'absence de fils, descendants de fils, de père, grand-père, frère germain, elles ont les mêmes droits que les filles et sous les mêmes distinctions. Si elles sont en concours avec des filles ou fils de fille, elles prennent le surplus de la succession après prélèvement de la part de ceux-ci. Elles ne portent aucune atteinte aux droits du mari, de la femme, de la mère, de la grand'mère.

10° Les sœurs consanguines. — En l'absence de sœurs germaines, elles ont les mêmes droits qu'elles.

En concours avec une sœur germaine, elles ont un sixième.

11° Les frères et les sœurs utérins. — D'après les distinctions précédentes, ils ont droit au sixième ou au tiers.

§ 2. — De la seconde classe d'héritiers, ou ceux qui n'ont pas de part déterminée.

Ces héritiers sont les descendants mâles, les ascendants mâles du décédé, le plus proche excluant le plus éloigné, les frères, leurs fils, les oncles paternels, leurs fils, l'arrière-grand-père, ses fils.

Certains héritiers, qui ont droit dans certains cas à une part fixe, prennent rang dans cette classe quand ils sont en concours avec les héritiers mâles du même degré qu'eux; telles sont les filles, les filles de fils, les sœurs germaines, les sœurs consanguines, en concours avec des fils, des fils de fils, des frères germains, des frères consanguins.

Les sœurs en concours avec des filles ou fils de fille, en l'absence de fils, de fils de fils, de père, grand-père, frère, n'ont plus de part déterminée et rentrent dans cette classe d'héritiers.

§ 3. — DE LA TROISIÈME CLASSE D'HÉRITIERS, OU DES PARENTS ÉLOIGNÉS.

En l'absence d'héritiers des deux classes précédentes, la succession est dévolue aux héritiers suivants :

1° Les descendants des filles et des filles de fils, sans distinction de sexe ;

2° Les aïeux et les aïeules maternels ;

3° Les enfants des sœurs germaines et consanguines, les filles des pères, les fils des frères utérins ;

4° Les sœurs du père, les oncles frères utérins du père, les oncles et les tantes maternels et leurs enfants.

Le plus proche en degré est préféré à l'héritier d'un degré plus éloigné.

Les héritiers du double lien excluent les parents d'un seul côté au même degré.

A degrés égaux, celui qui se présente au nom d'un héritier de la première et de la seconde classe est préféré à celui qui ne peut invoquer cette qualité. Exemple : La fille d'une fille de fils et le fils d'une fille de fille sont égaux en degré ; la première sera préférée, parce que la fille de fils est au nombre des héritiers des deux premières classes.

Les parents par les mâles ont, au même degré, une part double. Exemple : La fille d'un fils de fille aura une part double de celle d'une petite-fille par la ligne féminine.

Le règlement d'une succession présente souvent de sérieuses difficultés de calcul. Les tribunaux pourront renvoyer soit devant le cazi, soit devant des experts, pour la solution de ces difficultés, en ayant soin de poser au préalable les bases du partage.

DES TESTAMENTS CHEZ LES INDOUS.

Le droit indou ne reconnaît pas le droit de tester.

L'usage des testaments s'est introduit, nonobstant le silence ou les prohibitions de la loi, dans les coutumes et les habitudes des Indiens. Leur validité a été consacrée par les arrêtés de règlement dont nous avons reproduit les dispositions, aussi bien que par la jurisprudence.

Le droit de disposer par testament n'est pas plus étendu que le droit de disposer par donation entre-vifs. (Arrêts des 4 décembre 1852 et 26 mars 1844.)

Le testateur est obligé de laisser une réserve à ses fils. (Arrêts des 7 novembre 1857 et 29 novembre 1859.)

Les femmes indoues peuvent faire un testament. (Arrêts des 22 septembre 1821 et 28 juin 1862.)

Un commun en biens ne peut disposer de sa part indivise dans la communauté. (Arrêt du 3 juin 1862.)

DES TESTAMENTS CHEZ LES MUSULMANS.

Les testaments peuvent être écrits ou nuncupatifs.

Le testateur ne peut disposer de plus du tiers de ses biens sans le consentement de ses héritiers.

Un legs ne peut être fait à un des héritiers sans le consentement des autres.

Les dettes doivent être payées avant la délivrance des legs.

La reconnaissance d'une dette faite au lit de mort en faveur d'un héritier équivaut à un legs et n'est valable que pour le tiers.

Si le testateur lègue plus du tiers, les legs sont réduits au prorata entre chaque légataire.

DES CASTES.

CLASSIFICATION ET NOMENCLATURE DES CASTES AU BENGALE.

(Calcutta-Review, n° 25, 1850.)

BRAHMES.

1° Kulins, institués par Bulal-Sen; prétendent que leur race n'a jamais été souillée par le sang d'une classe inférieure. Ils peuvent prendre autant de femmes qu'ils veulent et ne sont pas obligés de leur fournir des aliments. Cette obligation incombe au père. Ils reçoivent une dot du chef de la famille qu'ils honorent de leur alliance;

2° Bhangas, les enfants d'un Brahme-Kulin avec la fille d'un Brahme d'un rang inférieur;

3° Bangsaja, ou descendants de Brahmes-Kulins par des alliances avec d'autres Brahmes et qui épousent des Brahmines de leur caste;

4° Shrotrya, ceux qui sont habiles dans la connaissance des Védas.

Ces quatre classifications de Brahmes ajoutent à leurs noms les terminaisons de Mukapadhyaya ou Mukerji, Bandhapadhyaya ou Banerjy, Chattapadhyaya ou Chatterjy, Gangapadhyaya ou Gangouli et Gosal;

5° Barendras, ou Brahmes de Barendra. Ils sont divisés en quatre classes, et ajoutent à leurs noms les terminaisons suivantes : Maitra, Rudra, Sandel, Lahuri, Bhaduri;

6° Les Saptasatis, ou Brahmes primitivement originaires du Bengale. Ils sont divisés en deux classes : Paschatya et Dakshin-Atya, ou Brahmes de l'Ouest et Brahmes du Sud.

Il n'existe plus au Bengale de Kshatryas ni de Vaysias.

Les Soudras se divisent en un nombre infini de classes :

1° Kaysthas, écrivains; ils se subdivisent en Kaysthas-Kulins, qui ont deux branches : Uthar et Dakshin-Rarhi ou Kaysthas du Nord et du Sud. Ils ajoutent à leur nom les terminaisons de Mittir, Boche et Ghosh. Ceux qui viennent après ces deux divisions, les Bangsaja-Kaysthas, ajoutent à leur nom le mot Guha ou Gouin.

Les Kaysthas ordinaires ajoutent à leur nom les terminaisons Dé, Dutt ou Dott, Singh, Pal, Dhar et Kar ;

2° Baidya, médecins ;

3° Gopa, qui se subdivisent en deux classes : Sata, agriculteurs, et Ballava, laitiers ;

4° Banik, qui se subdivisent en cinq classes : Gandha, marchand d'épices ; Kayangsa, marchand de bronzes ; Sankha, marchand de coquilles ; Sharma, banquier ; Agaroula, bijoutiers ;

5° Chornokar, orfèvre ;

6° Cormokar, forgeron ;

7° Malakar ou Mali, jardinier ;

8° Pramanik, barbier ;

9° Tantubaya, tisserand ;

10° Madak, confiseurs ;

11° Agouri, cultivateurs ;

12° Sutradar, charpentier ;

13° Tili, épiciers ;

14° Koibott, divisés en deux classes : Chassi, cultivateurs, et Dhibar, pêcheurs ;

15° Jogy, marchand d'étoffes ;

16° Barui, marchand de bétel ;

17° Soundik, distillateurs ;

18° Kumar, potiers ;

19° Tambali, épiciers ;

20° Téli, huiliers ;

21° Rajak, blanchisseurs ;

22° Baiti, fabricants de nattes ;

23° Dam, fabricants de paniers ;

24° Chormokars, cordonniers, marchands de cuirs ;

25° Dhayoa, pêcheurs ;

26° Bagdi, domestiques ; ils se divisent en deux classes : Tetulia et Kushmetia ;

27° Badya, marchands de plantes médicinales ;

28° Chasadhoba, marchands de riz ;

29° Chunar, chaufourniers;

30° Douli, porteurs de palanquins;

31° Podh, journalier;

32° Korar, qui creuse des étangs;

33° Bhat, servant dans les sacrifices;

34° Acharjy, servant dans les sacrifices;

35° Hari, entrepreneurs;

36° Chandal, celui qui n'appartient à aucune caste, le pariah.

DIVISION DES CASTES À PONDICHÉRY.

Les castes se divisent en castes de la main droite et en castes de la main gauche. Nous indiquerons dans ce tableau les premières par un D, et les dernières par un G.

Subdivisions.

D. Tondamandalavellaja . . . . $\left\{\begin{array}{l}\text{Milenattar.}\\ \text{Kijénattar.}\end{array}\right.$

D. Toulouvavellaja . . . . $\left\{\begin{array}{l}\text{Poundemaléar.}\\ \text{Pounériar.}\\ \text{Caroncouji.}\\ \text{Oullour.}\end{array}\right.$

D. Sojiavellaja . . . .   "

D. Cavré et Cavré propre . . . . $\left\{\begin{array}{l}\text{Valéakara.}\\ \text{Pavajacara.}\\ \text{Camavar.}\\ \text{Podicara.}\\ \text{Calcavaré.}\\ \text{Conveladecavré.}\\ \text{Mouttourer.}\end{array}\right.$

Les castes ci-dessus sont dites *hautes castes*; elles ont droit de porter les papouches.

Subdivisions.

D. Yadaval . . . . $\left\{\begin{array}{l}\text{Sambarédear.}\\ \text{Sojiaédear.}\\ \text{Vadougaédear.}\\ \text{Siviarédear.}\\ \text{Pouncouvalédear.}\\ \text{Tounmateédear.}\\ \text{Counédear.}\end{array}\right.$

	Subdivisions.
D. Vadouvayadaval..................	"
D. Singoular......................	"
G. Chetty........................	Vadoucattouchetty. Socjiachetty. Vieravàndichetty. Atcharapacalchetty.
D. Gomoutty......................	Commetty. Commetty,
D. Séder.........................	"
D. Sénier........................	"

Les castes ci-dessus sont dites *bonnes castes intermédiaires;* elles ont droit de porter les papouches.

	Subdivisions.
G. Camala.......................	Caroumàr. Tattâr. Cannar. Caltatchar. Vadouvotar.
Senécodear ou Élevanier..............	"
G. Corechetty.....................	"
D. Vanouva......................	Vanier du Sud. Vanier du Nord.
D. Moutchy......................	"
D. Souraire......................	Sanar du Sud. Sanar du Nord.
D. Cossavar......................	"

Les castes ci-dessus sont dites *castes inférieures,* portant papouches à Pondichéry, mais seulement par tolérance.

	Subdivisions.
D. Callar........................	"
D. Patanaver ou Maquois.............	"
D. Sempadavar...................	"
D. Vannâr......................	Rettipouncavannâr. Mouroucounattouvannàr. Tamijevannàr. Pouncounattouvannâr.
D. Coravar......................	"

	Subdivisions.
D. et G. Ampatin......................	Valangaï-Amatter. Édougaï-Amatter.
D. Paria...........................	Vallouva ou prêtre paria. Valangaïmougattar.
D. Sakili ou Comboucara...............	"
D. Totty...........................	"

Les castes ci-dessus sont dites *basses castes*, ne portant pas papouches.

	Subdivisions.
	Brahme.
	Chattriar.
	Vanniar ou Pally.
	Retty.
	Sonagar ou Touloucar.
Neutres...........................	Musulman.
	Pantchicoutty.
	Marhatte.
	Radjpout.
	Vaichnavar.
	Patnoulcara.

Les castes ci-dessus sont dites *bonnes castes*, portant papouches.

COMPUTATION DU TEMPS CHEZ LES INDIENS.

L'année Fazély du nord de l'Inde se compte après Jésus-Christ, 593 ans. Celle du sud de l'Inde se compte après Jésus-Christ, 591 ans.

La période séculaire est de soixante années. Chaque année porte un nom déterminé. Nous sommes, en 1867, dans la première année du 25e cycle, ce qui porterait le commencement de l'ère à l'an 427 après Jésus-Christ. Le cycle du Bengale est en avance de onze ans sur le cycle de Madras.

L'ère de *Sumbut* commence à la mort de Vicramaditya, 50 ans avant Jésus-Christ.

L'ère de *Salivahana* commence 78 ans après Jésus-Christ.

L'ère *Vilayati,* suivie sur la côte d'Orixa, commence après Jésus-Christ, 593 ans.

La période de 1,000 ans de *Parasourama* commence 825 ans après Jésus-Christ.

Le *Kalygougam*, l'âge de fer, dont la durée doit, d'après la mythologie indoue, être de 432,000 ans. Nous sommes dans la 4,967e année.

Dans ce pays, les Indiens datent ordinairement leurs actes de la manière suivante : tel mois, telle année du cycle de soixante ans, telle année après Salivahana, telle année du Kalygougam.

Pour de plus grands détails, on peut consulter l'excellente grammaire tamoule du R. P. Dupuis, des Missions étrangères.

ORGANISATION JUDICIAIRE.

L'administration de la justice rentrait, au siècle dernier, dans les attribution du conseil souverain.

Ce conseil avait été institué par édit de février 1701. Il était composé des directeurs généraux de la Compagnie, en cas qu'il s'en trouvât à Pondichéry, et, en leur absence, du directeur général du comptoir et des marchands pour la Compagnie y résidant. Il ne pouvait rendre arrêt en matière civile qu'au nombre de trois juges, et en matière criminelle qu'au nombre de cinq. Un tribunal dit *de la Chaudrie* était chargé de rendre la justice aux natifs.

Cet édit fut remplacé par un édit du 30 décembre 1772, lequel fut à son tour remplacé par l'édit du 3 février 1776. Le conseil, comme corps judiciaire, était composé du gouverneur ou de l'ordonnateur, du plus ancien officier d'administration ayant rang de commissaire de la marine, de sept conseillers, d'un procureur général et d'un substitut. La présidence appartenait à l'ordonnateur et, à son défaut, au doyen. Les arrêts en matière civile ne pouvaient être rendus qu'au nombre de cinq juges, et en matière criminelle qu'au nombre de sept juges.

L'édit de 1784 vint abroger le précédent et rétablit la plupart des dispositions de l'édit de 1701.

Durant l'occupation anglaise de 1793 à 1816, la justice continua à être rendue d'après les formes et les lois suivies sous l'administration française. Néanmoins, le 12 juin 1805, la dénomination et la compétence du conseil supérieur furent changées. Le gouverneur de Madras établit à Pondichéry une cour de judicature composée de trois juges et de deux assesseurs. Le tribunal de la Chaudrie fut supprimé et remplacé par une chambre arbitrale.

A la reprise de possession de nos établissements, le 4 octobre 1816, le comte Dupuy s'occupa de réorganiser le service judiciaire.

Le 8 février 1817, il rétablit le conseil supérieur sur les bases de l'édit de 1784. Les conseils provinciaux furent aussi rétablis dans les établissements secondaires.

Une ordonnance royale du 22 novembre 1819 donna au conseil supérieur le nom de *cour royale*.

Les ordonnances des 23 octobre 1827 et 11 septembre 1832 organisèrent à nouveau l'administration de la justice. Elles furent en vigueur jusqu'à l'ordonnance du 7 février 1842, qui régit actuellement l'Inde.

ORDONNANCE DU 7 FÉVRIER 1842.

LOUIS-PHILIPPE, Roi des Français,

A tous ceux qui ces présentes verront, salut.

Vu l'article 25 de la loi du 24 avril 1833, sur le régime législatif des colonies, ainsi conçu :

« Les établissements français dans les Indes orientales continueront d'être « régis par ordonnances du Roi. »

Sur le rapport de notre ministre secrétaire d'État de la marine et des colonies, et de notre garde des sceaux, ministre de la justice et des cultes,

Nous avons ordonné et ordonnons ce qui suit :

TITRE PREMIER.

DISPOSITIONS PRÉLIMINAIRES.

« Art. 1er. La justice est rendue en notre nom, dans les établissements français des Indes orientales, par des tribunaux de paix, des tribunaux de première instance et une cour royale.

« Art. 2. Les juges sont nommés et révoqués par nous, sur le rapport de notre garde des sceaux, ministre de la justice et des cultes, et de notre ministre de la marine et des colonies. Ils peuvent être provisoirement sus-

8

pendus de leurs fonctions par une décision du gouverneur, ainsi qu'il est dit aux articles 80, 88 et 94 de la présente ordonnance.

« Art. 3. Les audiences sont publiques en matière civile et en matière criminelle, à moins que cette publicité ne soit dangereuse pour l'ordre ou pour les mœurs; et, dans ce cas, le tribunal le déclare par un jugement préalable.

« Dans tous les cas, les jugements autres que ceux qui interviennent sur des incidents nés pendant le huis clos sont prononcés publiquement.

« Les jugements doivent être motivés, à peine de nullité.

« Art. 4. Les juges ne peuvent, à peine de forfaiture, troubler de quelque manière que ce soit les opérations des corps administratifs, ni citer devant eux les administrateurs, pour raison de leurs fonctions.

« Art. 5. Continueront d'être observées, relativement aux affaires dites *de caste*, les règles de compétence déterminées par l'ordonnance locale du 26 mai 1827 et les autres dispositions en vigueur dans la colonie.

« Le comité consultatif continuera d'être appelé à donner son avis sur toutes les questions de droit indien qui lui seront soumises par les tribunaux.

TITRE II.
DES TRIBUNAUX ET DE LA COUR.

CHAPITRE PREMIER.
DES TRIBUNAUX DE PAIX.

« Art. 6. Des tribunaux de paix sont établis à Pondichéry, à Chandernagor et à Karikal. Ils sont composés d'un juge de paix et d'un greffier, et, s'il y a lieu, d'un juge suppléant et d'un commis greffier.

« Art. 7. Les juges de paix connaissent de toutes actions purement personnelles ou mobilières, et des actions commerciales, en premier et dernier ressort, jusqu'à la valeur de 75 francs en principal exprimé dans la demande, et à charge d'appel, jusqu'à la valeur de 150 francs.

« Art. 8. Les juges de paix prononcent, sans appel, jusqu'à la valeur de 75 francs, et à charge d'appel, jusqu'à 500 francs, sur :

« 1° Les contestations entre les hôteliers, aubergistes ou logeurs et les voyageurs ou locataires en garni, pour dépenses d'hôtellerie et pertes ou avaries d'effets déposés dans l'auberge ou dans l'hôtel;

« 2° Celles entre habitants et étrangers, pour frais de logement et de nourriture;

« 3° Celles entre les voyageurs et les voituriers, ou capitaines de navires ou bateliers, pour retards, frais de route et pertes ou avaries d'effets accompagnant les voyageurs; et celles relatives au loyer des palanquins, coulis, boués, charrettes, chevaux, bêtes de somme, et à tous autres moyens de transport, par terre, de personnes, effets ou marchandises;

« 4° Celles entre les voyageurs et les carrossiers ou autres ouvriers, pour fournitures, salaires et réparations faites aux voitures de voyage;

« 5° Les dégradations et pertes imputables au locataire pendant sa jouissance et arrivées, soit par son fait, soit par celui des personnes de sa maison ou de ses sous-locataires (C. C. 1732-1735), sauf les cas d'incendie (C. C. 1733-1734) et d'inondation, pour lesquels la compétence sera restreinte dans les termes de l'article 7.

« 6° Les contestations entre Indiens propriétaires de paillottes, soit dans les villes, soit dans les campagnes, au sujet des murs en terre, toits, pendales et autres dépendances desdites paillottes.

« ART. 9. Les juges de paix connaissent, sans appel, jusqu'à la valeur de 75 francs, et à charge d'appel, à quelque valeur que la demande puisse s'élever:

« Des actions en payement de loyers ou fermages, des congés, des demandes en résiliation de baux fondées sur le seul défaut de payement des loyers ou fermages; des expulsions de lieux et des demandes en validité de saisie-gagerie; le tout lorsque les locations verbales ou par écrit n'excèdent pas annuellement 300 francs à Pondichéry, et 200 francs partout ailleurs.

« ART. 10. Les juges de paix connaissent également, sans appel, jusqu'à la valeur de 75 francs, et à charge d'appel, à quelque valeur que la demande puisse s'élever:

« 1° Des actions pour dommages faits aux champs, fruits et récoltes, soit par l'homme, soit par les animaux, et de celles relatives à l'élagage des

8.

arbres ou haies, et au curage, soit des fossés, soit des canaux servant à l'irrigation des propriétés ou au mouvement des usines, lorsque les droits de propriété ou de servitude ne sont pas contestés;

« 2° Des réparations locatives des maisons ou fermes, mises par la loi à la charge du locataire;

« 3° Des indemnités réclamées par le locataire ou fermier, pour non-jouissance provenant du fait du bailleur, lorsque le droit à une indemnité n'est pas contesté;

« 4° Des contestations relatives aux engagements respectifs des propriétaires et de leurs gérants ou économes; des gens de travail au jour, au mois, à l'année, et de ceux qui les emploient; des maîtres et des domestiques ou gens de service à gages; des maîtres fabricants et entrepreneurs et de leurs ouvriers ou apprentis;

« 5° Des actions civiles pour diffamation verbale, et pour injures et expressions outrageantes publiques ou non publiques, verbales ou par écrit; des mêmes actions pour rixes ou voies de fait; le tout lorsque les parties ne se sont pas pourvues par la voie criminelle.

« ART. 11. Les juges de paix connaissent en outre, à charge d'appel :

« 1° Des entreprises commises, dans l'année, sur les cours d'eau servant à l'irrigation des propriétés et au mouvement des usines et moulins, sans préjudice des attributions de l'autorité administrative dans les cas déterminés par les lois et par les règlements locaux; des dénonciations de nouvel œuvre, complaintes, actions en réintégrande, et autres actions possessoires fondées sur des faits également commis dans l'année;

« 2° Des actions en bornage et de celles relatives à la distance prescrite par la loi, les règlements particuliers et l'usage des lieux, pour les plantations d'arbres ou de haies, lorsque la propriété ou les titres qui l'établissent ne sont pas contestés;

« 3° Des actions relatives aux constructions et travaux énoncés dans l'article 674 du Code civil, lorsque la propriété ou la mitoyenneté du mur ne sont pas contestées;

« 4° Des demandes en pensions alimentaires n'excédant pas 300 francs par an, lorsqu'elles sont formées en vertu des articles 205, 206 et 207 du Code civil, et qu'elles ne sont pas accessoires à une instance principale précédemment intentée.

« ART. 12. Les juges de paix connaissent de toutes les demandes reconventionnelles ou en compensation qui, par leur nature ou leur valeur, sont dans les limites de leur compétence, alors même que, dans les cas prévus, par l'article 7, ces demandes, réunies à la demande principale, s'élèveraient au-dessus de 150 francs. Ils connaissent, en outre, à quelque somme qu'elles puissent monter, des demandes reconventionnelles en dommages-intérêts fondées exclusivement sur la demande principale elle-même.

« ART. 13. Lorsque chacune des demandes principale, reconventionnelle ou en compensation, est dans les limites de la compétence du juge de paix en dernier ressort, il prononce sans qu'il y ait lieu à appel.

« Si l'une de ces demandes n'est susceptible d'être jugée qu'à charge d'appel, le juge de paix ne prononce sur toutes qu'en premier ressort.

« Si la demande reconventionnelle ou en compensation excède les limites de sa compétence, il peut, soit retenir le jugement de la demande principale, soit renvoyer, sur le tout, les parties à se pourvoir devant le tribunal de première instance.

« ART. 14. Lorsque plusieurs demandes formées par la même partie sont réunies dans une même instance, le juge de paix ne prononce qu'en premier ressort, si leur valeur totale s'élève au-dessus de soixante-quinze francs, lors même que quelqu'une de ces demandes serait inférieure à cette somme. Il est incompétent sur le tout si ces demandes excèdent, par leur réunion, les limites de sa juridiction.

« ART. 15. Dans les cas où la saisie-gagerie ne peut avoir lieu qu'en vertu de permission de justice, cette permission est accordée par le juge de paix du lieu où la saisie doit être faite, toutes les fois que les causes rentrent dans sa compétence.

« S'il y a opposition de la part des tiers pour des causes et pour des sommes qui, réunies, excéderaient cette compétence, le jugement en sera déféré au tribunal de première instance[1].

[1] Les dispositions de l'arrêté suivant complètent les règles de compétence :

Arrêté du 24 février 1834.

« ART. 3. Les parties peuvent toujours se présenter volontairement devant un juge de paix lors-

« Art. 16. L'exécution provisoire des jugements est ordonnée dans tous les cas où il y a titre authentique, promesse reconnue ou condamnation précédente dont il n'y a pas eu appel. Dans tous les autres cas, le juge peut ordonner l'exécution provisoire, nonobstant appel, sans caution lorsqu'il s'agit d'une pension alimentaire, avec ou sans caution lorsque la somme n'excède pas 150 francs, et avec caution au-dessus de cette somme. La caution est reçue par le juge de paix. Le tout, sans qu'il soit dérogé aux règles établies dans les possessions françaises de l'Inde en matière de contrainte par corps, soit avant, soit après jugement.

« Art. 17. S'il y a péril en la demeure, l'exécution provisoire peut être ordonnée sur la minute du jugement, avec ou sans caution, suivant les distinctions exprimées en l'article précédent.

« Art. 18. Les jugements rendus en dernier ressort par les juges de paix ne peuvent être attaqués par voie de recours en cassation. Ils ne peuvent

qu'il s'agira des actions énoncées aux deux articles précédents, auquel cas il jugera leurs différends, soit en dernier ressort, si les lois ou les parties l'y autorisent, soit à la charge de l'appel, encore qu'il ne fût le juge naturel des parties, ni à raison du domicile du défendeur, ni à raison de la situation de l'objet litigieux.

« La déclaration des parties qui demanderont jugement sera signée par elles, ou mention sera faite si elles ne peuvent signer.

« Art. 4. Les contestations qui s'élèvent entre les Indiens sur des affaires personnelles, mobilières ou de commerce, et dans lesquelles l'une des parties ou toutes deux sont étrangères et non domiciliées sur le territoire, peuvent être portées, même sans assignation, si les parties y consentent, devant le tribunal de paix, quel que soit le montant de la demande, pour être jugées sans appel jusqu'à la valeur de trente roupies, et à charge d'appel, au-dessus de cette somme.

« Le consentement des parties sera constaté en la forme prescrite par l'article 3, si les parties se présentent sans citation.

« Art. 5. Les jugements du tribunal de paix seront exécutoires par provision, nonobstant l'appel en donnant caution, laquelle pourra être personnelle, devra être discutée devant le juge de paix et sera contraignable par corps, ainsi que pour recouvrement des frais et amendes.

« Art. 7. Dans les affaires ordinaires et sur toutes les demandes excédant la compétence des tribunaux de paix, si le défendeur se présente en personne avec le demandeur devant le juge de paix pour reconnaître sa dette, et demande seulement terme et délai, il sera statué par le juge de paix et accordé un délai court et modéré, selon les circonstances.

« De même et si, au jour fixé par la citation, le défendeur paraît en personne devant le tribunal de première instance pour reconnaître la dette et demander seulement terme et délai, il sera dispensé de se faire représenter par un conseil agréé et d'en constituer un, en produisant la citation qui sera déposée au greffe.

être déférés à la cour royale, par voie d'annulation, que dans les cas prévus par les articles 69 et suivants.

« Art. 19. Les tribunaux de paix connaissent des contraventions de police définies par les lois, ainsi que des infractions aux règlements de police légalement faits par l'autorité administrative.

« Leurs jugements sont rendus, savoir : en premier et dernier ressort, lorsque l'amende, les restitutions et autres réparations civiles n'excèdent pas 10 francs, outre les dépens, et en premier ressort seulement, lorsqu'ils prononcent l'emprisonnement ou lorsque le montant des amendes et des condamnations civiles excède la somme de 10 francs, sans les dépens.

« Art. 20. Les dispositions des deux ordonnances locales du 25 mai 1827, qui règlent la pénalité en matière de contraventions de police et qui modifient les articles 401 et 463 du Code pénal, sont et demeurent confirmées.

« Art. 21. Les fonctions du ministère public, auprès du tribunal de police de Pondichéry, sont remplies par le commissaire ou inspecteur de police, et, en cas d'absence ou d'empêchement, par l'officier de l'état civil.

« Le tribunal ne prononce qu'après avoir entendu le ministère public dans ses réquisitions.

« Les tribunaux de police de Chandernagor et de Karikal pourront, jusqu'à nouvel ordre, ne pas être assistés d'un officier du ministère public.

« Il lui sera donné acte de ses comparution et reconnaissance, et il sera de suite statué sur ses observations.

« Cette nature d'affaire sera jugée avant toute autre, sur la réquisition du défendeur qui aura remis son ajournement au greffier, à l'ouverture de l'audience, et il en sera dressé un rôle distinct qui servira à l'appel immédiat de ces causes.

« Art. 8. Au cas de dénégation d'écritures et signatures au bas des titres produits devant le juge de paix, et même alors que la partie à qui on l'oppose aurait déclaré s'inscrire en faux, il sera loisible au juge, sur la demande des intéressés, et même d'office, d'ordonner la comparution en personne, en présence des parties ou elles dûment citées, des écrivains, rédacteurs et témoins qui auraient signé l'obligation, et même, au cas de décès de ceux-ci, des témoins qui auraient vu signer les actes, et de déclarer, le cas échéant, la dénégation ou inscription de faux non recevable, en condamnant, même par corps, la partie qui succombera à une amende de une à huit roupies pour les Européens et gens à chapeaux, et de une à quatre roupies pour les Indiens, applicable au comité de bienfaisance et aux frais de l'incident.

« Art. 9. Les dispositions des ordonnances royales, des règlements ou ordonnances locales celles du Code civil, rendues applicables aux établissements de l'Inde, continueront d'être exé-

« Art. 22. Indépendamment des fonctions qui sont départies aux juges de paix, par le Code civil et par les Codes de procédure civile, de commerce et d'instruction criminelle, ils reçoivent, dans tous les cas où elle est exigée, l'affirmation des procès-verbaux dressés en matière de police, de voirie, de chasse, de pêche, de délits ruraux et forestiers, de douanes et de contributions indirectes, et en toutes autres matières.

« Ils délivrent, s'il y a lieu, des saufs-conduits aux individus qui, étant exposés à la contrainte par corps, sont cités devant eux, comme prévenus ou comme témoins [1].

CHAPITRE II.

DES TRIBUNAUX DE PREMIÈRE INSTANCE.

SECTION PREMIÈRE.

DES TRIBUNAUX DE PONDICHÉRY, DE CHANDERNAGOR ET DE KARIKAL.

« Art. 23. Les tribunaux de première instance sont composés, savoir :

« 1° Celui de Pondichéry, d'un juge royal, d'un lieutenant de juge et d'un juge suppléant [2];

« 2° Celui de Chandernagor, d'un juge royal et d'un lieutenant de juge ;

« 3° Celui de Karikal, d'un juge royal.

« Il y a près de chacun de ces tribunaux un procureur du Roi, un greffier et, s'il y a lieu, un ou plusieurs commis greffiers assermentés.

« Ces tribunaux, comme tribunaux civils, prononcent sur l'appel des jugements rendus en premier ressort par les justices de paix.

cutées, en tout ce qui n'est pas contraire aux dispositions du présent arrêté, notamment en ce qui concerne les diverses attributions des juges de paix en matière civile, non contentieuses, comme en matière de police, en matière de castes et autres purement administratives.

[1] *Loi du 25 mai 1838, promulguée dans la colonie.*

« Art. 17. Dans toutes les causes, excepté celles où il y aurait péril en la demeure et celles dans lesquelles le défendeur serait domicilié hors du canton ou des cantons de la même ville, le juge de paix pourra interdire aux huissiers de sa résidence de donner aucune citation en justice, sans qu'au préalable il n'ait appelé sans frais les parties devant lui. »

(Promulgué en exécution du décret du 22 janvier 1852.)

[2] Un second emploi de juge suppléant près le tribunal de Pondichéry a été créé par décret impérial du 1er février 1862.

« Ils connaissent, en premier et dernier ressort, des actions personnelles, mobilières et commerciales au-dessus de 150 francs jusqu'à 500 francs, et des actions immobilières jusqu'à 25 francs de revenu déterminé, soit en rente, soit par prix de bail.

« Au-dessus de 500 francs pour les actions personnelles, mobilières et commerciales, ou lorsque la chose qui fait l'objet de l'action immobilière ne produit pas de revenu susceptible d'évaluation de la manière ci-dessus déterminée, ils jugent en premier ressort seulement.

« Toutefois, et à raison de son éloignement de la cour royale, le tribunal de Chandernagor juge en dernier ressort les actions personnelles, mobilières et commerciales jusqu'à 1,000 francs, et les actions immobilières jusqu'à 50 francs de revenu, déterminé comme il est dit ci-dessus [1].

« Art. 24. Ces tribunaux, comme tribunaux correctionnels, connaissent en dernier ressort de l'appel des jugements des tribunaux de police.

« Ils prononcent, en premier ressort, sur les matières correctionnelles définies par le Code d'instruction criminelle, ainsi que sur les contraventions en matière de commerce étranger, de contributions indirectes et autres, qui entraînent une amende de plus de 15 francs.

« Art. 25. Le juge royal rend seul la justice dans les matières qui sont de la compétence du tribunal de première instance statuant au civil ou au correctionnel.

« Il remplit les fonctions attribuées aux présidents des tribunaux de pre-

---

[1] Les expressions de l'article 23, qui règle la compétence en matière immobilière et les modes de constatation de la valeur de l'immeuble litigieux, sont limitatives.

(Arrêts des 9 mars, 15 octobre, 17 décembre 1850, 24 juin, 28 juin, 25 octobre 1851, 4 février 1854, 6 février 1858, 21 juillet, 4 novembre, 29 décembre 1859, 29 décembre 1860.)

Les expressions de l'article sont démonstratives; la valeur de l'immeuble peut être fixée d'une autre manière que celles qui sont indiquées dans l'ordonnance.

(Arrêts des 7 septembre 1852, 15 mars, 29 novembre, 13 décembre 1853, 1er avril, 11 novembre 1854, 10 avril, 24 juillet, 6 novembre 1855, 18 avril, 27 mai, 25 juillet, 14 novembre 1857, 26 avril, 25 juin 1859.)

Cette fluctuation dans la jurisprudence de la cour de Pondichéry ne s'explique que par le désir de mettre un terme à des contestations d'une valeur minime. Il arrive souvent en effet que des procès s'agitent au sujet d'immeubles qui ne valent pas en principal le revenu fixé par l'ordonnance.

Il serait à désirer que l'on prît l'impôt foncier, qui est immuable, pour base de fixation.

mière instance par le Code civil et par les Codes de procédure civile, de commerce et d'instruction criminelle.

« Il est chargé, au lieu de sa résidence, de la visite des navires, ainsi qu'il est réglé par les lois, ordonnances et autres actes en vigueur dans la colonie.

« Il vise, cote et parafe les répertoires des notaires, ceux des huissiers et commissaires-priseurs, ainsi que les registres des curateurs aux successions vacantes.

« ART. 26. Les fonctions attribuées au juge d'instruction par le Code d'instruction criminelle sont remplies, savoir :

« A Pondichéry et à Chandernagor, par le lieutenant de juge;

« Et à Karikal, par le juge de paix [1].

« ART. 27. Le juge suppléant de Pondichéry assiste aux audiences, où il n'a dans tous les cas que voix consultative.

« Il peut être chargé, par le juge royal, des enquêtes, des interrogatoires, des ordres, des contributions et de tous les actes d'instruction civile, ainsi que des fonctions de juge-commissaire, de juge-rapporteur, et de celles indiquées aux deux derniers alinéas de l'article 25.

[1] *Arrêté du 31 juillet 1842, concernant le remplacement du lieutenant de juge dans les fonctions d'instruction criminelle, lorsqu'il est momentanément empêché.*

AU NOM DU ROI.

Nous, Capitaine de vaisseau de première classe, Officier de la Légion d'honneur, Gouverneur des établissements français dans l'Inde;

Vu les articles 27, 28 et 29 de l'ordonnance du Roi du 7 février 1842, concernant l'organisation judiciaire dans les établissements français de l'Inde, lesquels pourvoient au remplacement du juge royal et du lieutenant de juge, seulement en ce qui concerne les fonctions civiles et la tenue des audiences du tribunal;

Vu l'article 48 de l'ordonnance du Roi du 23 juillet 1840;

Sur le rapport et la proposition du procureur général du Roi;

Le conseil d'administration entendu,

Avons arrêté et arrêtons ce qui suit :

« ART. 1er. En cas d'empêchement momentané du lieutenant de juge dans ses fonctions d'instruction criminelle, le juge royal, à Pondichéry, pourra remplir lui-même lesdites fonctions, ou les déléguer au juge suppléant; à Chandernagor, elles seront remplies par le juge de paix.

« ART. 2. Le procureur général du Roi est chargé de l'exécution du présent arrêté, qui sera enregistré partout où besoin sera. »

« Il peut, en outre, être chargé, par le procureur du Roi, des fonctions du ministère public.

« Art. 28. En cas d'absence ou d'empêchement, le juge royal est remplacé, savoir :

« A Pondichéry et à Chandernagor, par le lieutenant de juge ;

« Et à Karikal,

« En matière civile et correctionnelle, par le magistrat qu'aura désigné le gouverneur ;

« Et en matière criminelle, par le préposé de l'inspection coloniale, qui sera lui-même remplacé comme il est dit à l'article 5o.

« Art. 29. En cas d'empêchement momentané du juge royal et du lieutenant de juge, à Pondichéry, l'audience est tenue par le plus ancien des conseillers auditeurs ; mais si les causes de l'empêchement doivent se prolonger, elle l'est par le magistrat nommé spécialement à cet effet par le gouverneur.

« A Chandernagor, le lieutenant de juge peut remplacer aussi le procureur du Roi, en cas d'absence ou d'empêchement.

SECTION II.

DES TRIBUNAUX D'YANAON ET DE MAHÉ.

« Art. 30. Le chef du comptoir, remplissant les fonctions de juge royal, connaît en premier et dernier ressort :

« 1º De toutes les affaires attribuées aux tribunaux de paix et de police par le chapitre Iᵉʳ, titre II, de la présente ordonnance ;

« 2º De toutes les affaires dont la connaissance, en dernier ressort, est attribuée aux tribunaux de première instance de Pondichéry et de Karikal.

« Il connaît, en premier ressort seulement, de toutes les affaires civiles ou commerciales et de toutes les affaires correctionnelles.

« Art. 31. La police judiciaire, l'instruction criminelle et l'action publique sont dirigées, sous la surveillance du procureur général, par un commis entretenu de la marine, lequel remplit également les fonctions du ministère public dans les affaires civiles et criminelles portées devant le chef du comptoir.

« Art. 32. Il y a, dans chacune de ces résidences, un greffier chargé d'assister le chef du comptoir et le commis de la marine dans leurs fonctions respectives.

CHAPITRE III.

DE LA COUR ROYALE.

SECTION PREMIÈRE.

DES SERVICES CIVIL ET CORRECTIONNEL.

« Art. 33. La cour royale est composée d'un président, de quatre conseillers et de deux conseillers auditeurs.

« Il y a près de la cour un procureur général, un substitut du procureur général, un greffier en chef et un commis greffier assermenté [1].

---

[1]   *Ordonnance du Roi du 3 février 1846.*

LOUIS-PHILIPPE, Roi des Français,

A tous présents et à venir, SALUT.

Vu l'article 25 de la loi du 24 avril 1833, sur le régime législatif des colonies ;

Vu notre ordonnance du 7 février 1842, concernant l'organisation judiciaire dans les établissements français de l'Inde ;

Sur le rapport de notre ministre secrétaire d'État de la marine et des colonies, et de notre garde des sceaux, ministre de la justice et des cultes,

Avons ordonné et ordonnons ce qui suit :

« Art. 1er. L'article 33 de notre ordonnance du 7 février 1842, second alinéa, est modifié ainsi qu'il suit :

« Il y a près de la cour un procureur général, un greffier en chef et un commis greffier assermenté.

« Cette disposition n'aura son effet, quant au substitut, que par vacance de l'emploi [a].

« Art. 2. Les fonctions de lieutenant de juge près le tribunal de première instance de Chandernagor sont supprimées.

« En cas d'absence ou d'empêchement, le juge royal dudit établissement sera remplacé, en matière civile et correctionnelle, par le magistrat ou autre fonctionnaire que le gouverneur aura désigné, et en matière criminelle, par le préposé de l'inspecteur colonial, qui sera lui-même remplacé comme il est dit en l'article 50 de notre ordonnance du 7 février 1842.

[a] Les fonctions de substitut du procureur général ont été rétablies par décret impérial du 1er février 1862.

« Art. 34. La cour royale statue souverainement sur l'appel des jugements rendus en premier ressort par les tribunaux civils et correctionnels.

« Art. 35. Elle connaît des faits de discipline, conformément aux dispositions du chapitre IV du titre IV ci-après.

« Art. 36. Trois magistrats, au moins, sont nécessaires pour rendre arrêt en matière civile et en matière correctionnelle [1].

« Tous arrêts qui ne sont pas rendus par le nombre de juges ci-dessus prescrit sont nuls.

« Lorsque le nombre des magistrats nécessaires pour rendre arrêt est incomplet, le président y pourvoit en appelant des magistrats honoraires, suivant l'ordre d'ancienneté ; à défaut de ceux-ci, des notables.

« Le service de la chambre d'accusation ne dispense pas des services civil et correctionnel.

SECTION II.

DE LA CHAMBRE D'ACCUSATION ET DE L'INSTRUCTION CRIMINELLE.

« Art. 37. Les instructions criminelles et correctionnelles, dirigées à Pondichéry par le lieutenant de juge, sont par lui communiquées au procureur

« Les fonctions attribuées au juge d'instruction par le Code d'instruction criminelle y seront remplies par le juge de paix.

« Art. 3. Le tribunal criminel de Chandernagor se compose : 1° du juge royal ; 2° de l'officier ou commis de l'administration de la marine, chargé de l'inspection ; 3° de l'officier ou commis d'administration chargé du service.

« En cas d'empêchement de l'inspecteur ou de l'officier d'administration chargé du service, ils sont remplacés par le chef du service de santé, et, à défaut, par des notables.

« Art. 4. Le traitement colonial du juge de paix de Pondichéry demeure fixé à 4,000 francs, sans indemnité de palanquin [a].

« Art. 5. Sont abrogées toutes dispositions antérieures sur l'organisation judiciaire et l'instruction criminelle, en ce qu'elles auraient de contraire à la présente ordonnance.

« Art. 6. Notre ministre de la marine et des colonies, et notre garde des sceaux, ministre de la justice et des cultes, sont respectivement chargés de l'exécution de la présente ordonnance, qui sera insérée au Bulletin des lois. »

[1] « L'ordonnance du 16 mai 1835 sur les appels relatifs aux séparations de corps a été promulguée dans la colonie le 9 avril 1863. Cette ordonnance est sans application dans la colonie, où les questions d'état sont jugées comme toutes les autres affaires.

[a] L'indemnité de palanquin a été rétablie dans les budgets subséquents.

du Roi, qui, dans les trois jours, les transmet avec son avis au procureur général.

« Art. 38. Le procureur général est tenu de mettre l'affaire en état et de faire son rapport dans les dix jours. Pendant ce temps, la partie civile et le prévenu peuvent fournir tels mémoires qu'ils estiment convenable, sans que le rapport puisse être retardé.

« Art. 39. La chambre d'accusation, composée d'un conseiller de la cour royale, du juge royal, et du lieutenant de juge, ou, à son défaut, du juge suppléant, qui, dans ce cas, a voix délibérative, se réunit au moins une fois par semaine en la chambre du conseil, pour statuer sur les réquisitions du procureur général. Elle statue au plus tard dans les trois jours du rapport du procureur général [1].

« Art. 40. Le conseiller qui préside la chambre d'accusation est désigné par trimestre, à tour de rôle, et en commençant par le plus ancien.

« Art. 41. Les procureurs du Roi de Chandernagor et de Karikal saisissent directement le tribunal de la connaissance des affaires correctionnelles ou criminelles, même après une instruction.

« S'ils pensent qu'il n'y ait lieu à suivre sur l'instruction qui leur est communiquée, ils adressent leur réquisitoire au juge d'instruction, qui décide s'il y a lieu ou non au renvoi devant la juridiction criminelle, correctionnelle ou de police.

« Art. 42. Le ministère public instructeur d'Yanaon et de Mahé saisit directement le tribunal de la connaissance de toutes les affaires correctionnelles ou criminelles. S'il pense qu'il n'y ait lieu à suivre sur une instruction qu'il aurait dirigée, il en fait rapport au chef de comptoir, qui décide s'il y a lieu ou non au renvoi mentionné dans l'article précédent.

« Art. 43. Toutes les ordonnances portant qu'il n'y a lieu à suivre, rendues, soit à Chandernagor et à Karikal, soit à Mahé et à Yanaon, sont transmises immédiatement au procureur général, qui peut, s'il n'approuve pas la décision intervenue, en faire rapport à la chambre d'accusation dans les quinze

[1] Le juge d'instruction est appelé à apprécier, sur l'appel du ministère public, les actes et ordonnances qui émanent de lui comme juge d'instruction. Il ne peut être exclu de la chambre d'accusation, sous le prétexte d'une incapacité qui n'existe pas. (Arrêt cass. du 22 mai 1852.)

jours de la réception des pièces, sans préjudice du droit, pour le ministère public, de reprendre les poursuites en cas de charges nouvelles.

« Cette disposition n'est applicable que dans les affaires où le fait incriminé est de nature à emporter peine afflictive ou infamante.

« Art. 44. Dans toutes les affaires où le fait incriminé est de nature à entraîner peine afflictive ou infamante, le procureur général, à Pondichéry, et dans les autres établissements, l'officier chargé du ministère public, est tenu de rédiger un acte d'accusation.

CHAPITRE IV.

DE LA CHAMBRE CRIMINELLE.

« Art. 45. La chambre criminelle se compose de cinq magistrats de la cour royale et de deux notables, désignés comme il est dit ci-après (titre V).

« Le procureur général ou son substitut y porte la parole.

« Le greffier de la cour royale y tient la plume.

« Art. 46. La chambre criminelle connaît :

« 1° De toutes les affaire où le fait qui est l'objet de la poursuite est de nature à emporter peine afflictive ou infamante ;

« 2° Des appels de toutes les affaires criminelles jugées à Chandernagor, à Karikal, à Mahé et à Yanaon.

« Art. 47. Après la clôture des débats, le président pose d'abord la question de culpabilité résultant de l'acte d'accusation ; elle ne peut être résolue, pour l'affirmative, qu'à la majorité de cinq voix sur sept. Toutes les autres dispositions des arrêts, telles que l'application de la loi pénale, l'appréciation des excuses légales, des circonstances aggravantes ou atténuantes, et celle des dommages-intérêts, etc., sont prises à la simple majorité.

CHAPITRE V.

DES TRIBUNAUX DES ÉTABLISSEMENTS SECONDAIRES JUGEANT EN MATIÈRE CRIMINELLE.

« Art. 48. Dans les établissements secondaires, les tribunaux ne peuvent juger en matière criminelle qu'au nombre de trois membres, sauf, quant à Mahé, le cas prévu par l'article 51 ci-après.

« Art. 49. Le tribunal criminel, à Chandernagor, se compose :

« 1° Du juge royal;

« 2° De l'officier ou du commis d'administration de la marine chargé de l'inspection ;

« 3° Du juge de paix.

« En cas d'empêchement de l'inspecteur ou du juge de paix, ou de l'un et l'autre en même temps, il sont remplacés dans l'ordre ci-après : par l'officier ou commis d'administration chargé du service, par le chef du service de santé, et, à défaut, par des notables.

« Art. 50. Le tribunal criminel de Karikal se compose :

« 1° Du juge royal;

« 2° De l'officier ou du commis d'administration de la marine chargé de l'inspection ;

« 3° De l'officier ou du commis d'administration chargé du service.

« En cas d'empêchement de l'inspecteur ou de l'officier d'administration chargé du service, ou de l'un et l'autre en même temps, ils sont remplacés dans l'ordre ci-après : par le chef du service de santé, par le capitaine de port, et, à défaut, par des notables.

« Art. 51. Les tribunaux criminels d'Yanaon et de Mahé se composent :

« 1° Du chef de comptoir remplissant les fonctions de juge royal;

« 2° De deux notables.

« Néanmoins, en cas d'impossibilité absolue d'adjonction de deux notables au tribunal de Mahé, le président est autorisé à juger seul, après que cette impossibilité a été constatée, sur la réquisition du ministère public.

« Copie du procès-verbal dressé à cet effet est envoyée au procureur général à Pondichéry.

« Art. 52. Les jugements de ces tribunaux sont toujours en premier ressort; les formes et les délais de l'appel continueront à être réglés conformément aux dispositions des lois et arrêtés en vigueur dans la colonie.

CHAPITRE VI.
DU MINISTÈRE PUBLIC.

« Art. 53. Les fonctions du ministère public sont spécialement et personnellement confiées au procureur général.

« Il porte la parole aux audiences quand il le juge convenable.

« Art. 54. Le procureur général exerce l'action de la justice criminelle dans toute l'étendue de son ressort.

« Il veille au maintien de l'ordre dans tous les tribunaux. Il a la surveillance de tous les officiers de police judiciaire, des juges d'instruction, des greffiers et des officiers ministériels du ressort.

« Art. 55. En matière civile, le ministère public agit d'office dans les cas spécifiés par la loi.

« Il surveille l'exécution des lois, des arrêts et des jugements; il poursuit d'office cette exécution dans les dispositions qui intéressent l'ordre public.

« Art. 56. Le procureur général veille à ce que les lois et règlements soient exécutés dans les tribunaux; et, lorsqu'il a des observations à faire à cet égard, le président de la cour royale est tenu, sur sa demande, de convoquer une assemblée générale.

« Art. 57. Le procureur général n'assiste pas aux délibérations des juges, lorsque ceux-ci se retirent en la chambre du conseil pour les jugements; mais il est appelé à toutes les délibérations qui regardent l'ordre et le service intérieur ainsi que la discipline. Il a le droit de faire inscrire sur les registres de la cour ou du tribunal les réquisitions qu'il juge à propos de faire sur cette matière.

« Art. 58. Dans les affaires qui intéressent le Gouvernement, le procureur général est tenu, lorsqu'il en est requis par le gouverneur, de faire, conformément aux instructions qu'il en reçoit, les actes nécessaires pour saisir les tribunaux.

« Art. 59. Le substitut ne participe à l'exercice des fonctions du procureur général que sous sa direction.

« Toutes les fois qu'il en est requis par le procureur général, il est tenu de lui communiquer les conclusions qu'il se propose de donner.

« En cas de dissentiment, le procureur général porte la parole.

« Art. 60. Le procureur général a l'inspection des actes judiciaires et registres des greffes, des registres constatant l'état civil, et de ceux des curateurs aux successions vacantes.

« Il est chargé de réunir, pour être envoyés au ministre de la marine, les doubles registres, doubles minutes et documents divers destinés au dépôt des archives coloniales, créé par l'édit du mois de juin 1776.

« Art. 61. Les procureurs du Roi, à Chandernagor et à Karikal, et les officiers du ministère public, à Mahé et à Yanaon, exercent, sous la direction du procureur général, la même action et la même surveillance.

CHAPITRE VII.

DES GREFFIERS DE LA COUR ET DES TRIBUNAUX.

« Art. 62. Les greffiers tiennent la plume aux audiences.

« Art. 63. Ils sont chargés de recueillir et de conserver les actes des délibérations de la cour et des tribunaux.

« Art. 64. Ils sont chargés de tenir en bon ordre les rôles et les différents registres prescrits par les codes, par les ordonnances et par les règlements, et de conserver avec soin les collections et la bibliothèque à l'usage de la cour ou du tribunal auquel ils sont attachés.

« Ils ont la garde du sceau de la cour ou du tribunal près duquel ils exercent leurs fonctions.

« Art. 65. Il leur est interdit, sous peine de destitution, de recevoir sur leurs registres aucunes protestations, soit de la cour ou du tribunal, soit d'aucun magistrat en particulier.

« Art. 66. Les greffiers sont tenus d'établir, pour le dépôt des archives coloniales, des doubles minutes des actes de greffe, jugements et arrêts en matière civile, correctionnelle et criminelle concernant les Européens.

« Dans les huit premiers jours de chaque semestre, ils déposent ces pièces au parquet de la cour ou du tribunal auquel ils sont attachés.

« Art. 67. Le greffier de la cour assiste aux assemblées générales et y tient la plume.

« Art. 68. Les greffiers des tribunaux de première instance sont chargés, sous leur responsabilité, de la garde et de la conservation des anciennes minutes de notaires, et de toutes les pièces et actes dont les lois, ordonnances et règlements prescrivent le dépôt au greffe [1].

---

[1] Des greffiers malabars, chargés de traduire et de conserver en langue native les décisions des tribunaux, sont institués auprès de chaque juridiction.

TITRE III.

DES RECOURS EN ANNULATION ET EN CASSATION.

« ART. 69. Si le procureur général apprend qu'il ait été rendu, soit en premier, soit en dernier ressort, par un tribunal de paix ou de police, ou par un tribunal de première instance, civil ou correctionnel, un jugement contraire aux lois ou aux formes de procéder, ou dans lequel un juge ait excédé ses pouvoirs et contre lequel cependant aucune des parties intéressées n'ait réclamé dans le délai fixé, il peut d'office (et seulement après l'expiration du délai d'appel, s'il s'agit d'un jugement en premier ressort), en donner connaissance à la cour royale.

« Si les formes ou les lois ont été violées, le jugement sera cassé dans le seul intérêt de la loi, sans que les parties puissent se prévaloir de cette cassation pour éluder les dispositions de ce jugement, lequel vaudra transaction pour elles [1].

« ART. 70. Le gouverneur, par la voie du procureur général et sans préjudice du droit des parties intéressées, peut dénoncer à la cour royale les actes par lesquels les membres des tribunaux de paix, de police ou de première instance auraient excédé leurs pouvoirs, ou les délits par eux commis relativement à leurs fonctions. La cour annulera ces actes, s'il y a lieu, et les officiers de police ou les juges pourront être poursuivis comme il est dit au Code d'instruction criminelle.

« ART. 71. Dans les cas prévus aux deux articles précédents, la cour royale ne peut rendre arrêt, sur le rapport d'un conseiller, qu'au nombre de cinq juges au moins, et, dans ce cas, à la majorité de quatre voix. Si la cour est composée de six ou de sept magistrats, une majorité de cinq voix est nécessaire. Ses arrêts ne peuvent être déférés à la cour de cassation, à moins qu'ils n'aient pas été rendus par le nombre de juges qui vient d'être prescrit.

« ART. 72. Le recours en cassation est ouvert en matière civile contre

[1] Le procureur général ne peut se pourvoir en annulation contre une ordonnance de taxe. (Arrêt du 21 mai 1845.)

La cour ne peut statuer en règlement de juges ; il est nécessaire de recourir à la cour de cassation. (Arrêt du 8 octobre 1850.)

les jugements en dernier ressort des tribunaux de première instance, et contre les arrêts des cours royales, conformément à la législation de la métropole et sauf le droit accordé au procureur général de la cour de cassation, dans le cas des articles 80 et 88 de la loi du 27 ventôse an VIII [1].

« Art. 73. En matière criminelle, les jugements et arrêts ne seront pas susceptibles du recours en cassation, sauf :

« 1° Le droit du procureur général de la cour royale de dénoncer au gouverneur les jugements et arrêts qui lui paraissent contraires à la loi ;

« 2° Le droit réservé au Gouvernement et au procureur général près la cour de cassation par les articles 441 et 442 du Code d'instruction criminelle de la métropole.

TITRE IV.

DES MEMBRES DE L'ORDRE JUDICIAIRE.

CHAPITRE PREMIER.

DES CONDITIONS D'ÂGE ET DE CAPACITÉ.

« Art. 74. Nul ne peut être juge de paix ou suppléant de juge de paix s'il n'a vingt-sept ans accomplis.

« Nul ne peut être juge royal s'il n'a vingt-sept ans accomplis et s'il n'est licencié en droit.

---

[1] « Art. 80. Le Gouvernement, par la voie de son commissaire et sans préjudice du droit des parties intéressées, dénoncera au tribunal de cassation, section des requêtes, les actes par lesquels les juges auront excédé leurs pouvoirs, ou les délits par eux commis relativement à leurs fonctions. La section des requêtes annulera ces actes, s'il y a lieu, et dénoncera les juges à la section civile, pour faire à leur égard les fonctions de jury d'accusation. Dans ce cas, le président de la section civile remplira toutes celles d'officier de police judiciaire et de directeur de jury. Il ne votera pas. Il pourra déléguer sur les lieux, à un directeur de jury, l'audition des témoins, les interrogatoires et autres actes d'instruction seulement.

« Art. 88. Si le commissaire du Gouvernement apprend qu'il ait été rendu en dernier ressort un jugement contraire aux lois ou aux formes de procéder, ou dans lequel un juge ait excédé ses pouvoirs et contre lequel, cependant, aucune des parties n'ait réclamé dans le délai fixé, après ce délai expiré, il en donnera connaissance au tribunal de cassation ; et si les formes ou les lois ont été violées, le jugement sera cassé, sans que les parties puissent se prévaloir de la cassation pour éluder les dispositions de ce jugement, lequel vaudra transaction pour elles. »

« Nul ne peut être lieutenant de juge, juge suppléant ou procureur du Roi, s'il n'est âgé de vingt-cinq ans accomplis et s'il n'est licencié en droit.

« Les greffiers des tribunaux de paix et de première instance doivent être âgés de vingt-cinq ans accomplis.

« Les greffiers des tribunaux de première instance doivent, en outre, être licenciés en droit ou justifier de deux années de pratique, soit chez un avoué, soit dans un greffe.

« Nul ne peut être conseiller ou conseiller-auditeur s'il n'a vingt-sept ans accomplis et s'il n'est licencié en droit.

« Nul ne peut être président ou procureur général s'il n'a trente ans accomplis et s'il n'est licencié en droit.

« Le substitut du procureur général doit être licencié en droit et peut être nommé à vingt-cinq ans.

« Le greffier de la cour doit avoir vingt-sept ans accomplis et être licencié en droit, ou, à défaut du titre de licencié, avoir rempli pendant deux ans les fonctions de greffier ou de commis greffier assermenté dans un tribunal de première instance, ou celles de conseil près la cour et les tribunaux.

« Art. 75. Les parents et alliés, jusqu'au degré d'oncle et de neveu inclusivement, ne peuvent être simultanément membres de la cour ou d'un même tribunal, soit comme conseillers, conseillers-auditeurs, juges, lieutenants de juges ou juges suppléants, soit comme officiers du ministère public ou commis greffiers.

« Art. 76. Il ne peut, sous aucun prétexte, être accordé de dispense pour l'accomplissement des conditions prescrites par le présent chapitre.

CHAPITRE II.

DE LA NOMINATION ET DE LA PRESTATION DE SERMENT.

« Art. 77. Sont nommés par nous, de la manière déterminée par notre ordonnance du 28 juillet dernier, concernant le personnel de la magistrature coloniale, les magistrats et les greffiers de la cour royale et des tribunaux de première instance.

« Sont également nommés par nous, les juges de paix et leur suppléants.

« Sont nommés par le gouverneur, les greffiers des tribunaux de paix.

« Les commis greffiers sont, sur la présentation des greffiers, agréés par la cour ou par le tribunal où ils doivent exercer.

« En cas de décès, d'absence, de démission ou de suspension, le gouverneur pourvoit provisoirement aux fonctions vacantes [1].

« Art. 78. Avant d'entrer en fonctions, le président de la cour royale et le procureur général prêtent, devant le gouverneur en conseil, le serment dont la teneur suit :

« Je jure fidélité au Roi des Français, obéissance à la charte constitution-
« nelle, aux lois, ordonnances et arrêtés en vigueur dans la colonie. »

« Les autres membres de la cour, le substitut du procureur général, le greffier en chef et le commis greffier, les membres du tribunal de première instance de Pondichéry et le procureur du Roi de ce tribunal prêtent serment à l'audience de la cour.

« Les juges, lieutenant de juge et procureurs du Roi des autres tribunaux prêtent serment devant l'administrateur de la localité.

« Les tribunaux de première instance reçoivent le serment de leurs greffiers et commis greffiers, ainsi que des juges de paix de leur ressort et de leurs suppléants.

« Les juges de paix reçoivent le serment de leurs greffiers et commis greffiers [2].

CHAPITRE III.

DE LA RÉSIDENCE ET DES CONGÉS.

« Art. 79. Les membres de la cour et des tribunaux, ainsi que les juges de paix, sont tenus de résider dans le lieu même où siége la cour ou le tribunal dont ils font partie.

« Art. 80. Les magistrats ne peuvent s'absenter sans congé, si ce n'est pour cause de service.

---

[1] L'arrêté du 28 juillet 1842 a créé, auprès du tribunal de première instance de Pondichéry, une deuxième place de commis greffier, soldé par le greffier du tribunal sur les perceptions des droits de greffe, jusqu'à ce qu'il en soit autrement décidé.

[2] Le serment des magistrats nommés dans les établissements secondaires ne doit pas être prêté devant la cour, mais devant le chef de service de l'établissement (Dépêche ministérielle du 7 avril 1857.)

« Le magistrat qui s'absente sans un congé, délivré suivant les dispositions prescrites par les règlements, est privé de son traitement pendant le double du temps qu'a duré son absence.

« Si cette absence excède quinze jours, il lui est enjoint par le procureur général de se rendre à son poste. Faute par lui d'obtempérer à cette injonction dans le même délai, il en est rendu compte au gouverneur, qui, suivant les circonstances, peut, après l'avoir entendu ou dûment appelé, le suspendre de ses fonctions pendant six mois, au plus, et même provoquer sa révocation.

« La disposition ci-dessus est applicable à tout magistrat qui n'aura pas repris ses fonctions à l'expiration de son congé, ou qui ne résiderait pas dans le lieu qui lui est assigné par ses fonctions.

« L'absence sans congé, hors de la colonie, pendant plus de cinq jours, emporte démission.

« Art. 81. Tout congé qui excède un mois entraîne la privation de moitié du traitement pendant sa durée. Cette disposition n'est pas applicable au cas de maladie dûment constatée.

« Art. 82. Les dispositions des précédents articles ne s'appliquent pas aux absences que pourraient faire, pendant les vacances, les membres de la cour et des tribunaux qui ne sont pas de service [1].

---

[1] Le décret sur la solde du 19 octobre 1851 est applicable aux magistrats en vacances, aussi bien qu'aux autres fonctionnaires. (Dépêche du 24 janvier 1861.)

Les permissions de trente jours doivent être enregistrées au bureau des revues au départ et au retour. (Dépêche du 24 janvier 1861.)

Ces permissions ne peuvent, dans aucun cas, excéder trente jours francs. (Dépêches des 4 juin et 6 octobre 1864.)

Il ne peut être accordé qu'une permission de trente jours dans le cours d'une même année. Nul officier, employé ou aspirant, ne doit s'éloigner du port, en permission ou en congé, sans avoir fait enregistrer son autorisation d'absence au détail compétent du commissariat et sans s'être nanti de la feuille de route dont aucun titre ne peut tenir lieu. (Dépêche du 26 janvier 1863.)

L'ensemble des permissions accordées dans une année ne doit pas dépasser trente jours. Durant la durée de la permission qui excède ces trente jours, le fonctionnaire n'a que la demi-solde de son traitement. (Dépêche du 27 janvier 1866.)

CHAPITRE IV.

DES PEINES DE DISCIPLINE, ET DE LA MANIÈRE DE LES INFLIGER.

« Art. 83. La cour de cassation a, sur les magistrats et sur la cour royale de la colonie, les droits qui lui sont attribués sur les cours et les magistrats de la métropole.

« La cour royale a droit de surveillance sur ses membres, ainsi que sur les tribunaux de première instance et sur les tribunaux de paix de leur ressort.

« Le président de la cour avertit d'office, ou sur la réquisition du ministère public, tout juge qui manquerait aux convenances de son état.

« Art. 84. Si l'avertissement reste sans effet, ou si le fait reproché au magistrat est de nature à compromettre la dignité de son caractère, le président ou le procureur général provoque contre ce magistrat, par forme de discipline, l'application de l'une des peines suivantes :

« La censure simple ;

« La censure avec réprimande ;

« La suspension provisoire.

« Art. 85. La censure avec réprimande emporte de droit la privation, pendant un mois, de la totalité du traitement.

« La suspension provisoire emporte aussi, pendant le temps de sa durée, la privation du traitement, sans que, dans aucun cas, la durée de cette privation puisse être moindre de deux mois.

« Art. 86. L'application des peines déterminées par l'article 84 est faite par la cour, en chambre du conseil, sur les conclusions écrites du procureur général, après toutefois que le magistrat inculpé a été entendu ou dûment appelé.

« Art. 87. Tout magistrat qui se trouve sous les liens d'un mandat d'arrêt, de dépôt, ou d'une ordonnance de prise de corps, est suspendu de ses fonctions.

« En cas de condamnation correctionnelle emportant emprisonnement, la suspension a lieu à dater du jour de la condamnation jusqu'à celui où il aura subi sa peine, sans préjudice des mesures de discipline qui pourraient être prises contre lui, et même de la révocation, s'il y a lieu.

« Art. 88. Il est rendu compte au gouverneur, par le procureur général, des décisions prises par la cour.

« Quand elle a prononcé la censure avec réprimande, ou la suspension provisoire, sa décision n'est mise à exécution qu'après avoir été approuvée par le gouverneur.

« Art. 89. Le gouverneur peut, quand il le juge convenable, mander auprès de lui les membres de l'ordre judiciaire, à l'effet de s'expliquer sur les faits qui leur seraient imputés.

« Art. 90. Les officiers du ministère public dont la conduite est répréhensible sont rappelés à leur devoir par le procureur général; il en est rendu compte au gouverneur, qui, suivant la gravité des circonstances, leur fait faire par le procureur général les injonctions qu'il juge nécessaires, ou les mande près de lui.

« Art. 91. La cour royale instruit le gouverneur toutes les fois que les officiers du ministère public, autres que le procureur général, exerçant leurs fonctions près la cour, s'écartent du devoir de leur état, et qu'ils en compromettent l'honneur, la délicatesse et la dignité.

« Les tribunaux instruisent le président et le procureur général de la cour royale des reproches qu'ils croient avoir à faire aux officiers du ministère public exerçant dans l'étendue de l'arrondissement.

« Art. 92. Les greffiers de la cour et des tribunaux sont avertis ou réprimandés par les présidents, et ils sont dénoncés, s'il y a lieu, au gouverneur.

« Art. 93. Les décisions de la cour royale, en matière de discipline, ne peuvent être rendues que par cinq magistrats : les notables n'y peuvent jamais participer; elles ne sont pas susceptibles de recours en cassation.

« Art. 94. Si les faits reprochés à un magistrat sont de telle nature qu'ils ne permettent pas de le maintenir dans l'exercice de ses fonctions, le gouverneur, après l'avoir déféré, ou même sans le déférer à la cour royale, lui offre les moyens de venir en France rendre compte de sa conduite.

« Si cette offre est refusée, le gouverneur peut prononcer la suspension du magistrat jusqu'à nouvel ordre. Il rend immédiatement compte de sa décision à notre ministre de la marine et des colonies, et lui transmet en même temps la réponse écrite du magistrat inculpé.

« Art. 95. Dans les cas de suspension prévus par les articles 80 et 94, le

11

traitement du magistrat suspendu est réduit dans la proportion indiquée au paragraphe 5 de l'article 53 de notre ordonnance du 23 juillet 1840, concernant le gouvernement des établissements français dans l'Inde.

« Sont d'ailleurs maintenues les dispositions contenues dans les autres paragraphes du même article.

« ART. 96. Le ministre de la marine exerce, avec le concours de notre garde des sceaux, le pouvoir disciplinaire à l'égard des membres de l'ordre judiciaire de la colonie.

« Après avoir reçu les explications du magistrat inculpé, ils statuent définitivement sur l'action disciplinaire.

« Lorsqu'il y a lieu à révocation, il est procédé conformément aux dipositions de l'article 1er de notre ordonnance du 28 juillet dernier.

CHAPITRE V.

DES TRAITEMENTS.

« ART. 97. Le traitement des membres de la cour royale est fixé ainsi qu'il suit :

	TRAITEMENT	
	COLONIAL.	INTERMÉDIAIRE ou d'Europe [1].
Pour le président de la cour......................	9,000f	4,000f
Pour chaque conseiller..........................	6,000	3,000
Pour chaque conseiller-auditeur....................	3,000	1,500
Pour le procureur général........................	12,000	5,000
(Plus une indemnité à titre de frais de secrétariat du parquet.)		
Pour le substitut du procureur général..............	5,000	2,500
Pour le greffier................................	3,000	1,500
Pour le commis greffier..........................	1,000	600

[1] Les traitements d'Europe sont, d'après le décret du 17 janvier 1863, inséré ci-après, de la moitié du traitement colonial.

« Art. 98. Le traitement des membres des tribunaux de première instance est fixé ainsi qu'il suit :

	TRAITEMENT	
	COLONIAL.	INTERMÉDIAIRE ou d'Europe [1].
Tribunal de Pondichéry.		
Pour le juge royal..............................	6,000 f	3,000 f
Pour le lieutenant de juge........................	4,000	2,000
Pour le juge suppléant [2]........................	1,800	1,000
Pour le procureur du Roi.........................	6,000	3,000
(Plus une indemnité à titre de frais de secrétariat du parquet.)		
Pour le greffier européen........................	2,000	1,000
Pour le commis greffier..........................	800	500
Tribunal de Chandernagor.		
Pour le juge royal..............................	5,000	2,500
Pour le lieutenant de juge........................	3,000	1,500
Pour le procureur du Roi.........................	5,000	2,500
Pour le greffier................................	2,000	1,000
Tribunal de Karikal.		
Pour le juge royal..............................	4,000	2,000
Pour le procureur du Roi.........................	4,000	2,000
Pour le greffier européen........................	1,500	900

« Art. 99. Le traitement des membres des tribunaux de paix est fixé ainsi qu'il suit :

	TRAITEMENT	
	COLONIAL.	INTERMÉDIAIRE ou d'Europe [1].
Tribunal de Pondichéry.		
Pour le juge de paix...........................	4,000 f	2,000 f
(Plus, 960 francs à titre de frais de palanquin.)		

[1] Les traitements d'Europe sont, d'après le décret du 17 janvier 1863, inséré ci-après, de la moitié du traitement colonial.

[2] Porté à 2,500 francs par ordonnance du 7 août 1842.

11.

	TRAITEMENT	
	COLONIAL.	INTERMÉDIAIRE ou d'Europe [1].
Tribunal de Pondichéry. (Suite.)		
Pour le suppléant............................	2,000ᶠ	1,000ᶠ
Pour le greffier européen.....................	1,000	600
Pour le commis greffier.......................	800	400
Tribunal de Chandernagor.		
Pour le juge de paix..........................	3,600	1,800
Pour le greffier..............................	800	500
Pour le commis greffier.......................	600	400
Tribunal de Karikal.		
Pour le juge de paix..........................	3,000	1,500
Pour le greffier..............................	600	400

« Art. 100. Tribunaux de Mahé et d'Yanaon :

	TRAITEMENT	
	COLONIAL.	INTERMÉDIAIRE ou d'Europe [1]
Le traitement de chacun des greffiers est fixé à.........	1,200ᶠ	700ᶠ

« Art. 101. Le traitement colonial des greffiers de la cour et des différents tribunaux n'est déterminé que provisoirement. Il sera statué ultérieurement sur la perception des droits de greffe au profit du trésor, et sur les allocations à faire aux greffiers pour leur tenir lieu de traitement.

« Art. 102. Les frais de déplacement des magistrats envoyés de France sont fixés ainsi qu'il suit, savoir [2] :

[1] Fixé à la moitié du traitement colonial par décret du 17 janvier 1863 (art. 1ᵉʳ, § 2).
[2] Ces frais de déplacement ont été supprimés par arrêté ministériel du 30 avril 1848.
Cet arrêté est inconstitutionnel, le ministre n'ayant pas le pouvoir d'abroger des dispositions

Cour royale.

Pour le président...	2,000^f
Pour chaque conseiller..	1,500
Pour chaque conseiller-auditeur...............................	800
Pour le procureur général.....................................	2,500
Pour son substitut...	1,200

Tribunaux de première instance, à Pondichéry.

Pour le juge royal...	1,500^f
Pour le lieutenant de juge.....................................	1,000
Pour le juge suppléant...	600
Pour le procureur du Roi.......................................	1,500

A Chandernagor.

Pour le juge royal...	1,200^f
Pour le lieutenant de juge.....................................	800
Pour le procureur du Roi.......................................	1,200

A Karikal.

Pour le juge royal...	1,000^f
Pour le procureur du Roi.......................................	1,000

Justices de paix.

	Pondichéry..........	1,000^f
Pour chacun des juges de paix de...........	Chandernagor........	900
	Karikal.............	800

« Art. 103. Les menues dépenses de la cour et des tribunaux sont réglées annuellement dans le budget de la colonie [1].

législatives. Il serait à désirer que cet arrêté, qui a été modifié en ce qui concerne les gouverneurs des colonies, fût entièrement abrogé.

[1] Les sommes allouées pour menues dépenses sont payées par trimestre au greffier en chef de la cour, sans qu'il soit besoin, pour l'émission des mandats comptables, de demandes préalables à l'administration, de factures de fournisseur et autres justifications d'ailleurs très-difficiles à produire en l'espèce. (Décision du gouverneur du 21 janvier 1865.)

TITRE V.

DES NOTABLES.

CHAPITRE PREMIER.

DES NOTABLES A PONDICHÉRY.

« Art. 104. Dans le mois qui précède la rentrée de la cour royale, le gouverneur dresse en conseil une liste de vingt notables habitants de Pondichéry, jouissant de la qualité de Français, qui sont appelés à faire le service à la chambre criminelle de la cour royale, pendant les douze mois suivants.

« Ils doivent être âgés de vingt-sept ans au moins.

« Les Indiens peuvent faire partie du collége des notables [1].

« Art. 105. Indépendamment de ce service, et seulement pour compléter le nombre prescrit par la présente ordonnance pour rendre arrêt, les notables remplacent les conseillers et conseillers-auditeurs empêchés, en toute matière, sauf à la chambre d'accusation et aux assemblées générales.

« Art. 106. En cas de vacance dans le collége des notables, il est pourvu au remplacement pour le reste de l'année.

« Art. 107. Les notables peuvent être réélus indéfiniment.

« Art. 108. Le gouverneur statue en conseil sur les demandes à fin d'exemption définitive du service de notable, soit pour cause d'infirmités, soit pour toute autre cause.

« Les sexagénaires sont exemptés de droit, lorsqu'ils le requièrent.

« Art. 109. Avant d'entrer en fonctions, les notables prêtent, à l'audience de rentrée de la cour, sur la convocation du président, faite de la manière réglée ci-après, le serment dont la teneur suit :

« Je jure fidélité au Roi des Français, obéissance à la charte constitution-
« nelle, aux lois, ordonnances et règlements en vigueur dans la colonie, et de
« m'acquitter de mes fonctions en mon âme et conscience. »

---

[1] L'obligation d'assister les magistrats dans l'administration de la justice criminelle est sacrée surtout pour les fonctionnaires. C'est à eux qu'il appartient de donner aux habitants l'exemple de l'exactitude et de l'impartialité dans l'exercice des fonctions de notables. Les gouverneurs doivent en faire entrer le plus grand nombre dans les listes. (Dépêche du 31 décembre 1844.)

« Art. 110. Ils font le service à tour de rôle, dans l'ordre de leur nomination.

. Ceux qui ont été nommés par suite de vacance prennent le tour de rôle de celui qu'ils remplacent.

« Art. 111. La convocation des notables est faite par le président de la cour, aussitôt qu'il a connaissance du motif qui nécessite leur concours, sans toutefois qu'il soit tenu de la faire plus de cinq jours avant l'audience.

" Art. 112. Les notables émargent l'avis de convocation, qui est ensuite rapporté au président.

« Art. 113. Le notable qui ne peut se rendre à l'audience, soit pour siéger, soit pour prêter serment, doit en prévenir le président, sans retard, par lettre où sont exposés ses motifs.

« Art. 114. A l'audience pour laquelle le notable a été convoqué, le président fait à la cour le rapport de l'affaire, toutes affaires cessantes. Le notable peut développer ses motifs par lui-même ou par quelqu'un chargé de le représenter. Le ministère public donne ses conclusions. La cour déclare que le notable est ou n'est pas excusable.

« Art. 115. Si elle déclare qu'il n'est pas excusable, elle le condamne, contradictoirement ou par défaut, sauf opposition, et, dans tous les cas, par corps, savoir :

« Pour la première fois, à une amende de 25 à 50 francs ;

« Pour la deuxième fois, à une amende de 50 à 100 francs ;

« Pour la troisième fois, à une amende de 100 à 400 francs.

« Le notable fonctionnaire public condamné à l'amende est, en outre, signalé au gouverneur par le procureur général.

« Après trois condamnations, le notable peut être rayé de la liste, et, dans ce cas, il est pourvu à son remplacement.

« Art. 116. Cette mesure ne sera prise et les peines d'amende en récidive ne seront prononcées que pour les infractions commises dans le courant d'une année.

« Art. 117. Le notable, excusé ou non, conserve son tour de rôle. S'il n'a pas été excusé, il doit, en outre, être convoqué de nouveau pour la plus prochaine audience où la présence d'un notable est nécessaire.

« Art. 118. Lorsqu'un notable a fait connaître au président qu'il ne peut se rendre à sa convocation, ce magistrat convoque sans retard celui qui vient après dans l'ordre du tableau, de manière à pourvoir au service.

« Il est procédé, s'il y a lieu, à l'égard de celui-ci, de la même manière qu'à l'égard du premier appelé.

« Art. 119. Il sera fait application des articles ci-dessus à ceux qui, sans avoir envoyé d'excuses, ne se rendraient pas à l'audience.

« Art. 120. Les empêchements pour les juges, à raison de leur parenté ou alliance entre eux, sont applicables aux notables, soit entre eux, soit entre eux et les juges, soit entre eux et les accusés ou prévenus et la partie civile.

« Art. 121. Les notables peuvent être récusés pour les mêmes causes que les juges, suivant les lois et ordonnances en vigueur dans la colonie.

« Art. 122. La récusation peut être proposée à l'audience même, mais avant toute exception ou défense au fond, et avant l'ouverture des débats, en matière criminelle ou correctionnelle.

« A cet effet, toute partie a le droit d'interpeller le président sur les noms des notables siégeants.

« Art. 123. Le tableau des notables est et restera affiché, en langues française et malabare, dans la chambre du conseil et dans la salle d'audience de la cour royale.

CHAPITRE II.

DES NOTABLES DANS LES ÉTABLISSEMENTS SECONDAIRES.

« Art. 124. Le gouverneur dresse en conseil, pour le jugement des affaires criminelles dans les établissements secondaires, des listes de notables, sur la présentation des administrateurs locaux.

« Ces listes comprendront quatre membres pour chaque établissement [1].

« Art. 125. Les règles tracées dans le chapitre précédent pour les notables de Pondichéry sont applicables aux notables des établissements secondaires;

---

[1] Le gouverneur seul nomme les notables. Les chefs de service dans les établissements secondaires n'ont le pouvoir de nomination qu'en cas d'urgence et d'absolue nécessité. (Arrêts de la cour criminelle des 31 mars 1858 et 24 mars 1859.)

néanmoins, dans ces localités, les notables peuvent être nommés à l'âge de vingt-cinq ans.

« Les attributions de la cour royale, du président et du procureur général sont, à l'égard de toutes dispositions relatives aux notables des établissements secondaires, dévolues respectivement au tribunal criminel, au juge royal et au procureur du Roi.

« Art. 126. Les jugements rendus à l'occasion du refus de service des notables ne sont pas susceptibles d'appel.

TITRE VI.

DES OFFICIERS MINISTÉRIELS.

CHAPITRE PREMIER.

DE LA DÉFENSE ET DES CONSEILS.

« Art. 127. Toute partie a le droit de se défendre elle-même devant la cour royale et devant les divers tribunaux de la colonie, et d'y présenter la défense de ses cohéritiers, coassociés et consorts, sans l'assistance des conseils commissionnés dont il va être parlé.

« Art. 128. Les fils, petits-fils, beaux-fils, gendres, frères et beaux-frères pourront défendre leurs pères, grands-pères ou beaux-pères, frères ou beaux-frères, et réciproquement.

« Ils pourront également défendre leurs mères, grand'mères ou belles-mères, leurs filles, petites-filles, belles-filles ou brus, leurs sœurs ou belles-sœurs.

« Les maris pourront défendre leurs femmes; les tuteurs ou curateurs, leurs pupilles.

« Dans le cas du présent article et de l'article précédent, la défense pourra être présentée soit en français, soit en langue native.

« Art. 129. Les parties qui ne profitent pas de la faculté accordée par les deux articles précédents ne peuvent se faire représenter devant la cour royale et devant les tribunaux civils de première instance de Pondichéry, de Chandernagor et de Karikal, que par des conseils commissionnés.

12

« Art. 130. Dans toutes les autres juridictions civiles des établissements français de l'Inde, les parties peuvent, si elles ne se défendent pas elles-mêmes, se faire représenter par des fondés de pouvoir, dont le choix demeure libre, sauf les exclusions prononcées par l'article 86 du Code de procédure civile.

« Art. 131. Le nombre des conseils est fixé :

« Pour Pondichéry, à dix-huit, dont six Européens ou Topas, et douze Indiens;

« Pour Chandernagor, à dix, dont quatre Européens ou Topas, et six Indiens ;

« Pour Karikal, au même nombre qu'à Chandernagor.

« Ils sont nommés par le gouverneur [1].

« Art. 132. Tous les conseils doivent avoir vingt-cinq ans accomplis.

« Ceux qui ne sont pas licenciés en droit doivent être soumis, avant leur nomination, à un examen public sur les lois et ordonnances en vigueur dans la colonie. Cet examen a lieu devant un magistrat désigné, à Pondichéry, par le gouverneur; à Chandernagor et à Karikal, par le chef de l'établissement, et en présence d'un officier du ministère public.

« Les conseils indiens doivent parler et écrire correctement la langue française.

« Art. 133. Tout licencié en droit porteur de son diplôme, et qui justifie de sa bonne conduite, peut être autorisé par le gouverneur à remplir les fonctions de conseil, soit à Pondichéry, soit à Chandernagor, soit à Karikal, à la charge de se conformer aux dispositions de l'article ci-après.

« Art. 134. Avant d'entrer en fonctions, les conseils autres qu'indiens versent un cautionnement de 3,000 francs à Pondichéry, et de 2,000 francs à Chandernagor et à Karikal [2].

« Le cautionnement n'est que de 500 francs pour les conseils indiens.

[1] Il n'y a pas incompatibilité entre les fonctions de conseil agréé et celles de professeur au collège colonial. (Dépêche du 6 septembre 1843.)

[2] L'intervention du contrôleur colonial n'est plus exigée dans la réception des cautionnements des avoués et autres officiers ministériels. L'article 248 du décret du 26 septembre 1855 a supprimé à cet égard les attributions du contrôleur. (Dépêche du 11 mars 1856.)

« Ils prêtent ensuite, soit devant la cour royale, soit devant le juge royal de Chandernagor ou de Karikal, le serment dont la teneur suit :

« Je jure d'être fidèle au Roi, de ne rien dire ou publier de contraire aux « lois, ordonnances, arrêtés et règlements, aux bonnes mœurs, à la sûreté « de l'État et à la paix publique; de ne jamais m'écarter du respect dû aux « tribunaux et aux autorités publiques, et de ne plaider aucune cause que je « ne croirai pas juste en mon âme et conscience. »

« ART. 135. Ils ne peuvent, lorsqu'ils sont désignés par le juge, refuser, sans motifs légitimes et admis, la défense des accusés en matière criminelle, ou celle des absents et des indigents, en toute matière, devant les tribunaux de leur résidence.

« ART. 136. Les conseils plaident pour leurs parties, tant en demandant qu'en défendant, et ils rédigent, s'il y a lieu, toutes consultations, mémoires et écritures.

« Ils exercent librement leur ministère pour la défense de la justice et de la vérité; mais ils doivent s'abstenir de toute suppostion dans les faits, de toute surprise dans les citations et autres mauvaises voies, même de tous discours inutiles et superflus.

« ART. 137. Il leur est défendu de se livrer à des injures et à des personnalités offensantes envers les parties ou leurs défenseurs; d'avancer aucun fait contre l'honneur et la réputation des parties, à moins que les nécessités de la cause ne l'exigent, et qu'ils n'en aient charge expresse et par écrit de leurs clients.

« ART. 138. Il leur est enjoint pareillement de ne jamais s'écarter, soit dans leurs discours, soit dans leurs écrits, du respect dû aux institutions religieuses et à la justice; de ne point attaquer les principes de la monarchie, le système constitutif du gouvernement colonial, les lois, ordonnances, arrêtés ou règlements de la colonie, comme aussi de ne point manquer au respect dû aux magistrats devant lesquels ils exercent.

« ART. 139. Il leur est expressément défendu de recevoir aucune somme des parties sans en donner des reçus détaillés.

« ART. 140. Il leur est interdit, sous peine de destitution, de faire des traités pour leurs honoraires, ou de forcer les parties à reconnaître leurs soins avant les plaidoiries; de faire entre eux aucune association; d'acheter aucune affaire litigieuse, et d'occuper, sous le nom d'un autre, pour les parties qui auraient des intérêts différents ou communs.

« Un tarif de leurs honoraires sera fixé par le gouverneur, en conseil, la cour royale préalablement consultée.

« ART. 141. Le procureur général exerce directement la discipline sur les conseils. Il peut les mander, les rappeler à l'ordre, les censurer avec réprimande, leur donner tous avertissements convenables, et les dénoncer au gouverneur[1].

« ART. 142. Si les conseils s'écartent, soit à l'audience, soit dans leurs défenses écrites, soit dans leur conduite, des devoirs qui leur sont prescrits, les tribunaux peuvent, suivant l'exigence des cas, d'office ou à la réquisition du ministère public, leur appliquer l'une des peines de discipline suivantes :

« L'avertissement,

« La réprimande,

« L'interdiction pendant six mois au plus.

« Le procureur général et les tribunaux peuvent en outre proposer au gouverneur la destitution du conseil contre lequel l'interdiction a été prononcée.

« Ces peines sont prononcées sans préjudice des poursuites extraordinaires, s'il y a lieu.

« ART. 143. Si le jugement du tribunal de première instance prononce l'interdiction pour plus d'un mois, l'appel peut en être porté à la cour.

« ART. 144. Le droit accordé aux tribunaux et au procureur général par les articles ci-dessus n'est pas exclusif des pouvoirs conférés au gouverneur dans les mêmes cas.

« Toutefois, le gouverneur ne peut prononcer la destitution qu'après avoir pris, à Pondichéry, l'avis de la cour royale, et dans les arrondissements, l'avis des tribunaux, qui entendent en chambre du conseil l'officier inculpé[2].

---

[1] Le procureur impérial n'a aucun pouvoir disciplinaire sur les conseils agréés. (Arrêt du 21 août 1852.)

[2] *Décret du 14 septembre 1853.*

NAPOLÉON, par la grâce de Dieu et la volonté nationale, EMPEREUR DES FRANÇAIS ;

Vu le paragraphe 2 des articles 117 de l'ordonnance du 21 août 1825, 132 de celle du 9 fé-

CHAPITRE II.

DES HUISSIERS.

« ART. 145. Toutes assignations et significations, ainsi que tous actes et exploits nécessaires pour l'exécution des ordonnances de justice, jugements et arrêts, seront faits par le ministère d'huissiers, sauf les exceptions portées par les lois, ordonnances, arrêtés et règlements.

« ART. 146. Ils ne peuvent faire le service de l'audience et les significations de conseil à conseil, que près de la cour ou du tribunal où ils sont

---

vrier 1827, 121 de celle du 27 août 1828, 75 de celle du 23 juillet et 79 de celle du 7 septembre 1840, sur le gouvernement des colonies de la Réunion, des Antilles, de la Guyane française, des établissements français dans l'Inde et du Sénégal, relatifs aux pouvoirs disciplinaires des procureurs généraux et gouverneurs à l'égard des notaires, des avoués et autres officiers ministériels, ledit paragraphe ainsi conçu :

« A l'égard des peines plus graves, telles que la suspension, le remplacement pour défaut de résidence, ou la destitution, le procureur général ou chef du service judiciaire fait d'office, ou sur les réclamations des parties, les propositions qu'il juge nécessaires, et le gouverneur statue, après avoir pris l'avis des tribunaux, qui entendent en chambre du conseil le fonctionnaire inculpé, sauf le recours à notre ministre de la marine; »

Attendu que la faculté réservée aux officiers ministériels de recourir au ministre de la marine et des colonies contre les décisions du gouverneur ne doit être applicable qu'au cas de destitution, et ne doit pas s'étendre à ceux de suspension ou de remplacement pour défaut de résidence, peine dont l'application doit nécessairement être immédiate ;

Attendu que, tout en maintenant les garanties spéciales qui accompagnent en pareil cas les décisions des gouverneurs, il est à propos de déterminer la limite du pouvoir qui leur est attribué quant à la suspension des officiers ministériels;

Sur le rapport de notre ministre secrétaire d'État au département de la marine et des colonies, et de l'avis de notre garde des sceaux, ministre de la justice,

AVONS DÉCRÉTÉ et DÉCRÉTONS ce qui suit :

« ART. 1ᵉʳ. Le paragraphe 2 des articles 117 de l'ordonnance du 21 août 1825, 132 de celle du 9 février 1827, 121 de celle du 27 août 1828, 75 de celle du 23 juillet et 79 de celle du 7 septembre 1830, sur le gouvernement des colonies de la Réunion, des Antilles, de la Guyane française, des établissements français dans l'Inde et du Sénégal, est remplacé par les dispositions suivantes :

« A l'égard des peines plus graves, telles que la suspension, le remplacement pour défaut de résidence, ou la destitution, le procureur général ou chef du service judiciaire fait d'office, ou sur les réclamations des parties, les propositions qu'il juge nécessaires, et le gouverneur statue, après avoir pris l'avis des tribunaux, qui entendent en chambre du conseil le fonctionnaire inculpé.

immatriculés. En cas d'empêchement, ils peuvent être remplacés par un autre huissier [1].

« Art. 147. Les huissiers font, en matière criminelle, tous les actes dont ils sont requis par le procureur général, le procureur du Roi, le juge d'instruction ou les parties.

« Art. 148. Les huissiers sont tenus d'exercer leur ministère toutes les fois qu'ils en sont requis.

« Art. 149. Les conditions exigées pour être huissier sont :

« 1° D'être âgé de vingt-cinq ans accomplis ;

« 2° D'avoir obtenu du juge de paix et du procureur du Roi un certificat de bonnes vie et mœurs, et de capacité.

« Art. 150. Le gouverneur nomme les huissiers.

« Il peut les révoquer sur la proposition du procureur général ou sur celle des tribunaux.

« Art. 151. Sur la proposition du procureur général, le gouverneur, en conseil, détermine le nombre des huissiers, et décide : 1° si tous ou quelques-uns d'eux doivent être assujettis à un cautionnement; 2° quel doit être le taux de ce cautionnement.

« Art. 152. Avant d'entrer en fonctions, les huissiers du tribunal de première instance et des tribunaux de paix prêtent, devant le tribunal de première instance, le serment suivant :

« Je jure d'être fidèle au Roi, de me conformer aux lois, ordonnances et « règlements concernant mon ministère, et de remplir mes fonctions avec « exactitude et probité. »

« Les huissiers de la cour prêtent le même serment devant elle.

« Art. 153. Les huissiers sont placés sous la surveillance du ministère pu-

« Le recours à notre ministre de la marine et des colonies est ouvert contre les décisions du gouverneur prononçant la destitution; la suspension pourra être provisoirement appliquée jusqu'à ce que le ministre ait statué.

« La suspension ne pourra être prononcée pour une période de plus d'une année. »

« Art. 2. Notre ministre secrétaire d'État au département de la marine et des colonies est chargé de l'exécution du présent décret, qui sera inséré au Bulletin des lois. »

[1] Sont nuls les actes des huissiers faits contrairement aux dispositions de cet article. (Arrêt de Pondichéry du 11 août 1849.)

blic, sans préjudice de celle des tribunaux, qui peuvent aussi leur appliquer, s'il y a lieu, les peines énoncées en l'article 142 ci-dessus [1].

TITRE VII.

DE L'ORDRE DU SERVICE.

—

CHAPITRE PREMIER.

DU RANG DE SERVICE AUX AUDIENCES.

« ART. 154. Le rang de service à l'audience est réglé ainsi qu'il suit :

Cour royale.

« Le président, les conseillers, les conseillers-auditeurs, les notables.

Tribunaux de première instance.

« Le juge royal, le lieutenant de juge, le juge suppléant.

Tribunaux de paix.

« Le juge de paix, le suppléant.

« ART. 155. Les conseillers, les conseillers-auditeurs et les notables prennent rang entre eux d'après la date et l'ordre de leur prestation de serment.

---

[1] *Décret du 14 juin 1813, portant règlement sur l'organisation et le service des huissiers, promulgué dans la colonie en exécution du décret du 22 janvier 1852.*

« ART. 36. Tout huissier qui chargera un huissier d'une autre résidence d'instrumenter pour lui, à l'effet de se procurer un droit de transport qui ne lui aurait pas été alloué s'il eût instrumenté lui-même, sera puni d'une amende de 100 francs. L'huissier qui aura prêté sa signature sera puni de la même peine. En cas de récidive, l'amende sera double, et l'huissier sera de plus destitué. Dans tous les cas, le droit de transport indûment alloué ou perçu sera rejeté de la taxe ou restitué à la partie.

« ART. 45. Tout huissier qui ne remettra pas lui-même à personne ou domicile l'exploit et les copies des pièces qu'il aura été chargé de signifier sera condamné, par voie de police correctionnelle, à une suspension de trois mois, à une amende qui ne pourra être moindre de 200 francs ni excéder 2,000 francs, et aux dommages et intérêts des parties. Si néanmoins il résulte de l'instruction qu'il a agi frauduleusement, il sera poursuivi criminellement et puni d'après l'article 146 du Code pénal. »

CHAPITRE II.

DE LA POLICE DES AUDIENCES.

SECTION PREMIÈRE.

DE LA POLICE DES AUDIENCES DE LA COUR ROYALE.

« ART. 156. La police de l'audience de la cour royale appartient au président. Le temps destiné aux audiences ne peut être employé ni aux assemblées générales, ni à aucun autre service.

« ART. 157. Le président ouvre l'audience à l'heure indiquée par le règlement. Si l'audience vient à manquer par défaut de juge, ou de notable, ou d'officier du ministère public, le président, ou, en son absence, le conseiller le plus ancien, en dresse un procès-verbal qui est envoyé au gouverneur par le procureur général.

« ART. 158. Avant d'entrer à l'audience, le président fait prévenir par un huissier le procureur général, en son parquet, que la chambre est complète et qu'il est attendu.

SECTION II.

DE LA POLICE DES AUDIENCES DES TRIBUNAUX DE PREMIÈRE INSTANCE ET CRIMINELS, ET DES TRIBUNAUX DE PAIX.

« ART. 159. La police des audiences des tribunaux de première instance et des tribunaux criminels appartient au juge royal, ou à celui qui en remplit les fonctions.

« L'article précédent est observé par le juge royal à l'égard du procureur du Roi.

« ART. 160. Si l'audience vient à manquer par défaut de juge, ou de notable, ou d'officier du ministère public, le procès-verbal constatant le fait est dressé par le juge royal ou par le procureur du Roi, et envoyé au procureur général, qui en rend compte au gouverneur.

« ART. 161. Les juges de paix ont la police de leurs audiences.

CHAPITRE III.

DES ASSEMBLÉES GÉNÉRALES.

« ART. 162. Les assemblées générales ont pour objet de délibérer sur les matières qui concernent l'ordre et le service intérieur, ainsi que la discipline, et qui sont dans le cercle des attributions de la cour.

« Elles se tiennent en chambre du conseil et à huis clos, et n'ont lieu que sur la convocation du président, faite ou de son propre mouvement, ou sur la demande de deux membres de la cour, ou sur la réquisition du procureur général, ou sur l'ordre du gouverneur.

« Le procureur général doit toujours être prévenu à l'avance par le président et de la convocation et de son objet. Il est tenu d'en informer le gouverneur.

« Lorsque l'assemblée est formée, le procureur général y est appelé et y assiste. Néanmoins, il doit se retirer avant la délibération, lorsqu'il s'agit de l'application d'une peine de discipline.

« Art. 163. L'assemblée générale se compose de tous les membres de la cour.

« La cour ne peut prendre de décision qu'au nombre de cinq membres au moins. Ses décisions sont prises à la simple majorité.

« Le greffier de la cour assiste aux assemblées générales et y tient la plume.

« Art. 164. Le président ne permet point qu'il soit mis en délibération d'autre objet que celui pour lequel la convocation a été faite.

« Le procureur général rend compte au gouverneur du résultat de la délibération.

« Art. 165. Dans le mois qui suit la rentrée, la cour se réunit en assemblée générale, à la réquisition du procureur général, pour entendre le rapport qu'il lui fait sur la manière dont la justice civile et la justice criminelle ont été rendues pendant l'année précédente dans l'étendue du ressort.

« Le procureur général signale, dans ce rapport, les abus qu'il a remarqués, et fait, d'après les dispositions des lois, ordonnances et règlements, toutes réquisitions qu'il juge convenables, et sur lesquelles la cour est tenue de délibérer.

« Il adresse au gouverneur copie de son rapport, ainsi que de ses réquisitions et des arrêts intervenus.

« Copie du rapport est transmise à notre ministre de la marine et des colo-

nies, qui la communique à notre garde des sceaux, ministre de la justice et des cultes [1].

CHAPITRE IV.

DES VACATIONS.

« Art. 166. Chaque année, la cour et les tribunaux de première instance, à l'exception de ceux de Mahé et d'Yanaon, prennent deux mois de vacances. L'époque en est fixée par un règlement de la cour, arrêté en assemblée générale et approuvé par le gouverneur.

« Art. 167. Pendant les vacances, la chambre civile de la cour tient au moins deux audiences par mois pour l'expédition des affaires sommaires.

« Les tribunaux de première instance tiennent au moins une audience par semaine.

« Art. 168. Le service de la cour et des tribunaux de première instance en matière criminelle et correctionnelle, celui de la chambre d'accusation, ainsi que l'instruction criminelle, ne sont point interrompus.

« Art. 169. Les juges de paix ne prennent point de vacances.

CHAPITRE V.

DE LA RENTRÉE DE LA COUR ROYALE ET DES TRIBUNAUX DE PREMIÈRE INSTANCE.

« Art. 170. Au jour fixé pour la rentrée de la cour, le gouverneur, les diverses autorités et les notables sont invités par le président à assister à l'audience.

« Art. 171. Le procureur général ou son substitut fait tous les ans, le jour de la rentrée, un discours sur le maintien des lois et les devoirs des magistrats; il trace aux conseils la conduite qu'ils ont à tenir dans l'exercice de leur profession, et il exprime ses regrets sur les pertes que la magistrature et le barreau auraient faites, dans le courant de l'année, de membres distingués par leur savoir, leurs talents et leur probité.

« Il lui est interdit de traiter de toute autre matière.

« Copie du discours de rentrée est remise par le procureur général au gouverneur, pour être adressée à notre ministre de la marine et des colonies,

---

[1] Une dépêche du 24 février 1851 indique la forme dans laquelle doivent être rédigées les mercuriales.

qui le communiquera à notre garde des sceaux, ministre de la justice et des cultes.

« Art. 172. Le président, sur le réquisitoire du procureur général, reçoit des conseils présents à l'audience le serment prescrit par l'article 134 ci-dessus.

« Art. 173. Les tribunaux de première instance reprennent leurs audiences ordinaires le lendemain du jour de la rentrée de la cour.

CHAPITRE VI.

DE L'ENVOI DES ÉTATS INDICATIFS DES TRAVAUX DE LA COUR ET DES TRIBUNAUX.

« Art. 174. Les juges de paix sont tenus, dans les cinq premiers jours des mois de janvier et de juillet, d'adresser au procureur du Roi, qui le transmet immédiatement au procureur général, un état conforme au modèle A ci-annexé.

« Cet état doit être certifié par le greffier et visé par le juge de paix.

« Art. 175. Dans les quinze premiers jours des mêmes mois, les procureurs du Roi adressent au procureur général deux états conformes aux modèles B et C ci-annexés.

« Ces états sont certifiés par les greffiers et visés par les procureurs du Roi.

« Art. 176. Le procureur général est tenu, dans les deux mois de l'expiration de chaque semestre, de remettre au gouverneur, pour être adressés au ministre, deux états relatifs au service du semestre précédent, l'un pour la justice civile, l'autre pour la justice criminelle.

« Art. 177. Ces états, dressés au greffe de la cour sur les états particuliers des diverses juridictions, sont conformes aux modèles D et E ci-annexés.

« Ils sont certifiés par le greffier et visés par le procureur général.

TITRE VIII.

DU COSTUME.

« Art. 178. Aux audiences ordinaires, les conseillers de la cour royale, les conseillers honoraires, les conseillers-auditeurs et les membres du parquet, portent la toge et la simarre noires, la chausse de licencié sur l'épaule gauche, la ceinture moirée en soie noire, large d'un décimètre, avec franges et une rosette sur le côté gauche, la cravate en batiste tombante et plissée, la toque en velours noir.

« Le président et le procureur général ont autour de leur toque deux galons d'or en haut et deux galons d'or en bas. Les conseillers, le substitut du procureur général et les conseillers honoraires en ont deux en bas. Les conseillers-auditeurs n'en ont qu'un en bas. Ces galons sont chacun de 15 millimètres et placés, soit en haut, soit en bas, à 5 millimètres de distance l'un de l'autre.

« Art. 179. Aux audiences solennelles, savoir : celles de rentrée et autres auxquelles le gouverneur a le droit d'assister, celles où il s'agit de questions d'état ou de prise à partie, celles où la cour exerce les attributions qui lui sont conférées par les articles 69 et 70 de la présente ordonnance, ainsi qu'aux cérémonies publiques, les membres de la cour portent la toge et la chausse rouges.

« La toge du président et celle du procureur général sont bordées, sur le devant, d'une fourrure d'hermine large d'un décimètre.

« Art. 180. Le greffier de la cour porte, soit aux audiences ordinaires, soit aux audiences solennelles, soit dans les cérémonies publiques, le même costume que celui des conseillers, à l'exception des galons d'or à la toque, qui sont remplacés par deux galons de soie noire.

« Art. 181. Le commis greffier porte la robe fermée à grandes manches en étamine noire, et la toque en étoffe de laine, avec un galon de laine de la même couleur.

« Art. 182. Les notables, à toutes audiences et dans les cérémonies publiques, sont vêtus de noir.

« Art. 183. Les membres des tribunaux de première instance de Pondichéry, Chandernagor et Karikal ont, soit aux audiences, soit dans les cérémonies publiques, le costume fixé par l'article 178 pour les magistrats de la cour, à l'exception des galons de la toque, qui sont en argent.

« Le nombre de ces galons est le même :

« Pour les juges royaux et pour le procureur du Roi que pour le président de la cour et le procureur général;

« Pour le lieutenant de juge et les juges honoraires que pour les conseillers;

« Pour les juges suppléants que pour les conseillers-auditeurs.

« Art. 184. Les greffiers des tribunaux de première instance ont, soit aux audiences, soit dans les cérémonies publiques, le même costume que les magistrats. Seulement, au lieu de galons d'argent, ils portent autour de leur toque deux galons de soie noire.

« Art. 185. Les commis greffiers ont le même costume que celui qui est réglé pour le commis greffier de la cour.

« Art. 186. Les chefs de comptoir remplissant les fonctions de juges royaux à Yanaon et à Mahé, les employés exerçant les fonctions du ministère public dans ces résidences, les juges de paix et leurs suppléants, les membres des tribunaux criminels de Chandernagor et de Karikal, et les notables dans tous les établissements secondaires, portent, soit aux audiences, soit dans les cérémonies publiques, l'habillement noir, s'ils n'appartiennent pas à un corps militaire.

« Art. 187. Les greffiers des tribunaux de première instance d'Yanaon et de Mahé, et des tribunaux de paix des autres établissements, sont vêtus de noir s'ils appartiennent à la classe des Européens ou des Topas, et portent le costume de leurs castes respectives s'ils sont indigènes.

« Art 188. Les conseils européens et topas portent, aux audiences de la cour et des tribunaux et dans les cérémonies publiques, l'habillement noir, la cravate en batiste tombante et plissée, et le petit manteau.

« Lorsqu'ils sont licenciés, ils ont le droit de porter la robe et la chausse noires, et la toque en étoffe de laine noire, bordée d'un galon de velours.

« Les conseils indiens portent le costume en usage dans leurs castes respectives.

« Art. 189. Les huissiers de la cour et des tribunaux sont vêtus de noir, soit aux audiences, soit dans les cérémonies publiques, s'ils appartiennent à la classe des Européens ou des Topas, et suivant les usages de leurs castes s'ils sont indigènes. Ils portent, en outre, une baguette noire de 4 décimètres, surmontée d'une boule d'ivoire.

TITRE IX.

DES HONNEURS.

CHAPITRE PREMIER.

DES PRÉSÉANCES.

« ART. 190. Les corps judiciaires et les membres qui les composent prennent rang entre eux dans l'ordre ci-après :

Cour royale.

« Le président,
« Les conseillers,
« Les conseillers honoraires,
« Les conseillers-auditeurs,
« Les juges notables.

Parquet.

« Le procureur général,
« Le substitut du procureur général.

Greffe.

« Le greffier,
« Le commis greffier.

Tribunal de première instance de Pondichéry.

« Le juge royal,
« Le lieutenant de juge,
« Les juges honoraires,
« Le juge suppléant.

Parquet.

« Le procureur du Roi.

Greffe.

« Le greffier,
« Le commis greffier.

Tribunaux de première instance des établissements secondaires.

« Le juge royal,

« Le lieutenant de juge,

« Les membres du tribunal criminel, dans l'ordre établi par les articles 49, 50 et 51,

« Les magistrats honoraires,

« Les notables.

Parquet.

« Le procureur du Roi ou l'officier remplissant les fonctions du ministère public.

Greffe.

« Le greffier,

« Le commis greffier.

Tribunaux de paix.

« Le juge de paix,

« Le suppléant,

« Le commissaire ou inspecteur de police,

« Le greffier,

« Le commis greffier.

« ART. 191. Lorsque la cour et les tribunaux ne marchent point en corps, le rang individuel des membres de l'ordre judiciaire est réglé ainsi qu'il suit :

« Le procureur général,

« Le président de la cour,

« Les conseillers,

« Les conseillers honoraires,

« Le juge royal,

« Le procureur du Roi,

« Le substitut du procureur général,

« Les conseillers-auditeurs,

« Les juges honoraires,

« Le lieutenant de juge,

« Le greffier de la cour,

« Le juge suppléant,

« Le juge de paix,

« Le suppléant du juge de paix,

« Le greffier du tribunal de première instance,

« Le commissaire ou inspecteur de police,

« Le greffier du tribunal de paix.

« ART. 192. Les magistrats ayant parité de titres prennent rang entre eux d'après la date et l'ordre de leur prestation de serment.

CHAPITRE II.

DU CÉRÉMONIAL À OBSERVER LORSQUE LE GOUVERNEUR SE REND À LA COUR ROYALE.

« ART. 193. Lorsque le gouverneur doit se rendre au palais de justice pour prendre séance à la cour, il en informe à l'avance le procureur général, qui en donne aussitôt connaissance au président.

« ART. 194. Le gouverneur fait prévenir le procureur général de l'heure à laquelle il doit arriver; il est attendu en avant de la porte extérieure du palais par une députation composée d'un conseiller et d'un conseiller-auditeur, désignés par le président, et est conduit au fauteuil du Roi, placé à cet effet au centre de l'estrade où siége la cour.

« ART. 195. A l'entrée du gouverneur, les membres de la cour se lèvent et se tiennent découverts. Ils s'asseyent et peuvent se couvrir lorsque le gouverneur a pris place.

« ART. 196. La présidence d'honneur appartient au gouverneur.

« Il parle assis et couvert.

« ART. 197. Le gouverneur a à sa droite le président, à sa gauche le plus ancien des conseillers.

« ART. 198. Lorsque le gouverneur se retire, il est reconduit jusqu'à la porte du palais par la députation qui l'a reçu.

« ART. 199. Les fonctionnaires publics qui accompagnent le gouverneur sont placés, dans l'ordre des préséances entre eux, sur des siéges en dedans de la barre et au bas de l'estrade où siége la cour.

« Art. 200. Lorsque le gouverneur prend séance à la cour royale, il ne peut être prononcé de discours qu'avec son autorisation et après qu'il lui en a été donné communication.

CHAPITRE III.

DES HONNEURS À RENDRE À LA COUR ET AUX TRIBUNAUX.

« Art. 201. Dans les cérémonies qui ont lieu hors de l'enceinte du palais de justice, les corps judiciaires sont convoqués par le gouverneur ou, en cas d'absence, par le fonctionnaire appelé à le remplacer; la lettre de convocation est transmise aux tribunaux par le procureur général.

« Dans les établissements secondaires, la convocation est faite par l'administrateur et transmise par le procureur du Roi.

« Art. 202. Lorsque le gouverneur se trouve dans le lieu de la résidence de la cour, elle se rend en corps à son hôtel à l'heure indiquée [1].

« Dans tout autre cas, les autorités judiciaires se réunissent au palais de justice, d'où part le cortége [2].

« Art. 203. Dans les églises, la cour et les tribunaux occupent les bancs de la nef les plus rapprochés du chœur, du côté de l'épître. Ils se placent dans l'ordre de préséance déterminé par l'article 190.

« Art. 204. Les commandants de troupes, sur la réquisition du procureur général, à Pondichéry, et du procureur du Roi, dans les établissements secondaires, fournissent à la cour et aux tribunaux, lorsqu'ils marchent en

---

[1] Dans une cérémonie publique quelconque, le gouverneur temporaire est le remplaçant du gouverneur, et a droit aux mêmes honneurs que le titulaire. (Dépêche du 27 décembre 1861.)

Dans les cérémonies publiques qui ont lieu hors de l'enceinte du palais de justice, comme pour le cérémonial à observer lorsque le gouverneur se rend à la cour impériale, les prérogatives et honneurs dont jouit le chef de la colonie, aux termes des règlements en vigueur, doivent être attribués également à celui que la loi désigne pour le remplacer et qu'il a investi de ce mandat. (Dépêche du 10 janvier 1862.)

[2] Ce paragraphe s'applique seulement au cas où le gouverneur, absent du chef-lieu ou empêché, n'aurait pas jugé opportun de constituer un intérimaire. (Dépêche du 10 janvier 1862.)

14

corps, une garde d'honneur composée ainsi qu'il suit : pour la cour royale, vingt hommes commandés par un lieutenant ou un sous-lieutenant ; pour les tribunaux de première instance, dix hommes commandés par un sergent.

« Art. 205. Les gardes devant lesquelles passent les corps ci-dessus dénommés prennent les armes, les portent pour la cour royale et les reposent pour le tribunal de première instance.

« Art. 206. Les tambours rappellent pour la cour royale et sont prêts à battre pour les tribunaux de première instance.

CHAPITRE IV.

DES HONNEURS FUNÉRAIRES À RENDRE AUX MEMBRES DE L'ORDRE JUDICIAIRE.

« Art. 207. Le convoi du procureur général et du président de la cour est accompagné par tous les membres de l'ordre judiciaire du chef-lieu.

« Le convoi de tous les autres magistrats, soit en activité de service, soit honoraires, est accompagné par les membres de l'ordre judiciaire que désigne le président de la cour, à Pondichéry, et le juge royal, dans les établissements secondaires. En cas de décès du juge royal, la désignation est faite par le procureur du Roi.

« Art. 208. Une députation des membres du barreau désignée par le président de la cour, à Pondichéry, par le juge royal ou par le procureur du Roi, dans les établissements secondaires, assiste au convoi des membres de la cour et des tribunaux de leur résidence.

TITRE X.

DISPOSITIONS GÉNÉRALES.

« Art. 209. Sont abrogées les ordonnances organiques des 23 décembre 1827 et 11 septembre 1832, et toutes autres dispositions contraires à la présente ordonnance.

« Continueront d'être observés les lois, ordonnances, règlements et arrêtés en vigueur dans l'Inde, concernant les diverses classes d'habitants, sur toutes les matières et juridictions qu'elle n'a pas réglées.

« Art. 210. Notre ministre secrétaire d'État de la marine et des colonies et notre Ministre secrétaire d'État de la justice et des cultes sont chargés, chacun en ce qui le concerne, de l'exécution de la présente ordonnance, qui sera insérée au Bulletin des lois.

ARRÊTÉ

Du 7 juillet 1859, qui promulgue différentes lois relatives à la juridiction des consuls de France en Chine, et dans les États de l'Iman de Mascate.

ÉTABLISSEMENTS FRANÇAIS DANS L'INDE.

Nous, Commmissaire général de la marine, Gouverneur des établissements français dans l'Inde ;

Vu la dépêche ministérielle en date du 6 mai dernier, n° 2302 ;

Vu l'article 47 de l'ordonnance du 23 juillet 1840 ;

Sur le rapport et la proposition du procureur général,

Avons arrêté et arrêtons ce qui suit :

« Art. 1er. Sont promulgués, dans les possessions françaises de l'Inde : 1° les articles 1, 2, 3, 4, 5, 6, 7, 8, 9, 10, 11, 12, 16, 17, 18 de la loi du 8 juillet 1852 ; 2° l'article 2 de la loi du 18 mai 1858 ; 3° la loi du 28 mai 1836 et notamment ses articles 62, 66 et 68.

« Art. 2. Le procureur général est chargé de l'exécution du présent arrêté, qui sera enregistré partout où besoin sera. »

LOI

Du 8 juillet 1852, relative à la juridiction des consuls de France en Chine et dans les États de l'Iman de Mascate.

CORPS LÉGISLATIF.

Le Corps législatif a adopté le projet de loi dont la teneur suit :

TITRE PREMIER.
JURIDICTION CONSULAIRE EN CHINE.

CHAPITRE PREMIER.
JURIDICTION CIVILE.

« Art. 1er. Les contestations en matière civile et commerciale qui s'élèveraient en Chine entre Français seront jugées par les tribunaux consulaires, conformément à celles des dispositions de l'édit du mois de juin 1778 qui sont encore en vigueur dans les Échelles du Levant et de Barbarie, sauf les dispositions contenues aux trois articles suivants.

« Art. 2. Les tribunaux consulaires jugeront en dernier ressort :

« 1° Toutes les demandes dans lesquelles les parties justiciables de ces tribunaux, en usant de leurs droits, auront déclaré vouloir être jugées définitivement et sans appel ;

« 2° Toutes les demandes personnelles ou mobilières dont le principal n'excédera pas 3,000 francs ;

« 3° Les demandes reconventionnelles en compensation, lors même que, réunies à la demande principale, elles excéderaient 3,000 francs.

« Si l'une des demandes principales ou reconventionnelles s'élève au-dessus des limites indiquées, le tribunal ne prononcera sur toutes qu'en premier ressort.

« Néanmoins, il sera statué en dernier ressort sur les demandes en dommages-intérêts, lorsqu'elles seront fondées exclusivement sur la demande principale elle-même.

« Art. 3. L'appel des jugements rendus en premier ressort par les tribunaux consulaires sera porté devant la cour d'appel de Pondichéry.

« Il y sera procédé conformément aux lois et ordonnances qui régissent l'administration de la justice dans les établissements français de l'Inde.

« Art. 4. Le recours en cassation contre les jugements en dernier ressort rendus par les tribunaux consulaires n'est ouvert aux parties que pour cause d'excès de pouvoir.

« Art. 5. Les contestations entre Français et Chinois seront réglées conformément aux dispositions de l'article 25 du traité du 24 septembre 1844.

CHAPITRE II.

JURIDICTION CRIMINELLE.

« Art. 6. La loi du 28 mai 1836, relative aux contraventions, délits ou crimes commis par des Français dans les Échelles du Levant et de Barbarie, est applicable aux contraventions, délits et crimes commis par des Français en Chine, sauf les modifications résultant du premier chapitre.

« Art. 7. Les jugements par défaut en matière correctionnelle pourront être attaqués par la voie de l'appel, après les délais de l'opposition.

« Art. 8. Les attributions conférées par la loi de 1836 à la cour d'appel et au tribunal de première instance d'Aix appartiendront à la cour d'appel et au tribunal de première instance de Pondichéry, lesquels procéderont et statueront, suivant les cas, conformément aux lois ou ordonnances concernant l'organisation de l'ordre judiciaire et l'administration de la justice dans les établissements français de l'Inde, en observant néanmoins les dispositions des articles 62, § 2, 66, §§ 3 et suivants, et 68 de ladite loi du 28 mai 1836.

« Art. 9. En cas de contumace, l'ordonnance de contumace sera notifiée tant au domicile de l'accusé qu'à la chancellerie du consulat, où elle sera affichée.

« Art. 10. Ne pourront être cités comme témoins devant la cour ou le tribunal de Pondichéry que ceux qui seraient présents sur le territoire de Pondichéry.

« Art. 11. Les prévenus et condamnés qui, dans les cas prévus par les articles 58 et 64 de la loi du 28 mai 1836, devront être transférés à Pondichéry, pourront, à défaut de navires français, ou dans le cas où les capitaines refuseraient de les embarquer, en vertu du paragraphe 2 de l'article 80 de ladite loi, être embarqués sur bâtiments étrangers, à la diligence du consul.

« En matière correctionnelle, le prévenu, s'il demande à n'être pas transféré, demeurera, en état, au lieu de sa détention.

« En matière criminelle, la même faculté pourra être accordée au prévenu, sur sa demande, par le consul. Néanmoins, le procureur général et la cour pourront toujours ordonner que le prévenu soit transféré.

« Art. 12. Les consuls, indépendamment de l'extrait de leurs ordonnances et jugements, qu'aux termes de l'article 78 de la loi du 28 mai 1836 ils doivent adresser au ministre des affaires étrangères, enverront directement pareil extrait au procureur général près la cour d'appel de Pondichéry, qui pourra réclamer l'envoi des pièces et procédures.

TITRE III.

DE L'EXERCICE DU DROIT DE HAUTE POLICE.

« Art. 16. Les consuls de France en Chine et dans les États de l'Iman de Mascate seront investis du droit de haute police conféré aux consuls de France dans les Échelles du Levant par les articles 82 et 83 de l'édit de 1778 [1].

---

[1] « Art. 82. Dans tous les cas qui intéresseront la politique ou la sûreté du commerce de nos sujets dans les pays étrangers, pourront nos consuls faire arrêter et renvoyer en France, par le premier navire de la nation, tout Français qui, par sa mauvaise conduite et par ses intrigues, pourrait être nuisible au bien général. Dans ce cas, nos consuls rendront un compte exact et circonstancié, au secrétaire d'État ayant le département de la marine, des faits et des motifs qui les auront déterminés.

« Art. 83. Nos consuls, en faisant embarquer un sujet dangereux, donneront un ordre par écrit, au capitaine ou maître du navire, de le remettre au premier port de notre royaume à l'intendant de la marine, ou au principal officier d'administration du port, qui le fera détenir jusqu'à ce qu'il ait reçu à cet égard les ordres du secrétaire d'État ayant le département de la marine; à cet effet, enjoignons à tous capitaines et maîtres de navires d'exécuter ponctuellement les ordres des consuls, sous peine d'interdiction. »

« ART. 17. En cas d'urgence, et s'il y a impossibilité absolue de renvoyer directement en France le Français expulsé en vertu de ce droit, le Français pourra être embarqué sur bâtiments nationaux ou étrangers, pour être dirigé, suivant les circonstances, sur l'un des établissements français dans les Indes ou dans l'Océanie, ou sur un lieu de station navale française.

TITRE IV.

« ART. 18. Les fonctions attribuées aux consuls par les articles qui précèdent seront remplies à Canton ou Macao par l'officier de la mission diplomatique en Chine que le Président de la République désignera.

« En cas de vacance des consulats, d'absence ou d'empêchement des consuls en Chine ou dans les États de l'Iman de Mascate, les officiers ou autres personnes appelés à remplacer, suppléer ou représenter les consuls, exerceront les fonctions qui sont attribuées à ces derniers par la présente loi [1]. »

LOI

Du 18 mai 1858, relative à la juridiction des consuls de France en Perse et dans le royaume de Siam.

. . . .

« ART. 2. Les dispositions des titres I et III et le paragraphe 2 de l'article 18 de la loi du 8 juillet 1852, relative à la juridiction civile, criminelle et de haute police des consuls de France en Chine, sont applicables aux consuls de France dans le royaume de Siam. »

[1] La loi de 1836 se trouve dans la partie relative à la procédure criminelle.

LOI

Du 2 juin 1862, concernant les délais des pourvois devant la cour de cassation en matière civile, promulguée dans la colonie le 15 octobre 1862, en exécution du décret du 2 juillet précédent.

NAPOLÉON, etc.

LE CORPS LÉGISLATIF a adopté le projet de loi dont la teneur suit :

« ART. 1er. Le délai pour se pourvoir en cassation sera de deux mois à compter du jour où la signification de la décision, objet du pourvoi, aura été faite à personne ou à domicile.

« A l'égard des jugements et arrêts par défaut qui pourront être déférés à la cour de cassation, ce délai ne courra qu'à compter du jour où l'opposition ne sera plus recevable.

« ART. 2. Le demandeur en cassation est tenu de signifier l'arrêt d'admission à personne ou à domicile, dans les deux mois après sa date ; sinon il est déchu de son pourvoi envers ceux des défendeurs à qui la signification aurait dû être faite.

« ART. 3. Le délai pour comparaître sera d'un mois à partir de la signification de l'arrêt d'admission faite à la personne ou au domicile des défendeurs.

« ART. 4. Les délais fixés par les articles 1 et 3, relativement au pourvoi en cassation et à la comparution des défendeurs, seront augmentés de huit mois en faveur des demandeurs ou défendeurs absents du territoire français de l'Europe ou de l'Algérie pour cause de service public, et en faveur des gens de mer absents de ce même territoire pour cause de navigation.

« ART. 5. Il est ajouté au délai ordinaire du pourvoi, lorsque le demandeur sera domicilié en Corse, en Algérie, dans les Iles Britanniques, en Italie, dans le royaume des Pays-Bas et dans les États ou confédérations limitrophes de la France continentale, un mois ;

« S'il est domicilié dans les autres États soit de l'Europe, soit du littoral de la Méditerranée et de celui de la mer Noire, deux mois ;

« S'il est domicilié hors d'Europe, en deçà des détroits de Malacca et de la Sonde, ou en deçà du cap Horn, cinq mois ;

« S'il est domicilié au delà des détroits de Malacca et de la Sonde, ou au delà du cap Horn, huit mois.

« Les délais ci-dessus seront doublés pour les pays d'outre-mer, en cas de guerre maritime.

« ART. 6. Les mêmes délais sont ajoutés :

« 1° Au délai ordinaire accordé au demandeur, lorsqu'il devra signifier l'arrêt d'admission dans l'un des pays désignés en l'article précédent ;

« 2° Au délai ordinaire réglé par l'article 3, lorsque les défendeurs domiciliés dans l'un de ces pays devront comparaître sur la signification de l'arrêt d'admission.

« ART. 7. Lorsque le délai pour la comparution sera expiré sans que le défendeur se soit fait représenter devant la cour, l'audience ne pourra être poursuivie que sur un certificat du greffier constatant la non-comparution du défendeur.

« ART. 8. Les arrêts de la chambre des requêtes, contenant autorisation d'assigner en matière de règlement de juges ou de renvoi pour suspicion légitime, seront signifiés dans le mois de leur date aux défendeurs, sous peine de déchéance. Les défendeurs devront comparaître dans le délai fixé par l'article 3. Néanmoins, ces délais pourront être réduits ou augmentés, suivant les circonstances, par l'arrêt portant permission d'assigner.

« ART. 9. Tous les délais ci-dessus énoncés seront francs ; si le dernier jour du délai est un jour férié, le délai sera prorogé au lendemain. Les mois seront comptés suivant le calendrier grégorien.

« ART. 10. Il n'est pas dérogé aux lois spéciales qui régissent les pourvois en matière électorale et d'expropriation pour cause d'utilité publique.

« ART. 11. Sont abrogés, dans leurs dispositions contraires à la présente loi, l'ordonnance d'août 1737, le règlement du 28 juin 1838, les lois des 27 novembre 1790, 2 septembre 1793, 1er frimaire an II, 11 juin 1859, et autres lois relatives à la procédure en matière civile devant la cour de cassation.

AFFAIRES DE CASTE.

Il reste, pour compléter ce qui est relatif à l'organisation judiciaire, à insérer les dispositions qui règlent la juridiction en matière de caste.

ARRÊTÉ DU 26 MAI 1827.

« ART. 6. Les discussions particulières, autres que celles d'intérêts et contentieuses, qui surviennent dans les familles des Indiens ou dans une même caste au sujet des cérémonies, mariages, enterrements ou autres affaires dites *de caste,* sont portées par-devant le juge de police et renvoyées soit à la chambre de consultation, soit à l'assemblée de la caste ou de la parenté, pour y être examinées et décidées conformément à l'usage, et pour la décision à intervenir être ensuite homologuée par le juge, s'il y a lieu, en tout ou en partie.

« A l'égard des contestations majeures qui peuvent s'élever entre une ou plusieurs castes au sujet de leurs cultes, coutumes ou priviléges, le juge de police ne peut en connaître que sur l'autorisation spéciale de l'administrateur général, auquel seul il appartient de prononcer. »

Cette disposition est renouvelée de l'article 7 de l'arrêté du conseil souverain du 30 décembre 1769, ainsi conçu :

ARRÊTÉ du conseil souverain, du 30 décembre 1769.

« Toutes disputes entre les castes malabares, maures, choulias, persans, et autres naturels du pays, soit pour ce qui a rapport aux coutumes, usages, mœurs, soit pour mariages, enterrements, préséances, priviléges des pagodes, droits des castes de la main droite et de la main gauche, qui naîtront ou auront lieu, seront portées par-devant le lieutenant général de police, pour être décidées ou rapportées à notredite cour, s'il y a lieu. »

ARRÊTÉ

Du 2 novembre 1841, concernant la décision des affaires de caste.

AU NOM DU ROI.

Nous, Capitaine de vaisseau de première classe, Officier de la Légion d'honneur, Gouverneur des établissements français dans l'Inde ;

Vu l'arrêté du 7 juillet 1826, article 6, qui interdit à tout conseil européen ou indien de s'immiscer, de quelque manière que ce soit, dans les affaires de caste ;

Vu l'arrêté du 21 mai 1838, qui abroge l'institution des conseils ;

Vu l'arrêté du 27 avril 1840, qui la rétablit ;

Vu l'arrêté du 26 mai 1827, article 6, relativement aux affaires de caste ;

Vu les articles 48 et 105, paragraphe 1er, de l'ordonnance royale du 23 juillet 1840, concernant le gouvernement des établissements français dans l'Inde ;

Sur le rapport et la proposition du procureur général du Roi et du chef du service administratif ;

Le conseil d'administration entendu,

Avons arrêté et arrêtons ce qui suit :

« Art. 1er. Il est interdit à tout conseil agréé européen ou indien, à Pondichéry et dans les établissements français de l'Inde, sous peine d'interdiction et de peine plus grave s'il y a lieu, de s'immiscer, de quelque manière que ce soit, dans les affaires de caste, dont la connaissance et la décision demeurent réservées au gouverneur.

« Art. 2. Lesdites affaires de caste seront traitées sans aucune intervention de procureurs, fondés de pouvoirs ou mandataires, sous quelque dénomination que ce puisse être, à titre salarié ou à titre gratuit. Les demandes ou réclamations qui les concernent seront adressées par les parties intéressées, à Pondichéry, directement au gouverneur, et dans les établissements secondaires, par l'intermédiaire des chefs de service desdits établissements, qui les feront suivre d'un rapport motivé [1].

---

[1] Le gouverneur forme le deuxième degré de juridiction des affaires de caste jugées par le tribunal de paix. L'appel doit être interjeté dans les délais suivants :

Art. 33 de l'arrêté du 26 mai 1827 :

« Les appels des jugements rendus par le tribunal de police dans les affaires de caste, dont la

« Art. 3. En cas d'urgence et de nécessité absolue, les chefs de service dans les établissements secondaires devront statuer et faire exécuter provisoirement leur décision.

« Ils en rendront compte immédiatement au gouverneur, qui confirmera ou réformera la décision, s'il y a lieu.

« Art. 4. Les affaires de caste seront décidées par le gouverneur, au moyen d'arrêtés ou décisions en matière d'administration et de police, conformément aux articles 48 et 105, paragraphe 1er, de l'ordonnance royale du 23 juillet 1840.

« Art. 5. Dans les établissements français de l'Inde, aucun recours ne sera admis, soit au contentieux administratif, soit autrement, contre lesdits arrêtés ou décisions.

« Art. 6. Il n'est rien innové par les présentes aux dispositions de l'arrêté du 26 mai 1827, dont l'article 6, premier alinéa, fixe les attributions du juge de paix, lieutenant de police, dans les affaires de caste ordinaires qui ne présentent pas de gravité, et qui continueront d'être décidées sans discussion, par simple homologation, s'il y a lieu, en tout ou en partie, des décisions de la caste ou de la parenté, ou du comité consultatif de jurisprudence indienne.

« Toutefois et en tout état, quels que soient les avis des assemblées de castes, et même après l'homologation du juge de paix, il sera loisible au gouverneur d'évoquer lesdites affaires lorsqu'il le jugera nécessaire et utile, pour y être statué ainsi qu'il a été réglé ci-dessus.

« Art. 7. Sont abrogés tous arrêtés ou règlements locaux, en ce qu'ils auraient de contraire aux dispositions présentes.

« Art. 8. Le procureur général du Roi, le commissaire de la marine chef du service administratif, et les chefs de service des établissements secondaires sont, chacun en ce qui le concerne, chargés de l'exécution du présent arrêté, qui sera publié et enregistré partout où besoin sera [1].

connaissance lui est attribuée par l'article 6, et dans les cas de contravention prévus par le n° 38 de l'article 23 de l'ordonnance du 25 de ce mois, sont portés devant l'administrateur général.

« Ils ne sont recevables que dans les dix jours de la date des jugements en matière de caste et dans les trois jours en matière de police simple. »

[1] Les affaires de caste sont celles qui concernent les cérémonies religieuses, publiques ou privées, les mariages, les enterrements, les droits et prérogatives des pagodes, les mœurs et

DÉCRET

Du 13 décembre 1858, déterminant la situation des magistrats servant aux colonies.

NAPOLÉON, etc.

Vu l'ordonnance du 28 juillet 1841;

Vu notre décret du 24 juin 1858, qui crée un ministère de l'Algérie et des colonies;

Sur le rapport du Prince chargé du ministère de l'Algérie et des colonies, et de notre garde des sceaux, ministre secrétaire d'État au département de la justice,

AVONS DÉCRÉTÉ et DÉCRÉTONS ce qui suit :

« ART. 1er. Les magistrats des cours impériales et des tribunaux de pre- mière instance des colonies françaises sont considérés comme détachés du ministère de la justice pour un service public et placés sous l'autorité du ministre de l'Algérie et des colonies.

usages, les droits et obligations qui lient entre eux les individus de même caste, les usages, droits et préséances des castes entre elles, l'administration desdites castes, leur hiérarchie, leur juri- diction.

Les unes sont simples, tiennent à la police ordinaire et ne doivent être portées que devant le juge de paix, et en appel devant le gouverneur.

Les autres, d'une nature plus grave, soit parce qu'elles s'élèvent dans la même caste, ou entre plusieurs castes au sujet de leur culte, de leurs coutumes, de leurs priviléges, sont exclusivement réservées au gouverneur. (Conseil, rapport sur l'arrêté de 1844.)

Les contestations relatives aux droits et prérogatives des chefs de caste constituent des affaires de caste. Il en est de même de la fixation de la quantité des droits qu'ils perçoivent d'après l'usage : ce ne sont pas là des impôts, mais un dédommagement à leurs peines et soins. (Décision du conseil du 31 octobre 1846.)

Les contestations sur l'état de fils naturel ou légitime et toutes autres questions concernant l'état des personnes sont de la compétence exclusive des tribunaux civils. (Arrêté du 25 mars 1845.)

Les vanouvas ou huiliers ont le droit d'aller en voiture. (Arrêté du 17 octobre 1854.)

Le gouverneur, par décision du 29 mars 1851, a consacré le droit du cadi d'interdire à un musulman l'entrée de la mosquée et toute communication de ses coreligionnaires avec lui et les siens.

Les demandes intéressant les castes ne peuvent être portées en justice que par les chefs de caste et les notables, légalement reconnus. (Décision du conseil du 24 mars 1849.)

« Art. 2. Toutefois, les mesures disciplinaires qu'il y aurait lieu de prendre à leur égard seront arrêtées de concert entre le ministre de l'Algérie et des colonies et le garde des sceaux, ministre de la justice, sans préjudice des pouvoirs et attributions conférés aux gouverneurs, ainsi qu'aux cours et tribunaux, par les ordonnances organiques concernant l'administration de la justice aux colonies.

« Art. 3. Les décrets portant nomination ou révocation des membres des cours impériales et des tribunaux de première instance sont rendus sur la proposition collective du ministre de l'Algérie et des colonies et du garde des sceaux, ministre de la justice, qui les contre-signent.

« Art. 4. Les décrets ayant pour objet de modifier, dans les colonies, soit la législation civile, correctionnelle et de simple police, soit l'organisation judiciaire, sont rendus sur le rapport du ministre de l'Algérie et des colonies et du garde des sceaux, ministre de la justice, dans les formes et dans les limites déterminées par les articles 3, 6 et 18 du sénatus-consulte du 3 mai 1854.

« Les procureurs généraux ou chefs du service judiciaire adressent, tous les six mois, au ministre de l'Algérie et des colonies et au garde des sceaux, ministre de la justice, un rapport sur l'administration de la justice et sur la marche de la législation dans les colonies.

« Art. 5. Sont abrogées l'ordonnance du 28 juillet 1841 et toutes autres dispositions contraires au présent décret.

« Art. 6. Le Prince chargé du ministère de l'Algérie et des colonies, et notre garde des sceaux, ministre secrétaire d'État au département de la justice, sont chargés, chacun en ce qui le concerne, de l'exécution du présent décret [1]. »

---

[1] Ce décret ne fait que reproduire les dispositions de l'ordonnance du 28 juillet 1841. Aucune circulaire n'en a expliqué la portée.

Le ministre, par une dépêche du 15 novembre 1842, interprétative de l'ordonnance de 1841, invite les gouverneurs des colonies à lui désigner chaque année les magistrats qui désireraient rentrer dans la magistrature métropolitaine. Ils désigneront principalement les magistrats qui seraient, pour cause de santé, dans l'impossibilité de continuer leurs services aux colonies.

Le 14 janvier 1843, le ministre, dans un rapport approuvé par le Roi, institua une commission

DÉCRET

Du 17 janvier 1863, fixant les traitements et les parités d'offices
pour la magistrature coloniale.

NAPOLÉON, etc.

Vu l'article 24 de la loi du 18 avril 1831;

Vu les décrets des 28 mars 1843, 31 août et 17 septembre 1854;

Vu la loi de finances du 2 juillet 1862;

Vu l'avis de notre garde des sceaux, ministre secrétaire d'État au département de la justice;

Sur le rapport de notre ministre secrétaire d'État au département de la marine et des colonies,

AVONS DÉCRÉTÉ et DÉCRÉTONS ce qui suit:

« ART. 1er. A partir du 1er janvier 1863, le traitement colonial des magistrats et autres fonctionnaires des cours impériales, des tribunaux de première instance et des tribunaux de paix des colonies, ainsi que les parités d'offices servant de base à la liquidation des pensions de retraite, sont déterminés conformément aux tableaux A et C annexés au présent décret.

» Le traitement d'Europe de ces magistrats et fonctionnaires est fixé, à partir de la même époque, à la moitié du traitement colonial.

« ART. 2. Notre ministre secrétaire d'État au département de la marine et des colonies est chargé de l'exécution du présent décret, qui sera inséré au Bulletin des lois. »

consultative, composée de huit membres, pour donner son avis dans tous les cas où les gouverneurs des colonies auraient usé de leurs pouvoirs extraordinaires envers les fonctionnaires.

Les magistrats qui se rendent en France en congé de convalescence ne sont pas dans l'obligation de se rendre à Paris pour y faire régulariser leur position. Ils doivent, en débarquant, faire constater par le chef du service de la marine la date précise de leur arrivée, se mettre à sa disposition pour subir la contre-visite du conseil de santé, enfin attendre, soit dans le port, soit dans le lieu où ils ont l'intention de fixer leur résidence pendant leur congé, l'approbation de la décision en vertu de laquelle ils sont venus en France. (C. 24 mai 1861.)

Nous extrayons du tableau joint à ce décret la partie relative à la magistrature de l'Inde.

EXTRAIT.

DÉSIGNATION DES MAGISTRATS COLONIAUX.	TRAITE-MENT COLONIAL.	DÉSIGNATION DES OFFICES DE LA MAGISTRATURE MÉTROPOLITAINE auxquels sont assimilés les emplois de la magistrature de l'Inde.		
		OFFICES.	TRAITEMENT.	
			Quotité.	Classe.
Procureur général.........	12,000^f	Procureur général.........	15,000^f	3^e
Président de la cour.......	9,000	Conseiller d'Alger.........	6,000	Id.
Conseillers................	6,000	Conseillers de France......	5,000	Id.
Conseillers-auditeurs......	3,000	Juge à Bône.............	3,000	Id.
Substitut du procureur général................	5,000	Substitut du procureur général de France.........	3,750	Id.
Greffier.................	3,000	Greffier de cour..........	2,000	6^e
Commis greffier.........	1,000	Commis de première instance.	1,200	Id.
Président et procureur impérial à Pondichéry.......	6,000	Président et procureur impérial de France.........	4,500	5^e
Lieutenant de juge........	4,000	Juge d'instruction........	2,880	6^e
Juges suppléants..........	2,500	Substitut................	2,400	Id.
Greffier.................	2,000	Greffier d'instance........	1,200	5^e
Juges impériaux et procureurs impériaux à Chandernagor.	5,000	Président et procureur impérial en France..........	3,600	6^e
Juges impériaux et procureurs impériaux à Karikal.....	4,000	Idem...................	3,600	Id.
Greffiers à Chandernagor...	2,000	Greffier...............	1,200	5^e
——— à Karikal........	1,500	Idem...................	1,000	6^e
——— à Yanaon et Mahé..	1,200	Idem...................	1,000	Id.
Commis greffiers à Pondichéry................	800	Commis greffier..........	1,200	Id.
Commis greffiers à Chandernagor.................	600	Idem...................	1,200	Id.
Commis greffiers à Karikal..	400	Idem...................	1,200	Id.

ARRÊTÉ

Du 4 février 1849, réglant le mode d'allocation des traitements dans la magistrature coloniale.

LE PRÉSIDENT DE LA RÉPUBLIQUE,

Sur le rapport du ministre de la marine et des colonies,

ARRÊTE :

« ART. 1ᵉʳ. Dans la magistrature coloniale, les magistrats n'ont droit au traitement colonial qu'à partir du jour de leur prestation de serment jusqu'au jour de la cessation de leurs fonctions.

« ART. 2. A partir de la date de leur première nomination dans la magistrature coloniale, et jusqu'au jour de la prestation de serment, ils ont droit au traitement d'Europe.

« Le magistrat promu dans le service colonial à un emploi supérieur recevra également, à partir du jour de sa nomination, le traitement d'Europe de son nouvel emploi, lorsqu'il se trouvera en position de congé ou en cours de destination.

« ART. 3. Le magistrat appelé à remplir un intérim, autre que celui de procureur général, ne recevra que le traitement attribué à l'emploi dont il est titulaire.

« Lorsque l'intérim sera rempli par une personne prise en dehors de la magistrature, le magistrat intérimaire recevra, à titre d'appointements annuels, une somme égale à la moitié du traitement colonial attribué à l'emploi.

« ART. 4. Le magistrat admis à faire valoir ses droits à la pension de retraite recevra la moitié de son traitement d'Europe à partir du jour où il cessera ses fonctions jusqu'au jour où il lui sera fait remise de son brevet de pension.

« ART. 5. Le ministre de la marine et des colonies est chargé de l'exécution du présent arrêté[1]. »

---

[1] Cet arrêté remplace les règles d'interprétation données par la dépêche ministérielle du 11 octobre 1839.

Les magistrats, comme tous les autres fonctionnaires, ont droit, lorsqu'ils sont de passage à la

ARRÊTÉ

Du 14 mars 1853, portant organisation du corps des interprètes.

ÉTABLISSEMENTS FRANÇAIS DANS L'INDE.

Nous, Gouverneur des établissements français dans l'Inde;

Vu l'avis de la cour impériale, à la date du 30 août 1852;

Vu la dépêche ministérielle du 25 novembre de la même année;

Vu l'article 45 de l'ordonnance organique du 23 juillet 1840;

Sur le rapport et la proposition du procureur général;

Le conseil d'administration entendu,

Avons arrêté et arrêtons ce qui suit :

TITRE PREMIER.

CLASSIFICATION DES INTERPRÈTES, LEURS ATTRIBUTIONS.

« Art. 1er. Le corps des interprètes de la justice se compose d'interprètes en chef, d'interprètes en second et d'élèves interprètes.

« Les interprètes titulaires et les interprètes suppléants prendront désormais le titre d'interprètes en second et d'élèves interprètes.

Réunion, étant en cours de destination, à leur solde coloniale et à tous les suppléments coloniaux durant leur séjour. Cette disposition ne s'applique pas aux fonctionnaires dont le passage doit s'effectuer directement et par le même navire. (Dépêche du 28 mai 1847.)

Les magistrats n'ont droit au traitement d'Europe de leur nouveau grade que lorsqu'ils sont en cours de destination. Il n'y a lieu de leur faire le rappel de la différence pour le temps qui s'est écoulé entre leur promotion et leur prestation de serment. (Dépêche du 22 octobre 1853.)

Le traitement à allouer aux juges de paix et greffiers chargés d'un intérim comprendra le traitement fixe des fonctions dont ils sont titulaires et le casuel de leur charge, dont le chiffre sera déterminé au moyen des éléments d'appréciation fournis par l'intéressé. (Dépêche du 25 avril 1862.)

Les magistrats qui, dans l'Inde, sont transférés d'une dépendance à une autre de la même colonie, n'ont droit qu'au traitement d'Europe de leur nouvel emploi. (Dépêche du 7 avril 1857.)

Le magistrat qui est retenu, soit au chef-lieu, soit dans un autre endroit, pour des nécessités de service, peut jouir du traitement de son nouveau grade, bien qu'il n'ait pas prêté serment. (Dépêche du 20 décembre 1865.)

« Art. 2. L'interprète en chef est particulièrement attaché au service des audiences. Il est à la disposition du président, qui peut requérir son assistance quand il le juge convenable. En cas d'empêchement des interprètes en second, il désigne l'élève interprète qui devra le remplacer, à moins que le président ne veuille le désigner lui-même. Il est chargé, en un mot, de pourvoir avec son personnel aux besoins de l'interprétation dans les différents services de la juridiction à laquelle il appartient.

« En cas d'absence de l'interprète en chef, il sera remplacé par l'interprète en second de la même juridiction que désignera le président du tribunal.

« Art. 3. Les interprètes en second sont spécialement attachés au service pour lequel ils sont désignés par leur nomination. Ils remplacent l'interprète en chef quand il est empêché et l'assistent dans les travaux de l'intérieur.

« Art. 4. Les élèves interprètes travaillent sous la direction spéciale de l'interprète en chef. Ils préparent les traductions qui leur sont confiées, mais n'ont point la signature. Ils peuvent être appelés à suppléer les interprètes en second dans les traductions orales et même écrites. Dans ce dernier cas, leurs actes devront porter, avec leurs signatures, la certification de l'interprète en chef.

TITRE II.

DES TRADUCTIONS FAITES DANS L'INTÉRÊT PRIVÉ.

« Art. 5. Les interprètes de chaque juridiction formeront une chambre d'interprétation.

« Art. 6. Les pièces à traduire dans l'intérêt des parties seront remises à l'interprète en chef, qui distribuera le travail. Toutes les interprétations seront certifiées par lui. Il signera seul celles préparées par les élèves interprètes.

« Art. 7. Les traductions émanées d'interprètes étrangers à la juridiction devant laquelle est introduite l'action, ou d'un interprète isolé de cette juridiction, ne seront ni admises en taxe, ni reconnues par les tribunaux. Toutefois, la traduction faite en première instance ou déjà produite en justice sera reçue devant la nouvelle juridiction près de laquelle le procès est engagé.

« Dans le cas où cette traduction donnerait lieu à des difficultés ou à des

16.

contestations, la juridiction nouvelle pourra confier la traduction à son interprète en chef, ou même, suivant l'importance des cas, ordonner qu'elle sera faite en commun par les interprètes en chef de toutes les juridictions de la localité. Cette seconde traduction aura lieu sans frais.

« ART. 8. Le prix des traductions fixé par l'arrêté du 1ᵉʳ février 1840 est maintenu. Il n'y aura qu'un prix uniforme pour toutes les traductions, sans distinction de la nature des actes.

« ART. 9. Le montant des traductions formera, pour chaque juridiction, une masse qui, à la fin de chaque mois, sera partagée également entre tous les interprètes et élèves interprètes.

« Il y aura pour l'interprète en chef, eu égard au surcroît de travail résultant pour lui de la signature et de la certification, un prélèvement d'un sixième sur la masse.

« ART. 10. Un registre parafé par le juge constatera les recettes et établira mensuellement la distribution.

« Ces opérations seront placées sous la surveillance spéciale du ministère public.

« ART. 11. Tout payement pour traduction sera fait dans les mains de l'interprète en chef, qui devra en donner quittance. »

TITRE III.

CONDITIONS D'ÂGE, DE MORALITÉ ET DE CAPACITÉ.

« ART. 12. Nul ne peut être interprète en chef ni interprète en second, s'il n'est âgé de vingt-cinq ans accomplis.

« Nul ne peut être élève interprète s'il n'a vingt et un ans accomplis.

« ART. 13. Pour faire partie du corps des interprètes, il faut avoir été reçu au concours.

« ART. 14. Sera admis à subir ce concours celui qui aura justifié de la condition d'âge, qui aura présenté un certificat de M. le juge de paix, constatant sa moralité, et qui ne sera dans aucun des cas d'incompatibilité prévus ci-après.

« ART. 15. Les matières exigées pour les concours varient suivant la fonction. Deux tableaux, qui seront annexés au présent arrêté, détermineront celles auxquelles seront soumis les candidats aux places d'interprètes en chef ou en second et celles exigées des élèves interprètes. »

TITRE IV.

DES INCOMPATIBILITÉS, DE LA NOMINATION ET DE LA PRESTATION DE SERMENT.

« ART. 16. Les fonctions d'interprète sont incompatibles avec toute profession non libérale, avec celles d'avocat, de conseil agréé et de tabellion, ainsi qu'avec d'autres fonctions salariées par l'État.

« ART. 17. C'est dans le corps des interprètes que devront être pris, à l'avenir, les greffiers malabars attachés aux tribunaux et le greffier du comité de jurisprudence indienne. A défaut d'interprètes pour remplir ces fonctions, il sera ouvert un concours entre les élèves interprètes de Pondichéry et de Karikal.

« Dans le cas de déplacement pour se rendre à Pondichéry ou à Karikal, les élèves interprètes garderont leur traitement, mais ne participeront pas aux prix des traductions. Le déplacement se fera à leurs frais.

« Les greffiers qui sortiront du corps des interprètes pourront y rentrer sans nouvel examen.

« ART. 18. Le greffier du comité consultatif de jurisprudence indienne cumule avec ses fonctions celles d'interprète en second attaché au parquet de la cour impériale.

« Cette disposition est exécutoire à partir de la promulgation du présent arrêté, le greffier actuellement en exercice appartenant au corps des interprètes.

« ART. 19. Les places d'interprètes en second seront données à la suite d'un concours ouvert entre les élèves interprètes de Pondichéry et de Karikal, sans préjudice des droits de l'administration de faire son choix pour la place vacante parmi les interprètes en second de toutes les juridictions. Ce sera dans ce cas la place de l'interprète en second promu qui sera mise au concours.

« Le passage des élèves interprètes d'une juridiction à l'autre ne donnera lieu à aucun concours.

« ART. 20. Entre plusieurs candidats reconnus aptes, la nomination sera faite d'après le classement déterminé par la commission d'examen.

« Dans le cas d'égalité entre deux ou plusieurs candidats, le choix sera libre.

« Sera prise en grande considération la candidature de celui qui, à la connaissance de la langue tamoule, joindra celle de l'anglais, de l'hindoustani ou du télinga.

« Art. 21. Avant d'entrer en fonctions, les interprètes prêteront, devant la juridiction à laquelle ils appartiennent, le serment prescrit par la Constitution. Ils prêteront en outre le serment suivant :

« Je jure de rendre fidèlement, tant par paroles que par écrit, les tra-
« ductions qui me seront confiées, et de remplir mes fonctions avec exacti-
« tude et probité. »

TITRE V.

DE LA RÉSIDENCE ET DES CONGÉS.

« Art. 22. Les interprètes et les élèves interprètes sont tenus de résider dans le lieu même où siége le tribunal auquel ils sont attachés.

« Ils ne peuvent s'absenter qu'en vertu d'un congé.

« Le congé, quand il n'excède pas quatre jours, peut être accordé par le président du tribunal auquel appartient l'interprète.

« Si le congé excède quatre jours, il devra être accordé par M. le procureur général, jusqu'à concurrence de quinze jours, et au delà par nous.

« Dans ce dernier cas, il entraînera privation du traitement et des droits de traduction.

« Art. 23. Tout congé pour cause de santé ne pourra, s'il doit dépasser quatre jours, être accordé que sur justification régulièrement faite. Dans ce cas, l'interprète sera privé de sa part dans le montant des traductions.

« Si le congé se prolonge au delà de trois mois, le traitement sera réduit de moitié.

« Art. 24. Dans le cas d'absence sans congé, les interprètes seront privés de leur traitement et de leur part dans les traductions pendant le double du temps qu'aura duré l'absence.

« Art. 25. L'absence sans congé qui dure plus de huit jours pourra être suivie d'une révocation qui sera prononcée par nous sans autre formalité.

« Art. 26. Tout interprète qui, sans nouveau congé, excédera de quinze jours la durée de celui qui lui a été accordé, pourra être considéré comme démissionnaire. »

TITRE VI.

DES PEINES DISCIPLINAIRES ET DE LA MANIÈRE DE LES INFLIGER.

« ART. 27. Les articles 141, 142, 143 et 144 de l'ordonnance du 7 février 1842, faits pour déterminer les garanties qui protégent les conseils agréés et fixer les peines auxquelles ils sont soumis, sont déclarés applicables à tous les interprètes.

« Le droit ouvert par l'article 141 au procureur général sur les conseils agréés est aussi attribué au président de chaque juridiction sur les interprètes qui dépendent de son service.

« Toutefois, pour prononcer la révocation hors des cas d'absence sans congé, l'avis de la juridiction à laquelle appartient l'interprète inculpé sera seul nécessaire. »

TITRE VII.

DU PERSONNEL DES INTERPRÈTES ET DE LEURS TRAITEMENTS.

« ART. 28. Le personnel et les traitements des interprètes demeurent fixés ainsi qu'il suit :

A PONDICHÉRY.

Cour impériale.

Un interprète en chef..	1,344'
Le greffier du comité de jurisprudence indienne, interprète en second attaché au parquet du procureur général (un seul traitement)...........................	586
Un élève interprète..	144

Tribunal de première instance.

Un interprète en chef..	744
Un interprète en second attaché au cabinet d'instruction....................	586
Un interprète en second attaché au parquet.............................	432
Deux élèves interprètes, chacun à...................................	144

Tribunal de paix et de police.

Un interprète en chef..	644
Un interprète en second détaché du bureau de police et incorporé à la justice......	586
Deux élèves interprètes, chacun à...................................	144

A CHANDERNAGOR.

Tribunal de première instance.

Un interprète en chef... 700ᶠ
Un interprète en second.. 500

Tribunaux de paix et de police.

Un interprète..... 600

A KARIKAL.

Tribunal de première instance.

Un interprète en chef... 444
Un interprète en second attaché au parquet........................ 358
Un élève interprète... 144

Tribunaux de paix et de police.

Un interprète en chef... 360
Un interprète en second détaché du bureau de police et incorporé à la justice...... 240
Un élève interprète... 120

A MAHÉ.

Un huissier chef interprète... 300

A YANAON.

Un huissier interprète.. [1] 247

TITRE VIII.

DISPOSITIONS GÉNÉRALES.

« ART. 29. Les titres V et VI, relatifs aux congés et peines disciplinaires, seront seuls obligatoires pour les interprètes de Chandernagor, Mahé et Yanaon.

[1] Les traitements des interprètes ont subi des modifications. Ils sont, au budget de 1867, établis comme suit :

A PONDICHÉRY.
Cour impériale.

Un interprète en chef... 1,350ᶠ
Un interprète en second.. 700
Un élève interprète... 200
Un interprète télinga.. 220

« ART. 30. Sont et demeurent maintenues les dispositions antérieures non contraires au présent arrêté, qui sera exécutoire à partir du 1ᵉʳ avril.

Tribunal de première instance.

Un interprète en chef...	750ᶠ
Un interprète en second..	600
Un troisième interprète...	500
Deux élèves interprètes à 150 francs..............................	300

Justice de paix.

Un interprète en chef...	650
Un interprète en second..	600
Deux élèves interprètes à 150 francs..............................	300

A CHANDERNAGOR.
Tribunal de première instance.

Un interprète en chef...	700
Un deuxième interprète...	500
Un troisième interprète...	200

Justice de paix.

Un interprète...	600

A KARIKAL.
Tribunal de première instance.

Un interprète en chef...	450
Un interprète en second..	360
Un élève interprète..	150

Justice de paix.

Un interprète en chef...	360
Un interprète en second..	240
Un élève interprète..	150

A YANAON.

Un huissier interprète..	300
Un interprète pour la langue anglaise près la cour et le tribunal à Pondichéry.	700
Un interprète pour la même langue près le tribunal de paix.............	300

« ART. 31. Le procureur général, le chef du service administratif et les chefs de service des dépendances sont chargés, chacun en ce qui le concerne, de l'exécution du présent arrêté, qui sera enregistré partout où besoin sera. »

17

Programme du concours pour les emplois d'élèves interprètes près les tribunaux
de Pondichéry et de Karikal.

ÉPREUVES ORALES.

1° Lire à haute voix et traduire verbalement en français deux actes écrits en langue tamoule, l'un sur papier et l'autre sur olle ;

2° Lire également à haute voix et traduire en tamoul un acte écrit en langue française ;

3° Lire et traduire, du français en tamoul et du tamoul en français, un compte de commerce ou un autre ne comportant pas de fractions ;

4° Interroger un inculpé, témoin ou plaignant, converser avec lui et lui poser toutes les questions qui seront faites par les membres de la commission.

ÉPREUVES ÉCRITES.

1° Écrire sous la dictée un morceau de prose ordinaire en langue française, un autre en langue tamoule ;

2° Traduire par écrit, du tamoul en français, un acte ou un procès-verbal ;

3° Traduire également par écrit, du français en tamoul, un acte ou un procès-verbal.

Programme du concours pour les emplois d'interprètes en second près les tribunaux
de Pondichéry et de Karikal.

ÉPREUVES ORALES.

1° Lire à haute voix et traduire verbalement en français des actes écrits en langue tamoule, l'un sur papier et l'autre sur olle, et deux passages au moins, pris au hasard, dans un ou plusieurs des ouvrages ou des manuscrits indiqués au bas du présent programme ;

2° Lire également à haute voix et traduire verbalement en tamoul un acte écrit en langue française ou un passage pris au hasard dans un ouvrage écrit dans la même langue ;

3° Lire et traduire, du français en tamoul et du tamoul en français, un compte de commerce ou un autre comportant des fractions;

4° Déchiffrer des écritures difficiles tant en français qu'en tamoul;

5° Paraphraser, du tamoul ordinaire dans la langue vulgaire, un acte donné;

6° Interroger un ou plusieurs inculpés, témoins ou plaignants, converser avec eux et leur poser toutes les questions qui seront faites par les membres de la commission;

7° Et répondre aux questions qui leur seront faites sur la concordance des dates françaises et tamoules pour l'année courante.

ÉPREUVES ÉCRITES.

1° Écrire sous la dictée un morceau de prose ordinaire en langue française et un autre en langue tamoule;

2° Traduire par écrit, du tamoul en français, un jugement ou un arrêt, un procès-verbal sur olle relatif à un sujet de police judiciaire, un patta et un extrait de compte d'adamanom;

3° Traduire également par écrit, du français en tamoul, un jugement ou un arrêt et un procès-verbal de la même nature que celui qui vient d'être indiqué;

4° Et faire une composition française sur un sujet donné.

OUVRAGES ET MANUSCRITS TAMOULS DEVANT SERVIR AU CONCOURS CI-DESSUS.

Miroudi Çandirigaï;

A Compilation of papers in the Tamil language, by Andrew Robertson Esq.;

Traductions faites en tamoul, par le comité de jurisprudence indienne, des principaux textes du droit indou (manuscrites);

Procès-verbaux des délibérations du comité de jurisprudence indienne, rédigés en tamoul (manuscrits).

ARRÊTÉ

Du 17 mai 1859, qui porte d'un an à trois ans le temps de la jouissance du privilège attaché à l'admission des candidats qui ont été reconnus aptes aux places d'interprètes mises au concours.

ÉTABLISSEMENTS FRANÇAIS DANS L'INDE.

Nous, Gouverneur des établissements français dans l'Inde ;

Vu les besoins de l'interprétation judiciaire et l'impossibilité de réunir la commission d'examen toutes les fois que se présente une vacance ;

Vu également la nécessité de pourvoir sans retard aux vides qui se produisent, avec des candidats dont les aptitudes soient reconnues et consacrées par le concours ;

Vu l'arrêté du 2 février 1855 ;

Sur le rapport et la proposition de M. le procureur général,

Avons ARRÊTÉ et ARRÊTONS ce qui suit :

« ART. 1er. Est porté d'un an à trois ans le temps pendant lequel les candidats, classés, suivant l'ordre de leur mérite, comme aptes aux places mises au concours, jouiront du privilège attaché à leur admission.

« ART. 2. Le procureur général est chargé de l'exécution du présent arrêté, qui sera enregistré partout où besoin sera [1]. »

---

[1] Par arrêté du gouverneur en date du 22 mars 1860, toute personne étrangère au corps des interprètes a été admise à concourir pour les places d'interprètes en second près les tribunaux.

III.

DROIT CIVIL.

ARRÊTÉ

Du 12 novembre 1853, déterminant l'époque à partir de laquelle sont exécutoires, dans les Établissements français de l'Inde, les dispositions législatives qui y sont promulguées et les arrêtés locaux.

Nous, Gouverneur des établissements français dans l'Inde;

Vu les articles 48 et 105 de l'ordonnance du 23 juillet 1840;

Vu l'article 3 du décret du 15 janvier dernier;

Sur le rapport et la proposition du procureur général,

Le conseil d'administration entendu,

Avons arrêté et arrêtons ce qui suit:

« Art. 1er. Les dispositions législatives promulguées dans la colonie et les arrêtés émanés de l'autorité locale seront exécutoires, dans les dépendances des possessions françaises de l'Inde, à partir du jour de l'enregistrement qui en sera fait au tribunal de la localité.

« Art. 2. En conséquence, à la réception du Moniteur de Pondichéry portant promulgation ou publication d'une disposition nouvelle, le chef de service de la dépendance, sur l'avis qu'il aura reçu du chef-lieu, fera remise du numéro qui la contient au magistrat du parquet, et lui donnera l'ordre d'en requérir l'enregistrement à la plus prochaine audience.

« Art. 3. Le procureur général et les chefs de service des dépendances sont chargés, chacun en ce qui le concerne, de l'exécution du présent arrêté, qui sera enregistré partout où besoin sera [1]. »

---

[1] Cet arrêté est l'exécution de l'article 3 du décret du 15 janvier 1853.

« Art. 3. Les lois, décrets et arrêtés promulgués dans les colonies seront exécutoires : 1° au chef-lieu, le jour de leur publication dans le journal officiel; 2° pour les autres localités, dans des délais qui seront déterminés proportionnellement aux distances par des arrêtés des gouverneurs. »

CIRCULAIRE MINISTÉRIELLE

Du 31 mars 1856, portant indication du mode à suivre pour les actes à publier ou à promulguer dans les colonies.

Monsieur le Gouverneur, je crois utile de rappeler à votre attention une distinction essentielle qu'il convient de faire pour le mode à suivre à l'égard des actes qui doivent être publiés ou promulgués dans les colonies.

Lorsqu'il s'agit de lois ou de décrets ayant même un intérêt direct pour nos établissements, mais dont l'application est exclusivement faite dans la métropole, il suffit de les faire publier par voie d'insertion *in extenso* dans le journal officiel de la colonie, sans y joindre un arrêté de promulgation. S'il s'agit d'actes qui, au contraire, doivent s'exécuter dans la colonie même, il y a lieu alors à la promulgation proprement dite, laquelle résulte de l'arrêté spécial qui doit précéder ces actes, dans la publication qui en est faite.

Je vous prie de pourvoir à ce que cette distinction ne soit pas perdue de vue dans l'occasion.

Recevez, Monsieur le Gouverneur, l'assurance de ma considération très-distinguée.

ARRÊTÉ

Du 12 août 1845, concernant la promulgation des actes législatifs intéressant les indigènes.

Nous, Capitaine de vaisseau, Officier de la Légion d'honneur, Gouverneur des établissements français dans l'Inde ;

Vu l'arrêté du 24 février 1834, concernant la traduction des actes législatifs intéressant les indigènes dans les établissements français de l'Inde;

Considérant que cet arrêté, fait pour faciliter la connaissance des lois, a porté dans cette partie du service des complications inutiles et ne peut être exécuté qu'au moyen de modifications indispensables:

Vu l'article 48 de l'ordonnance royale du 23 juillet 1840 ;
Sur le rapport et la proposition du procureur général du Roi,
Le conseil d'administration entendu,

Avons arrêté et arrêtons ce qui suit :

« Art. 1er. A Pondichéry, après l'enregistrement des actes législatifs à la cour royale, il sera fait, par les interprètes de la cour, une traduction en langue malabare de ceux desdits actes qui intéresseront les indigènes.

« Art. 2. Quatre copies de ladite traduction, certifiées par lesdits interprètes, seront faites par eux et remises au greffier de la cour, qui les adressera de suite au chef du ministère public. Ces copies seront transmises, savoir : deux au procureur du Roi de Pondichéry, et les deux autres au procureur du Roi de Karikal, pour en requérir le dépôt au greffe du tribunal de première instance et au greffe du tribunal de paix desdits établissements.

« Art. 3. A Chandernagor, à Yanaon et à Mahé, après l'enregistrement des actes législatifs au tribunal de première instance, il sera fait de suite par les interprètes dudit tribunal, dans l'idiome le plus usuel du pays, traduction desdits actes intéressant les natifs. Cette traduction, par les soins et à la réquisition du ministère public, sera déposée au greffe du tribunal de première instance. Une copie, dûment certifiée par le même interprète, sera, de plus, déposée au greffe du tribunal de paix de Chandernagor.

« Art. 4. Les traductions susénoncées, tant au greffe de la cour royale que dans les greffes des différents tribunaux où le dépôt est ordonné, devront chaque année être réunies et reliées en un registre tenu et conservé par les greffiers, comme ceux destinés à la réunion des arrêts et des jugements de leurs tribunaux respectifs. Ces registres seront publics et il sera loisible à tout habitant de venir en prendre connaissance, et même copie à ses frais, sous la surveillance desdits greffiers.

« Art. 5. Les traductions et dépôts ordonnés ci-dessus seront effectués sans préjudice des formes ordinaires de promulgation des actes législatifs, lesquelles continueront d'avoir lieu, comme par le passé, par la lecture et l'enregistrement desdits actes en langue française, devant la cour royale, à

Pondichéry, et dans les établissements secondaires, devant le tribunal de première instance, à la première audience publique après la réception des actes à promulguer.

« ART. 6. Dès que les formalités de l'enregistrement des actes et du dépôt des traductions auront eu lieu, il en sera certifié, par les procureurs du Roi de chaque établissement, au chef du ministère public à Pondichéry, en accusant réception des actes dont il s'agit.

« ART. 7. Les traductions des actes législatifs certifiées par les interprètes leur seront payées à raison de deux fanons par rôle de trente lignes à la page et de seize syllabes à la ligne; et les copies, également certifiées, à raison d'un fanon par rôle de même dimension.

« Les interprètes continueront, d'ailleurs, à jouir des droits qui leur sont alloués par le tarif du 1er février 1840, tant pour traduction de tous actes judiciaires ou extrajudiciaires que pour leur assistance aux ventes d'immeubles par autorité de justice, jusqu'à ce qu'il ait été définitivement pourvu à la régularisation de tous les tarifs judiciaires.

« ART. 8. L'arrêté du 24 février 1834 est abrogé. Sont également abrogés tous autres arrêtés, en ce qu'ils auraient de contraire aux présentes dispositions.

« ART. 9. Le procureur général est chargé de l'exécution du présent arrêté, qui sera enregistré partout où besoin sera [1]. »

LOI

Des 22, 29 janvier et 7 février 1851, concernant les individus nés en France d'étrangers qui eux-mêmes y sont nés, et les enfants des étrangers naturalisés. (Promulguée dans la colonie le 23 avril 1851.)

L'ASSEMBLÉE NATIONALE a adopté la loi dont la teneur suit :

« ART. 1er. Est Français tout individu né en France d'un étranger qui lui-même y est né, à moins que, dans l'année qui suivra l'époque de sa majorité telle qu'elle est fixée par la loi française, il ne réclame la qualité d'étranger par une déclaration faite soit devant l'autorité municipale du lieu de sa rési-

[1] Cet arrêté n'est pas appliqué.

dence, soit devant les agents diplomatiques ou consulaires accrédités en France par le gouvernement étranger.

« Art. 2. L'article 9 du Code civil est applicable aux enfants de l'étranger naturalisé, quoique nés en pays étranger, s'ils étaient mineurs lors de la naturalisation.

« A l'égard des enfants nés en France ou à l'étranger qui étaient majeurs à cette même époque, l'article 9 du Code civil leur est applicable dans l'année qui suivra celle de ladite naturalisation [1]. »

LOI

Du 31 mai 1854, portant abolition de la mort civile. Promulguée dans la colonie
(en mai 1855.)

NAPOLÉON, etc.

Avons sanctionné et sanctionnons, promulgué et promulguons ce qui suit :

LOI

(Extrait du procès-verbal du Corps législatif.)

Le Corps législatif a adopté le projet de loi dont la teneur suit :

« Art. 1er. La mort civile est abolie.

---

[1] La loi du 4 octobre 1814, relative à la naturalisation des habitants des départements réunis à la France depuis 1791, a été promulguée dans la colonie.

Dépêche ministérielle du 16 janvier 1850, portant recommandations à l'occasion de la loi du 3 décembre 1849, sur la naturalisation et le séjour des étrangers en France.

« Monsieur le Gouverneur, dans son numéro du 12 décembre dernier, le Moniteur contient le texte de la loi du 3 du même mois, qui a modifié la législation antérieure sur la naturalisation et le séjour en France des étrangers.

« Cette loi, où il n'est pas question des colonies, n'est pas de nature à y être promulguée; mais elle prescrit, en matière de demandes de naturalisation, de nouvelles formalités auxquelles je vous invite à vous conformer, dans l'occasion, en ce qui serait applicable aux colonies.

« Recevez, etc. »

« Art. 2. Les condamnations à des peines afflictives perpétuelles emportent la dégradation civique et l'interdiction légale établies par les articles 28, 29 et 31 du Code pénal.

« Art. 3. Le condamné à une peine afflictive perpétuelle ne peut disposer de ses biens, en tout ou en partie, soit par donation entre vifs, soit par testament, ni recevoir à ce titre, si ce n'est pour cause d'aliments.

« Tout testament par lui fait antérieurement à sa condamnation contradictoire, devenue définitive, est nul.

« Le présent article n'est applicable au condamné par contumace que cinq ans après l'exécution par effigie.

« Art. 4. Le Gouvernement peut relever le condamné à une peine afflictive perpétuelle de tout ou partie des incapacités prononcées par l'article précédent.

« Il peut lui accorder l'exercice, dans le lieu d'exécution de la peine, des droits civils, ou de quelques-uns de ces droits, dont il a été privé par son état d'interdiction légale.

« Les actes faits par le condamné dans le lieu d'exécution de la peine ne peuvent engager les biens qu'il possédait au jour de sa condamnation, ou qui lui sont échus à titre gratuit depuis cette époque.

« Art. 5. Les effets de la mort civile cessent, pour l'avenir, à l'égard des condamnés actuellement morts civilement, sauf les droits acquis aux tiers.

« L'état de ces condamnés est régi par les dispositions qui précèdent.

« Art. 6. La présente loi n'est pas applicable aux condamnations à la déportation pour crimes commis antérieurement à sa promulgation. »

ARRÊTÉ

Du 29 décembre 1855, qui, par révision, réforme et complément de divers actes antérieurs,
réglemente d'une manière définitive l'état civil indien.

ÉTABLISSEMENTS FRANÇAIS DANS L'INDE.

Nous, Gouverneur des établissements français dans l'Inde;

Considérant la nécessité de coordonner les arrêtés qui réglementent l'état civil indien, et d'y apporter des modifications dont une dernière période d'expérience a démontré la nécessité;

Attendu que l'extension prise par ce service occasionne un travail considérable, qui tend toujours à augmenter, et qui détermine l'urgence de simplifier à nouveau les écritures, afin d'éviter un accroissement de dépense qui ne serait pas en rapport avec les ressources du budget;

Attendu, en ce qui touche les mariages, que le défaut de contrat entre les époux occasionne de nombreux procès que pourra prévenir un autre mode de procéder;

Sur le rapport et la proposition du chef du service administratif et du procureur général;

Le conseil d'administration entendu,

Avons ARRÊTÉ et ARRÊTONS ce qui suit :

« ART. 1er. Les bureaux d'état civil déjà établis à Pondichéry, à Chandernagor, à Karikal, à Yanaon et à Mahé continueront à fonctionner comme par le passé.

« ART. 2. § 1er. Dans les aldées où ne siége pas un officier de l'état civil indien, les déclarations de naissances, de mariages et de décès des Indiens de toute caste seront faites entre les mains du régisseur, qui les constatera dans la forme et avec toutes les indications voulues, sur une ou plusieurs olles timbrées, à l'office de l'état civil de Pondichéry. L'inscription sur les olles sera faite comme sur les registres, par colonnes, avec en-tête indicatif, ainsi qu'il est dit dans l'article 4.

18.

« § 2. Les habitants de Sarom, Olandé, Poudoupaléon et Cottemédou devront venir faire les déclarations au bureau de l'état civil du chef-lieu; cependant les régisseurs de ces localités resteront chargés de rechercher et de transmettre les contraventions et de délivrer des permis d'inhumation et d'incinération, conjointement avec les agents de la police.

« Art. 3. § 1er. Ces déclarations seront transmises, dans les quarante-huit heures de leur date, au béchecar en chef, pour les districts de Villenour, Bahour, Nedouncadou et Karikal (résidant à la grande aldée), et à l'officier de l'état civil indien placé au chef-lieu, pour les districts de Pondichéry et pour celui de Karikal.

« § 2. Ces employés transcriront immédiatement ces actes sur un registre, en malabar, et en feront la traduction en français sur un autre.

« § 3. Ces registres seront cotés et parafés par le juge impérial; le premier restera déposé à l'état civil de Pondichéry; remise du second sera faite au greffe du tribunal de première instance.

« § 4. Les olles seront conservés au chef-lieu du district.

« § 5. Vu l'impossibilité de recevoir assez tôt les actes sur olles pour inscrire à tour de rôle sur le registre commun au district, des registres séparés seront tenus pour les actes du chef-lieu des districts et pour ceux des aldées qui en dépendent.

« Art. 4. § 1er. Les registres seront divisés par colonnes, avec en-tête indicatif des renseignements qu'elles devront recevoir, afin qu'un acte occupe le moins de place possible.

« § 2. L'officier de l'état civil signera seulement à la fin de la page, en attestant le nombre d'actes qui y sont contenus.

« § 3. Les parties et les témoins signeront en regard de l'acte, dans une colonne destinée à recevoir leur signature.

« Art. 5. Les déclarations transmises, enregistrées et traduites ainsi qu'il est dit dans les articles précédents, seront collationnées et vérifiées, dans le mois qui suivra chaque semestre, par un délégué de M. le procureur impérial.

« Art. 6. Dans les trois premiers mois de chaque année, les registres collationnés, vérifiés comme il vient d'être dit, seront transmis au juge de paix, officier de l'état civil européen, savoir : par les béchecars en chef, qui

devront y joindre ceux de l'aldée où ils résident, pour les districts de Villenour et de Bahour, et par l'officier de l'état civil indien, placé au chef-lieu,
pour le district de Pondichéry. Ce fonctionnaire contralisera dans ses mains
tout le service et donnera ses ordres aux béchecars en chef des trois districts,
qui les transmettront aux régisseurs et à l'officier de l'état civil du chef-lieu.

« Art. 7. Les déclarations de naissances seront faites, dans les quinze
jours de l'accouchement, au régisseur du lieu; l'enfant lui sera présenté.

« Art. 8. La naissance de l'enfant sera déclarée par le père, et, à défaut
de père ou en son absence, par les mestrys, sages-femmes ou autres personnes
qui auront assisté à l'accouchement, et, lorsque la mère accouchera hors de
son domicile, par la personne chez laquelle elle sera accouchée; l'acte de
naissance sera rédigé de suite en présence de deux témoins majeurs.

« Art. 9. Les déclarations de naissance d'Indiens français sur le sol anglais
devront être faites par le père ou la mère dans les huit jours qui suivront
l'arrivée du nouveau-né sur notre territoire, en présence de deux témoins
majeurs.

« Art. 10. L'acte de naissance énoncera le jour, l'heure, le lieu de naissance, le sexe et la caste de l'enfant, les nom et prénoms qui lui seront
donnés, les noms, prénoms, profession, filiation et domicile des père et
mère et des témoins.

« Art. 11. § 1er. Le brahme, le pandaron ou le cazi qui célébrera un mariage sera tenu d'en donner avis, dans les vingt-quatre heures, à l'officier
de l'état civil de la localité. La déclaration sera faite, dans les quinze jours
qui suivront la célébration, par l'époux, les chefs des deux familles et deux
témoins parents ou non parents.

« § 2. Quand l'officiant sera un prêtre catholique ou un ministre du culte
protestant, il devra adresser, dans les vingt-quatre heures, à l'officier de
l'état civil, la copie certifiée conforme de l'acte qu'il aura dressé; les parties
devront venir le signer, dans la quinzaine, sur les registres de l'état civil.

« Art. 12. § 1er. Les déclarations de mariage d'Indiens français sur le territoire anglais devront avoir lieu dans les huit jours qui suivront la rentrée
des époux sur notre territoire, en présence de quatre témoins majeurs,
notables de la caste du marié.

« § 2. Les époux devront, autant que possible, produire une attestation de l'autorité du lieu où leur mariage aura été célébré, et régulariser leur situation par un contrat, s'il y a lieu.

« § 3. Ce contrat sera obligatoire pour tous les seconds ou troisièmes mariages contractés sur le territoire français; il sera passé, suivant la religion des époux, devant le tabellion ou le cazi, et il en sera fait mention dans l'acte de mariage, sur le vu d'un certificat délivré par l'officier ministériel qui l'aura passé.

« § 4. Ce contrat devra contenir l'assentiment de la première femme, lorsqu'il s'agira d'un second mariage, et celui de la seconde, lorsqu'il s'agira d'un troisième mariage, et successivement, toutes les fois que leur consentement sera nécessaire; leur déclaration que leur situation a été réglée, qu'elles ont ou non un stridavanom et quelle est sa quotité; il contiendra aussi la déclaration de l'époux, de ses ascendants ou du chef de famille et des témoins, si ledit époux est en communauté de biens ou si elle a été dissoute.

« § 5. Le coût de ce contrat sera de deux fanons, y compris le certificat qui sera délivré pour l'officier de l'état civil.

« Art. 13. Il est interdit à tout brahme, pandaron ou moullah de célébrer un deuxième ou troisième mariage du vivant des premières épouses, avant qu'on lui ait produit un certificat du tabellion ou du cazi attestant que ce contrat a été passé. Il visera ce certificat, qui sera présenté à l'officier de l'état civil.

« Art. 14. § 1er. Aucune inhumation ou incinération ne sera faite sans autorisation écrite délivrée, sans frais, par les thanadars et chefs pions, à Pondichéry et à Karikal, et dans les campagnes, par les régisseurs, qui, en cas d'absence, pourront être suppléés par les thalavayes, les chaoukidars et les nattars ou chefs aldéens, sur la demande de deux parents ou voisins du décédé.

« § 2. Ces agents adresseront, tous les lundis, à l'officier de l'état civil en chef du district, un état des permis accordés par eux pendant la semaine.

« Art. 15. § 1er. La déclaration de décès devra être faite dans les quinze jours qui le suivront; l'acte contiendra les nom, prénoms, âge, caste, profession et domicile de la personne décédée, les noms et prénoms de l'époux ou des époux survivants, si la personne décédée était mariée ou veuve; les prénoms, noms, âge, caste, profession et domicile des déclarants, et, s'ils sont parents, leur degré de parenté. Le même acte contiendra de plus, autant qu'on pourra le savoir, les prénoms, noms, profession et domicile des père et mère du décédé, et le lieu de leur naissance.

« § 2. La déclaration du décès sera faite par deux témoins, qui seront, s'il est possible, les deux plus proches parents ou voisins, ou, lorsqu'une personne sera décédée hors de son domicile, la personne chez laquelle elle sera décédée et un parent ou autre.

« ART. 16. Lorsqu'il y aura des signes ou indices de mort violente, ou d'autres circonstances qui donneront lieu de le soupçonner, on ne pourra faire l'inhumation ou l'incinération qu'après qu'un officier de police, assisté d'un docteur en médecine ou en chirurgie, aura dressé procès-verbal de l'état du cadavre et des circonstances y relatives, ainsi que des renseignements qu'il aura pu recueillir sur les prénoms, nom, âge, caste, profession, lieu de naissance et domicile de la personne décédée.

« ART. 17. L'officier de police sera tenu de transmettre de suite à l'officier de l'état civil du lieu où la personne sera décédée, tous les renseignements énoncés dans son procès-verbal, d'après lesquels l'acte de décès sera rédigé ; le régisseur ou l'officier de l'état civil en chef en enverra une expédition au domicile de la personne décédée, s'il est connu ; cette expédition sera inscrite sur les registres.

« ART. 18. Les personnes chargées de faire les déclarations et qui n'auront pas satisfait à ce devoir seront poursuivies devant le tribunal de simple police et pourront être condamnées, en dernier ressort, de un à treize jours de prison et de un fanon à quarante roupies d'amende.

« ART. 19. Quelque bien constatée que soit la contravention, il appartiendra au juge d'apprécier les motifs, d'excuser et d'écarter ou d'atténuer les pénalités.

« ART. 20. Tous les agents de police administrative ou judiciaire ont qualité pour constater les contraventions au présent arrêté.

« ART. 21. Les procès-verbaux seront transmis à l'officier de l'état civil européen, qui saisira le tribunal de police par M. le commissaire de police.

« ART. 22. Toute délivrance d'actes de l'état civil à tous autres qu'à des indigents donnera droit à une perception de soixante centimes au profit du trésor.

« ART. 23. Toute supposition de mariage, de naissance, de mort, toute manœuvre ayant pour objet de dénaturer l'état des familles et de troubler ainsi l'ordre naturel des successions, sera poursuivie avec toute la rigueur des lois pénales.

« ART. 24. Toutes les dispositions contraires au présent arrêté, notamment les arrêtés des 23 juin 1842, 10 juin 1854, 18 novembre 1854 et 7 avril 1855, sont et demeurent abrogées.

« Le présent arrêté sera exécutoire à partir du 15 janvier 1856, à Pondichéry, et, dans les dépendances, dix jours après l'enregistrement au tribunal.

« ART. 25. Le chef du service administratif, le procureur général et les chefs de service des établissements secondaires sont chargés, chacun en ce qui le concerne, de l'exécution du présent arrêté, qui sera enregistré partout où besoin sera. »

ORDONNANCE

Du 19 août 1826, portant que tous les registres de baptêmes, mariages et sépultures, antérieurs à la reprise de possession, seront remis entre les mains des officiers chargés de l'état civil.

AU NOM DU ROI.

Nous, Eugène Panon, vicomte des Bassayns de Richemont, etc.

Vu les articles 1, 2, 5 et 6 du titre VI de la loi du 20 septembre 1792, sur l'état civil ;

Attendu que le mode prescrit par cette loi pour constater l'état civil des citoyens n'a été mis en vigueur dans les établissements français de l'Inde que depuis la reprise de possession, et que tous les registres tenus antérieurement à cette époque par les prêtres desservant les paroisses des établissements français sont restés jusqu'à ce jour entre leurs mains ;

Considérant que les officiers de l'état civil ont seuls qualité pour délivrer des extraits de ces registres, et que la nécessité de s'adresser aux desservants des paroisses pour les obtenir occasionne des lenteurs, des difficultés et des frais considérables pour les indigents;

Considérant que les frais fixés par l'ordonnance du 31 janvier 1824 pour l'expédition des actes de l'état civil sont beaucoup trop élevés et hors de proportion avec ceux de la métropole;

Après en avoir délibéré en conseil d'administration et de gouvernement,

Avons ordonné et ordonnons ce qui suit :

« Art. 1er. Les registres de baptêmes, mariages et sépultures, antérieurs à la reprise de possession et existant entre les mains des prêtres desservant les paroisses de Pondichéry, Chandernagor, Karikal et Mahé, seront, dans les trois jours de la publication de la présente ordonnance, remis sur inventaire aux officiers chargés de l'état civil.

« Art. 2. Ces registres seront déposés aux archives de chaque municipalité, et les extraits en seront délivrés à l'avenir par les officiers de l'état civil seuls.

« Art. 3. Les frais d'expédition perçus par les officiers publics, et fixés par l'ordonnance locale du 31 janvier 1824, sont réduits de la manière suivante :

« Pour chaque expédition d'un acte de naissance, de décès ou de publication de mariage, à 4 fanons, soit 1 fr. 20 cent.

« Pour celles des actes de mariage et d'adoption, à 1 roupie, soit 2 fr. 40 cent.

« Ces frais sont de moitié pour les actes concernant les Topas ou gens à chapeau.

« Art. 4. Sont abrogées toutes dispositions contraires à la présente ordonnance, qui sera enregistrée, publiée et affichée partout où besoin sera. »

ARRÊTÉ

Du 1er décembre 1843, qui pourvoit au cas d'empêchement légitime de l'officier de l'état civil dans les établissements secondaires.

AU NOM DU ROI.

Nous, Gouverneur des établissements français dans l'Inde;

Vu la lettre par laquelle M. Davia, juge de paix à Karikal et remplissant en cette qualité les fonctions d'officier de l'état civil pour la population blanche et mixte de cet établissement, soulève la question de savoir à qui devront être faites les déclarations voulues par la loi, dans le cas où il ne pourrait légitimement les recevoir;

Considérant qu'il n'existe de suppléant du juge de paix ni à Karikal, ni à Chandernagor, et que dès lors il est nécessaire de désigner un fonctionnaire qui puisse remplacer dans l'un et l'autre de ces établissements le juge de paix agissant comme officier de l'état civil, toutes les fois qu'il sera légitimement empêché;

Considérant qu'il convient également de prévoir le même cas d'empêchement légitime dans les deux autres établissements de Mahé et de Yanaon, où l'officier de l'état civil n'a ni suppléant ni adjoint;

Vu l'article 48 de l'ordonnance royale du 23 juillet 1840;

Sur le rapport et la proposition du commissaire de la marine chef du service administratif;

Le conseil d'administration entendu,

Avons ARRÊTÉ et ARRÊTONS ce qui suit :

« ART. 1er. En cas d'empêchement légitime de l'officier de l'état civil pour la population blanche et mixte (dite *gens à chapeau*), les actes sont reçus :

« A Chandernagor et à Karikal, par le commissaire de police;

« A Mahé et à Yanaon, par le greffier du tribunal de première instance.

« ART. 2. Le commissaire de la marine chef du service administratif, et les chefs des établissements secondaires sont chargés, chacun en ce qui le concerne, de l'exécution du présent arrêté, qui sera enregistré partout où besoin sera. »

ORDONNANCE

Du 7 juin 1832, relative aux dispenses de parenté pour mariage.

Vu la loi du 16 avril 1832, ainsi conçue :

« L'article 164 du Code civil est rectifié ainsi qu'il suit :

« Néanmoins, il est loisible au Roi de lever pour des causes graves les prohibitions portées par l'article 162 aux mariages entre beaux-frères et belles-sœurs, et par l'article 163 aux mariages entre l'oncle et la nièce, la tante et le neveu. »

Sur le rapport de notre ministre secrétaire d'État au département de la marine et des colonies,

Nous avons ordonné et ordonnons ce qui suit :

« Art. 1er. La loi du 16 avril 1832, relative aux mariages entre beaux-frères et belles-sœurs est rendue exécutoire aux colonies sous la modification suivante :

« Art. 2. La faculté de lever pour des causes graves les prohibitions portées aux mariages entre beaux-frères et belles-sœurs sera exercée dans les colonies par les gouverneurs en conseil.

« Art. 3. Notre ministre secrétaire d'État de la marine et des colonies est chargé de l'exécution de la présente ordonnance. »

DÉPÊCHE.

Extrait d'instructions ministérielles adressées aux gouverneurs des Antilles, de Bourbon et de la Guyane française, relativement à la concession des dispenses d'âge et de parenté pour mariage.

(DÉPÊCHE MINISTÉRIELLE DU 14 MAI 1830.)

« Les dispenses d'âge ou de parenté ne doivent être accordées, aux colonies comme en France, que dans les cas prévus par les articles 145 et 164 du Code civil. Les demandes, pour les unes comme pour les autres, doivent être fondées sur des causes graves, et être transmises par le procureur du Roi, avec les actes de naissance des deux futurs et son avis motivé (arrêté du 20 prairial an II) à M. le procureur général, sur le rapport duquel vous aurez ensuite à soumettre l'affaire au conseil privé.

« Les dispenses de parenté, pour mariage entre catholiques, ne s'accordent que sur la représentation des dispenses ecclésiastiques. Quant aux parties qui professent une autre religion que la catholique, elles doivent produire un certificat du ministre de cette religion ou, à défaut, un acte de notoriété. Les dispenses sont accordées sur l'une ou sur l'autre de ces justifications.

« A moins de causes très-graves, telles qu'une grossesse, les dispenses d'âge ne s'accordent pas avant quatorze ans révolus pour les filles et dix-sept pour les garçons. Cette limite peut, toutefois, n'être pas obligatoire à l'égard des gens de couleur, chez qui l'époque de la puberté est plus précoce, et entre lesquels il y a d'ailleurs tout intérêt à favoriser les mariages.

« Les dispenses d'âge et de parenté se refusent aussi lorsqu'il y a une trop grande disproportion d'âge, ou lorsqu'il n'y a plus d'espoir que les futurs puissent avoir des enfants.

« Telles sont les principales règles auxquelles vous aurez à vous conformer, autant que possible, en ce qui concerne les dispenses de mariage à accorder.

« Je vous recommande d'ailleurs de me rendre toujours un compte exact et motivé des décisions intervenues en cette matière, soit que les demandes aient été accueillies ou qu'elles aient été écartées.

LOI

Du 10 décembre 1850, ayant pour objet de faciliter le mariage des indigents, la légitimation de leurs enfants naturels et le retrait de ces enfants déposés dans les hospices. (Promulguée dans la colonie le 15 février 1851.)

AU NOM DU PEUPLE FRANÇAIS.

L'Assemblée nationale a adopté la loi dont la teneur suit :

« Art. 1er. Les pièces nécessaires au mariage des indigents, à la légitimation de leurs enfants naturels et au retrait de ces enfants déposés dans les hospices, seront réclamées et réunies par les soins de l'officier de l'état civil de la commune dans laquelle les parties auront déclaré vouloir se marier.

« Les expéditions de ces pièces pourront, sur la demande du maire, être réclamées et transmises par les procureurs de la République.

« Art. 2. Les procureurs de la République pourront, dans les mêmes cas, agir d'office et procéder à tous actes d'instruction préalable à la célébration du mariage.

« Art. 3. Tous jugements de rectification ou d'inscription des actes de l'état civil, toutes homologations d'actes de notoriété, et généralement tous actes judiciaires ou procédures nécessaires au mariage des indigents, seront poursuivis et exécutés d'office par le ministère public.

« ART. 4. Les extraits des registres de l'état civil, les actes de notoriété, de consentement, de publications, les délibérations de conseil de famille, les certificats de libération du service militaire, les dispenses pour cause de parenté, d'alliance ou d'âge, les actes de reconnaissance des enfants naturels, les actes de procédure, les jugements et arrêts dont la production sera nécessaire dans les cas prévus par l'article 1er, seront visés pour timbre et enregistrés gratis, lorsqu'il y aura lieu à enregistrement. Il ne sera perçu aucun droit de greffe ni aucun droit de sceau au profit du trésor sur les minutes et originaux, ainsi que sur les copies ou expéditions qui en seraient passibles.

« L'obligation du visa pour timbre n'est pas applicable aux publications civiles, ni au certificat constatant la célébration civile du mariage.

« ART. 5. La taxe des expéditions des actes de l'état civil, requises pour le mariage des indigents, est réduite, quels que soient les détenteurs de ces pièces, à 30 centimes lorsqu'il n'y aura pas lieu à légalisation, à 50 centimes lorsque cette dernière formalité devra être accomplie.

« Le droit de recherche alloué aux greffiers par l'article 14 de la loi du 21 ventôse an VII, les droits de légalisation perçus au ministère des affaires étrangères ou dans les chancelleries de France à l'étranger, sont supprimés en ce qui concerne l'application de la présente loi.

« ART. 6. Seront admises au bénéfice de la loi les personnes qui justifieront d'un certificat d'indigence à elles délivré par le commissaire de police, ou par le maire, dans les communes où il n'existe pas de commissaire de police, sur le vu d'un extrait du rôle des contributions constatant que les parties intéressées payent moins de 10 francs, ou d'un certificat du percepteur de leur commune portant qu'elles ne sont pas imposées.

« Le certificat d'indigence sera visé et approuvé par le juge de paix du canton. Il sera fait mention dans le visa de l'extrait des rôles ou du certificat négatif du percepteur.

« ART. 7. Les actes, extraits, copies ou expéditions ainsi délivrés mentionneront expressément qu'ils sont destinés à servir à la célébration d'un mariage entre indigents, à la légitimation ou au retrait de leurs enfants naturels déposés dans les hospices.

« Ils ne pourront servir à autres fins, sous peine de 25 francs d'amende, outre le payement des droits, contre ceux qui en auront fait usage ou qui les auront indûment délivrés ou reçus.

« Le recouvrement des droits et des amendes de contravention sera poursuivi par voie de contrainte, comme en matière d'enregistrement.

« ART. 8. Le certificat prescrit par l'article 6 sera délivré en plusieurs originaux, lorsqu'il devra être produit à divers bureaux d'enregistrement. Il sera remis au bureau de l'enregistrement où les actes, extraits, copies ou expéditions devront être visés pour timbre et enregistrés gratis. Le receveur en fera mention dans le visa pour timbre et dans la relation de l'enregistrement.

« Néanmoins, les réquisitions des procureurs de la République tiendront lieu des originaux ci-dessus prescrits, pourvu qu'elles mentionnent le dépôt du certificat d'indigence à leur parquet.

« L'extrait du rôle ou le certificat négatif du percepteur sera annexé aux pièces déposées pour la célébration du mariage.

« ART. 9. La présente loi est applicable au mariage entre Français et étrangers.

« Elle sera exécutoire aux colonies.

« ART. 10. L'article 8 de la loi du 3 juillet 1846, l'ordonnance du 30 décembre 1846, et toutes dispositions contraires à la présente loi, sont abrogés. »

ARRÊTÉ

Du 1ᵉʳ juillet 1833, qui modifie quelques dispositions du Code civil relatives au temps de domicile exigé des étrangers pour contracter mariage en France et aux formalités de publication prescrites en cas de mariage des Français à l'étranger.

AU NOM DU ROI DES FRANÇAIS.

Nous, Gouverneur des établissements français dans l'Inde ;

Vu les articles 13, 74, 166, 167, 170 et 171 du Code civil, desquels il résulte que pour contracter mariage en France, l'étranger, comme le Français, doit y avoir acquis domicile par six mois de résidence, et que dans le silence de la loi, pour le cas où le Français établi à l'étranger n'a pas conservé d'habitation en France, à défaut des publications prescrites par l'article 170, il est fait difficulté de transcrire, sur les registres de l'état civil en France, l'acte de célébration du mariage contracté à l'étranger sans publications préalables;

Considérant qu'il a été reconnu en principe, lors de la discussion au Conseil d'État, qu'il serait nécessaire de faire au Code civil, en général, les exceptions qu'exigerait la différence des climats et des habitudes dans les contrées séparées du continent;

Que s'il ne convient pas, même pour le but moral de faciliter les mariages, de dispenser comme en d'autres pays, dans l'intérêt même des contractants, de toutes les formalités, il convient aussi de lever des obstacles et des prohibitions qui, sans offrir plus de garanties, rendent souvent impossibles des unions convenables, ou forcent d'agir, soit en fraude de la loi, soit contre les convenances, en allant contracter ces unions à l'étranger;

Sur le rapport et la proposition de l'avocat général;

De l'avis du conseil privé;

Provisoirement et sauf l'approbation de S. M. le Roi des Français,

Avons arrêté et arrêtons ce qui suit:

« Art. 1er. Il est dérogé, à l'égard des étrangers établis et domiciliés dans les possessions anglaises ou autres avoisinant les possessions françaises dans l'Inde, à l'obligation imposée, pour contracter mariage, de justifier de six mois de résidence continue dans un établissement français et de publications préalables à l'étranger.

« Il suffira de produire à l'officier de l'état civil un acte de notoriété dans la forme prescrite par l'article 71 du Code civil, contenant la déclaration faite par sept témoins de l'un ou de l'autre sexe, parents ou non parents et de toutes classes, des prénoms, nom, profession et domicile du futur époux et de ceux de ses père et mère, s'ils sont connus, le lieu, et autant que possible l'époque de sa naissance et les causes qui empêchent de rapporter les actes justificatifs de tous ces faits.

« L'acte de notoriété contiendra de plus la déclaration positive des témoins qu'il n'est point à leur connaissance que le futur époux soit engagé par mariage avec une autre personne.

« Art. 2. Les publications voulues par l'article 63 du Code civil seront faites, pour les deux parties et en même temps, devant la porte du bureau de l'officier de l'état civil du lieu où l'une des parties a son domicile dans les établissements français de l'Inde.

« Art. 3. Il pourra être accordé à l'étranger, pour contracter mariage avec un Français, autant que la loi de son pays ne s'y opposerait point en établissant une incapacité, des dispenses d'âge pour lever la prohibition contenue en l'article 144 du Code civil, dans les termes de l'article 147 du même Code.

« Art. 4. En justifiant, de la part du Français marié à l'étranger, par acte de notoriété en la forme ci-dessus, qu'il n'aurait pas conservé d'habitation en France ou dans les possessions françaises de l'Inde, il sera passé outre par l'officier de l'état civil, nonobstant le défaut des publications prescrites par l'article 170 du Code civil, à la transcription sur le registre public de l'acte de célébration du mariage contracté en pays étranger, dans les termes de l'article 171 du Code civil, si d'ailleurs le mariage a été fait et célébré selon la loi locale et que l'acte qui le constate soit dûment légalisé.

« Art. 5. L'avocat général, chef du ministère public, est chargé de l'exécution du présent arrêté. »

ARRÊTÉ

Du 25 mars 1845, qui modifie certaines dispositions du Code civil (titre : Du mariage) dans les établissements français de l'Inde.

AU NOM DU ROI.

Nous, Capitaine de vaisseau, Officier de la Légion d'honneur, Gouverneur des établissements français dans l'Inde ;

Vu l'arrêté du 7 janvier 1833, portant des modifications au Code civil, relativement aux formalités du mariage ;

Vu la dépêche ministérielle du 17 octobre 1834, indiquant la nécessité de reformer lesdites modifications ;

Vu la délibération du conseil d'administration en date du 13 juillet 1843 ;

Vu la dépêche ministérielle du 6 décembre 1844, portant approbation du projet de modification adressé à S. Exc. le ministre de la marine et des colonies;

Vu l'article 43 de l'ordonnance royale du 23 juillet 1840, § 3;

Sur le rapport et la proposition du procureur général du Roi;

Le conseil d'administration entendu,

Avons arrêté et arrêtons ce qui suit:

« Art. 1er. Les personnes qui résident dans l'un des établissements français de l'Inde, dont la famille est domiciliée en France ou dans les pays situés à l'ouest du cap de Bonne-Espérance, et qui se trouvent dans les cas prévus par les articles 151, 152 et 153 du Code civil, sont dispensées des obligations imposées par lesdits articles.

« Art. 2. L'acte de notoriété à produire dans le cas prévu par l'article 155 du Code civil pourra être suppléé par la déclaration sous serment des contractants, que le lieu du décès et celui du dernier domicile de leurs ascendants leur sont inconnus.

« Cette déclaration devra être certifiée aussi sous serment par les quatre témoins de l'acte de mariage, lesquels affirmeront que, quoiqu'ils connaissent les futurs époux, ils ignorent le lieu de décès de leurs ascendants et leur dernier domicile. Il sera fait mention par l'officier de l'état civil, dans l'acte de mariage, desdites déclarations.

« Art. 3. Les publications de mariage seront faites et affichées devant la porte du bureau de l'état civil, en se conformant aux dispositions des articles 166, 167 et 168 du Code civil, selon que les parties contractantes se trouveront dans les cas prévus par lesdits articles.

« Art. 4. Dans le cas où le dernier domicile de l'une des parties contractantes aurait été en France ou dans des pays situés à l'ouest du cap de Bonne-Espérance, les publications de mariage voulues par l'article 167 du Code civil se feront au chef-lieu de l'établissement français dans l'Inde dans le ressort duquel les parties contractantes auront leur résidence actuelle, et seront notifiées au ministère public.

« Mais, dans ce même cas, lesdites publications ne pourront avoir lieu que sur un acte de notoriété dressé devant notaire, contenant la déclaration de sept témoins de l'un ou de l'autre sexe, parents ou non parents, constatant l'identité du futur époux, sa profession, son domicile, et en outre l'affirmation positive desdits témoins qu'il n'est pas à leur connaissance qu'il soit engagé dans les liens du mariage.

« Si d'ailleurs l'une des parties contractantes ne justifiait pas de son acte de naissance, les dispositions de l'article 71 du Code civil seraient exécutées dans tout leur contenu.

« Art. 5. Il ne pourra y avoir lieu, de la part, soit des époux, soit des père et mère ou ascendants, à l'action en nullité contre un mariage contracté dans les établissements français de l'Inde, lorsqu'à l'époque de ce mariage les parties contractantes ou l'une d'elles se seront trouvées dans les cas d'exception prévus par les articles 1er et 4 ci-dessus, et qu'elles auront d'ailleurs satisfait aux autres formalités et conditions prescrites par les lois et le présent arrêté.

« Art. 6. Les peines portées par les articles 157 et 192 du Code civil cesseront d'être applicables aux officiers de l'état civil, lorsque les parties contractantes ou l'une d'elles se trouveront dans le cas d'exception prévu par les articles 1er et 4 ci-dessus.

« Art. 7. Seront exécutées, relativement aux mariages entre Européens ou descendants d'Européens, toutes dispositions du Code civil autres que celles ci-dessus modifiées.

« Art. 8. Sont abrogés l'arrêté du 7 janvier 1833 et tous actes législatifs contraires au présent arrêté, qui sera exécuté à la diligence du procureur général du Roi, et enregistré partout où besoin sera. »

ARRÊTÉ

Du 26 août 1863, relatif au mode à suivre pour les demandes en autorisation de mariage à contracter dans la colonie.

Nous, Commissaire général de la marine, Gouverneur des établissements français dans l'Inde ;

Vu l'article 41 de l'ordonnance organique administrative du 23 juillet

1840, ainsi conçu : « Aucun fonctionnaire public ou agent salarié ne peut contracter mariage dans la colonie sans l'autorisation du gouverneur, à peine de révocation ; »

Considérant qu'aucune disposition réglementaire ne détermine les conditions à remplir pour obtenir cette autorisation ;

Considérant qu'en ce qui concerne les officiers de tous les corps de troupes et les employés militaires du département de la guerre, des instructions spéciales réservent la décision à l'autorité ministérielle et indiquent le mode de procéder sur les lieux,

Avons arrêté et arrêtons ce qui suit :

« Art. 1er. Les demandes en autorisation de mariage à contracter dans la colonie doivent parvenir au gouverneur par la voie hiérarchique et avec l'avis des chefs d'administration, de service ou de corps.

« Art. 2. Celles concernant les officiers de troupe des deux départements et les employés militaires du département de la guerre sont rédigées et justifiées suivant les prescriptions en rigueur.

« Art. 3. Toutes les autres demandes seront désormais appuyées d'un certificat conforme au modèle ci-annexé, contenant les renseignements nécessaires sur l'âge, la famille, la réputation et la fortune de la future épouse.

« Cette production suffira pour le mariage des agents à la nomination de l'autorité locale.

« Elle sera complétée par un extrait du projet de contrat de mariage, constatant l'apport en dot, pour les fonctionnaires, magistrats, officiers et employés autres que ceux indiqués en l'article 2 et dont la nomination émane soit de S. M. l'Empereur, soit d'une autorité ministérielle.

« Pour cette dernière catégorie, le gouverneur accorde l'autorisation, sauf ratification, d'après le droit qui lui en a été attribué, ou en réfère préalablement à S. Exc. le ministre, selon qu'il le juge convenable.

« Art. 4. L'ordonnateur, le procureur général impérial, le contrôleur colonial et le capitaine chargé du service de place sont chargés de l'exécution du présent arrêté, qui sera inséré au Bulletin officiel. »

20.

CIRCULAIRE

De S. A. I. le Prince chargé du ministère de l'Algérie et des colonies, concernant les autorisations de mariage à accorder aux officiers du service colonial. (25 septembre 1858.)

Monsieur le Gouverneur, aux termes des instructions en vigueur, les officiers employés aux colonies ne peuvent contracter mariage qu'après une autorisation donnée, suivant le corps auquel ils appartiennent, soit par le ministre de la marine, soit par le ministre de la guerre, soit enfin par l'autorité locale.

Après m'être concerté avec MM. les ministres de la guerre et de la marine, j'ai décidé qu'à l'avenir aucun officier ou employé militaire dépendant de l'un de ces départements, à quelque corps qu'il appartînt d'ailleurs, ne pourrait être autorisé à contracter mariage aux colonies en vertu d'une décision locale. L'approbation préalable du ministre compétent sera toujours nécessaire; elle ne pourra être demandée et accordée que par mon intermédiaire.

Quant aux autres fonctionnaires qui relèvent spécialement du ministère de l'Algérie, il n'existe pour eux aucune obligation de demander l'autorisation de se marier. Toutefois il est indispensable que, ainsi que cela est déjà prescrit en ce qui concerne les employés relevant du département des finances, je reçoive un extrait de l'acte de l'état civil constatant le mariage, afin qu'il soit déposé au dossier de l'employé.

Il sera nécessaire que l'envoi de cet acte soit accompagné, notamment en ce qui concerne les magistrats, d'une note du chef d'administration établissant la situation nouvelle qui pourrait résulter de l'union contractée au point de vue des incompatibilités.

Vous devez considérer comme abrogées toutes les circulaires précédentes sur la matière.

LOI

Des 2 et 10 juillet 1850, relative à la publicité des contrats de mariage.

AU NOM DU PEUPLE FRANÇAIS.

L'Assemblée nationale a adopté la loi dont la teneur suit :

« Art. 1er. Il sera ajouté aux articles 75, 76, 1391 et 1394 du Code civil les dispositions suivantes :

« Article 75 du Code civil (à intercaler entre les deux phrases de l'article actuel) :

« Il (l'officier de l'état civil) interpellera les futurs époux, ainsi que les per-
« sonnes qui autorisent le mariage, si elles sont présentes, d'avoir à déclarer
« s'il a été fait un contrat de mariage, et, dans le cas de l'affirmative, la date
« de ce contrat, ainsi que les noms et lieu de résidence du notaire qui l'aura
« reçu. »

« Article 76 du Code civil :

« § 10. La déclaration sera faite, sur l'interpellation prescrite par l'article
« précédent, qu'il a été ou qu'il n'a pas été fait de contrat de mariage, et, autant
« que possible, de la date du contrat, s'il existe, ainsi que les noms et lieu
« de résidence du notaire qui l'aura reçu; le tout à peine, contre l'officier
« de l'état civil, de l'amende fixée par l'article 50.

« Dans le cas où la déclaration aurait été omise ou serait erronée, la recti-
« fication de l'acte, en ce qui touche l'omission ou l'erreur, pourra être de-
« mandée par le procureur de la République, sans préjudice du droit des
« parties intéressées conformément à l'article 99. »

« Article 1391 du Code civil (à placer à la fin de l'article actuel) :

« Toutefois, si l'acte de célébration du mariage porte que les époux se sont
« mariés sans contrat, la femme sera réputée, à l'égard des tiers, capable de
« contracter dans les termes du droit commun, à moins que, dans l'acte qui

« contiendra son engagement, elle n'ait déclaré avoir fait un contrat de
« mariage. »

« Article 1394 du Code civil (à placer à la fin de l'article actuel) :

« Le notaire donnera lecture aux parties du dernier alinéa de l'article 1391,
« ainsi que du dernier alinéa du présent article. Mention de cette lecture
« sera faite dans le contrat, à peine de 10 francs d'amende contre le notaire
« contrevenant.

« Le notaire délivrera aux parties, au moment de la signature du contrat,
« un certificat sur papier libre et sans frais, énonçant ses noms et lieu de
« résidence, les noms, prénoms, qualités et demeure des futurs époux, ainsi
« que la date du contrat. Ce certificat indiquera qu'il doit être remis à l'officier
« de l'état civil avant la célébration du mariage. »

« ART. 2. La présente loi n'aura d'effet qu'à partir du 1er janvier 1851. »

LOI

Du 6 décembre 1850, relative au désaveu de paternité en cas de séparation de corps,
promulguée dans la colonie le 29 octobre 1863.

L'ASSEMBLÉE NATIONALE a adopté la loi dont la teneur suit :

« ARTICLE UNIQUE. Il sera ajouté à l'article 313 du Code civil un paragraphe
ainsi conçu :

« En cas de séparation de corps prononcée, ou même demandée, le mari
« pourra désavouer l'enfant qui sera né trois cents jours après l'ordonnance
« du président, rendue aux termes de l'article 878 du Code de procédure
« civile, et moins de cent quatre-vingts jours depuis le rejet définitif de la de-
« mande, ou depuis la réconciliation. L'action en désaveu ne sera pas admise
« s'il y a eu réunion de fait entre les époux. »

ORDONNANCE

Du 25 novembre 1826, sur la clôture des terrains et emplacements de la ville de Pondichéry.

AU NOM DU ROI.

Nous, Eugène Panon, vicomte des Bassayns de Richemont, etc.

Vu les ordonnances des administrateurs généraux des 1er juillet 1777 et 7 février 1778;

Vu l'arrêté de l'assemblée coloniale en date du 28 septembre 1792;

Vu les ordres de Son Excellence, annexés à sa dépêche du 3 septembre 1825;

Considérant qu'il existe dans la ville de Pondichéry un grand nombre de terrains dont les propriétaires sont soit présents, soit absents, et qui, étant ouverts et couverts de décombres, sont devenus des lieux d'infection et le repaire de reptiles;

Considérant que cet état de choses s'oppose de la manière la plus absolue, non-seulement à l'embellissement, mais encore à la propreté et à la police de la ville;

Considérant que les ordonnances précitées ont établi que les propriétaires de terrains et emplacements quelconques à eux concédés dans la ville de Pondichéry ne pouvaient s'en assurer la propriété légale qu'en les entourant et en les maintenant clos de murs;

Après en avoir délibéré en conseil d'administration et de gouvernement, provisoirement et sauf l'approbation de Sa Majesté,

Avons ordonné et ordonnons ce qui suit:

« Art. 1er. Les propriétaires, soit anciens, soit nouveaux, de terrains et emplacements situés dans l'enceinte des boulevards de la ville de Pondichéry, et qui ne sont pas clos, sont tenus de les faire clore de murs, de la manière et dans les délais ci-après.

« Art. 2. Les propriétaires européens ou indiens présents ou domiciliés dans l'Inde, ou qui y sont dûment représentés par des fondés de pouvoir, devront clore ou faire clore leurs terrains et emplacements dans le délai d'un an, à dater de la promulgation de la présente ordonnance.

« Ce délai sera double pour les propriétaires absents domiciliés hors du continent de l'Inde, et qui n'y sont pas représentés[1].

« Art. 3. Les murs d'entourage des terrains situés dans la partie de la ville dite *ville blanche*, c'est-à-dire limitée à l'ouest par le canal et au nord par la rue de Mottoucadé, seront en briques cuites.

« Ceux de la *ville noire* pourront être en mortier de caliment et couverts d'un chaperon.

« Les uns et les autres auront six pieds de haut au moins.

« Art. 4. Les terrains et emplacements qui, à l'expiration des délais fixés, n'auraient pas été clos conformément à l'article précédent, seront, sur le rapport de l'ingénieur chargé du service de la grande voirie, approuvé par l'administrateur général en conseil, vendus en justice, sans frais, au profit des propriétaires et à la charge par les acquéreurs de les faire clore dans le délai de quatre mois, à compter du jour de l'adjudication.

« Faute par les adjudicataires de remplir ces conditions, la revente aura lieu à leurs frais et sur folle enchère.

« Art. 5. Dans le cas où il ne se présenterait point d'acquéreur, les terrains et emplacements invendus rentreront purement et simplement au domaine, pour être soit clos directement par le Gouvernement, soit concédés de nouveau, à la charge par les concessionnaires de les faire clore.

« Les anciens propriétaires ne pourront, dans ce cas, prétendre à aucune indemnité.

« Art. 6. Sont abrogées toutes dispositions contraires à la présente ordonnance, laquelle sera enregistrée à la cour royale de Pondichéry, affichée et publiée de trois mois en trois mois, pendant un an à dater du jour de sa promulgation. »

[1] Ce délai fut prorogé jusqu'au 1er mars 1828 par arrêté du 22 décembre 1827.

ORDONNANCE

Du 16 mai 1827, sur la clôture des terrains et emplacements à Chandernagor et à Karikal.

AU NOM DU ROI.

Nous, Eugène Panon, vicomte des Bassayns de Richemont, etc.

Sur le rapport de MM. les administrateurs chargés du service à Chandernagor et à Karikal;

Après en avoir délibéré en conseil de gouvernement et d'administration,

Avons ordonné et ordonnons ce qui suit :

« Art. 1er. L'ordonnance locale du 25 novembre 1826, sur la clôture des terrains et emplacements de la ville de Pondichéry, est rendue applicable à Chandernagor et à Karikal, sous les modifications ci-après.

« Art. 2. Les limites de la ville noire et de la ville blanche seront définies à Chandernagor par un arrêté de l'administration locale.

« A Karikal, il ne sera point fait de distinction, et tous les emplacements indifféremment pourront être entourés de murs de briques ou de caliment, ou en haies vives, hautes de six pieds au moins.

« Art. 3. La vente des terrains non clos sera ordonnée, dans les établissements secondaires, par l'administrateur chargé du service, sur le rapport du conducteur de la voirie.

« Art. 4. La présente ordonnance sera enregistrée, publiée et affichée partout où besoin sera, de trois mois en trois mois, pendant un an à dater du jour de sa promulgation à Chandernagor et à Karikal. »

ARRÊTÉ

Du 29 avril 1844, sur les successions vacantes [1].

« Art. 1er. Est réputée vacante, dans les établissements français de l'Inde, toute succession ouverte qui n'est réclamée par aucun ayant droit présent ou légalement représenté sur les lieux, ou abandonnée, soit par l'absence des héritiers présomptifs, soit par leur renonciation.

« Sont réputés vacants tous autres biens dont les propriétaires ne sont ni présents ni représentés dans la colonie.

« Les dispositions ci-dessus ne s'appliquent pas aux successions des fonctionnaires, marins et autres salariés, régies par des lois particulières.

« Art. 2. Le curateur aux biens vacants est chargé de gérer et administrer les successions vacantes et biens d'absents.

« En conséquence, dès qu'il apprendra qu'une succession est ouverte dans l'établissement de sa résidence, et qu'il n'existe personne sur les lieux pour la recueillir, le curateur provoquera aussitôt l'apposition des scellés, si déjà ils n'ont été mis. Dans les trois jours qui suivront ladite apposition, il fera les diligences nécessaires pour qu'au jour indiqué par le procureur du Roi et en sa présence, ou en présence du magistrat qu'il aura délégué pour le remplacer, il soit procédé à la levée des scellés et à la confection de l'inventaire estimatif des valeurs, meubles et immeubles, titres, papiers, créances actives et passives dépendant de ladite succession.

---

[1] Le gouverneur, par arrêté du 3 avril 1865, a nommé une commission à l'effet d'examiner s'il n'y avait pas lieu de rendre applicable à l'Inde la législation nouvelle sur la curatelle, et d'indiquer, en tout cas, les modifications qu'il y aurait à apporter à cet arrêté du 29 avril 1844.

Cet arrêté a d'ores et déjà décidé que la gestion de la curatelle des successions vacantes rentrera dans le service des contributions et du domaine; que les conseils de curatelle, dont cesseront de faire partie les curateurs, seront complétés par l'adjonction, comme membre de droit, au chef-lieu, du chef du secrétariat de la direction de l'intérieur, et, dans les dépendances, du chef des détails administratifs; que les curateurs devront fournir un cautionnement, dont la valeur sera ultérieurement fixée; que les pions attachés à ce service aux frais du trésor sont et demeurent supprimés.

« Il sera procédé à l'estimation des objets par le commissaire-priseur, ou, à défaut, par tel expert qui sera appelé, et qui procédera après avoir prêté serment, entre les mains du procureur du Roi, de bien et fidèlement remplir sa mission.

« Art. 3. Dans le cas où la succession paraîtrait indigente ou composée d'un très-petit nombre d'objets apparents, faciles à reconnaître, suivant l'appréciation du juge de paix, lesdits effets seront constatés, décrits et estimés dans le procès-verbal dressé par lui lors de son premier transport, sans qu'il soit nécessaire d'apposer les scellés, ni de faire un inventaire plus détaillé de ladite succession.

« Art. 4. Au fur et à mesure de la confection de l'inventaire, ou dans le cas énoncé au précédent article, sur le procès-verbal qui aura été dressé par le juge de paix, le curateur sera chargé des biens et effets de la succession, pour en rendre compte ainsi qu'il sera dit ci-après.

« Art. 5. Par un avis affiché à la porte du domicile du défunt et à la porte principale de la cour royale à Pondichéry, et en outre à la porte du tribunal de première instance et de la justice de paix, dans tous les établissements, les créanciers seront prévenus que, dans le délai de trois mois, ils ont à produire leurs titres ou réclamations, soit au curateur, soit au notaire ou tabellion chargé de la confection de l'inventaire, pour y être portés.

« Art. 6. Un conseil de curatelle, composé du procureur du Roi, qui présidera, du juge de paix et du curateur, s'assemblera une fois par mois. Le curateur fera l'exposé de la situation des successions nouvelles, et des difficultés qui pourront s'élever dans leur gestion. Le conseil lui donnera les directions nécessaires, soit pour l'administration des successions, soit pour la confection du tableau des créanciers, soit pour toutes affaires contentieuses qui peuvent survenir. Le défenseur de la curatelle pourra être appelé audit conseil. Il n'aura que voix consultative, ainsi que le curateur. En cas de dissentiment, l'opinion du procureur du Roi sera prépondérante.

« Il sera tenu registre des délibérations et des décisions qui seront prises, lesquelles seront signées par les membres du conseil et par le curateur.

« Le procureur général continuera d'exercer, comme par le passé, une surveillance générale et supérieure sur la gestion du curateur.

« ART. 7. Le curateur fera le recouvrement des sommes qui pourront être dues aux successions vacantes, et toutes les poursuites nécessaires auxdits recouvrements; il procédera, tant en demandant qu'en défendant, à toute action judiciaire qu'il serait nécessaire de soutenir dans l'intérêt desdites successions.

« Néanmoins, il ne pourra intenter une instance ou y répondre que sur l'autorisation motivée du conseil de curatelle. A défaut de ladite autorisation, les frais, en cas de condamnation, tomberont à la charge personnelle du curateur.

« ART. 8. Aucune dépense pour compte des successions vacantes ne pourra être faite, aucun créancier privilégié desdites successions ne pourra être payé que sur l'autorisation du procureur du Roi, qui apposera son visa et son approbation sur la demande du curateur ou sur le titre ou la quittance du créancier.

« ART. 9. Lorsque l'inventaire sera terminé, le curateur se pourvoira, par requête, devant le tribunal de première instance, pour être autorisé à faire vendre les meubles et effets mobiliers de la succession, laquelle vente aura lieu publiquement, après les affiches et publications d'usage, par le ministère du commissaire-priseur.

« En cas d'urgence, ou si les meubles sont susceptibles de se détériorer, la vente pourra être autorisée de suite, après qu'ils auront été inventoriés et avant la clôture de l'inventaire.

« ART. 10. Dès que l'actif et le passif d'une succession seront connus, il sera dressé par le curateur un tableau des créanciers qui se seront fait connaître, en distinguant : 1° les créanciers privilégiés; 2° les créanciers hypothécaires; 3° les créanciers chirographaires; 4° les créanciers dont les réclamations seront jugées de nature à être écartées. Ce tableau, visé par le procureur du Roi, après avoir été soumis au conseil de curatelle, demeurera déposé au greffe du tribunal de première instance pendant trois mois. Il sera donné avis dudit dépôt par nouvelles affiches apposées conformément à l'article 5 ci-dessus, pour être, ledit tableau, communiqué à tous intéressés, lesquels seront admis à y faire opposition, tant sur le rang que sur l'admission ou le rejet des créances. Ces contestations seront portées par la partie intéressée à l'audience du tribunal, qui, le délai de trois mois expiré, en statuant sur le mérite desdites oppositions, s'il y en a, homologuera ou rectifiera définitivement le tableau des créanciers.

« Art. 11. En cas de contestation, l'appel du jugement d'homologation ne sera recevable que s'il a été interjeté par les parties intéressées dans la quinzaine du jour de la signification dudit jugement à leur conseil agréé, s'il en a été constitué en cause, ou au domicile de la partie, si elle a poursuivi ou comparu en personne.

« Art. 12. Après le jugement, s'il n'y a pas d'appel, et en cas d'appel après la décision définitive, le curateur distribuera les deniers disponibles, conformément au tableau homologué suivant les rangs et priviléges pour les créanciers hypothécaires, et au prorata et par contribution pour les chirographaires. Les payements seront effectués ainsi qu'il sera dit ci-après, article 19 du présent arrêté.

« Art. 13. Au moyen du mode de liquidation adopté ci-dessus, aucun créancier ou prétendant droit ne sera recevable à exercer des poursuites, faire prononcer des condamnations, ou prendre des inscriptions hypothécaires contre une succession vacante. Les productions de titres ou de réclamations, soit à l'inventaire, soit au curateur, vaudront saisie-arrêt ou opposition entre ses mains, sans autres frais ni procédures, et il en sera décidé par justice, par un seul et même jugement, lorsqu'il sera définitivement statué sur l'homologation du tableau des créanciers.

« Tous créanciers ayant le même intérêt seront tenus de s'entendre pour être représentés par le même conseil agréé; à défaut, l'augmentation des frais restera à leur charge.

« Art. 14. Dans toutes les causes intéressant les successions vacantes et biens d'absents, lesquelles seront poursuivies tant activement que passivement et jugées comme affaires urgentes, aucun jugement ne pourra être prononcé qu'après avoir entendu le ministère public.

« Art. 15. Le curateur administrera les immeubles en bon père de famille; il sera tenu d'en tirer le meilleur parti possible, en les louant ou en les affermant aux personnes, clauses et conditions approuvées par le conseil de la curatelle, auquel il en sera rendu compte. Les réparations nécessaires auxdits immeubles seront faites sur la même autorisation. Mais, lorsque le prix de ces réparations excédera 5o roupies, elles ne pourront avoir lieu qu'après avoir été autorisées par le tribunal de première instance, sur les conclusions du ministère public.

« Art. 16. Le curateur pourra poursuivre la vente judiciaire des immeubles dans le cas où le produit des ventes ou recouvrements mobiliers des succes- sions ne serait pas suffisant pour en acquitter les charges, ou quand les im- meubles ne pourront, dans le délai d'une année, produire un revenu suffi- sant pour éteindre les dettes, ou enfin, quand il y aura nécessité absolue de réparations ou reconstructions dont le coût excédera les moyens disponibles de la succession, pour des bâtiments dont le dépérissement occasionnerait une perte considérable dans la valeur de l'immeuble.

« Art. 17. Dans ces différents cas, la vente des immeubles sera ordonnée par le tribunal sur les conclusions du ministère public, après que la nécessité et l'aperçu estimatif des réparations et reconstructions seront établis sans frais par un avis de la direction des ponts et chaussées, et qu'il sera justifié, par l'état de la succession dressé par le curateur, qu'il n'y a ni deniers, ni revenus présents et à venir disponibles, ni aucun autre moyen pour faire lesdites réparations et reconstructions, ou pour satisfaire aux dettes.

« Art. 18. La vente sera faite aux enchères publiques à l'audience des criées du tribunal de première instance, par le juge que le juge royal com- mettra à cet effet, en présence du procureur du Roi. Seront observées les formalités prescrites par le règlement local du 26 novembre 1785, concer- nant la vente des immeubles, pour assurer la publicité et la concurrence.

« Art. 19. Le curateur tiendra un registre-journal coté et paralé par le juge royal, sur lequel il inscrira, jour par jour, sans blancs ni interlignes, les recettes et les dépenses intéressant les successions vacantes et biens d'ab- sents. Il tiendra, en outre, un registre de comptes courants ouverts pour chaque succession ou chaque absent intéressé.

« Ces deux registres devront, pour chacun des articles, porter des numéros correspondants.

« Art. 20. Tous les fonds dont le curateur sera saisi, soit par les ventes mobilières ou immobilières et par les recouvrements, soit par le produit des baux à loyer ou à ferme, soit par les deniers comptants trouvés lors de l'inventaire, seront immédiatement versés au trésor, aux termes de l'arrêté du 7 mars 1842, sur la demande du curateur signée par le procureur du Roi. Ces versements seront effectués sous la déduction des sommes affectées aux payements de dépenses courantes indispensables, ou de créances privilégiées urgentes, déjà autorisés ainsi qu'il a été réglé ci-dessus.

« Dans aucun cas et sous la responsabilité du curateur, il ne pourra être fait emprunt, transport ou imputation de fonds, d'une succession à une autre. Les fonds perçus pour chacune des successions vacantes ne pourront, sous aucun prétexte, être détournés de leur application exclusive à la succession à laquelle ils appartiendront.

« ART. 21. Lorsque le tableau des créanciers d'une succession aura été définitivement homologué, les sommes nécessaires pour le payement desdits créanciers seront remises par le trésorier au curateur, sur un simple ordre de payement.

« ART. 22. L'entrée et la sortie des fonds au trésor aura lieu conformément à l'arrêté précité du 7 mars 1842, sans affectation par succession; mais, après la liquidation définitive d'une succession, le produit net sera, sur le compte rendu et les pièces justificatives produites par le curateur, admis en recette au trésor, au compte *Successions vacantes*, avec indication de la succession à laquelle ils appartiennent.

« ART. 23. Dans le premier mois de chaque année, après la rentrée de la cour royale, le curateur rendra les comptes de la gestion de l'année précédente, lesquels seront réglés et apurés par la cour, après avoir entendu le ministère public.

« ART. 24. Après la cinquième année de la gestion du curateur, chaque succession vacante qui n'aura pas été réclamée pendant le temps de ladite gestion sera présumée en déshérence. En conséquence, l'arrêt d'apurement définitif ordonnera que les successions, dans ce cas, seront remises en la possession de l'administration : le curateur, sur l'état de liquidation et le compte apuré par la cour, à l'expiration de la dernière année de sa gestion, fera remise à l'administration, des biens, meubles et immeubles, titres ou papiers généralement quelconques appartenant auxdites successions; les deniers, s'il y en a, seront versés au trésor; il sera donné décharge au curateur, et lesdites successions cesseront de figurer sur les comptes qui doivent être annuellement réglés par la cour.

« Lesdits biens seront gérés et administrés pour le compte et à la charge du domaine colonial.

« Art. 25. Le domaine, mis en possession, fera les fruits siens, et si les héritiers habiles à succéder se présentent et obtiennent contre lui la remise de la succession, il ne sera obligé qu'à restituer les biens tels qu'ils se trouveront au moment de la demande, ou le capital du prix s'ils ont été vendus, sans être tenu à aucune indemnité pour pertes ou dégradations.

« Art. 26. Il n'y aura pas lieu à la gestion du curateur, dans toute succession pour laquelle il aura été nommé, par le testateur, un exécuteur testamentaire qui aura accepté. Néanmoins, le curateur devra requérir l'apposition des scellés s'ils n'ont déjà été mis, et assistera à la confection de l'inventaire dans l'intérêt des absents, sans qu'il soit nécessaire d'appeler un second notaire ou tabellion.

« En aucun cas, l'exécuteur testamentaire ne pourra se mettre en possession des biens de la succession vacante avant d'avoir communiqué le testament au curateur, qui y apposera son visa et qui pourra ensuite former toutes oppositions ou actions en nullité.

« A l'expiration de l'an et jour à compter du décès du testateur, si les héritiers ne se sont pas présentés, ledit exécuteur testamentaire devra rendre compte de sa gestion au curateur, lequel sera tenu de l'y contraindre par toutes voies de droit, sous peine d'être personnellement responsable de sa négligence.

« Art. 27. Il n'y aura pas lieu également à la gestion de la curatelle. lorsque dans une succession échue à plusieurs héritiers, ou dans une association de commerce ou de culture dont le défunt faisait partie, l'un des héritiers ou des associés se trouvera présent ou légalement représenté sur les lieux.

« Dans ce cas, comme dans celui prévu à l'article 25 qui précède, le curateur requerra l'apposition des scellés et assistera à l'inventaire dans l'intérêt des absents. Pourra aussi l'héritier présent, sur la demande du procureur du Roi et l'avis du conseil de curatelle, être soumis par le tribunal civil à fournir caution de sa gestion, en ce qui concerne la part et les droits des absents.

« Quant à l'associé, il restera chargé de la gestion, sans caution, jusqu'à la dissolution de la société, si elle doit continuer avec les héritiers, ou jusqu'à la fin de sa liquidation. Pourra, dans ce cas, le curateur surveiller la gestion, se faire exhiber les livres et faire tous actes conservatoires dans l'intérêt des absents.

« Art. 28. Le curateur se mettra en possession des effets de tout étrange décédé dans la colonie, dans le cas où il ne se trouverait sur les lieux aucune personne notable de sa nation qui puisse en être chargée, auquel cas le curateur fera inventaire des effets délaissés, en opérera la vente en observant les formalités prescrites, satisfera aux dettes contractées dans la colonie, et, s'il existe un reliquat, il le fera parvenir, avec son compte de gestion, au gouvernement auquel appartenait cet étranger.

« Art. 29. Dès l'instant qu'il sera saisi d'une succession, le curateur sera tenu de s'enquérir, tant par la correspondance, papiers et titres du défunt que par tous autres moyens, des noms et de la résidence de ses héritiers. Il devra, sans délai et par triplicata, leur adresser des lettres d'avis par l'intermédiaire du procureur général dans le ressort duquel ils auront leur résidence; lesdites lettres seront expédiées par le procureur général de Pondichéry.

« Dans le cas où les héritiers présomptifs ou ayants droit seraient domiciliés à l'étranger sur le territoire continental de l'Inde, ces lettres seront transmises à l'autorité étrangère de leur domicile ou de leur résidence par le gouvernement local.

« Art. 30. Tous les six mois, le curateur dressera un état des successions vacantes ouvertes et tombées entre ses mains pendant le semestre expiré, concernant des Européens ou descendants d'Européens. Cet état indiquera, autant que possible, les nom et prénoms de la personne décédée, son âge, le lieu de sa naissance, sa profession, son domicile, l'époque et le lieu de son décès, le montant, sauf liquidation et après l'inventaire, de l'actif de la succession et de son passif, enfin le nom de ses héritiers présomptifs et leur domicile ou résidence, s'ils sont connus, ou la déclaration qu'ils sont inconnus.

« Dans le mois qui suivra l'expiration du semestre, cet état sera remis au chef du service administratif, pour être, par le gouverneur, adressé à S. Exc. le ministre de la marine et des colonies.

« Annuellement, lorsqu'il y aura lieu, il sera dressé, par le curateur, un état des sommes qui devront être remises en France aux héritiers connus des successions par lui gérées. Cet état, visé par le procureur général et l'inspecteur colonial, indiquera le montant des sommes par succession, et les noms, professions et domiciles des héritiers. Il sera envoyé à S. Exc. le ministre de la marine et des colonies, par l'intermédiaire du gouverneur.

« Art. 31. Dans tous les cas, le curateur sera tenu de rendre compte à la première réquisition du ministère public, soit à celle de l'héritier et de son fondé de pouvoirs, dès que ces derniers se présenteront et seront légalement reconnus.

« Art. 32. Le curateur percevra une commission de 5 p. o/o sur le produit des ventes mobilières et immobilières, ainsi que sur les sommes recouvrées, et de 1 p. o/o sur l'argent trouvé en nature lors de l'inventaire.

« Lorsque le curateur n'aura pas été mis en possession, il n'aura droit qu'à des vacations pour toutes opérations auxquelles il aura assisté, lesquelles sont réglées conformément aux vacations accordées aux conseils agréés européens.

« Tous les frais de justice et de recouvrement, tous les procès qu'il sera obligé de suivre, tant en demandant qu'en défendant, avec les autorisations nécessaires, sont à la charge de la succession.

« Art. 33. Il sera statué sur le cautionnement du curateur, soit lors de la mise à exécution de la législation concernant l'enregistrement dans les établissements français de l'Inde, soit à toute autre époque, s'il est jugé nécessaire.

« Art. 34. Un conseil agréé près les tribunaux de la colonie pourra être choisi par le conseil de curatelle et attaché au service judiciaire près du curateur.

« Il procédera gratuitement, pour compte des successions indigentes, lorsqu'elles devront supporter les frais. Les expéditions et actes nécessaires auxdites successions seront faits ou délivrés en débet par les greffiers et officiers ministériels requis, sauf payement en cas de rentrée.

« Néanmoins, le curat eurpourra agir et se présenter lui-même en justice, dans les affaires concernant sa gestion, avec l'assentiment du conseil de curatelle. •

« ART. 35. Dans les établissements secondaires, les curateurs resteront chargés de la curatelle, sous les formes, règles et conditions ci-dessus énoncées.

« Le tribunal de première instance, outre ses fonctions habituelles, y remplira les attributions de la cour royale pour le règlement des comptes annuels. Les lettres d'avis énoncées en l'article 29 qui précède et les états semestriels y seront adressés par le chef de service au gouverneur à Pondichéry. Le jugement rendu pour l'apurement des comptes de la curatelle sera envoyé, tous les ans, par le procureur du Roi au procureur général, avec un rapport sur l'état des successions vacantes et la gestion du curateur.

« Dans les établissements secondaires de Mahé et Yanaon, les attributions du conseil de curatelle seront exercées par l'officier d'administration remplissant les fonctions de ministère public.

« ART. 36 [1]. Sont abrogés tous règlements et arrêtés antérieurs sur la

[1] Cet arrêté est constitutionnel. (Arrêt du 29 août 1846.)

Les articles 10, 11, 12 et 13 sont d'ordre public et les créanciers ne sont pas admis à suivre un autre mode de liquidation. (Arrêt du 31 août 1850.)

Les frais de bureau et la solde de l'interprète sont prélevés sur tous les fonds et non sur les recettes de l'année seule. (Arrêt du 7 septembre 1850.)

C'est dans le lieu du domicile du défunt que s'ouvre sa succession, et c'est devant le juge de paix de ce domicile que doit s'assembler le conseil de famille, s'il y a des mineurs. Il peut arriver que la famille d'une personne qui décède aux colonies soit, partie en France, et partie dans la colonie. Dans ce cas, il peut arriver qu'il y ait incertitude sur le lieu du domicile du défunt et également doute sur le tribunal où les actions doivent être portées. Si une instance est introduite devant les tribunaux des deux domiciles supposés et qu'il n'y ait pas encore de décision, il y a lieu à demande à renvoi pour litispendance. Si une double décision est intervenue entre les mêmes parties, sur les mêmes moyens, et qu'il y ait contrariété entre les deux jugements, il y a lieu à appel, si ces jugements sont en premier ressort. S'ils sont en dernier ressort, il est nécessaire de recourir à la cour de cassation.

Les délibérations des conseils de famille non homologuées ne sont pas des jugements. Il suit que s'il y a eu deux assemblées de famille différentes, le tuteur qui poursuit l'annulation de la curatelle des successions vacantes et biens d'absents, en ce qu'ils ont de contraire au présent. »

ARRÊTÉ

Du 7 mars 1842, prescrivant le versement au Trésor, à titre de dépôt, de toute somme excédant 2,400 francs existant dans les caisses des curateurs aux biens vacants.

AU NOM DU ROI.

Nous, Capitaine de vaisseau de première classe, Officier de la Légion d'honneur, Gouverneur des établissements dans l'Inde;

Vu le règlement du 30 avril 1823, sur la curatelle aux biens vacants;

Attendu que l'article 11 dispose « que les fonds des successions en déconfiture seront versés tous les trois mois au Trésor; »

Considérant que cette disposition ne paraît pas complète;

Considérant que, si d'un côté l'administration des fonds des successions doit être laissée au curateur aux biens vacants tant que les successions ne sont pas liquidées, il peut importer à sa responsabilité, comme à la garantie

délibération d'un autre tuteur doit porter son action devant le tribunal du domicile de celui-ci. Le tribunal examine quel est le véritable domicile du défunt. (Dépêche du 8 avril 1828.)

Lorsqu'il y a lieu à envoi en France d'argenterie, bijoux, valeurs précieuses provenant d'une succession, le chef du détail expéditeur, assisté d'un délégué du contrôle, constatera, en présence du commandant du bâtiment chargé du transport, la nature, le nombre et le poids des objets, ainsi que la succession à laquelle ils appartiennent. Les objets seront immédiatement placés dans une caisse qui sera fermée et scellée; procès-verbal sera, sans désemparer, dressé en trois originaux. (Dépêche du 22 avril 1856.)

Lorsque des étrangers décèdent dans une colonie, le gouverneur doit joindre à l'état nominatif les actes mortuaires de ces étrangers, ainsi que des renseignements sur la nature et l'importance de leur succession, s'il y a des héritiers à réserve et s'il existe des dispositions testamentaires. (Dépêche du 29 novembre 1863.)

Les produits des successions en déshérence de personnes décédées dans la colonie qui n'ont pas de domicile en France profitent au service local. (Dépêche du 1er juillet 1863.)

En règle générale, le juge de paix est chargé de l'apposition des scellés. Le commissaire aux revues est chargé de l'apposition des scellés, si c'est un fonctionnaire, un officier, un agent civil ou militaire en activité de service qui est décédé. (Dépêche du 16 août 1866.)

Voyez les dépêches des 26 avril, 18 août 1866 et la circulaire du 21 novembre 1865.

des successions, que ces fonds soient mis en sûreté avant le délai fixé et qu'il suffit que le curateur ait dans ses mains la somme nécessaire à la marche ordinaire de son service;

Sur le rapport et la proposition du commissaire de la marine, chef du service administratif;

Le conseil d'administration entendu,

Avons arrêté et arrêtons ce qui suit:

« Art. 1er. A l'avenir, les curateurs aux biens vacants des établissements français de l'Inde ne pourront conserver dans leurs caisses qu'une somme totale de 2,400 francs; les fonds excédants seront remis au trésor colonial à titre de dépôt.

« Ce dépôt, étant fait sans affectation par succession, aura lieu sur ordre de versement, appuyé d'une simple lettre d'avis du curateur aux biens vacants; il en sera de même pour les justifications des sommes dont la sortie aura lieu.

« Art. 2. Après la liquidation de chaque succession, le produit net en sera, sur le compte rendu et les pièces justificatives produits par le curateur aux biens vacants, admis en recette au Trésor, au compte *Successions vacantes*.

« Art. 3. Le chef du service administratif et les chefs de service des établissements secondaires sont chargés, chacun en ce qui le concerne, de l'exécution du présent arrêté, qui sera enregistré partout où besoin sera. »

LOI

Du 17 mai 1826, sur les substitutions. (Promulguée dans la colonie le 22 décembre 1827 [1].)

CHARLES, par la grâce de Dieu, Roi de France et de Navarre,
A tous présents et à venir, salut.
Nous avons proposé, les Chambres ont adopté,

Nous avons ordonné et ordonnons ce qui suit:

« Article unique. Les biens dont il est permis de disposer, aux termes des

---

[1] Le décret du 15 janvier 1853, relatif à la promulgation de diverses lois dans les colonies,

articles 913, 915 et 916 du Code civil, pourront être donnés en tout ou en partie, par acte entre vifs ou testamentaire, avec la charge de les rendre à un ou plusieurs enfants du donataire, nés ou à naître, jusqu'au deuxième degré inclusivement.

« Seront observés, pour l'exécution de cette disposition, les articles 1051 et suivants du Code civil jusques et y compris l'article 1074.

ORDONNANCE

Du 30 septembre 1827, concernant les règles à suivre dans les colonies pour l'acceptation des dons et legs en faveur des églises, des pauvres et des établissements publics. (Promulguée dans la colonie en juin 1829.)

CHARLES, par la grâce de Dieu, ROI DE FRANCE ET DE NAVARRE.

Attendu la nécessité de coordonner les règles suivies dans les diverses colonies pour l'acceptation des dons et legs qui peuvent être faits en faveur des églises, des pauvres et de tous établissements publics, et de mettre, autant que le permettent les localités, ces règles en harmonie avec celles qui sont en vigueur en France sur la même matière;

Vu les articles 910 et 937 du Code civil;

Vu également nos ordonnances des 21 août 1825, 17 octobre 1826 et 9 février 1827, relatives au gouvernement des colonies de Bourbon, de la Guyane française, de la Martinique et de la Guadeloupe;

Sur le rapport de notre ministre de la marine et des colonies;

Notre Conseil d'État entendu,

NOUS AVONS ORDONNÉ et ORDONNONS ce qui suit:

« ART. 1er. Conformément au principe consacré par le Code civil, les dis-

---

contient la loi du 17 mai 1826, qui était déjà en vigueur dans l'Inde. Ce décret fut promulgué, avec toutes les lois qu'il énumère, par arrêté du 23 avril 1853. Un décret du 27 avril 1853 rapporta l'article 1er, n° 1er, du décret précédent relatif à la loi sur les substitutions; il fut promulgué le 7 juillet 1853.

Ce décret abrogeant le décret antérieur a-t-il eu pour effet d'abroger dans la colonie la loi sur les substitutions, qui y était déjà promulguée et qui n'avait pas été antérieurement rapportée?

positions entre vifs ou par testament de biens meubles ou immeubles qui seront faites dans les colonies françaises au profit des églises, des cures, des fabriques, des pauvres, des hospices, des paroisses et, en général, de tout établissement d'utilité publique et de toute association religieuse reconnue par la loi, ne pourront être acceptées qu'après avoir été autorisées par nous, le Conseil d'État entendu, et sur l'avis préalable donné en conseil par les gouverneurs et administrateurs en chef, ainsi qu'il sera expliqué ci-après.

« Toutefois, l'acceptation des dons et legs faits à titre gratuit et n'excédant pas un capital de 1,000 francs en argent et en objets mobiliers sera autorisée par les gouverneurs ou administrateurs en chef, après délibération en conseil, et à la charge d'en rendre compte à notre ministre secrétaire d'État de la marine et des colonies.

« ART. 2. Lorsque notre autorisation sera nécessaire, le gouverneur ou administrateur en chef transmettra à notre ministre secrétaire d'État de la marine et des colonies :

« 1° S'il s'agit d'un legs, l'extrait en forme du testament qui le renferme et, en cas de réclamation de la part des héritiers, copie de leur requête, à laquelle seront joints tous les renseignements propres à éclairer notre décision ;

« 2° S'il s'agit d'une donation entre vifs déjà effectuée, expédition de l'acte qui l'a consacrée ; si la donation n'est que projetée, copie de la requête motivée du donateur.

« Dans ces divers cas, le gouverneur ou administrateur en chef prendra l'avis du conseil sur la convenance de l'acceptation, sur la nature et les effets des dons et legs institués, sur les besoins des établissements auxquels ils sont destinés, ainsi que sur la position et la fortune des parents et héritiers du testateur ou donateur.

« La délibération du conseil fera toujours partie des pièces qui seront adressées au département de la marine.

« ART. 3. Le préfet apostolique devra nécessairement, s'il y a charge de services religieux, être consulté avant la discussion en conseil, et son avis fera partie des pièces à transmettre à notre ministre secrétaire d'État de la marine.

« ART. 4. Tout notaire, greffier ou autre officier public, qui aura reçu ou chez lequel aura été déposé un testament ou acte quelconque contenant des dispositions au profit d'un établissement public, sera tenu d'en donner avis aux administrateurs de cet établissement, lors de l'ouverture ou de la publication du testament, ou lors de la réception ou du dépôt des autres actes.

« Lesdits officiers publics adresseront, en outre, au procureur général de la colonie, ou au magistrat qui remplit les fonctions du ministère public, des extraits en bonne forme des actes renfermant lesdites dispositions.

« Le tout à peine de 3oo francs d'amende contre le notaire ou dépositaire public qui n'aurait pas satisfait au vœu du présent article.

« Le ministère public s'occupera, de son côté, de la recherche de tous les actes de dernière volonté ou entre vifs qui porteraient des donations ou legs pieux et veillera à la stricte exécution tant desdits actes que des ordonnances et arrêtés y relatifs.

« Art. 5. En attendant l'acceptation des dons et legs, l'administration fera tous les actes conservatoires qui seront jugés nécessaires.

« Art. 6. L'acceptation des dons et legs, après avoir été dûment autorisée, soit par nous, soit en conseil par le gouverneur ou administrateur en chef, suivant les cas, sera faite, savoir:

« Par le curé ou desservant, lorsqu'il s'agira de libéralités envers la cure, ou pour la subsistance des ecclésiastiques employés à la desservir ;

« Par les marguilliers en charge ou par les trésoriers des fabriques, lorsque les donateurs ou testateurs auront disposé en faveur des fabriques ou pour l'entretien des églises et le service divin. Chaque fondation de ce genre devra toutefois être acceptée par assemblée et délibération de paroisse, et homologuée par le gouverneur ou administrateur en chef de la colonie ;

« Par le supérieur des associations religieuses, lorsqu'il s'agira de libéralités au profit de ces associations ;

« Par les administrateurs des hospices ou des bureaux de charité, lorsqu'il s'agira de libéralités en faveur des hôpitaux ou des établissements de bienfaisance et des pauvres;

« Par les administrateurs ou directeurs des colléges, quand les dons et legs seront faits à ces établissements;

« Par les maires, commissaires, commandants des paroisses, ou autres fonctionnaires revêtus de l'autorité municipale, lorsque les dispositions seront au profit de la généralité des habitants ;

« Enfin par les administrateurs de tous les autres établissements d'utilité publique légalement constitués, pour tout ce qui sera donné ou légué à ces établissements.

« Art. 7. Si le testateur ou donateur n'a pas déterminé l'emploi des sommes données ou léguées, ainsi que la conservation ou la vente des effets mobiliers, il y sera statué par le gouverneur ou administrateur en chef, en se conformant aux dispositions de l'article 1er, lorsque les dons et legs n'excéderont pas 1,000 francs en capital, et par nous, sur les propositions qu'il nous soumettra par l'intermédiaire de notre ministre de la marine, et après délibération en conseil, lorsque les dons et legs excéderont cette somme.

« Art. 8. Dans le cas prévu par l'article précédent, les sommes données ou léguées seront converties en rentes sur l'État, lorsqu'il n'y aura pas d'autre emploi reconnu nécessaire ou plus utile.

« Les rentes ainsi acquises seront immobilisées et ne pourront être aliénées sans notre autorisation ou celle des gouverneurs ou administrateurs en chef, donnée en conseil, selon que lesdites rentes représenteront un capital de plus de 1,000 francs ou de 1,000 francs et au-dessous.

« Art. 9. Lorsque, sur les représentations des établissements donataires ou légataires, la somme donnée ou léguée aura été reconnue insuffisante pour l'emploi déterminé par le donateur ou testateur, le gouverneur ou administrateur en chef, après s'être assuré que les héritiers se refusent à fournir le supplément nécessaire, examinera en conseil s'il y a moyen de changer ou de modifier l'emploi indiqué. Si cet emploi devait être en œuvres pies ou services religieux, il aurait à prendre préalablement l'avis du préfet apostolique. Il rendra compte du tout à notre ministre secrétaire d'État de la marine et des colonies.

« Art. 10. Dans le cas où les dons et legs seraient faits à des personnes tierces, sous la condition d'en appliquer le montant aux pauvres, à des établissements de charité, ou à tout autre établissement public, notre autorisation, ou celle du gouverneur ou administrateur en chef (suivant l'importance de la somme), et l'intervention de l'administration intéressée, seront également nécessaires pour que lesdits dons et legs puissent avoir leur effet.

« Toutefois, lorsque la personne désignée sera chargée d'employer le montant de la libéralité sans être tenue d'en rendre compte, l'administration se bornera à la simple surveillance, et ne pourra exiger le compte des fonds employés.

« ART. 11. L'autorisation pour l'acceptation des dons et legs ne fera aucun obstacle à ce que les tiers interressés se pourvoient, par les voies de droit, contre les dispositions dont l'acceptation aura été autorisée.

« ART. 12. Ne sont point soumises aux dispositions de la présente ordonnance, les fondations de charité faites dans nos établissements de l'Inde par les gentils et Indiens catholiques, et connues sous le nom de *Chaudries;* ces dispositions continueront, dans tous les cas, à être autorisées, suivant les règles du pays, par l'administrateur en chef à Pondichéry [1].

« ART. 13. Notre ministre secrétaire d'État de la marine et des colonies est chargé de l'exécution de la présente ordonnance. »

CIRCULAIRE MINISTÉRIELLE

Du 7 septembre 1827, relative aux testaments olographes des fonctionnaires, officiers et agents de la marine qui décèdent dans les colonies.

Monsieur le Gouverneur, il est à la connaissance de mon département que, dans plusieurs de nos colonies, des testaments olographes, émanés de fonctionnaires ou agents de la marine employés dans ces établissements, ont été déposés entre les mains du président du tribunal de première instance du lieu où sont décédés les testateurs.

Ce dépôt a été motivé sans doute par le besoin de ne pas exposer aux chances d'une traversée le seul acte où soient consignées les dernières volontés d'un défunt, et qui, sous ce rapport, doit avoir de l'importance pour les familles. Mais, d'après une communication que je viens de recevoir à cet égard de M. le garde des sceaux, un tel mode est formellement contraire à la disposition générale et absolue de l'article 1007 du Code Napoléon, qui veut que tout testament olographe soit, avant d'être mis à exécution, présenté au président du tribunal de première instance de l'arrondissement dans lequel la succession est ouverte. Ainsi, lorsque des officiers, fonctionnaires

[1] Cette ordonnance est applicable aux biens Vakouf et aux libéralités faites aux pagodes.

et agents de la marine, employés dans les colonies, auront conservé leur domicile en France ou ailleurs, comme, aux termes de l'article 110 du même code, le lieu où la succession s'ouvre est déterminé par le domicile, c'est évidemment au président du tribunal de ce domicile que doivent être remis, en pareil cas, les testaments olographes dont il s'agit.

Toutefois, si, au point de vue légal, il convient de laisser intact le principe consacré par l'article 1007 du Code Napoléon, rien ne s'oppose, dans l'opinion de M. le ministre de la justice, à ce que, conformément à ce qui a été fait par le département des affaires étrangères pour nos nationaux qui se trouvent à l'étranger, des instructions soient adressées à MM. les gouverneurs des colonies, pour qu'ils aient à recommander éventuellement aux fonctionnaires, officiers et agents de la marine, employés dans ces établissements, de faire leur testament olographe en double original. De cette façon, l'un de ces originaux serait présenté au président du tribunal de l'arrondissement où le décès aurait eu lieu, lequel en ordonnerait le dépôt chez un notaire de la colonie, et l'autre serait envoyé pour être présenté au président du tribunal du lieu de l'ouverture de la succession, conformément à l'article 1007 du code précité. Au moyen de cette précaution, si l'un des deux originaux du testament venait à se perdre lors de son envoi en France, cette perte pourrait être réparée.

Le mode indiqué par M. Abbatucci étant de nature à aplanir, en pareil cas, toute difficulté, je ne puis que vous inviter à en recommander éventuellement l'usage, par une circulaire que vous adresserez à qui de droit et à laquelle il conviendra d'ailleurs de donner toute la publicité nécessaire.

Vous voudrez bien me rendre compte, aussitôt qu'il y aura lieu, du résultat de vos soins à cet égard, en m'envoyant en même temps une copie de la circulaire en question.

ARRÊTÉ

Du 11 décembre 1841, portant interprétation de l'article 1ᵉʳ de l'arrêté du 6 décembre 1838,
concernant les ventes d'immeubles.

AU NOM DU ROI.

Nous, Capitaine de vaisseau de première classe, Officier de la Légion d'honneur, Gouverneur des établissements français dans l'Inde ;

Vu l'article 4 du règlement du 12 novembre 1769, relatif aux ventes d'immeubles ;

Vu l'article 1ᵉʳ de l'arrêté du 6 décembre 1838, qui rappelle à l'exécution dudit article 4 du règlement précité ;

Vu l'article 49, paragraphe 3, de l'ordonnance royale du 23 juillet 1840 ;

Vu le rapport du procureur général, qui constate que la mauvaise foi s'est emparée d'une longue désuétude du règlement de 1769 et de l'obscurité des termes de l'arrêté de 1838, qui le remet en vigueur, pour jeter le trouble dans les propriétés, sur des transactions consacrées par le temps et par le consentement et l'exécution volontaires de toutes les parties ;

Sur la proposition du procureur général ;

De l'avis du conseil d'administration, constitué d'après l'article 49, deuxième alinéa, de l'ordonnance royale du 23 juillet 1840,

Avons ARRÊTÉ et ARRÊTONS ce qui suit :

« ART. 1ᵉʳ. L'article 1ᵉʳ de l'arrêté du 6 décembre 1838, inséré au Bulletin des actes administratifs sous le n° 794, est interprété et sera exécuté, quant aux ventes d'immeubles, dans les termes ci-après.

« ART. 2. Tout acte de vente d'immeubles qui, antérieurement à la promulgation du présent arrêté, aura été fait par écrit sous seing privé, et aura été exécuté de bonne foi par les parties contractantes ou leurs ayants cause, ne pourra, par cela seul qu'il n'aura pas été confirmé par acte public devant le notaire ou le tabellion, suivant la classe des parties, être attaqué de nullité.

« Art. 3. En conséquence, tout acte de vente d'immeubles antérieur à l'époque fixée par le précédent article, qui n'aurait pas été passé devant le notaire ou le tabellion, pourra, néanmoins, être présenté par toute partie intéressée tant au bureau des hypothèques qu'à celui du domaine, pour y être soumis à la transcription, et constater la mutation de propriété au profit de l'acquéreur.

« Art. 4. A dater de la même époque, tous actes de vente d'immeubles entre Indiens, ou entre Européens et Indiens, ne seront valables qu'autant qu'ils seront passés par acte public.

« Art. 5. Le procureur général du Roi, le chef du service administratif et les chefs de service des établissements secondaires sont, chacun en ce qui le concerne, chargés de l'exécution du présent arrêté, qui sera enregistré partout où besoin sera [1]. »

ARRÊTÉ

Du 19 avril 1856, fixant, par un enregistrement sommaire dans les bureaux du domaine, l'authenticité prescrite pour la validité des actes de ventes d'immeubles faits sous seing privé.

ÉTABLISSEMENTS FRANÇAIS DANS L'INDE.

Nous, Gouverneur des établissements français dans l'Inde;

Vu les arrêtés des 6 décembre 1838 et 11 décembre 1841;

Vu l'article 49, paragraphe 3, de l'ordonnance organique du 23 juillet 1840;

---

[1] Cet arrêté a été rapporté implicitement par l'arrêté du 19 avril 1856. Les tribunaux ont encore à l'appliquer fréquemment pour les actes antérieurs.

Jurisprudence. — L'exécution de bonne foi est nécessaire à la validité de la vente sous seing privé antérieure à l'arrêté. (Arrêts des 30 avril et 6 août 1844.)

Cet arrêté est constitutionnel. (Arrêt de cassation de la cour de Pondichéry du 16 octobre 1845.)

Depuis la date de cet arrêté, tous les actes de vente doivent être authentiques. (Arrêt du 3 juin 1848.)

Les promesses de vente sont soumises aux mêmes formalités que la vente. (Arrêt du 9 mars 1850.)

Il en est de même pour les contre-lettres dans lesquelles une personne reconnaît qu'elle a acheté pour un tiers. (Arrêt du 20 août 1850.)

Attendu que l'expérience a démontré que la législation spéciale existant dans la colonie, en matière de ventes d'immeubles, entrave les mutations, porte atteinte au droit de propriété consolidé par le décret du 16 janvier 1854, et multiplie, plutôt qu'elle n'empêche les fraudes en vue desquelles cette législation avait été adoptée;

Attendu que tout le monde est d'accord pour reconnaître qu'il y a urgence de rentrer graduellement sur ce point sous l'application du Code Napoléon;

Attendu que la disposition de l'article 2 de l'arrêté du 11 décembre 1841 n'était que transitoire, et que quinze années d'exécution ont dû être suffisantes pour permettre aux parties intéressées d'en recueillir le bénéfice; qu'il y a lieu cependant d'accorder un dernier délai pour les intérêts non réglés;

Vu la lettre du chef du service des contributions, signalant les inconvénients, pour les biens ruraux, de l'état actuel de la législation locale en matière de ventes immobilières;

Vu l'article 1582 du Code Napoléon;

Sur le rapport et la proposition du procureur général;

Le conseil d'administration entendu,

Avons arrêté et arrêtons ce qui suit :

« Art. 1er. § 1er. A dater de la promulgation du présent arrêté, l'authenticité prescrite pour la validité des actes de ventes d'immeubles faites sous seing privé entre Indiens, ou entre Européens et Indiens, sera remplacée par un enregistrement sommaire dans les bureaux du domaine, opéré dans le délai d'un mois fixé par l'article 4 du règlement du 19 novembre 1769.

. « § 2. Il sera perçu pour cet enregistrement un droit de 30 centimes.

« § 3. Lorsqu'il s'agira d'un immeuble rural, le plan du terrain vendu pourra être remplacé par un extrait de la matrice générale du rôle présentant les abornements de chaque parcelle.

« Art. 2. Les dispositions qui précèdent s'appliquent à tous les actes translatifs ou déclaratifs de propriété, ainsi qu'à tous ceux qui consacrent un droit d'usufruit, d'usage ou de servitude sur un bien immobilier.

« Art. 3. La disposition transitoire des articles 2 et 3 de l'arrêté du 11 décembre 1841 cessera d'avoir son effet trois mois après la promulgation du présent arrêté.

« Art. 4. Il est bien entendu que le présent arrêté ne déroge en rien aux dispositions du Code Napoléon, en ce qui touche les droits des tiers et la purge des hypothèques.

« Art. 5. Le procureur général, l'ordonnateur et directeur de l'intérieur, et les chefs de service des établissements secondaires, sont chargés, chacun en ce qui le concerne, de l'exécution du présent arrêté, qui sera enregistré partout où besoin sera [1]. »

LOI

Du 20 mai 1838, concernant les vices rédhibitoires dans les ventes et échanges d'animaux domestiques. (Promulguée en exécution du décret du 22 janvier 1852.)

« Art. 1er. Sont réputés vices rédhibitoires et donneront seuls ouverture à l'action résultant de l'article 1641 du Code civil, dans les ventes ou échanges des animaux domestiques ci-dessous dénommés, sans distinction des localités où les ventes et échanges auront eu lieu, les maladies ou défauts ci-après, savoir :

Pour le cheval, l'âne ou le mulet.

« La fluxion périodique des yeux,
« L'épilepsie ou mal caduc,
« La morve,
« Le farcin,
« Les maladies anciennes de poitrine ou vieilles courbatures,
« L'immobilité,
« La pousse,
« Le cornage chronique,
« Le tic sans usure des dents,
« Les hernies inguinales intermittentes,
« La boiterie intermittente pour cause de vieux mal.

[1] La cour a jugé que, d'après cet arrêté, les actes ou promesses de vente non enregistrés sont nuls, non-seulement à l'égard des tiers, mais encore à l'égard des parties contractantes. (Arrêt du 28 avril 1860.).

Pour l'espèce bovine.

« La phthisie pulmonaire ou pommelière,

« L'épilepsie ou mal caduc,

« Les suites de la non-délivrance, après le départ chez le vendeur,

« Le renversement du vagin ou de l'utérus, *idem.*

Pour l'espèce ovine.

« La clavelée : cette maladie, reconnue chez un seul animal, entraînera la rédhibition de tout le troupeau.

« La rédhibition n'aura lieu que si le troupeau porte la marque du vendeur;

« Le sang de rate : cette maladie n'entraînera la rédhibition du troupeau qu'autant que, dans le délai de la garantie, la perte constatée s'élèvera au quinzième au moins des animaux achetés.

« Dans ce dernier cas, la rédhibition n'aura lieu également que si le troupeau porte la marque du vendeur.

« ART. 2. L'action en réduction du prix, autorisée par l'article 1644 du civil, ne pourra être exercée dans les ventes et échanges d'animaux énoncés dans l'article 1er ci-dessus.

« ART. 3. Le délai pour intenter l'action rédhibitoire sera, non compris le jour fixé pour la livraison :

« De trente jours pour le cas de fluxion périodique des yeux et d'épilepsie ou mal caduc; de neuf jours pour tous les autres cas.

« ART. 4. Si la livraison de l'animal a été effectuée ou s'il a été conduit, dans les délais ci-dessus, hors du lieu du domicile du vendeur, les délais seront augmentés d'un jour par cinq myriamètres de distance du domicile du vendeur au lieu où l'animal se trouve.

« ART. 5. Dans tous les cas, l'acheteur, à peine d'être non recevable, sera tenu de provoquer dans les délais de l'article 3, la nomination d'experts chargés de dresser procès-verbal; la requête sera présentée au juge de paix du lieu où se trouvera l'animal.

« Ce juge nommera immédiatement, suivant l'exigence des cas, un ou trois experts, qui devront opérer dans le plus bref délai.

« Art. 6. La demande sera dispensée du préliminaire de conciliation, et l'affaire instruite et jugée comme matière sommaire.

« Art. 7. Si, pendant la durée des délais fixés par l'article 3, l'animal vient à périr, le vendeur ne sera pas tenu de la garantie, à moins que l'acheteur ne prouve que la perte de l'animal provient de l'une des maladies spécifiées dans l'article 1er.

« Art. 8. Le vendeur sera dispensé de la garantie résultant de la morve et du farcin pour le cheval, l'âne et le mulet, et de la claveléc pour l'espèce ovine, s'il prouve que l'animal, depuis la livraison, a été mis en contact avec des animaux atteints de ces maladies. »

TAUX DE L'INTÉRÊT.

Le taux de l'intérêt n'a pas été fixé dans la colonie par une disposition législative intervenue depuis la promulgation de nos codes.

Nous avons trouvé établie dans la colonie cette règle d'usage, adoptée par les tribunaux, de régler les intérêts à 9 p. o/o en matière civile et à 10 p. o/o en matière commerciale. Nous n'avons trouvé aucune disposition législative autorisant cet usage.

En parcourant les chroniques tamoules de Rangapoullé, nous y avons rencontré les indications suivantes : M. Godeheu avait réglé le taux de l'intérêt à 8 p. o/o des sommes prêtées à des Européens, et à 12 p. o/o des sommes prêtées à des Indiens.

M. de Leyrit supprima l'arrêté pris par son prédécesseur et établit la liberté absolue du prêt à intérêt. Le conseil supérieur ne tarda pas à reconnaître que ce système avait causé de graves abus. Par arrêté de règlement du 27 février 1758, il rétablit le taux de l'intérêt aux chiffres précédemment fixés par M. Godeheu. Nous n'avons pas retrouvé cet arrêté dans les archives de la colonie; il aura sans doute, comme tant d'autres documents, disparu au milieu des revers qu'ont entraînés pour Pondichéry les divers siéges que cette place a subis. Il est désirable que le Gouvernement règle ce point, en consacrant par un décret l'usage établi par les tribunaux.

Nous reproduisons comme document historique utile à consulter le règlement suivant :

Extrait du registre des délibérations du conseil supérieur du 28 mars 1767.

Le conseil assemblé, on a lu une requête des chefs des castes malabares qui représentent que la compagnie ayant fixé le taux des intérêts qu'elle alloue à ses créanciers tant Européens que Malabars, il est juste que le conseil prononce sur ceux que les gens du pays doivent réciproquement se payer pour leurs créances respectives.

Le conseil, considérant que les Malabars supporteront des dommages considérables, si, après avoir été réduits par leurs créances sur la compagnie aux intérêts de 5 p. o/o, on laisse subsister les forts intérêts qu'ils ont coutume de se payer réciproquement; pour arrêter les créanciers qui se lèsent journellement entre eux et ôter aux débiteurs toute raison de se refuser aux payements qu'ils éloignent sous le spécieux prétexte d'une ruine inévitable causée par la disproportion des intérêts qu'on leur alloue et de ceux que l'on exige d'eux, il a été décidé qu'ils seraient astreints au règlement suivant :

1° Les billets, promesses, obligations, etc., de quelque nature qu'ils soient, passés entre les Malabars avant la reddition de Pondichéry seulement, ne seront exigibles qu'aux intérêts de 5 p. o/o, et ce jusqu'au 15 janvier 1761 inclusivement, sans aucun égard à tout autre intérêt qui pourrait y être spécifié.

2° Pour donner autant qu'il est possible aux débiteurs les moyens de s'acquitter sans être lésés, ils seront tenus à former de nouveaux billets composés des capitaux primitifs et des intérêts de 5 p. o/o échus depuis la date des anciens billets jusqu'au 15 janvier 1761 inclusivement, lesquels ils seront obligés de payer sans aucun intérêt quelconque à un an de terme, à compter du jour de la publication de la présente ordonnance.

3° Pour couper court à tous les subterfuges qui ne sont que trop ordinaires aux Malabars lorsqu'il est question d'acquitter leurs dettes, tous débiteurs qui n'auront pas soldé au terme prescrit par la présente ordonnance seront détenus aux prisons de la Chaudrie jusqu'à parfait payement, et contraints à payer à leurs créanciers les intérêts spécifiés sur leurs anciens billets depuis le 1er avril 1768 jusqu'à la solde entière de leurs engagements.

ARRÊTÉ

Du 11 novembre 1861, contenant des dispositions qui assurent l'exécution de l'article 2074 du Code Napoléon.

ÉTABLISSEMENTS FRANÇAIS DANS L'INDE.

Nous, Commissaire général de la marine, Gouverneur des établissements français dans l'Inde;

Vu l'article 48 de l'ordonnance du 23 juillet 1840;

Vu l'article 2074 du Code Napoléon;

Considérant que l'article 2074 du Code Napoléon ne peut recevoir dans la colonie son entière exécution, faute de l'institution de l'enregistrement; que les créanciers gagistes, dont la créance n'est constatée que par un acte sous seing privé, sont exposés à perdre le privilége que leur accorde la loi sur l'objet donné en nantissement;

Considérant qu'il est utile, afin de sauvegarder les droits des créanciers, de prévenir les fraudes qui pourraient facilement être commises à leur préjudice, d'adopter des dispositions qui assurent l'exécution complète de l'article 2074 du Code Napoléon;

Sur le rapport et la proposition du procureur général;

Le conseil d'administration entendu;

Avons arrêté et arrêtons ce qui suit:

« Art. 1er. Les contrats de nantissement antérieurs ou postérieurs à la promulgation du présent arrêté, en matière excédant la valeur de 150 francs, qui sont ou seront passés sous seing privé avec les déclarations prescrites par

24.

l'article 2074 du Code Napoléon, acquerront date certaine du jour de l'enregistrement qui en sera fait dans les bureaux du domaine.

« ART. 2. Les receveurs tiendront un registre à colonnes indiquant les noms du créancier et du débiteur, la date et l'échéance de la créance, la nature de l'objet donné en nantissement; mention de la date de l'enregistrement sera faite sur le titre.

« Il sera perçu pour cet enregistrement un droit fixe de 60 centimes.

« ART. 3. Sont dispensés des formalités de l'enregistrement, les prêts sur gages du mont-de-piété et les nantissements fournis comme cautionnement pour des marchés administratifs ou pour l'exploitation d'un droit concédé par l'État.

« ART. 4. Sont également dispensés de la même formalité, les contrats de nantissement qui auraient acquis date certaine antérieurement à la promulgation du présent arrêté, par l'un des modes indiqués à l'article 1328 du Code Napoléon.

« ART. 5. Il n'est pas innové aux dispositions de l'arrêté du 18 octobre 1831 [1].

« ART. 6. Le procureur général, l'ordonnateur et les chefs de service des établissements secondaires sont chargés, chacun en ce qui le concerne, de l'exécution du présent arrêté, qui sera enregistré partout où besoin sera. »

DÉCRET

Du 28 août 1862, sur la transcription en matière hypothécaire au Sénégal, dans l'Inde et aux îles Saint-Pierre et Miquelon. (Promulgué le 9 avril 1863.)

NAPOLÉON, etc.

Sur le rapport de notre ministre secrétaire d'État au département de la marine et des colonies;

Vu la loi du 23 mars 1855 et le sénatus-consulte du 7 juillet 1856, sur la transcription en matière hypothécaire;

---

[1] Cet arrêté, reproduit plus loin, est relatif à des mesures de police prises contre les prêteurs sur gages.

— 189 —

Vu l'article 18 du sénatus-consulte du 3 mai 1854 ;

Vu l'avis du comité consultatif des colonies, en date du 9 juillet 1862,

Avons décrété et décrétons ce qui suit :

« Art. 1er. Sont transcrits au bureau des hypothèques de la situation des biens :

« 1° Tout acte entre-vifs translatif de propriété immobilière ou de droits réels susceptibles d'hypothèques ;

« 2° Tout acte portant renonciation à ces mêmes droits ;

« 3° Tout jugement qui déclare l'existence d'une convention verbale de la nature ci-dessus exprimée ;

« 4° Tout jugement d'adjudication autre que celui rendu sur licitation au profit d'un cohéritier ou d'un copartageant.

« Art. 2. Sont également transcrits :

« 1° Tout acte constitutif d'antichrèse, de servitude, d'usage et d'habitation ;

« 2° Tout acte portant renonciation à ces mêmes droits ;

« 3° Tout jugement qui en déclare l'existence en vertu d'une convention verbale ;

« 4° Les baux d'une durée de plus de dix-huit ans ;

« 5° Tout acte ou jugement constatant, même pour bail de moindre durée, quittance ou cession d'une somme équivalente à trois années de loyers ou fermages non échus.

« Art. 3. Les obligations imposées aux officiers ministériels et aux receveurs de l'enregistrement par les ordonnances royales des 14 juin et 22 novembre 1829 s'appliqueront à tous les actes et jugements énoncés aux articles précédents.

« Dans les colonies où ces ordonnances ne seront point en vigueur, les dispositions des articles 17, 18, 19, 20 et 21 de l'ordonnance du 14 juin 1829, relatives à la transcription, seront promulguées avec le présent décret.

« Art. 4. Jusqu'à la transcription, les droits résultant des actes et jugements énoncés aux articles 1 et 2 ne peuvent être opposés aux tiers qui ont des droits sur l'immeuble et qui les ont conservés en se conformant aux lois.

« Les baux qui n'ont point été transcrits ne peuvent jamais leur être opposés pour une durée de plus de dix-huit ans.

« ART. 5. Tout jugement prononçant la résolution, nullité ou rescision d'un acte transcrit, doit, dans le mois, à dater du jour où il a acquis l'autorité de la chose jugée, être mentionné en marge de la transcription faite sur le registre.

« L'avoué qui a obtenu ce jugement est tenu, sous peine de 100 francs d'amende, de faire opérer cette mention en remettant un bordereau rédigé et signé par lui au conservateur, qui lui en donne récépissé.

« Le délai fixé par le paragraphe 1er est augmenté du délai légal des distances, dans le cas où la mention d'un jugement rendu en France doit être faite en marge d'une transcription opérée dans les colonies, et, réciproquement, dans le cas où la mention d'un jugement rendu dans les colonies doit être faite en marge d'une transcription opérée en France.

« Dans les colonies où il n'existe pas d'avoué, le greffier près le tribunal qui aura rendu le jugement sera tenu, sous la même peine, de remplir l'obligation imposée à cet officier ministériel.

« ART. 6. Le conservateur, lorsqu'il en est requis, délivre, sous sa responsabilité, l'état spécial ou général des transcriptions et mentions prescrites par les articles précédents.

« ART. 7. A partir de la transcription, les créanciers privilégiés ou ayant hypothèque aux termes des articles 2123, 2127 et 2128 du Code Napoléon, ne peuvent prendre utilement inscription sur le précédent propriétaire.

« Néanmoins, le vendeur ou le copartageant peuvent utilement inscrire les priviléges à eux conférés par les articles 2108 et 2109 du Code Napoléon dans les quarante-cinq jours de l'acte de vente ou de partage, nonobstant toute transcription d'actes faits dans ce délai.

« Lorsque les actes de vente ou de partage sont passés en France, et les immeubles situés en France, le délai est augmenté de quatre mois.

« Les articles 834 et 835 du Code de procédure civile sont abrogés.

« ART. 8. L'action résolutoire établie par l'article 1634 du Code Napoléon ne peut être exercée, après l'extinction du privilége du vendeur, au préjudice des tiers qui ont acquitté les droits sur l'immeuble du chef de l'acquéreur, et qui se sont conformés aux lois pour les conserver.

« Art. 9. Si la veuve, le mineur devenu majeur, l'interdit relevé de l'interdiction, leurs héritiers ou ayants cause, n'ont pas pris inscription dans l'année qui suit la dissolution du mariage ou la cessation de la tutelle, leur hypothèque ne date, à l'égard des tiers, que du jour des inscriptions prises ultérieurement.

« Art. 10. Dans le cas où les femmes peuvent céder leur hypothèque légale ou y renoncer, cette cession ou cette renonciation doit être faite par acte authentique, et les cessionnaires n'en sont saisis à l'égard des tiers que par l'inscription de cette hypothèque prise à leur profit, ou par la mention de la subrogation en marge de l'inscription préexistante.

« Les dates des inscriptions ou mentions déterminent l'ordre dans lequel ceux qui ont obtenu des cessions ou renonciations exercent les droits hypothécaires de la femme.

« Art. 11. Le présent décret sera exécutoire dans chaque colonie six mois après sa promulgation.

« Art. 12. Les articles 2, 3, 5, 6 et 11 ci-dessus ne sont pas applicables aux actes ayant acquis date certaine et aux jugements rendus avant le délai ci-dessus fixé de six mois.

« Leur effet est réglé par la législation sous l'empire de laquelle ils sont intervenus.

« Les jugements prononçant résolution, nullité ou rescision d'un acte non transcrit, mais ayant date certaine avant la même époque, doivent être transcrits conformément à l'article 5 du présent décret.

« Le vendeur dont le privilége serait éteint au moment où le présent décret deviendra exécutoire pourra conserver vis-à-vis des tiers l'action résolutoire qui lui appartient aux termes de l'article 1654 du Code Napoléon, en faisant inscrire son action au bureau des hypothèques dans le délai de six mois, à partir de la même époque.

« L'inscription exigée par l'article 10 doit être prise dans l'année, à compter du jour où le décret est exécutoire; à défaut d'inscription dans ce délai, l'hypothèque légale ne prend rang que du jour où elle est ultérieurement inscrite.

« Il n'est point dérogé aux dispositions du Code Napoléon relatives à la transcription des actes portant donation ou contenant des dispositions à charge de rendre ; elles continueront à recevoir leur exécution.

« Art. 13. Jusqu'à ce qu'une disposition spéciale détermine les droits à percevoir, la transcription des actes ou jugements qui n'étaient pas soumis à cette formalité avant le présent décret est faite moyennant le droit fixe de un franc.

« Art. 14. Notre ministre secrétaire d'État de la marine et des colonies est chargé de l'exécution du présent décret. »

ORDONNANCE ROYALE

Du 14 juin 1829, concernant l'organisation de la conservation des hypothèques à la Martinique, à la Guadeloupe et dans ses dépendances, et à la Guyane française. (Promulguée dans la colonie le 22 avril 1863.)

. . . .

« Art. 17. Les notaires seront également tenus de faire opérer la transcription des actes passés devant eux ou déposés dans leur étude, et qui seraient translatifs de propriété ou d'usufruit de biens immobiliers.

« Il en sera de même à l'égard des actes désignés dans l'article 1069 du Code civil.

« Lorsque la transcription n'aura pu s'opérer sur la minute des actes en même temps que l'enregistrement, les notaires devront en présenter une expédition au conservateur, dans les dix jours au plus tard qui suivront l'enregistrement, et, dans ce cas, la formalité sera remplie à la date du dépôt de l'expédition. La mention de la transcription, mise par le conservateur sur l'expédition, sera rapportée littéralement sur la minute de l'acte.

« Art. 18. Les dispositions de l'article précédent s'appliqueront aux greffiers, à l'égard des jugements d'adjudication rendus par le tribunal près duquel ils exercent leurs fonctions.

« Art. 19. Les conservateurs seront tenus d'opérer la transcription des actes sous seing privé de la nature de ceux désignés dans l'article 17, en même temps qu'ils donneront la formalité de l'enregistrement à ces actes ;

cette transcription sera effectuée sans même que les signatures soient reconnues devant notaire ou par un jugement.

« ART. 20. Dans aucun cas, les notaires ne pourront délivrer aucune grosse
ou première expédition d'actes devant donner lieu à l'inscription sans y joindre
le bordereau inscrit, sauf l'exception prévue par l'avant-dernier alinéa de
l'article 16 ci-dessus.

« A l'égard des actes donnant lieu à la transcription, les notaires et les
greffiers ne pourront en délivrer aucune expédition sans qu'elle porte la mention de l'accomplissement de cette formalité.

« ART. 21. Chaque contravention, par les notaires, les greffiers ou les conservateurs, aux dispositions des articles 16, 17 et 18 qui précèdent, sera
punie de l'amende prononcée par l'article 2202 du Code civil, sans préjudice
de dommages et intérêts des parties, lesquels seront payés avant l'amende,
conformément au même article.

« Les contraventions aux dispositions de l'article 20 seront punies d'une
amende de 5o francs par chaque contravention. »

ARRÊTÉ

*Du 1ᵉʳ octobre 1863, qui fixe le délai dans lequel les notaires et tabellions doivent faire
transcrire au bureau des hypothèques les actes passés devant eux.*

Nous, Commissaire général de la marine, Gouverneur des établissements
français dans l'Inde;

Vu la promulgation dans la colonie des articles 17, 18, 19, 20 et 21 de
l'ordonnance du 14 juin 1829, concernant l'organisation de la conservation
des hypothèques à la Martinique, à la Guadeloupe et à la Guyane française;

Vu notamment les articles 17, paragraphe 3, et 18 précités, lesquels
sont ainsi conçus:

« Art. 17. § 3. Lorsque la transcription n'aura pu s'opérer sur la minute
des actes en même temps que l'enregistrement, les notaires devront en présenter une expédition au conservateur dans les dix jours au plus tard qui
suivront l'enregistrement.

« Art. 18. Les dispositions de l'article précédent s'appliquent aux greffiers à l'égard des jugements d'adjudication rendus par le tribunal près duquel ils exercent leurs fonctions; »

Attendu que l'institution de l'enregistrement n'existe point dans les établissements français de l'Inde;

Qu'il y a lieu, dès lors, de déterminer le délai dans lequel les notaires, tabellions et greffiers devront remplir les obligations qui leur sont imposées par les articles 17 et 18 susvisés;

Vu les articles 20, 21, 33 et 34 de la loi du 22 frimaire an VII, ensemble les instructions (n°ˢ 290 et 1577) de l'administration de l'enregistrement et des domaines, en date des 3 fructidor an XIII et 31 décembre 1838;

Vu les lois des 28 avril 1816, article 38, et 16 juin 1824, article 10;

Vu l'article 48 de l'ordonnance organique du 23 juillet 1840;

Sur le rapport du procureur général;

Le conseil d'administration entendu,

AVONS ARRÊTÉ et ARRÊTONS ce qui suit:

« ART. 1ᵉʳ. Le délai dans lequel les notaires et tabellions seront tenus de faire transcrire au bureau des hypothèques de la situation des biens, soit la minute, soit une expédition de tous actes, passés devant eux ou déposés dans leur étude, translatifs de propriété ou d'usufruit des biens immobiliers, ainsi que de ceux désignés dans l'article 1069 du Code civil, est fixé à vingt jours à partir de la date des actes ou de celle du dépôt.

« Ce délai sera de trois mois, à compter du décès du testateur ou du donateur, pour les testaments déposés chez les notaires et les tabellions ou par eux reçus, pour l'acte de suscription d'un testament mystique et pour les donations entre époux pendant le mariage, soit de biens présents sous la condition de survie du donataire, soit de biens à venir qui ne saisissent pas actuellement le donataire.

« En ce qui concerne les donations de biens présents qui opèrent un dessaisissement actuel, les actes devront être transcrits dans le délai ci-dessus fixé, c'est-à-dire dans les vingt jours de leur date ou de leur dépôt.

« ART. 2. Les jugements d'adjudication et ceux énumérés dans les paragraphes 3 et 5 des articles 1 et 2 du décret du 28 août 1862, qui doivent également être transcrits au bureau des hypothèques de la situation des biens, seront soumis à cette formalité, sur les minutes ou sur les originaux, dans le délai de vingt jours, à compter de la date des jugements.

« En cas de surenchère pour les adjudications d'immeubles, ce délai courra du jour de la date du jugement d'adjudication sur surenchère.

« ART. 3. Les notaires, tabellions et greffiers qui auront négligé de présenter à la conservation des hypothèques, dans les délais ci-dessus prescrits, les actes qu'ils sont tenus d'y faire transcrire, payeront personnellement, à titre d'amende et pour chaque contravention, une somme de vingt francs.

« Pour la constatation des contraventions et le recouvrement des amendes, le conservateur des hypothèques exercera toutes les attributions dévolues aux receveurs de l'enregistrement par l'ordonnance en date du 19 juillet 1829, applicable à l'île de la Réunion.

« ART. 4. Le procureur général et les chefs de service des établissements secondaires sont chargés, chacun en ce qui le concerne, de l'exécution du présent arrêté, qui sera enregistré partout où besoin sera. »

ARRÊTÉ

Du 25 juillet 1845, portant organisation de la conservation des hypothèques dans les établissements français de l'Inde.

AU NOM DU ROI.

Nous, Capitaine de vaisseau, Officier de la Légion d'honneur, Gouverneur des établissements français dans l'Inde;

Vu l'arrêté du 6 janvier 1819, concernant la promulgation des codes français dans les établissements français de l'Inde;

Vu le règlement du 28 janvier 1778, titres II, IV et VI, concernant les hypothèques;

Vu l'arrêté du 18 août 1831, sur l'établissement d'un registre de transcription pour les actes translatifs de propriété d'immeubles ou droits réels immobiliers;

Vu les arrêtés des 4 juillet et 8 novembre 1843, relatifs à la conservation des hypothèques confiée aux greffiers des tribunaux de première instance, dans les établissements secondaires;

Vu l'article 48 de l'ordonnance du Roi du 23 juillet 1840;

Voulant régulariser une partie importante du service public pour assurer l'exécution des lois sur le régime hypothécaire et la conservation des droits des tiers intéressés;

Sur le rapport et la proposition du procureur général du Roi;

Le conseil d'administration entendu,

Avons arrêté et arrêtons ce qui suit :

« Art. 1er. Dans tous les établissements français de l'Inde, un bureau de conservation des hypothèques est établi pour chaque arrondissement du tribunal de première instance.

« Ce bureau est placé dans la ville où siége le tribunal.

« Art. 2. A Pondichéry, la conservation des hypothèques est confiée à un employé de la direction du domaine, désigné par le gouverneur.

« Dans les établissements secondaires, elle est remise au greffier en chef du tribunal de première instance.

« Art. 3. Le conservateur aura son domicile de droit dans son bureau pour toutes les contestations auxquelles sa responsabilité donnera lieu; ce domicile durera autant que sa responsabilité.

« Art. 4. Les conservateurs sont chargés, sous leur responsabilité, conformément aux dispositions du chapitre 10, titre XVIII, livre III du Code civil, de l'accomplissement des formalités prescrites pour la conservation des hypothèques.

« Art. 5. Chaque conservateur devra avoir trois registres, savoir :

« Le premier, pour l'enregistrement du dépôt des pièces, tenu en exécution de l'article 2200 du Code civil, sur lequel seront inscrites, jour par jour et par ordre numérique, toutes les remises d'actes qui seront faites au conservateur à l'effet d'inscriptions ou de transcriptions.

« Le conservateur donnera au requérant une reconnaissance qui rappellera le numéro du registre de dépôt, et il ne pourra transcrire les actes ni inscrire les bordereaux sur le registre à ce consacré qu'à la date et dans l'ordre des remises qui lui auront été faites.

« Le second registre, tenu en conformité de l'article 2150 du Code civil, est destiné à l'inscription des bordereaux de créances hypothécaires.

« Le troisième est destiné, en conformité de l'article 2181 du Code civil, à la transcription des actes translatifs de biens et droits susceptibles d'hypothèques.

« Art. 6. Chaque registre sera coté et parafé à chaque page, par première et dernière, par le juge royal du tribunal dans le ressort duquel le bureau est établi.

« Art. 7. Tous ces enregistrements seront faits jour par jour, dans l'ordre du registre des dépôts, sans blanc ni intervalle; chacun d'eux portera un numéro d'ordre et sera signé du conservateur.

« Ce numéro sera rapporté sur chacun des actes qui doivent rester au bureau.

« Toutes les mentions qui doivent être faites sur les registres seront également signées par le conservateur.

« Art. 8. Les arrêtés qui, conformément à l'article 2201 du Code civil, doivent être effectués chaque jour, à l'instant où le bureau est fermé au public, seront inscrits immédiatement après le dernier enregistrement ou le dernier arrêté, sans intercalation et sans qu'il en puisse être mis plus d'un dans la même case ou sur la même ligne.

« Chaque arrêté sera écrit en toutes lettres par le conservateur et signé par lui.

« Art. 9. Aucune formalité hypothécaire ne pourra être remplie les dimanches et jours de fêtes légales,

« Ces jours seront désignés dans l'arrêté inscrit sur le registre, indépendamment de la date.

« Art. 10. Les formalités hypothécaires s'accomplissent, savoir :

« 1° A l'égard de l'inscription, par la copie littérale, sur le registre à ce destiné, de l'un des bordereaux présentés par les requérants ou rédigés par le conservateur dans les cas où il en est requis;

« 2° A l'égard de la transcription, par la copie littérale des actes soumis à cette formalité.

« Dans les deux cas, le conservateur remettra au requérant le bordereau inscrit ou l'acte transcrit, et il certifiera, au pied, avoir accompli la formalité dont il énoncera la date, le volume et le numéro.

« Art. 11. Les déclarations de changement de domicile, les cessions de priorité, les subrogations dans les inscriptions hypothécaires et les nouvelles époques d'exigibilité consenties en vertu d'actes authentiques de cessions, de subrogations ou de prorogations de délai représentés au conservateur, seront mentionnées en marge des inscriptions qu'elles concernent. En cas de cession ou subrogation, l'acte restera déposé entre les mains du conservateur.

« A défaut d'espace en marge de l'inscription, les déclarations de changement de domicile seront portées sur le registre à la date courante, avec mention sommaire en marge de l'inscription, ainsi que sur le bordereau, dans le cas où il serait représenté par la partie.

« Dans ce même cas de changement de domicile, la déclaration sera valable même sans acte authentique, si elle est signée par le créancier ou son mandataire spécial.

« Art. 12. Les erreurs, omissions ou irrégularités commises sur les registres ne pourront être certifiées qu'au moyen d'une nouvelle formalité accomplie par le conservateur à la date courante, sans préjudice toutefois des droits acquis à des tiers, antérieurement à la seconde formalité, et du recours en garantie, s'il y a lieu, contre le conservateur.

« La seconde formalité rappellera la date, le volume et le numéro de celle qu'elle a pour objet de rectifier, et mention en sera faite en marge de la première formalité.

« Les extraits ou certificats qui seront délivrés devront les comprendre toutes les deux.

« Art. 13. Les extraits, états, certificats ou copies des registres à délivrer, devront être conformes aux intentions clairement exprimées par les requérants dans leurs demandes.

« Lorsqu'une inscription aura été renouvelée dans la période de dix ans, l'état devra comprendre la première inscription, ainsi que les inscriptions de renouvellement.

« Les états ou certificats seront, dans tous les cas, cotés et parafés sur

chaque feuillet et au bas de chaque page par le conservateur. Dans la clôture de chaque état, il indiquera le nombre d'inscriptions qui y sont contenues.

« Art. 14. Indépendamment des registres prescrits par l'article 5 ci-dessus,
les conservateurs tiendront un registre répertoire, sur lequel seront portés
par extrait, au fur et à mesure de l'accomplissement des formalités, sous le
nom de famille de chaque grevé ou de chaque nouveau possesseur et à la
case qui lui est destinée, les inscriptions faites à sa charge, les radiations,
les transcriptions et tous autres actes qui le concernent. Les transcriptions
d'actes de mutation seront en outre portées sous le nom du propriétaire
vendeur ou exproprié.

« Le registre répertoire indiquera, pour chacun des actes mentionnés au
présent article, le registre où il est inscrit, son numéro sur ce registre, sa
nature et le montant des sommes qui y sont exprimées.

« Il sera formé une table de ce répertoire, dans l'ordre alphabétique du
nom de famille de l'individu désigné en tête de chaque case.

« Art. 15. Les conservateurs devront tenir leurs bureaux ouverts au
public pendant six heures chaque jour, excepté les dimanches et jours de
fêtes légales. Les heures de séance seront affichées à la porte du bureau.

« Art. 16. Les conservateurs recevront, pour toutes les formalités qu'ils
accompliront et pour les actes qu'ils délivreront, un salaire dont la quotité
est déterminée par le tableau annexé au présent arrêté.

« Ce tableau sera affiché dans le bureau du conservateur, tant en français
que dans la langue native de l'établissement.

« Il ne pourra être perçu ou exigé, sous le titre de droit de recherche,
prompte expédition ou sous quelque autre dénomination que ce soit, aucun
salaire autre que ceux désignés audit tableau.

« Art. 17. Les conservateurs tiendront un registre sur lequel ils porteront
jour par jour, article par article, et par série de numéros, tous les salaires
qui leur seront payés; mention du numéro de l'article sera faite sur la quittance
délivrée aux parties; le tout à peine, contre les conservateurs, d'une amende
de 5 francs pour chaque article ou mention omis ou incomplet.

« Toutefois, ils pourront porter en une seule ligne, à la fin de chaque
mois, le nombre des articles enregistrés pendant le mois dans le registre des

dépôts et le nombre des inscriptions faites aussi pendant le mois, avec le montant en masse des salaires de ces articles.

« Art. 18. Les salaires seront payés par les requérants, avant l'enregistrement sur le registre de dépôt.

« Les conservateurs donneront une quittance détaillée, article par article, et en toutes lettres, de tous les salaires qui leur seront payés. Cette quittance sera portée dans la relation prescrite par l'article 10 ci-dessus.

« Art. 19. Les inscriptions de créances appartenant à l'État ou prises contre ses comptables, les inscriptions prises à la requête du ministère public, celle des hypothèques légales, des établissements publics sur leurs receveurs et comptables, celle des mineurs et des interdits sur leurs tuteurs, celle des femmes sur leurs maris, seront faites sans avances de droit ni salaires.

« Les conservateurs énonceront, tant sur leurs registres que sur le bordereau remis au requérant, le montant des salaires qui seront dus; ils en poursuivront le recouvrement contre le débiteur.

« Art. 20. Les conservateurs des hypothèques seront soumis à un cautionnement dont la quotité et les conditions seront ultérieurement réglées.

« Art. 21. Sont abrogées toutes dispositions antérieures des règlements, arrêtés ou ordonnances locales contraires aux présentes.

« Art. 22. Le procureur général du Roi, le chef du service administratif et les chefs de service des établissements secondaires sont, chacun en ce qui le concerne, chargés de l'exécution du présent arrêté, qui sera enregistré partout où besoin sera. »

TABLEAU
DES SALAIRES DES CONSERVATEURS DES HYPOTHÈQUES.

DÉSIGNATION DES ACTES.

Pour la rédaction des bordereaux lorsqu'ils en sont requis, lorsque la créance est au-dessous de 150 francs................ 1f 20c

Au-dessus de 150 francs............................ 2 40

Au-dessus de 300 francs............................ 4 80

Pour l'enregistrement au registre de dépôt des actes remis au
conservateur et la reconnaissance qu'il en délivre.......... o' 3o^c

Pour l'inscription de chaque hypothèque ou privilége, quel que
soit le nombre de créanciers ou de débiteurs d'une seule et
même créance au-dessous de 15o francs............... 1 20

Au-dessus de 15o francs............................ 2 4o

Au-dessus de 3oo francs............................ 4 8o

    Pour chaque inscription d'office faite par le conservateur,
en vertu d'actes translatifs de propriétés soumis à la transcription, les mêmes droits.

Pour chaque déclaration de changement de domicile, d'époque
d'exigibilité ou de subrogation (il n'est dû qu'un seul salaire
si les trois changements sont consentis par le même acte)... 1 20

Pour chaque mention de consentement à priorité d'hypothèque. o 75

Pour chaque radiation totale ou partielle d'inscription, y compris
le certificat qui en est délivré immédiatement.......... 1 5o

Pour chaque extrait ou copie d'inscription, y compris toutes les
mentions qui la modifient........................ 1 5o

    Il sera payé en outre 2 centimes par ligne de quinze syl-
labes, pour copie de chaque inscription qui contiendrait plus
de cinquante lignes.

Pour chaque certificat qu'il n'existe pas d'inscription et pour
chaque individu y dénommé....................... 1 5o

Pour chaque rôle de transcription d'acte de mutation, rôle
d'écriture calculé à raison de vingt-cinq lignes à la page et de
quinze syllabes à la ligne :

Lorsque le prix de vente n'excède pas 15o francs.......... 1 5o

Au-dessus de 15o francs jusqu'à 3oo francs.............. 2 oo

Au-dessus de 3oo francs........................... 3 oo

Pour chaque certificat de transcription ou de non-transcription
d'acte de mutation ou d'autres formalités hypothécaires.... 1 5o

Pour chaque duplicata de quittance................... 1 5o

Pour chaque rôle de copie collationnée des actes déposés, transcrits et enregistrés au bureau des hypothèques.......... 1 5o

ARRÊTÉ

Du 24 janvier 1846, portant modification au tarif des droits d'hypothèque et de transcription du 25 juillet 1845.

AU NOM DU ROI.

Nous, Capitaine de vaisseau, Officier de la Légion d'honneur, Gouverneur des établissements français dans l'Inde;

Vu l'arrêté du 25 juillet 1845 et le tarif à la suite, concernant les droits hypothécaires et de transcription;

Vu l'article 48 de l'ordonnance du Roi du 23 juillet 1840, sur le gouvernement des établissements français dans l'Inde ;

Sur le rapport et la proposition du procureur général et du chef du service administratif;

Le conseil d'administration entendu,

AVONS ARRÊTÉ et ARRÊTONS ce qui suit :

« ART. 1er. Les droits de transcription au bureau de la conservation des hypothèques des actes de toute nature translatifs de propriété ou d'usufruit d'immeubles sont, à dater de la promulgation du présent arrêté, réduits ainsi qu'il suit, savoir :

« Pour chaque rôle de transcription d'acte de mutation, le rôle d'écriture calculé à raison de vingt-cinq lignes de quinze syllabes à la page :

« 1° Lorsque le prix de vente n'excédera pas 150 francs...... 0f 75c

« 2° Lorsque le prix de vente excédera 150 francs, jusqu'à 300 francs. 1 00

« 3° Lorsque le prix excédera 300 francs. 1 75

« ART. 2. Le procureur général et le chef du service administratif sont, chacun en ce qui le concerne, chargés de l'exécution du présent arrêté, qui sera enregistré partout où besoin sera. »

ARRÊTÉ

*Du 31 juillet 1845, concernant la conservation des hypothèques
dans les établissements secondaires.*

AU NOM DU ROI.

Nous, Capitaine de vaisseau, Officier de la Légion d'honneur, Gouverneur
des établissements français dans l'Inde;

Vu l'arrêté pris par nous, le 25 juillet présent mois, sur la conservation
des hypothèques;

Considérant que les règles fixées sur cette partie par le Code civil doivent
être modifiées pour les établissements secondaires, et que cette modification
n'a pas été faite par l'arrêté susénoncé;

Sur le rapport et la proposition du procureur général du Roi;

Le conseil d'administration entendu,

Avons arrêté et arrêtons ce qui suit :

« Art. 1er. L'arrêté du 25 juillet présent mois, sur la conservation des
hypothèques, ne sera exécutoire, dans les établissements secondaires de
Chandernagor, de Karikal, Yanaon et Mahé, qu'après que cette exécution
aura été spécialement ordonnée.

« Art. 2. Néanmoins, le tarif approuvé par nous, le même jour, pour les
salaires du conservateur, sera appliqué, dans lesdits établissements, de suite
après la promulgation du présent arrêté, et sera affiché dans le bureau de
la conservation, tant en français qu'en langue native de l'établissement.

« Art. 3. Dans lesdits établissements secondaires, la conservation des
hypothèques continuera, pour le surplus, d'être régie par les règlements et
arrêtés actuellement en vigueur.

« Art. 4. Le procureur général du Roi est chargé de l'exécution du présent arrêté, qui sera enregistré partout où besoin sera. »

ARRÊTÉ

Du 28 janvier 1856, complémentaire de celui du 25 juillet 1845, concernant les bureaux de conservation des hypothèques dans les établissements français de l'Inde.

ÉTABLISSEMENTS FRANÇAIS DANS L'INDE.

Nous, Gouverneur des établissements français dans l'Inde;

Vu les articles 7 à 10 de l'arrêté du 21 janvier courant, ensemble les arrêtés du 25 juillet 1854 et 13 décembre 1853;

Vu les articles 28, 33 et 45 de l'ordonnance royale du 22 novembre 1829, concernant l'organisation de la conservation des hypothèques à l'île Bourbon;

Vu la décision des ministres des finances et de la justice du 4 août 1820;

Vu l'avis émis par le chef du service des contributions;

Sur le rapport et la proposition du commissaire de la marine, ordonnateur et directeur de l'intérieur;

Le conseil d'administration entendu,

Avons ARRÊTÉ et ARRÊTONS ce qui suit:

« ART. 1er. Avant d'entrer en fonctions, les conservateurs des hypothèques sont tenus de faire transcrire leur commission au greffe du tribunal de première instance de leur résidence.

« Ils prêtent, à l'audience publique de ce tribunal, le serment de remplir avec fidélité et exactitude les fonctions qui leur sont confiées.

« En cas de mutation, le conservateur des hypothèques qui passe dans un autre bureau fait enregistrer au greffe du tribunal de sa nouvelle résidence l'acte du serment qu'il a prêté en cette qualité dans l'arrondissement auquel il était précédemment attaché.

« ART. 2. Le montant du cautionnement à fournir par le conservateur des hypothèques de Karikal est fixé à 2,000 francs.

« Ce cautionnement pourra être fourni, soit en argent, soit en immeubles, soit en rentes sur l'État.

« Il sera ultérieurement statué sur le montant du cautionnement à fournir par les conservateurs des hypothèques de Chandernagor, Mahé et Yanaon.

« ART. 3. Lorsqu'un conservateur soumis à un cautionnement vient à passer d'un bureau de conservation à un autre, le premier cautionnement continue de subsister, sauf à le compléter en cas d'insuffisance.

« ART. 4. Il sera exercé un prélèvement de 10 p. o/o, au profit du Trésor, sur chacun des articles de salaire payés au conservateur en exécution de l'article 16 de l'arrêté du 25 juillet 1845.

« Le montant de ce prélèvement sera tiré hors ligne, à chaque article, dans la colonne du registre des salaires à ce destinée.

« ART. 5. Dans le cas où, aux termes des articles 19 de l'arrêté du 25 juillet 1845 et 11 de l'arrêté du 1er mai 1854 [1], les formalités hypothécaires sont remplies en débet, le montant du prélèvement à opérer au profit du trésor est porté pour mémoire dans le registre des salaires et consigné à la date de la formalité, sur le sommier des droits constatés.

« Le versement en est opéré par le conservateur des hypothèques, aussitôt après le recouvrement des salaires qui lui sont dus.

« ART. 6. Les dispositions des articles 7, 8, 9 et 10 de l'arrêté du 21 janvier courant n'auront d'effet, en ce qui concerne les conservations des hypothèques des établissements secondaires, qu'à partir du 1er février prochain pour l'établissement de Karikal et du 1er mars suivant pour ceux de Chandernagor, Mahé et Yanaon [2]. »

« Il en est de même de l'ensemble des dispositions du présent arrêté, le-

[1] Relatif à l'assistance judiciaire.

[2] *Arrêté du 21 janvier 1856, sur le service financier de la colonie :*

« ART. 7. La perception et le recouvrement des droits, produits, impôts et taxes ressortissant au service local, ceux de la poste exceptés, sont opérés, dans les cinq établissements, sous les ordres et la direction du chef du service des contributions, par des receveurs des contributions et du domaine, qui exercent en même temps les fonctions de conservateur des hypothèques.

« ART. 8. Sont institués à Pondichéry quatre bureaux de perception, et un seul dans chacun des établissements de Chandernagor, Karikal, Mahé et Yanaon.

« Chaque bureau de perception est dirigé par un receveur comptable qui aura la qualité spéciale de receveur des contributions et du domaine.

« ART. 9. Les bureaux de Pondichéry comprennent, savoir :

« Le premier bureau, la conservation des hypothèques; les ventes d'objets mobiliers reconnus

quel sera également exécutoire à Pondichéry et à Karikal, à partir du 1er février prochain.

« ART. 7. Le commissaire de la marine, ordonnateur et directeur de l'intérieur, et le procureur général, sont chargés, chacun en ce qui le concerne, de l'exécution du présent arrêté, qui sera enregistré partout où besoin sera. »

ARRÊTÉ

Du 24 juin 1864, qui fixe le taux du cautionnement à fournir par les conservateurs des hypothèques de Chandernagor et de Mahé.

Nous, Commissaire général de la marine, Gouverneur des établissements français dans l'Inde;

Vu les articles 32 et 33 de l'ordonnance royale du 22 novembre 1829, concernant l'organisation de la conservation des hypothèques à l'île de la Réunion;

Vu l'arrêté du 28 janvier 1856, complémentaire de celui du 25 juillet 1845, concernant les bureaux de conservation des hypothèques dans les établissements français de l'Inde;

Attendu que l'article 2 de l'arrêté précité du 28 janvier, tout en déterminant le chiffre du cautionnement à verser par le conservateur des hypothèques de Karikal, dispose, par son paragraphe 2, qu'il sera ultérieurement statué sur le montant du cautionnement à fournir par les conservateurs de Chandernagor, Mahé et Yanaon;

Attendu que, jusqu'à ce jour, il n'a été pris aucune décision à ce sujet pour ces trois dernières dépendances, et que, s'il n'y a pas encore lieu de régler la matière en ce qui concerne Yanaon, il n'en est pas de même de

---

hors de service; la perception et le recouvrement du produit de ces ventes; la perception et le recouvrement, etc...

« ART. 10. Les bureaux de perception des établissements secondaires comprennent la conservation des hypothèques et le recouvrement de tous les produits locaux, sans distinction ni exception, sauf celle du service de la poste déjà exprimée. »

Chandernagor et de Mahé, dont les bureaux de conservation des hypothèques présentent une certaine importance ;

Vu l'article 48 de l'ordonnance organique administrative du 23 juillet 1840 ;

Vu l'avis du chef de service des contributions ;

Sur le rapport de l'ordonnateur directeur de l'intérieur ;

Le conseil d'administration entendu,

Avons ARRÊTÉ et ARRÉTONS ce qui suit :

« ART. 1er. Est fixé à 1,000 francs pour Chandernagor et à 500 francs pour Mahé, le cautionnement à fournir par les conservateurs des hypothèques de ces établissements.

« Ce cautionnement pourra être réalisé, soit en argent, soit en immeubles, soit en rentes sur l'État.

« ART. 2. Le conservateur des hypothèques d'Yanaon continue, jusqu'à nouvel ordre, à ne pas être soumis à cette obligation.

« ART. 3. L'ordonnateur, directeur de l'intérieur, et les chefs de service de Chandernagor et de Mahé sont chargés, chacun en ce qui le concerne, de l'exécution du présent arrêté, qui sera enregistré aux contributions, aux fonds et au Trésor, inséré au Moniteur et au Bulletin officiels de la colonie et dé posé au contrôle. »

ARRÊTÉ

Du 18 octobre 1838, qui déclare le principe de la prescription applicable aux établissements français de l'Inde.

AU NOM DU ROI.

Nous, Pair de France, Maréchal des camps et armées du Roi, Gouverneur des établissements français dans l'Inde ;

Considérant que si depuis longtemps la jurisprudence de la cour royale et des tribunaux des établissements français de l'Inde était incertaine sur la question de savoir si la prescription existe ou n'existe pas dans les lois malabares, cette incertitude semble disparaître par suite de l'arrêt de la cour à la date du 15 septembre dernier, lequel consacre le principe de la prescription chez les Indiens en adoptant tous les motifs des premiers juges ;

Considérant que cette uniformité de jurisprudence est une occasion naturelle de fixer invariablement une question qui touche de si près aux fortunes des particuliers, sans qu'il soit besoin d'attendre le travail complet qui se prépare sur l'ensemble du droit malabar ;

Considérant, en principe, que la prescription est de droit naturel et que, dès lors, elle existe virtuellement, au moins chez tous les peuples où l'on admet la propriété.

Considérant, en effet, qu'on ne peut concevoir la propriété primitive sans qu'elle ait été précédée de la possession, et que la prescription n'est autre chose que la possession élevée jusqu'au droit ; que c'est en ce sens qu'on peut dire que la propriété est fille de la prescription ;

Considérant, d'ailleurs, que la prescription existe également en droit malabar, comme il résulte positivement de plusieurs textes de lois hindoues ;

Considérant que le comité consultatif de jurisprudence indienne a, par sa délibération du 14 juillet 1830, reconnu l'existence de la prescription en droit malabar ;

Considérant toutefois que si le principe est clairement posé dans les auteurs de droit hindou, il n'en est pas de même du temps exigé pour prescrire ; qu'il règne à cet égard une grande incertitude ;

Considérant, au reste, que si le Gouvernement doit respecter les lois et coutumes locales, les délais, comme mode d'exécution, rentrent dans ses attributions et doivent être fixés par lui ;

Considérant que, sous ce rapport, les principes posés et les délais fixés par le Code civil sont calculés de manière à concilier à la fois le respect dû à la propriété et à la possession, et sont, en ce sens, la mise à exécution la plus parfaite du droit de prescrire ;

Qu'il suffit, dès lors, de promulguer, pour les natifs, les dispositions de la loi française relatives à la prescription, en prenant cependant une mesure transitoire à l'égard de quelques prescriptions à courts délais ;

Sur le rapport et la proposition du procureur général du Roi ;

Provisoirement, et sauf l'approbation de Sa Majesté,

Avons arrêté et arrêtons ce qui suit :

« Art. 1er. Dans les causes intéressant les natifs, le principe de la prescription, consacré dans les lois malabares, continuera à être appliqué par les tribunaux des établissements français de l'Inde.

« En conséquence, le titre xx du livre III du Code civil est promulgué pour les natifs et sera considéré comme loi de la colonie.

DISPOSITION TRANSITOIRE.

« Art. 2. Les courtes prescriptions énoncées à la section iv dudit titre ne commenceront à courir que du jour de la promulgation du présent arrêté.

« Art. 3. Le procureur général du Roi et les chefs de service de Chandernagor, Karikal, Mahé et Yanaon sont chargés, chacun en ce qui le concerne, de la promulgation du présent arrêté, qui sera enregistré partout où besoin sera [1]. »

DÉCRET

Du 22 mai 1862, portant que les dépôts et consignations effectués aux colonies sont soumis aux formes d'administration et de comptabilité qui régissent le service des dépôts et consignations de France. (Promulgué dans la colonie le 19 juin 1865.)

NAPOLÉON, etc.

Vu l'article 110 de la loi du 28 avril 1816, qui a attribué l'administration des dépôts et consignations à un établissement spécial sous le nom de *Caisse des dépôts et consignations ;*

Vu l'ordonnance du 22 mai 1816, concernant l'organisation administrative de cet établissement, et notamment l'article 27, portant que le directeur général est autorisé à se servir de l'intermédiaire des receveurs des finances pour effectuer dans les départements les recettes et les dépenses de la caisse des dépôts et consignations;

---

[1] Arrêt de cassation du 29 juin 1853, qui consacre la validité de cet arrêté.

Vu l'ordonnance du 3 juillet 1816, qui a déterminé les attributions de la caisse des dépôts et consignations ;

Vu le décret du 14 octobre 1851, portant que les dépôts et consignations effectués en Algérie seront soumis aux formes d'administration et de comptabilité qui régissent le service des dépôts et consignations de France, et que les trésoriers payeurs de l'Algérie rempliront, vis-à-vis de la caisse des dépôts et consignations, les fonctions attribuées en France aux receveurs des finances ;

Vu le décret du 26 septembre 1855, sur le régime financier des colonies, et particulièrement les articles 166, 196 et 197, d'après lesquels les trésoriers payeurs et les trésoriers particuliers remplissent dans les colonies les fonctions de receveurs des finances ;

Considérant qu'il importe de faire participer les colonies au bienfait de l'établissement créé par la loi du 28 avril 1816 pour recevoir et conserver, à titre de dépositaire permanent et inviolable, placé sous la surveillance de l'autorité législative et sous les yeux de la justice, toutes les sommes dont le dépôt ou la consignation aura été ordonnée ou autorisée ;

Sur le rapport de notre ministre secrétaire d'État des finances, et d'après les avis conformes de notre ministre secrétaire d'État de la marine et des colonies, et de la commission de surveillance de la caisse des dépôts et consignations,

Avons décrété et décrétons ce qui suit :

« Art. 1er. Les dépôts et consignations effectués aux colonies sont soumis aux formes d'administration et de comptabilité qui régissent le service des dépôts et consignations de France.

« Art. 2. Les trésoriers payeurs et les trésoriers particuliers des colonies rempliront, vis-à-vis de la caisse des dépôts et consignations, les fonctions attribuées en France aux receveurs généraux et particuliers des finances, et en Algérie aux trésoriers payeurs.

« Les dispositions du titre VI de l'ordonnance du 22 mai 1816 sont entièrement applicables aux trésoriers payeurs des colonies.

« Les comptes annuels à transmettre par ces comptables à l'administration de la caisse des dépôts se composent des opérations accomplies du 1er juillet d'une année au 30 juin de l'année suivante, conformément à l'article 27 du décret du 26 septembre 1855.

« Art. 3. Les sommes et valeurs que la caisse des dépôts et consignations est autorisée à recevoir aux termes des lois, ordonnances ou règlements qui régissent son service, seront versées aux trésoriers payeurs et aux trésoriers particuliers, et encaissées par eux comme préposés de ladite caisse.

« Toutefois, il n'est point dérogé aux dispositions de notre décret du 27 janvier 1855, sur l'administration des successions vacantes dans les colonies.

« Art. 4. Le présent décret recevra son exécution dès sa promulgation dans chaque colonie.

« Art. 5. Toutes dispositions contraires à celles qui précèdent sont et demeurent abrogées.

« Art. 6. Notre ministre secrétaire d'État au département des finances et notre ministre de la marine et des colonies sont chargés, chacun en ce qui le concerne, de l'exécution du présent décret, qui sera inséré au Bulletin des lois, dans les journaux officiels des colonies et aux recueils des actes administratifs. »

DÉCRET

Du 6 août 1863, portant promulgation aux colonies de divers actes métropolitains relatifs au service de la caisse des dépôts et consignations.

NAPOLÉON, etc.

Vu les articles 7 et 8 du sénatus-consulte du 3 mai 1854;

Vu le décret du 26 septembre 1855, sur le service financier des colonies;

Vu le décret du 22 mai 1862, qui soumet aux formes d'administration et de comptabilité du service de France les dépôts et consignations aux colonies, et constitue, à cet effet, les trésoriers payeurs et les trésoriers particuliers préposés de la caisse des dépôts et consignations;

Vu l'avis de notre ministre secrétaire d'État au département des finances,

Sur le rapport de notre ministre secrétaire d'État au département de la marine et des colonies,

Avons décrété et décrétons ce qui suit :

« Art. 1er. Sont déclarées applicables dans les colonies, et seront promulguées dans ces établissements en même temps que notre décret du 22 mai 1862, les dispositions ci-après des lois, décrets et ordonnances sur les dépôts et consignations :

« 1° La loi du 6 thermidor an III (24 juillet 1795);

« 2° La loi du 28 nivôse an XIII (18 janvier 1805);

« 3° Le décret du 18 août 1807;

« 4° Le décret du 14 mars 1808 (article 14);

« 5° La loi du 28 avril 1816 (articles 110 et 111);

« 6° L'ordonnance du 3 juillet 1816 ;

« 7° L'ordonnance du 22 février 1829;

« 8° La loi du 9 juillet 1836 (articles 13, 14, 15 et 16);

« 9° La loi du 8 juillet 1837 (article 11).

« ART. 2. Notre ministre secrétaire d'État au département de la marine et des colonies et notre ministre secrétaire d'État au département des finances sont chargés, chacun en ce qui le concerne, de l'exécution du présent décret, qui sera inséré au Bulletin des lois et au Bulletin officiel de la marine et des colonies.

LOI

Du 6 thermidor an III, qui autorise le dépôt du montant des billets à ordre ou autres effets négociables dont le porteur ne se sera pas présenté dans les trois jours qui suivront celui de l'échéance.

« ART. 1er. Tout débiteur de billet à ordre, lettre de change, billet au porteur ou autre effet négociable, dont le porteur ne se sera pas présenté dans les trois jours qui suivront celui de l'échéance, est autorisé à déposer la somme portée au billet aux mains du receveur de l'enregistrement dans l'arrondissement duquel l'effet est payable.

« ART. 2. L'acte de dépôt contiendra la date du billet, celle de l'échéance et le nom de celui au bénéfice duquel il aura été originairement fait.

« ART. 3. Le dépôt consommé, le débiteur ne sera tenu qu'à remettre l'acte de dépôt en échange du billet.

« ART. 4. La somme déposée sera remise à celui qui représentera l'acte de dépôt, sans autre formalité que celle de la remise d'icelui, et de la signature du porteur sur le registre du receveur.

« ART. 5. Si le porteur ne sait pas écrire, il en sera fait mention sur le registre. »

LOI

Du 28 nivôse an XIII (18 janvier 1805), relative aux consignations.

NAPOLÉON, etc.

LE CORPS LÉGISLATIF a rendu, le 28 nivôse an XIII, le décret suivant, conformément à la proposition faite au nom de l'Empereur, et après avoir entendu les orateurs du Conseil d'État et les sections du Tribunat, le même jour.

DÉCRET.

« ART. 1er. A compter de la publication de la présente loi, la caisse d'amortissement recevra les consignations ordonnées soit par jugement, soit par décision administrative; elle établira, à cet effet, des préposés partout où besoin sera.

« ART. 2. La caisse d'amortissement tiendra compte aux ayants droit de l'intérêt de chaque somme consignée à raison de 3 p. o/o par année; cet intérêt courra du soixantième jour après la consignation jusqu'à celui du remboursement.

« Les sommes qui resteront moins de soixante jours en état de consignation ne porteront aucun intérêt.

« ART. 3. Le recours sur la caisse d'amortissement pour les sommes consignées dans les mains de ses préposés est assuré à ceux qui auront fait la consignation, à la charge par eux de faire enregistrer, dans le délai de cinq jours, les reconnaissances desdits préposés au bureau de l'enregistrement du lieu de la consignation.

« Le droit d'enregistrement sur ces reconnaissances est fixé à [1] . . . . .

---

[1] A déterminer par le conseil général. Cette disposition est inapplicable dans la colonie où l'enregistrement n'est pas établi.

« Art. 4. Le remboursement des sommes consignées s'effectuera dans le lieu où la consignation aura été faite, dix jours après la notification faite au préposé de la caisse d'amortissement de l'acte ou jugement qui en aura autorisé le remboursement.

« Si la durée de la consignation donne ouverture à des intérêts, ils seront comptés jusqu'au jour du remboursement.

« Art. 5. Les préposés de la caisse d'amortissement qui ne satisferaient pas au payement après le délai fixé ci-dessus seront contraignables par corps (sans préjudice du recours contre la caisse d'amortissement conformément à l'article 3), sauf le cas où ils pourraient justifier d'oppositions faites dans leurs mains, auquel cas ils seront tenus de dénoncer immédiatement lesdites oppositions à ceux qui leur auraient fait connaître leur droit au remboursement, pour que ces derniers puissent en poursuivre la mainlevée devant les tribunaux.

« Art. 6. La caisse d'amortissement et ses préposés ne pourront exercer aucune action pour l'exécution des jugements ou décisions qui auront ordonné des consignations.

« Art. 7. La caisse d'amortissement est autorisée à recevoir les consignations volontaires aux mêmes conditions que les consignations judiciaires.

« Art. 8. Tous les frais et risques relatifs à la garde, conservation et mouvement des fonds consignés sont à la charge de la caisse d'amortissement.

« Mandons et ordonnons que les présentes, revêtues des sceaux de l'État, insérées au Bulletin des lois, soient adressées aux cours, aux tribunaux et aux autorités administratives, pour qu'ils les inscrivent dans leurs registres, les observent et les fassent observer, et le grand juge, ministre de la justice, est chargé d'en surveiller la publication. »

DÉCRET

Du 18 août 1807, qui prescrit des formalités pour les saisies-arrêts ou oppositions entre les mains des receveurs ou administrateurs de caisses ou de deniers publics.

NAPOLÉON, etc.

Sur le rapport de notre ministre du Trésor public;

Vu l'avis de notre Conseil d'État du 12 mai 1807, approuvé par nous le 1er juin suivant;

Vu le titre xx du livre III du Code de procédure civile, ensemble les lois des 19 février 1792 et 30 mai 1793;

Considérant que les lois des 19 février 1792 et 30 mai 1793 avaient établi les formes à suivre pour les saisies-arrêts ou oppositions signifiées au Trésor public;

Que, d'après le susdit avis de notre Conseil d'État, approuvé par nous, l'abrogation prononcée par l'article 1041 du Code de procédure civile ne s'étend point aux affaires qui intéressent le Gouvernement, pour lesquelles il a toujours été regardé comme nécessaire de se régir par des lois spéciales, soit en simplifiant la procédure, soit en produisant des formes différentes;

Qu'ainsi les lois des 19 février 1792 et 30 mai 1793 continuent d'être les règles de la matière, à l'exception des dispositions du Code de procédure civile qui portent nominativement sur les saisies-arrêts ou oppositions signifiées aux administrations publiques et qui se bornent aux deux articles 561 et 569;

Voulant, pour le bien de notre service et pour celui des parties intéressées, réunir toutes les dispositions relatives à cet objet et faciliter la connaissance des règles à observer;

Notre Conseil d'État entendu,

Nous avons décrété et décrétons ce qui suit:

« Art. 1er. Indépendamment des formalités communes à tous les exploits, tout exploit de saisie-arrêt ou opposition entre les mains des receveurs, dépositaires ou administrateurs de caisses ou de deniers publics, en cette qualité, exprimera clairement les noms et qualités de la partie saisie; il contiendra, en outre, la désignation de l'objet saisi.

« Art. 2. L'exploit énoncera pareillement la somme pour laquelle la saisie-arrêt ou opposition est faite, et il sera fourni, avec copie de l'exploit, auxdits receveurs, caissiers ou administrateurs, copie ou extrait en forme du titre du saisissant.

« Art. 3. A défaut par le saisissant de remplir les formalités prescrites par les articles 1 et 2 ci-dessus, la saisie-arrêt ou opposition sera regardée comme non avenue.

« Art. 4. La saisie-arrêt ou opposition n'aura d'effet que jusqu'à concurrence de la somme portée en l'exploit.

« Art. 5. La saisie-arrêt ou opposition formée entre les mains des receveurs, dépositaires ou administrateurs de caisses ou de deniers publics, en cette qualité, ne sera point valable si l'exploit n'est fait à la personne préposée pour le recevoir et s'il n'est visé par elle sur l'original ou, en cas de refus, par le procureur impérial près le tribunal de première instance de leur résidence, lequel en donnera de suite avis aux chefs des administrations respectives.

« Art. 6. Les receveurs, dépositaires ou administrateurs seront tenus de délivrer, sur la demande du saisissant, un certificat qui tiendra lieu, en ce qui les concerne, de tous autres actes et formalités prescrits, à l'égard des tiers saisis, par le titre xx du livre III du Code de procédure civile.

« S'il n'est rien dû au saisi, le certificat l'énoncera.

« Si la somme due est liquide, le certificat en déclarera le montant.

« Si elle n'est pas liquide, le certificat l'exprimera.

« Art. 7. Dans le cas où il serait survenu des saisies-arrêts ou oppositions sur la même partie et pour le même objet, les receveurs, dépositaires ou administrateurs seront tenus, dans les certificats qui leur seront demandés, de faire mention desdites saisies-arrêts ou oppositions et de désigner les noms et élection de domicile des saisissants, et les causes desdites saisies-arrêts ou oppositions.

« Art. 8. S'il survient de nouvelles saisies-arrêts ou oppositions depuis la délivrance d'un certificat, les receveurs, dépositaires ou administrateurs seront tenus, sur la demande qui leur en sera faite, d'en fournir un extrait contenant pareillement les noms et élection de domicile des saisissants, et les causes des saisies-arrêts ou oppositions.

« ART. 9. Tout receveur, dépositaire ou administrateur de caisses ou de deniers publics, entre les mains duquel il existera une saisie-arrêt ou opposition sur une partie prenante, ne pourra vider ses mains sans le consentement des parties intéressées ou sans y être autorisé par justice.

« ART. 10. Notre grand juge, ministre de la justice, et nos ministres des finances et du Trésor public, sont chargés, chacun en ce qui le concerne, de l'exécution du présent décret. »

DÉCRET

Du 10 mars 1808, concernant les gardes du commerce.

NAPOLÉON, etc.

Sur le rapport de notre ministre de l'intérieur;

Notre Conseil d'État entendu,

NOUS AVONS DÉCRÉTÉ et DÉCRÉTONS ce qui suit :

. . . .

« ART. 14. Si, lors de l'exercice de la contrainte, le débiteur offre de payer les causes de la contrainte, le garde du commerce chargé de faire l'arrestation recevra la somme offerte; mais, dans ce cas, il sera tenu de la remettre, dans les vingt-quatre heures, au créancier qui l'aura chargé; et à défaut par le créancier de la recevoir, quel que soit son motif, le garde déposera, dans les vingt-quatre heures suivantes, la somme reçue à la caisse d'amortissement.

. . . .

« ART. 28. Notre grand juge, ministre de la justice, et nos ministres de l'intérieur et des finances, sont chargés de l'exécution du présent décret. »

LOI

Du 28 avril 1816, sur les finances.

LOUIS, par la grâce de Dieu, ROI DE FRANCE ET DE NAVARRE,

A tous présents et à venir, SALUT.

Nous avons proposé, les Chambres ont, avec des amendements agréés par nous, adopté,

Et NOUS AVONS ORDONNÉ et ORDONNONS ce qui suit :

. . . .

TITRE X.

DE LA CAISSE D'AMORTISSEMENT ET DE LA CAISSE DES DÉPÔTS.

« ART. 110. La caisse d'amortissement ne pourra recevoir aucun dépôt ni consignation de quelque espèce que ce soit.

Les dépôts, les consignations, les services relatifs à la Légion d'honneur, à la compagnie des canaux, aux fonds de retraite, et les autres attributions (l'amortissement excepté) confiées à la caisse actuellement existante, seront administrés par un établissement spécial, sous le nom de *Caisse des dépôts et consignations.*

« ART. 111. Cet établissement est soumis à la même surveillance et aux mêmes règles de responsabilité et de garantie que la nouvelle caisse d'amortissement instituée par la présente loi. »

. . . .

ORDONNANCE

Du 3 juillet 1816, relative aux attributions de la caisse des dépôts et consignations créée par la loi du 28 avril 1816.

LOUIS, par la grâce de Dieu, ROI DE FRANCE ET DE NAVARRE.

Les Rois nos augustes prédécesseurs, en créant des établissements pour recevoir les dépôts et consignations, ont eu pour objet de remédier à des abus non moins préjudiciables aux fortunes particulières qu'à l'intérêt général de l'État.

L'édit du mois de juin 1578 a toujours été considéré comme un bienfait signalé; et, deux siècles après, malgré tant de variations importantes survenues dans l'administration de la justice, l'édit du mois d'octobre 1772 proclamait cette maxime : « qu'il importait à la sûreté publique qu'il existât, sous les yeux des magistrats, un dépôt permanent et inviolable pour toutes les consignations judiciaires. »

Depuis 1789 même, l'esprit d'innovation qui s'est trop malheureusement introduit dans toutes les parties de la législation n'a pas empêché qu'on ne reconnût cette vérité.

Les lois des 30 septembre 1791, 23 septembre 1793 et 18 janvier 1805 (28 nivôse an XIII) paraissent l'avoir prise pour base; mais les établissements qu'elles avaient formés manquant d'indépendance, d'une surveillance et d'une garantie qui n'eussent rien d'illusoire, leur exécution n'a point répondu à ce qu'on pouvait en attendre. Il est notoire que la plupart des sommes sur lesquelles diverses personnes prétendent des droits opposés ou litigieux, loin d'être mises en séquestre dans une caisse de dépôt dont l'inviolabilité puisse rassurer chacun des intéressés, restent entre les mains de débiteurs qui ne présentent aucune garantie, d'officiers ministériels dont les cautionnements n'ont pas pour objet de répondre de ces sommes, parce qu'il n'entre pas dans leurs fonctions de les recevoir et de les garder. Ainsi la confiance publique est trompée, les dépôts sont violés; on a vu des officiers ministériels détourner des sommes qu'ils avaient conservées contre le vœu des lois et l'intention des parties, sans qu'il y eût des moyens pour prévenir de tels abus.

Frappé de tant de désordres, résolu d'y mettre fin, et convaincu que les intérêts particuliers ne peuvent trouver une plus sûre garantie que dans un dépôt placé sous la loi publique et sous la surveillance de la commission qui inspecte la caisse d'amortissement, dont les opérations touchent si directement la fortune de l'État, nous avons proposé aux Chambres, et elles ont adopté, dans les articles 110, 111 et 112 de la loi du 28 avril dernier, l'institution d'une caisse des dépôts et consignations.

L'article 112 de ladite loi nous attribuant le droit d'organiser cette caisse, nous avons cru, en attendant qu'une loi spéciale ait déterminé tous les cas dans lesquels il y a lieu à consigner des sommes ou valeurs, devoir réunir les diverses dispositions des lois actuelles sur cet objet, et déterminer les mesures propres à en assurer l'exécution.

À ces causes, et vu les articles 110 et suivants de la loi du 28 avril 1816;

Vu l'article 14 de la Charte constitutionnelle, qui nous réserve et attribue le droit de faire tous les règlements nécessaires pour l'exécution des lois ;

Sur la proposition de la commission chargée de la surveillance des caisses d'amortissement et consignations, et le rapport de notre ministre secrétaire d'État et des finances,

Nous avons ordonné et ordonnons ce qui suit :

SECTION PREMIÈRE.

DES SOMMES QUI DOIVENT ÊTRE VERSÉES DANS LA CAISSE DES DÉPÔTS ET CONSIGNATIONS.

« Art. 1er. La caisse des dépôts et consignations, créée par l'article 110 de la loi du 28 avril dernier, recevra seule toutes les consignations judiciaires.

« Art. 2. Seront, en conséquence, versés dans ladite caisse :

« 1° Les deniers offerts réellement, conformément aux articles 1257 et suivants du Code civil; ceux que voudra consigner un acquéreur ou donataire dans le cas prévu par les articles 2183, 2184, 2186 et 2189; le montant des effets de commerce dont le porteur ne se présente pas à l'échéance, lorsque le débiteur voudra se libérer conformément à la loi du 23 juillet 1795 (6 thermidor an III), et, en général, toutes sommes offertes à des créanciers refusants par des débiteurs qui veulent se libérer;

« 2° Les sommes qu'offriront de consigner, suivant la faculté que leur accordent les articles 2041 du Code civil, 167, 542 du Code de procédure, 117 du Code d'instruction criminelle et autres dispositions des lois, toutes personnes qui, astreintes, soit par lesdites lois, soit par des jugements ou arrêts, à donner des cautions ou garanties, ne pourraient ou ne voudraient pas les fournir en immeubles;

« 3° Les deniers remis par un débiteur à un garde de commerce exerçant une contrainte par corps, pour éviter l'arrestation, conformément à l'article 14 du décret du 14 mars 1808, et ceux qui, dans les mêmes circonstances, seraient remis à un huissier exerçant la contrainte par corps dans les villes et lieux autres que Paris, lorsque le créancier n'aura pas voulu recevoir lesdites sommes dans les vingt-quatre heures accordées auxdits officiers ministériels pour lui en faire la remise;

« 4° Les sommes que les débiteurs incarcérés doivent, aux termes de l'article 798 du Code de procédure, déposer dans les mains du geôlier de la maison de détention, pour être mis en liberté, lorsque le créancier ne les aura pas acceptées dans le délai de vingt-quatre heures;

« 5° Les sommes dont les cours et tribunaux ou les autorités administratives, quand ce droit leur appartient, auraient ordonné la consignation, faute par les ayants droit de les recevoir ou réclamer, ou le séquestre, en cas de prétentions opposées;

« 6° Le prix que doivent consigner, conformément à l'article 209 du Code de commerce, les adjudicataires de bâtiments de mer vendus par autorité de justice;

« 7° Les deniers comptants saisis par un huissier chez un débiteur contre lequel il exerce une saisie-exécution, lorsque, conformément à l'article 590 du Code de procédure civile, le saisissant, la partie saisie et les opposants, ayant la capacité de transiger, ne seront pas convenus d'un séquestre volontaire dans les trois jours du procès-verbal de saisie, et ceux qui se trouveront lors d'une apposition de scellés ou d'un inventaire, si le tribunal l'ordonne ainsi sur le référé provoqué par le juge de paix;

« 8° Les sommes saisies et arrêtées entre les mains de dépositaires ou débiteurs, à quelque titre que ce soit; celles qui proviendraient de ventes de biens meubles de toute espèce, par suite de toute sorte de saisies, ou même de ventes volontaires, lorsqu'il y aura des oppositions dans les cas prévus par les articles 656 et 657 du Code de procédure civile;

« 9° Le produit des coupes et des ventes de fruits pendants par les racines sur des immeubles saisis réellement; celui des loyers ou fermages de biens non affermés lors de la saisie, qui seraient perçus au profit des créanciers, dans les cas prévus par l'article 688 du Code de procédure; ensemble tous les prix des loyers, fermages ou autres prestations échus depuis la dénonciation au saisi, au fur et à mesure des échéances;

« 10° Le prix ou portion de prix d'une adjudication d'immeubles vendus sur saisie immobilière, bénéfice d'inventaire, cession de biens, faillite, que le cahier des charges n'autoriserait pas l'acquéreur à conserver entre ses mains, si le tribunal ordonne cette consignation sur la demande d'un ou de plusieurs créanciers;

« 11° Les deniers provenant des ventes des meubles, marchandises des faillis et de leurs dettes actives, dans le cas prévu par l'article 497 du Code de commerce ;

« 12° Les sommes d'argent trouvées ou provenues des ventes et recouvrements dans une succession bénéficiaire, lorsque, sur la demande de quelque créancier, le tribunal en aura ordonné la consignation ;

« 13° . . . .

« 14° Enfin toutes les consignations ordonnées par des lois, même dans les cas qui ne sont pas rappelés ci-dessus, soit que lesdites lois n'indiquent pas le lieu de la consignation, soit qu'elles désignent une autre caisse, et notamment ce qui peut être encore dû par les anciens commissaires aux saisies réelles, conformément au décret du 12 février 1812, lequel continuera de recevoir son exécution.

« Art. 3. Défendons à nos cours, tribunaux et administrations quelconques, d'autoriser ou d'ordonner des consignations en autres caisses et dépôts publics ou particuliers, même d'autoriser les débiteurs, dépositaires, tiers saisis, à les conserver sous le nom de séquestre ou autrement, et, au cas où de telles consignations auraient lieu, elles seront nulles et non libératoires.

« Art. 4. Pour assurer l'exécution des dispositions ci-dessus, il ne pourra être ouvert aucune contribution de deniers provenant de ventes, recouvrements, mobiliers, saisies-arrêts ou autres, que l'acte de réquisition, qui doit être rédigé conformément à l'article 658 du Code de procédure civile, ne contienne mention de la date et du numéro de la consignation qui en a été faite : défendons aux présidents de nos tribunaux de commettre des commissaires pour procéder aux distributions ainsi requises sans ladite mention ; et, au cas où une nomination leur serait surprise, défendons à tous commissaires nommés d'y procéder, sauf aux parties qui seraient lésées leur recours contre les avoués par la faute desquels la distribution n'aurait pas lieu ; défendons pareillement à tous greffiers de délivrer les mandements énoncés en l'article 671 du même code sur autres que sur les préposés de la caisse des dépôts et consignations. Il en sera de même relativement aux ordres, lorsque le prix aura dû être versé dans le cas prévu n° 10 de l'article 2.

.

SECTION II.

« ART. 5. Tout officier ministériel qui aura fait des offres réelles extra-judiciairement ou judiciairement sera tenu, si elles ne sont pas acceptées, d'en effectuer le versement, dans les vingt-quatre heures qui suivront l'acte desdites offres, à la caisse des dépôts et consignations, à moins qu'il n'en ait été dispensé par ordre écrit de celui qui l'a chargé de faire lesdites offres.

« ART. 6. Tout garde de commerce, huissier ou geôlier qui, ayant reçu des sommes dans les cas prévus par les n°s 3 et 4 de l'article 2 ci-dessus, n'en aura pas fait le versement à la caisse des dépôts et consignations dans les délais prescrits par ledit article 2, sera poursuivi comme rétentionnaire de deniers publics.

« Seront, à cet effet, tenus les gardes de commerce et huissiers de mentionner au pied de leurs exploits, et avant de les présenter à l'enregistrement, s'ils ont remis au créancier les sommes par eux reçues, et de mentionner également cette remise sur les répertoires; et les geôliers feront ladite mention sur les registres d'écrou.

« ART. 7. Tout notaire, greffier, huissier, commissaire-priseur, courtier, etc. qui aura procédé à une vente, sera tenu de déclarer au pied de la minute du procès-verbal, en le présentant à l'enregistrement, et de certifier par sa signature, qu'il a ou n'a pas connaissance d'oppositions aux scellés ou autres opérations qui ont précédé ladite vente.

« ART. 8. Les versements des sommes énoncées au n° 8 de l'article 2 seront faits dans la huitaine, à compter de l'expiration du mois accordé par l'article 656 du Code de procédure aux créanciers pour procéder à une distribution amiable.

« Ce mois comptera, pour les sommes saisies et arrêtées, du jour de la signification au tiers saisi du jugement qui fixe ce qu'il doit rapporter.

« S'il s'agit de deniers provenant de ventes ordonnées par justice ou résultant de saisies-exécutions, saisies foraines, saisies-brandons, ou même de ventes volontaires auxquelles il y aurait eu des oppositions, ce délai courra du jour de la dernière séance du procès-verbal de vente;

« S'il s'agit de deniers provenant de saisies de rentes ou d'immeubles, du jour du jugement d'adjudication.

« Art. 9. Conformément à l'article 10 de la déclaration du 29 février 1648 et de celle du 16 juillet 1669, le directeur général de la caisse des consignations pourra décerner, ou faire décerner par les préposés de la caisse, des contraintes contre toute personne qui, tenue, d'après les dispositions ci-dessus, de verser des sommes dans ladite caisse ou dans celle de ses préposés, sera en retard de remplir ses obligations; il sera procédé, pour l'exécution desdites contraintes, comme pour celles qui sont décernées en matière d'enregistrement, et la procédure sera communiquée à nos procureurs près les tribunaux.

« Art. 10. Tout notaire, courtier, commissaire-priseur, huissier ou geôlier qui aura contrevenu aux obligations qui lui sont imposées par la présente ordonnance, en conservant des sommes de nature à être versées dans la caisse des consignations, sera dénoncé par nos préfets ou procureurs à celui de nos ministres dans les attributions duquel est sa nomination, pour sa révocation nous être proposée, s'il y a lieu, sans préjudice des peines qui sont ou pourront être prononcées par les lois.

SECTION III.

OBLIGATIONS DE LA CAISSE DES DÉPÔTS ET CONSIGNATIONS ET DE SES PRÉPOSÉS.

« Art. 11. La caisse des consignations aura des préposés, pour le service qui lui est confié, dans toutes les villes du royaume où siége un tribunal de première instance.

« Elle sera responsable des sommes par eux reçues, lorsque les parties auront fait enregistrer leurs reconnaissances dans les cinq jours de celui du versement, conformément à l'article 3 de la loi du 18 janvier 1805 (28 nivôse an XIII).

« Art. 12. Les reconnaissances de consignations délivrées à Paris par le caissier, et dans les départements par les préposés de la caisse, énonceront sommairement les arrêts, jugements, actes ou causes qui donnent lieu auxdites consignations; et dans le cas où les deniers consignés proviendraient d'un emprunt, et qu'il y aurait lieu à opérer une subrogation en faveur du prêteur, il sera fait mention expresse de la déclaration faite par le déposant, conformément à l'article 1250 du Code civil, laquelle produira le même effet de subrogation que si elle était passée devant notaire. Le timbre et l'enregistrement seront aux frais de celui qui consigne, s'il est débiteur, ou prélevés sur la somme, s'il la dépose à un autre titre.

« Art. 13. Tous les frais et risques relatifs à la garde, conservation et mouvement des fonds consignés sont à la charge de la caisse : défendons à ses préposés ou à leurs commis et employés de se faire payer, par les déposants ou ceux qui retireront les sommes consignées, aucun droit de garde, prompte expédition, travail extraordinaire ou autre, à quelque titre que ce soit, à peine de destitution et d'être poursuivis comme concussionnaires.

« Art. 14. Conformément à l'article 2 de la loi du 18 janvier 1805 (28 nivôse an XIII), la caisse des dépôts et consignations payera l'intérêt de toute somme consignée, à raison de 3 p. o/o, à compter du soixante et unième jour à partir de la date de la consignation, jusques et non compris celui du remboursement.

« Les sommes qui resteront moins de soixante jours en état de consignation ne produiront aucun intérêt; lorsque les sommes consignées seront retirées partiellement, l'intérêt des portions restantes continuera de courir sans interruption.

« Art. 15. Conformément à l'article 4 de la susdite loi, les sommes consignées seront remises, dans le lieu où le dépôt aura été fait, à ceux qui justifieront leurs droits, dix jours après la réquisition de payement au préposé de la caisse.

« Ladite réquisition contiendra élection de domicile dans le lieu où demeure le préposé de la caisse des consignations; elle devra être accompagnée de l'offre de remettre les pièces à l'appui de la demande, de laquelle remise mention sera faite dans le visa que doit donner le préposé, conformément à l'article 69 du Code de procédure civile.

« Les préposés qui ne satisferaient pas au payement après ce délai seront contraignables par corps, sans préjudice des droits des réclamants contre la caisse des consignations, ainsi qu'il est dit en l'article 11.

« Art. 16. Ne pourront, lesdits préposés, refuser les remises réclamées que dans les deux cas suivants : 1° sur le fondement d'opposition dans leurs mains, soit sur la généralité de la consignation, soit sur la portion réclamée, soit sur la personne requérante; 2° sur le défaut de régularité des pièces produites à l'appui de la réquisition.

« Ils devront dans ce cas, avant l'expiration du dixième jour, dénoncer lesdites oppositions ou irrégularités aux requérants par signification au domicile élu, et ne seront contraignables que dix jours après la signification des mainlevées ou du rapport des pièces régularisées.

« Les frais de cette dénonciation seront à la charge des parties réclamantes, à moins qu'elles n'aient fait juger contre le préposé que son refus était mal fondé, auquel cas les frais seront à la charge de ce dernier, sans répétition contre la caisse des dépôts et consignations, sauf le cas où son refus aurait été approuvé par le directeur général.

« Art. 17. Pour assurer la régularité des payements requis par suite d'ordre ou de contribution, il sera fait par le greffier du tribunal un extrait du procès-verbal dressé par le juge-commissaire, lequel extrait contiendra : 1° les noms et prénoms des créanciers colloqués; 2° les sommes qui leur sont allouées; 3° mention de l'ordonnance du juge qui, à l'égard des ordres, ordonne la radiation des inscriptions, et, à l'égard des contributions, fait mainlevée des oppositions des créanciers forclos ou rejetés.

« Le coût de cet extrait sera compris dans les frais de poursuite, nonobstant toutes dispositions contraires de l'article 137 du décret du 16 février 1807. Dans les dix jours de la clôture de l'ordre ou contribution, cet extrait sera remis par l'avoué poursuivant, savoir : à Paris, au caissier, et dans les autres villes, au préposé de la caisse des consignations, à peine de dommages-intérêts envers les créanciers colloqués à qui ce retard pourra être préjudiciable.

« La caisse des consignations ne pourra être tenue de payer aucun mandement ou bordereau de collocation avant la remise de cet extrait, si ce n'est dans le cas de l'article 758 du Code de procédure civile.

SECTION IV.
DISPOSITIONS TRANSITOIRES.

» Art. 18. Toute personne, sans distinction, dépositaire ou débitrice, à quelque titre que ce soit, de sommes qui, d'après les dispositions de la présente ordonnance, doivent être reçues par la caisse des consignations ou par celle de ses préposés, est tenue d'en faire la déclaration et le versement avant le 1er août prochain, sous les peines prononcées par les articles 3, 8 et 10 de la présente ordonnance.

« Art. 19. Nos ministres sont chargés, chacun en ce qui le concerne, d'assurer l'exécution de la présente ordonnance, qui sera insérée au Bulletin des lois, et, en outre, affichée dans tous les chefs-lieux de tribunaux de notre royaume. »

ORDONNANCE

Du 22 février 1829, contenant des dispositions relatives aux effets mobiliers déposés dans les greffes à l'occasion des procès civils ou criminels définitivement jugés.

CHARLES, par la grâce de Dieu, Roi de France et de Navarre,

A tous ceux qui ces présentes verront, salut.

Vu la loi du 31 mars 1796 (11 germinal an iv);

Vu l'ordonnance royale du 23 janvier 1821 ;

Vu les articles 1960 et 2262 du Code civil;

Sur le rapport de notre garde des sceaux, ministre secrétaire d'État au département de la justice;

Notre Conseil d'État entendu,

Nous avons ordonné et ordonnons ce qui suit :

« Art. 1er. Les greffiers, geôliers et tous autres dépositaires d'effets mobiliers déposés à l'occasion des procès civils ou criminels définitivement jugés, et qu'il serait nécessaire de vendre, soit à raison de leur détérioration, soit pour toute autre cause, devront présenter requête au président du tribunal civil pour être autorisés à faire remise desdits objets aux préposés de l'administration des domaines, qui procéderont à la vente dans les formes suivies pour l'aliénation des objets non réclamés et sur lesquels l'État a un droit éventuel.

« Les dispositions ci-dessus sont applicables aux greffiers des conseils de guerre et tribunaux maritimes et aux geôliers ou concierges des prisons militaires et maisons de détention de la marine.

« ART. 2. Les sommes qui proviendront desdites ventes seront versées à la caisse des dépôts et consignations, et les ayants droit pourront les réclamer dans les délais fixés par l'article 2262 du Code civil.

« ART. 3. Notre garde des sceaux, ministre secrétaire d'État au département de la justice, et notre ministre secrétaire d'État au département des finances, sont chargés, chacun en ce qui le concerne, de l'exécution de la présente ordonnance, qui sera insérée au Bulletin des lois. »

LOI

Du 9 juillet 1836, portant règlement définitif du budget de l'exercice 1833.

LOUIS-PHILIPPE, etc.

Nous avons proposé, les Chambres ont adopté,

Nous avons ordonné et ordonnons ce qui suit :

. . . .

« ART. 13. Toutes saisies-arrêts ou oppositions sur des sommes dues par l'État, toutes significations de cession ou transport desdites sommes, et toutes autres ayant pour objet d'en arrêter le payement, devront être faites entre les mains des payeurs, agents ou préposés sur la caisse desquels les ordonnances ou mandats seront délivrés.

« Néanmoins, à Paris, et pour tous les payements à effectuer à la caisse du payeur central au Trésor public, elles devront être exclusivement faites entre les mains du conservateur des oppositions au ministère des finances. Toutes dispositions contraires sont abrogées.

« Seront considérées comme nulles et non avenues toutes oppositions ou significations faites à toutes autres personnes que celles ci-dessus indiquées.

Il n'est pas dérogé aux lois relatives aux oppositions à faire sur les capitaux et intérêts des cautionnements.

« ART. 14. Lesdites saisies-arrêts, oppositions et significations n'auront d'effet que pendant cinq années, à compter de leur date, si elles n'ont pas été renouvelées dans ledit délai, quels que soient d'ailleurs les actes, traités ou jugements intervenus sur lesdites oppositions et significations.

« En conséquence, elles seront rayées d'office des registres dans lesquels elles auraient été inscrites et ne seront pas comprises dans les certificats prescrits par l'article 14 de la loi du 19 février 1792 et par les articles 7 et 8 du décret du 18 août 1807.

« Art. 15. Les saisies-arrêts, oppositions et significations de cession ou transport, et toutes autres faites jusqu'à ce jour, ayant pour objet d'arrêter le payement des sommes dues par l'État, devront être renouvelées dans le délai d'un an, à partir de la publication de la présente loi, et conformément aux dispositions ci-dessus prescrites, faute de quoi elles resteront sans effet et seront rayées des registres dans lesquels elles auront été inscrites.

« Art. 16. Le montant des cautionnements dont le remboursement n'aura pas été effectué par le Trésor public, faute de productions ou de justifications suffisantes, dans le délai d'un an, à compter de la cessation des fonctions du titulaire ou de la réception des fournitures et travaux, pourra être versé, en capital et intérêts, à la caisse des dépôts et consignations, à la conservation des droits de qui il appartiendra.

« Ce versement libérera définitivement le Trésor public. »

LOI

Du 8 juillet 1837, portant règlement définitif du budget de l'exercice 1834.

LOUIS-PHILIPPE, etc.

Nous avons proposé, les Chambres ont adopté,

Nous avons ordonné et ordonnons ce qui suit :

. . . .

« Art. 11. Les dispositions des articles 14 et 15 de la loi du 9 juillet 1836 sont déclarées applicables aux saisies-arrêts, oppositions et autres actes ayant pour objet d'arrêter le payement des sommes versées, à quelque titre que ce soit, à la caisse des dépôts et consignations et à celle de ses préposés.

« Toutefois, le délai de cinq ans mentionné à l'article 14 ne courra, pour les oppositions et significations faites ailleurs qu'à la caisse ou à celle de ses préposés, que du jour du dépôt des sommes grevées desdites oppositions et significations.

« Les dispositions du décret du 18 août 1807 sur les saisies-arrêts ou oppositions sont également déclarées applicables à la caisse des dépôts et consignations. »

. . . .

La loi du 10 vendémiaire an IV, sur la police et la responsabilité des communes, a été promulguée dans la colonie en exécution du décret du 22 janvier 1852. Nous ne reproduisons pas cette loi, qui, en fait, est sans application dans la colonie. Il n'existe en effet dans nos établissements ni communes, ni administrations municipales.

IV.

PROCÉDURE CIVILE.

Le Code de procédure civile a été promulgué dans la colonie par l'arrêté du 6 janvier 1819. Nonobstant cette promulgation, diverses parties de ce code n'ont pas été appliquées, soit à cause de la configuration du territoire, soit à cause des mœurs des habitants, de l'organisation judiciaire, soit parce que d'anciens arrêtés de règlement maintenus en vigueur réglaient certaines parties de la procédure civile.

Le Code de procédure est maintenant appliqué dans la plus grande partie de ses dispositions. Nous reproduirons les arrêtés qui le modifient, ainsi que les lois et les décrets qui le complètent.

ARRÊTÉ DU 26 MAI 1827.

Les formes de procédure devant la justice de paix sont réglées, pour Pondichéry et Karikal, par les articles suivants de l'arrêté du 26 mai 1827, encore en vigueur :

CHAPITRE II.

DE LA PROCÉDURE, DE L'INSTRUCTION ET DES JUGEMENTS.

« ART. 11. Les dispositions des articles 145 à 165 du Code d'instruction criminelle, en matière de police et en matière civile, celles du Code de procédure applicables aux juges de paix, sont observées pour la procédure, l'instruction et les jugements du tribunal de la police, sauf les modifications ci-après.

« ART. 12. Les Européens et gens de couleur sont cités devant le juge de police par l'archer faisant fonctions d'huissier près ce tribunal.

« Dans le cas d'absence, la copie de la citation est laissée au chef du ministère public, qui vise l'original.

« Art. 13. A l'égard des Indiens, les citations sont faites par le thabédar ou huissier indien, et portées par des pions de police; elles contiennent la date des jour, mois et an, les noms, profession, caste et domicile du demandeur et du défendeur, et le nom du pion porteur. Elles énoncent sommairement l'objet de la demande, et indiquent le jour et l'heure de la comparution.

« La citation est inscrite sur un casernet en olles coté et parafé par le juge de police, et dont le pion est porteur. Elle est notifiée à personne ou à domicile, et copie sur olle en est laissée.

« Cette formalité est constatée par la signature du défendeur apposée sur le casernet, et, s'il ne peut ou ne veut signer, par celle de deux témoins.

« S'il ne se trouve personne au domicile, la copie est laissée au chef de la caste du défendeur, qui vise l'original sans frais.

« Les frais de chaque citation sont d'un fanon, soit 3o centimes, à Pondichéry, et d'un fanon et demi, soit 45 centimes, dans les aldées [1].

« Art. 14. Les parties comparaissent par elles-mêmes ou par un fondé de procuration spéciale, sans pouvoir être assistées d'un défenseur officieux ou conseil.

« Art. 15. L'amende par défaut est fixée à 2 fanons, soit 6o centimes, pour les Indiens, et à 2 roupies, soit 4 fr. 8o cent., pour les Européens et gens à chapeau.

« Art. 16. En matière de police, les rapports et procès-verbaux de l'inspecteur de police, du naynard et des béchecars des aldées font foi, jusqu'à inscription de faux.

« Art. 17. Ces agents peuvent aussi être commis par le juge de police pour le remplacer dans les enquêtes ou visites de lieux et appréciations. Il prononce sur leurs procès-verbaux et rapports, lesquels doivent être dressés par eux dans la forme prescrite par les articles 35, 36, 37, 38, 39 et 42 du Code de procédure civile.

« Art. 18. Dans les cas prévus par l'article précédent, lorsque le transport

[1] Les frais de citation rentrent au Trésor.

a été expressément requis par l'une des parties et que le juge l'a trouvé nécessaire, il est alloué par chaque vacation de trois heures au moins, y compris le temps du transport et du retour :

« Au juge de police, 2 roupies, soit 4 fr. 80 cent.;

« A l'inspecteur, une roupie, soit 2 fr. 40 cent.;

« Au greffier (hors de la ville), une demi-roupie, soit 1 fr. 20 cent.;

« Au naynard (hors de la ville), une demi-roupie, soit 1 fr. 20 cent.;

« Aux béchecars (hors de leurs résidences), une demi-roupie, soit 1 fr. 20 cent.

« S'il n'y a qu'une seule vacation, elle est payée comme complète, encore qu'elle n'ait pas été de trois heures.

« Lorsque le transport a lieu au delà d'un demi-myriamètre, il est alloué par myriamètre :

« Au juge, 2 roupies et demie, soit 6 francs ;

« A l'inspecteur et au greffier, une roupie et demie, soit 3 fr. 60 cent.;

« Au naynard et aux béchecars, une demi-roupie, soit 1 fr. 20 cent. [1]

« ART. 19. Les vacations de l'inspecteur de police, du naynard, des béchecars et du greffier sont taxées par le juge de police, et celles de ce dernier par le président de la cour royale.

« ART. 20. Les attributions conférées par les articles 47 du Code de procédure civile et 160 du Code d'instruction criminelle au procureur du Roi sont remplies par le chef du ministère public et les récusations sont jugées par la cour royale.

. . . .

« ART. 24. En matière civile, les jugements du tribunal de la police jusqu'à concurrence de 100 francs sont exécutoires par provision, nonobstant appel et sans qu'il soit besoin de fournir caution. Dans les autres cas, l'exécution provisoire peut être accordée par le juge, mais à la charge de donner caution.

« ART. 25. Le juge peut toujours ordonner, à la requête du demandeur, l'emprisonnement immédiat des débiteurs indiens qu'il a condamnés et qui ne fournissent point caution. Cette mesure peut être prise contre les étran-

[1] La dernière partie de l'article, qui règle les frais de route et de vacations, se trouve implicitement abrogée par le tarif du 11 novembre 1861.

gers, quel que soit le montant de leur dette, et, pour les sommes excédant
10 roupies, soit 24 francs, en capital, contre les domiciliés sur le territoire,
mais qui n'y possèdent point de propriété et qui pourraient chercher à se
soustraire aux poursuites.

« Dans ces deux cas, l'arrestation provisoire et le dépôt aux thanas, ou
postes de police, peuvent être ordonnés par le juge sur la simple vue des
titres, même avant le jour de l'audience; mais alors le demandeur doit consigner d'abord au greffe de la police une somme pour dommages et intérêts,
dont la quotité est fixée par le juge et qui ne peut être inférieure à 10 roupies, soit 24 francs.

« ART. 26. Les débiteurs indiens qui ne se sont point acquittés dans les
termes du jugement, et les fournisseurs et ouvriers de la même classe qui,
ayant passé des engagements écrits ou non contestés, n'ont point rempli leurs
contrats dans les délais fixés, peuvent, suivant l'usage, être mis jusqu'à libération à la garde d'un ou deux pions de police qui les suivent partout et dont
le bath est payé par eux, à raison d'un fanon, soit 30 centimes, par jour à
Pondichéry, et d'un fanon et demi, soit 45 centimes, dans les aldées.

« Ce mode de contrainte est exercé sans jugement, sur la simple demande
des parties ordonnancée par le juge de police.

« Le non-payement du bath des pions emporte contrainte par corps.

« ART. 27. Les expéditions en forme exécutoire des jugements rendus
valent pouvoir à l'huissier auquel elles sont remises pour toute saisie-arrêt
et exécution, et pour l'emprisonnement, s'il est spécialement ordonné; mais
le juge de police ne peut connaître des contestations qui s'élèvent sur l'exécution de ses jugements en matière civile.

« Elles sont portées au tribunal de la Chaudrie, si les poursuites sont
faites contre un Indien, et à la cour royale, si elles sont dirigées contre un
Européen; et il y est statué dans la forme prescrite par le Code de procédure civile, sur citation directe des parties et sur référé [1].

« ART. 28. Il n'est rien innové aux prescriptions en matière civile. »

[1] Depuis la suppression du tribunal de la Chaudrie, les contestations sont portées devant le
tribunal de première instance.

Les autres modifications introduites au Code de procédure civile par la législation locale sont indiquées dans les arrêtés suivants :

Arrêté du 21 mai 1838.

« Art. 6. Les parties auront huitaine franche pour répondre aux requêtes, répliques ou dupliques, outre les délais de distance.

« Ces délais seront calculés ainsi qu'il suit :

« Pour Karikal et le ressort du tribunal de Madras, trente jours ; pour Mahé et Yanaon, soixante jours ; pour Chandernagor et Calcutta, quatre-vingt-dix jours ;

« Pour Bourbon et ses dépendances, pour l'île Maurice et ses dépendances, six mois ;

« Pour la France et les pays situés à l'est [1] du cap de Bonne-Espérance, deux ans.

« Dans tous les autres cas, et pour tous ceux qui habitent d'autres lieux du territoire anglais que ceux indiqués, le délai de huitaine sera augmenté d'un jour par myriamètre.

« Lorsque la signification à une partie domiciliée hors la colonie sera donnée à sa personne dans la colonie, il n'y aura pas lieu d'ajouter des délais de distance ; néanmoins, le tribunal pourra accorder un délai.

« Dans les cas qui requièrent célérité, le président pourra permettre d'assigner à bref délai.

« Art. 13. Pourront les juges renvoyer les affaires devant des arbitres lorsqu'ils l'estimeront nécessaire : dans ce cas, lorsque lesdites affaires seront jugées suffisamment instruites, les pièces seront remises par le greffier aux arbitres nommés par les parties, sinon d'office, lesquels arbitres déposeront leur avis arbitral au greffe le plus tôt possible, pour ensuite, et sur le rapport qui en sera fait, être ordonné ce qu'il appartiendra.

. . . .

« Art. 16. Outre les affaires communicables désignées par le Code de procédure, le ministère public devra être entendu dans toutes les affaires

[1] On a voulu dire à l'ouest.

concernant les partages de communautés ou les successions entre Indiens
ou musulmans.

« Le ministère public pourra, en outre, lorsqu'il le jugera convenable,
prendre communication de toutes les causes sans exception.

« Pourront également les cours ou tribunaux ordonner que l'affaire sera
communiquée au ministère public, afin qu'il donne ses conclusions, et, dans
ce dernier cas, le ministère public devra donner son avis motivé et non se
borner à s'en rapporter à justice.

. . . .

« ART. 18. Tout fondé de pouvoirs qui se présentera pour une partie,
devra justifier de sa procuration détaillée et spécifiant le mandat, surtout
lorsqu'il s'agira de nier une dette ou une signature.

« ART. 19. Tout défenseur ou fondé de pouvoirs qui sera convaincu
d'avoir outre-passé son mandat, et surtout d'avoir, sans y être autorisé, nié
des faits ou une signature;

« Ou qui aurait imposé un traité exorbitant à sa partie, ou aurait exigé
d'elle une commission excessive, ou qui, ayant touché de l'argent pour sa
partie, tarderait à le lui rendre, ou qui, dans ses explications verbales à
l'audience, se serait écarté du respect dû à la cour et aux tribunaux, ou qui
aurait, par sa négligence, compromis les intérêts de la partie;

« Ou plaidé, avec connaissance, des faits faux,

« Sera, d'office ou sur les réquisitions du ministère public, interdit du
droit de se présenter à l'audience pour autrui, dans aucuns tribunaux des
établissements français dans l'Inde, et de signer également pour autrui des
pièces de procédure, sauf l'application de peines plus graves, s'il en a été
encouru.

« Ils pourront également être condamnés, et ce par corps, personnellement aux frais et même à des dommages-intérêts.

« Le présent article est applicable aux tribunaux de paix et de police,
ainsi que les articles 17 et 18. »

L'article 13 de cet arrêté nous paraît encore applicable. Il est d'usage,
dans la colonie, de renvoyer les partages d'immeubles de peu de valeur devant les béchecars ou d'autres arbitres.

Arrêté du 2 septembre 1839.

« Art. 1er. L'article 3 de l'arrêté local du 21 mai 1838, n° 777, est abrogé ; il sera remplacé par l'article suivant :

« Les causes commerciales, criminelles et correctionnelles continueront à être instruites et jugées conformément au Code de commerce, aux Codes criminels de la métropole et des arrêtés locaux.

« En matière commerciale, la cour fera faire des appels par un simple exploit d'ajournement.

« Art. 2. Les articles 4, 5, 6, 7, 8, 14, 17 et 19 de l'arrêté local du 21 mai 1838, n° 788, sont abrogés ; ils seront remplacés par les articles suivants :

« Art. 6. Les parties auront huitaine franche, à partir de la signification, pour répondre aux requêtes, répliques, outre les délais de distance.

« Ces délais seront calculés ainsi qu'il suit :

« Pour Karikal et le ressort du tribunal, ainsi que pour Madras, trente jours ; pour Mahé et Yanaon, soixante jours ; pour Chandernagor et Calcutta, quatre-vingt-dix jours ;

« Pour l'île Maurice et ses dépendances, six mois ;

« Pour Bourbon et ses dépendances, six mois ;

« Pour la côte de l'Est, jusqu'au détroit de la Sonde, et Sumatra, six mois ;

« Pour Java et ses dépendances, et les îles Philippines, un an ;

« Pour l'Europe et les pays situés à l'ouest du cap de Bonne-Espérance, deux ans.

« Les exploits de signification d'ajournement devront contenir, à peine de nullité, l'évaluation des délais.

« Art. 17. Pourra tout individu majeur, non interdit et jouissant des droits mentionnés en l'article 42 du Code pénal, être admis à représenter les parties, signer les requêtes concurremment avec elles, paraître pour elles à l'audience.

« Les procureurs seront tenus de défendre d'office les accusés, sur la désignation du président.

« Les cours et tribunaux auront, soit d'office, soit sur la réquisition du ministère public, le droit d'interdire la plaidoirie devant eux à tout individu qui ne leur paraîtrait pas présenter de suffisantes garanties. Ces décisions seront prises en chambre du conseil, le ministère public entendu. La partie intéressée sera appelée pour répondre personnellement aux questions du président et se justifier des griefs allégués contre elle.

« Ces décisions ne seront susceptibles ni d'opposition ni d'appel.

« Art. 19. Tout défenseur ou fondé de pouvoirs qui sera convaincu d'avoir outre-passé son mandat, et surtout sans y être autorisé, nié des faits ou une signature ;

« Qui aurait imposé un traité exorbitant à sa partie, ou aurait exigé d'elle une commission excessive ; qui, ayant touché de l'argent pour sa partie, tarderait à le lui rendre ; qui aurait manqué au respect dû à la cour et aux tribunaux, ou aux devoirs de son état ;

« Qui aurait, par sa négligence, compromis sa partie, ou plaidé, avec connaissance, des faits faux,

« Sera, d'office ou sur les réquisitions du ministère public, et en la forme prescrite par l'article précédent, suspendu pour un temps, ou même interdit du droit de se présenter à l'audience pour autrui dans aucuns tribunaux des établissements français dans l'Inde, et de signer également pour autrui des pièces de procédure, sauf l'application de peines plus graves, s'il en a été encouru.

« Il pourra également être condamné, et ce par corps, personnellement aux frais et même à des dommages-intérêts.

« Ces décisions, qui seront motivées, seront susceptibles d'appel, lorsqu'elles émaneront d'un tribunal inférieur.

« Le présent article est applicable aux tribunaux de paix et de police, ainsi que les articles 17 et 18. »

Arrêté du 2 juillet 1840.

« Art. 1er. A compter du 1er septembre 1840, les dispositions du Code de procédure civile, livre II, titre II : *Des ajournements*, seront remis en vigueur dans les établissements français de l'Inde, sous les modifications ci-après, exprimées aux articles 61, 69, 72, 73 et 74.

« Art. 61. L'exploit d'ajournement contiendra : 1° la date des jour, mois et an; les noms, profession, caste et domicile du demandeur, avec l'indication du nom de son père, et indication de domicile dans le lieu où siége le tribunal, s'il n'y demeure pas; 2° les noms, demeure et immatricule de l'huissier, les noms et demeure du défendeur, et mention de la personne à laquelle copie de l'exploit sera laissée; 3° l'objet de la demande, l'exposé sommaire des moyens; 4° l'indication du tribunal qui doit connaître de la demande et du délai de comparaître; le tout à peine de nullité.

« Art. 69. Seront assignés :

« 1° L'État, lorsqu'il s'agit de domaines et droits domaniaux, en la personne et au domicile du commissaire ordonnateur;

« 2° Le Trésor, en la personne ou au bureau du trésorier;

« 3° Les administrations ou établissements publics, en leurs bureaux; dans les autres lieux, en la personne de leur préposé;

« 4° Le Roi, pour ses domaines, en la personne du procureur du Roi de l'arrondissement;

« 5° Les communes, en la personne ou au domicile du juge de paix, lieutenant de police, remplissant les fonctions de maire à Pondichéry, Chandernagor et Karikal; à Mahé et à Yanaon, en la personne ou au domicile du chef de l'établissement.

« Dans les cas ci-dessus, l'original sera visé de celui à qui la copie de l'exploit sera laissée; en cas d'absence ou de refus, le visa sera donné, soit par le juge de paix, soit par le procureur du Roi près le tribunal de première instance, soit par le chef de loge à Mahé et à Yanaon, auquel, en ce cas, la copie sera laissée;

« 6° Les sociétés de commerce, tant qu'elles existent, en leur maison sociale, et s'il n'y en a pas, en la personne ou au domicile de l'un des associés;

« 7° Les unions et directions de créanciers, en la personne ou au domicile de l'un des syndics ou directeurs;

« 8° Ceux qui n'ont aucun domicile connu dans la colonie, au lieu de leur résidence habituelle; si le lieu n'est pas connu, l'exploit sera affiché à la principale porte de l'auditoire du tribunal civil où la demande est portée; une seconde copie sera donnée au procureur du Roi, lequel visera l'original;

« 9° Ceux qui habitent le territoire français hors des établissements français de l'Inde et ceux qui sont établis chez l'étranger, au domicile du procureur du Roi près le tribunal où sera portée la demande, lequel visera l'original et enverra la copie au procureur général, qui en disposera conformément à l'arrêté local du 13 décembre 1832.

« Art. 72. Le délai ordinaire des ajournements sera de huitaine, pour ceux qui sont domiciliés dans l'arrondissement du tribunal de première instance de Pondichéry; de trente jours, pour ceux qui sont domiciliés à Karikal et dans le ressort de son tribunal; de deux mois, pour ceux qui sont domiciliés à Mahé et Yanaon; de trois mois, pour ceux qui sont domiciliés à Chandernagor. Dans les cas qui requerront célérité, le juge royal pourra, par ordonnance rendue sur requête, permettre d'assigner à bref délai.

« Art 73. Si celui qui est assigné demeure hors du territoire de la colonie, le délai sera :

« 1° Pour ceux demeurant à l'île Maurice et ses dépendances, comme à l'île de Bourbon et ses dépendances, de six mois;

« 2° Pour ceux demeurant en France et dans les lieux situés à l'ouest du cap de Bonne-Espérance, de dix-huit mois.

« Art. 74. Lorsqu'une assignation à une partie domiciliée hors de la colonie sera donnée à sa personne dans la colonie, elle n'emportera que les délais ordinaires, sauf au tribunal à les prolonger, s'il y a lieu.

« Art. 2. Seront également mises en vigueur, sous les modifications ci-après exprimées, les dispositions des articles 145, 456, 468, 495, 509 et 515 du code cité.

« Art. 145. Sur un simple acte d'agréé à agréé, ou sur une simple sommation à partie au domicile élu, à défaut de domicile réel, au siége du tribunal, les parties seront réglées sur l'opposition aux qualités par le juge qui aura présidé, et, au cas d'empêchement, par le plus ancien des juges auditeurs qui auront assisté à l'audience.

« Dans les causes où il n'y a point d'agréé chargé, les qualités seront rédigées par le greffier, au refus de la partie.

« Il en sera de même dans les établissements où il n'existe point de conseils agréés.

« Art. 456. L'acte d'appel contiendra assignation dans les délais de la loi; il sera signifié à personne ou à domicile, à peine de nullité. Il n'est pas nécessaire qu'il contienne les griefs de l'appelant.

« Art. 468. En cas de partage dans la cour royale, on appellera pour le vider un, au moins, ou plusieurs des juges qui n'auront pas connu de l'affaire, et toujours en nombre impair, en suivant l'ordre du tableau.

« L'affaire sera de nouveau plaidée, ou de nouveau rapportée, s'il s'agit d'une instruction par écrit.

« Dans le cas où tous les juges auraient connu de l'affaire, il sera appelé pour le jugement, à défaut de juges honoraires ayant voix délibérative, trois anciens jurisconsultes ou conseils agréés.

« Art. 495. La consultation prescrite en matière de requête civile sera donnée par deux avocats ou licenciés, et, à défaut, par deux conseils agréés Européens ou Indiens, exerçant près la cour royale.

« Art. 509. Au cas prévu par le deuxième paragraphe de l'article 509, la prise à partie contre la cour royale sera portée devant la cour de cassation.

« Art. 515. Lorsqu'il y aura lieu de suivre la prise à partie devant la cour royale, elle sera portée à l'audience sur un simple acte et pourra être jugée par les mêmes juges que ceux qui auront prononcé l'admission.

« Art. 3. Celles des dispositions du Code de procédure civile qui sont uniquement fondées sur l'établissement de plusieurs tribunaux de première instance dans le ressort d'une même cour royale, sont supprimées.

DE LA DISTRIBUTION DES CAUSES ET DE L'INSTRUCTION D'AUDIENCE A LA COUR ROYALE.

« Art. 4. Il sera tenu par le greffier de la cour un registre ou rôle sur lequel seront inscrites les affaires civiles ou commerciales venant par voie d'appel.

« Ce registre sera coté et parafé par le président.

« Art. 5. L'inscription devra être faite lors de l'échéance des délais de l'assignation, et, au plus tard, immédiatement avant l'audience.

« Chaque inscription contiendra les noms des parties et ceux des conseils, s'il y en a de chargés.

« Art. 6. A l'ouverture de chaque audience, l'huissier de service fera successivement l'appel des causes dans l'ordre de leur inscription au rôle.

« Sur cet appel, et à la même audience, les causes seront distribuées par le président à l'un des jours de la semaine.

« Il sera donné défaut contre la partie qui ne se présentera pas ou un conseil pour elle, sur les conclusions signées de la partie ou du conseil qui les requerra.

« Ces conclusions seront immédiatement remises au greffier.

« Art. 7. Si un conseil ou la partie demande acte pendant l'audience de sa présentation, il sera procédé comme il est dit en l'article 6.

« Art. 8. Les causes où il y aura eu présentation de conseils ou des parties seront portées à l'audience du jour de la semaine où elles auront été distribuées par le président, sur simple sommation de conseil à conseil ou à domicile élu par la partie, signifiée par l'huissier audiencier.

« Art. 9. Dans toutes les affaires civiles, le président, avant toutes discussions, fait déposer à l'audience où la cause a été indiquée des conclusions motivées en fait et en droit par le demandeur et par le défendeur. Ces conclusions seront signées, soit par la partie elle-même, soit par son conseil ou son fondé de pouvoirs, suivant les distinctions exprimées en l'arrêté du 27 avril.

« La cour donnera acte aux parties des conclusions par elles prises. L'arrêt de qualités posées sera porté sur la feuille d'audience, et les conclusions seront remises au greffier.

« Elles seront signifiées avant les plaidoiries, dans les deux langues, native et française.

« L'arrêt qui interviendra par suite au jour indiqué pour plaider sera réputé contradictoire.

« Art. 10. Le greffier tiendra pour chaque semaine un rôle particulier sur lequel les causes seront inscrites dans l'ordre de leur distribution, avec mention de leur numéro au rôle général.

« Les rôles particuliers seront affichés dans l'auditoire et au greffe.

« Art. 11. Aucune cause ne pourra être plaidée qu'autant qu'elle aura été affichée huit jours à l'avance, si ce n'est en cas d'urgence ou du consentement des parties.

« Art. 12. Dans toutes les causes, les conseils ou la partie, avant d'être admis à requérir défaut ou à plaider, remettront au greffier de service leurs conclusions motivées, avec le numéro du rôle particulier.

« Lorsqu'à l'audience le conseil ou la partie changera les conclusions posées ou en prendra de nouvelles, ils seront tenus, après les avoir signées, de les remettre au greffier, qui les joindra à celles précédemment déposées.

« Art. 13. Si, au jour fixé pour plaider, ni les parties ni les conseils ne se présentent, ou si la partie présente ou représentée refuse de prendre jugement, la cour pourra, après avoir ordonné que les pièces seront déposées sur le bureau, juger sur le vu desdites pièces et déclarer que la cause est retirée du rôle particulier.

« Aucune cause retirée du rôle ne pourra y être rétablie que sur le vu de l'expédition de l'arrêt de radiation, dont le coût restera à la charge du conseil ou de la partie qui y aura donné lieu, sans préjudicier aux dommages-intérêts et injonctions qui pourront être prononcés, selon les circonstances, contre la partie ou le conseil.

« Art. 14. Lorsqu'il aura été formé opposition à un arrêt par défaut, la cause reprendra le rang qu'elle occupait, soit au rôle général, soit au rôle particulier, à moins qu'il ne soit accordé par le président un jour fixe pour statuer sur les moyens d'opposition.

« Art. 15. Les causes dans lesquelles il aura été prononcé un arrêt interlocutoire, préparatoire ou d'instruction, seront, après l'instruction, jugées dans l'ordre où elles avaient d'abord été placées.

DE LA COMMUNICATION DES CAUSES AU MINISTÈRE PUBLIC.

« Art. 16. Le ministère public assistera à toutes les audiences. Dans les causes qui devront lui être communiquées, les conseils ou les parties seront tenus de remettre les pièces au parquet la veille de l'audience où la cause devra être appelée.

« Dans les causes contradictoires, cette communication devra être faite trois jours au moins avant celui indiqué pour la plaidoirie.

« Si la remise des pièces n'a pas été faite dans les temps prescrits, elle ne passera point en taxe.

« Art. 17. Lorsque celui qui remplit les fonctions du ministère public ne portera pas la parole sur-le-champ, il ne pourra demander de délai excédant quinzaine, et il en sera fait mention sur la feuille d'audience.

« Art. 18. Dans les procès mis au rapport et dont l'instruction sera faite par écrit, le juge rapporteur devra veiller à ce que les communications au ministère public soient faites assez à temps pour que le jugement ne soit pas retardé.

« Le ministère public, après avoir pris communication des pièces, les fera remettre dans le plus bref délai au rapporteur, quand il les aura reçues de ses mains, sinon au greffe.

« Art. 19. Le ministère public une fois entendu, les parties ni leurs conseils ne pourront obtenir la parole après lui; ils pourront seulement remettre sur-le-champ de simples notes, ainsi qu'il est dit à l'article 111 du Code de procédure civile.

DU JUGEMENT A LA COUR ROYALE.

« Art. 20. Lorsque les juges tenant audience trouveront une cause suffisamment éclaircie, le président pourra faire cesser les plaidoiries.

« Art. 21. Il mettra la matière en délibération et recueillera ensuite les opinions dans l'ordre inverse du rang que les magistrats occupent entre eux.

« Dans les affaires jugées sur rapport, le rapporteur opinera le premier.

« Art. 22. Aucun membre du ministère public ne pourra assister aux délibérations des juges.

« La même disposition s'appliquera au greffier.

« Art. 23. Les arrêts seront rendus à la majorité des voix.

« Art. 24. La rédaction des arrêts contiendra, indépendamment de ce qui est prescrit par le Code de procédure civile, la mention qu'ils ont été prononcés publiquement et à l'audience, sous peine, s'il y a lieu, de dommages-intérêts contre le greffier envers les parties.

« Art. 25. Le greffier portera sur la feuille d'audience du jour la minute de chaque arrêt aussitôt qu'il aura été rendu.

« Les feuilles d'audience seront vérifiées par le président et signées par lui et par le greffier dans les vingt-quatre heures qui suivront l'audience où l'arrêt aura été prononcé; elles seront de papier de même forme et réunies par années, en forme de registre.

« Le greffier se conformera en outre aux dispositions du titre VII, livre II, du Code de procédure civile.

« ART. 26. Si le président se trouvait dans l'impossibilité de signer la feuille d'audience, elle devra l'être, dans les vingt-quatre heures suivantes, par le plus ancien des magistrats qui aura assisté à l'audience.

« ART. 27. Dans le cas où le greffier serait dans l'impossibilité de la signer, il suffira que le président en fasse mention en signant.

« ART. 28. Si les feuilles d'une ou de plusieurs audiences n'avaient pas été signées dans les délais et ainsi qu'il est dit ci-dessus, la cour pourra, suivant les circonstances et sur les conclusions par écrit du procureur général, autoriser un des conseillers qui auront concouru à ces arrêts à les signer.

DU JUGEMENT AU TRIBUNAL DE PREMIÈRE INSTANCE.

« ART. 29. Lorsque le juge royal trouvera une cause suffisamment éclaircie, il pourra faire cesser les plaidoiries.

« ART. 30. Les dispositions des articles 22, 24, 25, 26, 27 et 28 ci-dessus sont applicables au tribunal de première instance.

« ART. 31. Sont abrogées toutes dispositions d'anciens édits, règlements, lois ou arrêtés contraires au présent arrêté [1]. »

---

[1] Ces trois arrêtés déterminent les délais des ajournements. Les arrêtés de 1839 et de 1840 contiennent une lacune relativement aux délais des ajournements pour les aldées étrangères voisines de notre territoire : l'arrêté de 1838 avait prévu ce cas dans son article 6. Comme cet article a été formellement abrogé par l'article 2 de l'arrêté de 1839, il s'agit de savoir quels sont les délais des ajournements pour les aldées étrangères voisines de notre territoire, et non spécialement désignées dans l'arrêté. Il nous semble que l'arrêté de 1839 doit être consulté comme raison écrite, et qu'en l'absence d'une disposition nouvelle, les tribunaux doivent continuer à l'appliquer par extension de l'article 1033 du Code de procédure.

L'arrêté de 1839 soulève une autre question. A l'époque de sa promulgation, toute personne avait le droit de représenter un plaideur devant les tribunaux de la colonie. Le barreau a été rétabli par arrêté du 27 avril 1840. Les conseils agréés ont repris le droit exclusif de représenter les parties devant les tribunaux civils. L'ordonnance du 7 février 1842 a reproduit les dispositions de l'arrêté de 1840. L'article 17 de l'arrêté de 1839 conférait aux tribunaux le pouvoir d'interdire la plaidoirie aux mandataires des parties, sans distinguer entre les affaires civiles et les affaires commerciales. Cet article a-t-il été implicitement abrogé par l'arrêté de 1840 et l'ordonnance de 1842 ? Les tribunaux ont-ils encore le pouvoir d'interdire à des procureurs le droit de

ARRÊTÉ

Du 13 décembre 1832, relatif aux assignations ou significations qui, d'après l'article 69
du Code de procédure civile, doivent être envoyées en France au ministre de la marine et
au ministre des affaires étrangères.

AU NOM DU ROI DES FRANÇAIS.

Nous, Gouverneur des établissements français de l'Inde;

Vu l'article 69 du Code de procédure civile, d'après lequel les assignations données à ceux qui habitent le territoire français hors du continent et ceux qui sont établis chez l'étranger, doivent être signifiées au parquet du procureur du Roi près le tribunal où doit être portée la demande, et la copie envoyée, pour les premiers, au ministre de la marine, et pour les seconds, au ministre des affaires étrangères;

Considérant que la nécessité de modifier la disposition citée est évidente si l'on considère que la plupart des significations, après avoir été envoyées en France, devraient revenir des divers ministères dans l'Inde, où les possessions françaises sont entourées du territoire étranger, l'expérience ayant démontré que la presque totalité des actes signifiés intéresse ou des personnes retirées sur le territoire anglais, ou des personnes appelées par divers intérêts à l'île Maurice et à l'île de Bourbon, quand elles n'ont pas été se fixer dans les possessions françaises de l'Inde autres que celles de Pondichéry;

Considérant encore qu'il importe de régler à qui doivent être laissées les significations que l'article 69 du code cité prescrit de remettre à des agents de l'autorité administrative qui n'existent pas dans l'Inde;

---

représenter les parties dans les affaires commerciales ? Il nous semble que les tribunaux ont toujours le pouvoir d'interdire à des mandataires incapables ou d'une moralité douteuse le droit de représenter les parties devant la juridiction commerciale. Il leur est loisible d'agréer des personnes éclairées et honnêtes, capables de défendre les intérêts de leurs clients, et même de n'admettre que les conseils commissionnés par le Gouvernement. On écarterait ainsi du prétoire du juge les procureurs qui font métier de susciter et d'envenimer les procès.

Sur le rapport et la proposition de l'avocat général;

De l'avis du conseil privé;

Provisoirement, et sauf l'approbation de S. M. le Roi des Français,

Avons arrêté et arrêtons ce qui suit:

« Art. 1er. Les assignations ou toutes autres significations qui, d'après l'article 69 du Code de procédure civile, devaient être envoyées en France au ministre de la marine et au ministre des affaires étrangères, ne seront ainsi transmises que dans le seul cas où elles intéresseraient des personnes retirées dans la France continentale ou dans tous autres pays français ou étrangers situés au delà du cap de Bonne-Espérance.

« Les significations aux personnes qui résident dans l'île de Bourbon ou à Madagascar nous seront adressées par le procureur général près la cour royale à Pondichéry, pour les transmettre au gouverneur de l'île de Bourbon.

« Celles adressées à des personnes habitant les pays en deçà du cap de Bonne-Espérance ou le territoire étranger dans l'Inde, seront transmises directement par la poste aux intéressés, à la diligence du procureur général, si elles sont adressées à des Français; à l'agent spécial de Sa Majesté Britannique près les établissements étrangers, si elles sont adressées à des Anglais, et aux agents des autres puissances, dans le même cas.

« Art. 2. Les significations qui, d'après l'article 69 du Code de procédure civile, doivent être adressées aux préfets, seront faites à l'ordonnateur, à Pondichéry, et à l'administrateur, dans chaque établissement secondaire.

« Celles qui devaient être remises aux maires le seront, à Pondichéry et dans les chefs-lieux d'établissements français, au juge de police, et dans les aldées, au talavaye, qui sera tenu, sous sa responsabilité, de les transmettre immédiatement au juge de police, et ce dernier à l'administrateur.

« Art. 3. Les significations faites à des personnes présumées absentes et qui résideraient néanmoins dans tout autre établissement français que celui où se ferait la signification, seront transmises directement, par ceux que la loi charge de les recevoir, au procureur général près la cour royale, pour les faire parvenir par les voies de droit.

« Art. 4. Toutes dispositions contraires au présent arrêté sont abrogées.

« Art. 5. L'avocat général est chargé de l'exécution du présent arrêté. »

ARRÊTÉ

Du 22 juillet 1833, qui fixe un mode de procéder spécial pour le jugement des affaires intéressant le Trésor, le domaine et l'administration.

AU NOM DU ROI DES FRANÇAIS.

Nous, Gouverneur des établissements français de l'Inde;

Considérant que dans tous les cas où les tribunaux ordinaires sont appelés à statuer sur les demandes et contestations élevées contre le Trésor public par des débitants, ou contre ces derniers par le Trésor public lui-même, il est de l'intérêt de toutes les parties de simplifier les procédures, tant pour économiser les frais que pour arriver à une décision plus prompte et néanmoins plus approfondie;

Que cet intérêt est naturellement le même dans toutes les causes où l'administration publique et le domaine sont directement intéressés, et qu'un avis du Conseil d'État du 12 mai 1807, approuvé le 1er juin, a formellement reconnu que, dans les affaires qui intéressent le Gouvernement, il a toujours été regardé comme nécessaire de s'écarter de la loi commune par des lois spéciales, soit en simplifiant les procédures, soit en prescrivant des formes différentes; par suite de ce principe, il a été décidé que l'abrogation prononcée par l'article 1041 du Code de procédure ne s'appliquait point aux lois et règlements concernant la forme de procéder relativement à la régie des domaines et de l'enregistrement;

Que le principe, enfin, a reçu son application, notamment à l'île de Bourbon, par les ordonnances du Roi des 19 juillet et 22 novembre 1829, et qu'il est instant de l'étendre aux établissements français de l'Inde, pour faciliter le recouvrement de ce qui est dû au Trésor public;

Sur le rapport et la proposition de l'avocat général, chef du ministère public;

De l'avis du conseil privé;

Provisoirement, et sauf l'approbation de S. M. Louis-Philippe, Roi des Français,

Avons arrêté et arrêtons ce qui suit :

« Art. 1er. Dans toutes les causes litigieuses intéressant le Trésor public, portées ou à porter devant les tribunaux ordinaires, d'après la législation existante dans les établissements français de l'Inde, soit contre les débiteurs de deniers publics, soit contre les fournisseurs, entrepreneurs et tous autres, par l'administration générale, l'inspecteur ou le domaine, ou contre ces derniers par tout intéressé, les instances seront introduites par simple exploit d'ajournement, en la forme prescrite par le Code de procédure civile, au titre de l'ajournement, sous les modifications exprimées dans notre arrêté en date de ce jourd'hui, spécial sur la matière [1], et par les articles ci-après.

« Les pièces et titres justificatifs seront signifiés en tête de la demande, à peine de rejet de la taxe des copies des pièces et titres que le demandeur serait tenu de donner dans le cours de l'instance, conformément à l'article 65 du Code de procédure civile.

« Art. 2. L'instruction, tant en première instance qu'en appel, se fera par simples mémoires respectivement signifiés, sans plaidoiries, et le ministère des agréés en sera exclu, excepté lorsque l'instance aura pour objet des contestations sur la déclaration affirmative de tiers saisis ou une distribution de deniers par voie d'ordre ou de contribution, ou une vente forcée des immeubles du débiteur, mais à partir seulement de l'exécution du jugement qui, consacrant la saisie immobilière, aura ordonné la vente, ou s'il s'élève enfin une question de propriété : dans ces différents cas, les affaires seront instruites et jugées dans les formes ordinaires prescrites par les lois suivies dans la localité.

« Art. 3. Les tribunaux accorderont aux parties, pour produire leurs défenses, les délais qu'ils jugeront convenables, sans que ces délais puissent excéder quinze jours, après l'expiration du délai de l'ajournement.

« Art. 4. Les instances seront jugées au plus tard dans les deux mois à compter du jour de leur introduction, fixé par la date de l'exploit introductif d'instance.

[1] Abrogé.

« Les jugements seront rendus sur le rapport d'un juge, fait publiquement à l'audience, et sur les conclusions du ministère public.

« Il sera fait mention, dans le jugement, de l'accomplissement de cette formalité, le tout à peine de nullité.

« Art. 5. Les jugements pourront être attaqués par la requête civile, dans les cas prévus par le Code de procédure civile, et par le recours en cassation, lequel ne sera point suspensif.

« Art. 6. La partie qui succombera n'aura d'autres frais à supporter que le coût des significations et des jugements, et, en outre, les frais d'agréés, dans le cas où leur ministère est encore autorisé, lesquels seront alors taxés sans frais, sur l'état appuyé de pièces justificatives, par le tribunal qui aura connu de l'affaire; leur liquidation sera portée dans le jugement même. »

Les administrations ou établissements publics ne peuvent ester en justice qu'en se conformant aux dispositions suivantes :

1° L'ÉTAT.

Ordonnance du 23 juillet 1840.

. . . .

« Art. 87. § 1er. L'inspecteur colonial exerce les poursuites par voie administrative et judiciaire contre les débiteurs de deniers publics, les fournisseurs, entrepreneurs et tous autres qui ont passé des marchés avec le Gouvernement, fait établir tout séquestre, prend toutes hypothèques sur leurs biens, en donne mainlevée, lorsque les débiteurs se sont libérés, et défend à toutes demandes formées par les comptables.

« § 2. Il procède, en outre, soit en demandant, soit en défendant, dans toutes les affaires portées devant le conseil d'administration où le Gouvernement est partie principale. »

2° LES FABRIQUES.

Arrêté du 1er juillet 1831.

. . . .

« Art. 13. Seront soumis à la délibération du conseil de fabrique :

« 1° Le budget de la fabrique ;

« 2° Le compte annuel du trésorier;

« 3° Toutes les dépenses extraordinaires au delà de 5o francs;

« 4° La demande en autorisation d'ester en justice, les baux, échanges ou aliénations des propriétés de l'église;

« 5° Les legs ou fondations pieuses, dont les titres seront, avec l'avis du conseil, transmis par le président au directeur de l'intérieur.

« Lorsqu'il y aura lieu, dans un établissement secondaire, à délibérer sur ce dernier objet, l'avis du conseil sera adressé au chef de l'établissement, qui le transmettra au gouverneur avec son avis motivé.

« ART. 27. Tout notaire qui aura passé ou reçu en dépôt un acte contenant donation entre-vifs, ou des dispositions testamentaires exécutoires au profit d'une église, sera tenu d'en donner avis au curé et au président du conseil de fabrique, sous peine des dommages qui pourraient résulter de l'omission de cet avis.

« ART. 28. Aucuns legs ou donations en faveur des églises ne pourront être acceptés par le conseil de fabrique, que sur l'autorisation du gouverneur en conseil privé, ou de Sa Majesté, selon qu'il y aura lieu, et suivant ce qui est prescrit par l'ordonnance royale du 30 septembre 1827, concernant les règles à suivre pour l'acceptation des dons et legs en faveur des églises.

« En attendant l'acceptation, le conseil de fabrique fera tous les actes conservatoires qui seront jugés utiles.

« ART. 29. La même autorisation sera nécessaire au conseil de fabrique pour les aliénations ou échanges de biens immeubles de l'église, les baux à longues années, l'emploi des deniers provenant des donations ou legs sans destination spéciale, et des fonds excédant la dépense, le remploi des capitaux remboursés, prix de vente ou soulte d'échange.

« ART. 30. Ne pourra le conseil de fabrique entreprendre aucun procès, ni y défendre, sans une autorisation du gouverneur en conseil privé, rendue sur la délibération du conseil de fabrique.

« Toutefois, le trésorier sera tenu de faire tous actes conservatoires pour le maintien des droits de la fabrique et toutes les diligences nécessaires pour le recouvrement de ses revenus.

« ART. 31. Les procès seront soutenus au nom de la fabrique et à la requête du trésorier.

« ART. 32. Toutes contestations relatives à la propriété des biens et toutes poursuites à fin de recouvrement des revenus seront portées devant les tribunaux ordinaires.

« ART. 40. Sur la plainte qui lui en sera portée, le procureur du Roi fera poursuivre en règlement de compte le trésorier qui se trouverait en retard de rendre ses comptes.

« Les tribunaux donneront un délai pour l'apurement de ce compte devant le conseil de fabrique, et faute par le trésorier de s'être conformé à ce premier jugement, les mêmes tribunaux le condamneront provisoirement au payement, au profit de la fabrique, d'une somme égale à la moitié des recettes de l'année précédente, sans préjudice aux autres poursuites qu'il pourrait y avoir lieu de diriger contre lui. »

3° LE COLLÉGE.
Arrêté du 19 mars 1844.

« ART. 1er. Le proviseur du collége royal est chargé de suivre la rentrée des sommes dues par les parents des élèves.

« ART. 2. Faute, par les parents, d'en acquitter le montant, après deux avis à eux donnés par le proviseur, à huit jours de distance, ils seront, sur sa dénonciation, poursuivis par le receveur du domaine.

« ART. 3. La dénonciation du proviseur au receveur sera accompagnée du décompte des sommes dues par les élèves et des deux avis mentionnés à l'article précédent.

« ART. 4. Les ordonnances et règlements qui fixent le mode de perception des contributions publiques et les poursuites contre les redevables sont, en tous points, applicables au recrouvement des sommes dues au collége.

« ART. 5. Les sommes perçues par le receveur du domaine seront versées dans la caisse du collége. »

4° LES PAGODES.
Arrêté du 13 janvier 1855.

« ART. 1er. L'ordonnance du 22 juillet 1828, les arrêtés des 22 avril 1830, 20 juin 1832, 3 septembre 1838 et 24 juin 1854, sont et demeurent abrogés.

« Sont également abrogées toutes les dispositions ou instructions réglementaires entraînant directement ou indirectement l'intervention du Gouvernement ou d'un fonctionnaire quelconque dans la perception des revenus,
la régie des biens et l'administration intérieure des pagodes.

« Art. 2. Il sera nommé par le gouverneur, en conseil, pour chacune des
pagodes placées actuellement sous l'administration du domaine, un comité
composé de cinq membres, auquel remise sera faite de tous les biens,
meubles ou immeubles, et de tous les titres appartenant aux pagodes.

« Le choix du gouverneur, en conseil, sera fait sur des listes de quinze
candidats par pagode, dressées par le receveur du domaine et par le juge
de paix.

« Dans les dépendances, le chef de service remplace le gouverneur pour
la nomination des membres des comités.

« Les comités auront seuls qualité pour gérer les affaires des pagodes
auxquelles ils seront attachés.

« Les membres de ces comités ne pourront être révoqués que par jugement du juge de paix, rendu sur poursuite de leurs collègues ou des reli-
gionnaires de la pagode que le comité est chargé d'administrer; en cas de
vacances, il sera pourvu au remplacement des membres manquants par les
membres en exercice [1].

« Art. 3. Il est interdit à tout agent du Gouvernement de s'immiscer d'une
manière directe ou indirecte dans l'administration des biens des pagodes et
d'obliger qui que ce soit à concourir à la célébration des fêtes et cérémonies
religieuses.

« Art. 4. Toutes les contestations auxquelles donnera lieu l'administration
des pagodes ressortiront à la justice ordinaire.

« Art. 5. Il n'est en rien dérogé, par le présent arrêté, aux dispositions
qui règlent la police des fêtes et des cérémonies publiques.

« Art. 6. Le présent arrêté s'étend à tous les établissements français de
l'Inde, et recevra son application partout où il y aura lieu, dans les trente jours
qui suivront sa promulgation. »

---

[1] Par décision du gouverneur, en conseil, du 17 mars 1855, il a été admis que les agents
désignés et rétribués par les comités des pagodes pour la perception des droits revenant à ces
établissements recevront l'investiture de la police.

Nous avons reproduit plus haut la loi du 8 juillet 1852, qui attribue juridiction à la cour de Pondichéry sur les décisions rendues en premier ressort par les consuls français en Chine.

Il est utile de donner la partie de l'édit de 1778 qui règle les formes de procédure en matière civile.

Les trente-six premiers articles de l'édit sont encore en vigueur.

ÉDIT

De juin 1778, portant règlement sur les fonctions judiciaires et de police qu'exercent les consuls de France en pays étrangers.

Versailles, juin 1778. — Reg. au parlement d'Aix le 15 mai 1779.

LOUIS, etc.

Parmi les fonctions que remplissent nos consuls dans les pays étrangers, et particulièrement dans les échelles du Levant et de Barbarie, pour y protéger le commerce de nos sujets, nous avons fixé nos regards sur l'administration de la justice; nous avons reconnu que, d'après les ordonnances rendues à cet égard, les affaires doivent être instruites devant nos consuls par les voies les plus simples et les plus sommaires, et que cependant les mêmes ordonnances ne les affranchissent pas expressément des formalités observées dans notre royaume, qui sont la plupart impraticables sous une domination étrangère. Voulant ne rien laisser à désirer sur une matière aussi intéressante pour le commerce maritime, nous avons jugé qu'il était à propos d'établir sur la juridiction qu'exercent nos consuls en pays étrangers, et sur les procédures civiles et criminelles qu'ils instruisent, des règles faciles à observer et d'après lesquelles ils rendront la justice, dans les différents consulats, d'une manière uniforme et avec toute la célérité requise.

A ces causes et autres, etc.

« ART. 1ᵉʳ. Nos consuls connaîtront en première instance des contestations, de quelque nature qu'elles soient, qui s'élèveront entre nos sujets négociants, navigateurs et autres, dans l'étendue de leurs consulats; nosdits consuls pourvoiront, chacun dans son district, au maintien d'une bonne et exacte police entre nosdits sujets de quelque qualité et condition qu'ils puissent être, soit à terre, soit dans les ports et dans les différents mouillages et rades où les navires du commerce font leur chargement et leur déchargement; ordonnons à nosdits consuls de rendre fidèlement la justice, et attendu l'éloignement des lieux où ils sont le plus souvent attachés aux services des consulats, lors de leur nomination, les dispensons de prêter serment.

« ART. 2. Faisons très-expresses inhibitions et défenses à nos sujets voyageant soit par terre, soit par mer, ou faisant le commerce en pays étrangers, d'y traduire, pour quelque cause que ce puisse être, nos autres sujets devant les juges ou autres officiers des puissances étrangères, à peine de 1,500 livres d'amende, au payement de laquelle les contrevenants seront condamnés et contraints par corps, à la diligence de nos procureurs généraux de nos cours de parlement où ressortiront les appels des sentences des consuls devant lesquels lesdits contrevenants eussent dû former leur demande ou porter leurs plaintes; et en cas d'exécution faite contre aucun Français, en vertu de jugements ou d'ordonnances émanés d'une autorité étrangère, seront, en outre, ceux de nos sujets qui les auront obtenus, condamnés aussi par corps aux dépens, dommages et intérêts des parties qui en auront souffert en quelque manière que ce soit.

« ART. 3. Ordonnons à nos consuls de constater les contraventions mentionnées en l'article précédent, par des procès-verbaux ou informations auxquels il sera procédé en présence des contrevenants ou eux dûment appelés, et d'adresser lesdits procès-verbaux et informations au secrétaire d'État ayant le département de la marine, qui les fera passer à nos procureurs généraux, chacun dans leur ressort.

« ART. 4. Les amendes qui seront prononcées pour raison desdites contraventions seront applicables, savoir : pour les échelles du Levant et de Barbarie, à la chambre de commerce de Marseille; et, pour les autres consulats, aux chambres de commerce les plus proches des endroits où les contraventions auront été commises.

« ART. 5. Indépendamment des peines prononcées par les trois articles précédents, il nous sera rendu compte, par le secrétaire d'État ayant le département de la marine, des actes d'insubordination et de désobéissance qui șeront commis contre l'autorité que nous avons confiée à nos consuls, et qui pourraient troubler la tranquillité et le commerce de nos sujets dans les pays étrangers, aux fins d'y être par nous pourvu avec toute la célérité possible.

« Art. 6. Nos consuls se feront assister, pour rendre toutes sentences définitives en matière civile, de deux de nos sujets choisis parmi les plus notables qui se trouveront dans les consulats, et auxquels nous attribuons voix délibérative : à l'effet de quoi lesdits notables prêteront au préalable, devant les consuls, le serment en tel cas requis, sans néanmoins qu'il soit nécessaire de réitérer le serment une fois prêté, lorsque les mêmes notables continueront à être adjoints aux consuls pour rendre la justice.

« Art. 7. Pourra néanmoins le consul, ou l'officier qui le représentera, rendre seul toute sentence dans les échelles où il sera impossible de se procurer des notables de la nation; et il sera toujours fait mention de cette impossibilité dans les sentences.

« Art. 8. Celui des officiers du consulat commis à la chancellerie remplira, sous la foi du serment qu'il aura prêté, les fonctions de greffier, tant en matière civile qu'en matière criminelle, ainsi que celles de notaire; il donnera en outre toutes les assignations, et fera en personne toutes les significations pour suppléer au défaut d'huissiers.

« Art. 9. Lorsqu'il s'agira de former quelques demandes ou de porter quelque plainte devant le consul, la partie présentera elle-même sa requête; et en cas qu'elle ne le puisse faire, il lui sera loisible d'y suppléer par procureur légalement fondé, ou en faisant à la chancellerie du consulat, sur l'objet dont il sera question, une déclaration circonstanciée, dont il lui sera délivré expédition, qui sera présentée au consul pour tenir lieu de ladite requête.

« Art. 10. Sur ladite requête ou déclaration en matière civile, le consul ordonnera que les parties comparaîtront en personne, aux lieu, jour et heure qu'il jugera à propos d'indiquer, suivant la distance des lieux et les circonstances; l'autorisons même à ordonner que les parties comparaîtront d'heure à autre, dans les cas qui lui paraîtront requérir beaucoup de célérité; ce qui sera exécuté, dans tous les cas, nonobstant opposition ou appellation quelconque.

« Art. 11. Ladite requête ou déclaration sera signifiée par l'officier qui remplira les fonctions de chancelier, avec les pièces au soutien de la demande; et si elles sont trop longues, la partie pourra les déposer à la chancellerie, où il en sera donné communication au défendeur, sans déplacer.

« ART. 12. Cette signification sera faite en parlant à la personne du défendeur ou à son domicile, s'il en a un connu dans le consulat, et par des affiches dans la chancellerie du consulat, à ceux qui n'auront pas de domicile, qui se seront absentés ou ne pourront être rencontrés; il sera fait mention, dans l'original et dans la copie, du nom du défendeur, de la personne à laquelle la signification aura été laissée, ou de l'affiche qui en aura été faite; il sera donné assignation au défendeur à comparaître devant le consul aux jour, lieu et heure indiqués par son ordonnance; l'original et la copie seront signés de l'officier faisant fonctions de chancelier, le tout à peine de nullité, et sans qu'il soit besoin d'observer d'autres formalités.

« ART. 13. Les navigateurs et les passagers qui n'auront d'autre demeure que les navires y seront assignés dans la forme prescrite par l'article précédent.

« ART. 14. Les parties seront tenues de se présenter en personne devant le consul, dans le lieu et aux jour et heure indiqués par son ordonnance.

« ART. 15. Pourront néanmoins les parties, en cas de maladie, d'absence ou autres empêchements, envoyer au consul des mémoires signés d'elles, qui contiendront leurs demandes et défenses, et auxquels elles joindront respectivement leurs pièces, si mieux n'aiment lesdites parties se faire représenter par des fondés de pouvoirs, ou déclarations *ad hoc* et par écrit, lesquels mémoires ou pouvoirs et déclarations seront déposés à la chancellerie.

« ART. 16. Il sera, sur lesdites comparutions, ou sur les mémoires, pièces ou déclarations envoyés, rendu sur-le-champ par le consul, assisté de deux notables, une sentence définitive, si la cause leur paraît suffisamment instruite.

« ART. 17. Lorsqu'il sera jugé nécessaire d'entendre par sa bouche l'une des parties ayant quelque empêchement légitime de se présenter en personne, le consul commettra l'un des officiers de son consulat ou des notables de la nation pour interroger ladite partie sur les faits qui exigeront des éclaircissements, et sera ledit commissaire assisté de l'officier faisant fonctions de chancelier, pour rédiger l'interrogatoire par écrit.

« ART. 18. Dans les cas où il écherra de faire descente sur les lieux ou à bord des navires, le consul pourra ordonner qu'il s'y transportera en personne, ou nommer, à cet effet, un commissaire, comme en l'article précédent. Le consul fixera, par la même ordonnance ou sentence préparatoire, le lieu, le jour et l'heure du transport, auquel il sera procédé en présence des parties, ou icelles dûment appelées par la signification de ladite ordonnance ou sentence préparatoire, en la forme prescrite par les articles 11 et 12 du présent règlement; de tout quoi il sera dressé procès-verbal.

« ART. 19. Dans les affaires où il s'agira seulement de connaître la valeur, l'état ou le dépérissement de quelques effets ou marchandises, le consul pourra se borner à nommer d'office, parmi ceux de nos sujets qui se trouveront dans son consulat, des experts, qui, après avoir prêté le serment requis, procéderont, en présence des parties, ou icelles dûment appelées, aux visites et estimations qui auront été ordonnées, dont ils dresseront procès-verbal, qui sera déposé en la chancellerie.

« ART. 20. Il sera délivré aux parties qui le requerront des expéditions des procès-verbaux mentionnés aux articles précédents, et sur lesquels elles pourront fournir leurs observations, sans qu'il soit nécessaire de faire signifier lesdits procès-verbaux avant le jugement, qui sera rendu par le consul, assisté de notables, avec toute la célérité possible, soit en présence des parties ou de leurs fondés de pouvoirs, soit après en avoir délibéré.

« ART. 21. Si les parties sont contraires en faits dans quelques cas où la preuve testimoniale soit admissible, elles seront tenues de nommer sur-le-champ leurs témoins; et le consul ordonnera que lesdits témoins seront assignés à comparaître devant lui aux jour et heure qu'il indiquera par la même sentence ou ordonnance; et dans le cas où l'enquête serait ordonnée en l'absence des parties ou de l'une d'elles, le consul fixera, suivant les circonstances, un délai pour remettre ou envoyer le nom des témoins à l'officier faisant fonctions de chancelier, de manière qu'on puisse avoir le temps d'assigner les témoins avant le jour fixé pour les entendre.

« ART. 22. Les Français indiqués pour témoins seront assignés par ledit officier, en vertu de la sentence ou de l'ordonnance du consul. Quant aux étrangers, le consul fera, vis-à-vis des consuls étrangers, les réquisitions d'usage dans l'Échelle pour obtenir l'ordre de les faire comparaître; et en ce

qui touche les sujets des puissances dans le territoire desquelles les consulats seront établis, les consuls se conformeront, pour les faire comparaître
lorsqu'ils le jugeront à propos ou nécessaire, aux capitulations et usages
observés dans les différents consulats.

« Art. 23. Les parties en présence desquelles la preuve par témoins aura
été ordonnée seront tenues, sans qu'il soit besoin d'assignation, de comparaître devant le juge aux jour et heure qui auront été indiqués pour recevoir
la déposition des témoins; et à l'égard des parties qui auront envoyé leur
mémoire ou se seront fait représenter par des fondés de pouvoirs, la seule
signification de ladite sentence ou ordonnance, dans la forme prescrite par
les articles 11 et 12 du présent règlement, leur tiendra lieu de sommation
pour indiquer leurs témoins et d'assignation pour être présents à l'enquête.

« Art. 24. Enjoignons à nos sujets assignés comme témoins en pays étrangers devant nos consuls de se présenter exactement aux assignations. Seront
les défaillants, qui n'auront pas fait apparaître d'excuse légitime au consul,
condamnés en 3o livres d'amende pour le premier défaut et en 100 livres
pour le second, lesquelles amendes seront applicables à la caisse des pauvres,
et seront les amendes, en cas de désobéissance réitérée par le même témoin,
doublées pour chaque récidive, encore que ce fût dans différentes affaires.
Nos consuls pourront aussi ordonner, même sur le premier défaut, que les
défaillants seront contraints par corps à venir déposer, autant que la prudence pourra le permettre, en pays étrangers et dans les endroits où le gouvernement est dans l'usage de leur prêter main-forte.

« Art. 25. Après que les parties ou leurs fondés de pouvoirs auront proposé verbalement leurs reproches, si aucuns elles ont, contre les témoins,
et qu'il en aura été fait mention dans la sentence qui tiendra lieu de procès-
verbal, lesdits témoins seront entendus sommairement; leurs dépositions
seront rédigées dans ladite sentence, et le consul, assisté de deux notables,
pourra juger sur-le-champ la contestation ou ordonner que les pièces seront
laissées sur le bureau pour en être délibéré.

« Art. 26. Les étrangers qui ne sauront pas la langue française seront
assistés, pour faire leurs dépositions, d'un interprète qui prêtera au préalable, devant le consul, le serment en tel cas requis. Seront néanmoins les

33.

drogmans et autres interprètes attachés au consulat, et qui auront prêté serment lors de leur réception, dispensés de le réitérer.

« Art. 27. La seule signification faite aux parties condamnées, dans la forme prescrite par les articles 11 et 12 du présent règlement, des sentences définitives, contradictoires ou par défaut, tiendra lieu de toute sommation et commandement; seront, en conséquence, lesdites parties contraintes à exécuter lesdites sentences par les voies usitées dans les différents consulats.

« Art. 28. Ceux contre lesquels il aura été rendu des sentences par défaut pourront néanmoins présenter leur requête en opposition au consul dans trois jours au plus tard après celui de la signification desdites sentences à la partie en personne, ou à son procureur fondé, passé lequel temps aucune opposition ne pourra être reçue. Néanmoins dans le cas où la partie condamnée serait absente et n'aurait pas de procureur fondé pour la représenter, le délai de l'opposition ne courra contre elle que du jour qu'il lui aura été donné connaissance de la condamnation; et seront cependant les sentences par défaut exécutées sur les biens des défaillants, trois jours après la signification qui en aura été faite à personne, domicile ou par affiche, conformément à l'article 12 ci-dessus.

« Art. 29. Seront les instances sur les oppositions vidées le plus tôt qu'il sera possible, en observant, suivant les circonstances, les formes sommaires ci-dessus prescrites.

« Art. 30. Les sentences définitives rendues par nos consuls, assistés de deux notables, sur des lettres de change, billets, comptes, arrêtés ou autres obligations par écrit, seront exécutées par provision, nonobstant opposition et appellation quelconques, et sans y préjudicier, ce qui sera ordonné par lesdites sentences.

« Art. 31. Dans les affaires où il s'agira de conventions verbales ou de comptes courants, il sera ordonné par les sentences qu'elles seront exécutées nonobstant l'appel et sans y préjudicier, en donnant caution qui sera reçue devant le consul.

« Art. 32. La partie qui voudra exécuter, en vertu de l'article précédent, une sentence dont la partie condamnée aura fait signifier l'appel, présentera au consul une requête par laquelle elle indiquera sa caution; le consul ordonnera que les parties viendront devant lui aux jour et heure qu'il indiquera, pour être procédé, s'il y a lieu, à la réception de ladite caution; cette requête et l'ordonnance étant ensuite seront signifiées au défendeur dans les formes prescrites par les articles 11 et 12 du présent règlement.

« Art. 33. Il suffira, pour admettre ladite caution, qu'elle soit notoirement solvable, sans qu'elle puisse être obligée de fournir un état de ses biens.

« Art. 34. Pourront aussi les parties, pour suppléer à ladite caution, déposer le montant des condamnations dans la caisse du consulat; et après la signification faite de la reconnaissance du trésorier, les sentences seront exécutées.

« Art. 35. Indépendamment de l'exécution des sentences de nos consuls, par toutes les voies praticables, dans les pays où elles auront été rendues, elles seront encore exécutées dans toute l'étendue de notre royaume, en vertu du *pareatis,* de même que les sentences rendues par nos autres juges.

« Art. 36. Nosdits consuls prononceront la contrainte par corps dans tous les cas prévus et énoncés dans nos ordonnances. »

ARRÊTÉ

Du 15 octobre 1845, concernant la consignation des amendes de fol appel.

AU NOM DU ROI.

Nous, Capitaine de vaisseau, Officier de la Légion d'honneur, Gouverneur des établissements français dans l'Inde;

Vu l'arrêté du 22 avril 1836, sur la consignation d'amendes de fol appel, qui adjuge contre l'appelant des dommages-intérêts égaux au montant de l'amende en faveur de l'intimé;

Vu l'article 471 du Code de procédure civile, portant condamnation à l'amende contre l'appelant qui succombe, et l'article 1er de l'arrêté du 27 nivôse an X, qui ordonne la consignation préalable de ladite amende avant le jugement;

Vu la loi du 8 juillet 1793, l'article 420 du Code d'instruction criminelle et l'article 160 du tarif du 18 juin 1811, qui dispensent de la consignation des amendes et des frais, dans les cas déterminés, les personnes qui justifient de leur indigence;

Sur le rapport et la proposition du procureur général du Roi,

Avons arrêté et arrêtons ce qui suit :

« Art. 1er. Les amendes prévues par l'article 471 du Code de procédure civile, en cas d'appel soit des jugements de justice de paix, soit des jugements des tribunaux de première instance, continueront comme par le passé à être consignées avant tout jugement, sauf restitution si l'appel est jugé bien fondé, ou si les parties transigent avant jugement.

« Art. 2. La partie qui voudra poursuivre l'instance, ou son conseil agréé, s'il y en a de constitué, sera tenu de consigner ladite amende d'appel en faisant mettre la cause au rôle, à peine de 10 francs d'amende pour chaque contravention, solidairement contre la partie, le conseil agréé et le greffier.

« Il sera consigné une amende pour chaque partie appelante, soit au principal, soit incidemment.

« Il n'en sera dû qu'une seule pour les parties solidaires ou ayant un même intérêt.

« Art. 3. La partie ou le conseil agréé qui aura porté la cause au rôle demeurera personnellement responsable de l'amende d'appel pour défaut de consignation, en cas que l'appelant ait succombé, sauf le recours indiqué ci-après.

« Art. 4. En cas d'infirmation sur appel ou de transaction avant jugement, le remboursement sera effectué par le receveur à la partie qui aura déposé l'amende, sur la présentation de la quittance délivrée lors du dépôt et sur le vu de l'arrêt ou du jugement infirmatif, ou sur le vu de la transaction.

« En cas de confirmation, si c'est l'intimé qui a consigné l'amende, le montant en sera compris dans les frais dont exécutoire sera délivré contre l'appelant qui aura succombé.

« Art. 5. Dans aucun cas, la partie qui aura porté la cause au rôle ne pourra répéter contre sa partie adverse l'amende dont elle aura été passible pour défaut de consignation, ni aucune somme à titre de dommages-intérêts pour ladite consignation.

« Art. 6. Sont dispensées de la consignation préalable de l'amende d'appel énoncée en l'article 1ᵉʳ du présent arrêté, les parties qui justifieront de leur indigence par un certificat délivré sur la déclaration de trois notables, visé, s'ils sont Indiens, par le béchecar du district de leur domicile ou par le fonctionnaire qui en remplit les fonctions, et, dans tous les cas, approuvé par le juge de paix de leur établissement.

« Art. 7. Sont abrogés l'arrêté du 22 avril 1836 ainsi que tous autres contraires aux dispositions qui précèdent.

« Art. 8. Le procureur général est chargé de l'exécution du présent arrêté, qui sera enregistré partout où besoin sera. »

ARRÊTÉ DU 1ᵉʳ FÉVRIER 1840.

« Art. 1ᵉʳ. A Mahé et à Yanaon, toutes les significations, même celles des actes d'appel que la loi prescrit de faire au parquet du procureur du Roi, seront faites au greffe du tribunal dans chacune des deux localités et visées sur l'original par l'écrivain remplissant les fonctions de greffier.

« Art. 2. L'écrivain faisant fonctions de greffier transmettra de suite la copie des significations qui lui sera laissée au procureur général du Roi près la cour royale, à l'exception de celles desdites significations qui doivent être adressées à des personnes habitant le territoire étranger dans l'Inde, que le greffier est chargé d'adresser par la poste aux parties dont le lieu de résidence est indiqué dans l'acte, conformément à l'article 1ᵉʳ, paragraphe 3, de l'arrêté local du 13 décembre 1832 [1]; mais il sera dressé par ledit greffier état analytique desdites significations avant leur envoi, lequel état sera transmis au procureur général au plus tard dans les cinq premiers jours du mois suivant la date de la signification.

« Art. 3. L'omission de l'envoi prescrit par l'article 2 ou le refus de visa sur les significations de la part du greffier seront punis de l'amende portée

[1] Cet arrêté a été rapporté par celui du 2 juillet 1840.

en l'article 1030 du Code de procédure civile, de 5 francs à 100 francs par contravention, laquelle amende sera prononcée par la chambre civile de la cour royale, sur les réquisitions du procureur général, sans préjudice des dommages-intérêts des parties. »

ARRÊTÉ DU 26 SEPTEMBRE 1825.

« ART. 1er. Lorsqu'il sera porté une affaire en appel devant la cour royale, l'appelant et l'intimé seront tenus d'élire domicile à Pondichéry, et ce sera à ce domicile que seront signifiés tous les actes de procédure qui suivront la requête introductive d'instance, excepté ceux qui doivent être signifiés à personne ou à domicile.

« La même disposition est applicable aux causes introduites devant le tribunal de la Chaudrie, lorsque les parties n'habiteront pas à Pondichéry. »

DÉCRET IMPÉRIAL

Du 18 août 1807, qui prescrit des formalités pour les saisies-arrêts ou oppositions entre les mains des receveurs ou administrateurs de caisses ou deniers publics. (Promulgué dans la colonie en exécution du décret du 22 janvier 1852.)

NAPOLÉON, etc.

Sur le rapport de notre ministre du Trésor public ;

Vu l'avis de notre Conseil d'État du 12 mai 1807, approuvé par nous le 1er juin suivant ;

Vu le titre xx du livre III du Code de procédure civile, ensemble les lois des 19 février 1792 et 30 mai 1793 ;

Considérant que les lois des 19 février 1792 et 30 mai 1793 avaient établi les formes à suivre pour les saisies-arrêts ou oppositions signifiées au Trésor public ;

Que d'après le susdit avis de notre Conseil d'État, approuvé par nous, l'abrogation prononcée par l'article 1041 du Code de procédure civile ne s'étend point aux affaires qui intéressent le Gouvernement, pour lesquelles il a toujours été regardé comme nécessaire de se régir par des lois spéciales, soit en simplifiant la procédure, soit en produisant des formes différentes;

Qu'ainsi les lois des 13 février 1792 et 30 mai 1793 continuent d'être les règles de la matière, à l'exception des dispositions du Code de procédure civile qui portent nominativement sur les saisies-arrêts ou oppositions signifiées aux administrations publiques, et qui se bornent aux deux articles 561 et 569;

Voulant, pour le bien de notre service et pour celui des parties intéressées, réunir toutes les dispositions relatives à cet objet et faciliter la connaissance des règles à observer;

Notre Conseil d'État entendu,

Nous avons décrété et décrétons ce qui suit :

« Art. 1er. Indépendamment des formalités communes à tous les exploits, tout exploit de saisie-arrêt ou opposition entre les mains des receveurs, dépositaires ou administrateurs de caisses ou de deniers publics, en cette qualité exprimera clairement les noms et qualités de la partie saisie; il contiendra en outre la désignation de l'objet saisi.

« Art. 2. L'exploit énoncera pareillement la somme pour laquelle la saisie-arrêt ou opposition est faite; et il sera fourni, avec copie de l'exploit, auxdits receveurs, caissiers ou administrateurs, copie ou extrait en forme du titre du saisissant.

« Art. 3. A défaut par le saisissant de remplir les formalités prescrites par les articles 1 et 2 ci-dessus, la saisie-arrêt ou opposition sera regardée comme non avenue.

« Art. 4. La saisie-arrêt ou opposition n'aura d'effet que jusqu'à concurrence de la somme portée en l'exploit.

« Art. 5. La saisie-arrêt ou opposition formée entre les mains des receveurs, dépositaires ou administrateurs de caisses ou de deniers publics, en cette qualité, ne sera point valable, si l'exploit n'est fait à la personne préposée pour le recevoir, et s'il n'est visé par elle sur l'original, ou, en cas de refus, par le procureur impérial près le tribunal de première instance de leur résidence, lequel en donnera de suite avis aux chefs des administrations respectives.

« ART. 6. Les receveurs, dépositaires ou administrateurs seront tenus de délivrer, sur la demande du saisissant, un certificat qui tiendra lieu, en ce qui les concerne, de tous autres actes et formalités prescrits à l'égard des tiers saisis par le titre XX du livre III du Code de procédure civile.

« S'il n'est rien dû au saisi, le certificat l'énoncera.

« Si la somme due au saisi est liquide, le certificat en déclarera le montant.

« Si elle n'est pas liquide, le certificat l'exprimera.

« ART. 7. Dans le cas où il serait survenu des saisies-arrêts ou oppositions sur la même partie et pour le même objet, les receveurs, dépositaires ou administrateurs seront tenus, dans les certificats qui leur seront demandés, de faire mention desdites saisies-arrêts ou oppositions, et de désigner les noms et élection de domicile des saisissants et les causes desdites saisies-arrêts ou oppositions.

« ART. 8. S'il survient de nouvelles saisies-arrêts ou oppositions depuis la délivrance d'un certificat, les receveurs, dépositaires ou administrateurs seront tenus, sur la demande qui leur en sera faite, d'en fournir un extrait contenant pareillement les noms et élection de domicile des saisissants et les causes desdites saisies-arrêts ou oppositions.

« ART. 9. Tout receveur, dépositaire ou administrateur de caisses ou de deniers publics, entre les mains duquel il existera une saisie-arrêt ou opposition sur une partie prenante, ne pourra vider ses mains sans le consentement des parties intéressées ou sans y être autorisé par justice.

« ART. 10. Notre grand juge, ministre de la justice, et nos ministres des finances et du trésor public sont chargés, chacun en ce qui le concerne, de l'exécution du présent décret. »

ARRÊTÉ

Du 17 mars 1856, réglant l'exécution de l'article 5 du décret impérial du 18 août 1807.

ÉTABLISSEMENTS FRANÇAIS DANS L'INDE.

Nous, Gouverneur des établissements français dans l'Inde ;

Vu l'article 5 du décret impérial du 18 août 1807, promulgué dans la colonie en exécution du décret présidentiel du 23 janvier 1852 ;

Vu les articles 125 et 126 de l'ordonnance royale du 31 mai 1838, 108 et suivants du règlement du 31 octobre 1840, et 76 du décret du 26 septembre 1855 ;

Vu l'avis émis par le chef du service des contributions ;

Sur le rapport et la proposition du commissaire de la marine, ordonnateur et directeur de l'intérieur ;

Le conseil d'administration entendu,

Avons arrêté et arrêtons ce qui suit :

« Art. 1er. Sont préposés pour recevoir, à Pondichéry, les exploits de saisie-arrêt relatifs aux sommes ou valeurs dont la restitution ou le payement doit être opéré par le service des contributions, savoir :

« Le receveur des contributions et du domaine du premier bureau, pour les saisies-arrêts et oppositions formées sur le montant des frais de poursuites, des frais de justice ou des dépens liquidés en matière criminelle, correctionnelle et de police ; sur les restitutions d'amendes, de droits ou de produits indûment perçus, lorsqu'il s'agit de droits ou produits dont la perception ressortit au premier bureau ; sur les restitutions d'amendes consignées et de dépôts de frais de procédure en matière criminelle, correctionnelle et de police, et sur la part attribuée à divers dans le produit des amendes de condamnation ;

34.

« Le receveur du quatrième bureau, pour les sommes ou valeurs déposées, à titre de cautionnement, dans la caisse de la régie du calou ;

« Le directeur de la poste, pour le remboursement des droits indûment perçus ou de la part attribuée à divers dans les droits et produits dont la perception lui est confiée ;

« Et le thasildar, caissier central du service des contributions, pour toutes les autres sommes ou valeurs dont le payement est effectué par ce service directement.

« Art. 2. Dans les établissements secondaires, les receveurs des contributions et du domaine sont préposés à la réception de tous les exploits de saisie-arrêt ou opposition qui doivent, à Pondichéry, d'après la disposition précédente, être remis aux receveurs des premier et quatrième bureaux, ou au thasildar, caissier central des contributions.

« Les directeurs de la poste, dans ces mêmes établissements, sont préposés à la réception des exploits de saisie-arrêt ou opposition, dans les mêmes cas et pour les mêmes sommes que le directeur de la poste du chef-lieu.

« Art. 3. Les saisies-arrêts ou oppositions pratiquées sur la solde des fonctionnaires ressortissant au service des contributions continueront à être faites entre les mains du trésorier payeur.

« Les retenues à opérer à la suite de ces saisies-arrêts seront faites par le bureau des contributions, qui acquittera l'état de solde sur un bordereau signé du trésorier payeur et visé de l'ordonnateur et directeur de l'intérieur, à Pondichéry, ou des chefs de service, dans les établissements secondaires.

« Art. 4. Toutes oppositions ou significations faites à toutes autres personnes que celles ci-dessus indiquées seront considérées comme nulles et non avenues.

« Art. 5. Les saisies-arrêts, oppositions ou significations n'auront d'effet que pendant cinq années, à compter de leur date, quels que soient d'ailleurs les actes, traités ou jugements intervenus sur lesdites oppositions ou significations.

« En conséquence, et à l'expiration de ce délai, elles seront rayées d'office des registres dans lesquels elles auront été inscrites et ne seront pas comprises dans les certificats dont la délivrance est prescrite par l'article 14 de la loi du 19 février 1792 et par les articles 7 et 8 du décret du 18 août 1807.

« ART. 6. Le commissaire de la marine, ordonnateur et directeur de l'intérieur, et les chefs de service des établissements secondaires sont chargés, chacun en ce qui le concerne, de l'exécution du présent arrêté, qui sera enregistré partout où besoin sera. »

DÉCRET

Du 27 avril 1848, concernant les hypothèques et l'expropriation forcée aux colonies.
(Promulgué en 1852.)

RÉPUBLIQUE FRANÇAISE.

LIBERTÉ, ÉGALITÉ, FRATERNITÉ.

AU NOM DU PEUPLE FRANÇAIS.

LE GOUVERNEMENT PROVISOIRE,

Considérant qu'il importe de ramener la prospérité dans les colonies françaises par le rétablissement du crédit, et d'y maintenir le travail en assurant la juste rémunération des travailleurs libérés de l'esclavage;

Que l'impossibilité de réaliser les hypothèques par la réquisition de mises aux enchères, par la surenchère ou la vente sur saisie réelle, est la principale cause des souffrances de l'agriculture et de l'industrie coloniale;

Qu'il doit y être pourvu d'urgence; mais que, néanmoins, en rétablissant à cet égard le droit commun dans les colonies, il y a lieu d'admettre transitoirement certaines modifications,

DÉCRÈTE :

« ART. 1er. Les dispositions des titres XVIII et XIX du livre III du Code civil, concernant les hypothèques et l'expropriation forcée, continueront d'être exécutées ou deviendront exécutoires sous les modifications ci-après dans les colonies de la Martinique, de la Guadeloupe et dépendances, de la

Guyane française et de l'île de la Réunion, aussitôt que le présent décret y aura été promulgué.

« Art. 2. L'article 2184 du Code civil est remplacé, dans les mêmes colonies, par les dispositions suivantes :

« L'acquéreur ou le donataire déclarera, dans l'acte de notification prescrit par l'article 2183, qu'il est prêt à acquitter les dettes et charges hypothécaires jusqu'à concurrence du prix, sans distinction des dettes exigibles ou non exigibles, savoir :

« S'il s'agit d'une propriété rurale en exploitation, un quart comptant; le surplus en trois portions égales d'année en année, y compris les intérêts à partir du jour où est dû le premier quart, et en fournissant caution pour la moitié du prix restant à payer;

« S'il s'agit de toute autre propriété, moitié comptant; le surplus dans un an, y compris les intérêts, et en fournissant caution pour la moitié de la somme restant à payer.

« Dans le cas où l'acquéreur aura promis que le prix sera payé comptant, ou par portions égales plus fortes, ou à des époques plus rapprochées que celles qui sont fixées par le présent article, les clauses du contrat devront être exécutées.

« En cas de revente volontaire de l'immeuble, les délais courront, à l'égard des créanciers du premier vendeur, du jour de la notification faite par le premier acquéreur ou du jour de la mise en demeure qui aurait précédé cette notification.

« Art. 3. Lorsque le créancier usera de la faculté de requérir la mise aux enchères et adjudications publiques, il devra, en se conformant aux dispositions de l'article 2185 du Code civil, se soumettre à payer le prix aux époques auxquelles le premier acquéreur est tenu de le faire, et il donnera, en outre, caution, le tout d'après les dispositions précédentes et à peine de nullité.

« Art. 4. Dans le cas prévu par l'article 2187 du Code civil, l'adjudicataire, par suite de surenchère sur l'aliénation volontaire, jouira pour le payement du prix, et en fournissant la caution stipulée par l'article 2 ci-dessus, des délais déterminés par ce dernier article. Si le contrat de vente contient stipulation de payer comptant, la surenchère devra être faite au comptant pour une somme au moins égale à la première stipulation; le surplus serait payé par tiers en trois années.

« ART. 5. L'adjudicataire sur expropriation forcée ou après surenchère sur l'aliénation forcée, ou après folle enchère, jouira également, pour le payement de la portion du prix d'adjudication qui n'est pas payable comptant, des délais accordés par l'article 2 ci-dessus, et en se conformant, pour l'obligation de fournir caution, aux dispositions dudit article.

« Il devra, en outre, payer comptant les frais de poursuite.

« ART. 6. L'acquéreur donataire, adjudicataire ou créancier, surenchérisseur, qui, aux termes des articles précédents, est tenu de donner caution, sera dispensé de la fournir si, dans les délais déterminés pour la présenter, il offre sur la portion libre de ses biens situés dans la colonie une hypothèque égale à la partie du prix pour laquelle la caution est exigée.

« ART. 7. Si, par baux postérieurs au présent décret, authentiques ou sous seing privé, ayant date certaine, le débiteur justifie que le revenu net et libre de l'immeuble, pendant un an, suffit pour le payement de la dette en capital, intérêts et frais, et s'il en offre la délégation au créancier, la poursuite pourra être suspendue par les juges, sauf à être reprise s'il survient quelque opposition ou obstacle au payement.

« Si l'immeuble n'est ni loué ni affermé, les tribunaux ne pourront suspendre la poursuite qu'après avoir constaté que les produits de trois années, dont l'abandon serait offert par le débiteur, suffisent à l'entier acquittement de la dette en capital, intérêts et frais.

« ART. 8. Les dispositions exceptionnelles des articles 2, 3, 4, 5, 6 et 7 du présent décret cesseront d'avoir leur effet dans cinq ans, à dater de sa promulgation, et, à cette époque, les colonies rentreront sous l'empire des articles 2184, 2185, 2187 et 2212 du Code civil.

« Art. 9. Par suite du présent décret et aussitôt après sa promulgation, les titres XII et XIII du livre V du Code de procédure, modifiés par les articles 1 et 2 de la loi du 2 juin 1841, concernant les ventes judiciaires de biens immeubles, seront rendus exécutoires aux colonies de la Martinique, de la Guadeloupe et dépendances, de l'île de la Réunion et de la Guyane française, sous les modifications suivantes :

« Le commandement tendant à saisie et tous autres actes à signifier au saisi, lorsqu'il n'aura pas de domicile réel ou élu dans la colonie, seront signifiés, soit à son gérant, soit au parquet du tribunal, dans la forme prescrite par l'article 6, n° 8, de l'ordonnance du 19 octobre 1828 [1].

« Dans le procès-verbal de saisie, ne sera pas exigée la copie de la matrice du rôle de la contribution foncière pour les objets saisis, s'il s'agit d'immeubles ruraux.

« Les insertions ou annonces prescrites seront faites dans un journal de la colonie, d'après un tarif fixé par l'autorité administrative, sans que les cours d'appel aient à faire aucune désignation des journaux où devraient être insérées les annonces judiciaires.

« Il ne pourra être passé en taxe plus de trois cents exemplaires des placards qui doivent être affichés; ce nombre n'excédera pas deux cents à la Guyane française.

« Toute disposition prononçant la contrainte par corps sera sans effet quant à cette voie d'exécution.

« Art. 10. Lorsqu'un délai devra être augmenté à raison des distances dans la colonie, l'augmentation sera d'un jour par trois myriamètres.

« Art. 11. Les ventes judiciaires qui seront commencées antérieurement à la promulgation du présent décret, à la Guyane française et à l'île de la Réunion, continueront à être régies par les lois en vigueur jusqu'à ce jour dans les colonies.

---

[1] *Ordonnance du 19 octobre 1828, sur le mode de procéder en matière civile à l'île de la Martinique et à l'île de la Guadeloupe et dépendances.*

. . . .

« Art. 6. § 8. Ceux qui n'ont aucun domicile connu dans la colonie, au lieu de leur résidence actuelle; si le lieu n'est pas connu, l'exploit sera affiché à la principale porte de l'auditoire du tribunal où la demande est portée. Une seconde copie sera donnée au procureur du Roi, lequel visera l'original et adressera la copie au procureur général, qui l'enverra au ministre de la marine et des colonies, chargé de la transmettre aux parties assignées.

« Si la facilité des communications et la distance des lieux rendent la transmission par l'intermédiaire du gouverneur plus prompte, le procureur général lui adressera la copie. »

« Les ventes seront censées commencées, savoir :

« Pour la saisie immobilière, si le procès-verbal a été transcrit, et pour les autres ventes, si les placards ont été affichés.

« ART. 12. Le titre XIV du livre V du Code de procédure civile, intitulé : *De l'ordre*, actuellement en vigueur dans la métropole, sera rendu exécutoire dans les colonies de la Martinique, de la Guadeloupe et dépendances, de l'île de la Réunion et de la Guyane française. Les bordereaux de collocation délivrés aux créanciers ne seront payables que dans les termes des articles 2, 3, 4, 5 et 6 du présent décret.

« ART. 13. Dans les mêmes colonies, l'ordonnance du 10 octobre 1841 réglera les frais et dépens relatifs aux actes ou aux ventes résultant de l'exécution du présent décret. Le tarif à suivre, en ce qui concerne les huissiers, les avoués et les experts, sera celui qui est déterminé par le titre II de cette ordonnance, sous réduction d'un dixième.

« ART. 14. Le ministre de la marine et des colonies est chargé de l'exécution du présent décret. »

Nous ne reproduisons pas à la suite de ce décret la loi du 2 juin 1841, relative aux ventes judiciaires de biens immeubles, ni la loi du 24 mai 1842, relative à la saisie des rentes constituées sur particuliers. Elles font partie du Code de procédure et se trouvent dans tous les recueils de nos Codes.

LOI

Du 14 novembre 1808, relative à la saisie immobilière des biens d'un débiteur situés dans plusieurs arrondissements.

NAPOLÉON, etc.

LE CORPS LÉGISLATIF a rendu, le 14 novembre 1808, le décret suivant, conformément à la proposition faite au nom de l'Empereur et Roi, et après avoir entendu les orateurs du Conseil d'État et le président de la commission des finances du Corps législatif, le même jour.

DÉCRET.

« ART. 1er. La saisie immobilière des biens d'un débiteur situés dans plusieurs arrondissements pourra être faite simultanément, toutes les fois que la valeur totale desdits biens sera inférieure au montant réuni des sommes dues tant au saisissant qu'aux autres créanciers inscrits.

« ART. 2. La valeur des biens sera établie d'après les derniers baux authentiques, sur le pied du denier vingt-cinq.

« A défaut de baux authentiques, elle sera calculée d'après le rôle des contributions foncières, sur le pied du denier trente.

« ART. 3. Le créancier qui voudra user de la faculté accordée par l'article 1er sera tenu de présenter requête au président du tribunal de l'arrondissement où le débiteur a son domicile, et d'y joindre :

« 1° Copie en forme des baux authentiques, ou, à leur défaut, copie également en forme du rôle de la contribution foncière;

« 2° L'extrait des inscriptions prises sur le débiteur dans les divers arrondissements où les biens sont situés, ou le certificat qu'il n'en existe aucune.

« La requête sera communiquée au ministère public, et répondue d'une ordonnance portant permis de faire la saisie de tous les biens situés dans les arrondissements et départements y désignés.

« ART. 4. Les procédures relatives tant à l'expropriation forcée qu'à la distribution du prix des immeubles seront portées devant les tribunaux respectifs de la situation des biens.

« ART. 5. Toutes dispositions contraires à la présente loi sont abrogées. »

DÉCRET

Du 7 mars 1863, portant application aux colonies de la loi du 21 mai 1858, sur la saisie immobilière et l'ordre, sous certaines modifications. (Promulgué dans la colonie le 29 octobre 1863.)

NAPOLÉON, etc.

Vu l'article 6 du sénatus-consulte du 3 mai 1854;

Vu l'avis du comité consultatif des colonies, en date du 19 novembre 1862;

Sur le rapport de notre ministre secrétaire d'État au département de la marine et des colonies,

AVONS DÉCRÉTÉ et DÉCRÉTONS ce qui suit :

« ART. 1er. Est déclarée applicable aux colonies, sous les modifications ci-après, la loi du 21 mai 1858, concernant la saisie immobilière et l'ordre.

« ART. 2. Dans les cas spécialement prévus par les articles 692, 751, 753 et 762 du Code de procédure civile, les sommations, convocations et significations à notifier au vendeur, aux créanciers et au saisi, sont faites à leur domicile réel, pourvu qu'il soit fixé dans la colonie, ou à celui de leurs mandataires, si ceux-ci sont connus.

« Le délai des distances sera calculé à raison de trois myriamètres par jour.

« ART. 3. Les gouverneurs désigneront, s'il y a lieu, parmi les juges suppléants non officiers ministériels, ceux qui, aux termes de l'article 749, devront être chargés spécialement du règlement des ordres.

« ART. 4. L'appel n'est recevable, quel que soit d'ailleurs le montant des créances des contestants et des sommes à distribuer, que si la somme contestée excède celle pour laquelle, aux termes des règlements spéciaux à chaque colonie, les tribunaux de première instance statuent en dernier ressort.

« Art. 5. Notre ministre secrétaire d'État au département de la marine et des colonies est chargé de l'exécution du présent décret, qui sera inséré au Bulletin des lois [1]. »

ARRÊTÉ

Du 21 avril 1864, concernant les lettres de convocation adressées aux créanciers suivant les prescriptions de la loi du 21 mai 1858.

Nous, Commissaire général de la marine, Gouverneur des établissements français dans l'Inde ;

Vu notre arrêté en date du 29 octobre 1863, qui promulgue dans les établissements français de l'Inde le décret portant application aux colonies de la loi du 21 mai 1858, sur la saisie immobilière et l'ordre ;

Vu l'article 751 nouveau du Code de procédure civile, modifié par l'article 2 de ladite loi, lequel s'exprime ainsi :

« Le juge-commissaire convoque les créanciers inscrits, afin de régler « amiablement sur la distribution du prix. Cette convocation est faite par lettres « chargées à la poste, expédiées par le greffier..... Les créanciers non com- « parants sont condamnés à une amende de 25 francs. »

Attendu qu'il n'existe pas, dans les districts dépendant de Pondichéry, de poste rurale qui puisse recevoir et remettre les lettres chargées dont parle cet article ;

Qu'il y a lieu, dès lors, de suppléer, par un mode équivalent, à cette remise des missives de convocation, qui doit être certaine et dûment constatée pour remplir le vœu de la loi ;

Sur le rapport de l'ordonnateur, directeur de l'intérieur, et du procureur général,

Avons arrêté et arrêtons ce qui suit :

« Art. 1er. Quinze jours avant la date fixée pour l'assemblée des créan-

---

[1] La loi se trouve dans toutes les éditions nouvelles du Code de procédure.

ciers, le juge impérial du tribunal de Pondichéry adressera les lettres de convocation qui leur sont destinées au chef du service des contributions.

« Art. 2. Dans les deux jours suivants, le chef du service des contributions transmettra ces lettres au thasildar dans la circonscription duquel seront domiciliés les créanciers convoqués ; ce dernier les remettra à l'huissier du domaine porteur de contraintes placé sous ses ordres, qui, dans les cinq jours, en fera personnellement la remise aux destinataires, et constatera, par un seul procès-verbal, que chaque lettre a été remise à personne ou à domicile, ou que le destinataire était absent, ou qu'il a refusé de recevoir la lettre à lui adressée.

« Art. 3. Il sera alloué aux huissiers du domaine :

« Pour chaque lettre remise dans l'intérieur du chef-lieu du district, un demi-fanon ;

« Pour chaque lettre remise hors du chef-lieu, 1 fanon ;

« Pour le procès-verbal constatant la remise de toutes les lettres dans un même district, 4 fanons.

« Art. 4. Les huissiers remettront, sans délai, les procès-verbaux par eux dressés, conformément à l'article 2, aux thasildars des districts, qui, dans les quarante-huit heures de leur réception, les transmettront au sérestadar de Pondichéry, lequel les fera parvenir aussitôt au greffier du tribunal de première instance.

« Art. 5. Le greffier du tribunal fera l'avance des frais de remise des lettres de convocation, liquidés dans chaque procès-verbal, ainsi que du coût des procès-verbaux, et les prélèvera ensuite sur la masse de la somme à répartir entre les créanciers.

« Art. 6. L'ordonnateur, directeur de l'intérieur, et le procureur général sont chargés, chacun en ce qui le concerne, de l'exécution du présent arrêté, qui sera enregistré partout où besoin sera et inséré au Moniteur et au Bulletin officiels de la colonie et déposé au contrôle. »

ARRÊTÉ

Du 22 juillet 1833, qui ordonne l'exécution pleine et entière, à l'égard de tous autres que les natifs indiens, de la loi du 17 avril 1832, sur la contrainte par corps.

AU NOM DU ROI DES FRANÇAIS.

Nous, Gouverneur des établissements français de l'Inde ;

Vu la dépêche ministérielle en date du 20 juillet 1832, qui nous transmet avec la loi du 17 avril 1832, sur la contrainte par corps, l'ordonnance du Roi du 12 juillet même année, qui rend exécutoire ladite loi aux colonies françaises sous quelques modifications ;

Vu les articles 25 et 26 de l'ordonnance locale du 26 mai 1827, approuvée par le Gouvernement du Roi et fixant le mode d'exercice de la contrainte par corps contre les natifs, dont l'abrogation n'est prononcée ni par la loi, ni par l'ordonnance susdatées [1] ;

Sur le rapport et la proposition de l'avocat général ;

De l'avis du conseil privé ;

Provisoirement et sauf l'approbation de Sa Majesté Louis-Philippe, Roi des Français,

Avons ARRÊTÉ et ARRÊTONS ce qui suit :

« ART. 1er. La loi du 17 avril 1832, sur la contrainte par corps, ensemble l'ordonnance du Roi du 12 juillet 1832, qui rend cette loi exécutoire aux colonies sous la modification, pour les établissements français de l'Inde, que la somme destinée aux aliments des détenus sera pour trente jours de 30 francs, est déclarée pleinement exécutoire à l'égard de tous autres que les natifs indiens, lesquels natifs continueront d'être régis par la loi locale, relativement à l'exercice de la contrainte par corps, dans les cas et selon les formes qu'elle a fixées.

[1] Voir plus haut, p. 233 et 234.

« Art. 2. Néanmoins les dispositions des articles 2, 4, 5, 6, 18, 19, 20, 22, 23, 28, 30 et 31 de la loi précitée du 17 avril 1832 sont déclarées communes aux natifs et pourront être invoquées par eux ou contre eux.

« Art. 3. La loi du 17 avril 1832, l'ordonnance du Roi du 12 juillet même année et le présent arrêté seront lus et enregistrés à la cour royale et partout où besoin sera, et seront imprimés et publiés dans le Bulletin des actes administratifs.

« Art. 4. L'avocat général est chargé de l'exécution du présent arrêté. »

LOI

Du 17 avril 1832, sur la contrainte par corps.

LOUIS-PHILIPPE, etc.

Les Chambres ont adopté, NOUS AVONS ORDONNÉ et ORDONNONS ce qui suit :

TITRE Ier.

DISPOSITIONS RELATIVES À LA CONTRAINTE PAR CORPS EN MATIÈRE DE COMMERCE.

« Art. 1er. La contrainte par corps sera prononcée, sauf les exceptions et les modifications ci-après, contre toute personne condamnée pour dette commerciale au payement d'une somme principale de 200 francs et au-dessus.

« Art. 2. Ne sont point soumis à la contrainte par corps en matière de commerce :

« 1° Les femmes et les filles non légalement réputées marchandes publiques;

« 2° Les mineurs non commerçants ou qui ne sont point réputés majeurs pour fait de leur commerce;

« 3° Les veuves et héritiers des justiciables des tribunaux de commerce assignés devant ces tribunaux en reprise d'instance ou par action nouvelle, en raison de leur qualité.

« Art. 3. Les condamnations prononcées par les tribunaux de commerce contre des individus non négociants, pour signatures apposées soit à des lettres de change réputées simples promesses aux termes de l'article 112 du Code de commerce, soit à des billets à ordre, n'emportent point la contrainte par corps, à moins que ces signatures et engagements n'aient eu pour cause des opérations de commerce, trafic, change, banque ou courtage.

« Art. 4. La contrainte par corps, en matière de commerce, ne pourra être prononcée contre les débiteurs qui auront commencé leur soixante et dixième année.

« Art. 5. L'emprisonnement pour dette commerciale cessera de plein droit après un an, lorsque le montant de la condamnation principale ne s'élèvera pas à 500 francs;

« Après deux ans, lorsqu'il ne s'élèvera pas à 1,000 francs;

« Après trois ans, lorsqu'il ne s'élèvera pas à 3,000 francs;

« Après quatre ans, lorsqu'il ne s'élèvera pas à 5,000 francs;

« Après cinq ans, lorsqu'il sera de 5,000 francs et au-dessus.

« Art. 6. Il cessera pareillement de plein droit le jour où le débiteur aura commencé sa soixante et dixième année.

TITRE II.

DISPOSITIONS RELATIVES À LA CONTRAINTE PAR CORPS EN MATIÈRE CIVILE.

———

SECTION Iʳᵉ.

CONTRAINTE PAR CORPS EN MATIÈRE CIVILE ORDINAIRE.

« Art. 7. Dans tous les cas où la contrainte par corps a lieu en matière civile ordinaire, la durée en sera fixée par le jugement de condamnation: elle sera d'un an au moins et de dix ans au plus.

« Néanmoins, s'il s'agit de fermages de biens ruraux aux cas prévus par l'article 2062 du Code civil, ou de l'exécution des condamnations intervenues dans le cas où la contrainte par corps n'est pas obligée et où la loi attribue seulement aux juges la faculté de la prononcer, la durée de la contrainte ne sera que d'un an au moins et de cinq ans au plus.

SECTION II.

CONTRAINTE PAR CORPS EN MATIÈRE DE DENIERS ET EFFETS MOBILIERS PUBLICS.

« Art. 8. Sont soumis à la contrainte par corps, pour raison du reliquat de leurs comptes, déficit ou débet constatés à leur charge, et dont ils ont été déclarés responsables :

« 1° Les comptables de deniers publics ou d'effets mobiliers publics, et leurs cautions ;

« 2° Leurs agents ou préposés qui ont personnellement géré ou fait la recette ;

« 3° Toutes personnes qui ont perçu des deniers publics dont elles n'ont point effectué le versement ou l'emploi, ou qui, ayant reçu des effets mobiliers appartenant à l'État, ne les représentent pas, ou ne justifient pas de l'emploi qui leur avait été prescrit.

« Art. 9. Sont compris dans les dispositions de l'article précédent, les comptables chargés de la perception des deniers ou de la garde et de l'emploi des effets mobiliers appartenant aux communes, aux hospices et aux établissements publics, ainsi que leurs cautions, et leurs agents et préposés ayant personnellement géré ou fait la recette.

« Art. 10. Sont également soumis à la contrainte par corps :

« 1° Tous entrepreneurs, fournisseurs, soumissionnaires et traitants qui ont passé des marchés ou traités intéressant l'État, les communes, les établissements de bienfaisance et autres établissements publics, et qui sont déclarés débiteurs par suite de leurs entreprises ;

« 2° Leurs cautions, ainsi que leurs agents et préposés qui ont personnellement géré l'entreprise, et toutes personnes déclarées responsables des mêmes services.

« Art. 11. Seront encore soumis à la contrainte par corps, tous redevables, débiteurs et cautions de droits de douanes, d'octrois et autres contributions indirectes, qui ont obtenu un crédit et qui n'ont pas acquitté à échéance le montant de leurs soumissions ou obligations.

« Art. 12. La contrainte par corps pourra être prononcée, en vertu des quatre articles précédents, contre les femmes et les filles.

« Elle ne pourra l'être contre les septuagénaires.

« Art. 13. Dans les cas énoncés dans la présente section, la contrainte par corps n'aura jamais lieu que pour une somme principale excédant 300 francs;

« Sa durée sera fixée dans les limites de l'article 7 de la présente loi, paragraphe 1er.

TITRE III.

DISPOSITIONS RELATIVES À LA CONTRAINTE PAR CORPS CONTRE LES ÉTRANGERS.

« Art. 14. Tout jugement qui interviendra au profit d'un Français contre un étranger non domicilié en France emportera la contrainte par corps, à moins que la somme principale de la condamnation ne soit inférieure à 150 francs, sans distinction entre les dettes civiles et les dettes commerciales.

« Art. 15. Avant le jugement de condamnation, mais après l'échéance ou l'exigibilité de la dette, le président du tribunal de première instance dans l'arrondissement duquel se trouvera l'étranger non domicilié pourra, s'il y a de suffisants motifs, ordonner son arrestation provisoire, sur la requête du créancier français.

« Dans ce cas, le créancier sera tenu de se pourvoir en condamnation dans la huitaine de l'arrestation du débiteur, faute de quoi celui-ci pourra demander son élargissement.

« La mise en liberté sera prononcée par ordonnance de référé, sur une assignation donnée au créancier par l'huissier que le président aura commis dans l'ordonnance même qui autorisait l'arrestation, et, à défaut de cet huissier, par tel autre qui sera commis spécialement.

« Art. 16. L'arrestation provisoire n'aura pas lieu ou cessera si l'étranger justifie qu'il possède sur le territoire français un établissement de commerce ou des immeubles, le tout d'une valeur suffisante pour assurer le payement de la dette, ou s'il fournit pour caution une personne domiciliée en France et reconnue solvable.

« Art. 17. La contrainte par corps exercée contre un étranger en vertu

de jugement pour dette civile ordinaire ou pour dette commerciale cessera
de plein droit après deux ans, lorsque le montant de la condamnation principale ne s'élèvera pas à 500 francs;

« Après quatre ans, lorsqu'il ne s'élèvera pas à 1,000 francs;

« Après six ans, lorsqu'il ne s'élèvera pas à 3,000 francs;

« Après huit ans, lorsqu'il ne s'élèvera pas à 5,000 francs;

« Après dix ans, lorsqu'il sera de 5,000 francs et au-dessus.

« S'il s'agit d'une dette civile pour laquelle un Français serait soumis à la
contrainte par corps, les dispositions de l'article 7 seront applicables aux
étrangers, sans que toutefois le minimum de la contrainte puisse être au-
dessous de deux ans.

« ART. 18. Le débiteur étranger condamné pour dette commerciale jouira
du bénéfice des articles 4 et 6 de la présente loi. En conséquence, la contrainte par corps ne sera point prononcée contre lui, ou elle cessera dès qu'il
aura commencé sa soixante et dixième année.

« Il en sera de même à l'égard de l'étranger condamné pour dette civile,
le cas de stellionat excepté.

« La contrainte par corps ne sera pas prononcée contre les étrangères pour
dettes civiles, sauf aussi le cas de stellionat, conformément au premier paragraphe de l'article 2066 du Code civil, qui leur est déclaré applicable.

TITRE IV.

DISPOSITIONS COMMUNES AUX TROIS TITRES PRÉCÉDENTS.

« ART. 19. La contrainte par corps n'est jamais prononcée contre le débiteur au profit :

« 1° De son mari ni de sa femme;

« 2° De ses ascendants, descendants, frères ou sœurs, ou alliés au même
degré.

« Les individus mentionnés dans les deux paragraphes ci-dessus, contre
lesquels il serait intervenu des jugements de condamnation par corps, ne
pourront être arrêtés en vertu desdits jugements. S'ils sont détenus, leur

élargissement aura lieu immédiatement après la promulgation de la présente loi.

« Art. 20. Dans les affaires où les tribunaux civils ou de commerce statuent en dernier ressort, la disposition de leur jugement relative à la contrainte par corps sera sujette à l'appel; cet appel ne sera pas suspensif.

« Art. 21. Dans aucun cas, la contrainte par corps ne pourra être exécutée contre le mari et contre la femme simultanément pour la même dette.

« Art. 22. Tout huissier, garde du commerce ou exécuteur des mandements de justice qui, lors de l'arrestation d'un débiteur, se refuserait à le conduire en référé devant le président du tribunal de première instance, aux termes de l'article 786 du Code de procédure civile, sera condamné à 1,000 francs d'amende, sans préjudice des dommages-intérêts.

« Art. 23. Les frais liquidés que le débiteur doit consigner ou payer pour empêcher l'exercice de la contrainte par corps, ou pour obtenir son élargissement, conformément aux articles 798 et 800, paragraphe 2, du Code de procédure, ne seront jamais que les frais de l'instance, ceux de l'expédition et de la signification du jugement et de l'arrêt, s'il y a lieu, ceux enfin de l'exécution relative à la contrainte par corps seulement.

« Art. 24. Le débiteur, si la contrainte par corps n'a pas été prononcée pour dette commerciale, obtiendra son élargissement en payant ou consignant le tiers du principal de la dette et de ses accessoires, et en donnant pour le surplus une caution acceptée par le créancier ou reçue par le tribunal civil dans le ressort duquel le débiteur sera détenu.

« Art. 25. La caution sera tenue de s'obliger solidairement avec le débiteur à payer, dans un délai qui ne pourra excéder une année, les deux tiers qui resteront dus.

« Art. 26. A l'expiration du délai prescrit par l'article précédent, le créancier, s'il n'est pas intégralement payé, pourra exercer de nouveau la contrainte par corps contre le débiteur principal, sans préjudice de ses droits contre la caution.

« Art. 27. Le débiteur qui aura obtenu son élargissement de plein droit, après l'expiration des délais fixés par les articles 5, 7, 13 et 17 de la présente loi, ne pourra plus être détenu ou arrêté pour dettes contractées antérieurement à son arrestation et échues au moment de son élargissement, à moins que ces dettes n'entraînent par leur nature et leur quotité une contrainte plus longue que celle qu'il aura subie et qui, dans ce dernier cas, lui sera toujours comptée pour la durée de la nouvelle incarcération.

« ART. 28. Un mois après la promulgation de la présente loi, la somme destinée à pourvoir aux aliments des détenus pour dettes devra être consignée d'avance et pour trente jours au moins.

« Les consignations pour plus de trente jours ne vaudront qu'autant qu'elles seront d'une seconde ou de plusieurs périodes de trente jours.

« ART. 29. A compter du même délai d'un mois, la somme destinée aux aliments sera de 30 francs à Paris et de 25 francs dans les autres villes pour chaque période de trente jours.

« ART. 30. En cas d'élargissement faute de consignation d'aliments, il suffira que la requête présentée au président du tribunal civil soit signée par le débiteur détenu et par le gardien de la maison d'arrêt pour dettes, ou même certifiée véritable par le gardien, si le détenu ne sait pas signer.

« Cette requête sera présentée en duplicata ; l'ordonnance du président, aussi rendue par duplicata, sera exécutée sur l'une des minutes, qui restera entre les mains du gardien ; l'autre minute sera déposée au greffe du tribunal et enregistrée gratis.

« ART. 31. Le débiteur élargi faute de consignation d'aliments ne pourra plus être incarcéré pour la même dette.

« ART. 32. Les dispositions du présent titre et celles du Code de procédure civile sur l'emprisonnement auxquelles il n'est pas dérogé par la présente loi sont applicables à l'exercice de toutes contraintes par corps, soit pour dettes commerciales, soit pour dettes civiles, même pour celles qui sont énoncées à la deuxième section du titre II ci-dessus, et enfin à la contrainte par corps qui est exercée contre les étrangers.

« Néanmoins, pour les cas d'arrestation provisoire, le créancier ne sera pas tenu de se conformer à l'article 780 du Code de procédure, qui prescrit une signification et un commandement préalables.

TITRE V.

DISPOSITIONS RELATIVES A LA CONTRAINTE PAR CORPS EN MATIÈRE CRIMINELLE,
CORRECTIONNELLE ET DE POLICE.

« ART. 33. Les arrêts, jugements et exécutoires portant condamnation, au profit de l'État, à des amendes, restitutions, dommages-intérêts et frais en matière criminelle, correctionnelle ou de police, ne pourront être exécutés par la voie de la contrainte par corps que cinq jours après le commandement qui sera fait aux condamnés, à la requête du receveur de l'enregistrement et des domaines.

« Dans le cas où le jugement de condamnation n'aurait pas été précédemment signifié au débiteur, le commandement portera en tête un extrait de ce jugement, lequel contiendra le nom des parties et le dispositif.

« Sur le vu du commandement et sur la demande du receveur de l'enregistrement et des domaines, le procureur du Roi adressera les réquisitions nécessaires aux agents de la force publique et autres fonctionnaires chargés de l'exécution des mandements de justice.

« Si le débiteur est détenu, la recommandation pourra être ordonnée immédiatement après la notification du commandement.

« ART. 34. Les individus contre lesquels la contrainte par corps aura été mise à exécution aux termes de l'article précédent subiront l'effet de cette contrainte jusqu'à ce qu'ils aient payé le montant des condamnations, ou fourni une caution admise par le receveur des domaines, ou, en cas de contestation de sa part, déclarée bonne et valable par le tribunal civil de l'arrondissement.

« La caution devra s'exécuter dans le mois, à peine de poursuites.

« ART. 35. Néanmoins les condamnés qui justifieront de leur insolvabilité, suivant le mode prescrit par l'article 420 du Code d'instruction criminelle, seront mis en liberté après avoir subi quinze jours de contrainte, lorsque l'amende et les autres condamnations pécuniaires n'excéderont pas 15 francs; un mois, lorsqu'elles s'élèveront de 15 à 50 francs; deux mois, lorsque l'amende et les autres condamnations s'élèveront de 50 à 100 francs, et quatre mois lorsqu'elles excéderont 100 francs.

« ART. 36. Lorsque la contrainte par corps aura cessé en vertu de l'article précédent, elle pourra être reprise, mais une seule fois, et quant aux restitutions, dommages et intérêts et frais seulement, s'il est jugé contradictoirement avec le débiteur qu'il lui est survenu des moyens de solvabilité.

« ART. 37. Dans tous les cas, la contrainte par corps exercée en vertu de l'article 33 est indépendante des peines prononcées contre les condamnés.

« ART. 38. Les arrêts et jugements contenant des condamnations en faveur des particuliers pour réparations de crimes, délits ou contraventions commis à leur préjudice, seront, à leur diligence, signifiés et exécutés suivant les mêmes formes et voies de contrainte que les jugements portant des condamnations au profit de l'État.

« Toutefois, les parties poursuivantes seront tenues de pourvoir à la consignation d'aliments, aux termes de la présente loi, lorsque la contrainte aura lieu à leur requête et dans leur intérêt.

« ART. 39. Lorsque la condamnation prononcée n'excédera pas 300 francs, la mise en liberté des condamnés, arrêtés ou détenus à la requête et dans l'intérêt des particuliers, ne pourra avoir lieu, en vertu des articles 34, 35 et 36, qu'autant que la validité des cautions ou l'insolvabilité des condamnés auront été, en cas de contestation, jugées contradictoirement avec le créancier.

« La durée de la contrainte sera déterminée par le jugement de condamnation dans les limites de six mois à cinq ans.

« ART. 40. Dans tous les cas, et quand bien même l'insolvabilité du débiteur pourrait être constatée, si la condamnation prononcée, soit en faveur d'un particulier, soit en faveur de l'État, s'élève à 300 francs, la durée de la contrainte sera déterminée par le jugement de condamnation dans les limites fixées par l'article 7 de la présente loi.

« Néanmoins, si le débiteur a commencé sa soixante et dixième année avant le jugement, les juges pourront réduire le minimum à six mois, et ils ne pourront dépasser un maximum de cinq ans.

« S'il atteint sa soixante et dixième année pendant la durée de la contrainte, sa détention sera de plein droit réduite à la moitié du temps qu'elle avait encore à courir aux termes du jugement.

« ART. 41. Les articles 19, 21 et 22 de la présente loi sont applicables à la contrainte par corps exercée par suite des condamnations criminelles, correctionnelles et de police.

TITRE VI.
DISPOSITIONS TRANSITOIRES.

« ART. 42. Un mois après la promulgation de la présente loi, tous débiteurs actuellement détenus pour dettes civiles ou commerciales obtiendront leur élargissement, s'ils ont commencé leur soixante et dixième année, à l'exception toutefois des stellionataires, à l'égard desquels il n'est nullement dérogé au Code civil.

« ART. 43. Après le même délai d'un mois, les individus actuellement détenus pour dettes civiles emportant contrainte par corps obtiendront leur élargissement si cette contrainte a duré dix ans, dans les cas prévus au premier paragraphe de l'article 7, et si cette contrainte a duré cinq ans, dans les cas prévus au deuxième paragraphe du même article, comme encore si elle a duré dix ans et s'ils sont détenus comme débiteurs ou rétentionnaires de deniers ou effets mobiliers de l'État, des communes et des établissements publics.

« ART. 44. Deux mois après la promulgation de la présente loi, les étrangers actuellement détenus pour dettes, et dont l'emprisonnement aura duré dix ans, obtiendront également leur élargissement.

« ART. 45. Les individus actuellement détenus pour amendes, restitutions et frais, en matière correctionnelle et de police, seront admis à jouir du bénéfice des articles 35, 39 et 40, savoir : les condamnés à 15 francs et au-dessous, dans la huitaine, et les autres, dans la quinzaine de la promulgation de la présente loi.

DISPOSITIONS GÉNÉRALES.

« ART. 46. Les lois du 15 germinal an VI, du 4 floréal de la même année et du 10 septembre 1807 sont abrogées. Sont également abrogées, en ce qui concerne la contrainte par corps, toutes dispositions des lois antérieures relatives aux cas où cette contrainte peut être prononcée contre les débiteurs de l'État, des communes et des établissements publics. Néanmoins celles de ces dispositions qui concernent le mode des poursuites à exercer contre ces mêmes débiteurs et celles du titre XIII du Code forestier, de la loi sur la pêche fluviale, ainsi que les dispositions relatives au bénéfice de cession, sont maintenues et continueront d'être exécutées.

« La présente loi, discutée, délibérée et adoptée par la Chambre des pairs et par celle des députés, et sanctionnée par nous cejourd'hui, sera exécutée comme loi de l'État. »

ARRÊTÉ

Du 8 mars 1849, portant promulgation de la loi du 13 décembre 1848, relative à la contrainte par corps.

AU NOM DU PEUPLE FRANÇAIS.

Nous, Capitaine de frégate, Chevalier de la Légion d'honneur, Gouverneur des établissements français de l'Inde;

Vu, au Moniteur du 16 décembre 1848, n° 351, la loi du 13 décembre, même année, qui abroge le décret du 9 mars 1848, sur la contrainte par corps;

Vu la dépêche ministérielle du 30 décembre 1848, n° 176, qui fait connaître qu'en vertu de cette abrogation, les établissements coloniaux retombent purement et simplement sous l'empire de leur législation antérieure au décret abrogé, sauf les adoucissements qui seront ultérieurement introduits et dont le bienfait est dû aux habitants des colonies comme à ceux de la métropole;

Vu l'article 47 de l'ordonnance organique du 23 juillet 1840, concernant le gouvernement des établissements français de l'Inde;

Sur le rapport et la proposition du procureur général,

Avons arrêté et arrêtons ce qui suit:

37

« ART. 1er. L'article 1er, paragraphe 1er, de la loi du 13 décembre 1848, ainsi conçu : « Le décret du 9 mars 1848, qui suspend l'exercice de la con-« trainte par corps, cesse d'avoir son effet, » est promulgué dans les établissements français de l'Inde.

« ART. 2. La législation antérieure sur la contrainte par corps y est remise en vigueur telle qu'elle existait à l'époque du décret du 9 mars 1848 et sans préjudice des modifications ultérieures qu'il sera jugé utile d'introduire dans cette législation.

« ART. 3. Le procureur général et les chefs de service des établissements secondaires sont, chacun en ce qui le concerne, chargés de l'exécution du présent arrêté, qui sera enregistré partout où besoin sera. »

LOI

Du 13 décembre 1848, sur la contrainte par corps.

« ART. 1er. Le décret du 9 mars 1848, qui suspend l'exercice de la contrainte par corps, cesse d'avoir son effet. La législation antérieure sur la contrainte par corps est remise en vigueur sous les modifications suivantes :

TITRE Ier.
DE LA CONTRAINTE PAR CORPS EN MATIÈRE CIVILE.

« ART. 2. A l'avenir, la contrainte par corps ne pourra être stipulée dans un acte de bail pour le payement des fermages des biens ruraux. (Modific. de l'art. 2062 C. civ.)

« ART. 3. Les greffiers, les commissaires-priseurs et les gardes du commerce seront, comme les notaires, les avoués et les huissiers, soumis à la contrainte par corps dans les cas prévus par le paragraphe 7 de l'article 2060 du Code civil.

TITRE II.
DE LA CONTRAINTE PAR CORPS EN MATIÈRE COMMERCIALE.

« ART. 4. L'emprisonnement pour dette commerciale cessera de plein droit après trois mois, lorsque le montant de la condamnation en principal ne s'élèvera pas à 500 francs; après six mois, lorsqu'il ne s'élèvera pas à 1,000 francs; après neuf mois, lorsqu'il ne s'élèvera pas à 1,500 francs; après un an, lorsqu'il ne s'élèvera pas à 2,000 francs. L'augmentation se fera ainsi successivement de trois mois en trois mois pour chaque somme en sus qui ne dépassera pas 500 francs, sans pouvoir excéder trois années pour les sommes de 6,000 francs et au-dessus.

« Art. 5. Pour toute condamnation en principal au-dessous de 500 francs, même en matière de lettre de change et de billet à ordre, le jugement pourra suspendre l'exercice de la contrainte par corps pendant trois mois au plus, à compter de l'échéance de la dette.

« Art. 6. A l'avenir, les dispositions des articles 24 et 25 de la loi du 17 avril 1832 seront applicables aux matières commerciales.

TITRE III.

DISPOSITIONS COMMUNES AUX DETTES CIVILES ET AUX DETTES COMMERCIALES.

« Art. 7. Le débiteur contre lequel la contrainte par corps aura été prononcée par jugement des tribunaux civils ou de commerce conservera le droit d'interjeter appel du chef de la contrainte dans les trois jours qui suivront l'emprisonnement ou la recommandation, lors même qu'il aurait acquiescé au jugement et que les délais ordinaires de l'appel seraient expirés. Le débiteur restera en état.

TITRE IV.

DE LA CONTRAINTE PAR CORPS EN MATIÈRE CRIMINELLE ET DE POLICE.

« Art. 8. La durée de la contrainte par corps, dans les cas prévus par l'article 35 de la loi du 17 avril 1832, ne pourra excéder trois mois. Lorsque les condamnations auront été prononcées au profit d'une partie civile et qu'elles seront inférieures à 300 francs, si le débiteur fait les justifications prescrites par l'article 33 de la même loi, la durée de l'emprisonnement sera la même que pour les condamnations prononcées au profit de l'État. Lorsque le débiteur de l'État ou de la partie civile ne fera pas les justifications exigées par les articles ci-dessus indiqués de la loi du 17 avril 1832 et par le paragraphe 2 de l'article 420 du Code d'instruction criminelle, la durée de l'emprisonnement sera du double.

« Art. 9. Si le débiteur a commencé sa soixante et dixième année avant le jugement, la contrainte par corps sera déterminée dans la limite de trois mois à trois ans. S'il a atteint sa soixante et dixième année avant d'être écroué ou pendant son emprisonnement, la durée de la condamnation sera de plein droit réduite à la moitié du temps qui restera à courir. La contrainte par corps en matière criminelle, correctionnelle et de simple police ne sera exercée, dans l'intérêt de l'État ou des particuliers, contre les individus âgés de moins de seize ans accomplis à l'époque du fait qui a motivé la poursuite, qu'autant qu'elle aura été formellement prononcée par le jugement de condamnation.

TITRE V.

DISPOSITIONS GÉNÉRALES.

« Art. 10. La contrainte par corps ne peut être prononcée ni exécutée au profit de l'oncle ou de la tante, du grand-oncle ou de la grand'tante, du neveu ou de la nièce, du petit-neveu ou de la petite-nièce, ni des alliés au même degré.

« Art. 11. En aucune matière, la contrainte par corps ne pourra être exercée simultanément contre le mari et la femme, même pour des dettes différentes. Les tribunaux pourront, dans l'intérêt des enfants mineurs du débiteur et par le jugement de condamnation, surseoir pendant une année au plus à l'exécution de la contrainte par corps.

« Art. 12. Dans tous les cas où la durée de la contrainte par corps n'est pas déterminée par la présente loi, elle sera fixée par le jugement de condamnation dans les limites de six mois à cinq ans. Néanmoins, les lois spéciales qui assignent à la contrainte une durée moindre continueront d'être observées.

TITRE V.

DISPOSITIONS TRANSITOIRES.

« Art. 13. Les débiteurs mis en liberté par suite du décret du 9 mars 1848, et à l'égard desquels la contrainte par corps est maintenue, pourront être écroués de nouveau à la requête de leurs créanciers, huit jours après une simple mise en demeure; mais ils profiteront des dispositions de la présente loi.

« Art. 14. Les dettes antérieures ou postérieures au décret du 9 mars qui, d'après la législation en vigueur avant cette époque, entraînaient la contrainte par corps, continueront à produire cet effet dans les cas où elle demeure autorisée par la présente loi, et les jugements qui l'auront prononcée recevront leur exécution sous les restrictions prononcées par les articles précédents.

« Art. 15. Dans les trois mois qui suivront la promulgation de la présente loi, un arrêté du pouvoir exécutif, rendu dans la forme des règlements d'administration publique, modifiera le tarif des frais en matière de contrainte par corps. »

DÉCRET

Du 2 septembre 1862, qui rend applicable aux colonies l'article 1er de la loi du 26 mars 1855, sur la contrainte par corps. (Promulgué dans la colonie le 9 avril 1863.)

NAPOLÉON, etc.

Sur le rapport de notre ministre secrétaire d'État de la marine et des colonies;

Vu les articles 6 et 8 du sénatus-consulte du 3 mai 1854 ;

Vu l'avis du comité consultatif des colonies, en date du 9 juillet 1862,

Avons décrété et décrétons ce qui suit :

« Art. 1er. Est déclaré applicable aux colonies l'article 1er de la loi du 26 mars 1855, ainsi conçu :

« Le paragraphe n° 5 de l'article 781 du Code de procédure civile est rem-
« placé par la disposition suivante :

« N° 5. Dans une maison quelconque, même dans son domicile, à moins
« qu'il n'ait été ainsi ordonné par le juge de paix du lieu, lequel juge devra,
« dans ce cas, se transporter dans la maison avec l'officier ministériel ou
« déléguer un commissaire de police. »

« Art. 2. Lorsque, dans l'un des quartiers de la colonie, il n'existera pas
de commissaire de police, ce magistrat sera remplacé par l'officier de police
ou par l'agent chargé d'en remplir les fonctions.

« Art. 3. Notre ministre secrétaire d'État de la marine et des colonies
est chargé de l'exécution du présent décret, qui sera inséré au Bulletin des
lois. »

ORDONNANCE DU ROI

Du 12 juillet 1832, qui rend exécutoire aux colonies françaises la loi du 17 avril 1832.

LOUIS-PHILIPPE, etc.

Sur le rapport de notre ministre secrétaire d'État au département de la
marine et des colonies,

Nous avons ordonné et ordonnons ce qui suit :

. . . .

« Art. 2. La somme destinée aux aliments des détenus sera, pour trente
jours, à la Martinique, à la Guadeloupe et à Bourbon, de 60 francs; à
Cayenne, de 45 francs; au Sénégal, aux établissements français de l'Inde et
à Saint-Pierre et Miquelon, de 30 francs.

« Art. 3. Notre ministre secrétaire d'État de la marine et des colonies
est chargé de l'exécution de la présente ordonnance. »

ARRÊTÉ

Du 2 novembre 1863, qui fixe à 30 centimes par jour les consignations pour aliments
des natifs indiens écroués pour quelque cause que ce soit.

Nous, Commissaire général de la marine, Gouverneur des établissements français dans l'Inde;

Vu l'arrêté du 22 juillet 1833, portant application aux natifs indiens des articles 2, 4, 5, 6, 18, 19, 20, 22, 23, 28, 30 et 31 de la loi du 17 avril 1832, sur la contrainte par corps, et maintenant pour le surplus le régime de la réglementation locale;

Vu l'arrêté de même date sur le mode de recouvrement des amendes, lequel fixe la consignation pour aliments à faire, dans les cas de contrainte motivée par le non-payement de réparations civiles;

Considérant que, depuis cette époque, le prix des subsistances a notablement augmenté;

Vu l'arrêté du 13 avril dernier, réglant en conséquence la composition et le coût de la ration alimentaire pour les diverses catégories de détenus:

Sur le rapport du procureur général;

Le conseil d'administration entendu,

Avons arrêté et arrêtons ce qui suit :

« Art. 1er. Les consignations à faire désormais par les parties pour aliments des natifs indiens écroués à leur requête, pour quelque cause que ce soit, seront décomptées sur le pied d'un fanon (30 centimes) par jour.

« Pour les consignations non encore épuisées, rappel sera fait de la différence, à compter de la publication du présent arrêté, lors du plus prochain versement à effectuer.

« Les consignations continueront à être faites par périodes de trente jours, conformément à la loi.

« Art. 2. Le procureur général est chargé de l'exécution du présent arrêté, qui sera inséré au Journal et au Bulletin officiels.

ARRÊTÉ

Du 1er juillet 1831, portant modification de l'article 26 de l'ordonnance locale du 26 mai 1827,
qui autorise la mise de pions garnisaires sur les débiteurs indiens.

AU NOM DU ROI DES FRANÇAIS.

Nous, Gouverneur des établissements français de l'Inde;

Vu le rapport de l'avocat général, en date de ce jour;

Considérant les nombreux inconvénients qui résultent de l'interprétation donnée jusqu'à ce jour à l'article 26 de l'ordonnance du 26 mai 1827, qui autorise la mise de pions garnisaires sur les débiteurs indiens qui ne se sont point acquittés dans les termes du jugement et les fournisseurs et ouvriers indiens qui, ayant passé des engagements écrits ou non contestés, n'ont pas rempli leurs contrats dans les délais fixés;

Sur la proposition de l'avocat général, faisant fonctions de procureur général;

De l'avis du conseil privé,

Avons arrêté et arrêtons ce qui suit :

« Art. 1er. Le juge de paix, lieutenant de police, n'ordonnancera les demandes de mises de pions garnisaires dans tous les cas prévus par l'article 26 de l'ordonnance du 26 mai 1827, concernant le tribunal de la police à Pondichéry, qu'après la consignation faite par le demandeur d'une roupie dans Pondichéry, une roupie et demie dans les aldées, pour huit jours de bath de pions.

« Art. 2. Les jugements du tribunal de première instance qui autorisent la mise de pions garnisaires ne seront exécutoires qu'après le dépôt ordonné par l'article ci-dessus.

« Art. 3. La mise de pions cessera de plein droit à l'expiration de la huitaine, faute de consignation d'une nouvelle provision de huit jours.

« Aʀᴛ. 4. Aux termes de l'article 26, le bath devant être payé par les débiteurs ou fournisseurs, le demandeur pourra exercer son recours contre
eux, et la contrainte par corps pourra être prononcée sur sa demande et à
sa charge.

« Aʀᴛ. 5. Le présent arrêté sera applicable dans les établissements secondaires où l'article 26 de l'ordonnance du 26 mai 1827 est en vigueur.

« Aʀᴛ. 6. Le procureur général est chargé de l'exécution du présent arrêté,
qui sera enregistré partout où besoin sera. »

ARRÊTÉ

*Du 4 novembre 1833, qui déclare applicables, par la cour royale et par les tribunaux de
première instance, les articles 25 et 26 de l'ordonnance locale du 26 mai 1827, relatifs à la contrainte par corps à exercer contre les Indiens.*

AU NOM DU ROI DES FRANÇAIS.

Nous, Gouverneur des établissements français de l'Inde;

Sur ce qui nous est exposé que la jurisprudence constante des tribunaux
dans les établissements français de l'Inde avait admis pour les tribunaux de
première instance la faculté accordée au juge de paix et de police d'ordonner
l'arrestation provisoire d'un débiteur indien, comme des fournisseurs et
ouvriers indiens, en retard d'exécuter les engagements constatés par écrit,
et non contestés, dans les cas et sous les conditions spécifiés aux articles 25
et 26 de l'ordonnance du 26 mai 1827, concernant le tribunal de la police
à Pondichéry;

Que néanmoins, et par un arrêt récent du 13 octobre 1833 mis sous nos
yeux, la cour royale de Pondichéry a dénié au juge royal président du tribunal de première instance de Pondichéry le droit d'ordonner, à défaut de
donner caution, l'arrestation d'un débiteur indien condamné par son tribunal, et que cet arrêt, bien que conforme aux vrais principes, qui veulent
que toute exception soit restreinte dans ses termes et au cas qu'elle a prévu,

38

principe plus rigoureusement applicable en matière de contrainte par corps, peut avoir dans ses résultats des conséquences désastreuses pour le commerce et l'industrie;

Vu notre arrêté local du 22 juillet dernier, ordonnant l'exécution de la loi du 17 avril 1832, sur la contrainte par corps à l'égard de tous autres que les natifs indiens, lesquels natifs, est-il dit, continueront d'être régis par la loi locale;

Considérant que l'ordonnance du 26 mai 1827 a été la consécration des us et coutumes des Indiens et que son exécution, dans le sens et avec l'extension que lui a donnés jusqu'ici la jurisprudence, est toute favorable à la foi des transactions et à l'intérêt du commerce, qui en dépendent et auxquels il serait porté la plus forte atteinte en réduisant l'application de l'ordonnance aux seuls cas de la compétence du juge de paix;

Qu'il est facile de se convaincre, par le défaut presque absolu de garantie mobilière et la facilité de se réfugier sur le territoire étranger en peu d'instants, de l'importance de remédier au mal qui naîtrait de la nouvelle jurisprudence;

Sur le rapport et la proposition de l'avocat général, chef du ministère public;

De l'avis du conseil privé;

Provisoirement et sauf l'approbation de Sa Majesté,

Avons arrêté et arrêtons ce qui suit :

« Art. 1er. Les articles 25 et 26 de l'ordonnance locale du 26 mai 1827, concernant le tribunal de police à Pondichéry, pourront être appliqués également par les présidents des tribunaux de première instance dans chacun des établissements français de l'Inde, lorsque la demande aura pour objet une créance ou un engagement dont la valeur excédera la compétence du tribunal de paix.

« Il en sera de même pour le cas où la condamnation aura été portée par la cour royale et où, par suite, le président de la cour pourra ordonner l'emprisonnement immédiat du débiteur indien condamné et qui ne fournira point caution.

« Art. 2. L'ordonnance locale susdatée du 26 mai 1827, bien que réputée par son titre spécial pour le tribunal de la police à Pondichéry, recevra son application dans les tribunaux de paix et de police des établissements secondaires.

« Art. 3. L'avocat général, chef du ministère public, est chargé de l'exécution du présent arrêté, qui sera enregistré et publié partout où besoin sera. »

ARRÊTÉ

Du 8 avril 1843, qui prescrit le mode à suivre relativement aux demandes de pions garnisaires sur les débiteurs indiens dans les établissements de Chandernaqor, Karikal, Mahé et Yanaon.

AU NOM DU ROI.

Nous, Gouverneur des établissements français dans l'Inde;

Vu le rapport de M. le chef de service de Karikal, en date du 24 mars 1843, proposant de charger M. le commissaire de police de satisfaire aux demandes de pions garnisaires faites par les particuliers dans les cas prévus par les ordonnances;

Vu l'ordonnance locale du 12 août 1826, portant que les assignations, significations, commandements, contraintes du tribunal de police, seront portés par les pions ordinaires de la police et que le bath payé par les parties sera perçu au profit du Gouvernement;

Vu l'ordonnance locale du 16 mai 1827, qui rend l'ordonnance ci-dessus applicable à Karikal;

Vu l'article 26 de l'ordonnance locale du 26 mai 1827, concernant le tribunal de la police à Pondichéry;

Vu l'arrêté du 1er juillet 1831, modifiant l'article 26 de l'ordonnance locale du 26 mai 1827;

Vu l'ordonnance royale du 7 février 1842, qui sépare les fonctions de la

38.

police de celles de la justice de paix et qui réunit la justice de paix au tribunal de première instance dans les établissements de Mahé et de Yanaon;

Vu notre arrêté du 11 novembre 1842, qui, en exécution de ladite ordonnance, nomme un commissaire de police à Chandernagor et à Karikal;

Sur le rapport et la proposition du commissaire de la marine, chef du service administratif, et du procureur général du Roi;

Le conseil d'administration entendu,

AVONS ARRÊTÉ et ARRÊTONS ce qui suit :

« ART. 1er. Dans les établissements de Chandernagor et de Karikal, les personnes qui, conformément à l'article 26 de l'ordonnance locale du 26 mai 1827, voudront mettre sous la garde d'un ou deux pions de police les Indiens débiteurs ou fournisseurs et ouvriers qui, ayant passé des engagements écrits ou non contestés, n'ont point rempli leurs contrats dans les délais fixés, devront adresser leur demande par écrit au juge de paix, lequel, après examen, y apposera son ordonnance, s'il y a lieu.

« ART. 2. La demande ordonnancée sera portée au bureau de la police, où devra être préalablement déposée la somme nécessaire pour le payement de huit jours de bath pour chaque pion demandé, conformément à l'arrêté du 1er juillet 1831.

« Après ce dépôt, le commissaire de police exécutera l'ordonnance du juge de paix.

« ART. 3. Dans les établissements de Mahé et de Yanaon, les demandes seront adressées au président du tribunal de première instance et les ordonnances du président seront exécutées, après le dépôt ci-dessus énoncé au bureau de la police, par l'officier chargé du ministère public et de la police dans lesdits établissements.

« ART. 4. Les dispositions du présent arrêté seront exécutoires à dater de la promulgation du présent arrêté dans chacun des établissements de Chandernagor, Karikal, Mahé et Yanaon.

« ART. 5. Sont maintenues toutes dispositions antérieures qui ne sont pas contraires au présent arrêté.

« ART. 6. Le commissaire de la marine, chef du service administratif, le procureur général du Roi et les chefs de service des établissements secondaires sont, chacun en ce qui le concerne, chargés de l'exécution du présent arrêté, qui sera enregistré partout où besoin sera. »

ARRÊTÉ

Du 12 novembre 1839, relatif à la forme dans laquelle les requêtes doivent être présentées.

AU NOM DU ROI.

Nous, Pair de France, Maréchal des camps et armées du Roi, Gouverneur des établissements français dans l'Inde;

Considérant qu'il résulte de nombreux abus de la forme suivie jusqu'à ce jour dans la rédaction des requêtes qui sont adressées par les Malabars aux autorités, et que des faits récents tendent à prouver que les rédacteurs de requêtes abusent souvent de l'ignorance ou de la bonne foi des clients qui s'adressent à eux;

Sur le rapport et la proposition du commissaire de la marine, ordonnateur,

Avons arrêté et arrêtons ce qui suit :

« Art. 1er. A l'avenir, toute requête présentée soit au gouverneur, soit à l'ordonnateur, soit au procureur général, soit à tout autre fonctionnaire public, devra, sous peine de rejet, si elle est écrite en malabar, être signée par le pétitionnaire et porter en regard la traduction en français.

« Si elle est écrite en français seulement, elle devra être signée par le pétitionnaire et par le rédacteur, qui restera responsable de la valeur des expressions qu'il aura employées.

« Art. 2. Le commissaire de la marine, ordonnateur, et le procureur général du Roi sont chargés, chacun en ce qui le concerne, de l'exécution du présent arrêté, qui sera enregistré partout où besoin sera. »

ARRÊTÉ

Du 15 octobre 1836, relatif à la légalisation des actes.

« ART. 1er. Les actes judiciaires et notariés, ainsi que les actes extrajudiciaires qui sont susceptibles de légalisation, actes de l'état civil, certificats de vie ou autres actes authentiques, seront légalisés gratuitement par les présidents des tribunaux de première instance ou juges royaux qui en ont les attributions dans les établissements français de l'Inde.

« En cas d'empêchement, les magistrats dénommés pourront déléguer cette fonction soit aux juges des tribunaux de première instance, juges auditeurs ou assesseurs dans les lieux où il en existe, et au juge de paix lieutenant, commissaire ou chef de police dans les lieux où il n'existe pas d'autres membres du tribunal de première instance que le juge royal.

« ART. 2. Les juges de paix légaliseront, concurremment avec les présidents des tribunaux, les certificats de vie, mais seulement sur les actes des officiers publics, ou pour les habitants domiciliés dans l'étendue de leur ressort.

« ART. 3. Pour tous les cas où les actes doivent servir hors de l'arrondissement du tribunal de première instance, la signature du juge sera légalisée par le chef de service ou administrateur du comptoir.

« Dans le cas où les actes devront être produits hors des établissements français de l'Inde, les signatures des chefs de service, administrateurs ou commandants du comptoir seront légalisées par le gouverneur des établissements français dans l'Inde, le tout aussi gratuitement [1].

« ART. 4. Le commissaire ordonnateur, le procureur général du Roi et les chefs de service sont chargés, chacun en ce qui le concerne, de l'exécution du présent arrêté, qui sera enregistré partout où besoin sera. »

---

[1] Le secrétaire archiviste a qualité pour légaliser au nom du gouverneur.

DÉPÊCHE MINISTÉRIELLE

*Du 6 juin 1860, relative à l'envoi des signatures types dont la légalisation
peut être demandée au ministère.*

MONSIEUR LE GOUVERNEUR,

Pour que le service des légalisations puisse être entouré de toutes les garanties, il est indispensable de pouvoir constater sûrement l'authenticité des signatures apposées sur les pièces qui doivent être soumises à cette formalité. Aussi ai-je l'honneur de vous demander de me faire parvenir dans le plus bref délai possible, pour les fonctionnaires placés sous vos ordres, les types des signatures que je puis avoir à légaliser. Une communication semblable devra, à l'avenir, m'être adressée tous les ans avant l'expiration du premier trimestre, et je vous recommande tout particulièrement de veiller à ce que l'envoi de ces documents soit fait très-exactement.

Outre ces envois annuels, pour que la collection des types conservés à Paris soit toujours au courant, je vous prie de vouloir bien m'envoyer, à chaque mutation, la signature authentique du nouveau fonctionnaire.

Recevez, monsieur le Gouverneur, l'assurance de ma considération très-distinguée.

ARRÊTÉ

Du 1ᵉʳ mai 1854, relatif à l'assistance judiciaire.

ÉTABLISSEMENTS FRANÇAIS DANS L'INDE.

Nous, Gouverneur des établissements français dans l'Inde ;

Vu la dépêche ministérielle en date du 10 février dernier, qui prescrit de promulguer dans l'Inde le décret du 16 janvier 1854, avec toutes les modifications qu'il peut comporter ;

Vu les articles 48 et 105 de l'ordonnance du 23 juillet 1840;

Sur le rapport et la proposition du procureur général;

Le conseil d'administration entendu,

Avons arrêté et arrêtons ce qui suit:

CHAPITRE Iᵉʳ.

DES FORMES DANS LESQUELLES L'ASSISTANCE JUDICIAIRE EST ACCORDÉE.

« Art. 1ᵉʳ. Tout plaideur ayant à réclamer l'assistance judiciaire devra justifier de son indigence dans les formes déjà déterminées par la législation locale en matière de recouvrements d'amendes et de frais.

« Art. 2. Une requête, appuyée de la justification de son indigence, sera par lui présentée au magistrat qui constitue à lui seul ou qui préside la juridiction près de laquelle l'action devra être introduite.

« Art. 3. Elle contiendra l'explication des faits établissant la réclamation et devra être accompagnée des pièces qui lui servent de fondement. En première instance et en cour, communication de la requête sera donnée au ministère public, qui mettra au bas ses conclusions écrites.

« Dans le cas où les conclusions du parquet seraient favorables, l'assistance sera acquise et ordonnée par le juge.

« Art. 4. L'examen de la demande ne portera pas seulement sur les justifications d'indigence, qui pourront toujours être contrôlées; il devra porter aussi sur le plus ou moins de fondement du droit invoqué.

« Art. 5. Le juge saisi de la demande d'assistance fera donner avis à la partie adverse qu'elle peut se présenter devant lui, soit pour contester l'indigence, soit pour fournir des explications sur le fond.

« Si elle comparaît, le juge emploie ses bons offices pour opérer un arrangement amiable.

« Art. 6. L'attribution de juge statuant sur la demande d'assistance judiciaire pourra être déléguée par le juge de paix à son suppléant, par le juge impérial au juge suppléant et par le président de la cour à tel magistrat de sa compagnie qu'il désignera.

« Art. 7. Si la juridiction devant laquelle l'assistance judiciaire a été admise se déclare incompétente et que, par suite de cette décision, l'affaire soit portée devant une autre juridiction de même nature et de même ordre, le bénéfice de l'assistance subsiste devant cette dernière juridiction.

« Celui qui a été admis à l'assistance judiciaire devant une première juridiction continue à en jouir sur l'appel interjeté contre lui, dans le cas même où il se rendrait incidemment appelant. Il continue pareillement à en jouir sur le pourvoi en cassation formé contre lui.

« Lorsque c'est l'assisté qui émet un appel principal ou un pourvoi, il ne peut, sur cet appel ou ce pourvoi, jouir de l'assistance qu'autant qu'il y est admis par une décision nouvelle.

« Pour cette obtention d'assistance, il doit adresser sa demande, savoir :

« S'il s'agit d'un appel à porter devant le tribunal civil, au juge impérial de ce tribunal ;

« S'il s'agit d'un appel à porter devant la cour impériale, au président de la cour ;

« S'il s'agit d'un pourvoi en cassation, au procureur général de la cour impériale, qui appréciera la demande et ne l'acheminera pour France, par les voies régulières, que si le pourvoi lui paraît admissible.

CHAPITRE II.

DES EFFETS DE L'ASSISTANCE JUDICIAIRE.

« Art. 8. Si la cause est portée devant une cour ou un tribunal civil, le juge ou le président désigne celui des conseils agréés qui postulera et celui des huissiers qui prêtera son ministère à l'assisté.

« Si la cause est portée devant un tribunal de commerce ou devant un juge de paix, le président du tribunal ou le juge de paix se bornera à désigner un huissier dépendant de son service.

« Art. 9. Le ministère public près le tribunal de première instance et la cour a, sur les conseils agréés et les huissiers, attribution spéciale en matière d'assistance judiciaire. Il peut les appeler près de lui et leur demander compte des procédures et des actes qui leur ont été confiés.

« Art. 10. Dans le délai de trois jours, extrait de la décision autorisant l'assistance et désignant l'officier ministériel sera envoyé au receveur du domaine par le greffier de la juridiction devant laquelle l'assistance aura été admise.

« Art. 11. L'assisté est dispensé provisoirement du payement des sommes dues au Trésor pour droits de greffe, ainsi que de toute consignation d'amende.

« Il est aussi dispensé provisoirement du payement des sommes dues aux greffiers, aux officiers ministériels et aux avocats pour droits, émoluments et honoraires.

« Les frais de transport des juges, des officiers ministériels et des experts, les honoraires de ces derniers et les taxes des témoins dont l'audition a été autorisée par le tribunal ou le juge commissaire, seront avancés par le Trésor.

« Art. 12. Le ministère public est entendu dans toutes les affaires dans lesquelles l'une des parties a été admise au bénéfice de l'assistance.

« Art. 13. Les notaires, greffiers et tous autres dépositaires publics ne sont tenus à la délivrance gratuite des actes et expéditions réclamés par l'assisté que sur une ordonnance du juge de paix ou du président qui a autorisé l'assistance.

« Art. 14. En cas de condamnation aux dépens prononcée contre l'adversaire de l'assisté, la taxe comprend tous les droits, frais de toute nature, honoraires et émoluments auxquels l'assisté aurait été tenu, s'il n'y avait pas eu assistance judiciaire.

« Art. 15. Dans le cas prévu par l'article précédent, la condamnation est prononcée et l'exécutoire est délivré au nom de l'administration du domaine, qui en poursuit le recouvrement comme en matière de deniers publics.

« Il est délivré un exécutoire séparé au nom de l'administration du domaine pour les droits qui, n'étant pas compris dans l'exécutoire délivré contre la partie adverse, restent dus par l'assisté au Trésor.

· « L'administration du domaine fait immédiatement aux divers ayants droit la distribution des sommes recouvrées.

« La créance du Trésor pour les avances qu'il a faites, ainsi que pour tous droits de greffe, a la préférence sur celle des autres ayants droit.

« Art. 16. En cas de condamnation aux dépens prononcée contre l'assisté, il est procédé, conformément aux règles tracées par l'article précédent, au recouvrement des sommes dues au Trésor.

« Art. 17. Les greffiers sont tenus de transmettre dans le mois, au receveur du domaine, l'extrait du jugement de condamnation ou l'exécutoire, sous peine de 10 francs d'amende pour chaque extrait de jugement ou pour chaque exécutoire non transmis dans ledit délai.

CHAPITRE III.

DU RETRAIT DE L'ASSISTANCE JUDICIAIRE.

« Art. 18. Devant toutes les juridictions, le bénéfice de l'assistance peut être retiré en tout état de cause, soit avant, soit même après le jugement :

1° S'il survient à l'assisté des ressources reconnues suffisantes ;

2° S'il a surpris la décision du juge par une entente frauduleuse avec ceux qui attestent son indigence.

« Art. 19. Le retrait de l'assistance peut être demandé soit par le ministère public, soit par la partie adverse.

« Il peut aussi être prononcé d'office par le juge.

« Dans tous les cas, il est motivé.

« Art. 20. L'assistance judiciaire ne peut être retirée qu'après que l'assisté a été entendu ou mis en demeure de s'expliquer.

« Art. 21. Le retrait de l'assistance judiciaire a pour effet de rendre immédiatement exigibles les droits, honoraires, émoluments et avances de toute nature dont l'assisté avait été dispensé.

« Dans tous les cas où l'assistance judiciaire est retirée, le juge est tenu d'en informer immédiatement le receveur du domaine, qui procédera au recouvrement et à la répartition suivant les règles tracées en l'article 15 ci-dessus.

« Art. 22. L'action tendant au recouvrement de l'exécutoire délivré à la régie du domaine, soit contre l'assisté, soit contre la partie adverse, se prescrit par dix ans.

« La prescription de l'action de l'adversaire de l'assisté contre celui-ci, pour les dépens auxquels il a été condamné envers lui, reste soumise au droit commun.

« Art. 23. Si le retrait de l'assistance a pour cause un concert frauduleux de l'assisté relativement à son indigence, celui-ci peut, sur la décision du juge qui prononce le retrait, être traduit devant le tribunal de police correctionnelle et condamné, indépendamment du payement des droits et frais de toute nature dont il avait été dispensé, à une amende égale au montant total de ces droits et frais, sans que cette amende puisse être au-dessous de 100 francs, et à un emprisonnement de huit jours au moins et de six mois au plus.

« L'article 463 du Code pénal est alors applicable (art. 26 de la loi du 26 janvier 1851).

CHAPITRE IV.

DE L'ASSISTANCE JUDICIAIRE EN MATIÈRE CRIMINELLE ET CORRECTIONNELLE.

« ART. 24. Il sera pourvu à la défense des accusés devant les cours d'assises conformément aux dispositions de l'article 194 du Code d'instruction criminelle.

« ART. 25. Les juges impériaux désigneront un défenseur d'office aux prévenus poursuivis correctionnellement à la requête du ministère public, ou détenus préventivement, lorsqu'ils en feront la demande et que leur indigence sera constatée, soit par les pièces désignées par la législation locale, soit par tous autres documents.

« ART. 26. Les présidents des cours d'assises et les juges impériaux pourront, même avant le jour fixé pour l'audience, ordonner l'assignation des témoins qui leur seront indiqués par l'accusé ou le prévenu indigent, dans le cas où la déclaration de ces témoins serait jugée utile pour la découverte de la vérité.

« Pourront être également ordonnées d'office toutes productions et vérifications de pièces.

« Les mesures ainsi prescrites seront exécutées à la requête du ministère public.

« ART. 27. Aucune assistance n'est ouverte en matière de simple police.

« ART. 28. Le procureur général est chargé de l'exécution du présent arrêté, qui sera enregistré partout où besoin sera. »

ARRÊTÉ

Du 31 octobre 1837, relatif à l'état d'indigence des parties qui réclament
la nomination d'un conseil.

AU NOM DU ROI.

Nous, Pair de France, Maréchal des camps et armées du Roi, Gouverneur des établissements français dans l'Inde ;

Vu l'article 9 de l'ordonnance locale sur les conseils, du 26 septembre 1825, imposant aux conseils l'obligation de se charger de la défense gratuite des indigents dans les matières civiles, ainsi que de celles des prévenus et des accusés en matière correctionnelle et criminelle, toutes les fois qu'ils en sont requis par le ministère public en exécution d'une ordonnance du président du tribunal ou de la cour saisie du procès ;

Considérant que l'ordonnance n'a point prescrit le mode de preuve de l'état d'indigence des parties qui réclament dans ces termes la nomination d'un conseil, et qu'il convient d'y pourvoir, aussi bien pour éviter de rendre onéreuse aux conseils une charge qui leur est imposée par la loi locale d'accord avec l'humanité, que pour ne rien laisser à l'arbitraire dans la décision du juge;

Sur le rapport et la proposition du procureur général du Roi ;

De l'avis du conseil privé;

Provisoirement et sauf l'approbation de Sa Majesté,

Avons arrêté et arrêtons ce qui suit :

« Art. 1er. Toute demande de nomination de conseil dans les termes de l'article 9 de l'ordonnance locale du 26 septembre 1825 sera justifiée par un certificat d'indigence dans la forme prescrite par l'article 5 de l'ordonnance locale du 22 juillet 1833 qui fixe le mode de recouvrement des amendes et frais de justice, et qui devra être ainsi délivré par trois notables

de la commune habitée par le réclamant et approuvé par le naïnard, béchecar ou thalavaye si c'est un natif, et en outre par le juge de paix lieutenant
de police de l'arrondissement.

« Art. 2. Il n'est point dérogé par là au mode de nomination de conseils
d'office aux accusés qui n'en ont pas fait choix en matière criminelle, et il
devra en être également nommé d'office aux détenus qui seront prévenus de
délits correctionnels.

« Art. 3. Le procureur général du Roi est chargé de l'exécution du présent arrêté, qui sera enregistré partout où besoin sera, publié et traduit,
conformément à l'arrêté local du 24 février 1834 [1]. »

ARRÊTÉ

Du 11 novembre 1861, portant classification, interprétation et révision des tarifs civils
suivis devant la cour et les tribunaux.

ÉTABLISSEMENTS FRANÇAIS DANS L'INDE.

Nous, Commissaire général de la marine, Gouverneur des établissements
français dans l'Inde;

Considérant que les divers tarifs en usage devant les tribunaux de nos
établissements présentent des lacunes, soulèvent, dans l'application, des
difficultés naissant des modifications qui ont été successivement apportées
dans la législation de la colonie; qu'il est nécessaire de les coordonner, de
les compléter et d'assurer aux divers officiers ministériels, par une augmentation modérée de certains droits, une rémunération légitime et suffisante
de leurs travaux;

Considérant que cet arrêté est la réalisation d'un vœu émis par le conseil
général de l'Inde, le 19 décembre 1840;

[1] L'article 6 de l'arrêté du 22 juillet 1833 détermine la forme dans laquelle doit être délivré
le certificat d'indigence, à savoir qu'il doit être signé par trois notables de la commune, approuvé
par le béchecar et le juge de paix.

Vu l'article 49, paragraphe 3, de l'ordonnance du 23 juillet 1840;

Vu l'article 140, paragraphe 2, de l'ordonnance du 7 février 1842;

Vu la délibération de la cour impériale du 18 octobre 1861 ;

Sur le rapport et la proposition du procureur général;

Le conseil d'administration entendu,

Avons arrêté et arrêtons ce qui suit :

CHAPITRE Ier.

JUSTICES DE PAIX.

« Art. 1er. Il est alloué au juge de paix, pour chaque vacation d'apposition, de reconnaissance et levée de scellés qui sera de trois heures au moins, 2 roupies.

« Si le nombre des vacations paraît excessif, le juge impérial, en procédant à la taxe, pourra les réduire.

« Vacation en référé, 2 roupies.

« Vacation pour présenter un testament ou un papier cacheté au juge impérial, 2 roupies.

« Art. 2. Pour assistance à tout conseil de famille, 2 roupies.

« Il ne sera jamais alloué plus de deux vacations.

« Pour l'acte de notoriété, en exécution des articles 10 et 11 du Code Napoléon, 2 roupies.

« *Nota.* Les actes de notoriété délivrés aux militaires et aux autres employés indiens et topas du service local, à leurs veuves ou à leurs enfants, pour être produits à l'appui de leur demande en liquidation d'une pension de retraite, seront délivrés gratis.

« Pour tout autre acte de notoriété, 1 roupie.

« Art. 3. Vacation pour être présent à l'ouverture des portes, en cas de saisie-exécution, 2 roupies.

« A l'arrestation d'un débiteur, 3 roupies.

« Art. 4. Vacation pour visiter les lieux contentieux, dans les cas prévus aux articles 8, paragraphes 5 et 6; 10, paragraphes 1 et 2; 11, paragraphes 1, 2 et 3, de l'ordonnance du 7 février 1842, lorsque le transport aura été expressément requis par l'une des parties et que le juge de paix l'aura trouvé nécessaire, 2 roupies.

« Art. 5. Dans tous ces cas, le juge de paix pourra commettre le naïnard, les thasildars, les béchecars et les thalavayes.

« Il est alloué à ceux-ci, par chaque vacation de trois heures, 4 fanons.

« Leurs vacations seront taxées par le juge de paix, qui pourra les réduire.

« Art. 6. En cas de transport au delà de 5 kilomètres de leur résidence, les juge de paix, naïnard, thasildar, béchecar et thalavaye seront indemnisés de leurs frais de route conformément au tarif du 27 septembre 1861 [1].

CHAPITRE II.

GREFFIERS DES JUSTICES DE PAIX.

« Art. 7. Il est alloué aux greffiers des justices de paix les droits suivants :

« 1° Mise au rôle, 1 fanon ;

« 2° Expéditions de toute nature et copies en français par rôle de vingt-deux lignes à la page et de quinze syllabes à la ligne, 2 fanons ;

« 3° Rédaction des qualités, 2 fanons ;

« 4° Procès-verbal de délivrance de deuxième grosse, 4 fanons ;

« 5° Double minute des jugements entre Européens ou entre Européens et Indiens, 4 fanons ;

« 6° Opposition à départ, 4 fanons ;

« Pour affiches au départ, en français et en malabar, chacune 1 fanon ;

« Ce droit est perçu : 16 caches pour l'inspecteur de police ou l'officier qui le remplace, et 8 caches pour l'interprète [2] ;

« 7° Acte de cautionnement, 4 fanons ;

« 8° Certificat d'accomplissement des formalités prescrites aux capitaines de navire en partance, 4 fanons ;

« 9° Expédition des livrets aux dobachis marins, 2 fanons ;

---

[1] Cet arrêté a été remplacé par celui du 29 octobre 1866.
[2] Les formalités au départ ont été suppprimées par l'arrêté du 10 janvier 1867.

« 10° Certificat de toute nature, 4 fanons;

« 11° Demande de renseignements obligeant à des recherches de pièces, 4 fanons.

« Art. 8. Vacation à l'assistance aux conseils de famille, sans qu'il puisse être alloué plus de deux vacations, aux apposition, reconnaissance et levée de scellés, référés, actes de notoriété, 1 roupie 3 fanons.

« Il lui sera alloué, pour chaque opposition aux scellés qui sera formée par déclaration sur le procès-verbal des scellés, 1 fanon.

« *Nota.* Les actes de notoriété produits par les militaires et autres employés indiens ou topas du service local, leurs veuves ou leurs enfants, à l'appui d'une demande en liquidation d'une pension de retraite, seront délivrés gratis. Pour tout autre acte de notoriété, 4 fanons.

« Vacation à l'effet de faire la déclaration de l'apposition des scellés sur le registre du greffe du tribunal de première instance, 1 roupie 3 fanons.

« Art. 9. Vacation, quand ils accompagneront le juge de paix dans un transport, 1 roupie 3 fanons.

« Il leur sera alloué, en outre, les frais de route en cas de transport au delà de 5 kilomètres, d'après les dispositions de l'arrêté du 27 septembre 1861.

« Art. 10. Les greffiers malabars percevront, pour expédition des sentences et ordonnances traduites du français en malabar, par rôle de vingt-deux lignes à la page et de quinze syllabes à la ligne, 2 fanons.

« Pour simple copie et pour copie de pièces en malabar, par rôle, 1 fanon.

CHAPITRE III.

DROITS DE GREFFE DE LA COUR ET DES TRIBUNAUX DE PREMIÈRE INSTANCE.

« Art. 11. Les droits de greffe de la cour et des tribunaux de première instance de Pondichéry, Chandernagor et Karikal sont perçus soit pour le compte du Trésor, soit pour le compte des greffiers.

« Dans les tribunaux de Mahé et d'Yanaon, la totalité des droits de greffe est perçue pour le compte des greffiers.

« La totalité des droits de greffe alloués aux greffiers malabars est perçue pour leur compte.

§ 1ᵉʳ. — DROITS PERÇUS POUR LE COMPTE DU TRÉSOR.

COUR IMPÉRIALE.

« ART. 12. Pour le droit de mise au rôle, 4 fanons ;

« Pour l'expédition des arrêts définitifs et provisoires contradictoirement rendus, ordonnances, par rôle de deux pages, chaque page contenant vingt-deux lignes et quinze syllabes à la ligne, 1 roupie 4 fanons ;

« Déclarations, attestations et autres actes extrajudiciaires, par rôle, 2 roupies ;

« Pour défauts, 1 roupie ;

« Expédition d'iceux, 1 roupie ;

« Acte de dépôt par rôle, 2 roupies ;

« Expédition d'iceux, par rôle, 1 roupie ;

« Pour double minute au dépôt des archives coloniales, 1 roupie ;

« Pour chaque vacation du greffier européen aux vérifications d'écriture, enquêtes, descentes sur les lieux dans la ville, redditions de comptes ordonnées par justice, 2 roupies 4 fanons ;

« Expédition des procès-verbaux d'enquête et autres actes dans lesquels il y a un juge commis, par rôle, 1 roupie 4 fanons ;

« Expédition des états de frais, par rôle, 1 roupie 4 fanons.

§ 2. — GREFFIERS DES TRIBUNAUX DE PREMIÈRE INSTANCE.

« ART. 13. Pour droit de mise au rôle, 2 fanons ;

« Pour expéditions de jugements, procès-verbaux d'enquête et autres actes dans lesquels il y a un juge commis, ordonnances, états de frais et copies des pièces, etc., par rôle composé de deux pages, de vingt-deux lignes à la page et de douze syllabes à la ligne, 4 fanons ;

« Pour double minute de chaque jugement destiné au dépôt des archives coloniales, 1 roupie ;

« Pour tous actes extrajudiciaires, tels que déclarations, dépôts divers, renonciations ou acceptations de communautés ou de successions, 1 roupie ;

« Pour chaque vacation de greffier européen aux vérifications d'écritures, enquêtes, descentes sur les lieux dans la ville, redditions de comptes ordonnées par justice, 2 roupies 4 fanons;

« Pour assistance à l'ouverture et description d'un testament, 2 roupies.

§ 3. — DROITS PERÇUS POUR LE COMPTE DES GREFFIERS.
COUR IMPÉRIALE.

« ART. 14. Certificats, 2 roupies;

« Rédaction des qualités en cas de comparution personnelle des parties, sur arrêt contradictoire, 2 roupies;

« Sur arrêt par défaut, 1 roupie;

« Bulletins pour le casier judiciaire, chacun 20 caches;

« Bulletins de distribution et de remise de cause, quand il y a conseil constitué, sans qu'il puisse en être alloué plus de quatre dans chaque affaire, chacun 1 fanon.

« *Nota.* Il est fait remise au greffier de la cour impériale de 4 fanons par rôle sur le droit de 1 roupie 4 fanons porté pour l'expédition des arrêts définitifs et provisoires, contradictoirement rendus, ainsi que des expéditions des états de frais, procès-verbaux d'enquêtes et autres actes dans lesquels il y a un juge commis.

§ 4. — TRIBUNAUX DE PREMIÈRE INSTANCE.

« ART. 15. Certificats, 6 fanons.

« Rédaction des qualités en matière commerciale ou en cas de comparution personnelle des parties :

« Sur un jugement contradictoire, 1 roupie 4 fanons;

« Sur un jugement par défaut, 7 fanons;

« Bulletins à fournir pour le casier judiciaire, chacun 20 caches;

« Mention sommaire des requêtes d'hôtel sur un registre à ce destiné, 2 fanons;

« Pour chaque légalisation de pièces et de signatures, 1 fanon.

40.

« *Nota.* Les actes produits par des militaires et agents indiens ou topas du service local, leurs veuves ou leurs enfants, à l'appui d'une demande en pension de retraite, seront légalisés gratis.

§ 5. — DES GREFFIERS MALABARS.

« ART. 16. Le greffier malabar de la cour percevra la moitié des droits alloués à l'État et au greffier européen sur tous les actes qu'il délivrera et ceux où son ministère est requis.

« ART. 17. Il est alloué aux greffiers indiens des tribunaux de première instance :

« Pour expéditions de jugements, ordonnances, états de frais et copies de pièces, etc., par rôle composé de deux pages, de vingt-deux lignes à la page et douze syllabes à la ligne, 2 fanons 12 caches.

« Lorsqu'il assiste pour l'interprétation et l'enregistrement des actes reçus au greffe, 4 fanons.

§ 6. — GREFFIER DU COMITÉ CONSULTATIF DE JURISPRUDENCE INDIENNE.

« ART. 18. Il est alloué au greffier, pour expédition des décisions du comité rendues dans un intérêt privé et sur renvoi prononcé par le conseil du contentieux, la cour ou les tribunaux, par rôle composé de deux pages, de vingt-deux lignes à la page et de quinze syllabes à la ligne, 6 fanons.

CHAPITRE IV.
CAISSE DES DÉPÔTS ET CONSIGNATIONS [1].

« ART. 19. Les sommes dont le dépôt sera ordonné par justice seront versées directement entre les mains du trésorier de la colonie à Pondichéry, et de ses agents dans les établissements secondaires; ils restent chargés de la caisse des dépôts et consignations.

« ART. 20. Ils prélèveront une commission d'un demi pour cent sur toutes

---

[1] Ce chapitre est devenu sans application depuis l'institution dans la colonie de la caisse des dépôts et consignations.

les sommes déposées volontairement, ainsi que sur celles dont le dépôt ou la consignation aura été ordonnée par justice.

« Si l'objet déposé ou consigné est un corps certain, tel que bijoux, le droit sera déterminé d'après l'estimation qui sera faite de l'objet par estimateurs jurés.

« Art. 21. Il est alloué au trésorier ou à ses agents une somme de 6 fanons pour la délivrance de chaque certificat constatant les sommes en dépôt et les oppositions.

CHAPITRE V.

DES HUISSIERS DE LA COUR, DES TRIBUNAUX DE PREMIÈRE INSTANCE ET DES JUSTICES DE PAIX.

« Art. 22. Il est alloué aux huissiers :

« Pour l'original de tous exploits signifiés à personne ou à domicile, tant en français qu'en malabar :

« Dans la ville, 2 fanons;

« Hors de la ville et jusqu'à la distance de 5 kilomètres, 5 fanons;

« Au delà de 5 kilomètres, 6 fanons.

« Art. 23. Pour droit de copie de pièces, jugements et autres actes, tant en français qu'en malabar, par rôle contenant trente lignes à la page et quinze syllabes à la ligne :

« Aux huissiers de la cour, 2 fanons;

« Aux huissiers des tribunaux de première instance et justices de paix, 1 fanon.

« Art. 24. Pour le commandement, tant en français qu'en malabar, qui précède la saisie-exécution :

« Dans la ville, 2 fanons;

« Hors de la ville et jusqu'à la distance de 5 kilomètres, 4 fanons;

« Au delà de 5 kilomètres, 6 fanons.

« Art. 25. Pour le procès-verbal de saisie-exécution qui durera trois heures :

« Dans la ville, 4 fanons;

« Hors de la ville, 6 fanons;

« Au delà de 5 kilomètres, 1 roupie;

« Pour chaque témoin, 1 fanon.

« Si la saisie-exécution dure plus de trois heures, il sera alloué, par chaque vacation de trois heures, qui ne sera due qu'autant qu'elle sera pleine :

« Dans la ville, 3 fanons;

« Hors de la ville, 4 fanons;

« Au delà de 5 kilomètres, 6 fanons;

« Et à chaque témoin, par trois heures, 12 caches.

« Dans ces taxes se trouvent comprises les copies pour la partie saisie et le gardien.

« Procès-verbal de récolement :

« Dans la ville, 3 fanons;

« Hors de la ville, 4 fanons;

« Au delà de 5 kilomètres, 6 fanons.

« Dénonciation au débiteur de la saisie-exécution en cas d'absence, tant en français qu'en malabar :

« Dans la ville, 2 fanons;

« Hors de la ville, 4 fanons;

« Au delà de 5 kilomètres, 6 fanons.

« Art. 26. Mêmes droits pour la procédure de saisie-brandon.

« Art. 27. Pour les procès-verbaux de saisie-gagerie, de saisie des effets d'un débiteur forain, de saisie-revendication, les vacations seront taxées comme celles de saisie-exécution, ainsi que les autres actes de la poursuite.

« Art. 28. Pour un procès-verbal d'emprisonnement d'un débiteur, y compris l'écrou :

« Dans la ville, 4 fanons;

« Hors de la ville, 6 fanons;

« Au delà de 5 kilomètres, 1 roupie;

« Pour bath de chaque recors, 2 fanons;

« Vacation en référé, si le débiteur le requiert, 1 roupie.

« Vacation pour requérir l'assistance du juge de paix dans tous les cas où elle sera nécessaire :

« En ville, 2 fanons;

« Hors de la ville, 3 fanons;

« Au delà de 5 kilomètres, 4 fanons;

« Pour un acte de recommandation d'un débiteur arrêté sans assistance de recors, 4 fanons.

« ART. 29. Il sera alloué aux huissiers qui auront à se transporter au delà de 5 kilomètres des frais de route calculés d'après l'arrêté du 27 septembre 1861 [1].

CHAPITRE VI.

CONSEILS AGRÉÉS EUROPÉENS, TOPAS ET INDIENS.

« ART. 30. Le tarif des frais de procédure civile adopté par la cour impériale et les tribunaux de première instance de Paris servira de règle à Pondichéry, Chandernagor et Karikal, pour les conseils européens et topas ou gens à chapeau, avec une bonification de 50 p. o/o en toutes matières réelles, personnelles ou mixtes, lorsque la valeur de l'objet de la contestation appréciable en argent sera égale ou supérieure en principal à 300 roupies, y compris les intérêts échus au jour de la demande.

« La bonification est due sur l'interlocutoire et sur le jugement définitif.

« La demande reconventionnelle entrera dans le calcul de la somme de 300 roupies.

« ART. 31. Dans les procédures d'ordre et distributions par contribution, la bonification est due au poursuivant quand la somme à distribuer est égale ou supérieure à 300 roupies.

« Les conseils de chaque créancier produisant auront droit à la bonification quand le montant de la collocation sera égal ou supérieur à 300 roupies en principal et intérêt, et que la créance ne résulterait pas d'un jugement qui aurait déjà donné droit à la bonification.

[1] Remplacé par arrêté du 29 octobre 1866.

« En cas de contredit, la bonification est due quand la collocation contestée sera égale ou supérieure à 300 roupies.

« Art. 32. La bonification n'est pas due dans les instances sur questions
d'état, contestations de qualité, quand elles seront principales, ni dans celles
sur les nullités de procédure, quand elles n'emporteront pas le fond, communication de pièces, récusation de juges, d'experts, reproches de témoins,
ni sur les jugements préparatoires.

« Art. 33. Le tarif de Paris sans bonification servira de règle en toutes
matières, lorsque la valeur de l'objet de la contestation en principal sera
inférieure à 300 roupies.

« Art. 34. Les émoluments des conseils indiens sont fixés aux deux tiers
de ceux alloués aux conseils européens.

« Art. 35. Les dons ou récompenses demandées ou obtenues par le conseil, de son client, soit pour les actes qu'il aura pu faire en dehors des
fonctions d'officier ministériel sur la demande de sa partie, tels que mémoires, factums ou consultations, soit pour tous les autres travaux extraordinaires non compris aux tarifs, seront susceptibles de réduction, s'ils sont
exagérés.

« Les présidents de la cour et des tribunaux régleront les contestations
qui pourront s'élever à ce sujet entre les conseils et leurs clients. Leurs décisions seront exécutoires; celles des présidents des tribunaux ne seront
susceptibles d'appel devant le président de la cour qu'autant que l'objet de
la contestation excéderait 200 roupies.

CHAPITRE VII.

DES EXPERTS, TÉMOINS ET PIONS GARNISAIRES.

« Art. 36. Il est alloué aux experts, témoins, pions garnisaires, les droits
suivants :

« Aux témoins cités devant la justice de paix, quand ils seront domiciliés
dans la ville ou à une distance d'un myriamètre, 1 fanon pour chaque
journée de présence.

« Quand ils sont domiciliés au delà d'un myriamètre, il leur sera alloué
en sus 12 caches pour chaque myriamètre parcouru, aller et retour.

« Les témoins européens ou descendants d'Européens auront droit, d'après les mêmes distinctions, à 4 fanons pour chaque journée de présence et à 4 fanons par myriamètre pour frais de route.

« Art. 37. Il sera alloué aux témoins indiens cités devant la cour et les tribunaux 2 fanons pour chaque journée de présence et 1 fanon pour frais de route par chaque myriamètre, aller et retour, au delà d'un myriamètre.

« Aux témoins européens ou descendants d'Européens, 6 fanons par chaque journée et 5 fanons pour frais de route au delà d'un myriamètre.

« Art. 38. Les frais de garde et ceux dus aux pions garnisaires seront taxés à 1 fanon 12 caches par jour pour chaque gardien ou pion garnisaire indien, et à 4 fanons pour les Européens ou descendants d'Européens.

« Ils seront consignés d'avance au greffe de la justice de paix, et, hors de la ville, à la cacherie des thasildars, par chaque période de douze jours.

« Art. 39. La mise de pions garnisaires cessera de plein droit à l'expiration de chaque période de douze jours, faute de consignation.

« Les gardiens des saisies devront demander leur décharge dans les trois mois de la saisie, et, faute de le faire, ils n'auront de recours pour les frais de garde que contre le saisissant [1].

« Art. 40. Il sera alloué aux experts européens ou descendants d'Européens, outre les vacations à la prestation de serment et au dépôt du rapport, par vacation de trois heures, 2 roupies 4 fanons ;

« Aux experts indiens, 2 roupies.

« Ils seront, en outre, indemnisés de leurs frais de route conformément à l'arrêté du 27 septembre 1861, s'ils sont compris dans les classifications de ce tarif. S'ils n'y sont pas compris, ils seront remboursés de leurs frais de route sur mémoire du cotwal.

---

[1] M. le gouverneur, en conseil, dans la séance du 19 novembre 1851, a décidé que les fonctionnaires et agents de l'administration ne pourront accepter, sans l'autorisation des chefs de service dont ils dépendent, les mandats d'administrateurs de séquestres qui leur sont conférés par l'autorité judiciaire. Dans le cas où cette autorisation, refusable en principe, serait accordée exceptionnellement à un employé, elle n'entraînerait, de la part de l'administration, aucune responsabilité relative à la gestion de l'employé auquel l'autorisation aurait été accordée.

« Art. 41. Les arpenteurs jurés européens ou descendants d'Européens recevront par chaque vacation de trois heures :

« Dans la ville, 2 roupies 4 fanons ;

« Hors de la ville, 3 roupies.

« Ils auront droit à deux vacations pour la rédaction du rapport, à une vacation pour la prestation de serment et à une autre pour le dépôt du rapport, chacune 2 roupies.

« Les arpenteurs jurés indiens auront moitié des arpenteurs jurés européens.

« Art. 42. S'ils sont obligés de se faire assister d'un maçon, d'un forgeron ou d'un charpentier, chacun de ces ouvriers recevra, par vacation de trois heures, 3 fanons.

« Art. 43. Ils seront indemnisés de leurs frais de route, conformément à l'arrêté du 27 septembre 1861, ou sur mémoire du cotwal, s'ils ne sont pas compris dans ce tarif.

« Art. 44. Dans tous les cas où les experts opèrent en présence du juge, il ne leur sera rien alloué pour prestation de serment et pour dépôt du rapport.

CHAPITRE VIII.

TRANSPORT DES MAGISTRATS ET DES GREFFIERS.

« Art. 45. Les magistrats de la cour et des tribunaux de première instance et les greffiers, en cas de descente sur les lieux, auront droit aux frais de route et vacations, conformément à l'arrêté du 27 septembre 1861.

CHAPITRE IX.

DES INTERPRÈTES.

« Art. 46. Il est alloué aux interprètes commissionnés près les tribunaux :

« Pour droit de traduction des requêtes, billets et autres actes, à l'exception des comptes, par rôle contenant trente lignes à la page et quinze syllabes à la ligne ou évalués sur cette base, ou pour vérification d'une traduction :

« A la cour, 5 fanons;

« Dans les tribunaux de première instance, 3 fanons 1 2 caches;

« Dans les justices de paix, 3 fanons.

« Art. 47. Pour traduction des comptes, par rôle :

« A la cour, 6 fanons;

« Dans les tribunaux de première instance, 4 fanons 1 2 caches;

« Dans les justices de paix, 4 fanons.

« Art. 48. Par vacation pour assister le juge aux enquêtes, interrogatoires sur faits et articles, visites des lieux, rédactions de comptes et tous autres cas semblables :

« Dans la ville et jusqu'à 5 kilomètres :

« Aux interprètes de la cour, 6 fanons;

« A ceux des tribunaux de première instance, 5 fanons;

« A ceux des justices de paix, 4 fanons;

« Hors de la ville et au delà de 5 kilomètres :

« Aux interprètes de la cour, 1 roupie;

« A ceux des tribunaux de première instance, 6 fanons;

« A ceux des justices de paix, 5 fanons.

« Ils seront, en outre, indemnisés de leurs frais de route au delà de 5 kilomètres, conformément à l'arrêté du 27 septembre 1861.

« Art. 49. Pour droit de traduction de tous actes qui ne sont pas destinés à être produits dans une instance, le rôle, 3 fanons.

« La traduction pourra être faite par les interprètes de toutes les juridictions.

« Art. 50. Il ne sera exigé aucun droit nouveau de traduction, lorsque l'acte sera ultérieurement produit en justice, à moins que la partie adverse ne demande une traduction nouvelle sur la communication des pièces.

« Art. 51. Les interprètes de Chandernagor sont assimilés, pour leurs droits et vacations, ceux du tribunal aux interprètes de la cour, et ceux de la justice de paix aux interprètes des autres tribunaux de première instance.

« Art. 52. Il est alloué à chaque interprète de langues pour lesquelles il n'y aura pas d'interprète commissionné, par vacation de trois heures, 2 roupies.

41.

« Art. 53. Le juge pourra toujours réduire le nombre des vacations, s'il lui paraît excessif.

CHAPITRE X.

DISPOSITIONS GÉNÉRALES.

« Art. 54. Il ne sera passé aux juges de paix, aux experts, aux huissiers, que trois vacations par jour, quand ils opéreront dans le lieu de leur résidence.

« Les vacations commencées sont acquises, sauf ce qui a été dit à l'égard des huissiers.

« Art. 55. Il sera loisible aux présidents de la cour et des tribunaux de première instance d'établir une communauté entre les huissiers de leur juridiction.

« Art. 56. Les huissiers tiendront un répertoire à colonnes dans lequel ils inscriront, jour par jour, sans blanc ni interlignes et par ordre de numéro, tous actes et exploits de leur ministère, à peine de 5 francs d'amende pour chaque omission.

« Chaque article du répertoire contiendra la date de l'acte, sa nature, les noms et caste des parties, leur domicile et le coût.

« Ces répertoires seront cotés et parafés par le juge impérial et visés par lui à la fin de chaque mois.

« Art. 57. Sont abrogés tous arrêtés antérieurs réglant les matières prévues et réglées par le présent arrêté.

« Art. 58. Sont et demeurent maintenues les dispositions des arrêtés qui règlent les devoirs et les obligations des greffiers, qui fixent la nature des actes à délivrer gratis ou en débet et le mode de délivrance, ainsi que ceux qui déterminent le mode de perception des droits de greffe.

« Art. 59. Il n'est pas innové aux dispositions de l'arrêté du 19 juin 1852, sur le tarif des actes de ventes judiciaires d'immeubles, sauf en ce qui concerne les vacations des experts, qui seront réglées par le présent tarif.

« Art. 60. Le présent arrêté ne sera en vigueur qu'à partir du 1er janvier 1862.

« Art. 61. Le procureur général, l'ordonnateur et les chefs de service des dépendances sont chargés, chacun en ce qui le concerne, de l'exécution du présent arrêté, qui sera enregistré partout où besoin sera. »

ARRÊTÉ

Du 19 juin 1852, concernant le tarif des frais et dépens relatifs aux ventes judiciaires des biens immeubles.

ÉTABLISSEMENTS FRANÇAIS DE L'INDE.

Nous, Gouverneur des établissements français dans l'Inde par intérim ;

Vu la loi du 2 juin 1841, sur les ventes judiciaires des biens immeubles, ensemble les décrets des 27 avril 1848 et 22 janvier dernier, portant promulgation de ladite loi dans la colonie ;

Vu l'ordonnance royale du 10 octobre 1841 ;

Sur le rapport et la proposition du procureur général ;

Le conseil d'administration entendu,

Avons arrêté et arrêtons ce qui suit :

CHAPITRE 1er.

GREFFIERS DES TRIBUNAUX DE PREMIÈRE INSTANCE.

« Art. 1er. Il est alloué aux greffiers des tribunaux de première instance :

« Pour la communication, sans déplacement, tant des cahiers des charges que du procès-verbal d'expertise...................... 15f

« Ce droit sera dû, soit qu'il y ait, soit qu'il n'y ait pas d'expertise. Toutefois, si l'expertise a été ordonnée en matière de licitation, le droit sera réduit à................................. 12

« Il sera perçu, lors du premier dépôt au greffe, soit du procès-verbal d'expertise, soit du cahier des charges :

« Pour leur droit d'assistance aux ventes d'immeubles dont le prix s'élève à 150 roupies et au-dessus, savoir :

« 1° Une vacation de 6 francs tant à la publication préparatoire qu'à l'adjudication, en tout. . . . . 12^f

« 2° Une commission de 1 p. o/o sur le prix de la vente.

« Cette commission sera prélevée sur celle de 2 1/2 p. o/o déjà attribuée à l'État sur les ventes de même nature.

« Toutes les fois qu'il y aura lieu à ordre ou à contribution, il sera alloué aux greffiers une vacation de 6 francs pour chacune des opérations.

CHAPITRE II.
CONSERVATEURS DES HYPOTHÈQUES.

« Art. 2. Il est alloué aux conservateurs des hypothèques pour :

« La transcription de chaque procès-verbal de saisie immobilière et de chaque exploit de dénonciation de ce procès-verbal au saisi (art. 677 et 678 du Code de procédure civile), par rôle d'écriture du conservateur contenant vingt-cinq lignes à la page et dix-huit syllabes à la ligne. 0^f 30^c

« L'acte du conservateur contenant son refus de transcription, en cas de précédente saisie (art. 680 du Code de procédure civile). 0 30

« La mention des deux notifications prescrites par les articles 691 et 692 du Code de procédure civile (art. 693). 0 30

« La radiation de la saisie immobilière (art. 693). 0 30

« La mention du jugement d'adjudication (art. 716). 0 30

« La mention du jugement de conversion (art. 748). 0 30

CHAPITRE III.
HUISSIERS, INTERPRÈTES ET CRIEURS PUBLICS.

« Art. 3. Il est alloué aux huissiers :

« Pour un procès-verbal de saisie immobilière auquel il n'aura été employé que trois heures. . . . . 1^f 20^c

« Cette somme sera augmentée par chacune des vacations subsé-
quentes qui auront pu être employées, de.................. $1^f\ 20^c$

« L'huissier ne se fera pas assister de témoins.

« Pour le procès-verbal contenant l'apposition des placards et la
publication de la vente en ville, y compris le salaire du tamtam... 1 20

« L'apposition des placards et la publication hors de la ville seront
faites, sur l'ordre du receveur du domaine, par les soins des régisseurs d'aldées, dont le certificat tiendra lieu du procès-verbal et auquel il sera alloué, savoir :

« Pour le coût du certificat......................... 0 30

« Pour le tamtam.............................. 0 30

« Art. 4. Il ne sera rien alloué aux huissiers pour transport jusqu'à un
demi-myriamètre.

« Il leur sera alloué au delà d'un demi-myriamètre des frais de transport
calculés conformément à l'arrêté local du 30 octobre 1827.

« Art. 5. Tous les autres actes des huissiers seront payés conformément
aux tarifs existants.

« Art. 6. Il est alloué aux interprètes, pour assistance à la vente, 1 fr.
20 cent.

CHAPITRE IV.

§ 1er. — ÉMOLUMENTS SPÉCIAUX A CHAQUE NATURE DE VENTE.

SAISIES IMMOBILIÈRES.

« Art. 7. Il est alloué aux conseils agréés, toutes les fois que les parties
n'usent pas de la faculté qui leur est laissée par les articles 127 et 128 de
l'ordonnance royale du 7 février 1842, pour chacune des six vacations suivantes, 1 franc :

« 1° (Code de procédure civile, art. 678.) Vacation à faire transcrire la
saisie immobilière et l'exploit de dénonciation ;

« 2° (Art. 692.) Vacation pour se faire délivrer l'extrait des inscriptions ;

« 3° (Art. 693.) Vacation à la mention aux hypothèques de la notification
prescrite par les articles 691 et 692 du Code de procédure civile ;

[1] 29 octobre 1866.

« 4° (Art. 699.) Vacation pour obtenir du receveur du domaine l'autorisation de faire publier et afficher les placards hors de la ville;

« 5° (Art. 716.) Vacation à la mention sommaire du jugement d'adjudication en marge de la transcription de la saisie;

« 6° (Art. 748.) Vacation à la mention sommaire du jugement de conversion en marge de la transcription de la saisie.

« (Art. 695.) Pour la vacation à la publication, y compris les dires qui pourront avoir lieu. 3ᶠ

« (Art. 720.) Pour l'acte de la dénonciation de la plus ample saisie, au premier saisissant, à la requête du plus ample saisissant, avec sommation de se mettre en état.   1

« (Art. 726.) Vacation pour déposer au greffe les titres justificatifs d'une demande en distraction d'objets immobiliers saisis.   2

« (Art. 745.) Requête non signifiée, sur le consentement de toutes les parties intéressées, pour demander, après saisie immobilière, que l'immeuble saisi soit vendu aux enchères par-devant notaire ou en justice :

« A chaque avoué signataire de la requête.   3

SURENCHÈRE SUR ALIÉNATION VOLONTAIRE.

« ART. 8. (Art. 832.) Requête pour faire commettre un huissier . .   1ᶠ

« Vacation pour faire au greffe la soumission de la caution et déposer les titres justificatifs de sa solvabilité.   2

« Vacation pour prendre communication des pièces justificatives de la solvabilité de la caution.   2

VENTE DES BIENS DE MINEURS.

« ART. 9. (Art. 954.) Requête à fin d'homologation de l'avis du conseil de famille pour aliéner les immeubles des mineurs. 2ᶠ

« (Art. 956.) Vacation à prendre communication de la minute du rapport des experts.   2

« Requête pour demander l'entérinement du rapport.   2

« Il sera alloué aux conseils agréés, dans le cas où l'expertise n'aura

pas lieu, à raison des soins et démarches nécessaires pour la fixation
des mises à prix. . . . . 5^f

« Sans préjudice du supplément de remise proportionnelle accordé
par l'article 11 du présent arrêté.

« (Art. 954.) Vacation à prendre communication du cahier des
charges, au cas de renvoi devant notaire. 2

« (Art. 963.) Requête pour obtenir l'autorisation de vendre au-des-
sous de la mise à prix. 1

« Ces émoluments seront les mêmes lorsqu'il s'agira de ventes d'immeubles dépendant d'une succession bénéficiaire, d'immeubles dotaux ou
provenant soit d'une succession vacante, soit d'un débiteur failli ou qui a fait
cession.

PARTAGES ET LICITATIONS.

« ART. 10. (Art. 969.) Requête à fin de remplacement du juge ou du
notaire commis. . . . . 1^f

« (Art. 971.) Vacation à prendre communication du procès-verbal
d'expertise. 2

« Acte de conclusions de conseil à conseil pour demander l'entéri-
nement du rapport. 2

« Il sera alloué aux conseils, dans le cas où l'expertise n'aura pas
lieu, à raison des soins et démarches nécessaires pour la fixation de la
mise à prix en cas de vente ou pour l'estimation et la composition des
lots en cas de partage en nature. 5

« Sans préjudice du supplément de remise proportionnelle accordé
par l'article 11 du présent arrêté.

« Aucune remise proportionnelle ne sera due, toutefois, dans les cas
de partage en nature.

« (Art. 973.) Sommation de prendre communication du cahier des
charges 1

« Vacation à prendre communication du cahier des charges au greffe
pour chaque conseil agréé colicitant :

« En l'étude du notaire pour le conseil agréé poursuivant et pour
chaque conseil agréé colicitant. 2

« Acte de conclusions de conseil à conseil pour obtenir l'autorisation de vendre au-dessous de la mise à prix . . . . 2^f

§ 2. — ÉMOLUMENTS COMMUNS AUX DIFFÉRENTES VENTES.

« ART. 11. (Code de procédure civile, art. 690.) Pour la grosse du cahier des charges, qui ne sera signifié dans aucun cas, lorsque la vente ne comprendra qu'un lot et quelque nombre de rôles qu'il contienne . . . . . . 12^f

« Cette somme sera augmentée de 1 fr. 50 cent. pour chacun des lots subséquents.

« Vacation pour déposer au greffe le cahier des charges. 1

« Pour l'extrait qui doit être inséré dans le journal de la colonie. . . 2

« Il sera passé autant de droits au conseil agréé qu'il y aura eu d'insertions prescrites par le Code.

« (Art. 697.) Pour obtenir l'ordonnance tendant à faire l'insertion extraordinaire 1

« Cette vacation ne sera allouée qu'autant que l'autorisation aura été obtenue.

« Pour faire l'insertion extraordinaire 1

« (Art. 698.) Pour faire légaliser la signature de l'imprimeur par le maire. 1

« (Art. 699.) Pour l'extrait qui doit être placardé et qui servira d'original 3

« Le conseil agréé poursuivant aura droit à cette allocation toutes les fois que de nouvelles appositions de placards auront été nécessaires.

« (Art. 702.) Vacation à l'adjudication, lorsque la vente ne se composera que d'un lot. 6

« Cette somme sera augmentée de 1 franc pour chacun des lots subséquents.

« Indépendamment des émoluments ci-dessus fixés, il sera alloué au conseil agréé poursuivant, sur le prix des biens dont l'adjudication sera faite au-dessus de 2,000 francs, savoir :

« Depuis 2,000 francs jusqu'à 10,000 francs, 1 p. 0/0;

« Sur la somme excédant 10,000 francs jusqu'à 50,000 francs, 1/2 p. 0/0;

« Sur la somme excédant 50,000 francs jusqu'à 100,000 francs, indéfiniment, 1/8 de 1 p. o/o.

« En cas d'adjudication par lots de biens compris dans la même poursuite, en l'état où elle se trouvera lors de l'adjudication, la totalité du prix des lots sera réunie pour fixer le montant de la remise.

« Le montant de la remise sera calculé sur le prix de chaque lot séparément, lorsque les lots seront composés d'immeubles distincts.

« Cette remise, lorsque le tribunal n'aura pas ordonné l'expertise dans les cas où elle est facultative, sera, depuis 2,000 francs jusqu'à 10,000 francs, de 1 1/2 p. o/o;

« Sur la somme excédant 10,000 francs jusqu'à 100,000 francs, de 1 p. o/o;

« Sur l'excédant de 100,000 francs jusqu'à 300,000 francs, de 1/2 p. o/o;

« Et sur l'excédant de 300,000 francs, indéfiniment, de 1/4 p. o/o.

« La remise proportionnelle sur le prix de l'adjudication sera divisée en licitation ainsi qu'il suit :

« Moitié appartiendra au conseil agréé poursuivant;

« La seconde moitié sera partagée par égales portions entre tous les conseils agréés qui auront occupé dans la licitation, y compris le conseil agréé poursuivant, qui aura sa part, comme les autres, dans cette seconde moitié.

« (Art. 703.) Vacation au jugement de remise. 3f

« (Art. 706.) Vacation pour enchérir.   3

« (Art. 707.) Vacation pour enchérir et se rendre adjudicataire. . . .   5

« (Art. 707.) Vacation pour faire la déclaration de command.   3

« Les vacations pour enchérir ou pour les déclarations de command sont à la charge de l'adjudicataire.

« Art. 12. (Code de procédure civile, art. 708.) Vacation pour faire au greffe la surenchère du sixième au moins du prix principal de l'adjudication.   5

« Pour l'acte de la dénonciation de la surenchère contenant avenir. .   1

« (Art. 734 et 964.) Vacation pour requérir le certificat du greffier ou du notaire constatant que l'adjudicataire n'a pas justifié de l'acquit des conditions exigibles de l'adjudication.   1

« Les émoluments des conseils agréés pour le dépôt de l'acte tenant lieu du cahier des charges, pour les extraits à placarder ou à insérer dans le journal de la colonie, pour enchérir, se rendre adjudicataire et faire la déclaration de command, par suite de la surenchère autorisée par l'article 708 ou de la folle enchère, seront taxés comme il est dit dans l'article 11. Le droit de remise proportionnelle sur l'excédant produit par la folle enchère ou la surenchère sera alloué au conseil agréé qui les aura poursuivies.

« Les autres incidents des ventes judiciaires ne pourront donner lieu à d'autres et plus forts droits que ceux établis pour les matières sommaires.

« ART. 13. Les copies de pièces qui appartiendront au conseil agréé seront taxées à raison de 30 centimes par rôle de vingt-cinq lignes à la page et de douze syllabes à la ligne.

CHAPITRE V.

DES NOTAIRES ET DES TABELLIONS.

« ART. 14. Dans les cas où les tribunaux renverront des ventes d'immeubles par-devant les notaires, ceux-ci auront droit, pour la grosse du cahier des charges, lorsque la vente ne comprendra qu'un seul lot, à un salaire de 12 francs, lequel sera augmenté de 1 franc pour chacun des lots subséquents.

« L'expédition du procès-verbal d'adjudication sera payée à raison de 1 fr. 20 cent. par rôle de vingt-cinq lignes à la page et de quinze syllabes à la ligne.

« Ils auront droit, en outre, sur le prix des biens vendus jusqu'à 10,000 francs, à 1 p. 0/0;

« Sur la somme excédant 10,000 francs jusqu'à 50,000 francs, à 1/2 p. 0/0;

« Sur la somme excédant 50,000 francs jusqu'à 100,000 francs, à 1/4 p. 0/0;

« Et sur l'excédant de 100,000 francs, indéfiniment, à 1/8 de 1 p. 0/0.

« Moyennant les allocations ci-dessus, les notaires sont chargés de la rédaction du cahier des charges, de la réception des enchères et de l'adjudication; ils ne pourront rien exiger pour les minutes de leurs procès-verbaux d'adjudication.

« Les conseils agréés restent chargés de l'accomplissement des autres actes de la procédure; ils auront droit aux émoluments fixés pour ces actes, et, lorsque l'expertise est facultative et n'aura pas été ordonnée, les conseils agréés auront droit, en outre, à la différence entre la remise allouée pour ce cas par l'article 11 du présent arrêté et la remise fixée par le paragraphe 3 du présent article.

« Toutes les fois qu'en exécution du titre IV du règlement du 27 janvier 1778 les ventes seront renvoyées par-devant les tabellions, ceux-ci auront droit à la moitié des émoluments alloués aux notaires par le présent article.

CHAPITRE VI.

DES EXPERTS.

« Art. 15. Les experts continueront à être payés de leurs actes et opérations conformément au tarif du 10 avril 1838 [1].

« Art. 16. Toutes les fois qu'il n'y aura pas d'expertise et qu'il s'agira d'immeuble rural, il sera alloué, pour le procès-verbal de délimitation qui devra être inséré dans le cahier des charges qui remplacera l'extrait de la matrice du rôle qu'aux termes du décret du 27 avril 1848 le procès-verbal de saisie est dispensé de contenir, un salaire de 2 fr. 40 cent., lequel sera réparti en égales portions entre le régisseur, l'écrivain et les deux principaux habitants de l'aldée chargés de l'opération.

« Ce procès-verbal devra renfermer la contenance, les abornements et la redevance actuelle du terrain, ainsi que toutes les indications portées dans le compte du paymache et dans celui d'adamanom.

« Lorsqu'il y aura plusieurs parcelles à délimiter dans la même aldée, le droit sera augmenté d'un fanon par chaque parcelle.

CHAPITRE VII.

« Art. 17. L'insertion dans le journal de l'extrait prescrit par l'article 696 du Code de procédure civile est fixée à 7 centimes et demi par ligne.

[1] Remplacé par l'arrêté du 11 novembre 1861.

CHAPITRE VIII.

DISPOSITIONS GÉNÉRALES.

« ART. 18. Tous actes et procédures relatifs aux incidents des ventes immobilières, et qui ne sont pas l'objet de dispositions spéciales au présent arrêté, seront taxés comme actes et procédures en matière sommaire, conformément à l'article 718 du Code de procédure civile et suivant les règles établies par le dernier paragraphe de l'article 12 qui précède.

« Si, à l'occasion d'une procédure de vente judiciaire d'immeubles, il s'élève une contestation qui n'ait pas le caractère d'incident et qui doive être considérée comme matière ordinaire, les actes relatifs à cette contestation seront taxés suivant les règles établies pour les procédures en matière ordinaire.

« ART. 19. Dans tous les cahiers des charges, il est expressément défendu de stipuler au profit des officiers ministériels d'autres et plus grands droits que ceux énoncés au présent tarif. Toute stipulation, quelle qu'en soit la forme, sera nulle de droit.

« ART. 20. Outre les fixations ci-dessus, seront alloués les simples déboursés justifiés par pièces régulières.

« ART. 21. Aux termes de l'article 2 de notre arrêté du 29 août 1840, le présent tarif sera appliqué dans son entier aux conseils agréés européens et diminué de moitié quant au coût des actes pour les conseils agréés indiens.

« ART. 22. Le procureur général est chargé de l'exécution du présent arrêté, qui sera enregistré partout où besoin sera. »

ARRÊTÉ

Du 14 août 1849, portant tarif pour les insertions judiciaires au journal l'Impartial.

RÉPUBLIQUE FRANÇAISE.

LIBERTÉ, ÉGALITÉ, FRATERNITÉ.

AU NOM DU PEUPLE FRANÇAIS.

Nous, Capitaine de frégate, Chevalier de la Légion d'honneur, Gouverneur des établissements français de l'Inde;

Vu la lettre du 4 juin dernier, adressée à M. le procureur général par M. Brun, gérant du journal l'*Impartial;*

Vu l'arrêté du 19 mai dernier, duquel il résulte qu'un projet de tarif serait présenté par les soins de M. le procureur général;

Vu l'avis de la cour d'appel;

Sur le rapport et la proposition du procureur général;

Le conseil d'administration entendu,

Avons ARRÊTÉ et ARRÊTONS ce qui suit :

« ART. 1er. Dans tous les cas où la loi prescrit la publicité par la voie des journaux, les insertions seront faites dans le journal l'*Impartial,* publié à Pondichéry.

« ART. 2. Ces insertions seront conformes aux prescriptions de la loi et devront contenir toutes les indications qu'elle détermine.

« Elles seront faites tant en français qu'en malabar.

« ART. 3. Le prix des insertions sera, pour toute vente au-dessous de 500 roupies, en prenant pour base le prix d'adjudication, par ligne, 10 centimes;

« Pour toute vente au-dessus de 500 roupies, en prenant également pour base le prix d'adjudication, 20 centimes.

« Quel que soit le nombre de lignes, le prix des insertions trois fois répétées en français et en malabar ne pourra jamais excéder:

« Pour celles dont l'objet ne s'élèvera pas au-dessus de 500 roupies, 1 fr. 80 cent.;

« Pour tout ce qui dépassera cette valeur, 4 fr. 80 cent.

« ART. 4. Le procureur général est chargé de l'exécution du présent arrêté, qui sera enregistré partout où besoin sera. »

ARRÊTÉ

Du 30 mars 1850, qui désigne le Moniteur officiel pour recevoir les insertions des actes judiciaires soumis par la loi à la publicité.

RÉPUBLIQUE FRANÇAISE.

LIBERTÉ, ÉGALITÉ, FRATERNITÉ.

AU NOM DU PEUPLE FRANÇAIS.

Nous, Capitaine de frégate, Chevalier de la Légion d'honneur, Gouverneur des établissements français de l'Inde;

Vu l'article 693 du Code de procédure civile de 1806, modifié par la loi de 1841;

Attendu que le journal *l'Impartial* ayant cessé de paraître, il y a lieu de désigner un autre journal pour l'insertion des actes judiciaires soumis par la loi à la publicité;

Sur le rapport et la proposition du procureur général,

AVONS ARRÊTÉ et ARRÊTONS ce qui suit:

« ART. 1er. Le Moniteur officiel est désigné pour recevoir les insertions des actes judiciaires soumis par la loi à la publicité.

« ART. 2. Les conditions imposées à l'Impartial par l'arrêté du 14 août 1849 sont appliquées au Moniteur.

« ART. 3. Le procureur général est chargé de l'exécution du présent arrêté, qui sera enregistré partout où besoin sera. »

ARRÊTÉ

Du 28 juillet 1843, concernant les obligations des greffiers et la perception des droits de greffe.

AU NOM DU ROI.

Nous, Gouverneur des établissements français dans l'Inde;

Vu la loi du 21 ventôse an VII, sur les droits de greffe en matière civile;

Vu les arrêtés locaux, notamment ceux des 7 novembre 1823, 21 mai 1838, 27 avril 1840, et les tarifs de 1786 et de 1773;

Vu l'arrêté du 2 février 1841, qui renvoie à la cour royale de Pondichéry pour avoir son avis sur la fixation du tarif des actes du ministère des greffiers;

Vu le règlement du 26 novembre 1785, concernant les ventes judiciaires;

Vu les différentes réclamations élevées à Karikal sur la tenue du greffe du tribunal de première instance de ladite ville et sur la perception des droits de greffe au même lieu;

Vu les réclamations élevées à Chandernagor sur l'introduction de nouvelles procédures en matière de ventes judiciaires;

Sans rien changer quant à présent aux perceptions adoptées, jusqu'à la décision de Sa Majesté, voulant concilier les différentes dispositions législatives précitées et ramener les perceptions et les écritures des greffes de la colonie aux règles d'uniformité, de garantie et de publicité qui seules peuvent prévenir les abus;

Vu l'article 49, paragraphe 3, de l'ordonnance du Roi du 23 juillet 1840, sur le gouvernement des établissements français de l'Inde;

Sur le rapport et la proposition du procureur général du Roi;

Le conseil d'administration entendu,

Avons arrêté et arrêtons ce qui suit :

« Art. 1er. Les droits de greffe, dans tous les tribunaux civils et de commerce des établissements français de l'Inde et à la cour royale de Pondichéry, seront perçus, soit au profit du trésor colonial, soit au profit des greffiers, de la manière ci-après déterminée, conformément aux tarifs ci-après annexés, actuellement en vigueur ou qui pourront être légalement établis et promulgués à l'avenir.

« Art. 2. Ces droits consistent : 1° dans celui qui est perçu lors de la mise au rôle au greffe de la cour et des tribunaux de première instance ; 2° lors de la réception des actes, déclarations ou dépôts dont la rédaction et la garde sont confiées aux greffiers ; 3° dans le droit d'expédition des jugements ou arrêts et autres actes reçus au greffe ; 4° dans les vacations et autres droits alloués pour les ventes judiciaires ; 5° dans les droits de lods et ventes et le droit de commission sur les ventes par autorité de justice, ainsi qu'ils sont établis par les règlements et arrêtés en vigueur.

« Art. 3. Les greffiers des tribunaux de première instance continueront de percevoir le montant des droits de lods et ventes ou de mutation, fixés à 2 1/2 p. o/o, sur les ventes faites d'autorité de justice, et le verseront au receveur du domaine ou au préposé qui en remplit les fonctions dans les dix premiers jours de chaque trimestre.

« Art. 4. Ils continueront également de recevoir et de verser au domaine, dans les mêmes délais, la commission de 2 1/2 o/o à percevoir sur les mêmes ventes d'immeubles, lorsqu'elles s'élèvent au-dessus de 150 roupies, conformément à l'arrêté local du 19 mars 1822.

« Quant aux ventes mobilières, elles seront faites conformément à l'arrêté du 18 août 1832 et ne donneront lieu à aucune perception pour le Trésor [1].

. . . .

« Art. 8. Les greffiers ne pourront délivrer aucune expédition que les droits n'aient été acquittés, sous peine d'être responsables, s'il y a lieu, des droits dus au Trésor, sauf, en cas de fraude et de malversation évidente, à être poursuivis devant les tribunaux, conformément aux lois.

[1] Les articles 5, 6, 7 sont abrogés.

« Art. 9. A dater de la promulgation du présent arrêté, les greffiers de la cour royale, des tribunaux civils et de commerce, et ceux des tribunaux de police et de paix, tiendront un registre coté et parafé par le président du tribunal près duquel ils exercent, sur lequel ils inscriront jour par jour les actes de toute nature sujets aux droits de greffe, les expéditions qu'ils délivreront, la nature de chaque expédition, le nombre des rôles, les noms des parties, avec mention de celle à laquelle l'expédition sera délivrée, et le montant des droits perçus qui seront portés hors ligne.

« Ils seront tenus de communiquer ce registre aux préposés de l'inspection coloniale, à ceux du domaine, au président et au ministère public, toutes les fois qu'ils en seront requis.

. . . .

« Art. 13. Toutes expéditions ou copies de décisions ou de pièces, demandées en toutes matières par l'inspecteur colonial ou par le ministère public, continueront jusqu'à nouvel ordre à être délivrées gratis, comme par le passé.

« Art. 14. Les greffiers ne pourront exiger aucun droit de recherche des actes et jugements ou arrêts faits ou rendus dans l'année, ni de ceux dont ils feront les expéditions; mais lorsqu'il n'y aura pas d'expéditions, il leur est attribué un droit de recherche pour l'année qui leur sera indiquée, et dans le cas où il leur serait indiqué plusieurs années et qu'ils seraient obligés d'en faire la recherche, ils ne percevront le droit entier que pour la première année et la moitié seulement pour chacune des autres.

« Art. 15. Les greffiers malabars ou natifs, dans les cas prévus au précédent article et dans tous ceux où leur ministère est requis, ne percevront que la moitié des droits fixés pour le greffier européen.

« Art. 16. Il est défendu aux greffiers et à leurs commis d'exiger ni recevoir des droits de greffe autres ni plus forts que ceux fixés par les tarifs maintenus par le présent arrêté, ou qui pourraient être établis par la suite, ni d'exiger aucun droit de prompte expédition, à peine de destitution.

« Il y aura lieu à la même peine contre les greffiers qui délivreront des expéditions qui ne contiendraient pas vingt-deux lignes à la page et le nombre de syllabes à la ligne, compensation faite des unes avec les autres, fixé par les tarifs ci-après.

« ART. 17. Les droits à percevoir seront alloués aux parties dans la taxe des dépens, sur les quittances qui devront être données par les greffiers, au bas des expéditions par eux délivrées, à peine du maximum de l'amende de simple police pour chaque contravention.

« ART. 18. Dans le courant du mois de janvier de chaque année, les procureurs du Roi de tous les établissements feront connaître au procureur général à Pondichéry : 1° le relevé sommaire des opérations de la caisse des dépôts et consignations pendant l'année précédente; 2° le produit de la perception des droits de greffe pendant la même année, par un état ou relevé dressé par les greffiers de chaque juridiction, dûment vérifié par eux et sur lequel seront distingués, pour les tribunaux de première instance :

« 1° Les droits de lods et ventes ou de mutation et la commission de 2 1/2 p. o/o sur lesdites ventes, droits alloués au Trésor par les articles 3, 4 et 5 du présent arrêté, en vertu des anciens règlements;

« 2° Les droits alloués aux greffiers sur les dépôts et consignations, sur les ventes judiciaires de toute espèce, sur les expéditions de tous jugements et actes, et généralement tous autres droits par eux perçus, conformément aux tarifs, à leur profit.

« Le greffier de la cour royale remettra, à la même époque, directement au procureur général l'état des perceptions ci-dessus indiquées.

« ART. 19. Les greffiers malabars seront seuls chargés de la traduction des actes faits ou reçus aux greffes, intéressant les natifs, dans les cas où lesdites traductions sont nécessaires.

« ART. 20. Les greffiers en chef des juridictions auprès desquelles sont établis des greffiers malabars sont tenus de remettre auxdits greffiers malabars les feuilles d'audience, ordonnances, minutes et autres actes intéressant les natifs, lesquels actes, aux termes des arrêtés locaux, doivent être traduits et transcrits sur les registres desdits greffiers, et ils veilleront à la prompte transcription et à la rentrée en leurs mains des minutes et actes par eux confiés pour ledit objet.

« ART. 21. Le greffier de la cour royale de Pondichéry continuera de percevoir les droits de greffe conformément au tarif du 11 décembre 1773 et aux règlements en vigueur, jusqu'à la révision et promulgation définitive de nouveaux tarifs. (*Abrogé.*)

« Les greffiers de justice de paix dans les établissements secondaires suivront, jusqu'à la même époque, le tarif adopté pour la justice de paix de
Pondichéry.

« ART. 22. Toutes dispositions antérieures des arrêtés ou ordonnances
locales sur la perception des droits de greffe, contraires aux dispositions qui
précèdent, et notamment le tarif du 21 mai 1838, en ce qui concerne les
greffiers, sont abrogés.

« ART. 23. Le procureur général du Roi est chargé de l'exécution du
présent arrêté, qui sera enregistré partout où besoin sera [1]. »

ARRÊTÉ

Du 16 juin 1849, relatif à la perception et au recouvrement des droits de greffe.

RÉPUBLIQUE FRANÇAISE.

LIBERTÉ, ÉGALITÉ, FRATERNITÉ.

AU NOM DU PEUPLE FRANÇAIS.

Nous, Capitaine de frégate, Chevalier de la Légion d'honneur, Gouverneur
des établissements français de l'Inde;

Vu le budget ministériel de l'exercice 1849, qui ordonne de faire rentrer
au Trésor tous les droits de greffe perçus jusqu'à ce jour par les greffiers de
la cour d'appel et des tribunaux de première instance de Pondichéry, Chandernagor et Karikal ;

Vu l'arrêté du 19 mai dernier, qui ordonne la mise à exécution de cette
disposition à dater du 1er juillet prochain;

Vu l'article 48 de l'ordonnance organique du 23 juillet 1840;

Sur le rapport et la proposition du chef du service administratif par
intérim ;

---

[1] Les articles 10, 11, 12 sont abrogés par l'arrêté du 3 décembre 1853, qui a transporté au
Trésor la caisse des dépôts et consignations.

Le conseil d'administration entendu,

Avons arrêté et arrêtons ce qui suit :

« Art. 1er. A partir du 1er juillet prochain, les droits de greffe en matière civile, les allocations accordées aux greffiers des tribunaux correctionnels et criminels par le tarif du 27 mai 1847, et en général toutes les sommes payées au greffier de la cour d'appel et à ceux des tribunaux civils de Pondichéry, Chandernagor et Karikal, à quelque titre et pour quelque cause que ce soit, seront perçus pour le compte du Trésor de la manière ci-après déterminée [1].

« Sont exceptés de la présente disposition : les frais de voyage et vacations alloués aux greffiers en cas de transport hors de la ville dans laquelle est situé le tribunal auquel ils sont attachés; le droit que reçoivent les greffiers comme chargés de la caisse des dépôts et consignations.

CHAPITRE Ier.

DE LA NATURE DES DROITS DE GREFFE EN MATIÈRE CIVILE.

« Art. 2. Les droits de greffe consistent :

[1] *Arrêté du 23 octobre 1854, relatif à la perception des droits par le greffier de la justice de paix.*

....

« Art. 1er. Le greffier de la justice de paix de Pondichéry percevra les droits suivants pour chacun des actes ci-après :

« Mise au rôle...	1 fanon.
« Rédaction des qualités.......................................	1 fanon.
« Procès-verbal de délivrance de deuxième grosse......................	4 fanons.
« Double minute des jugements civils entre Européens ou Européens et Indiens...	4 fanons.
« Opposition à départ..	4 fanons.
« Acte de cautionnement..	4 fanons.
« Certificat d'accomplissement des formalités prescrites aux capitaines de navires en partance...	4 fanons.
« Certificat de toute nature.....................................	4 fanons.
« Demande de renseignements obligeant à des recherches de pièces............	4 fanons.

« Art. 2. Le procureur général est chargé de l'exécution du présent arrêté, qui sera enregistré partout où besoin sera. »

Cet arrêté a été rendu applicable à Karikal le 12 mai 1855. Il est modifié par l'arrêté du 11 novembre 1861, sur les tarifs.

« 1° Dans celui qui est perçu lors de la mise au rôle de chaque cause ;

« 2° Dans celui établi pour la rédaction et transcription des actes;

« 3° Dans un droit pour vacations aux diverses opérations judiciaires;

« 4° Dans le droit d'expédition des arrêts, jugements, ordonnances, et généralement dans le droit d'expédition de tous procès-verbaux et actes quelconques.

« ART. 3. Ces droits continueront à être perçus conformément à l'arrêté du 28 juillet 1843 et aux tarifs y annexés, lesquels sont et demeurent maintenus dans tout ce qu'ils n'ont pas de contraire au présent arrêté.

« ART. 4. Les divers droits et allocations auxquels les actes énoncés dans ledit tarif et autres analogues, faits tant en matière civile qu'en matière criminelle et correctionnelle, donneront ouverture, seront alloués aux parties dans la taxe des dépens, sur la quittance des greffiers, pour les droits de mise au rôle ainsi que pour les allocations qui leur sont personnellement attribuées, et sur celle du fonctionnaire chargé de la perception, pour les autres droits et allocations.

CHAPITRE II.

DE LA PERCEPTION ET DU RECOUVREMENT.

SECTION Iᵉ.

DU MODE DE PERCEPTION.

« ART. 5. Les droits et allocations de toute nature attribués au Trésor par l'article 1ᵉʳ du présent arrêté seront reçus d'avance et directement par les greffiers des parties requérantes et versés ensuite, savoir : à Pondichéry, entre les mains du conservateur des hypothèques chargé de la perception; à Karikal et à Chandernagor, en celles des percepteurs des revenus publics.

« ART. 6. Ne sont pas compris dans la disposition de l'article qui précède :

« 1° Les droits dus pour les formalités ou pour les actes requis par l'administration dans toute les procédures où elle est partie;

« 2° Ceux auxquels donnent ouverture les procédures suivies d'office en matière civile par le ministère public;

« 3° Les frais d'expédition et autres dont le Trésor colonial doit faire l'avance, aux termes de l'article 35 du tarif du 27 mai 1847;

« 4° Les droits dus pour les doubles minutes dont le coût n'aura pas été acquitté dans les vingt jours de la date du jugement ou de l'arrêt;

« 5° La commission de 2 1/2 p. o/o sur les ventes faites à la barre dont le prix s'élève à 150 roupies et au-dessus, lorsque cette commission n'aura pas été acquittée dans les vingt jours de l'adjudication;

« 6° Les droits auxquels donnent ouverture les actes faits dans l'intérêt des indigents, lorsque l'indigence aura été constatée suivant le mode prescrit par l'article 6 de l'arrêté du 28 juillet 1842 et lorsque l'instance aura été engagée ou soutenue de l'avis de trois conseils agréés.

« Ces divers droits et frais seront liquidés en débet, et le recouvrement en sera poursuivi contre les parties, s'il y a lieu, suivant les formes en vigueur pour le recouvrement de deniers publics.

« Art. 7. La perception des divers droits et allocations attribués au Trésor par l'article 1er du présent arrêté sera opérée par les fonctionnaires désignés dans l'article 5, savoir :

« 1° Pour les droits de mise au rôle, le 1er de chaque mois, et sur la représentation du rôle général;

« 2° Pour ceux de rédaction et de transcription, sur la minute des actes donnant ouverture à ces droits;

« Dans le cas de légalisation, la mention qui la constatera sera considérée comme minute;

« 3° Pour les droits d'expédition, sur les expéditions qui doivent y être soumises, lesquelles devront, à cet effet, être présentées au percepteur avant d'être délivrées aux parties requérantes; le droit pour un rôle écrit en partie sera dû comme pour un rôle entier;

« 4° Pour les droits d'assistance et de vacation, sur la minute de l'acte ou du procès-verbal dans lequel aura été consignée l'opération donnant ouverture au droit;

« 5° Pour la commission de 2 1/2 p. o/o perçue sur le prix des adjudications faites à la barre, sur la minute des procès-verbaux d'adjudication.

SECTION II.

DES OBLIGATIONS DES GREFFIERS.

« ART. 8. Pour l'exécution de l'article qui précède, les greffiers devront présenter aux fonctionnaires chargés de la perception, dans les vingt jours de la date des actes, les minutes des divers actes et procès-verbaux soumis au prélèvement de la commission de 2 1/2 p. o/o ou à l'acquittement des droits de rédaction et de transcription, de vacations et d'assistance, le tout à peine par les greffiers d'acquitter personnellement, à titre d'amende et pour chaque contravention, une somme égale au montant du droit.

« ART. 9. Les greffiers ne pourront délivrer aucune expédition que les droits et allocations, quelle qu'en soit la nature, n'aient été acquittés, sous peine d'être responsables, s'il y a lieu, des droits dus au Trésor, sauf, en cas de fraude ou de malversation évidente, à être poursuivis devant les tribunaux conformément aux lois.

« ART. 10. Ils devront tenir un registre coté et parafé par le président du tribunal près lequel ils exercent, sur lequel ils inscriront jour par jour les actes de toute nature sujets aux droits de greffe, les expéditions qu'ils délivreront, la nature de chaque expédition, le nombre des rôles, les noms des parties, avec mention de celle à laquelle l'expédition sera délivrée et le montant des droits perçus qui seront portés hors ligne.

« Ils seront tenus de communiquer ce registre aux préposés du contrôle colonial, à ceux des fonctionnaires chargés de la perception, au président et au ministère public, toutes les fois qu'ils en seront requis.

« ART. 11. Les contraventions aux dispositions ci-dessus seront poursuivies à la requête du ministère public sur le procès-verbal qui en sera dressé par le fonctionnaire ou l'agent qui aura requis la communication, et punies, suivant le cas, par la cour ou le tribunal, d'une amende de 10 francs.

« ART. 12. Les droits de lods et ventes perçus en vertu des articles 78 et 80 de la coutume de Paris et de la délibération du conseil de la Compagnie du 30 août 1715 continueront à être acquittés directement par les parties entre les mains des greffiers et versés trimestriellement, sur états, par ces derniers, dans la caisse du fonctionnaire chargé de la perception.

« ART. 13. Il est très-expressément défendu, sous les peines de droit, aux greffiers et à leurs commis d'exiger ou de recevoir d'autres ou plus forts droits que ceux qui leur sont attribués par les tarifs en vigueur, soit à titre de prompte expédition, soit comme gratification, ni pour quelque cause et sous quelque prétexte que ce soit.

SECTION III.

DES OBLIGATIONS DES FONCTIONNAIRES CHARGÉS DE LA PERCEPTION.

« ART. 14. La perception des droits de greffe et autres allocations attribuées au Trésor par l'article 1ᵉʳ du présent arrêté sera consignée sur un registre spécial, dans lequel devront être distingués, par des colonnes séparées, les droits de mise au rôle, ceux de rédaction et de transcription, ceux d'assistance et de vacation, et les allocations perçues en matière criminelle et correctionnelle. Les droits fixes de rédaction et de transcription devront, au moyen d'une sous-division, être distingués de la commission de 2 1/2 p. o/o désignée dans l'article 4 de l'arrêté du 28 juillet 1843.

« ART. 15. Le registre de perception sera arrêté jour par jour, à l'instant de la fermeture du bureau; l'arrêté sera mis en toutes lettres sur la ligne qui suivra le dernier enregistrement et sera signé par le fonctionnaire chargé de la perception.

« Les arrêtés des dimanches et jours de fête présenteront, indépendamment de la date, la désignation du jour.

« ART. 16. Ces registres seront, tous les 1ᵉʳ du mois, et sans déplacement, soumis à la vérification et au visa du contrôleur colonial ou de son délégué.

« ART. 17. Toutes dispositions contraires au présent arrêté sont et demeurent abrogées.

« ART. 18. Le chef du service administratif, le procureur général et les chefs de service de Chandernagor et de Karikal sont, chacun en ce qui le concerne, chargés de l'exécution du présent arrêté, qui sera enregistré partout où besoin sera. »

ARRÊTÉ

Du 30 juillet 1849, modificatif de celui du 16 juin, sur la perception des droits de greffe.

RÉPUBLIQUE FRANÇAISE.

LIBERTÉ, ÉGALITÉ, FRATERNITÉ.

AU NOM DU PEUPLE FRANÇAIS.

Nous, Capitaine de frégate, Chevalier de la Légion d'honneur, Gouverneur des établissements français de l'Inde;

Vu l'arrêté local du 16 juin 1849, sur la perception des droits de greffe;

Vu la lettre, en date du 26 juillet 1849, de M. le percepteur des droits de greffe;

Sur le rapport et la proposition du chef du service administratif par intérim;

Le conseil d'administration entendu,

AVONS ARRÊTÉ et ARRÊTONS ce qui suit :

« ART. 1er. A dater de la promulgation du présent arrêté, les vacations allouées aux greffiers pour assistance aux ventes d'immeubles dont le prix s'élève à 360 francs et au-dessus, et attribuées à l'État par l'arrêté du 16 juin dernier, seront classées parmi les droits de greffe dont la liquidation, en cas de non-payement entre les mains du greffier, est opérée en débet, et dont le recouvrement est directement poursuivi par le percepteur, suivant les formes suivies en matière de deniers publics.

« Ce droit sera liquidé et le recouvrement poursuivi sur la remise des procès-verbaux qui devra être faite par les greffiers entre les mains du percepteur dans les vingt jours de l'adjudication.

« ART. 2. A dater de la même époque, aucune enquête ni autre opération judiciaire donnant ouverture au droit de vacation ne pourra avoir lieu, si la

44.

partie la plus diligente ne justifie du dépôt entre les mains du greffier d'une somme suffisante pour acquitter le montant d'une double vacation.

« Art. 3. Les dispositions de l'arrêté du 16 juin 1849 sont et demeurent maintenues en tant qu'elles n'ont rien de contraire au présent arrêté.

« Art. 4. Le chef du service administratif et les chefs de service des établissements de Chandernagor et de Karikal sont, chacun en ce qui le concerne, chargés de l'exécution du présent arrêté, qui sera enregistré partout où besoin sera. »

ARRÊTÉ

Du 14 août 1849, modificatif de celui du 16 juin 1849, sur la perception des droits de greffe.

RÉPUBLIQUE FRANÇAISE.

LIBERTÉ, ÉGALITÉ, FRATERNITÉ.

AU NOM DU PEUPLE FRANÇAIS.

Nous, Capitaine de frégate, Chevalier de la Légion d'honneur, Gouverneur des établissements français de l'Inde;

Vu la lettre de M. le percepteur des droits de greffe, en date du 8 août 1849, numérotée 279, de laquelle il résulte la nécessité de simplifier en partie le système établi par l'arrêté du 16 juin 1849, sur la perception des droits de greffe;

Sur le rapport et la proposition du chef du service administratif par intérim;

Le conseil d'administration entendu,

Avons arrêté et arrêtons ce qui suit:

« Art. 1er. Les articles 4, 5, 8 et 14 de l'arrêté du 16 juin dernier, sur la perception des droits de greffe, sont et demeurent rédigés ainsi qu'il suit:

« Art. 4. Les divers droits et allocations auxquels les actes énoncés dans

« ledit tarif et autres analogues, faits tant en matière civile qu'en matière cri-
« minelle et correctionnelle, donneront ouverture, seront alloués aux parties
« dans la taxe des dépens, sur la quittance des greffiers, laquelle devra être
« visée par le fonctionnaire chargé du recouvrement toutes les fois que la per-
« ception aura dû être opérée au profit du Trésor.

« Art. 5. Les droits et allocations de toute nature attribués au Trésor par
« l'article 1er du présent arrêté seront perçus d'avance et directement par les
« greffiers des parties requérantes et versés, le 1er de chaque mois, savoir : à
« Pondichéry, entre les mains du conservateur des hypothèques chargé du
« recouvrement; à Karikal et à Chandernagor, en celles du percepteur des
« revenus publics.

« Toutefois, les actes requis par les curateurs aux successions vacantes dans
« l'exercice de leurs fonctions seront toujours reçus ou délivrés en débet. Le
« montant du droit sera directement perçu par le fonctionnaire chargé du
« recouvrement six mois après la passation ou la délivrance de l'acte, à moins
« que, la succession étant indigente, ces actes ne doivent être faits ou délivrés
« sans frais, en exécution de l'article 34 de l'arrêté du 29 avril 1844.

« Art. 8. Les greffiers devront, dans les vingt jours de la date des actes,
« soumettre au visa du fonctionnaire chargé du recouvrement, savoir : les
« pièces donnant ouverture aux droits, pour les expéditions et pour les actes
« faits en brevet, et les quittances délivrées par eux aux parties, pour les autres
« actes. Dans aucun cas, aucune délivrance d'actes ni de quittances ne pourra
« avoir lieu avant l'apposition du visa dont il vient d'être parlé.

« La présente disposition ne s'applique pas aux ampliations de quittances
« délivrées par les greffiers pour des droits antérieurement perçus.

« L'envoi des pièces ou des quittances soumises au visa sera opéré par un
« bulletin signé du greffier et conforme au modèle joint au présent arrêté.
« Les bulletins journaliers, classés et conservés dans le bureau chargé du re-
« couvrement, serviront à la vérification mensuelle des registres tenus en exé-
« cution des articles 10 et 14.

« Les greffiers devront également, à l'expiration du vingtième jour de la
« date des actes, transmettre au fonctionnaire chargé du recouvrement un
« relevé des droits ne rentrant pas sous l'application du premier paragraphe
« de l'article 5 et dont les parties n'auraient pas effectué le payement dans le

« délai fixé par l'article 6. Ce relevé devra indiquer la date et la nature de
« l'acte, ainsi que les noms, prénoms, profession, domicile, caste et filia-
« tion des parties; il indiquera, en outre, l'étendue et la situation des im-
« meubles, lorsqu'il s'agira d'une adjudication immobilière.

« Art. 14. Au moment de l'apposition du visa prescrit par l'article 8 ci-
« dessus, les fonctionnaires chargés du recouvrement feront mention de la
« perception à laquelle l'acte aura dû donner lieu au profit du Trésor sur un
« registre spécial, dans lequel devront être distingués, par des colonnes sépa-
« rées, les droits de mise au rôle, ceux de rédaction et transcription, ceux
« d'assistance et de vacation, ceux d'expédition et les allocations perçues en
« matière criminelle et correctionnelle. Les droits fixes de rédaction et de
« transcription devront, au moyen d'une sous-division, être distingués de la
« commission de 2 1/2 p. o/o désignée dans l'arrêté du 28 juillet 1843. »

« Art. 2. L'article 7 de l'arrêté précité du 16 juin 1849 est et demeure
abrogé.

« Continueront à être exécutées, selon leur forme et teneur, toutes les
dispositions dudit arrêté qui ne sont pas contraires au présent.

« Art. 3. Le chef du service administratif par intérim et les chefs de service des établissements de Chandernagor et de Karikal sont, chacun en ce
qui le concerne, chargés de l'exécution du présent arrêté, qui sera enregistré
partout où besoin sera. »

ARRÊTÉ

*Du 17 juillet 1858, relatif aux actes, expéditions, extraits et certificats à délivrer sans frais
par les greffiers.*

ÉTABLISSEMENTS FRANÇAIS DANS L'INDE.

Nous, Commissaire général de la marine, Gouverneur des établissements
français dans l'Inde ;

Vu l'article 6 de l'arrêté du 16 juin 1849, sur la perception des droits de greffe ;

Attendu que le coût de quelques-uns des actes énumérés dans cet article étant forcément irrécouvrable, il en résulte que les sommes auxquelles ces frais s'élèvent, liquidées en débet et portées au crédit des recettes de l'exercice, grossissent fictivement les recettes à recouvrer de cet exercice et forcent ensuite l'administration à des dégrèvements qui paraissent consacrer un abandon là où il n'a jamais existé de somme due;

Vu l'avis émis par le chef du service des contributions;

Sur la proposition de l'ordonnateur ;

Le conseil d'administration entendu,

Avons arrêté et arrêtons ce qui suit :

« Art. 1er. A partir de ce jour, seront faits ou délivrés sans frais par les greffiers des différentes juridictions :

« 1° Les extraits ou copies des procès-verbaux de prestation de serment des fonctionnaires publics délivrés à ces fonctionnaires eux-mêmes, sans que cette exemption puisse s'étendre au delà de la copie ou de l'extrait délivré pour l'expédition du premier mandat de solde ou pour l'installation de l'impétrant ;

« 2° Les grosses, expéditions ou extraits de jugements ou d'arrêts d'acquittement, demandés par le ministère public, lorsqu'il n'y a pas de partie civile en cause ;

« 3° Les expéditions des arrêts ou jugements en matière d'apurement des comptes des curateurs aux successions vacantes;

« 4° Les copies des procès-verbaux de visite d'amirauté ou de toute autre pièce destinée à être mise à l'appui d'un mandat de dépense, qui sont demandées par l'ordonnateur et dont le coût ne peut être mis à la charge d'aucune partie;

« 5° Les expéditions ou extraits des arrêts de la chambre des mises en accusation, délivrés au ministère public pour la suite à donner;

« 6° Les expéditions ou extraits de jugements ou d'arrêts admettant à l'assistance judiciaire, dont la transmission doit être faite au receveur des contributions et du domaine, aux termes de l'article 10 de l'arrêté du 1ᵉʳ mai 1854;

« 7° Le coût des pièces que les articles 622 à 625 de la loi du 3 juillet 1852 obligent de mettre à l'appui des demandes en réhabilitation;

« 8° Les actes faits ou les expéditions, copies ou extraits délivrés avec l'autorisation écrite du ministère public, à la requête de parties ayant justifié de leur indigence dans la forme prescrite par l'article 6 de l'arrêté du 28 juillet 1842, et dans les cas ne rentrant pas sous l'application de l'arrêté du 1ᵉʳ mai 1854, sur l'assistance judiciaire;

« 9° Les relevés sommaires et extraits de condamnations à l'amende ou aux frais, délivrés au receveur chargé de la poursuite;

« 10° Les doubles minutes de tous les actes, jugements ou arrêts compris dans les dispositions du présent arrêté;

« 11° Et en général les extraits, copies ou expéditions de tous actes, jugements, et les certificats délivrés ou les actes faits à la requête du ministère public ou du juge d'instruction, dans l'intérêt de la chose publique, et ne rentrant pas dans la catégorie de ceux que la loi met à la charge de la partie succombante.

« Art. 2. Tous les actes que l'ordonnateur, le ministère public ou le juge d'instruction sont autorisés à se fournir sans frais ne pourront être délivrés que sur une réquisition écrite du premier fonctionnaire ou de ces magistrats.

« Les officiers du ministère public et le juge d'instruction seront tenus d'indiquer, dans la réquisition, que la copie de l'acte ou de la pièce demandée n'est pas de celles qui peuvent être mises à la charge des parties.

« Art. 3. Le receveur ne donnera son visa pour la délivrance des pièces à fournir sans frais que sur le vu des réquisitions du ministère public qui seront jointes à la pièce à expédier.

« Art. 4. Dans tous les cas de liquidation en débet, les greffiers seront tenus d'indiquer au bas de la pièce présentée au visa du receveur le fonctionnaire ou la partie à la requête desquels l'acte a été fait ou la copie ou l'extrait délivré, et l'affaire dans laquelle cet acte ou cette délivrance sont intervenus.

« Art. 5. L'ordonnateur, le procureur général et les chefs de service des établissements secondaires sont chargés, chacun en ce qui le concerne, de l'exécution du présent arrêté, qui sera enregistré partout où besoin sera.

ARRÊTÉ

Du 3 avril 1832, qui prescrit aux greffiers de la cour royale et des tribunaux de première instance des établissements français de l'Inde de tenir des doubles minutes des arrêts et jugements rendus tant au criminel qu'au civil et en quelque matière que ce soit.

AU NOM DU ROI DES FRANÇAIS.

Nous, Gouverneur des établissements français de l'Inde;

Vu l'édit de juin 1776, constitutif du dépôt de Versailles pour la conservation des doubles minutes des actes de l'état civil et des jugements et arrêts dans les colonies, dont l'exécution a été constamment prescrite par différentes circulaires et dépêches ministérielles, et aux dispositions desquelles il n'est satisfait qu'imparfaitement aujourd'hui, au point que quelques greffiers se sont fait dispenser par l'autorité judiciaire, agissant hors de ses attributions, de tenir des doubles registres des jugements substitués d'ailleurs irrégulièrement au lieu et place de doubles minutes qu'il est prescrit aux greffiers de tenir de tous les jugements et arrêts tant en matière civile que criminelle et en quelque matière que ce soit, notamment par la décision ministérielle du 4 août 1827;

Sentant le besoin de ramener à la règle, qui est l'exécution des lois et des instructions du Gouvernement du Roi;

Sur le rapport de l'avocat général;

Provisoirement et sauf l'approbation de Sa Majesté,

Avons arrêté et arrêtons ce qui suit :

« Art. 1er. Les greffiers de la cour royale et des tribunaux de première instance des établissements français de l'Inde qui ne se seraient pas scrupuleusement conformés aux dispositions de l'édit du Roi de juin 1776 et aux décisions ministérielles qui en ont prescrit l'exécution, devront tenir désormais, à peine de destitution, des doubles minutes des arrêts et jugements rendus tant au criminel qu'au civil et en quelque matière que ce soit.

« Ces doubles minutes, devant être l'image fidèle des feuilles d'audience, devront être faites et tenues pour chaque arrêt ou jugement et non en cahier ou sur registres, sauf à réunir chaque année les doubles minutes restant au greffe en un seul corps pour leur conservation [1].

« Art. 2. Dans le premier mois de chaque année, les greffiers sont tenus de déposer l'une des minutes des jugements et arrêts, à savoir :

« A Pondichéry, au secrétariat du gouvernement, et dans les établissements secondaires, au secrétariat de l'administrateur.

« A ces minutes sera joint un état sommaire, en triple expédition, des jugements et arrêts, contenant la date des arrêts et jugements, la nature et la date des actes avec les noms des parties ; lesquels états doivent être signés des déposants et visés sans frais.

« L'une des trois expéditions, au bas de laquelle sera mis le récépissé du dépôt, restera au déposant ; les autres seront transmises au gouvernement de Pondichéry, pour l'une d'elles être adressée en France.

« La présente formalité ne dispense pas les greffiers de la remise prescrite des extraits en double expédition des jugements et arrêts criminels ou correctionnels rendus dans les établissements français de l'Inde contre des individus nés ou domiciliés en France, exigibles d'après la décision ministérielle du 29 octobre 1825.

« Art. 3. Le greffier de la cour royale de Pondichéry est tenu, conformément à l'article 9 de l'édit de 1776, de faire une double expédition des lois et règlements ou arrêtés pris par le gouverneur concernant la colonie,

[1]   *Édit de juin 1776.*

. . . .

« Art. 13. Les greffiers des conseils supérieurs et des siéges inférieurs retiendront par devers eux, aussi aux frais communs des demandeurs et des défendeurs, des expéditions des arrêts et des jugements définitifs rendus contradictoirement ou par défaut, en matière civile seulement ; lesquelles expéditions seront visées par les présidents des conseils et par les juges des lieux, sans frais ; exceptons de la disposition du présent article les jugements rendus sur action purement personnelle entre parties présentes ou domiciliées dans la colonie. »

avec mention des arrêts d'enregistrement, et de les déposer au secrétariat du gouvernement. (*Abrogé.*)

« ART. 4. Les greffiers remettront immédiatement, au lieu et place des doubles minutes qu'ils se seraient dispensés de tenir conformément aux règlements, une expédition de tous les jugements et arrêts rendus au criminel et au civil, et en quelque matière que ce soit, pour tenir lieu de la minute, laquelle sera visée sans frais par les présidents des cours et tribunaux.

« ART. 5. Les notaires des établissements français dans l'Inde, obligés également par l'article 11 de l'édit de 1776 de tenir, aux frais des parties, deux minutes des différents actes qu'ils reçoivent, dont l'une est destinée pour le dépôt de Versailles et visée sans frais par le juge, continueront à tenir ces deux minutes, hormis pour les inventaires, partages et ventes sur inventaires; et, pour les testaments, ils sont tenus de remplacer la seconde minute par une expédition dans les quinze jours de l'ouverture et publication desdits testaments.

« Ils sont tenus, de même que les greffiers, de déposer la double minute, à Pondichéry, au secrétariat du gouvernement, et dans les établissements secondaires, au secrétariat de l'administrateur, et dans les mêmes délais.

« De même que les greffiers, ceux des notaires qui ne se seraient pas conformés à l'édit sont tenus de déposer immédiatement et le plus tôt que faire se pourra, des expéditions desdits actes devant remplacer la double minute[1].

[1]   *Édit de juin 1776.*

. . . .

« ART. 11. Les notaires retiendront, aux frais des parties, deux minutes des différents actes qu'ils recevront, dont l'une sera destinée pour le dépôt et visée sans frais par le juge des lieux. Exceptons néanmoins de la nécessité de la seconde minute les actes d'inventaires, de partages ou de ventes sur inventaires, sauf aux parties à remettre, à leurs frais, expédition desdits actes, aux termes de l'article 7, lorsqu'elles le croiront nécessaire pour leur sûreté.

. . . .

« ART. 26. Ceux qui auront intérêt à demander expédition de quelques pièces faisant partie du dépôt s'adresseront au directeur d'icelui, en lui justifiant de leur droit ou qualité, soit par des titres, soit par le certificat en bonne forme des juges de leur domicile.

« ART. 27. Les expéditions visées par le directeur du dépôt feront foi en justice; elles seront

« A la double minute ou expédition sera joint un état sommaire en triple expédition, contenant l'année et la date des actes, leur nature et le nom des parties. L'un des triples restera au notaire, revêtu du récépissé du dépôt.

« ART. 6. L'avocat général, chef du ministère public, est chargé de l'exécution du présent arrêté. »

ARRÊTÉ

Du 8 octobre 1835, qui prescrit la tenue de doubles minutes par les greffiers des tribunaux de paix et de police.

AU NOM DU ROI.

Nous, Pair de France, etc.

Vu la dépêche ministérielle du 10 avril 1835, n° 36, prescrivant diverses mesures propres à compléter les collections des doubles minutes d'actes judiciaires provenant des établissements français de l'Inde et devant exister dans les archives de la marine, à Versailles, au dépôt des chartes des colonies ;

Vu encore l'édit de juin 1776 et l'arrêté local du 8 avril 1832, prescrivant les mesures propres à en assurer l'exécution ;

Considérant que le double but de l'édit a été d'abord d'assurer, par l'envoi de duplicata des actes de l'état civil et des actes judiciaires aussi bien qu'extrajudiciaires concernant les personnes et les propriétés, la conservation des titres qui intéressent aussi essentiellement le repos et la sûreté des familles, à fournir ensuite, sur l'existence des Français qui passent dans les colonies, des renseignements que le trop grand éloignement ne

---

delivrées sans frais sur papier commun et ne seront sujettes au contrôle, comme étant représentatives de titres et actes passés et reçus dans les pays où le papier timbré ni le contrôle n'ont pas lieu, à moins qu'il n'en soit fait usage en justice réglée ; auquel cas lesdites expéditions seront contrôlées et les droits acquittés dans les bureaux les plus prochains, conformément à la déclaration du 6 décembre 1707 et à l'article 97 du tarif du contrôle du 29 septembre 1722. »

permet de se procurer qu'avec peine, et dont le défaut arrête souvent des arrangements de famille ;

Que ce but ne serait pas rempli s'il n'était pas tenu de doubles minutes des jugements des tribunaux de la justice de paix, dont la compétence a été considérablement étendue dans les établissements français de l'Inde par l'arrêté local du 24 février 1834, et s'il n'était pas transmis au dépôt de Versailles une minute des jugements intéressant les Européens, avec un duplicata des actes faits au greffe qui les intéressent ;

Sur le rapport et la proposition du procureur général du Roi ;

Provisoirement et sauf l'approbation de Sa Majesté Louis-Philippe, Roi des Français,

Avons arrêté et arrêtons ce qui suit :

« Art. 1er. Les greffiers des tribunaux de la justice de paix et de simple police des établissements français de l'Inde devront tenir désormais, à peine de destitution, des doubles minutes des jugements rendus tant en matière civile qu'en matière commerciale.

« Ces doubles minutes, devant être l'image fidèle des feuilles d'audience, devront être faites et tenues pour chaque jugement et non en cahier ou sur registre, sauf à réunir chaque année les doubles minutes restant au greffe en un seul corps pour leur conservation.

« Il sera également tenu des doubles minutes des jugements rendus par le tribunal de police simple dans lesquels les parties seraient de la classe des Européens.

« Art. 2. Dans le premier mois de chaque année, les greffiers seront tenus de déposer l'une des minutes des jugements et actes judiciaires, à savoir :

« A Pondichéry, au secrétariat du gouvernement, et dans les établissements secondaires, au secrétariat de l'administrateur, quant aux minutes des jugements et actes judiciaires intéressant des Européens, et au greffe du tribunal de première instance, quant aux minutes de jugements et actes judiciaires intéressant tous autres que les Européens. A ces minutes sera joint un état sommaire en triple expédition de tous les jugements et actes

judiciaires sans exception, lequel état sera indicatif : 1° de la date des jugements ou autres actes judiciaires et extrajudiciaires faits au greffe des tribunaux de paix et de police ; 2° de la nature des actes ; 3° des noms des
parties, lesquels états devront être signés des déposants et visés sans frais.

« L'une des trois expéditions, au bas de laquelle sera mis le récépissé du
dépôt, restera au déposant; une autre expédition sera transmise au gouvernement de Pondichéry, pour être adressée en France avec la double minute
des actes et jugements intéressant les Européens.

« La troisième expédition de l'état sommaire sera déposée au greffe du
tribunal de première instance avec les actes et jugements intéressant les
natifs ou tous autres que les Européens, actes et jugements dont il ne
pourra être délivré expédition aux parties par le greffier du tribunal de première instance qu'après deux ans de leur date, à peine de tous dommages-
intérêts envers les greffiers des tribunaux de paix et de police simple.

« La présente formalité ne dispense pas les greffiers de la remise prescrite
des extraits des jugements de police destinés au procureur du Roi dans les
termes de l'article 178 du Code d'instruction criminelle, ni de l'état prescrit
par l'article 251 de l'ordonnance royale du 30 septembre 1827, applicable
aux tribunaux de l'Inde [1].

« ART. 3. Les greffiers des tribunaux de paix et de police seront tenus
d'effectuer, dans le plus bref délai, le dépôt d'expédition des jugements ou
actes judiciaires intéressant des Européens, rendus antérieurement à la publication du présent arrêté, et d'y joindre les états sommaires, comme il est
spécifié en l'article 2, pour être transmis au dépôt de Versailles.

« Ces expéditions seront payées aux greffiers sur le produit des amendes
et d'après la taxe qui en sera faite par le juge, visée par le procureur du Roi.

« ART. 4. Il n'est point dérogé à l'arrêté local du 3 avril 1832, qui continuera d'être exécuté rigoureusement et selon sa forme et teneur, à l'exception de l'article 3, qui est seul abrogé.

« ART. 5. Le procureur général du Roi est chargé de l'exécution du présent arrêté, qui sera enregistré partout où besoin sera et traduit en langue
native, conformément à l'arrêté local du 24 février 1834. »

----

[1] L'arrêté qui promulguait cette ordonnance est rapporté.

ARRÊTÉ

Du 3 avril 1832, qui prescrit au chef du ministère public près la cour royale de Pondichéry, et aux procureurs du Roi près les tribunaux de première instance, de vérifier tous les mois les registres et actes judiciaires dans tous les greffes des cours et tribunaux des établissements français dans l'Inde, pour s'assurer qu'ils sont tenus légalement.

AU NOM DU ROI DES FRANÇAIS.

Nous, Gouverneur des établissements français de l'Inde;

Vu l'ordonnance du Roi du 5 novembre 1823, qui détermine un mode pour la tenue et la vérification des registres et actes judiciaires dans les greffes des cours royales et tribunaux du royaume, et renfermant des dispositions dont l'application aux établissements français de l'Inde doit présenter de très-réels avantages;

Vu les dépêches ministérielles des 27 août 1824 et 12 octobre 1830, prescrivant la mise en vigueur de l'ordonnance précitée;

Vu les articles 138, 139, 140 du Code de procédure civile, relatifs à la rédaction et à la signature des jugements, les articles 18, 433, 470, 1016 et 1020 du même Code, qui rendent les règles établies par les articles cités communes aux jugements des juges de paix, des tribunaux de commerce et des arrêts des cours, et aux sentences arbitrales;

Vu les articles 36, 37 et 74 du règlement du 30 mai 1808, relatifs à la rédaction et signature des minutes des jugements dans les cours, et dont, par l'article 73, les dispositions sont étendues aux tribunaux de première instance;

Vu enfin les articles 76, 77, 95, 96, 164, 176, 196, 211, 234 et 370 du Code d'instruction criminelle concernant la rédaction et la signature des informations, mandats, ordonnances, jugements et arrêts en matière criminelle;

Tous lesdits articles visés dans l'ordonnance du Roi susdatée du 5 novembre 1823 ;

Sur la proposition de l'avocat général, chef du ministère public,

Avons ARRÊTÉ et ARRÊTONS ce qui suit :

« ART. 1ᵉʳ. Au désir de l'ordonnance du 5 novembre 1823, le procureur général près la cour royale de Pondichéry, ou l'avocat général en faisant fonctions, fera, dans les cinq premiers jours de chaque mois, le récolement des minutes sur les répertoires et constatera par un procès-verbal l'état matériel et de situation des feuilles d'audience et de toutes autres minutes d'actes reçus et passés dans les greffes de la cour durant le mois précédent.

« Il vérifiera en même temps le dépôt.

« Le chef du ministère public pourra déléguer cette fonction à son substitut ou à celui qu'il peut appeler à la participation de ces fonctions.

« La première vérification comprendra l'année judiciaire de 1831 à l'année 1832, jusques et y compris le mois de mars de ladite année.

« ART. 2. Les procureurs du Roi près les tribunaux de première instance et les agents du Gouvernement qui les remplacent dans les tribunaux secondaires vérifieront et constateront, avec les mêmes formalités et dans le même temps, l'état matériel et de situation des feuilles d'audience et de toutes autres minutes d'actes reçus et passés dans les greffes desdits tribunaux.

« Ils s'assureront, ainsi que le chef du ministère public, s'il est tenu des doubles minutes des jugements et arrêts au civil et au criminel et en quelque matière que ce soit.

« La première vérification remontera au commencement de l'année judiciaire de 1831.

« ART. 3. Les juges de paix dresseront chaque mois, dans le même délai et avec les mêmes formalités, procès-verbal de l'état de leurs registres.

« Ce procès-verbal sera transmis dans les cinq jours suivants au procureur du Roi près le tribunal de première instance de l'arrondissement, lequel pourra, en outre, ainsi que le chef du ministère public, quand il le jugera convenable, procéder à cette vérification.

« ART. 4. Les procureurs du Roi de première instance feront, dans le même délai et dans les mêmes formes, la vérification des feuilles d'audience, minutes et actes des greffes des tribunaux de police établis dans les lieux de leur résidence.

« ART. 5. Tous ces procès-verbaux seront transmis dans la huitaine de la réception après leur confection, comme il a été dit ci-dessus, au chef du ministère public près la cour royale de Pondichéry.

« ART. 6. Le chef du ministère public nous rendra compte du résultat des vérifications, des mesures qu'il aurait requises pour faire rectifier les irrégularités, s'il en avait été commis, et des poursuites qu'il aura dirigées pour faire prononcer contre les greffiers contrevenants les peines portées par les lois, sans préjudice de la destitution desdits greffiers, s'il y a lieu.

« Ce compte nous sera adressé dans la seconde quinzaine du mois qui suivra celui dans lequel la vérification aura été faite.

« ART. 7. L'avocat général, chef du ministère public, est chargé de l'exécution du présent arrêté. »

ORDONNANCE DU ROI

Du 7 novembre 1830, relative aux effets mobiliers déposés dans les greffes des tribunaux à l'occasion de procès civils ou criminels.

LOUIS-PHILIPPE, etc.

Vu l'ordonnance royale du 22 février 1829, sur les ventes d'effets mobiliers provenant des procès civils ou criminels ;

Attendu qu'il a été reconnu utile d'appliquer aux colonies françaises les mesures d'ordre et de conservation prescrites par cette ordonnance ;

Sur le rapport de notre ministre secrétaire d'État au département de la marine et des colonies,

Nous avons ordonné et ordonnons ce qui suit :

« ART. 1er. Les greffiers, geôliers et tous autres dépositaires d'effets mobiliers déposés à l'occasion de procès civils ou criminels définitivement jugés dans les colonies françaises, et qu'il serait nécessaire de vendre, soit à raison de leur détérioration, soit pour toute autre cause, devront présenter requête au président du tribunal civil pour être autorisés à faire remise desdits objets aux préposés de l'administration du domaine colonial, qui procéderont à la vente dans les formes suivies pour l'aliénation des objets non réclamés et sur lesquels l'État a un droit éventuel.

« Les dispositions ci-dessus sont applicables aux greffiers des conseils de guerre des colonies, ainsi qu'aux geôliers ou concierges des prisons militaires dans les mêmes établissements.

« ART. 2. Les sommes qui proviendront desdites ventes seront versées, à titre de dépôt, dans les caisses coloniales, et les ayants droit pourront les réclamer dans les délais fixés par l'article 2262 du Code civil.

« ART. 3. Notre ministre secrétaire d'État au département de la marine et des colonies est chargé de l'exécution de la présente ordonnance, qui sera insérée au Bulletin des lois. »

ORDONNANCE

Du 9 juin 1831, relative à la vente des objets qui restent dans les greffes et prisons à la suite des procès.

LOUIS-PHILIPPE, etc.

Vu l'ordonnance royale du 22 février 1829, relative à la vente des effets mobiliers déposés dans les greffes des cours et tribunaux;

Considérant que de nouvelles dispositions sont nécessaires pour assurer avec plus d'efficacité l'exécution de l'ordonnance ci-dessus mentionnée;

Sur le rapport de notre ministre secrétaire d'État des finances,

Nous avons ordonné et ordonnons ce qui suit :

« ART. 1er. L'administration des domaines est autorisée à faire provoquer, de six mois en six mois, auprès des procureurs généraux près les cours royales et des procureurs du Roi près les tribunaux de première instance, la remise que les greffiers, geôliers et autres dépositaires doivent faire au domaine, en conformité de l'ordonnance du 22 février 1829, des objets mobiliers déposés et susceptibles d'être vendus.

« ART. 2. Les sommes en deniers comptants sont comprises au nombre des objets mobiliers qui doivent être remis au domaine.

« ART. 3. Les procureurs du Roi près les tribunaux de première instance sont tenus de vérifier et de certifier l'exactitude de la requête que les greffiers, geôliers et autres dépositaires doivent présenter au président du tribunal civil, pour être autorisés à faire la remise au domaine des objets susceptibles d'être vendus.

« ART. 4. Sont exceptés de cette remise les papiers appartenant à dés condamnés ou à des tiers, lesquels papiers resteront déposés dans les greffes pour être remis à qui de droit, s'il y a lieu.

« ART. 5. Les dispositions ci-dessus sont applicables aux effets déposés dans les greffes des conseils de guerre et des tribunaux maritimes, ainsi que dans les prisons militaires et maisons de détention de la marine.

« ART. 6. Notre garde des sceaux et notre ministre secrétaire d'État des finances sont chargés, chacun en ce qui le concerne, de l'exécution de la présente ordonnance. »

ARRÊTÉ

Du 27 mars 1835, qui pourvoit à l'exécution de l'ordonnance royale du 7 novembre 1830, relative à la vente des effets mobiliers déposés aux greffes des tribunaux par suite de procès.

AU NOM DU ROI DES FRANÇAIS.

Nous, Gouverneur des établissements français de l'Inde ;

Vu l'ordonnance royale du 7 novembre 1830, relative à la vente des effets mobiliers déposés par suite de procès aux greffes des tribunaux ;

: Attendu que le manque de fonctionnaires ayant les attributions de receveurs du domaine dans les établissements secondaires ne permet pas d'exécuter l'article 1er de cette ordonnance ;

Attendu que le transport à Pondichéry des objets déposés aux greffes des

46.

établissements secondaires ne pourrait se faire sans exposer à des inconvénients et sans occasionner des frais;

Considérant qu'il est dès lors urgent d'adopter d'autres dispositions pour arriver à l'exécution de l'Ordonnance;

Sur le rapport et la proposition du commissaire de la marine, ordonnateur;

De l'avis du conseil privé;

Provisoirement et sauf l'approbation de Sa Majesté;

Avons arrêté et arrêtons ce qui suit:

« Art. 1er. Le greffier du tribunal de première instance dans les établissements secondaires remplira, indépendamment des fonctions qui lui sont attribuées par l'ordonnance royale du 7 novembre 1830, celles qui sont dévolues aux préposés de l'administration du domaine colonial par l'article 1er de ladite ordonnance.

« Art. 2. Le commissaire de la marine, ordonnateur, le procureur général du Roi et les chefs des établissements secondaires sont chargés, chacun en ce qui le concerne, de l'exécution du présent arrêté, qui sera enregistré partout où besoin sera [1]. »

---

[1] La vente doit être opérée par le commissaire présent. (Arrêté du 6 novembre 1835.)

TABLEAU DES DISTANCES

EN MÈTRES

DE PONDICHÉRY À CHAQUE ALDÉE DU TERRITOIRE.

	Mètres.		Mètres.
Adingapet	15,000	China Cariamboutour	21,000
Agrarom	11,000	China Virampatman	8,000
Allancoupom	11,000	Cochépaléom (à l'ouest de Madou-	
Anandapour	12,000	coré)	26,000
Andipaléom	10,000	Codatour	20,000
Andipaléom (à l'ouest de Calidi-		Comapacom	5,500
tancoupom)	23,500	Comarapapaléom	20,000
Andratchimandagom	20,000	Coracamodou	9,000
Aragour	10,200	Corcadou	11,500
Arangour	10,200	Cottépérinattom	18,500
Arassour	8,000	Coudépacom	13,000
Aratchicoupom	20,000	Coudiroupaléom	15,000
Archiwack	10,000	Couchipett	24,000
Ariancoupom	5,500	Counitchampett	23,600
Arouganour	15,000	Coupom	20,000
Ayencoutypaléom	7,500	Couroumbapett	8,000
Bahour	19,000	Courouvapanaïkpaléom	7,300
Bangalow de Chounambar	7,200	Courouvinattom	20,000
Cadouvanour	19,000	Edearpaléom	8,000
Caladitancoupom	22,000	Erypacom	20,300
Calapett	12,000	Ianjivirayapett	10,000
Canabadichettycolom	13,500	Iroulansandy	19,500
Caniacovil	16,000	Kaycalapett	20,400
Carassour	12,000	Kijassatamangalom	14,000
Carclampacom	13,000	Kijéour	18,000
Cariamanicom	23,000	Kijéparicalapett	18,000
Cariamboutour	23,400	Kilagrarom	13,000
Cattéry	20,500	Kirmampacom	13,300
Chadéondicoupom	10,000	Lawpett	5,000
Chelipett	16,500	Lingarettypaléom	22,000
Chettypett	23,000	Madagadipett	20,500
Chialom	19,800	Madoucoré	25,600
Chimbipaléom	13,000	Manacoupom	17,000
China Calapett	10,500	Manadipett	28,000

DISTANCES EN MÈTRES DE PONDICHÉRY À CHAQUE ALDÉE DU TERRITOIRE. (Suite.)

	Mètres.		Mètres.
Manalipett	28,000	Pournacoupom	9,000
Manamode	20,000	Pournassingpaléom	13,000
Manapett	16,000	Pourripaléom	16,000
Mangalom	12,000	Rangapoulléchavidy	9,000
Mclassatamangalom	14,000	Rettiapaléom	4,200
Mcléagrarom	21,000	Sanassicoupom	20,000
Mélépariclapett	17,500	Sarompacom-Odiampett	3,700
Moulapock	24,000	Scdrapett	13,000
Mourougapacom	4,500	Scliamadou	16,000
Mourticoupom	17,000	Sindanattom	10,000
Moutalpett	3,000	Sivarandagom	16,000
Moutrépaléom	6,000	Somampett	20,000
Nallour	22,000	Sorapett	20,000
Narambé	14,000	Soriancoupom (au sud de Couri-	
Nellavadé	9,100	vinattom)	21,000
Nirnayapett	16,000	Souramangalom	23,000
Nittépacom	23,000	Soutoucany	20,000
Nondicoupom	6,500	Tannapaléom	9,500
Odiampett	7,000	Tavalacoupom	8,500
Olanday	2,700	Tavalapett	8,000
Ouchimodou	17,000	Tedouvanattom	11,000
Oulgaret	5,500	Tetampacom	21,000
Ourouviar	10,500	Timanaïkpaléom	13,000
Oussoudou	10,000	Tingatittou	2,800
Panéadicoupom	21,500	Tiroubouvané	20,000
Pangour	16,000	Tiroucangy	12,500
Pâpânchâvidy (route de Madras)	12,500	Tiroucanour	26,000
Pédaricoupom	19,500	Tirouvendarcovil	20,000
Penachicoupom	15,500	Tondamanattom	14,000
Perangalour	11,000	Toutipett	14,000
Podéandicoupom	16,500	Vadanour	20,000
Poréour	9,000	Vamboupett	18,000
Poudassajanour	22,000	Villenour	9,000
Poudoucoupom	16,000	Virampatnam	5,000
Poudoupaléom	2,700	Yambalom	15,000
Pouléarcoupom	15,000		
Pouléarcoupom (à l'est de Kirmampacom)	14,000		

La distance de Karikal à Pondichéry est de 120,800 mètres.

	Mètres.		Mètres.
Agalancannou	9,300	Grand'aldée	5,300
Agarécassacoudy	7,100	Kaquemogy	6,000
Agarécouroumbagarom	12,000	Kigeannavassal	12,100
Agarémancoudy	10,800	Kigéconné	9,600
Agaréneyvatchéry	5,000	Kigemané	5,800
Agarépouttacoudy	8,900	Kigéour	5,600
Agarésettour	10,800	Kigéour	5,800
Ambagaratour	13,600	Kigé-Oudoudouré	2,300
Antour-Temebady	13,100	Kigéoutrangoudy	4,300
Antour-Vadépady	13,100	Kigépouttégarom	8,500
Aquarévaremarécadou	5,700	Kigetchembiangol	9,900
Aquarévattam	3,300	Kigévangiour	10,500
Aquarévattam-Covilpattou	4,000	Letchoumanaraïnabourom	7,000
Atchelinganoulcadé	7,300	Madébourom	10,500
Attipadougué	4,200	Madour	10,800
Ayaoullécadé	10,500	Manamouty	9,200
Caïlachenadercovilpattou	10,500	Mannoincovil	9,600
Cannapour	13,700	Maltalancoudy	14,200
Cantchébouram	5,500	Mélannavassel	12,600
Caroucancoudy	9,100	Méleconné	9,900
Cassacoudy	4,000	Mélénellegeandour	12,600
Cassacoudy-Temebady	6,900	Mélé-Oudoudouré	4,100
Cassacoudy-Vadébady	7,100	Mélé-Poutagaram	10,900
Cliénour	11,100	Mélévangiour	10,900
Collécoudy	15,300	Méleyour	5,300
Cottagam	11,800	Méloutrangoudi	5,100
Cottépaquam	13,300	Meltchembiangal	11,400
Cottouchéry	5,700	Mouppaytincoudy	9,600
Couroumbagarom	12,400	Mouroganoulcadé	7,300
Covilepattou	9,600	Nallageandour	13,100
Covilpattou	2,000	Nallambal	11,900
Écluse à trois vannes	9,900	Nallatour	15,300
Écluse à cinq vannes	10,600	Naricaroumbé	14,900
Écluse à sept vannes	10,800	Nédouncadou	10,700
Eléaucoudy	9,800	Ncivatchéry	6,100

KARIKAL. (Suite.)

	Mètres.		Mètres.
Nérévy	5,300	Sellour	8,100
Ougiepattou	5,600	Sermavélingué	10,500
Padoudarcollé	8,200	Sorécoudy	7,800
Pagéa Ambagaretour	13,100	Souppraycbouram	6,800
Pandarévapépouttécoudy	8,700	Taccalour	3,700
Pandarwadégué-Settour	10,700	Talétorou	3,400
Pautchacharépouram	11,300	Tamenancoudy	12,600
Pariticoudy	12,000	Taroumabouram	1,800
Patchour	2,100	Tehnancoudy	8,500
Pattécoudy	10,800	Temabouram	10,300
Petté	5,400	Tenour	6,900
Pologam	6,300	Tirnoullar	5,100
Ponepetty	9,800	Tirouvattécoudy	7,900
Poudoutoré	2,000	Tirouvengadébourom	8,600
Poumaléyamangalom	5,200	Toudouponémallé	7,600
Pouttamangalon-Annassamychetty	3,600	Vadecattellé	14,600
Pouttamangalon-Ramassamychetty	3,600	Vademarécadou	1,300
Pouvam	9,300	Vademattou	9,200
Rayampallom	6,400	Vallattamangalom	10,700
Salines de Vangiour	11,000	Varessépotticottébady	11,500
Sarénéripou	13,700	Varitchécoudy	7,900
Sattamcoudy	12,300	Vigidour	7,400
Ségabourom	10,500		

MAHÉ.

La distance de Pondichéry à Mahé, en passant par Salem et Calicut, est de 630,700 mètres.

La France n'ayant pas encore été remise en possession des aldées dépendantes du territoire de Mahé, on s'abstient ici d'exprimer la distance du chef-lieu auxdites aldées.

YANAON.

La distance de Pondichéry à Yanaon, en passant par Madras, Ongole, Biswara et Rajahmundry, est de 842,500 mètres. En passant par Madras, Ongole et Mazulipatam, elle est de 744,300 mètres.

Du nord au sud, le territoire d'Yanaon mesure 4,200 mètres.

De l'est à l'ouest, il mesure 12,000 mètres.

	Mètres.		Mètres.
Adivipolom	10,300	Chinamétacour	1,200
Cagoulongondi	3,200	Francettippa	2,300
Cancolpetta	3,300	Pédamétacour	1,700

CHANDERNAGOR.

La distance de Pondichéry à Chandernagor, par Madras et Calcutta, est de 1,937,200 mètres.

	Mètres.		Mètres.
Aginagor	1,500	Coloupoucour	2,000
Barasette	2,500	Dachepoucour	3,000
Bornagor	1,500	Dinamardinga	2,000
Boro	2,000	Duplexpoty	2,000
Cantapoucour	2,000	Joguipoucour	2,500
Chabinara	1,500	Gondelpara	1,500

IV.

DROIT COMMERCIAL.

LOI

Du 7 décembre 1850, relative à la promulgation du Code de commerce dans les colonies.
(Promulguée dans la colonie le 8 février 1851.)

RÉPUBLIQUE FRANÇAISE.

LIBERTÉ, ÉGALITÉ, FRATERNITÉ.

AU 'NOM DU PEUPLE FRANÇAIS.

L'Assemblée nationale a adopté la loi dont la teneur suit :

« Art. 1er. Le Code de commerce sera promulgué à la Martinique et y sera exécutoire trois mois après sa promulgation.

« Art. 2. Le Code de commerce, avec les changements et modifications qu'il a reçus jusqu'à ce jour, sera également promulgué dans les autres colonies où ces modifications et changements n'ont pas encore été introduits.

« Art. 3. Les tribunaux civils continueront de connaître des affaires commerciales tant que le pouvoir exécutif n'aura pas, en vertu de l'article 615 du Code de commerce, établi des tribunaux spéciaux pour les affaires commerciales. »

LOI

Du 17 juillet 1856, relative à l'arbitrage forcé. (Promulguée dans la colonie le 25 octobre 1862, en exécution du décret du 14 mai précédent.)

NAPOLÉON, etc.

Avons sanctionné et sanctionnons, promulgué et promulguons ce qui suit :

LOI.

(Extrait du procès-verbal du Corps législatif.)

Le Corps législatif a adopté le projet de loi dont la teneur suit:

« Art. 1er. Les articles 51 à 63 du Code de commerce sont abrogés.

« Art. 2. L'article 631 du même Code est modifié ainsi qu'il suit :

« Art. 631. Les tribunaux de commerce connaîtront : 1° des contestations « relatives aux engagements et transactions entre négociants, marchands et « banquiers; 2° des contestations entre associés pour raison d'une société de « commerce; 3° de celles relatives aux actes de commerce entre toutes per- « sonnes. »

DISPOSITIONS TRANSITOIRES.

« Art. 3. Les procédures commencées avant la promulgation de la pré- sente loi continueront à être instruites et jugées suivant la loi ancienne.

« Les procédures seront censées commencées lorsque les arbitres auront été nommés par le tribunal de commerce ou choisis par les parties. »

47.

LOI

Du 17 juillet 1856, relative aux concordats par abandon. (Promulguée dans la colonie
le 25 octobre 1862, en exécution du décret du 14 mai précédent.)

NAPOLÉON, etc.

Avons sanctionné et sanctionnons, promulgué et promulguons ce qui
suit :

LOI.

(Extrait du procès-verbal du Corps législatif.)

Le Corps législatif a adopté le projet de loi dont la teneur suit :

« Article unique. L'article 541 du Code de commerce est modifié ainsi
qu'il suit :

« Art. 541. Aucun débiteur commerçant n'est recevable à demander son
« admission au bénéfice de cession de biens.

« Néanmoins un concordat par abandon total ou partiel de l'actif du failli
« peut être formé suivant les règles prescrites par la section II du présent
« chapitre.

« Ce concordat produit les mêmes effets que les autres concordats ; il est
« annulé ou résolu de la même manière.

« La liquidation de l'actif abandonné est faite conformément aux para-
« graphes 2, 3 et 4 de l'article 529, aux articles 532, 533, 534, 535 et 536
« et aux paragraphes 1er et 2 de l'article 537.

« Le concordat par abandon est assimilé à l'union pour la perception des
« droits d'enregistrement. »

ARRÊTÉ

Du 6 octobre 1837, relatif aux visites d'amirauté.

AU NOM DU ROI.

Nous, Pair de France, Maréchal des camps et armées du Roi, Gouverneur des établissements français dans l'Inde ;

Vu la dépêche de M. le ministre de la marine et des colonies en date du 11 novembre 1866, n° 142, qui nous transmet les réclamations qui lui ont été adressées sur le mode d'après lequel la visite dite *d'amirauté* des bâtiments français à Calcutta est effectuée par l'administration de Chandernagor ;

Considérant que les mêmes réclamations nous ont été faites dernièrement pour les visites qui s'effectuent à Pondichéry, et que les observations contenues dans la dépêche précitée, bien qu'elles ne s'appliquent qu'à Chandernagor, doivent nous déterminer également à modifier, aussi bien pour Pondichéry et les autres établissements secondaires que pour Chandernagor, l'arrêté local du 28 juin 1833, sur les visites à faire à bord des navires marchands conformément au vœu de l'article 225 du Code de commerce ;

Considérant, d'ailleurs, que les dispositions générales prescrites par cet arrêté, tant pour Pondichéry que pour les établissements secondaires, imposent des charges qui pèsent sur la navigation française et présentent dans leur application, aux visites à faire à bord des navires français mouillés sur les différentes rades de nos établissements français dans l'Inde et sur celles de Calcutta et de Coringuy en particulier, des inconvénients qui ont été signalés par l'expérience et auxquels il est nécessaire de remédier.

Sur le rapport et la proposition du sous-commissaire de la marine, ordonnateur ;

De l'avis du conseil privé ;

Provisoirement et sauf l'approbation de M. le ministre de la marine et des colonies,

Avons arrêté et arrêtons ce qui suit :

« Art. 1er. Les visites dites *d'amirauté* à bord des navires du commerce seront faites, à Pondichéry et dans les établissements secondaires, par une commission composée de :

« 1° Deux capitaines au long cours ou anciens navigateurs;

« 2° Un constructeur ou maître charpentier, et, si les parties le requièrent expressément, du juge royal assisté de son greffier, à Pondichéry, et dans les établissements secondaires, du juge de paix lieutenant de police, assisté pareillement de son greffier.

« Ces experts dresseront procès-verbal de leurs opérations.

. . . .

« Art. 4. Les assureurs, les chargeurs ou les passagers d'un navire pourront également provoquer de la même manière une visite d'amirauté lorsqu'ils croiront leurs intérêts en péril.

« Si le résultat de la visite ne confirme pas leurs appréhensions, les frais en resteront à leur charge.

« La même visite pourra avoir lieu sur la demande de l'ordonnateur de la marine à Pondichéry et être prescrite d'office par les chefs des établissements secondaires dans l'intérêt de la conservation des équipages.

« Les frais de cette visite ne seront supportés par l'armement que dans le cas où le bâtiment ne se trouverait pas, d'après la déclaration des experts, en état d'entreprendre sans inconvénient le voyage projeté.

« Art. 5. Les procès-verbaux des opérations et autres pièces relatives aux visites d'amirauté seront déposés dans les greffes des tribunaux de première instance et de commerce ou des justices de paix qui en auront connu; il en sera délivré des extraits aux parties intéressées qui les réclameront.

« Le prix de ces expéditions sera de 1 fr. 20 cent. par rôle, outre le droit de dépôt fixé à 3 fr. 60 cent. par visite.

. . . .

« Art. 7. Le produit de ce droit sera réparti comme suit :

« 1° A chacun des capitaines, deux cinquièmes;

« 2° Au maître charpentier, un cinquième.

« 3° Plus 24 francs pour le juge, 16 francs pour les greffiers, lorsqu'ils seront requis conformément à l'article 1er.

« Art. 8. Le capitaine de port mettra à la disposition de la commission, au prix fixé par les tarifs, une embarcation convenablement installée pour son transport en rade; le prix de cette embarcation sera payé en sus des droits indiqués en l'article 6.

« Art. 9. Sont rapportés les arrêtés du 28 juin et 27 août 1833.

« Art. 10. L'ordonnateur, le procureur général et les chefs des établissements secondaires sont chargés, chacun en ce qui le concerne, d'assurer l'exécution du présent arrêté, qui sera publié et enregistré partout où besoin sera. »

ARRÊTÉ

Du 8 janvier 1857, qui modifie les articles 2, 3 et 6 de celui du 6 octobre 1837, relatif aux visites d'amirauté.

ÉTABLISSEMENTS FRANÇAIS DANS L'INDE.

Nous, Gouverneur des établissements français dans l'Inde;

Vu la nécessité de modifier, dans l'intérêt du service, quelques-unes des dispositions contenues dans l'arrêté du 6 octobre 1837, relatif aux visites d'amirauté;

Vu l'article 48 de l'ordonnance organique du 23 juillet 1840;

Sur le rapport et la proposition du commissaire de la marine, ordonnateur, etc.;

Le conseil d'administration entendu,

Avons arrêté et arrêtons ce qui suit :

« Art. 1er. Les articles 2, 3 et 6 de l'arrêté du 6 octobre 1837, concernant les visites d'amirauté, sont modifiés de la manière suivante :

« Art. 2. Les commissions seront formées, à Pondichéry, par le juge impé-

« rial, et dans les établissements secondaires, par l'administrateur ou le chef
« de service de l'établissement, toutes les fois que les besoins de la navigation
« l'exigeront.

« Les experts seront choisis parmi les capitaines au long cours ou anciens
« navigateurs français présents sur les lieux, à l'exclusion toutefois de ceux qui
« seront attachés directement ou indirectement au service du navire à visiter.

« Il y aura toujours cinq experts assermentés, dont trois capitaines au long
« cours ou anciens navigateurs et deux constructeurs ou maîtres charpentiers.

« Ces experts prêteront serment au commencement de chaque année.

« A défaut de capitaines au long cours ou d'anciens navigateurs français,
« les experts pourront être choisis parmi les marins étrangers.

« Art. 3. Lorsqu'un armateur ou un capitaine voudra, dans l'intérêt de
« l'armement, faire exécuter une visite à bord de son bâtiment, il en fera la
« demande, à Pondichéry, au juge impérial, et dans les établissements secon-
« daires, au chef de service, qui désignera les experts avec indication du jour
« de la visite.

« Art. 6. Les frais relatifs aux visites seront payés aux experts par les
« capitaines, armateurs ou autres qui auront demandé les visites, au moyen
« d'un droit qui sera prélevé d'après le tonnage de chaque navire, conformé-
« ment au tarif ci-après, savoir :

« Navires de 150 tonneaux et au-dessous............. 40^f par visite.
« Navires de 151 à 200 tonneaux.................. 45
« Navires de 201 à 250 tonneaux.................. 50
« Navires de 251 à 300 tonneaux 55
« Navires de 301 à 400 tonneaux.................. 60
« Navires de 401 à 500 tonneaux.................. 65
« Navires de 501 à 600 tonneaux.................. 70
« Navires de 601 à 700 tonneaux.................. 75

« Art. 2. Sont et demeurent maintenues toutes les autres dispositions de
l'arrêté précité du 6 octobre 1837.

« Art. 3. Le commissaire de la marine, ordonnateur, le procureur général
et les chefs du service dans les établissements secondaires sont chargés,
chacun en ce qui le concerne, de l'exécution du présent arrêté, qui sera inséré
au Moniteur et au Bulletin officiel de la colonie.

ARRÊTÉ

Du 3 septembre 1857, modifiant celui du 8 janvier 1857, sur les visites d'amirauté.

ÉTABLISSEMENTS FRANÇAIS DANS L'INDE.

Nous, Commissaire général de la marine, Gouverneur des établissements français dans l'Inde;

Vu l'arrêté rendu par notre prédécesseur, sous la date du 8 janvier dernier, portant modification des articles 2, 3 et 6 de celui du 6 octobre 1837, relatif aux visites d'amirauté;

Vu l'article 48 de l'ordonnance du 23 juillet 1840 et l'article 23 de celle du 7 février 1842;

Sur le rapport et la proposition du commissaire de la marine, ordonnateur;

Le conseil d'administration entendu dans sa délibération du 28 août 1857,

Avons arrêté et arrêtons ce qui suit :

« Art. 1er. Le juge impérial, dans les établissements de Chandernagor et de Karikal, est substitué au chef de service pour toutes les attributions relatives aux commissions de visite d'amirauté qui, dans l'arrêté du 8 janvier 1857, se trouvaient par erreur avoir été dévolues à ce dernier fonctionnaire.

« Art. 2. L'ordonnateur, le procureur général et les chefs de service à Chandernagor et à Karikal sont chargés, chacun en ce qui le concerne, de l'exécution du présent arrêté, qui sera enregistré partout où besoin sera. »

VI.

INSTRUCTION CRIMINELLE.

Toutes les dispositions du Code d'instruction criminelle compatibles avec l'organisation judiciaire qui existe dans la colonie ont été promulguées par l'arrêté du 17 novembre 1828, qui a complété les dispositions de l'arrêté du 21 avril 1825, devenu sans application.

RÈGLEMENT PROVISOIRE

Du 17 novembre 1828, sur l'instruction criminelle [1].

Nous, Joseph-Marie-Emmanuel Cordier, etc.;

Vu l'ordonnance royale du 23 décembre 1827, relative à l'organisation des tribunaux de l'Inde;

Vu les divers articles de l'ordonnance du 30 septembre 1827, relative à l'organisation judiciaire de l'île Bourbon, rendus applicables aux établissements français de l'Inde par l'article 19 de l'ordonnance susrelatée;

Vu la dépêche ministérielle du 1er mars 1828, rédigée en forme d'instruction pour la mise à exécution de l'ordonnance organique du 23 décembre 1827;

Considérant que l'organisation actuelle du tribunal de première instance et l'absence d'un juge d'instruction exigent impérieusement l'adoption provisoire d'un mode d'instruction criminelle qui soit en harmonie avec les nouvelles institutions judiciaires, en attendant que le comité législatif ait pu proposer un travail d'ensemble sur la législation coloniale.

[1] Les articles du Code d'instruction criminelle sont reproduits à la suite de l'article de l'arrêté qui les rend applicables dans la colonie.

Sur le rapport de l'avocat général du roi, faisant fonctions de procureur général;

Après en avoir délibéré en conseil de gouvernement et d'administration;

Provisoirement et sauf l'approbation de Sa Majesté,

Avons arrêté et arrêtons ce qui suit:

« Art. 1er. Les fonctions attribuées au procureur du Roi par les chapitres IV et V du livre Ier du Code d'instruction criminelle seront exercées par le procureur du Roi près le tribunal de première instance de Pondichéry, sous les ordres de l'avocat général près la cour royale, qui pourra s'en réserver l'exercice direct dans les cas où il le jugera convenable.

« Art. 2. Dans le ressort du tribunal de première instance de Pondichéry, les fonctions attribuées au juge d'instruction par les chapitres VI, VII et VIII du livre Ier du Code d'instruction criminelle seront remplies par le juge de paix, lieutenant de police. (*Modifié.* — Art. 26 de l'ord. de 1842.)

« Art. 3. En aucun cas, lorsqu'il y aura lieu à la mise en liberté provisoire d'un prévenu sous cautionnement, le juge d'instruction ne pourra l'ordonner qu'avec l'autorisation de l'avocat général.

« Art. 4. Aussitôt qu'une instruction sera terminée, le juge de paix, lieutenant de police, transmettra toutes les pièces de la procédure à l'avocat général, qui fera, par écrit, le rapport de l'affaire à la chambre d'accusation de la cour royale, ainsi qu'il sera dit ci-après. Ce rapport tiendra lieu du rapport du juge d'instruction prescrit par l'article 127 du Code d'instruction criminelle.

« Les pièces de conviction, s'il y en a, seront transférées au greffe de la cour royale. (*Modifié.* — Art. 37 et 38 de l'ord. de 1842.)

« Art. 5. La cour royale, constituée en chambre de police correctionnelle, connaîtra en premier et dernier ressort de tous les délits poursuivis dans la ville de Pondichéry et les districts qui en dépendent, à l'exception des délits spécifiés en l'article 5 de l'ordonnance locale du 26 mai 1827. (*Modifié.* — Art. 25 et 34 de l'ord. de 1842.)

« Constituée de la même manière, elle connaîtra par appel des jugements rendus en matière correctionnelle par les tribunaux des autres établissements français de l'Inde.

« Art. 6. La chambre de police correctionnelle pourra rendre arrêt au nombre de cinq juges; les arrêts seront rendus à la simple majorité. (*Modifié.* — Art. 36 de l'ord. de 1842.)

« Art. 7. La cour royale sera saisie en matière correctionnelle, soit par le renvoi qui lui en sera fait par la chambre d'accusation, soit par la citation donnée directement au prévenu et aux personnes civilement responsables du délit par la partie civile, et dans tous les cas, par l'avocat général, chef du ministère public.

« Art. 8. En ce qui concerne l'intervention de la partie civile, le cas où le prévenu ferait défaut et la forme de procéder devant la cour en matière correctionnelle, il sera fait application des articles 183, 184, 185, 186, 187, 188, 189, 190, 191, 192, 193, 194, 195, 196 et 197 du Code d'instruction criminelle, en attribuant à la cour royale et à l'avocat général les fonctions qui sont déférées par ces articles au tribunal de première instance et au procureur du Roi [1].

« Art. 183. La partie civile fera, par l'acte de citation, élection de domi-
« cile dans la ville où siége le tribunal; la citation énoncera les faits et tiendra
« lieu de plainte.

« Art. 184. Il y aura au moins un délai de trois jours par 3 myria-
« mètres entre la citation et le jugement, à peine de nullité de la condamna-
« tion qui serait prononcée par défaut contre la personne citée. Néanmoins
« cette nullité ne pourra être proposée qu'à la première audience et avant
« toute exception ou défense.

« Art. 185. Dans les affaires relatives à des délits qui n'entraineront pas
« la peine d'emprisonnement, le prévenu pourra se faire représenter par un
« avoué; le tribunal pourra néanmoins ordonner sa comparution en personne.

« Art. 186. Si le prévenu ne comparaît pas, il sera jugé par défaut.

« Art. 187. La condamnation par défaut sera comme non avenue si, dans
« les cinq jours de la signification qui en aura été faite au prévenu ou à son
« domicile, outre un jour par 5 myriamètres, celui-ci forme opposition à
« l'exécution du jugement et notifie son opposition tant au ministère public

[1] Applicables aux tribunaux de première instance jugeant correctionnellement. (Ordonnance du 7 février 1842.)

« qu'à la partie civile. Néanmoins les frais de l'expédition, de la signification
« du jugement par défaut et de l'opposition demeureront à la charge du
« prévenu.

« Art. 188. L'opposition emportera de droit citation à la première au-
« dience ; elle sera non avenue si l'opposant n'y comparait pas, et le jugement
« que le tribunal aura rendu sur l'opposition ne pourra être attaqué par la
« partie qui l'aura formée, si ce n'est par appel, ainsi qu'il sera dit ci-après. Le
« tribunal pourra, s'il y échet, accorder une provision, et cette disposition
« sera exécutoire nonobstant l'appel.

« Art. 189. La preuve des délits correctionnels se fera de la manière pres-
« crite aux articles 154, 155 et 156 ci-dessus, concernant les contraventions
« de police. Les dispositions des articles 157, 158, 159, 160 et 161 sont
« communes aux tribunaux en matière correctionnelle.

« Art. 190. L'instruction sera publique, à peine de nullité. Le procureur
« du Roi, la partie civile ou son défenseur, et, à l'égard des délits forestiers, le
« conservateur, inspecteur ou sous-inspecteur forestier, ou, à leur défaut, le
« garde général, exposeront l'affaire; les procès-verbaux ou rapports, s'il en
« a été dressé, seront lus par le greffier; les témoins pour et contre seront
« entendus, s'il y a lieu, et les reproches proposés et jugés; les pièces pouvant
« servir à conviction ou à décharge seront représentées aux témoins et aux
« parties; le prévenu et les personnes civilement responsables proposeront
« leurs défenses; le procureur du Roi résumera l'affaire et donnera ses con-
« clusions; le prévenu et les personnes civilement responsables du délit pour-
« ront répliquer. Le jugement sera prononcé de suite ou, au plus tard, à
« l'audience qui suivra celle où l'instruction aura été terminée.

« Art. 191. Si le fait n'est réputé ni délit, ni contravention de police, le
« tribunal annulera l'instruction, la citation et tout ce qui aura suivi, ren-
« verra le prévenu et statuera sur les demandes en dommages-intérêts.

« Art. 192. Si le fait n'est qu'une contravention de police, et si la partie
« publique ou la partie civile n'a pas demandé le renvoi, le tribunal appli-
« quera la peine et statuera, s'il y a lieu, sur les dommages-intérêts. Dans
« ce cas, son jugement sera en dernier ressort.

« Art. 193. Si le fait est de nature à mériter une peine afflictive ou infa-
« mante, le tribunal pourra décerner de suite le mandat de dépôt ou le man-

« dat d'arrêt, et il renverra le prévenu devant le juge d'instruction com-
« pétent.

« Art. 194. Tout jugement de condamnation rendu contre le prévenu et
« contre les personnes civilement responsables du délit ou contre la partie
« civile les condamnera aux frais, même envers la partie publique. Les frais
« seront liquidés par le même jugement.

« Art. 195. Dans le dispositif de tout jugement de condamnation seront
« énoncés les faits dont les personnes citées seront jugées coupables ou res-
« ponsables, la peine et les condamnations civiles. Le texte de la loi dont on
« fera l'application sera lu à l'audience par le président; il sera fait mention
« de cette lecture dans le jugement, et le texte de la loi y sera inséré, sous
« peine de 50 francs d'amende contre le greffier.

« Art. 196. La minute du jugement sera signée au plus tard dans les
« vingt-quatre heures par les juges qui l'auront rendu. Les greffiers qui déli-
« vreront expédition d'un jugement avant qu'il ait été signé seront poursuivis
« comme faussaires. Les procureurs du Roi se feront représenter tous les mois
« les minutes des jugements, et, en cas de contravention au présent article,
« ils en dresseront procès-verbal pour être procédé ainsi qu'il appartiendra.

« Art. 197. Le jugement sera exécuté à la requête du procureur du Roi
« et de la partie civile, chacun en ce qui le concerne. Néanmoins les pour-
« suites pour le recouvrement des amendes et confiscations seront faites, au
« nom du procureur du Roi, par le directeur de la régie des droits d'enregis-
« trement et domaines. »

« Art. 9. En ce qui concerne les appels des jugements rendus en matière
de police correctionnelle par les tribunaux des établissements secondaires,
et qui doivent être portés devant la cour royale de Pondichéry, il sera fait
application des articles 202, 203, 204, 205, 206, 207, 208, 209, 210,
211, 212, 213, 214 et 215 du Code d'instruction criminelle. (Applicable à
tous les tribunaux.)

« Art. 202. La faculté d'appeler appartiendra : 1° aux parties prévenues
« ou responsables; 2° à la partie civile, quant à ses intérêts civils seulement;
« 3° à l'administration forestière; 4° au procureur du Roi près le tribunal de

« première instance, lequel, dans le cas où il n'appellerait pas, sera tenu, dans
« le délai de quinzaine, d'adresser un extrait du jugement au magistrat du
« ministère public près le tribunal ou la cour qui doit connaître de l'appel;
« 5° au ministère public près le tribunal ou la cour qui doit prononcer sur
« l'appel.

« Art. 203. Il y aura, sauf l'exception portée en l'article 205 ci-après,
« déchéance de l'appel, si la déclaration d'appeler n'a pas été faite au greffe
« du tribunal qui a rendu le jugement, dix jours au plus tard après celui où
« il a été prononcé, et, si le jugement est rendu par défaut, dix jours au plus
« tard après celui de la signification qui en aura été faite à la partie con-
« damnée ou à son domicile, outre un jour par 3 myriamètres. Pendant ce
« délai et pendant l'instance d'appel, il sera sursis à l'exécution du jugement.

« Art. 204. La requête contenant les moyens d'appel pourra être remise,
« dans le même délai, au même greffe; elle sera signée de l'appelant ou d'un
« avoué, ou de tout autre fondé de pouvoir spécial. Dans ce dernier cas, le
« pouvoir sera annexé à la requête. Cette requête pourra être aussi remise
« directement au greffe du tribunal où l'appel sera porté.

« Art. 205. Le ministère public près le tribunal ou la cour qui doit con-
« naître de l'appel devra notifier son recours, soit au prévenu, soit à la per-
« sonne civilement responsable du délit, dans les deux mois à compter du
« jour de la prononciation du jugement, ou, si le jugement lui a été léga-
« lement notifié par l'une des parties, dans le mois du jour de cette notifi-
« cation; sinon il sera déchu.

« Art. 206. La mise en liberté du prévenu acquitté ne pourra être sus-
« pendue, lorsque aucun appel n'aura été déclaré ou notifié dans les trois
« jours de la prononciation du jugement.

« Art. 207. La requête, si elle a été remise au greffe du tribunal de
« première instance, et les pièces seront envoyées par le procureur du Roi au
« greffe de la cour ou du tribunal auquel l'appel sera porté, dans les vingt-
« quatre heures après la déclaration ou la remise de la notification d'appel.
« Si celui contre lequel le jugement a été rendu est en état d'arrestation, il
« sera, dans le même délai et par ordre du procureur du Roi, transféré dans
« la maison d'arrêt du lieu où siége la cour ou le tribunal qui jugera l'appel.

« Art. 208. Les jugements rendus par défaut sur l'appel pourront être

« attaqués par la voie de l'opposition, dans la même forme et dans les mêmes
« délais que les jugements par défaut rendus par les tribunaux correctionnels.
« L'opposition emportera de droit citation à la première audience et sera
« comme non avenue, si l'opposant n'y comparait pas. Le jugement qui in-
« terviendra sur l'opposition ne pourra être attaqué par la partie qui l'aura
« formée, si ce n'est devant la Cour de cassation.

« Art. 209. L'appel sera jugé à l'audience, dans le mois, sur un rapport
« fait par l'un des juges.

« Art. 210. A la suite du rapport, et avant que le rapporteur et les juges
« émettent leur opinion, le prévenu, soit qu'il ait été acquitté, soit qu'il ait
« été condamné, les personnes civilement responsables du délit, la partie
« civile et le procureur du Roi seront entendus dans la forme et dans l'ordre
« prescrits par l'article 190.

« Art. 211. Les dispositions des articles précédents sur la solennité de
« l'instruction, la nature des preuves, la forme, l'authenticité et la signature
« du jugement définitif de première instance, la condamnation aux frais,
« ainsi que les peines que ces articles prononcent, seront communes aux ju-
« gements rendus sur l'appel.

« Art. 212. Si le jugement est réformé parce que le fait n'est réputé
« délit ni contravention de police par aucune loi, la cour ou le tribunal ren-
« verra le prévenu et statuera, s'il y a lieu, sur ses dommages-intérêts.

« Art. 213. Si le jugement est annulé parce que le fait ne présente qu'une
« contravention de police et si la partie publique et la partie civile n'ont pas
« demandé le renvoi, la cour ou le tribunal prononcera la peine et statuera
« également, s'il y a lieu, sur les dommages-intérêts.

« Art. 214. Si le jugement est annulé parce que le délit est de nature à
« mériter une peine afflictive ou infamante, la cour ou le tribunal décernera,
« s'il y a lieu, le mandat de dépôt, ou même le mandat d'arrêt, et renverra
« le prévenu devant le fonctionnaire public compétent, autre toutefois que
« celui qui aura rendu le jugement ou fait l'instruction.

« Art. 215. Si le jugement est annulé pour violation ou omission non
« réparée de formes prescrites par la loi à peine de nullité, la cour ou le tri-
« bunal statuera sur le fond. »

« Art. 10. L'avocat général fera inscrire, sur un registre tenu au greffe et coté et parafé par le président de la cour, les affaires qui lui seront envoyées en exécution de l'article 4, dans les vingt-quatre heures de la réception des pièces; il sera, en outre, tenu de les remettre en état dans les cinq jours de cette réception et de faire son rapport dans les cinq jours suivants. (*Abrogé.* — Art. 37 et 38 de l'ord. de 1842.)

« Pendant ce temps, la partie civile et le prévenu pourront fournir tels mémoires qu'ils estimeront convenable, sans que le rapport puisse en être retardé.

« La disposition ci-dessus ne fait aucun obstacle à ce que l'avocat général, si bon lui semble, ne saisisse directement la cour, sans l'intermédiaire de la chambre d'accusation, lorsqu'il s'agit d'une matière correctionnelle, ainsi que la faculté lui en est d'ailleurs réservée par l'article 7. (*Abrogé.* — La cour statue seulement en appel.)

[1] . . . .

« Art. 15. Il sera statué sur les affaires portées à la chambre d'accusation dans l'ordre des rapports faits par l'avocat général.

« Celles dans lesquelles l'inculpé sera détenu passeront les premières.

« La chambre devra prononcer dans les trois jours du rapport fait par l'avocat général.

« Les arrêts seront signés par chacun des juges qui les auront rendus, et il y sera fait mention, tant de la réquisition du ministère public que du nom des juges.

« Art. 16. Le greffier donnera aux juges, en présence de l'avocat général, lecture de toutes les pièces du procès; elles seront ensuite laissées sur le bureau, ainsi que les mémoires que la partie civile ou le prévenu aurait fournis.

« Art. 17. La partie civile, le prévenu, les témoins ne paraîtront point.

« Art. 18. L'avocat général, après avoir déposé sur le bureau sa réquisition écrite et signée, se retirera, ainsi que le greffier.

---

[1] Les articles 11 à 14, relatifs à la composition de la chambre d'accusation, sont remplacés par les articles 37 à 40 de l'ordonnance de 1842.

« Art. 19. Les juges délibéreront entre eux, sans désemparer et sans communiquer avec personne.

« L'arrêt sera rendu à la majorité des voix, hors la présence des prévenus et de l'avocat général.

« Art. 20. La chambre d'accusation pourra ordonner, s'il y échet, des informations nouvelles; elle désignera alors un de ses membres pour faire les fonctions de juge instructeur.

« Art. 21. L'avocat général fera son rapport dans les cinq jours de la remise des pièces par le juge instructeur.

« Art. 22. Si la chambre d'accusation n'aperçoit aucune trace d'une contravention, d'un délit ou d'un crime prévus par la loi, elle ordonnera la mise en liberté de l'inculpé, ce qui sera exécuté sur-le-champ, s'il n'est détenu pour autre cause.

« Art. 23. Si la chambre d'accusation estime que l'inculpé doit être renvoyé au tribunal de simple police, ou à la chambre correctionnelle de la Cour, ou à la chambre de justice criminelle, elle prononcera le renvoi devant l'autorité qui doit en connaître. Dans le cas de renvoi en police correctionnelle, la cour pourra maintenir les mandats de dépôt ou d'arrêt qui auront été délivrés par le juge d'instruction, ou en décerner d'office s'il y a lieu; dans le cas de renvoi devant la chambre de justice criminelle, elle décernera une ordonnance de prise de corps, qui sera insérée dans l'arrêt de mise en accusation.

« Art. 24. Dans tous les cas où le prévenu sera renvoyé à la chambre de justice criminelle, l'avocat général sera tenu de rédiger un acte d'accusation.

« L'acte d'accusation exposera :

« 1° La nature du crime qui forme la base de l'accusation ;

« 2° Le fait et toutes les circonstances qui peuvent aggraver ou diminuer la peine; le prévenu y sera dénommé et clairement désigné.

« L'acte d'accusation sera terminé par le résumé suivant :

« En conséquence, N... est accusé d'avoir commis tel crime, avec telles et telles circonstances...

« Art. 25. L'arrêt de renvoi et l'acte d'accusation seront signifiés à l'accusé; il lui sera laissé copie du tout.

« Art. 26. La cour royale, constituée en chambre de justice criminelle, connaîtra, en premier et dernier ressort, de tous les crimes poursuivis dans la ville de Pondichéry et les districts qui en dépendent.

« Elle connaîtra par appel des jugements rendus en matière criminelle, par les tribunaux des autres établissement français de l'Inde.

« Art. 27. La cour royale, constituée en chambre de justice criminelle, ne pourra rendre arrêt qu'au nombre de sept juges.

« Art. 28. Les membres de la cour qui auront voté sur la mise en accusation ne pourront, dans la même affaire, faire partie de la chambre de justice criminelle.

« Art. 29. Dans les trois jours qui suivront la signification de l'arrêt de renvoi à l'accusé, il sera interpellé de déclarer le choix qu'il aura fait d'un conseil, sinon il lui en sera désigné un par le président de la cour; l'accusé sera toujours libre d'en choisir un autre, nonobstant la désignation du président.

« Art. 30. En ce qui concerne la forme de procéder devant la chambre de justice criminelle, il sera fait application des articles 268, 269, 270, 310, 311, 313, 314, 315, 316, 317, 318, 319, 320, 321, 322, 323, 324, 325, 326, 327, 328, 329, 330, 333, 334, 335, 354, 355 et 356 du Code d'instruction criminelle.

« Art. 268. Le président est investi d'un pouvoir discrétionnaire, en vertu « duquel il pourra prendre sur lui tout ce qu'il croira utile pour découvrir la « vérité; et la loi charge son honneur et sa conscience d'employer tous ses « efforts pour en favoriser la manifestation.

« Art. 269. Il pourra, dans le cours des débats, appeler, même par man- « dat d'amener, et entendre toutes personnes, ou se faire apporter toutes « nouvelles pièces qui lui paraîtraient, d'après les nouveaux développements « donnés à l'audience, soit par les accusés, soit par les témoins, pouvoir ré- « pandre un jour utile sur le fait contesté. Les témoins ainsi appelés ne pré- « teront point serment, et leurs déclarations ne seront considérées que comme « renseignements.

« Art. 270. Le président devra rejeter tout ce qui tendrait à prolonger « les débats sans donner lieu d'espérer plus de certitude dans les résultats.

« Art. 310. L'accusé comparaîtra libre, et seulement accompagné de
« gardes pour l'empêcher de s'évader. Le président lui demandera son nom,
« ses prénoms, son âge, sa profession, sa demeure et le lieu de sa naissance.

« Art. 311. Le président avertira le conseil de l'accusé qu'il ne peut rien
« dire contre sa conscience ou contre le respect dû aux lois, et qu'il doit s'ex-
« primer avec décence et modération.

« Art. 313. Immédiatement après, le président avertira l'accusé d'être
« attentif à ce qu'il va entendre. Il ordonnera au greffier de lire l'arrêt de la
« cour impériale portant renvoi à la cour d'assises, et l'acte d'accusation. Le
« greffier fera cette lecture à haute voix.

« Art. 314. Après cette lecture, le président rappellera à l'accusé ce qui
« est contenu en l'acte d'accusation, et lui dira : « Voilà de quoi vous êtes ac-
« cusé; vous allez entendre les charges qui seront produites contre vous. »

« Art. 315. Le procureur général exposera le sujet de l'accusation; il
« présentera ensuite la liste des témoins qui devront être entendus, soit à sa
« requête, soit à la requête de la partie civile, soit à celle de l'accusé. Cette
« liste sera lue à haute voix par le greffier. Elle ne pourra contenir que les
« témoins dont les noms, profession et résidence auront été notifiés, vingt-
« quatre heures au moins avant l'examen de ces témoins, à l'accusé, par le
« procureur général ou la partie civile, et au procureur général par l'accusé;
« sans préjudice de la faculté accordée au président par l'article 269.

« L'accusé et le procureur général pourront, en conséquence, s'opposer
« à l'audition d'un témoin qui n'aurait pas été indiqué ou qui n'aurait pas été
« clairement désigné dans l'acte de notification.

« La cour statuera de suite sur cette opposition.

« Art. 316. Le président ordonnera aux témoins de se retirer dans la
« chambre qui leur sera destinée. Ils n'en sortiront que pour déposer. Le
« président prendra des précautions, s'il en est besoin, pour empêcher les
« témoins de conférer entre eux du délit et de l'accusé, avant leur déposition.

« Art. 317. Les témoins déposeront séparément l'un de l'autre, dans
« l'ordre établi par le procureur général. Avant de déposer, ils prêteront, à
« peine de nullité, le serment de parler sans haine et sans crainte, de dire
« toute la vérité et rien que la vérité. Le président leur demandera leurs noms,
« prénoms, âge, profession, leur domicile ou résidence, s'ils connaissaient

« l'accusé avant le fait mentionné dans l'acte d'accusation, s'ils sont parents
« ou alliés, soit de l'accusé, soit de la partie civile, et à quel degré ; il leur
« demandera encore s'ils ne sont pas attachés au service de l'un ou de l'autre ;
« cela fait, les témoins déposeront oralement.

« Art. 318. Le président fera tenir note, par le greffier, des additions,
« changements ou variations qui pourraient exister entre la déposition d'un
« témoin et ses précédentes déclarations. Le procureur général et l'accusé
« pourront requérir le président de faire tenir les notes de ces changements,
« additions et variations.

« Art. 319. Après chaque déposition, le président demandera au témoin
« si c'est de l'accusé présent qu'il a entendu parler ; il demandera ensuite à
« l'accusé s'il veut répondre à ce qui vient d'être dit contre lui. Le témoin ne
« pourra être interrompu. L'accusé ou son conseil pourront le questionner
« par l'organe du président, après sa déposition, et dire, tant contre lui que
« contre son témoignage, tout ce qui pourra être utile à la défense de l'ac-
« cusé. Le président pourra également demander au témoin et à l'accusé
« tous les éclaircissements qu'il croira nécessaires à la manifestation de la
« vérité. Les juges, le procureur général et les jurés auront la même faculté,
« en demandant la parole au président. La partie civile ne pourra faire de
« questions, soit au témoin, soit à l'accusé, que par l'organe du président.

« Art. 320. Chaque témoin, après sa déposition, restera dans l'auditoire,
« si le président n'en a ordonné autrement, jusqu'à ce que les jurés se soient
« retirés pour donner leur déclaration.

« Art. 321. Après l'audition des témoins produits par le procureur gé-
« néral et par la partie civile, l'accusé fera entendre ceux dont il aura notifié
« la liste, soit sur les faits mentionnés dans l'acte d'accusation, soit pour
« attester qu'il est homme d'honneur, de probité et d'une conduite irrépro-
« chable. Les citations faites à la requête des accusés seront à leurs frais, ainsi
« que les salaires des témoins cités, s'ils en requièrent, sauf au procureur
« général à faire citer à sa requête les témoins qui lui seront indiqués par
« l'accusé, dans le cas où il jugerait que leur déclaration pût être utile pour
« la découverte de la vérité.

« Art. 322. Ne pourront être reçues les dépositions : 1° du père, de la
« mère, de l'aïeul, de l'aïeule, ou de tout autre ascendant de l'accusé, ou de

« l'un des accusés présents et soumis au même débat; 2° du fils, fille, petit-
« fils, petite-fille, ou de tout autre descendant; 3° des frères et sœurs; 4° des
« alliés aux mêmes degrés; 5° du mari et de la femme, même après le divorce
« prononcé; 6° des dénonciateurs dont la dénonciation est récompensée pé-
« cuniairement par la loi. Sans néanmoins que l'audition des personnes ci-
« dessus désignées puisse opérer nullité, lorsque, soit le procureur général,
« soit la partie civile, soit les accusés, ne se sont pas opposés à ce qu'elles
« soient entendues.

« Art. 323. Les dénonciateurs autres que ceux récompensés pécuniaire-
« ment par la loi pourront être entendus en témoignage; mais le jury sera
« averti de leur qualité de dénonciateurs.

« Art. 324. Les témoins produits par le procureur général ou par l'accusé
« seront entendus dans le débat, même lorsqu'ils n'auraient pas préalable-
« ment déposé par écrit, lorsqu'ils n'auraient reçu aucune assignation, pourvu,
« dans tous les cas, que ces témoins soient portés sur la liste mentionnée
« dans l'article 315.

« Art. 325. Les témoins, par quelque partie qu'ils soient produits, ne
« pourront jamais s'interpeller entre eux.

« Art. 326. L'accusé pourra demander, après qu'ils auront déposé, que ceux
« qu'il désignera se retirent de l'auditoire et qu'un ou plusieurs d'entre eux
« soient introduits et entendus de nouveau, soit séparément, soit en présence
« les uns des autres. Le procureur général aura la même faculté. Le président
« pourra aussi l'ordonner d'office.

« Art. 327. Le président pourra, avant, pendant ou après l'audition d'un
« témoin, faire retirer un ou plusieurs accusés et les examiner séparément
« sur quelques circonstances du procès; mais il aura soin de ne reprendre la
« suite des débats généraux qu'après avoir instruit chaque accusé de ce qui
« se sera fait en son absence et de ce qui en sera résulté.

« Art. 328. Pendant l'examen, les jurés, le procureur général et les juges
« pourront prendre note de ce qui leur paraîtra important soit dans les dé-
« positions des témoins, soit dans la défense de l'accusé, pourvu que la dis-
« cussion n'en soit pas interrompue.

« Art. 329. Dans le cours ou à la suite des dépositions, le président fera
« représenter à l'accusé toutes les pièces relatives au délit et pouvant servir à

« conviction; il l'interpellera de répondre personnellement s'il les reconnaît.
« Le président les fera représenter aussi aux témoins, s'il y a lieu.

« Art. 330. Si, d'après les débats, la déposition d'un témoin paraît fausse,
« le président pourra, sur la réquisition, soit du procureur général, soit de
« la partie civile, soit de l'accusé, et même d'office, faire sur-le-champ mettre
« le témoin en état d'arrestation. Le procureur général et le président ou
« l'un des juges par lui commis rempliront, à son égard, le premier, les fonc-
« tions d'officier de police judiciaire; le second, les fonctions attribuées aux
« juges d'instruction dans les autres cas. Les pièces d'instruction seront en-
« suite transmises à la cour impériale, pour y être statué sur la mise en accu-
« sation.

« Art. 333. Si l'accusé est sourd-muet et ne sait pas écrire, le président
« nommera d'office pour son interprète la personne qui aura le plus d'habi-
« tude de converser avec lui. Il en sera de même à l'égard du témoin sourd-
« muet. Le surplus des dispositions du précédent article sera exécuté. Dans
« le cas où le sourd-muet saurait écrire, le greffier écrira les questions et ob-
« servations qui lui seront faites; elles seront remises à l'accusé ou au témoin,
« qui donneront par écrit leurs réponses ou déclarations. Il sera fait lecture
« du tout par le greffier.

« Art. 334. Le président déterminera celui des accusés qui devra être
« soumis le premier aux débats, en commençant par le principal accusé, s'il y
« en a un. Il se fera ensuite un débat particulier sur chacun des autres ac-
« cusés.

« Art. 335. A la suite des dépositions des témoins et des dires respectifs
« auxquels elles auront donné lieu, la partie civile ou son conseil et le pro-
« cureur général seront entendus et développeront les moyens qui appuient
« l'accusation. L'accusé et son conseil pourront leur répondre. La réplique
« sera permise à la partie civile et au procureur général; mais l'accusé ou
« son conseil auront toujours la parole les derniers. Le président déclarera
« ensuite que les débats sont terminés.

« Art. 354. Lorsqu'un témoin qui aura été cité ne comparaîtra pas, la
« cour pourra, sur la réquisition du procureur général et avant que les débats
« soient ouverts par la déposition du premier témoin inscrit sur la liste, ren-
« voyer l'affaire à la prochaine session.

« Art. 355. Si, à raison de la non-comparution du témoin, l'affaire est
« renvoyée à la session suivante, tous les frais de citation, actes, voyages de
« témoins et autres ayant pour objet de faire juger l'affaire, seront à la charge
« de ce témoin, et il y sera contraint, même par corps, sur la réquisition du
« procureur général, par l'arrêt qui renverra les débats à la session suivante.
« Le même arrêt ordonnera de plus que ce témoin sera amené par la force
« publique devant la cour pour y être entendu. Et néanmoins, dans tous les
« cas, le témoin qui ne comparaîtra pas ou qui refusera soit de prêter ser-
« ment, soit de faire sa déposition, sera condamné à la peine portée à l'ar-
« ticle 80.

« Art. 356. La voie de l'opposition sera ouverte contre ces condamna-
« tions dans les dix jours de la signification qui en aura été faite au témoin
« condamné ou à son domicile, outre un jour par cinq myriamètres, et l'op-
« position sera reçue s'il prouve qu'il a été légitimement empêché ou que
« l'amende contre lui prononcée doit être modérée.

« Le président sera personnellement chargé de diriger les débats, de pré-
« sider à l'instruction et de déterminer l'ordre entre ceux qui demanderont
« à parler.

« Il aura la police de l'audience. »

« Art. 31. Après la clôture des débats, le président posera d'abord la
question de culpabilité résultant de l'acte d'accusation; elle ne pourra être
résolue pour l'affirmative qu'à la majorité de cinq voix sur sept; toutes les
autres dispositions des arrêts, telles que l'application de la loi pénale, l'appréciation des dommages-intérêts, etc., seront prises à la simple majorité[1].

« Art. 32. Il sera statué, par le même arrêt, sur l'accusation et sur les
dommages et intérêts demandés par la partie civile ou par l'accusé; la cour
les liquidera par le même arrêt ou commettra l'un de ses membres pour
entendre les parties, prendre connaissance des pièces, et faire son rapport,
pour être statué ultérieurement ce qu'il appartiendra.

« La cour ordonnera que les effets volés seront restitués au propriétaire.

« Art. 33. En ce qui concerne le mode de délibération, le prononcé et

[1] Article 47 de l'ordonnance de 1842. — Le président seul et non la cour pose les questions.

la rédaction de l'arrêt, il sera fait application des articles 369, 370 et 372 du Code d'instruction criminelle.

« Art. 369. Les juges délibéreront et opineront à voix basse ; ils pourront, « pour cet effet, se retirer dans la chambre du conseil : mais l'arrêt sera pro- « noncé à haute voix par le président, en présence du public et de l'accusé. « Avant de le prononcer, le président est tenu de lire le texte de la loi sur « laquelle il est fondé. Le greffier écrira l'arrêt ; il y insérera le texte de la « loi appliquée, sous peine de 100 francs d'amende.

« Art. 370. La minute de l'arrêt sera signée par les juges qui l'auront « rendu, à peine de 100 francs d'amende contre le greffier, et, s'il y a lieu, « de prise à partie tant contre le greffier que contre les juges. Elle sera « signée dans les vingt-quatre heures de la prononciation de l'arrêt.

« Art. 372. Le greffier dressera un procès-verbal de la séance, à l'effet de « constater que les formalités prescrites ont été observées. Il ne sera fait men- « tion au procès-verbal, ni des réponses des accusés, ni du contenu aux dé- « positions, sans préjudice toutefois de l'exécution de l'article 318 concernant « les changements, variations et contradictions dans les déclarations des té- « moins. Le procès-verbal sera signé par le président et le greffier, et ne pourra « être imprimé à l'avance. Les dispositions du présent article seront exécutées « à peine de nullité. Le défaut de procès-verbal et l'inexécution des dispo- « sitions du troisième paragraphe qui précède seront punis de 500 francs « d'amende contre le greffier. »

« Art. 34. Les arrêts seront exécutés dans les vingt-quatre heures de la décision par laquelle l'administrateur général, en conseil, aura ordonné l'exé- cution.

« Il sera sursis à cette exécution, dans le cas où l'administrateur général, en conseil, aura déclaré qu'il y a lieu de recourir à la clémence royale.

« L'administrateur général pourra accorder le sursis contre l'avis du conseil ; mais il ne pourra faire passer outre à l'exécution, si le conseil était d'un avis contraire. (*Modifié.* — Voir l'ordonnance du 23 juillet 1840.)

« Art. 35. En ce qui concerne le mode d'exécution des arrêts, il sera fait application des articles 376, 377, 378 et 379 du Code d'instruction criminelle.

« Art. 376. La condamnation sera exécutée par les ordres du procureur
« général; il aura le droit de requérir directement, pour cet effet, l'assistance
« de la force publique.

« Art. 377. Si le condamné veut faire une déclaration, elle sera reçue par
« un des juges du lieu de l'exécution, assisté du greffier.

« Art. 378. Le procès-verbal d'exécution sera, sous peine de 100 francs
« d'amende, dressé par le greffier et transcrit par lui, dans les vingt-quatre
« heures, au pied de la minute de l'arrêt. La transcription sera signée par lui,
« et il fera mention du tout, sous la même peine, en marge du procès-verbal.
« Cette mention sera également signée, et la transcription fera preuve comme
« le procès-verbal même.

« Art. 379. Lorsque, pendant les débats qui auront précédé l'arrêt de con-
« damnation, l'accusé aura été inculpé, soit par des pièces, soit par des dépo-
« sitions de témoins, sur d'autres crimes que ceux dont il était accusé, si ces
« crimes nouvellement manifestés méritent une peine plus grave que les pre-
« miers, ou si l'accusé a des complices en état d'arrestation, la cour ordonnera
« qu'il soit poursuivi à raison de ces nouveaux faits, suivant les formes pres-
« crites par le présent Code. Dans ces deux cas, le procureur général surseoira
« à l'exécution de l'arrêt qui a prononcé la première condamnation, jusqu'à
« ce qu'il ait été statué sur le second procès. »

« Art. 36. Lorsque, après un arrêt de mise en accusation, l'accusé n'aura
pu être saisi et ne se représentera pas, il sera procédé contre lui, par contumace, conformément aux articles 465, 466, 467, 468, 469, 470, 471, 472,
474, 475, 476, 477 et 478 du Code d'instruction criminelle, avec cette
seule modification, que l'ordonnance dont il est question dans l'article 465
sera rendue par le président de la cour royale et que l'affiche prescrite par
l'article 466 sera faite à la porte du domicile de l'accusé et à la porte du
domicile de l'avocat général.

« Art. 465. Lorsque, après un arrêt de mise en accusation, l'accusé n'aura
« pu être saisi, ou ne se présentera pas dans les dix jours de la notification qui
« en aura été faite à son domicile, ou lorsque, après s'être présenté ou avoir
« été saisi, il se sera évadé, le président de la cour d'assises, ou, en son ab-

« sence, le président du tribunal de première instance, et, à défaut de l'un et
« de l'autre, le plus ancien juge de ce tribunal, rendra une ordonnance portant
« qu'il sera tenu de se représenter dans un nouveau délai de dix jours : sinon,
« qu'il sera déclaré rebelle à la loi, qu'il sera suspendu de l'exercice des droits
« de citoyen, que ses biens seront séquestrés pendant l'instruction de la con-
« tumace, que toute action en justice lui sera interdite pendant le même temps,
« qu'il sera procédé contre lui, et que toute personne est tenue d'indiquer le
« lieu où il se trouve. Cette ordonnance fera de plus mention du crime et de
« l'ordonnance de prise de corps.

« Art. 466. Cette ordonnance sera publiée à son de trompe ou de caisse,
« le dimanche suivant, et affichée à la porte du domicile de l'accusé, à celle
« du maire et à celle de l'auditoire de la cour d'assises. Le procureur général
« ou son substitut adressera aussi cette ordonnance au directeur des domaines
« et droits d'enregistrement du domicile du contumax.

« Art. 467. Après un délai de dix jours, il sera procédé au jugement de
« la contumace.

« Art. 468. Aucun conseil, aucun avoué, ne pourra se présenter pour
« défendre l'accusé contumax. Si l'accusé est absent du territoire européen
« de la France, ou s'il est dans l'impossibilité absolue de se rendre, ses parents
« ou ses amis pourront présenter son excuse et en plaider la légitimité.

« Art. 469. Si la cour trouve l'excuse légitime, elle ordonnera qu'il sera
« sursis au jugement de l'accusé et au séquestre de ses biens pendant un temps
« qui sera fixé, eu égard à la nature de l'excuse et à la distance des lieux.

« Art. 470. Hors ce cas, il sera procédé de suite à la lecture de l'arrêt de
« renvoi à la cour d'assises, de l'acte de notification de l'ordonnance ayant
« pour objet la représentation du contumax, et des procès-verbaux dressés
« pour en constater la publication et l'affiche. Après cette lecture, la cour, sur
« les conclusions du procureur général ou de son substitut, prononcera sur la
« contumace. Si l'instruction n'est pas conforme à la loi, la cour la déclarera
« nulle et ordonnera qu'elle sera recommencée, à partir du plus ancien acte
« illégal. Si l'instruction est régulière, la cour prononcera sur l'accusation et
« statuera sur les intérêts civils, le tout sans assistance ni intervention de
« jurés.

« Art. 471. Si le contumax est condamné, ses biens seront, à partir de

« l'exécution de l'arrêt, considérés et régis comme biens d'absent ; et le
« compte du séquestre sera rendu à qui il appartiendra, après que la con-
« damnation sera devenue irrévocable par l'expiration du délai donné pour
« purger la contumace.

« Art. 472. Extrait du jugement de condamnation sera, dans les huit
« jours de la prononciation, à la diligence du procureur général ou de son
« substitut, inséré dans l'un des journaux du département du dernier domicile
« du condamné. Il sera affiché, en outre : 1° à la porte de ce dernier domicile ;
« 2° de la maison commune du chef-lieu de l'arrondissement où le crime a été
« commis ; 3° du prétoire de la cour d'assises. Pareil extrait sera, dans le même
« délai, adressé au directeur de l'administration de l'enregistrement et des do-
« maines du domicile du contumax. Les effets que la loi attache à l'exécution
« par effigie seront produits à partir de la date du dernier procès-verbal cons-
« tatant l'accomplissement de la formalité de l'affiche prescrite par le présent
« article.

« Art. 474. En aucun cas, la contumace d'un accusé ne suspendra ni ne
« retardera de plein droit l'instruction à l'égard de ses coaccusés présents.
« La cour pourra ordonner, après le jugement de ceux-ci, la remise des effets
« déposés au greffe comme pièces de conviction, lorsqu'ils seront réclamés par
« les propriétaires ou ayants droit. Elle pourra aussi ne l'ordonner qu'à charge
« de représenter, s'il y a lieu. Cette remise sera précédée d'un procès-verbal
« de description dressé par le greffier, à peine de 100 francs d'amende.

« Art. 475. Durant le séquestre, il peut être accordé des secours à la
« femme, aux enfants, au père ou à la mère de l'accusé, s'ils sont dans le
« besoin. Ces secours seront réglés par l'autorité administrative.

« Art. 476. Si l'accusé se constitue prisonnier, ou s'il est arrêté avant que
« la peine soit éteinte par prescription, le jugement rendu par contumace et
« les procédures faites contre lui depuis l'ordonnance de prise de corps ou de
« se représenter seront anéantis de plein droit, et il sera procédé à son égard
« dans la forme ordinaire. Si cependant la condamnation par contumace était
« de nature à emporter la mort civile, et si l'accusé n'a été arrêté ou ne s'est
« représenté qu'après les cinq ans qui ont suivi l'exécution du jugement de
« contumace, ce jugement, conformément à l'article 30 du Code civil, con-
« servera, pour le passé, les effets que la mort civile aurait produits dans

« l'intervalle écoulé depuis l'expiration des cinq ans jusqu'au jour de la com-
« parution de l'accusé en justice.

« Art. 477. Dans les cas prévus par l'article précédent, si, pour quelque
« cause que ce soit, des témoins ne peuvent être produits aux débats, leurs
« dépositions écrites et les réponses écrites des autres accusés du même délit
« seront lues à l'audience : il en sera de même de toutes les autres pièces qui
« seront jugées par le président être de nature à répandre la lumière sur le
« délit et les coupables.

« Art. 478. Le contumax qui, après s'être représenté, obtiendrait son ren-
« voi de l'accusation, sera toujours condamné aux frais occasionnés par sa
« contumace. »

« ART. 37. Il n'est rien innové, par le présent arrêté, à la procédure criminelle devant les tribunaux des établissements secondaires de l'Inde française, ni au mode d'appel des jugements rendus par les tribunaux en matière
criminelle [1].

« ART. 38. Le présent sera lu, publié et enregistré partout où besoin
sera. »

L'ordonnance royale du 29 mars 1836, portant promulgation dans la colonie de la loi du 28 avril 1832, a été promulguée le 1er septembre 1836.

Les modifications introduites dans la législation ancienne ont été repro-
duites sous chacun des articles transcrits dans l'arrêté précédent.

Les dispositions spéciales à la colonie édictées par l'ordonnance sont les
suivantes :

« Art. 341. En toute matière criminelle, même en cas de récidive, le président posera la question suivante : « Existe-t-il en faveur de l'accusé des cir-
« constances atténuantes. »

« Cette question ne pourra être résolue affirmativement qu'à la majorité
exigée par la législation actuellement en vigueur dans nos établissements de

---

[1] Cet arrêté est toujours en vigueur dans toutes les dispositions qui ont promulgué divers articles du Code d'instruction criminelle et réglé la procédure après l'arrêt de mise en accusation.

l'Inde pour la déclaration de culpabilité. (*Abrogé.* — Art. 47 de l'ordonnance du 7 février 1842.)

« Art. 368. L'accusé ou la partie civile qui succombera sera toujours
condammée aux frais envers l'État et envers l'autre partie.

« Dans les affaires de grand criminel, la partie civile qui n'aura pas succombé ne sera jamais tenue des frais.

« Dans le cas où elle en aura consigné, ils lui seront restitués. »

Ce sont là les seuls articles de la loi spéciaux à la colonie.

L'article 619, relatif à la réhabilitation, est à son tour modifié par la loi
de 1852 que l'on trouvera plus loin.

ARRÊTÉ

Du 18 novembre 1832, qui déclare applicable aux établissements français de l'Inde l'ar-
ticle 235 de l'ordonnance du Roi du 19 décembre 1827, modifiant le même article du Code
d'instruction criminelle. (Enregistré à la cour royale en 1830.)

AU NOM DU ROI DES FRANÇAIS.

Nous, Gouverneur des établissements français de l'Inde;

Vu les ordonnances royales portant application du Code d'instruction
criminelle aux îles Bourbon, la Martinique, la Guadeloupe et la Guyane
française;

Vu l'arrêté local du 17 novembre 1828, portant règlement provisoire sur
l'instruction criminelle à Pondichéry;

Sur la proposition de l'avocat général, faisant fonctions de procureur général;

De l'avis du conseil privé;

Provisoirement et sauf l'approbation de Sa Majesté,

AVONS ARRÊTÉ et ARRÊTONS ce qui suit :

« Art. 1ᵉʳ. L'article 235 du Code d'instruction criminelle cessera, à dater du présent arrêté, d'être appliqué dans les établissements français de l'Inde.

« Art. 2. Est rendu applicable aux établissements français de l'Inde l'article 235 de l'ordonnance royale du 19 décembre 1827, portant application du Code d'instruction criminelle à l'île de Bourbon, ainsi conçu :

« Dans toutes les affaires, la cour royale, tant qu'elle n'aura pas décidé s'il « y a lieu de prononcer la mise en accusation, pourra, seulement sur la réqui- « sition du procureur général, soit qu'il y ait ou non une instruction commen- « cée par les premiers juges, ordonner des poursuites, se faire apporter les « pièces, informer ou faire informer, et statuer ensuite ce qu'il appartiendra. »

« Art. 3. Le procureur général est chargé de l'exécution du présent arrêté, qui sera enregistré partout où besoin sera. »

ORDONNANCE

Du 26 mai 1827, concernant le tribunal de la police à Pondichéry.

AU NOM DU ROI.

Nous, Eugène Panon, Vicomte des Bassayns de Richemont, etc. ;

L'expérience ayant démontré que les avantages produits par la séparation de la police de Pondichéry et des districts de Villenour et de Bahour sont loin de compenser les inconvénients que présente ce système ;

Voulant d'un autre côté régler d'une manière précise la compétence du juge de police, le mode de procéder devant son tribunal et celui d'appeler de ces jugements, qui n'ont point encore été déterminés jusqu'à ce jour ;

Après avoir délibéré en conseil de gouvernement et d'administration, provisoirement et sauf l'approbation de Sa Majesté,

Avons ordonné et ordonnons ce qui suit :

DU TRIBUNAL DE POLICE.

CHAPITRE Iᵉʳ.
DE LA COMPÉTENCE.

« Art. 1ᵉʳ. La juridiction du tribunal de la police s'étend sur la ville de Pondichéry et sur les trois districts qui en dépendent.

⁽¹⁾. . . . . (. . . .

« Art. 5. Les contraventions de police simple, les vols, filouteries, rixes et voies de fait spécifiés par l'ordonnance locale en date du 25 de ce mois et les infractions aux ordonnances et règlements sur les contributions directes et indirectes sont de la compétence du juge de police⁽²⁾.

« Ce magistrat continuera, en outre, à connaître des matières spéciales qui sont attribuées à son tribunal par les ordonnances locales des 7 et 24 juillet⁽³⁾ et 21 août 1826.

⁽⁴⁾. . . . .

« Art. 7. Le juge de police peut déléguer à l'inspecteur de service la connaissance des contraventions de première classe prévues par l'ordonnance locale en date du 25 de ce mois; mais ces jugements ne sont exécutoires qu'après avoir été revêtus de la signature du juge, qui encourt seul la responsabilité⁽⁵⁾.

« Art. 8. Les béchecars chargés de la police dans les districts de Villenour et de Bahour peuvent aussi, dans les cas prévus par les nᵒˢ 2, 8, 15, 18, 22, 27, 28, 29, 31, 32, 33 et 34 de l'article 12 de l'ordonnance du 25 de ce mois⁽⁶⁾, prononcer contre les Indiens qui y auraient contrevenu l'amende

---

⁽¹⁾ Les articles 2 et 3 sont abrogés par les articles 6 à 15 de l'ordonnance du 7 février 1842. L'article 4 est abrogé par l'arrêté de 1834 reproduit dans la partie qui traite de l'organisation judiciaire.

⁽²⁾ La seconde partie de cet article a été modifiée par l'arrêté du 14 novembre 1832, sur les contributions indirectes, qui attribue compétence aux tribunaux correctionnels.

⁽³⁾ L'arrêté du 24 juillet a modifié le Code pénal (art. 269 et suivants); il est inconstitutionnel. (Voir au droit pénal.)

⁽⁴⁾ L'article 6, relatif aux affaires de caste, a été reproduit.

⁽⁵⁾ Abrogé par l'ordonnance de 1842.

⁽⁶⁾ Relative aux contraventions de police. (Voir au Code pénal.)

portée par ledit article, et, dans le cas de rixes ou de violences légères, détenir les délinquants indiens pris en flagrant délit, pendant douze heures, à leur cacherie ou même au bloc, si ce sont des parias ou autres gens de basse caste.

« Art. 9. Les jugements des béchecars sont soumis dans les trois jours à la révision du juge de police[1].

« Il peut les réformer, soit de son propre mouvement, soit sur la demande des parties intéressées, pendant les huit jours de leur date, et même punir les béchecars d'une amende de 2 à 8 roupies, soit 4 fr. 80 cent. à 19 fr. 20 cent., dans le cas où ils auraient ordonné, sans motif valable, la détention que l'article précédent les autorise à prononcer, sans préjudice de dommages et intérêts et des peines portées par le Code pénal, s'il y a lieu[2].

« Art. 10. En cas d'absence, de maladie ou d'empêchement momentané, ou pour toute autre cause, le juge est remplacé à son tribunal par un magistrat désigné par l'administrateur général.

CHAPITRE II.

DE LA PROCÉDURE, DE L'INSTRUCTION ET DES JUGEMENTS.

« Art. 11. Les dispositions des articles 145 à 165 du Code d'instruction criminelle en matière de police et en matière civile, celles du Code de procédure applicables aux juges de paix, sont observées pour la procédure, l'instruction et les jugements du tribunal de la police, sauf les modifications ci-après.

« Art. 12. Les Européens et gens de couleur sont cités devant le juge de police par l'archer faisant fonctions d'huissier près ce tribunal.

« Dans le cas d'absence, la copie de la citation est laissée au chef du ministère public, qui vise l'original.

[1] Les arrêtés du 30 août 1842, relatif à la police du canal de Soutoucany, et du 9 juin 1856, relatif à la police du canal de Mangalom, attribuent, pour la répression des contraventions, compétence au béchecar de Villenour.

[2] Ces articles, qui attribuent une juridiction spéciale aux béchecars, sont toujours en vigueur.

« Art. 13. A l'égard des Indiens, les citations sont faites par le thabédar
ou huissier indien, et portées par des pions de police; elles contiennent la
date des jour, mois et an, les noms, profession, caste et domicile du demandeur et du défendeur, et le nom du pion porteur; elles énoncent sommairement l'objet de la demande et indiquent le jour et l'heure de la comparution.

« La citation est inscrite sur un casernet en olles, coté et parafé par le
juge de police, et dont le pion est porteur. Elle est notifiée à personne ou à
domicile, et copie sur olle en est laissée.

« Cette formalité est constatée par la signature du défendeur apposée sur
le casernet, et, s'il ne peut ou ne veut·signer, par celle de deux témoins.

« S'il ne se trouve personne au domicile, la copie est laissée au chef de la
caste du défendeur, qui vise l'original sans frais.

« Les frais de chaque citation sont d'un fanon, soit 30 centimes, à Pondichéry, et d'un fanon et demi, soit 45 centimes, dans les aldées [1].

« Art. 14. Les parties comparaissent par elles-mêmes ou par un fondé de
procuration spéciale, sans pouvoir être assistées d'un défenseur officieux ou
conseil.

« Art. 15. (Abrogé.)

« Art. 16. En matière de police, les rapports et procès-verbaux de l'inspecteur de police, du naïnard et des béchecars des aldées font foi jusqu'à
inscription de faux.

« Art. 17. Ces agents peuvent aussi être commis par le juge de police
pour le remplacer dans les enquêtes ou visites de lieux et appréciations. Il
prononce sur leurs procès-verbaux et rapports, lesquels doivent être dressés
par eux dans la forme prescrite par les articles 35, 36, 37, 38, 39 et 42
du Code de procédure civile.

« Art. 18. Dans les cas prévus par l'article précédent, lorsque le transfert
a été expressément requis par l'une des parties et que le juge l'a trouvé nécessaire, il est alloué par chaque vacation de trois heures au moins, y compris le temps du transport et du retour :

[1] Ce droit est perçu au profit de l'État. (Arrêté du 12 août 1826, article 2.) Voyez à la procédure civile.

« Au juge de police, 2 roupies, soit.................... $4^f\ 80^c$

« A l'inspecteur, 1 roupie, soit........................ 2   40

« Au greffier (hors de la ville), une demi-roupie, soit........ 1   20

« Au naïnard (hors de la ville), une demi-roupie, soit........ 1   20

« Aux béchecars (hors de leurs résidences), une demi-roupie,

soit.. 1   20

« S'il n'y a qu'une seule vacation, elle est payée comme complète, encore qu'elle n'ait pas été de trois heures.

« Lorsque le transport a lieu au delà d'un demi-myriamètre, il est alloué par myriamètre :

« Au juge, 2 roupies et demie, soit..................... $6^f\ 00^c$

« A l'inspecteur et au greffier, 1 roupie et demie, soit........ 3   60

« Au naïnard et aux béchecars, une demi-roupie, soit....... 1   20

(*Modifié*. — Tarif du 11 novembre 1861.)

« Art. 19. Les vacations de l'inspecteur de police, du naïnard, des béchecars et du greffier sont taxées par le juge de police, et celles de ce dernier par le président de la cour royale [1].

« Art. 20. Les attributions conférées par les articles 47 du Code de procédure civile et 160 du Code d'instruction criminelle au procureur du Roi sont remplies par le chef du ministère public, et les récusations sont jugées par la cour royale.

« Art. 21. L'action du ministère public près le tribunal de la police n'est point obligatoire. Les contraventions y sont dénoncées soit par les officiers ou agents de la police, des ponts et chaussées ou du domaine, soit par les parties lésées; le juge peut même connaître de celles qu'il a constatées, sans autre réquisition, et il doit ordonner d'office la réparation des dommages en matière de petite voirie. (*Modifié*. — Art. 21 de l'ord. de 1842.)

« Art. 22. Le juge poursuit lui-même l'exécution de ses propres jugements en matière de police.

« Les condamnations en dernier ressort emportant la peine de la prison ou du rotin sont exécutées immédiatement après la prononciation du jugement.

[1] Le président du tribunal est chargé de la taxe.

« Les amendes doivent être versées au greffe dans les trois jours. (*Abrogé.*)

« Art. 23. Les jugements des béchecars des aldées ne sont assujettis à aucune forme; ils sont rendus sommairement sur la plainte verbale des parties ou le rapport des agents de la police ou du domaine qui ont constaté la contravention, et après l'audition des témoins.

« Les noms et domicile du dénonciateur ou de la partie civile, du défenseur et des témoins, le motif sommaire de la plainte, la peine et la date du jugement sont inscrits sur un registre en olles, coté et parafé par le juge de police, et dont l'extrait doit être envoyé à ce dernier tous les trois jours, ainsi qu'il est établi par l'article 9.

« La contrainte pour le payement des amendes prononcées par les béchecars ne peut être exercée qu'après l'approbation de leurs jugements par le juge.

[1] . . . .

« Art. 27. Les expéditions en forme exécutoire des jugements rendus valent pouvoir à l'huissier auquel elles sont remises pour toute saisie-arrêt et exécution et pour l'emprisonnement, s'il est spécialement ordonné; mais le juge de police ne peut connaître des contestations qui s'élèvent sur l'exécution de ses jugements en matière civile.

« Elles sont portées au tribunal de la Chaudrie, si les poursuites sont faites contre un Indien, et à la cour royale, si elles sont dirigées contre un Européen; et il est statué dans la forme prescrite par le Code de procédure civile, sur citation directe des parties et sur référé [2]. (*Abrogé.*)

« Art. 28. Il n'est rien innové aux prescriptions en matière civile.

« Les dispositions des articles 639, 640, 641 et 642 du Code d'instruction criminelle sont applicables aux délits et contraventions dont la connaissance est attribuée au tribunal de la police.

« Art. 29. Au commencement de chaque trimestre, le juge de police transmet au chef du ministère public un état des jugements rendus par son

---

[1] Les articles 25 et 26, relatifs à la contrainte par corps, ont été reproduits.

[2] Le tribunal de première instance, qui remplace le tribunal de la Chaudrie, juge les Indiens et les Européens.

tribunal en dernier ressort, pendant le trimestre précédent, en matière de
police.

CHAPITRE III.

DES APPELS.

« Art. 30. Les appels du tribunal de la police sont, en matière civile et
dans les cas prévus par les articles 2, 3 et 4, portés devant le tribunal de
la Chaudrie pour les affaires entre Indiens, et devant la cour royale pour
celles où un Européen est partie. (*Modifié.* — Art. 23 de l'ord. de 1842.)

« Ils ne sont recevables que dans le délai d'un mois à dater du jour de la
signification.

« L'amende d'appel est de 2 roupies, soit 4 fr. 80 cent.

« Art. 31. Peuvent être attaqués par la voie d'appel devant la cour royale,
sauf les cas où le tribunal de la police est investi, par disposition spéciale,
du pouvoir de juger en premier et dernier ressort :

« Tous les jugements rendus en matière de police qui prononcent des
amendes, restitutions et autres réparations civiles supérieures à la somme de
2 roupies, soit 4 fr. 80 cent., outre les dépens ;

« Ceux qui condamnent des Européens ou gens à chapeau à un temps
d'emprisonnement quelconque ;

« Ceux contre les Indiens qui emportent plus de trois jours de prison ou
dix coups de rotin. (*Modifié.* — Art. 19 de l'ord. de 1842.)

« L'appel est suspensif : il doit être interjeté dans les trois jours de la signification du jugement ; toutefois, si les condamnés ne fournissent point
bonne et suffisante caution, et si le juge a lieu de craindre qu'ils ne cherchent à se soustraire du territoire, il peut ordonner leur détention provisoire.

« Art. 32. Les appels du tribunal de la police sont jugés, comme en
matière sommaire, dans les formes établies par le Code de procédure civile
et le Code d'instruction criminelle pour ceux des jugements du juge de
paix.

« Art. 33. Les appels des jugements rendus par le tribunal de la police.

dans les affaires de caste, dont la connaissance lui est attribuée par l'article 6, et dans les cas de contravention prévus par le n° 38 de l'article 23 de l'ordonnance du 25 de ce mois, sont portés devant l'administrateur général.

« Ils ne sont recevables que dans les dix jours de la date des jugements, en matière de caste, et dans les trois jours, en matière de simple police.

« ART. 34. Sont abrogés les règlements de police du 20 juin 1778, 31 août 1786 et 1er avril 1788, et généralement toutes dispositions contraires à la présente ordonnance, qui sera enregistrée, publiée et affichée à Pondichéry partout où besoin sera [1].

Cet arrêté a été rendu applicable à Karikal par l'arrêté du 26 octobre suivant :

ARRÊTÉ DU 26 OCTOBRE 1827.

. . . .

« ART. 4. Les dispositions des chapitres II et III de ladite ordonnance, concernant la procédure, l'instruction, les jugements et les appels, sont observées par le tribunal de police à Karikal, sauf les modifications ci-après.

« ART. 6. Le tribunal de première instance de cet établissement remplit, à l'égard du tribunal de police, les fonctions attribuées à Pondichéry à la cour royale et au tribunal de la Chaudrie par les articles 19, 20, 27, 30 et 31 de ladite ordonnance.

« ART. 7. Dans les cas prévus par l'article 33 de l'ordonnance locale précitée, l'appel des jugements de police est porté, dans les mêmes formes et dans le même délai, par-devant l'administrateur de Karikal, qui juge en dernier ressort.

[1] La procédure devant le tribunal de simple police est réglée par cet arrêté.

ARRÊTÉ

Du 6 août 1856, instituant un maire chargé de la direction de la police à Pondichéry
et portant organisation nouvelle des détails de ce service [1].

ÉTABLISSEMENTS FRANÇAIS DANS L'INDE.

Nous, Gouverneur des établissements français dans l'Inde;

Considérant que l'état où se trouve aujourd'hui l'organisation de la police à Pondichéry réclame un remaniement complet pour imprimer plus de force et de rapidité à l'exécution des détails nombreux de ce service;

Considérant qu'il y a lieu surtout, pour atteindre ce but, de centraliser tous les ressorts d'action de la police entre les mains d'un fonctionnaire supérieur dont la position en relève l'importance et en augmente l'autorité;

Considérant que cette centralisation, déjà essayée dans le passé, y avait produit d'utiles effets qu'il est bon de s'approprier à cette heure, tout en se gardant des embarras qui en avaient motivé la suppression;

Considérant qu'en pourvoyant à ces besoins, il est possible de les combiner avec la nécessité de donner à la ville de Pondichéry une représentation qui ne soit pas seulement nominale; qu'en créant un maire et en déterminant ses attributions, on pose ainsi une pierre d'attente et l'on prépare l'initiation à des institutions plus régulières et plus complètes;

Vu l'article 48 de l'ordonnance organique du 23 juillet 1840;

Sur le rapport et la proposition du commissaire de la marine, ordonnateur;

Le conseil d'administration entendu,

AVONS ARRÊTÉ et ARRÊTONS ce qui suit :

---

[1] Cet arrêté et le suivant renferment de nombreuses dispositions relatives à la police judiciaire.

« Art. 1er. Le juge de paix de Pondichéry est en même temps maire, représentant légal de la cité : comme tel il est chargé de la direction spéciale de la police, sous l'autorité supérieure de l'ordonnateur, faisant fonctions de directeur de l'intérieur.

« Art. 2. Il jouira, en raison de ces nouvelles fonctions, d'un supplément de solde de 2,000 francs par an, qui lui sera payé sur les fonds du budget local.

« Art. 3. Ses attributions comme maire sont fixées ainsi qu'il suit :

« Il représente la ville de Pondichéry dans tous les cas où les intérêts de la cité le réclament.

« Il est officier de l'état civil en chef des bureaux européens et indiens des trois districts.

« Il continue à faire les actes spéciaux qui sont attribués au juge de paix, faisant fonctions de maire, par les arrêtés locaux.

« Il est chargé du recensement de la population dans la ville et de la délivrance des passe-ports.

« Il a la surveillance des établissements insalubres, nuisibles, incommodes ou dangereux, des imprimeries particulières, de l'éclairage de la ville, des cimetières, des mosquées et des bûchers.

« Le maire directeur de la police est chargé par l'autorité supérieure de l'exécution de toutes les mesures de sûreté générale, ainsi que de la police municipale et de la police de la petite voirie; il pourvoit à l'observance de l'ensemble des prescriptions y relatives.

« Il a la surveillance et la police du bagne et des prisons.

« Il est chargé de la police des castes.

« Il veille à l'exécution des obligations imposées par la législation locale aux personnes qui arrivent dans la colonie ou qui en partent.

« Art. 4. En cas d'empêchement, il délègue ses fonctions d'officier de l'état civil aux suppléants de juge de paix, qui font, pour ce cas spécial, office d'adjoint.

« Art. 5. Il s'assure par lui-même, une fois la semaine au moins, en faisant une tournée d'inspection dans la ville et sa banlieue, dont les limites seront ultérieurement déterminées, de la régularité du service et de l'exécution des lois et arrêtés relatifs à la police; il examine à cette occasion la conduite des divers fonctionnaires et agents de la police.

« Art. 6. Il adresse une fois par mois, à l'ordonnateur et au procureur général, un rapport sur la police de Pondichéry et de ses districts; mais quand il y a des délits graves ou des mesures urgentes à prendre, il leur fait immédiatement rapport jour par jour.

« Art. 7. Les inspecteurs, le naïnard, le paléagar et les thalavayes remplissent, sous les ordres du maire juge de paix, et d'après les règles qui seront tracées plus bas, les attributions de police municipale et administrative; ils surveillent les points de ces divers services qui leur sont particulièrement attribués dans les articles suivants.

« Art. 8. Les béchecars en chef de Villenour et de Bahour faisant fonctions de naïnard, les seconds béchecars faisant fonctions de paléagar et les taléarys exercent, dans leurs districts respectifs, sous les ordres et la direction du maire juge de paix, les attributions de police administrative conférées à ce fonctionnaire.

« La police rurale, dont les béchecars en chef sont spécialement chargés, est réglée, d'après la législation existante, par un arrêté spécial.

DES INSPECTEURS.

« Art. 9. L'emploi de commissaire de police est supprimé.

« Il est institué deux inspecteurs de police [1]. Le premier jouira d'un traitement fixe de 1,800 francs, avec une indemnité annuelle de 250 francs pour entretien d'un cheval. Le second inspecteur de police jouira d'un traitement de 1,400 francs par an comme solde fixe et d'un pareil supplément de 250 francs.

« Art. 10. Les inspecteurs surveillent et dirigent la police dans les trois districts, sous les ordres du maire juge de paix, auquel ils rendent directement compte de ce qui se passe dans tout le ressort de Pondichéry.

« Art. 11. Ils tiennent le siége du ministère public au tribunal de police [2].

---

[1] Ils prennent le titre de commissaires de police. (Arrêté sur le budget pour 1869.)

[2] Chaque fois que l'inspecteur de police sera empêché, il sera remplacé dans ses attributions

« Art. 12. Il y a un inspecteur de semaine et un inspecteur en service extérieur.

« L'inspecteur de semaine se rend chaque jour au bureau de la police, depuis huit heures du matin jusqu'à neuf heures et demie, et de onze heures à cinq heures du soir, pour recevoir les diverses plaintes et expédier les affaires courantes.

« L'inspecteur en service extérieur vaque aux affaires de la ville et de la banlieue.

« Il est toujours prêt à se porter partout où besoin sera.

« Dans les fêtes publiques, de quelque nature qu'elles soient, il aura à se porter partout où sa présence sera nécessaire, en se faisant assister du naïnard, du paléagar et de pions pour prévenir le tumulte ou le désordre.

« Il visite chaque jour le bagne et les prisons et désigne, d'après les ordres qu'il aura reçus, le genre de travaux auxquels chaque forçat doit se livrer.

« Il inspecte dès le point du jour les abattoirs et les boucheries et s'assure que tous les produits et les aliments apportés au bazar sont de bonne qualité; il confisque et détruit ceux qui ne rempliraient pas ces conditions, sans préjudice des peines plus graves portées par les arrêtés.

« Son attention se portera spécialement sur les poids et mesures non étalonnés qu'il saisira, en constatant ou faisant constater les contraventions.

« Il surveille activement les cantines et jeux de hasard; enfin il assure généralement l'ordre et l'exécution des lois et arrêtés dans toutes les parties du service.

« Art. 13. Toutes les opérations de police et tous les faits venant à la connaissance des inspecteurs sont journellement consignés dans un registre déposé au bureau central et qu'ils signent tous les deux chaque soir.

« Art. 14. L'inspecteur de semaine adresse tous les samedis au maire directeur de la police un rapport sur la police de la ville et de la banlieue; il l'informe immédiatement de tous les faits et délits graves qui surviennent.

« L'inspecteur en service extérieur se conforme également aux prescriptions du paragraphe précédent.

de substitut du ministère public près le tribunal de police par le naïnard. (Arrêté du 27 décembre 1838.)

« ART. 15. Les inspecteurs résident à Pondichéry, l'un dans le nord de la ville, l'autre dans le sud; ils ne peuvent s'absenter de l'enceinte de la ville ou de la banlieue, pour affaires autres que celles du service, sans l'autorisation du maire directeur de la police.

DU NAÏNARD.

« ART. 16. Le naïnard ou grand prévôt indien relève directement du maire et exerce, sous sa surveillance et direction, dans le district de Pondichéry spécialement et, au besoin, dans ceux de Villenour et de Bahour, les attributions qui lui sont dévolues par les lois, arrêtés et règlements en vigueur.

« Il transmet aux béchecars en chef, mais seulement par délégation du maire et juge de paix, directeur de la police, les instructions et les ordres relatifs au service.

« ART. 17. Il dirige, sous la même surveillance, les thalavayes du district de Pondichéry, les chefs et sous-chefs pions, les pions et les veilleurs de nuit.

« Il reçoit les rapports journaliers de ces agents indiens, en donne connaissance à l'inspecteur de semaine et l'accompagne tous les matins au rapport chez le maire directeur de la police, auquel il rend compte isolément, et plus souvent dans les cas extraordinaires.

« Il exerce une surveillance spéciale sur tout ce qui concerne les cultes, coutumes et priviléges des Indiens, et veille à ce que tout ce qui y a rapport se passe suivant l'usage établi.

« ART. 18. La surveillance du naïnard s'étend plus particulièrement sur la population native.

« Il se tient prêt jour et nuit à exécuter les ordres du maire directeur de la police.

« Il surveille sans cesse les cantines et signale aux inspecteurs ou au directeur toute maison de jeu clandestine qui tenterait de s'établir.

« Il signale autant que possible, dans son rapport journalier, les Indiens étrangers au territoire qui descendent dans la ville noire, et indique s'ils y sont en passant ou pour s'y établir.

« ART. 19. Il tient un registre des Indiens servant ordinairement en qualité de dobachis, pions, blanchisseurs, métis, palefreniers, cuisiniers, jardiniers et totys, et doit être en mesure, soit de donner sur eux tous les renseignements désirables, soit de les trouver à premier réquisition.

« Les maîtres qui auront pris à leur service des domestiques non inscrits à la police ne pourront exiger aucun renseignement sur eux.

« Le naïnard exerce, en outre, une surveillance active sur les maîtres et ouvriers des diverses professions, et veille à ce que les pions garnisaires mis sur eux remplissent exactement leur mandat.

« Art. 20. Il s'assure que les tueurs de chiens s'acquittent exactement de leur devoir et ne se créent point des revenus illicites.

« Art. 21. Il adresse tous les samedis, au maire juge de paix, un rapport sur la police des aldées du district de Pondichéry, semblable à celui que remettent les inspecteurs sur la ville blanche et la banlieue.

DU PALÉAGAR.

« Art. 22. Outre ses attributions spéciales qui portent particulièrement sur la police judiciaire, le paléagar est inspecteur de la police de sûreté.

« Il veille, comme le naïnard, au maintien du bon ordre, et, en cas d'empêchement de celui-ci, il est appelé de droit à le suppléer.

« Art. 23. Il a aussi pour mission d'assurer l'arrivage des grains nourriciers sur les marchés et la surveillance des courtiers et accapareurs, qu'il signale immédiatement au procureur impérial et au maire directeur de la police.

« Il doit toujours être en mesure de fournir des renseignements précis sur la quantité de grains existant dans le district de Pondichéry. La même obligation incombe aux sous-béchecars de Villenour et de Bahour, faisant fonctions de paléagar, chacun en ce qui concerne le district auquel ils appartiennent.

« Art. 24. Le paléagar fait tous les matins son rapport au procureur impérial et au maire sur les faits de police en général.

« Art. 25. Des rondes de nuit sont faites à tour de rôle par les inspecteurs, le naïnard et le paléagar, en se conformant aux instructions qui leur seront données par le maire.

DES THALAVAYES.

« ART. 26. Il y a des thalavayes dans chacune des circonscriptions terri-
toriales suivantes :

CIRCONSCRIPTIONS.	RÉSIDENCES.	NOMBRE DE VILLAGES.
Villenour.	Villenour.	81
Bahour.	Bahour.	46
Sarompacom-Odiampett.	Mouttalpett.	15
Ollandé.	Ollandé.	11
Oulgaret.	Mouttirépaléom.	19
Ariancoupom.	Ariancoupom.	14
Archiwac.	Tavalacoupom.	12
Allancoupom-Calapett.	Calapett.	6

« ART. 27. Les thalavayes assurent l'ordre et la tranquillité dans les aldées
dépendant de leur ressort.

« Ils transmettent leurs procès-verbaux et leurs rapports au naïnard, dans
le district de Pondichéry, et aux béchecars en chef, dans les districts de
Villenour et de Bahour.

« ART. 28. Ils envoient tous les samedis, et plus souvent si le cas l'exige,
au naïnard et aux béchecars en chef, un rapport sur la police des aldées de
leur circonscription.

« Les béchecars adressent toutes les semaines, au maire juge de paix, un
rapport semblable à celui que l'article 21 rend obligatoire au naïnard.

DES COTWALS.

« ART. 29. Les cotwals sont particulièrement chargés, sous la direction
du maire directeur de la police et sous la surveillance des inspecteurs, du
naïnard et du paléagar, d'assurer l'ordre et l'approvisionnement au bazar
central.

« Ils surveillent la qualité et la vente de toutes les denrées, et renseignent les acheteurs sur la qualité de viande qui leur est livrée.

« Ils vérifient tous les soirs le nombre de bœufs, de moutons, d'agneaux et de cochons tués pour la consommation du lendemain, et obligent les bouchers à en tuer un plus grand nombre, s'ils sont insuffisants.

« Ils maintiennent aux locataires d'arcades la possession de celles qu'ils ont le droit d'occuper.

« Ils désignent aux étalagistes les emplacements où ils peuvent s'établir, en dehors des arcades, sans gêner la circulation, et tiennent un registre où sont inscrits les noms et prénoms de tous les locataires.

« Ils constatent, d'après les données de l'aminah de la régie du mesurage, la quantité de grains entrés et vendus journellement au bazar et en font leur rapport journalier à l'inspecteur du service extérieur.

« Ils communiquent au paléagar les renseignements qu'ils recueillent sur les motifs qui entravent l'alimentation des marchés.

« Ils signalent à l'inspecteur les produits avariés qui sont mis en vente et les détenteurs de poids et mesures non étalonnés.

« Ils s'occupent, en outre, de tout ce qui leur est prescrit par les arrêtés locaux.

« L'un des cotwals, à tour de rôle, fait tous les jours, soir et matin, une tournée dans la ville blanche, pour s'assurer que les petits bazars sont approvisionnés, que tout s'y passe régulièrement et que les marchands de lait, de beurre, d'huile, de poissons, de volailles et autres marchands ambulants, livrent aux consommateurs des produits sains et naturels.

« Il vérifie en même temps si les charafs du Gouvernement sont à leur poste et vise au Trésor le registre où sont consignées les sommes qu'ils reçoivent journellement.

« Il fait, tous les soirs, le rapport de ce qui s'est passé aux bazars à l'inspecteur de semaine.

« ART. 30. Les cotwals procurent, conformément aux prix fixés par le tarif, des boués, des coulis, des bœufs et des charrettes aux voyageurs qui s'adressent, au préalable, au bureau de la police pour les obtenir.

« Le chef boué est responsable des hommes qu'il fournit.

« Ils règlent, en cas de contestation, la taxe des frais de transport des voyageurs en palanquin ou en charrette.

« ART. 31. Chaque jour, à midi, le cotwal de service au bazar central
envoie au maire un état indicatif des variétés de denrées qui y sont apportées
et des prix du cours.

« Les cotwals arrivent au bazar au point du jour; l'un d'eux y passe la
journée et se fait remplacer par son collègue quand il va prendre son repas
du matin.

« ART. 32. Le maire directeur de la police répartit entre les deux cotwals
les diverses charges du service qui leur est confié.

DES PIONS.

« ART. 33. Les chefs et sous-chefs pions, les veilleurs de nuit et les pions
de toutes classes restent provisoirement assujettis aux dispositions contenues
dans les arrêtés du 26 août 1826 et du 23 mai 1837. Un arrêté subséquent
réglera définitivement ce qui les concerne.

« ART. 34. Les dispositions qui précèdent n'ont pour objet direct que de
régler la police administrative et municipale.

« Le maire directeur, les inspecteurs, le naïnard, les béchecars, le paléagar, les béchecars en second, les thalavayes et les taléarys sont officiers de
police judiciaire et auxiliaires du ministère public.

« Comme tels, leurs attributions, leurs rapports et leurs obligations sont
réglés tant par le Code d'instruction criminelle que par les arrêtés locaux.

« Toutefois, en cas de désignation du maire et juge de paix directeur de
la police pour procéder à des opérations judiciaires, il appartiendra à ce
fonctionnaire, en raison de la multiplicité de ses fonctions, d'user de la voie
de délégation.

« ART. 35. Sont abrogées toutes dispositions contraires au présent arrêté.

« ART. 36. Le commissaire de la marine, ordonnateur, chef de l'administration intérieure, et le procureur général sont chargés, chacun en ce qui
le concerne, de l'exécution du présent arrêté, qui sera enregistré partout
où besoin sera et inséré au Moniteur comme au Bulletin officiel de la
colonie. »

ARRÊTÉ

Du 6 septembre 1856, portant réorganisation du personnel des agents de police.

ÉTABLISSEMENTS FRANÇAIS DANS L'INDE.

Nous, Gouverneur des établissements français dans l'Inde ;

Considérant la nécessité de réorganiser le corps des agents de la police à Pondichéry ;

Vu l'ordonnance locale du 21 août 1826 et l'arrêté en conseil du 23 mai 1837 ;

Vu l'article 48 de l'ordonnance organique du 23 juillet 1840 ;

Sur le rapport et la proposition du commissaire de la marine, ordonnateur, chef de l'administration intérieure ;

Le conseil d'administration entendu,

Avons ARRÊTÉ et ARRÊTONS ce qui suit :

(1) . . . .

« ART. 15. Les thanadars sont chargés, dans chaque quartier, du maintien de la police et du bon ordre ; ils sont en même temps responsables de la propreté des rues et places publiques.

« ART. 16. Ils doivent, pour l'exécution de l'article précédent, faire pendant le jour des rondes continuelles dans le quartier dont ils sont chargés, en ayant soin, toutefois, qu'il reste toujours un homme pour la garde du poste.

« ART. 17. Pendant la nuit, des patrouilles sont faites de neuf heures à une heure, et de une heure à cinq heures, par trente-six gardes répartis dans les divers quartiers.

« ART. 18. Les thanadars sont chargés de recueillir et de prendre tous les

---

(1) Les articles 1 à 14 sont relatifs à l'organisation du personnel des pions de police.

renseignements possibles sur les crimes et délits publics, et d'en donner de suite connaissance au naïnard ou au bureau central de la police.

« Ils recherchent et constatent les contraventions à l'état civil, qu'ils transmettent tous les huit jours à qui de droit.

« Art. 19. Ils doivent saisir et arrêter :

« 1° Les voleurs, les malfaiteurs et toute personne surprise en flagrant délit ou poursuivie par la clameur publique ;

« 2° Les individus de toutes classes exerçant des voies de fait ou violences contre la sûreté des personnes et des propriétés ;

« 3° Ceux qui, par des injures verbales réitérées, troublent la tranquillité publique ;

« 4° Les déserteurs militaires ou marins, les évadés de prison et toutes autres personnes contre lesquelles il est intervenu un mandat d'arrêt et dont les signalements leur ont été remis ;

« 5° Les mendiants valides ou invalides autres que les faquirs et les pandarons, qui ne sont point munis d'un permis de la police, et ceux de toutes classes qui mendient dans les lieux publics ou qui étalent à la vue du public des maux hideux et dégoûtants ;

« 6° Les fous et les furieux ;

« 7° Les gens qui répandent l'alarme en faisant métier de deviner, de pronostiquer ou d'expliquer les songes ;

« 8° Les individus surpris à dégrader les monuments publics, les chemins, les clôtures de murs, haies ou fossés, quand même il n'y a point d'indice de vol ;

« 9° Ceux qui souillent ou dégradent les écriteaux où sont écrits les noms des rues et les numéros des maisons ;

« 10° Ceux qui coupent ou détériorent, d'une manière quelconque, les arbres plantés sur la voie publique ;

« 11° Ceux qui souillent l'eau des puits ;

« 12° Ceux qui éteignent ou endommagent les réverbères ;

« 13° Ceux qui apposent des affiches sans autorisation ou qui déchirent sans permission celles que l'autorité fait placarder ;

« 14° Ceux qui s'opposent à la libre circulation des subsistances ;

« 15° Ceux qui excitent au pillage des magasins renfermant des denrées ou qui troublent la vente dans les marchés;

« 16° Les charretiers, voituriers et conducteurs de troupeaux, bêtes de trait ou de somme, qui obstruent la voie publique et refusent de la débarrasser;

« 17° Ceux qui, prévenus de l'arrivée d'une voiture, persistent à occuper le milieu de la chaussée et ne se rangent pas sur les bas côtés;

« 18° Les personnes de toutes classes qui se permettent d'injurier ou d'outrager les agents de la police par paroles, gestes ou actions, dans l'exercice de leurs fonctions ou à l'occasion de cet exercice;

« 19° Celles qui troublent les habitants dans leur culte, quel qu'il soit;

« 20° Celles qui font galoper leurs chevaux dans les rues et voies publiques et qui se refusent à arrêter leur course;

« 21° Les brocanteurs ambulants, étrangers ou inconnus, qui offrent de vendre ou de mettre en gage, à vil prix, des objets, marchandises et denrées quelconques, ou qui en transportent d'un lieu à un autre pendant la nuit et d'une manière suspecte.

« 22° Ceux qui achètent ces marchandises ou ces denrées;

« 23° Les boutiquiers, cantiniers et autres petits marchands qui reçoivent, en échange de ce que la loi leur permet de vendre, autre chose que de l'argent, à moins que la vente des objets échangés ne soit autorisée par la police.

« 24° Les individus qui tiennent, dans les places publiques, bazars ou marchés, des jeux de hasard ou autres défendus par les ordonnances de police;

« 25° Les personnes qui tirent dans les rues des armes à feu et des pièces d'artifice sans permission;

« 26° Les auteurs ou complices de bruits alarmants ou de tapages injurieux ou nocturnes de nature à troubler l'ordre public;

« 27° Les blanchisseurs qui louent les linges qu'on leur a donné à laver et ceux qui ont pris ce linge à loyer;

« 28° Les personnes qui, pendant le moment de disette, détournent les grains et les aliments des marchés;

« 29° Celles qui sont surprises distribuant ou qui sont accusées d'avoir distribué de la fausse monnaie.

« ART. 20. Les thanadars et gardes de police informent sur-le-champ le naïnard ou le bureau de la police :

« 1° Des cadavres trouvés sur la voie publique ou retirés de l'eau ;

« 2° Des incendies, assassinats et effractions ;

« 3° Des attroupements ou rassemblements de nature séditieuse, et, en général, de tout ce qui pourrait troubler l'ordre et la tranquillité publique ;

« 4° Ils informent le paléagar des arrivages de grains et lui signalent les détenteurs, les accapareurs et les marchands qui ont la réputation de vendre à faux poids. .

« ART. 21. Ils doivent se tenir rapprochés des grands rassemblements, tels que : églises, mosquées, pagodes, fêtes ou cérémonies publiques, afin d'y maintenir l'ordre et de dissiper les attroupements menaçants.

« ART. 22. Ils sont chargés spécialement de surveiller les cantines, auberges et autres maisons ouvertes au public, et peuvent y entrer, même pendant la nuit, tant qu'elles sont ouvertes, pour y faire la recherche des personnes qui leur ont été signalées et dont l'arrestation a été ordonnée.

« 1° Ils empêchent les cantiniers de donner à boire après neuf heures du soir et avant six heures du matin.

« 2° Les aliments et les boissons falsifiés ou vendus en fraude, tant dans les boutiques, échoppes ou cantines, que dans les rues et autres lieux, sont saisis et portés à la police, ainsi que les vases qui ont servi à la vente.

« ART. 23. Les thanadars et gardes veillent à l'observance des règlements de police sur les boucheries et tueries ; ils saisissent les viandes de mauvaise qualité qui sont colportées dans la ville.

« 1° Ils saisissent également l'huile, le lait et tous autres aliments mélangés ou de mauvaise qualité.

« 2° Ils sont chargés de tuer les animaux enragés, malfaisants ou féroces, et les pourceaux errants qu'ils rencontrent dans les voies publiques.

« 3° Ils surveillent l'abatage des chiens aux époques fixées par les règlements.

« 4° Ils saisissent et conduisent à la police tous les bestiaux vaguant et sans conducteurs.

« Art. 24. Ils sont tenus de prêter main-forte aux porteurs de contraintes, aux exécuteurs des mandats de justice et aux agents de diverses fermes indirectes, lorsqu'ils en sont requis.

« Art. 25. Les thanadars et gardes des postes sont chargés de la direction des charrettes affectées au nettoiement et à la propreté des rues, dont ils sont particulièrement responsables.

« 1° Ils empêchent que les ordures et immondices ne soient déposées dans les lieux autres que ceux désignés pour cet objet, saisissent les contrevenants et les amènent immédiatement au poste principal, où ils sont détenus une demi-journée.

« 2° Ils surveillent les totys, porteurs de vidanges et autres immondices, pour qu'ils ne puissent les jeter qu'à la mer et sous le vent de la ville, suivant la mousson.

« 3° Ils veillent à l'arrosage des rues aux heures fixées par les règlements.

« 4° Ils avertissent les personnes qui laissent des eaux croupissantes devant leur porte et les dénoncent à la police quand elles ne les font pas disparaître.

« 5° Ils s'opposent à ce que les habitants jettent des décombres dans les rues, à ce qu'ils établissent sans autorisation des pandals, paillottes ou autres constructions de semblable nature sur la voie publique, et dénoncent tous les contrevenants.

« Art. 26. Les thanadars des quatre postes secondaires doivent se borner à exercer les attributions qui leur sont confiées dans le quartier particulier auquel ils sont affectés; toutefois, ils peuvent toujours poursuivre et saisir les malfaiteurs ou perturbateurs du repos public, dans quelque quartier que ce soit.

« Art. 27. La maison de chaque individu étant un asile inviolable pendant la nuit, les thanadars et gardes de police ne peuvent y entrer que dans le cas d'incendie, d'inondation ou de réclamation venant de l'intérieur de la maison.

« Ils ne peuvent faire, soit de nuit, soit de jour, aucune visite domiciliaire, lors même qu'ils soupçonnent qu'un coupable s'est réfugié dans une maison, sans un mandat spécial de perquisition ou sans la présence d'un magistrat; ils doivent se borner à l'investir et à la garder à vue en attendant l'expédition du mandat ou la venue du magistrat.

« Art. 28. Dans le cas où les patrouilles ne sont pas assez fortes pour arrêter les malfaiteurs ou perturbateurs du repos public, les hommes qui la composent font usage des sifflets dont ils sont pourvus. A ce signal, les gardes de police affectés aux postes les plus voisins doivent se porter à leur secours.

« Ils peuvent aussi, dans les cas urgents, appeler à leur assistance toutes les personnes présentes, qui sont tenues de leur prêter main-forte, tant pour repousser les attaques que pour saisir les malfaiteurs ou exécuter tous ordres de l'autorité, sous peine d'être poursuivies et punies conformément à la loi.

« Ils doivent ne déployer la force que dans deux cas : le premier, s'ils ne peuvent défendre autrement le terrain qu'ils occupent, les postes ou les personnes remises en leurs mains, ou, enfin, si la résistance était telle qu'elle ne pût être vaincue autrement que par une manifestation énergique.

« Art. 29. Les individus de toutes classes arrêtés pendant le jour par les thabédars et gardes de police sont menés le plus tôt possible en présence du naïnard ou de l'inspecteur de semaine.

« Quand les arrestations sont faites pendant la nuit, les personnes de la classe blanche sont conduites au poste principal, où elles sont détenues jusqu'à ce qu'elles puissent être menées devant l'inspecteur de police de semaine.

« Les individus autres que blancs sont mis jusqu'au jour dans les thanas et conduits, à huit heures du matin, au poste principal de la police.

« Les chefs de poste font au naïnard, à sept heures du matin, le rapport de tout ce qui s'est passé pendant la nuit.

« Art. 30. Tout thanadar ou garde de police qui, ayant arrêté un individu, soit de son propre chef, soit sur une réquisition quelconque, serait convaincu de l'avoir relâché ensuite sans un ordre émané du maire directeur de la police, sera chassé du service après avoir subi un emprisonnement disciplinaire prononcé par le maire et qui ne pourra excéder un mois, ainsi qu'il est dit en l'article 32, sans préjudice des peines plus graves portées par les lois. (Art. 22 de l'ordonnance locale du 21 août 1826.)

« Art. 31. Il leur est expressément défendu de faire aux personnes arrêtées aucun mauvais traitement ni outrage, et même d'employer contre eux aucune violence, à moins qu'il n'y ait résistance ou rébellion.

« Art. 32. Ceux de ces agents qui contreviendraient à l'article précédent seront punis disciplinairement par le maire directeur de la police, et sans appel, d'une amende de 1 à 4 roupies, et d'un emprisonnement qui ne pourra excéder un mois, sans préjudice des peines plus graves portées par les lois. (Art. 24, § 13, de l'ordonnance locale du 21 août 1826.)

« Art. 33. Il leur est interdit, sous peine de destitution ou sous des peines plus graves, s'il y a lieu, d'exiger aucune gratification de quelque personne que ce soit.

« Dans les cas d'extorsion, de concussion ou d'abus de pouvoir, les peines qu'ils auront encourues leur seront appliquées par l'autorité compétente.

« Art. 34. Les personnes dont les plaintes portées contre les agents de la police sont reconnues fausses, frivoles ou litigieuses, sont condamnées par le tribunal de la police, sauf appel, à une amende qui ne pourra être moindre de 5 roupies ni excéder 20 roupies, ou à un emprisonnement de huit jours au plus. (Art. 24, § 2, de l'ordonnance locale du 21 août 1826, et art. 2 de l'arrêté du 28 mars 1839.)

« Art. 35. Les thanadars tiennent un registre en olles, coté et parafé au bureau central de la police, sur lequel ils inscrivent, en malabar, au fur et à mesure, les arrestations qu'ils ont faites et les contraventions de police qu'ils ont constatées.

« Chaque article doit être signé par le thanadar et les gardes témoins du délit, s'ils savent écrire. Ces registres sont visés par le naïnard tous les matins et toutes les fois qu'il visite les postes.

« Dans les cas où ils ne sont point trouvés à jour, les thanadars sont punis disciplinairement par le maire directeur de la police, suivant la gravité des cas.

« Art. 36. En matière de délits et de contraventions de police, les rapports des thanadars et des gardes, signés, autant que possible, et affirmés par eux, font foi en justice jusqu'à preuve contraire.

« Il n'est pas nécessaire qu'ils soient signés quand l'agent qui aura constaté la contravention ne sait pas écrire : il suffit qu'ils soient affirmés.

» ART. 37. Il est alloué aux thanadars et gardes de police qui ont arrêté des voleurs redoutables, des assassins, des malfaiteurs évadés des prisons ou déserteurs, dont le signalement leur a été remis, ainsi que pour toute capture importante, une gratification de 5 roupies (12 francs), qui peut être augmentée suivant les circonstances.

« Semblable somme est payée à l'arrestation de chaque recéleur qui, ayant été découvert et arrêté par eux, est mis entre les mains de la justice et contre lequel il est prononcé condamnation.

« Les agents de la police ont droit à la moitié de toutes les amendes portées en simple police contre les individus dont ils ont constaté les délits.

DES PIONS A BATH.

. . . .

« ART. 45. Les pions à bath, ou surnuméraires, restent investis des attributions de garnisaires, comme par le passé.

« ART. 46. Ils arrivent au poste principal de la police au point du jour et y restent jusqu'au soir à attendre les ordres de service.

« ART. 47. Nul n'est admis pion surnuméraire s'il n'est pourvu à ses frais d'un uniforme semblable, de coupe, à celui que portent les gardes de police.

« La tunique et le pantalon sont en toile bleue de Mouttalpett, la toque en toile blanche.

« La chappe, ou ceinture, leur est fournie par l'État.

« ART. 48. Quand ils sont placés comme garnisaires sur les ouvriers retardataires, ils les empêchent de confectionner d'autres objets avant ceux dont le retard de livraison les a fait placer sous leur garde.

« Ils se rendent à leur poste sitôt après avoir répondu à l'appel au poste principal de la police et ne le quittent qu'à la nuit.

« Quand deux pions sont garnisaires chez le même individu, l'un d'eux est tenu d'y passer la nuit.

« ART. 49. Les pions à bath envoyés à la recherche des ouvriers, domestiques, totys et blanchisseurs, doivent se saisir d'eux partout où ils les trouvent et les amener au bureau de la police.

« Ils doivent être pourvus d'une contrainte pour exercer leur mandat.

« ART. 50. Les pions à bath ou pions surnuméraires font intérimairement le service des gardes de police absents ou malades. Ils sont appelés de droit à les remplacer quand il y a des vacances.

« ART. 51. Nul ne peut obtenir un pion garnisaire s'il n'en adresse la demande, écrite et motivée, au maire directeur de la police, et s'il ne dépose à l'avance le prix du bath.

« Ce bath est ainsi fixé :

« Une journée en ville, le jour, 1 fanon 12 caches;
« Une journée hors de la ville, 2 fanons;
« Une nuit en ville, 2 fanons;
« Une nuit hors de la ville, 2 fanons 12 caches.

« ART. 52. Un tiers de la somme payée pour bath est mis en réserve, afin de pourvoir au remplacement de l'uniforme des pions surnuméraires; les deux autres tiers leur sont remis.

« ART. 53. Tout pion surnuméraire qui agit comme garnisaire sur l'invitation d'un particulier et sans autorisation du bureau de la police est puni de l'une des peines disciplinaires ci-après déterminées.

DES PUNITIONS.

« ART. 54. La discipline des thabédars, thanadars, gardes de police et pions surnuméraires, est entièrement confiée au maire directeur de la police.

« Les punitions administratives qui leur sont infligées pour négligence dans l'exercice de leurs fonctions sont :

« La réprimande,
« La ronde de nuit hors tour,
« La consigne au poste principal,
« L'emprisonnement d'un jour à un mois,
« La révocation, qui sera toujours précédée d'un emprisonnement disciplinaire dont la durée ne pourra excéder un mois.

« ART. 55. Tout individu convaincu d'avoir outragé ou insulté un agent de la police dans l'exercice de ses fonctions, ou de lui avoir résisté, même sans violence, sera punissable de 1 fanon à 4 roupies d'amende et d'un à quinze jours de prison pour les indigènes; ces peines seront doubles pour les blancs et gens à chapeau. (Art. 5 de l'arrêté local du 23 mai 1837 et art. 2 de celui du 28 mars 1839.)

« Les peines ci-dessus sont prononcées par le tribunal de simple police et peuvent être cumulées ou prononcées isolément. (Art. 5 de l'arrêté local du 23 mai 1837 et art. 2 de celui du 28 mars 1839.)

DISPOSITIONS GÉNÉRALES.

« ART. 56. Les gardes de police ne peuvent être, sous aucun prétexte, détachés de leur service naturel, ni recevoir un emploi autre que celui qui leur est spécialement désigné dans le présent arrêté.

« Toutes dispositions antérieures, contraires au présent arrêté, sont et demeurent abrogées.

« ART. 57. L'ordonnateur et le procureur général sont chargés, chacun en ce qui le concerne, de l'exécution du présent arrêté, qui sera inséré au Moniteur comme au Bulletin officiel de la colonie, enregistré et publié partout où besoin sera. »

ORDONNANCE

Du 25 novembre 1828, portant établissement de thanas ou postes de police dans la ville de Chandernagor.

AU NOM DU ROI.

Nous, Joseph-Marie-Emmanuel Cordier, etc.;

Après en avoir délibéré en conseil de gouvernement et d'administration,

Avons ORDONNÉ et ORDONNONS ce qui suit :

« ART. 1er. L'établissement de Chandernagor est divisé en neuf thanas ou postes de police, qui en ont la garde et la surveillance.

« ART. 2. Le thana n° 1 ou poste principal est placé dans le sud de l'église, derrière l'hôtel qu'occupe l'administrateur ; sa surveillance s'étend sur toute la ville blanche : dans le sud jusqu'au commencement de la route de Hatté-cola, dans le nord jusqu'à Ourdibazar, et dans l'ouest jusqu'au quartier de Bichalacqui-Beniapour.

« ART. 3. Le thana n° 2, Hattécola, est placé dans le sud-est du thana principal ; il est chargé de la surveillance dans le sud jusqu'au thana de Gon-dalpara, et dans l'ouest jusqu'à la route de Paris.

« ART. 4. Le thana n° 3, Gondalpara, est placé dans le sud-sud-est de Hattécola ; sa surveillance s'étend dans le sud jusqu'à nos limites, dans l'ouest jusqu'au thana de Barassette.

« ART. 5. Le thana n° 4, Barassette, est placé dans l'ouest de Gondalpara ; il est chargé de la surveillance dans le sud jusqu'à la barrière de Goretty, dans le nord jusqu'à la limite du thana principal, et dans l'ouest jusqu'aux fossés.

« ART. 6. Le thana n° 5, Jouguipoucour, est placé dans le sud-ouest du thana principal, sur les fossés ouest ; sa surveillance a lieu dans le sud jusqu'à nos limites, dans le nord jusqu'à l'ancien poste de Colchini, et dans l'est jusqu'à l'ancien poste d'Hazinagor.

« ART. 7. Le thana n° 6, Naroua, est placé dans le nord-ouest du thana principal ; sa surveillance s'étend dans le sud jusqu'à l'ancien poste de Col-chini, dans le nord jusqu'aux limites, dans l'est jusqu'à la route de Bibirhatte.

« ART. 8. Le thana n° 7, Bibirhatte, est placé dans le nord-nord-ouest du thana principal, dans le nord-nord-est de Naroua ; il surveille le nord jusqu'à nos limites dans cette partie, dans le sud jusqu'à la route de Colchini, dans l'est jusqu'à la route de Taldinga.

« ART. 9. Le thana n° 8, Boro, dans le nord du thana principal, dans l'est de Bibirhatte ; il surveille dans le nord jusqu'à la barrière de Taldinga, nos limites ; dans le sud jusqu'au thana de Gonje, dans l'est jusqu'à la ri-vière, dans l'ouest jusqu'à la route de Bibirhatte.

« ART. 10. Le thana n° 9, Gonje, dans le nord-nord-est du thana prin-

cipal, dans le sud-sud-est de Boro; il surveille dans le nord jusqu'à Ourdibazar, dans le sud jusqu'au thana de Boro, dans l'est jusqu'à la rivière, et
dans l'ouest jusqu'à l'ancien poste de Cantapoucour.

« Art. 11. Les jamadar, chikdars (chefs pions) et les barcandasses ou
pions sont chargés, dans chaque thana, du maintien de la police et du bon
ordre, sous les ordres immédiats du lieutenant de police.

« Ils sont en même temps responsables de la propreté des rues, des bazars
et places publiques.

« Art. 12. Il sera fait dans chaque thana deux rondes de jour, dont les
heures seront fixées au rapport par le lieutenant de police, qui désignera
les lieux qu'elles devront parcourir et le nombre de personnes. Chaque
ronde, à son arrivée au thana, en fera rapport au chikdar, chef du
thana.

« Art. 13. Les heures de repas seront fixées par un règlement particulier
du lieutenant de police, de manière que l'absence commence à midi, qu'elle
ne soit pas de plus de deux heures, qu'il y ait toujours au poste trois pions
et que tout le monde soit rendu au thana à cinq heures.

« Art. 14. De jour comme de nuit, il y aura toujours un pion en sentinelle devant le thana, armé d'une lance ou hallebarde; la faction sera de
deux heures. En cas de mauvais temps, la sentinelle pourra se retirer sous
la varangue du poste, mais elle devra être toujours éveillée et en évidence,
sous peine d'être punie selon la gravité de l'événement auquel sa négligence
aurait donné lieu.

« Art. 15. Il sera fait chaque nuit deux rondes par thana, dont les heures
seront fixées tous les matins au rapport par M. le lieutenant de police, de
manière à assurer la tranquillité publique.

« Les pions qui font les rondes de nuit, comme de jour, seront toujours
armés d'un sabre ou d'un poignard.

« Le lieutenant de police indiquera dans chaque thana le pion qui remplacera le chikdar et qui fera les rondes en chef.

« Art. 16. Le cotwal ou chef de la police indienne fera chaque semaine
deux rondes de nuit.

« Les rondes du cotwal seront déterminées par le lieutenant de police,
qui fixera le jour et l'heure où elles commenceront.

« Art. 17. Aussitôt qu'un crime aura été commis dans un thana, le chikdar se rendra de suite près le cotwal, pour lui en donner avis, et celui-ci en informera sur-le-champ M. le lieutenant de police avant de donner aucun ordre.

« Art. 18. Les chikdars et pions des thanas saisiront et arrêteront :

« Les voleurs, les malfaiteurs et toute personne surprise en flagrant délit et poursuivie par la clameur publique ;

« Les individus de toute classe exerçant des voies de fait ou violences contre la sûreté des personnes, des propriétés ;

« Les mendiants valides ou invalides autres que les faquirs et qui ne sont point munis d'un permis de la police, et ceux de toute classe qui mendient dans les bazars ; les lépreux, cancéreux et autres individus qui offrent dans les rues et places publiques la vue de maux hideux et dégoûtants ;

« Les fous et les folles ;

« Les individus surpris à dégrader les monuments publics, les clôtures de murs, haies ou fossés, quand même il n'y a point d'indice de vol ;

« Ceux qui sont trouvés coupant ou détériorant d'une manière quelconque les arbres plantés sur la voie publique ;

« Les personnes de toute classe qui se permettent d'injurier ou d'outrager les agents de police par paroles, gestes ou actions, dans l'exercice de leurs fonctions ;

« Celles qui troublent les habitants dans leur culte, quel qu'il soit ;

« Celles qui font galoper leurs chevaux dans les rues et voies publiques, et qui se refusent à arrêter leur course ;

« Les étrangers ou inconnus qui offrent de vendre ou mettre en gage à vil prix des objets, marchandises ou denrées quelconques, ou qui en transportent d'un lieu à un autre pendant la nuit d'une manière suspecte ;

« Les boutiquiers, cantiniers ou autres petits marchands qui reçoivent, en échange de ce que la loi leur permet de vendre, autre chose que de l'argent, à moins que la vente des objets échangés ne soit autorisée par la police ;

« Les individus qui tiennent, dans les places publiques, bazars ou marchés, des jeux de hasard ou autres défendus par les ordonnances de la police ;

« Les personnes qui tirent, dans les maisons, dans les rues, des armes à feu, des boîtes à poudre, des pièces d'artifice sans permission.

« Celles qui sont surprises distribuant ou qui sont accusées d'avoir distribué de fausses monnaies ;

« Les auteurs ou complices de bruits alarmants ou de tapages injurieux ou nocturnes de nature à troubler l'ordre public ou la tranquillité des habitants.

« Tous les individus qui se trouveront dans l'un des cas déterminés ci-dessus seront conduits devant M. le lieutenant de police.

« Art. 19. Les chikdars des thanas informeront sur-le-champ le cotwal, et celui-ci le lieutenant de police :

« Des cadavres trouvés sur la voie publique ou retirés de la rivière ;

« Des incendies, assassinats et effractions ;

« Des attroupements ou rassemblements de nature séditieuse, et en général de tout ce qui pourrait troubler l'ordre et la tranquillité publique.

« Art. 20. A toutes les cérémonies religieuses et autres qui ont lieu dans les thanas, les chikdars enverront des pions pour y maintenir l'ordre.

« Art. 21. Les jamadar et chikdars sont chargés spécialement de surveiller les auberges, cantines et autres maisons ouvertes au public, et peuvent y entrer, même pendant la nuit, tant qu'elles sont ouvertes, pour y faire la recherche des personnes qui ont été signalées ou dont l'arrestation a été ordonnée.

« Ils empêchent les cantiniers de donner à boire passé neuf heures du soir et avant six heures du matin, et informeront le lieutenant de police des contraventions qui auront lieu à cet égard.

« Art. 22. Le jamadar et les pions du thana principal veillent à l'observation des règlements de police sur la boucherie et tuerie, et saisissent les viandes de mauvaise qualité qui sont colportées dans la ville, et conduiront les délinquants devant le lieutenant de police.

« Art. 23. Les chikdars et pions des thanas sont chargés de tuer les animaux enragés, malfaisants ou féroces, et les pourceaux errants qu'ils rencontrent dans les voies publiques.

« Ils surveillent l'abatage des chiens aux époques fixées par le lieutenant de police.

« Ils saisissent et conduisent à chaque thana tous les bestiaux vagues et sans conducteurs, et feront sortir de la colonie les bœufs dits *de Pagodes*, qui commettent de grands dégâts dans les marchés et aux nouvelles plantations.

« Art. 24. Ils sont tenus de prêter main-forte aux porteurs de contraintes, aux exécuteurs de mandements de justice et aux agents des fermes du sel et des droits généraux, lorsqu'ils en sont requis.

« Art. 25. Ils empêchent que les ordures et immondices ne soient déposées dans les lieux autres que ceux désignés pour cet objet, et dénoncent au cotwal les contrevenants, de quelque classe qu'ils soient.

« Art. 26. Ils veillent à l'arrosage des rues aux heures fixées par les règlements.

« Ils dénoncent au cotwal les personnes qui laissent des eaux croupissantes devant leur porte ou autour de leur maison.

« Art. 27. Ils s'opposent à ce que les habitants jettent des décombres dans les rues, à ce qu'ils établissent des pandals, paillottes ou autres constructions de semblable nature sur la voie publique, et dénoncent tous les contrevenants au cotwal.

« Art. 28. La maison de chaque individu étant un asile inviolable pendant la nuit, les jamadar, chikdars et pions ne peuvent y entrer que dans le cas d'incendie, d'inondation ou de réclamation venant de l'intérieur de la maison.

« Ils ne peuvent faire, soit de nuit, soit de jour, aucune visite domiciliaire, lors même qu'ils soupçonneraient qu'un coupable s'est réfugié dans une maison, sans un mandat spécial de perquisition.

« Ils doivent se borner à l'investir et à la garder à vue en attendant l'expédition d'un mandat.

« Art. 29. Dans le cas où des pions de ronde ne sont point en nombre suffisant pour arrêter les malfaiteurs ou perturbateurs du repos public, ils iront au poste le plus voisin chercher du secours.

« Ils peuvent aussi, dans les cas urgents, appeler à leur assistance toutes les personnes présentes, qui sont tenues de leur prêter main-forte, tant pour repousser les attaques que pour saisir les malfaiteurs ou exécuter tous ordres de l'autorité, sous peine d'être poursuivies et punies conformément aux lois.

« Art. 30. Les individus de toute classe arrêtés pendant le jour par les jamadar, chikdars et pions sont menés de suite au lieutenant de police, si ce sont des Européens et gens à chapeau ;

« S'ils sont natifs, par-devant le cotwal.

« Dans le cas d'arrestation faite pendant la nuit, les personnes de la classe blanche sont conduites au corps de garde de la place sur le Ghatte, où elles sont détenues jusqu'à ce qu'elles puissent être menées devant le lieutenant de police.

« Les individus autres que les blancs sont conduits au thana le plus voisin du lieu de leur arrestation, et au jour conduits au thana principal, et conduits le matin au rapport du lieutenant de police.

« Art. 31. Les jamadar et chikdars font au cotwal, à sept heures du matin en été, à huit heures en hiver, le rapport de tout ce qui s'est passé pendant la nuit.

« Art. 32. Tout chef de poste ou pion qui, ayant arrêté un individu soit de son propre chef, soit sur une réquisition quelconque, serait convaincu de l'avoir relâché ensuite sans un ordre émané du lieutenant de police, sera chassé du service, après avoir été puni corporellement et avoir subi un emprisonnement d'un mois au moins, sans préjudice de peines plus graves portées par les lois.

« Art. 33. Il est expressément défendu aux jamadar, chikdars et pions des thanas de faire aux personnes arrêtées aucun mauvais traitement ni outrages, même d'employer contre eux aucune violence, à moins qu'il n'y ait résistance ou rébellion, auquel cas seulement ils sont autorisés à repousser par la force les violences et les voies de fait commises contre eux dans l'exercice des fonctions qui leur sont confiées.

« Art. 34. Les jamadar, chikdars ou pions qui contreviendraient à l'article précédent seront punis par le lieutenant de police, sans appel, sur la demande de la partie plaignante, d'une amende de 1 à 4 roupies (2 fr. 57 cent. à 10 fr. 28 cent.), d'une punition corporelle ou d'un emprisonnement qui ne pourra excéder quinze jours, sans préjudice de peines plus graves portées par les lois, dans le cas d'extorsion, de concussion ou d'abus de pouvoir, lesquelles seront appliquées par l'autorité compétente.

« Les personnes dont les plaintes portées contre les agents de la police sont reconnues fausses, frivoles, sont condamnées par le tribunal de la police, sauf l'appel au tribunal de première instance, à une amende qui ne peut être moindre de 5 roupies, soit 12 fr. 85 cent., ni excéder 20 roupies, ou 51 fr. 40 cent., ou à un emprisonnement de huit jours au plus.

« Art. 35. En matière de délits ou de contraventions de police, les rapports des jamadar et chikdars, affirmés et signés par eux, font foi en justice[1] jusqu'à preuve contraire ; ceux des pions ont la même force, encore bien qu'ils ne soient point signés, pourvu qu'ils soient affirmés par deux de ces agents.

« Art. 36. Il est alloué aux jamadar, chikdars ou pions des thanas qui ont arrêté des voleurs, des assassins, des malfaiteurs évadés des prisons ou des déserteurs, dont le signalement leur a été remis, une gratification de 5 roupies, soit 12 fr. 85 cent., qui peut être augmentée suivant les circonstances.

« Semblable somme est payée à l'arrestation de chaque recéleur qui, ayant été découvert par les pions, jamadar ou chikdars, est mis par eux entre les mains de la justice, et contre lequel il est prononcé condamnation.

« Les jamadar, chikdars et pions ont droit au quart de toutes les amendes portées en police simple contre les individus dont ils ont constaté les délits.

« Art. 37. La discipline des jamadar, chikdars et pions est confiée entièrement au lieutenant de police, et, sous ses ordres, au cotwal.

« Les punitions administratives qui leur sont infligées pour négligence dans l'exercice de leurs fonctions sont :

« L'amende,

« L'emprisonnement pendant huit jours au plus,

« Les peines corporelles.

---

[1] L'arrêté de 1827, qui règle pour Pondichéry et Karikal les attributions des agents de police, donne aux procès-verbaux d'agents de même nature le pouvoir de faire foi jusqu'à inscription de faux.

« Ce dernier châtiment emporte toujours et nécessairement avec lui l'exclusion du service.

« Art. 38. Si, pendant le jour ou la nuit, le cotwal ou le jamadar avaient besoin de la force armée, ils doivent s'adresser au chef du poste des corps de garde de la place établi à l'arsenal, qui a ordre de leur fournir les cipahis qu'ils demanderont sous leur responsabilité personnelle. Toutefois, hors le cas d'urgence bien démontré, le cotwal ou le jamadar ne pourra requérir la force armée sans un ordre du lieutenant de police, soit verbal, soit écrit.

« Art. 39. Le lieutenant de police est chargé de l'exécution de la présente ordonnance, qui sera enregistrée, publiée et affichée partout où besoin sera et devra rester en outre constamment placardée dans chaque thana en français et en bengali. »

ARRÊTÉ

Du 11 novembre 1842, relatif aux fonctions de police administrative et judiciaire à Chandernagor et à Karikal.

AU NOM DU ROI.

Nous, Capitaine de vaisseau de première classe, Officier de la Légion d'honneur, Gouverneur des établissements français dans l'Inde ;

Vu l'ordonnance royale du 7 février 1842, concernant l'organisation de l'ordre judiciaire et l'administration de la justice dans les établissements français de l'Inde ;

Ensemble notre arrêté du 7 mai 1842, portant qu'à Chandernagor et Karikal les fonctions de police administrative continueront à rester dans les attributions des juges de paix jusqu'à ce qu'il ait été reconnu possible de les en détacher ;

Vu la lettre du chef du service de Chandernagor, en date du 7 août 1842, n° 83;

Vu le procès-verbal de la délibération du conseil d'arrondissement de Chandernagor du 13 août 1842 et celui de la délibération du conseil d'arrondissement de Karikal du 8 août 1842;

Considérant qu'il est possible à Chandernagor et à Karikal de pratiquer, dans les attributions des juges de paix lieutenants de police, la division qui résulte de plusieurs des dispositions de l'ordonnance royale du 7 février 1842;

Sur le rapport et la proposition du commissaire de la marine, chef du service administratif;

Le conseil d'administration entendu,

Avons arrêté et arrêtons ce qui suit :

« Art. 1er. A Chandernagor et à Karikal, les fonctions de police administrative et judiciaire attribuées jusqu'à ce jour à MM. les juges de paix, en leur qualité de lieutenants de police, seront exercées, à dater du 1er janvier 1842, par des commissaires de police nommés par nous sur la présentation du commissaire chef du service administratif; MM. les juges de paix de Chandernagor et Karikal cesseront alors de porter le titre de lieutenant de police.

« Art. 2. Les attributions spéciales aux commissaires de police sont définies par les arrêtés locaux.

« Ils prêteront serment devant le tribunal de première instance du lieu de leur résidence.

« Art. 3. Les bureaux des commissaires de police continueront à être tenus dans les locaux où ils sont, ou bien il y sera pourvu par les soins de l'administration. »

ARRÊTÉ

Du 23 mai 1837, qui organise le service des veilleurs de nuit.

AU NOM DU ROI.

Nous, Pair de France, Maréchal des camps et armées du Roi, Gouverneur des établissements français dans l'Inde;

Considérant que l'expérience a démontré le besoin d'une surveillance de nuit propre à assurer la sécurité des habitants et à faire perdre aux malfaiteurs l'espoir de pouvoir impunément attaquer à l'improviste les personnes et les propriétés, et que l'intérêt de la sûreté publique demande une extension aux dispositions de l'arrêté local du 17 avril 1833, qui ont limité à certains cas, qui l'intéressent éminemment, l'application d'une peine corporelle en usage de temps immémorial parmi les Indiens, et qu'il importe non moins de protéger efficacement les agents chargés d'un ministère public et de sûreté que de s'assurer de l'exactitude du service;

Sur le rapport et la proposition du sous-commissaire de la marine, ordonnateur;

De l'avis du conseil privé,

Avons arrêté et arrêtons ce qui suit :

« Art. 1er. Vingt-cinq agents de police, sous la désignation de veilleurs de nuit, sont chargés plus spécialement du maintien du bon ordre et de la tranquillité publique dans la ville de Pondichéry depuis neuf heures le soir jusqu'à cinq heures le matin.

« Ils porteront au cou un sifflet susceptible d'être entendu au loin, et pour arme un bâton ferré dont le bout est armé d'une pointe aiguë, fixée à une boule en bois hérissée de pointes de fer dans toutes les directions.

« Les veilleurs de nuit ne peuvent déployer la force des armes que dans deux cas :

« Le premier, s'ils ne peuvent défendre autrement le terrain qu'ils occupent, les postes ou les personnes remises en leurs mains, ou enfin si la résistance était telle qu'elle ne pût être vaincue autrement que par le déploiement de la force des armes.

« Art. 2. La solde de chaque veilleur de nuit est fixée à 178 fr. 15 cent. par an, payable par mois à dater du 27 avril dernier.

« Art. 3. Les veilleurs de nuit recevront, pour les détails de leur service, une consigne soumise à notre approbation.

« Art. 4. Tout veilleur de nuit convaincu de s'être endormi pendant la durée de sa surveillance, d'avoir abandonné son service ou d'avoir volontairement relâché un malfaiteur, sur procès-verbal du naïnard, de l'inspecteur de police, du suppléant du juge de paix lieutenant de police, ou sur le rapport dûment affirmé de deux pions de police et même sur preuve testimoniale, sera puni de la peine d'emprisonnement et d'amende, conformément aux articles 2 et 4 de l'ordonnance de police du 25 mai 1827.

« La peine d'amende de 1 fanon à 4 roupies et de l'emprisonnement d'un jour à cinq jours, ensemble ou séparément, pourra être infligée au veilleur de nuit qui n'aura pas commencé à crier l'heure au moment où elle sonne pour continuer à la crier dans toute l'étendue de la localité qu'il doit parcourir.

« Art. 5. Tout individu convaincu d'avoir outragé ou insulté un veilleur de nuit et tous autres agents et pions de police dans l'exercice de leur ministère public et de sûreté, ou de leur avoir résisté même sans violence, sera punissable des peines de simple police spécifiées aux articles 2, 3 et 4 de l'ordonnance locale du 25 mai 1827 (n° 74 du Bulletin), lesquelles pourront être cumulées ou divisées, selon l'exigence des cas et sans distinction de caste.

« Art. 6. Les peines ci-dessus seront prononcées par le tribunal de police simple.

« Art. 7. Le sous-commissaire, ordonnateur, et le procureur général du Roi sont chargés, chacun en ce qui le concerne, de l'exécution du présent arrêté, qui sera enregistré partout où besoin sera. »

ARRÊTÉ

Du 4 novembre 1833, relatif à l'organisation de la police judiciaire à Pondichéry
et dans les districts de Villenour et de Bahour.

AU NOM DU ROI DES FRANÇAIS.

Nous, Gouverneur des établissements français de l'Inde;

Vu le règlement local provisoire sur l'instruction criminelle à Pondichéry, du 17 novembre 1828, dont le but principal a été de combler la lacune subsistante dans l'organisation des tribunaux de l'Inde où il n'existe pas de lieutenant, de juge, ni de désignation, par l'ordonnance du Roi du 23 décembre 1827, d'un magistrat spécialement chargé pour Pondichéry et ses trois districts de tous les actes d'instruction en matière criminelle;

Considérant que l'exécution provisoire de l'article 2 du règlement susdaté, qui a remis au juge de paix lieutenant de police à Pondichéry les fonctions attribuées au juge d'instruction par les chapitres VI, VII et VIII du livre Iᵉʳ du Code d'instruction criminelle, ne saurait être maintenue, à raison de la surcharge de travaux administratifs de véritable importance nécessairement confiés au lieutenant de police, surcharge indépendante de celles des fonctions d'officier de l'état civil, de préposé au recouvrement des amendes et frais de justice et de travaux inhérents aux deux juridictions du tribunal de paix et du tribunal de police dont le même fonctionnaire est chargé;

Considérant que le règlement provisoire de 1828 offre lui-même une lacune sur divers points et surtout relativement à l'organisation de la police judiciaire, à défaut d'indication des autorités locales qui peuvent l'exercer et servir utilement d'officiers de police auxiliaires du procureur du Roi, aucune des autorités désignées dans le chapitre Iᵉʳ, livre Iᵉʳ, du Code d'instruction criminelle n'existant à Pondichéry et dans les trois districts, hormis le juge de paix, qui confond aujourd'hui, en sa personne, avec plusieurs autres fonctions celles de juge d'instruction, et qu'il importe essentiellement de régulariser, d'assurer le service de la police judiciaire devenu de jour en jour plus indispensable par la multiplicité des délits;

Sur le rapport de l'avocat général, chef du ministère public, faisant fonctions de procureur général;

De l'avis du conseil privé;

Provisoirement et sauf l'approbation de Sa Majesté,

Avons arrêté et arrêtons ce qui suit :

« Art. 1er. La police judiciaire, dont la mission est fixée par l'article 8 du Code d'instruction criminelle, sera exercée, à Pondichéry et dépendances comme dans les districts de Villenour et de Bahour, suivant les distinctions qui vont être établies :

« Par les taléaris [1];

« Par les thalavayes;

« Par les béchecars [2];

« Par le naïnard;

« Par l'inspecteur de police;

« Par le procureur du Roi;

« Et par le juge d'instruction [3].

« Art. 2. Le juge de paix lieutenant de police et ses agents pourront faire saisir et remettre aux officiers chargés de l'administration de la justice criminelle les individus surpris en flagrant délit, arrêtés à la clameur publique ou prévenus de délits qui sont du ressort de la justice criminelle et correctionnelle.

« Le juge de paix lieutenant de police pourra toujours et personnellement

---

[1] Ces fonctionnaires existent également à Karikal, d'après l'arrêté du 24 février 1855.

[2] Les béchecars des maganoms de Tirnoular, de Nedouncadou, de Nallajendour, de Cotchéry, dans l'établissement de Karikal, y rempliront les fonctions d'officier de police judiciaire attribuées aux cotwals. (Arrêté du 6 février 1844.)

[3] L'article 34 de l'arrêté du 6 août 1856 a ajouté à cette liste des officiers de police judiciaire :
1° Le maire;
2° Les béchecars en second;
3° Le paléagar.

faire ou requérir les officiers de police judiciaire, auxiliaires du procureur du Roi, chacun en ce qui le concerne, de faire tous actes nécessaires à l'effet de constater les crimes, délits et contraventions, et d'en livrer les auteurs aux tribunaux chargés de les punir, conformément à l'article 8 du Code d'instruction criminelle.

« Art. 3. Les taléaris et les thalavayes exerceront les fonctions attribuées par le chapitre iii, livre Ier, du Code d'instruction criminelle, aux gardes champêtres et forestiers [1].

« Ils pourront remplacer, par des rapports écrits par les béchecars, les procès-verbaux que sont tenus de dresser les gardes champêtres et forestiers, en les affirmant entre les mains du béchecar, dans les vingt-quatre heures, et ils pourront conduire les délinquants, dans le cas de l'article 16 du code cité, devant le béchecar ou devant le juge de paix lieutenant de police, qui les interrogera dans les vingt-quatre heures et les renverra, avec les pièces, à la disposition de l'avocat général.

« Art. 4. Les béchecar, naïnard et inspecteur de police exerceront les fonctions attribuées par le chapitre ii, livre Ier, du code cité, aux commissaires de police, et celles d'officier de police judiciaire auxiliaire du procureur du Roi.

« Art. 5. Les fonctions attribuées au procureur du Roi par les chapitres iv et v, livre Ier, du même Code d'instruction criminelle, seront exercées par le procureur du Roi près le tribunal de première instance de Pondichéry, sous les ordres de l'avocat général, chef du ministère public, qui pourra toujours s'en réserver l'exercice direct dans les cas où il le jugera convenable.

« Art. 6. Dans le ressort du tribunal de première instance de Pondichéry, les fonctions attribuées au juge d'instruction par les chapitres vi, vii et viii du livre Ier du Code d'instruction criminelle seront remplies par le juge auditeur du tribunal de première instance qui sera désigné par nous. Il recevra, en cette qualité, un supplément de traitement annuel de 600 francs.

« Ce juge sera assisté d'un greffier, qui tiendra la plume dans les instruc-

---

[1] L'arrêté du 11 décembre 1851, qui organise les tchaoukydars, leur confère les mêmes attributions pour tout ce qui concerne la garde des dépendances du domaine public, la conservation des arbres et des cultures et la police des irrigations.

tions criminelles et correctionnelles. L'archer de la police fera les fonctions d'huissier près du juge d'instruction [1]. (*Modifié.* — Ordonnance de 1842.)

« ART. 7. En aucun cas, lorsqu'il y aura lieu à la mise en liberté provisoire d'un prévenu sous cautionnement, le juge d'instruction ne pourra l'ordonner qu'avec l'autorisation de l'avocat général. (*Modifié.* — Ordonnance de 1842.)

« La caution personnelle d'un notable pourra être admise avec la même autorisation, au lieu d'un cautionnement en argent ou immobilier, dans les cas où la loi admet la liberté sous caution, si d'ailleurs l'importance pécuniaire du délit n'excède pas 100 roupies, soit 240 francs. La caution s'engagera, par corps et par acte reçu devant le juge d'instruction et son greffier, de représenter le prévenu à toutes réquisitions de justice, et, à faute de le faire, de répondre de toutes les condamnations pécuniaires dont l'évaluation sera faite par le juge d'instruction.

« ART. 8. Aussitôt l'instruction terminée, le juge auditeur transmettra toutes les pièces de la procédure, avec un rapport par écrit, à l'avocat général, qui pourra charger le procureur du Roi près le tribunal de première instance ou l'un de MM. les conseillers auditeurs de présenter à la chambre d'accusation de la cour royale ses conclusions écrites, après un exposé verbal, suivi de la lecture, par le greffier de la cour, de toutes les pièces du procès et des mémoires justificatifs produits par les prévenus. (*Modifié.* — Ordonnance de 1842.)

« Les pièces de conviction, s'il y en a, seront transférées au greffe de la cour royale pour être mises, s'il y a lieu, sous les yeux de la chambre d'accusation.

« ART. 9. En matière de police simple ou correctionnelle, la partie civile qui n'aura pas justifié de son indigence sera tenue, avant toutes poursuites, de consigner au bureau du recouvrement des amendes la somme présumée nécessaire pour les frais de procédure, sur l'évaluation du procureur du Roi ou de l'avocat général, qui sera jointe aux pièces.

« L'indigence devra être constatée par un certificat de trois notables, approuvé par le juge de paix lieutenant de police.

---

[1] On a créé des fonctions d'huissier près le juge d'instruction.

« L'accusé ou la partie civile qui succombera sera toujours condamné aux frais envers l'État et envers l'autre partie.

« Dans les affaires de grand criminel, la partie civile qui n'aura pas succombé ne sera jamais tenue des frais.

« Dans le cas où elle en aura consigné, ils lui seront restitués.

« ART. 10. Le procureur général devant, aux termes de l'article 224 du Code d'instruction criminelle, se retirer pendant la délibération de la cour, devra être prévenu immédiatement, ou le magistrat qui a fait en son nom le rapport de l'affaire, par le président de la chambre d'accusation, des dispositions de l'arrêt.

« ART. 11. Lorsque la simple majorité de la cour d'assises ou de la chambre de justice criminelle jugeant en appel des jugements rendus par les tribunaux du ressort aura émis l'opinion qu'il existe des circonstances atténuantes en faveur d'un accusé, cette question sera posée.

« Elle ne sera décidée en faveur de l'accusé qu'à la majorité de cinq voix sur sept, comme la déclaration de culpabilité sur le fait principal et chacune de ses circonstances. (*Abrogé.* — Ordonnance de 1842, art. 47.)

« ART. 12. Sont maintenues les dispositions en vigueur du Code d'instruction criminelle, celles du règlement provisoire sur l'instruction criminelle, en tout ce qui n'est pas contraire au présent arrêté.

« ART. 13. L'avocat général, chef du ministère public, est chargé de l'exécution des présentes, qui seront enregistrées et publiées partout où besoin sera. »

ARRÊTÉ

Du 20 août 1853, qui prescrit aux officiers auxiliaires du ministère public et à ceux de police d'être revêtus d'une écharpe dans l'exercice de leurs fonctions judiciaires.

ÉTABLISSEMENTS FRANÇAIS DANS L'INDE.

Nous, Gouverneur des établissements français dans l'Inde;

Attendu que plusieurs fonctionnaires indiens, auxiliaires des parquets et officiers de police judiciaire, ne sont revêtus d'aucun insigne qui signale leur caractère public aux populations; qu'il s'en suit que leur autorité est souvent méconnue, et qu'en cas de conflit avec les malfaiteurs, l'action répressive peut être désarmée ou amoindrie;

Sur le rapport et la proposition du procureur général;

Le conseil d'administration entendu,

Avons arrêté et arrêtons ce qui suit :

« Art. 1er. Les naïnard et paléagar de Pondichéry, les premiers et les seconds béchecars des districts de Villenour et de Bahour, et tous les officiers auxiliaires du ministère public dans les dépendances, devront, quand ils auront à exercer leurs fonctions judiciaires, porter autour des reins une écharpe en soie bleue avec franges tricolores.

« Pareille écharpe en coton est attribuée comme insigne aux thalavayes et aux agents indiens qui en exercent les fonctions dans les dépendances.

« Art. 2. Le chef du service administratif, le procureur général et les chefs de service des dépendances sont chargés, chacun en ce qui le concerne, de l'exécution du présent arrêté, qui sera enregistré partout où besoin sera. »

ARRÊTÉ

Du 29 février 1832, qui prescrit d'instruire dans les établissements secondaires les affaires criminelles et correctionnelles d'après les règles établies dans le Code d'instruction criminelle.

AU NOM DU ROI DES FRANÇAIS.

Nous, Gouverneur des établissements français de l'Inde;

Vu les règlements locaux contenus dans les ordonnance et arrêté de nos prédécesseurs des 21 avril 1825 (art. 5) et 17 novembre 1828 (art. 2);

Vu le rapport général de l'avocat général, chef du ministère public, proposant le moyen de se conformer au Code d'instruction criminelle pour l'instruction des affaires criminelles et correctionnelles à Karikal, à Yanaon, à Mahé et Chandernagor, où ces procès s'instruisent encore dans les formes prescrites par l'ancienne ordonnance criminelle de 1670, si ce n'est à Chandernagor, où l'on paraît avoir adopté la marche tracée par le Code en quelques circonstances;

Considérant qu'il a été constamment dans l'esprit du législateur, évidemment indiqué dès 1819 par l'article 6 de l'ordonnance du Roi du 22 novembre, enregistrée à la cour royale de Pondichéry le 28 juin 1820, d'établir une organisation judiciaire la plus rapprochée possible de celle existante dans la métropole et que c'est à ce but qu'ont tendu constamment les ordonnances postérieures émanées de l'autorité du Roi et déclarées applicables à l'Inde;

Que, s'il s'est élevé jusqu'ici un obstacle réel dans le peu de ressource des localités et le petit nombre de juges des tribunaux du ressort, dont l'un, seul juge gradué, devant être juge instructeur, ne pouvait connaître du fond du procès dont il aurait saisi le tribunal comme juge de la mise en accusation et dont il aurait fait l'instruction, dans les termes de l'article 257 du Code d'instruction criminelle, parce qu'il ne pouvait plus être remplacé alors dans un tribunal de trois juges, cet obstacle peut cesser en appliquant aux tribunaux du ressort de la cour, ce qui a été essayé avec succès à Pondichéry, d'attribuer les fonctions de juge d'instruction au juge de paix lieutenant de police;

Sur la proposition de l'avocat général;

De l'avis du conseil privé;

Provisoirement et sauf l'approbation de Sa Majesté le Roi des Français,

Avons arrêté et arrêtons ce qui suit :

« Art. 1er. A l'avenir et aussitôt la réception du présent arrêté, à Karikal, à Yanaon, à Mahé et à Chandernagor, les affaires criminelles et correctionnelles seront instruites d'après les règles du Code d'instruction criminelle.

« Art. 2. Dans le ressort des tribunaux de première instance de Karikal, Yanaon, Mahé et Chandernagor, les fonctions attribuées au juge d'instruction par les chapitres vi, vii et viii du livre 1er du Code d'instruction criminelle seront remplies par le juge de paix lieutenant de police.

« Art. 3. Tous règlements et dispositions contraires aux dispositions du présent sont et demeurent abrogés.

« Art. 4. L'avocat général, chef du ministère public, est chargé de l'exécution du présent arrêté. »

ARRÊTÉ

Du 29 février 1832, qui déclare l'appel recevable et suspensif dans tous les cas, dans les affaires criminelles et correctionnelles, tant contre les Européens que contre les Indiens.

AU NOM DU ROI DES FRANÇAIS.

Nous, Gouverneur des établissements français de l'Inde;

Vu l'article 6 de l'ordonnance de notre prédécesseur, en date du 22 mars 1823 [1], relative à l'organisation de la justice à Chandernagor, lequel déclare recevable et suspensif dans tous les cas l'appel des Européens et des autres individus de la classe des gens à chapeau, des jugements rendus contre eux dans les affaires criminelles ou de police correctionnelle, et déclare l'appel des Indiens recevable seulement dans le cas de condamnation à la peine capitale ou aux travaux forcés à perpétuité;

Vu le rapport de l'avocat général, chef du ministère public, tendant à faire supprimer la distinction et à étendre aux Indiens la faculté laissée aux Européens et aux individus de la classe dite *à chapeau;*

Considérant que la justice doit être égale pour tous, quand il n'en peut résulter surtout aucun dommage pour l'ordre public, et que la faculté d'appeler au conseil supérieur, aujourd'hui remplacé par la cour royale de Pondichéry, existait même dans les termes de l'article 15 de l'édit de 1784, invoqué par l'ordonnance ci-devant datée, sans distinction de personnes et de classes d'habitants;

[1] Abrogée.

Sur la proposition de l'avocat général;

De l'avis du conseil privé;

Provisoirement et sauf l'approbation de Sa Majesté,

Avons arrêté et arrêtons ce qui suit:

« Art. 1ᵉʳ. Dans les affaires criminelles ou de police correctionnelle contre les Indiens aussi bien que contre les Européens et autres individus de la classe des gens à chapeau, l'appel est recevable et suspensif dans tous les cas.

« Art. 2. Lors de la prononciation du jugement de condamnation, le condamné devra être prévenu par le président de la faculté d'appel à la cour royale de Pondichéry qui lui est ouverte, du délai dans lequel il devra faire sa déclaration d'appel, et qu'il pourra joindre aux pièces une requête contenant ses moyens d'appel et toutes autres pièces justificatives, que le greffier sera tenu d'annexer à la procédure pour être transmises avec elles au procureur général près la cour royale de Pondichéry.

« Art. 3. Toutes dispositions contraires au présent arrêté sont rapportées.

« Art. 4. L'avocat général, chef du ministère public, est chargé de l'exécution du présent arrêté. »

ARRÊTÉ DU 20 JUIN 1832.

« Art. 1ᵉʳ. Dans toutes les audiences publiques de police correctionnelle et de grand criminel, pour les établissements secondaires, immédiatement après avoir pris note des principales déclarations de chaque témoin, le greffier en donnera lecture à haute voix, et cette note sera traduite au témoin par l'interprète, qui déclarera, sur l'interpellation du président, si c'est bien la substance de sa déposition.

« Sur cette déclaration, laquelle pourra être contredite par le ministère public et l'accusé, ce dont il sera pris note par le greffier, le président dictera définitivement au greffier l'analyse des principales déclarations du témoin sur lesquelles sera interrogé le prévenu.

« Il en sera de même pour l'exécution de l'article 318 du Code d'instruction criminelle.

« Les notes tenues par le greffier seront signées à l'issue de l'audience par le président et le greffier, dans chaque affaire.

« Art. 2. L'interprète ordinaire et assermenté près la juridiction devant laquelle est traduit le délinquant servira d'interprète dans toutes les causes portées à cette juridiction.

« Le prévenu sera toujours interpellé de déclarer s'il a des motifs de récusation contre cet interprète, lesquels seront jugés immédiatement; et, au cas où ils seraient admis, un autre interprète sera choisi, lequel prêtera le serment de traduire fidèlement les discours à transmettre entre ceux qui parlent des langages différents.

« Il suffira, pour admettre la récusation, que les faits posés à la charge de l'interprète puissent donner lieu de craindre qu'il ne soit pas exempt de partialité.

« Les causes de récusation énoncées en l'article 322 du Code d'instruction criminelle, et qui résultent du degré de parenté et de la qualité de dénonciateur, seront toujours admises.

« Art. 3. L'acte d'accusation en matière criminelle, comme la citation en police correctionnelle, fixant la prévention du délit qui la motive, seront traduits par l'interprète assermenté dans la langue du prévenu, et lui seront signifiés dans les deux langues avant l'ouverture du débat.

« Ils seront lus dans les deux langues, à l'audience, devant l'accusé et les témoins, et ce à peine de nullité de la condamnation qui interviendrait.

« Le greffier constatera l'accomplissement de cette formalité. »

ARRÊTÉ DU 3 SEPTEMBRE 1832.

« Art. 1er. Tout appel d'un condamné par les tribunaux des établissements secondaires, jugeant en chambre de justice criminelle, sera fait dans les trois jours qui suivront celui de la prononciation du jugement de condamnation, par déclaration au greffe, laquelle sera reçue sans frais, à première réquisition, par le greffier du tribunal, qui devra se transporter à la prison pour recevoir ladite déclaration.

« Le concierge de la prison sera tenu de déférer sur-le-champ à la demande du condamné, en prévenant le greffier du tribunal de se rendre au greffe de la geôle, à peine de destitution contre le concierge et le greffier, en cas de négligence ou refus qui laisseraient périr les délais ou porteraient préjudice au condamné.

« ART. 2. Le ministère public près le tribunal qui aura prononcé la condamnation jouira de la faculté d'appeler *à minima* dans le même délai que le condamné; mais, en cas d'absolution, l'appel du ministère public devra être formé dans les vingt-quatre heures du jugement, pour empêcher la mise en liberté.

« ART. 3. Le chef du ministère public aura le droit d'appeler *à minima* dans les deux mois de la condamnation, et même à l'audience de la cour saisie de l'appel, s'il est encore dans les délais.

« Il peut appeler aussi de tout jugement d'absolution dans le même délai, alors que le ministère public de première instance se serait abstenu de tout appel et que l'accusé aurait été mis en liberté.

« Toutefois le délai ci-dessus sera réduit à un mois du jour de la signification du jugement faite au chef du ministère public, à la requête de l'accusé absous ou condamné qui voudrait abréger les délais.

« ART. 4. En cas d'appel, et dans les cinq jours au plus tard dudit appel, les pièces du procès et l'accusé seront envoyés ensemble devant la cour. Dans ce délai, il pourra être joint par l'accusé toutes requêtes et pièces justificatives pour être transmises sans frais.

« Plus tard, lesdites requêtes et pièces devront être déposées au greffe de la cour royale et seront jointes à la procédure jusqu'au jour du jugement; le conseiller rapporteur en fera mention particulière dans son rapport.

« ART. 5. Il n'est rien innové au mode de procéder rappelé et constaté dans notre arrêté du 5 mars 1832 [1] (art. 5) et aux formes prescrites par l'arrêté du 29 février précédent, dans l'intérêt du condamné, pour lui faire connaître, avec son droit d'appel, les délais accordés pour l'exercer et pour faciliter la production de ses moyens justificatifs.

« Il n'est rien changé non plus au mode de procéder pour la forme et les

---

[1] Cet arrêté, qui instituait des cours d'assises à Pondichéry, a été rapporté par l'arrêté du 20 juin 1834.

délais d'appel en matière correctionnelle réglés par le Code d'instruction criminelle [1]. »

ARRÊTÉ

Du 4 février 1833, relatif à une nouvelle organisation des tribunaux de première instance d'Yanaon et de Mahé.

AU NOM DU ROI DES FRANÇAIS.

Nous, Gouverneur des établissements français de l'Inde;

Vu les réclamations à nous adressées par les commandants chefs de comptoir à Mahé et à Yanaon, relativement à l'impuissance de composer le tribunal de première instance dans chacun de ces établissements, notamment pour juger en matière criminelle, du nombre voulu de notables pour rendre jugement, et de suppléer à l'absence du ministère public près chacune de ces juridictions ;

Reconnaissant l'opportunité d'une organisation nouvelle de ces deux tri-

---

[1] Le délai de trois jours pour interjeter appel court contre les parties civiles, nonobstant le silence de la loi. L'appel doit être formé au greffe. L'appel incident n'est pas admis au criminel. (Arrêt criminel du 4 octobre 1844.)

L'avertissement que le président doit donner aux condamnés dans les établissements secondaires, en exécution des articles 2 de l'arrêté du 29 février et 5 de l'arrêté du 3 septembre 1832, constitue une formalité substantielle; le condamné peut se prévaloir de l'omission de cette formalité. (Arrêt criminel du 13 octobre 1847.)

Le mot *absolution*, dans l'article 2, n'est qu'énonciatif; il doit s'entendre aussi de l'acquittement. (Arrêt criminel du 7 octobre 1840.)

L'omission de l'accomplissement des formalités énoncées à l'article 1er par le greffier et le concierge de la prison peut, selon la nature des circonstances, être une cause de nullité. (Arrêt criminel du 10 novembre 1841.)

Le ministère public ne peut se prévaloir contre les accusés de l'inobservation des formalités de l'article 4 relativement à l'envoi des pièces du procès.

Le condamné peut renoncer au droit ouvert en sa faveur de comparaître devant la cour. Les dispositions de cet article ne sont pas prescrites à peine de nullité. (Arrêt criminel du 1er juin 1836.)

bunaux pour juger soit au civil, soit au criminel et en police correctionnelle, aussi bien que sur appel, des jugements de simple police et du tribunal de paix;

Vu l'ancien édit du Roi d'août 1784 (art. 15);

Vu les ordonnances du Roi des 22 novembre 1819 et 23 décembre 1827, et l'article 257 du Code d'instruction criminelle;

Vu également les ordonnances et arrêtés locaux des 6 janvier 1819, 28 juin 1820, 21 avril 1825, 9 septembre 1826, 17 novembre 1828, 12 février 1829, 29 février et 5 mars 1832;

Sur le rapport et la proposition de l'avocat général, chef du ministère public;

Provisoirement et sauf l'approbation de Sa Majesté le Roi des Français,

Avons arrêté et arrêtons ce qui suit:

« Art. 1ᵉʳ, 2, 3 et 4. Sont abrogés.

« Art. 5. Lorsque le chef de police faisant fonctions de juge d'instruction aura terminé une procédure criminelle ou correctionnelle, il sera tenu de la déposer au greffe du tribunal de première instance avec un rapport se résumant par une ordonnance de renvoi devant la juridiction compétente, fixant précisément le délit imputé au prévenu et indiquant les textes de lois pénales applicables, ou par une ordonnance portant qu'il n'y a lieu à poursuivre, soit que le fait ne caractérise aux yeux du juge ni crime, ni délit, ni contravention, soit qu'il ne résulte pas de l'instruction des indices suffisants de culpabilité contre l'inculpé, ce qui devra être exprimé.

« A la suite du rapport sera constatée par le juge d'instruction sa communication à l'inculpé et à la partie civile qui sera citée à cet effet, soit à son domicile réel, soit au domicile par elle élu dans le lieu où se fait l'instruction, conformément à l'article 68 du Code d'instruction criminelle, à comparaître devant le juge d'instruction dans les vingt-quatre heures de la citation.

« L'inculpé et la partie civile pourront s'opposer, le premier à sa mise en jugement, le second à l'exécution de l'ordonnance d'absolution, et le juge d'instruction devra constater la déclaration du prévenu et celle de la partie civile ou l'absence de cette dernière, en mentionnant la citation, qui portera les dates de jour et d'heure.

« Si la citation à la partie civile n'a point été donnée à sa personne, elle jouira d'un délai de quarante-huit heures à partir de la citation pour user de son droit d'opposition, et cette opposition devra être signifiée au chef de police et dénoncée au prévenu, à la requête de la partie civile, le tout à peine de nullité; et, dans le même cas, le prévenu jouira du même délai que la partie civile et du même droit d'opposition pendant quarante-huit heures de la date de la citation.

« S'il n'y a point réclamation, l'ordonnance recevra son exécution, la procédure cessera, ou le juge royal sera saisi, s'il y a lieu, et procédera au jugement dans les formes déterminées par la loi.

« S'il y a opposition, les pièces seront transmises au procureur général pour en être fait rapport dans le plus bref délai à la chambre d'accusation de la cour royale, qui statuera ce que de droit.

« Si la cour confirme l'ordonnance, elle fixera en même temps les dommages-intérêts dus par la partie civile.

« Le juge royal statuera, en jugeant le fond du procès, sur les dommages-intérêts respectivement prétendus.

« ART. 6. En cas d'empêchement du juge de police, comme remplissant les fonctions du ministère public aux audiences du juge royal, il pourra être suppléé dans celles de juge de paix et de juge de police par un notable qu'il désignera, sauf l'approbation du procureur général.

« Le juge royal ne pourra être remplacé, en cas d'empêchement, que par un fonctionnaire ou magistrat désigné par le gouverneur.

« ART. 7. Toutes ordonnances de mise en liberté et tous jugements rendus en matière criminelle et correctionnelle à Mahé et à Yanaon, même alors qu'il n'y aurait point appel des parties, seront transmis avec les procédures au procureur général, qui pourra en porter l'appel devant la cour royale dans la quinzaine de la réception des pièces, constatée par l'enregistrement au parquet.

« Cet appel devra être dénoncé dans les deux mois de sa date au prévenu et à la partie civile.

« Les jugements d'absolution seront néanmoins exécutés provisoirement par la mise en liberté du prévenu; et, s'il est condamné, la peine d'emprisonnement comptera toujours de la date du jugement.

« ART. 8. En matière de police simple ou correctionnelle, la partie civile qui n'aura pas justifié de son indigence sera tenue, avant toutes poursuites, de déposer au greffe la somme présumée nécessaire pour les frais de procédure, sur l'évaluation jointe aux pièces du procureur du Roi.

« L'indigence devra être constatée par un certificat délivré par le comité de bienfaisance et approuvé par le chef du comptoir.

« ART. 9. L'accusé ou la partie civile qui succombera sera condamné aux frais envers l'État et envers l'autre partie.

« La partie civile qui n'aura pas succombé ne sera jamais tenue des frais. Dans le cas où elle en aura consigné, ils lui seront restitués.

« ART. 10. Toutes dispositions d'anciens édits, lois ou ordonnances, contraires aux dispositions du présent arrêté, sont et demeurent abrogées [1]. »

ARRÊTÉ DU 31 OCTOBRE 1837.

L'article 1er a été reproduit dans la partie relative à la procédure civile.

« ART. 2. Il n'est point dérogé par là au mode de nomination de conseils d'office aux accusés qui n'en ont pas fait choix en matière criminelle, et il devra en être également nommé d'office aux détenus qui seront prévenus de délits correctionnels.

. . . .

« Les présidents doivent apporter leur attention à nommer d'office un défenseur aux prévenus de délits correctionnels qui sont détenus.

« Le recours en cassation n'est admis contre les jugements ou arrêts criminels que dans le seul intérêt de la loi.

---

[1] L'article 7, paragraphes 1 et 2, est toujours en vigueur et n'a pas été abrogé par les articles 30, 31 et 32 de l'ordonnance du 7 février 1842, qui n'a pas réglé le mode d'interjeter appel des jugements rendus par les tribunaux criminels des établissements secondaires.

L'appel du procureur général remet tout en question tant à l'égard du prévenu qu'à l'égard de la partie civile à laquelle l'appel a été dénoncé. (Arrêt correctionnel du 31 août 1855.)

LOI

Du 3 juillet 1852, sur la réhabilitation des condamnés. (Promulguée le 2 octobre 1852.)

(Extrait du procès-verbal du Corps législatif.)

LE CORPS LÉGISLATIF a adopté le projet de loi dont la teneur suit :

« ARTICLE UNIQUE. Le décret du 18 avril 1848 est abrogé.

« Le chapitre IV du titre VII du livre II du Code d'instruction criminelle est pareillement abrogé; il est remplacé par les articles suivants :

« Art. 619. Tout condamné à une peine afflictive ou infamante, ou à une peine correctionnelle, qui a subi sa peine ou qui a obtenu des lettres de grâce, peut être réhabilité.

« Art. 620. La demande en réhabilitation pour les condamnés à une peine afflictive ou infamante ne peut être formée que cinq ans après le jour de leur libération.

« Néanmoins ce délai court, au profit des condamnés à la dégradation civique, du jour où la condamnation est devenue irrévocable ou de celui de l'expiration de la peine de l'emprisonnement, si elle a été prononcée.

« Il court, au profit du condamné à la surveillance de la haute police prononcée comme peine principale, du jour où la condamnation est devenue irrévocable.

« Le délai est réduit à trois ans pour les condamnés à une peine correctionnelle.

« Art. 621. Le condamné à une peine afflictive ou infamante ne peut être admis à demander sa réhabilitation s'il n'a résidé dans le même arrondissement depuis cinq années, et pendant les deux dernières dans la même commune.

« Art. 622. Le condamné adresse la demande en réhabilitation au procureur de la République de l'arrondissement, en faisant connaitre : 1° la date de sa condamnation; 2° les lieux où il a résidé depuis sa libération, s'il s'est écoulé, après cette époque, un temps plus long que celui fixé par l'article 620.

« Art. 623. Il doit justifier du payement des frais de justice, de l'amende et des dommages-intérêts auxquels il a pu être condamné, ou de la remise qui lui en a été faite.

« A défaut de cette justification, il doit établir qu'il a subi le temps de contrainte par corps déterminé par la loi, ou que la partie lésée a renoncé à ce moyen d'exécution.

« S'il est condamné pour banqueroute frauduleuse, il doit justifier du payement du passif de la faillite en capital, intérêts et frais, ou de la remise qui lui en a été faite.

« Art. 624. Le procureur de la République provoque, par l'intermédiaire du sous-préfet, des attestations délibérées par les conseils municipaux des communes où le condamné a résidé, faisant connaître :

« 1° La durée de sa résidence dans chaque commune, avec indication du jour où elle a commencé et de celui auquel elle a fini;

« 2° Sa conduite pendant la durée de son séjour;

« 3° Ses moyens d'existence pendant le même temps.

« Ces attestations doivent contenir la mention expresse qu'elles ont été rédigées pour servir à l'appréciation de la demande en réhabilitation.

« Le procureur de la République prend, en outre, l'avis du maire des communes et du juge de paix des cantons où le condamné a résidé, ainsi que celui du sous-préfet de l'arrondissement.

« Art. 625. Le procureur de la République se fait délivrer : 1° une expédition de l'arrêt de condamnation; 2° un extrait des registres des lieux de détention où la peine a été subie, constatant quelle a été la conduite du condamné.

« Il transmet les pièces, avec son avis, au procureur général.

« Art. 626. La cour dans le ressort de laquelle réside le condamné est saisie de la demande.

« Les pièces sont déposées au greffe de cette cour par les soins du procureur général.

« Art. 627. Dans les deux mois du dépôt, l'affaire est rapportée à la chambre d'accusation; le procureur général donne ses conclusions motivées et par écrit.

« Il peut requérir en tout état de cause, et la cour peut ordonner, même d'office, de nouvelles informations, sans qu'il puisse en résulter un retard de plus de six mois.

« Art. 628. La cour, le procureur général entendu, donne son avis motivé.

« Art. 629. Si l'avis de la cour n'est pas favorable à la réhabilitation, une nouvelle demande ne peut être formée avant l'expiration d'un délai de deux années.

« Art. 630. Si l'avis est favorable, il est, avec les pièces produites, transmis par le procureur général, et dans le plus bref délai possible, au ministre de la justice, qui peut consulter la cour ou le tribunal qui a prononcé la condamnation.

« Art. 631. Le président de la République statue sur le rapport du ministre de la justice.

« Art. 632. Des lettres de réhabilitation seront expédiées en cas d'admission de la demande.

« Art. 633. Les lettres de réhabilitation sont adressées à la cour qui a délibéré l'avis.

« Une copie authentique en est adressée à la cour ou au tribunal qui a prononcé la condamnation. Ces lettres seront transcrites en marge de la minute de l'arrêt ou du jugement de condamnation.

« Art. 634. La réhabilitation fait cesser pour l'avenir, dans la personne du condamné, toutes les incapacités qui résultaient de la condamnation.

« Les interdictions prononcées par l'article 112 du Code de commerce sont maintenues, nonobstant la réhabilitation obtenue en vertu des dispositions qui précèdent.

« Aucun individu condamné pour crime, qui aura commis un second crime et subi une nouvelle condamnation à une peine afflictive ou infamante, ne sera admis à la réhabilitation.

« Le condamné qui, après avoir obtenu sa réhabilitation, aura encouru une nouvelle condamnation, ne sera plus admis au bénéfice des dispositions qui précèdent. »

ARRÊTÉ

Du 27 mai 1847, portant adoption du règlement et tarif des frais en matière criminelle,
correctionnelle et de police.

AU NOM DU ROI.

Nous, Capitaine de vaisseau, Officier de la Légion d'honneur, Gouverneur des établissements français dans l'Inde;

Vu les arrêtés des 2 février et 22 avril 1841;

Vu l'extrait des registres de délibérations de la cour royale de Pondichéry, en date des mois d'octobre et de novembre 1846, concernant les projets de tarif des frais judiciaires;

Vu le projet de règlement et tarif des frais en matière criminelle, correctionnelle et de police, discuté par la cour;

Vu l'ordonnance royale du 23 juillet 1840, articles 48 et 49, paragraphe 3;

Sur le rapport et la proposition du procureur général du Roi;

Le conseil d'administration entendu,

AVONS ARRÊTÉ et ARRÊTONS ce qui suit :

« ART. 1ᵉʳ. Le règlement et tarif des frais en matière criminelle, correctionnelle et de police joint au présent arrêté est adopté pour être, à dater de son enregistrement à la cour royale de Pondichéry et, dans les autres établissements français de l'Inde, à dater de l'enregistrement aux tribunaux de première instance, exécuté en sa forme et teneur.

« ART. 2. Sont abrogés tous arrêtés, toutes dispositions locales contraires ou incompatibles avec ledit règlement et tarif.

ART. 3. Le procureur général du Roi et le chef du service administratif sont, chacun en ce qui le concerne, chargés de l'exécution du présent arrêté, qui sera enregistré partout où besoin sera. »

Règlement et Tarif des frais en matière criminelle et de police.

CHAPITRE Ier.

DISPOSITIONS PRÉLIMINAIRES.

« Art. Ier. L'administration du domaine continuera de faire l'avance des frais de justice criminelle pour les actes et procédures qui seront ordonnés d'office ou à la requête du ministère public, sauf à poursuivre, ainsi que de droit, le recouvrement de ceux desdits frais qui ne sont point à la charge de la colonie, le tout dans la forme et selon les règles établies par le présent arrêté.

« Art. 2. Sont compris sous la dénomination de frais de justice criminelle, sans distinction des frais d'instruction et de poursuite en matière de police correctionnelle et de simple police :

« 1° Les frais de translation des prévenus ou accusés, de transport des procédures et des objets pouvant servir à conviction ou à décharge ;

« 2° Les frais d'extradition des prévenus, accusés ou condamnés ;

« 3° Les honoraires et vacations des médecins, chirurgiens, sages-femmes, experts et interprètes ;

« 4° Les indemnités qui peuvent être accordées aux témoins, y compris les militaires ;

« 5° Les frais de garde de scellés et ceux de mise en fourrière ;

« 6° Les droits d'expédition et autres alloués aux greffiers ;

« 7° Le salaire et le transport des huissiers dans les limites qui seront ci-après fixées ;

« 8° L'indemnité accordée aux officiers de justice dans les cas de transport sur le lieu du crime ou délit ;

« 9° Les frais d'impression des arrêts, jugements et ordonnances de justice ;

« 10° Les frais d'exécution des jugements criminels et les gages des exécuteurs ;

« 11° Les dépenses assimilées à celles de l'instruction des procès criminels et qui résulteront, savoir :

« Des procédures d'office pour l'interdiction ;

« Des poursuites d'office en matières civiles;

» Des inscriptions hypothécaires requises par le ministère public;

« Du transport des greffes.

« ART. 3. Ne sont point compris sous la dénomination de frais de justice criminelle :

« 1° Les honoraires des défenseurs des accusés, même de ceux qui sont nommés d'office, non plus que les droits et honoraires des conseils agréés agissant comme avoués, dans le cas où leur ministère serait employé;

« 2° Les frais d'apposition des affiches d'arrêts, jugements et ordonnances de justice, lesquels resteront à la charge de la caisse coloniale ;

« 3° Les frais d'inhumation des condamnés et de tous cadavres trouvés sur la voie publique et dans quelque autre lieu que ce soit, lors toutefois que les cadavres ne sont pas réclamés par les familles, et sauf le recours de l'administration contre les héritiers;

« 4° Les frais de translation des condamnés dans les bagnes, dans les maisons centrales de correction, etc.;

« 5° Les frais de conduite des mendiants et vagabonds qui ne sont point traduits devant les tribunaux;

« 6° Les frais de translation de tous individus arrêtés par mesure de haute police;

« 7° Les frais de translation de tous condamnés évadés du lieu de leur détention, lesquels continueront d'être à la charge de la colonie.

« Seront également à la charge de la caisse coloniale :

« 1° Les dépenses des prisons, maison de correction, maison de dépôt, d'arrêt et de justice;

« 2° Les dépenses qui pourraient être occasionnées par les poursuites intentées devant les tribunaux militaires ou maritimes;

« Et 3° toutes autres dépenses, de quelque nature qu'elles soient, qui n'ont pas pour objet la recherche, la poursuite et la punition des crimes, délits ou contraventions de la compétence soit des cours, soit des tribunaux

58

correctionnels ou de simple police, sauf les exceptions énoncées dans les chapitres xi, xii et xiii du présent tarif.

CHAPITRE II.

DES FRAIS DE TRANSLATION DES PRÉVENUS OU ACCUSÉS, DE TRANSPORT DES PROCÉDURES ET DES OBJETS POUVANT SERVIR A CONVICTION OU A DÉCHARGE.

« Art. 4. Les prévenus, accusés ou condamnés seront conduits à pied, par les pions de police ou agents de la force publique, jusqu'au lieu de leur destination; ils pourront néanmoins, dans les circonstances extraordinaires et sur les réquisitions de l'autorité compétente, être transférés soit en voiture ou en palanquin, soit par la voie de mer.

« Les réquisitions seront rapportées, en original ou par copies dûment certifiées par les officiers qui donneront les ordres, à l'appui de chaque état ou mémoire de frais à fournir par ceux qui auront fait le transport.

« Art. 5. Lorsque la translation par voie extraordinaire sera ordonnée d'office ou demandée par le prévenu ou accusé, à cause de l'impossibilité où il se trouverait de faire ou de continuer le voyage à pied, cette impossibilité sera constatée soit par certificat de médecin ou de chirurgien, soit par tout autre document pouvant en tenir lieu, et qui, en tout cas, devra suivre les prévenus accusés ou condamnés.

« Art. 6. Les prévenus, accusés ou condamnés pourront toujours se faire transporter en voiture ou en palanquin à leurs frais, en se soumettant aux mesures de précaution que prescrira l'autorité qui aura ordonné la translation, ou le chef d'escorte chargé de l'exécuter.

« Art. 7. Les procédures et les effets pouvant servir à conviction ou à décharge continueront à être transportés suivant le mode suivi jusqu'à ce jour, et les frais occasionnés par ces transports réglés et ordonnancés comme par le passé.

CHAPITRE III.

TRANSPORT DES DÉPOSITAIRES PUBLICS OU PARTICULIERS AU GREFFE OU DEVANT UN JUGE D'INSTRUCTION POUR REMETTRE DES PIÈCES ARGUÉES DE FAUX OU DES PIÈCES DE COMPARAISON.

« Art. 8. Lorsque, en conformité des dispositions du Code d'instruction criminelle sur le faux et dans les cas prévus notamment par les articles 452 et 454, des dépositaires publics, tels que les notaires et conseils agréés, seront tenus de se transporter au greffe ou devant un juge d'instruction pour remettre des pièces arguées de faux ou des pièces de comparaison, il leur sera alloué des frais de voyage et de séjour qui seront réglés ainsi qu'il sera dit ci-après pour les médecins, chirurgiens, etc.

« Art. 9. Les autres dépositaires particuliers recevront pour le même objet l'indemnité réglée par l'article 21 pour les témoins.

« Quant aux huissiers, on se conformera aux dispositions du chapitre VIII qui les concerne.

« Les indemnités, soit de voyage, soit de séjour, accordées par l'article 8 ci-dessus, ne seront que de la moitié pour les notaires indiens et conseils indiens.

CHAPITRE IV.

DES HONORAIRES ET VACATIONS DES MÉDECINS, CHIRURGIENS, SAGES-FEMMES, EXPERTS ET INTERPRÈTES.

« Art. 10 [1]. Il est alloué à chaque médecin ou chirurgien, savoir :

[1] *Arrêté du 3 avril 1849, qui modifie l'article 10 du tarif en matière criminelle et de police, du 27 mai 1847.*

RÉPUBLIQUE FRANÇAISE.

LIBERTÉ, ÉGALITÉ, FRATERNITÉ.

AU NOM DU PEUPLE FRANÇAIS.

Nous, Capitaine de frégate, Chevalier de la Légion d'honneur, Gouverneur des établissements français de l'Inde ;

Vu l'article 10 du tarif en matière criminelle et de police du 27 mai 1847 ;

Vu la lettre du chef du service de santé, adressée au chef du service administratif, en date du 17 février de la présente année ;

Sur le rapport et la proposition du procureur général ;

Le conseil d'administration entendu,

Avons ARRÊTÉ et ARRÊTONS ce qui suit :

« 1° Pour chaque visite et rapport, y compris le premier pansement, s'il y a lieu. 3ᶠ 00ᶜ

« Et aux officiers de santé indiens. 1 50

« 2° Pour les ouvertures de cadavres et autres opérations plus difficiles que la simple visite, et en sus des droits ci-dessus, à chaque médecin ou chirurgien. 5 00

« Et aux officiers de santé indiens. 2 50

« ART. 11. Les visites à faire par les sages-femmes leur seront payées, savoir :

« A celles de la classe blanche. 2ᶠ 50ᶜ

« Aux autres. 1 25

« ART. 12. Outre les droits ci-dessus, le prix des fournitures nécessaires pour les opérations sera remboursé.

« ART. 13. Les frais d'exhumation de cadavres seront payés d'après l'usage des lieux.

« ART. 14. Il ne sera rien alloué pour soins et traitements administrés soit après le premier pansement, soit après les visites ordonnées d'office.

« ART. 1ᵉʳ. L'article 10 du tarif des frais en matière criminelle et de police du 27 mai 1847 est modifié ainsi qu'il suit :

« Art. 10. Il est alloué à chaque médecin ou chirurgien, savoir :

« 1° Pour chaque visite et rapport, y compris le premier pansement, s'il y a lieu 5ᶠ

« Aux officiers de santé indiens, la moitié.

« 2° Pour les ouvertures de cadavres et autres opérations plus difficiles que la simple visite, et en sus des droits ci-dessus, à chaque médecin ou chirurgien. 9

« Aux officiers de santé indiens, la moitié.

« 3° Pour autopsie après exhumation, y compris le rapport. 15

« Aux officiers de santé indiens, la moitié.

« ART. 2. En exécution et par argument des articles 43 et 44 du Code d'instruction criminelle, le juge instructeur, soit d'office ou sur les réquisitions du ministère public, pourra ne commettre qu'un seul officier de santé pour les opérations et rapports sur cadavres ou résidus de cadavres. Dans les circonstances graves, il pourra en désigner deux, s'il le croit nécessaire, après avoir reçu l'avis du ministère public.

« ART. 3. En matière criminelle, correctionnelle et de police, les conseils agréés pour les parties en cause n'auront droit qu'aux allocations accordées par le tarif de Paris, sans bonification.

« ART. 4. Le procureur général, le chef du service administratif par intérim et les chefs de service des établissements secondaires sont, chacun en ce qui le concerne, chargés de l'exécution du présent arrêté, qui sera enregistré partout où besoin sera. »

« Art. 15. Chaque médecin, chirurgien ou pharmacien recevra pour chaque vacation de trois heures :

« Pour les opérations sur cadavres ou sur résidus de cadavres. . .   5ᶠ 00ᶜ

« Art. 16. Les vacations de nuit seront payées moitié en sus, soit.   7 50

« Les officiers de santé indiens qui auront procédé auxdites opérations auront droit, et suivant le cas, à la moitié des taxes ci-dessus fixées.

« Art. 17. Chaque expert ou interprète de langues autres que le tamoul recevra pour chaque vacation de trois heures et par chaque rapport, lorsqu'il sera fait par écrit. 3ᶠ

« Les vacations de nuit seront payées moitié en sus.

« Art. 18. Les traductions par écrit de toute langue étrangère à chacun des établissements français de l'Inde seront payées par chaque rôle de trente lignes à la page. 1ᶠ 25ᶜ

« Les frais de toutes les autres traductions faites par les interprètes salariés du Gouvernement seront à la charge des parties condamnées et compris dans les états de liquidation.

« Art. 19. Dans le cas de transport à plus de quatre kilomètres de leur résidence, les médecins, chirurgiens et pharmaciens, outre la taxe ci-dessus fixée pour leur vacation, seront indemnisés de leurs frais de voyage et de séjour de la manière déterminée dans le chapitre IX ci-après.

« Art. 20. Dans tous les cas où les médecins, chirurgiens, sages-femmes, experts et interprètes sont appelés soit devant le juge d'instruction, soit aux débats, à raison de leurs déclarations, visites ou rapports, il ne leur sera accordé aucune indemnité à raison de cette comparution.

CHAPITRE V.

DES INDEMNITÉS QUI PEUVENT ÊTRE ACCORDÉES AUX TÉMOINS.

« Art. 21. Toutes les fois que, sur la demande du ministère public, des personnes domiciliées à plus de 4 kilomètres de Pondichéry seront appelées en témoignage dans les affaires criminelles ou correctionnelles, elles auront droit, si elles le requièrent, à une indemnité de route qui demeure réglée ainsi qu'il suit :

« Pour les individus de la classe blanche et par chaque 4 kilomètres... 2^f 00^c

« Et pour les individus des autres classes, également par chaque
4 kilomètres... 0 60

« ART. 22. Outre cette indemnité, il pourra être accordé auxdits témoins
des frais de séjour calculés, pour ceux de la première classe, à raison de
4 francs par jour, et pour ceux des autres classes, à raison de 60 centimes
par jour.

« La taxe des indemnités de voyage et de séjour sera double pour les enfants mâles au-dessous de l'âge de douze ans et pour les filles au-dessous de
l'âge de quatorze ans, lorsqu'ils seront appelés en témoignage et qu'ils seront
accompagnés dans leur route et séjour par leur père, mère, tuteur ou curateur, à la charge par ceux-ci de justifier de leur qualité.

« ART. 23. Le procureur général du Roi, dans les circonstances où il résul-
tera un dommage notable pour les témoins appelés à de grandes distances,
pourra requérir la fixation d'une indemnité que la cour liquidera suivant la
qualité des personnes et le dommage éprouvé.

« ART. 24. Les indemnités accordées aux témoins par les articles qui précèdent ne seront acquises que pour des voyages par terre.

« ART. 25. Dans le cas où le gouvernement ferait venir des témoins de
Chandernagor, Karikal, Maké et Yanaon par mer, ils n'auront droit à aucune
indemnité de route que le prix du passage, qui sera réglé et avancé par l'administration avec recours contre la partie qui succombera.

« ART. 26. Tous les témoins qui reçoivent un traitement quelconque à
raison d'un service public n'auront droit qu'au remboursement des frais de
voyage, s'il y a lieu et s'ils le requièrent, sur le pied réglé dans le chapitre IX
ci-après.

« ART. 27. L'indemnité accordée aux témoins ne sera avancée par le Trésor
qu'autant qu'ils auront été cités, soit à la requête du ministère public, soit
en vertu d'ordonnance rendue d'office, dans les cas prévus par les articles 269
et 303 du Code d'instruction criminelle.

« ART. 28. Les témoins cités à la requête soit des accusés, conformément
à l'article 321 du Code d'instruction criminelle, soit des parties civiles, re-

cevront les indemnités ci-dessus déterminées, et elles leur seront payées par ceux qui les auront appelés en témoignage.

« ART. 29. Les officiers de justice énonceront, dans les mandats qu'ils délivreront au profit des témoins, que la taxe a été requise.

CHAPITRE VI.

DES FRAIS DE GARDE DES SCELLÉS ET DE MISE EN FOURRIÈRE.

« ART. 30. Dans les cas prévus par les articles 16, 35, 38, 89 et 90 du Code d'instruction criminelle, il ne sera accordé de taxe pour la garde des scellés que lorsque le juge instructeur n'aura pas jugé à propos de confier cette garde à des habitants de la maison où les scellés auront été apposés.

« Dans ce cas, il sera alloué aux gardiens nommés d'office, et sans distinction du temps et pour toute la durée du gardiennage, par chaque jour. . . . . $0^f\ 30^c$

« ART. 31. Les animaux et tous les objets périssables, pour quelque cause qu'ils aient été saisis, ne pourront rester en fourrière ou sous le séquestre plus de huit jours.

« Après ce délai, la mainlevée provisoire pourra en être accordée.

« S'ils ne doivent ou ne peuvent être restitués, ils seront mis en vente, et les frais de fourrière seront prélevés sur le produit de la vente, par privilége et préférence à tous autres.

« ART. 32. La mainlevée provisoire des animaux saisis et des objets périssables mis en séquestre sera ordonnée par le juge de paix ou par le juge d'instruction, moyennant caution et le payement des frais de fourrière et de séquestre.

« Si lesdits objets doivent être vendus, la vente sera ordonnée par les magistrats.

« Cette vente sera faite à l'enchère au marché le plus voisin à la diligence du commissaire de police.

« Le jour de la vente sera indiqué par affiches, vingt-quatre heures à l'avance, à moins que la modicité de l'objet ne détermine le magistrat à en ordonner la vente sans formalités, ce qu'il exprimera dans son ordonnance.

« Le produit de la vente sera versé sans frais à la caisse des dépôts et consignations, pour en être disposé ainsi qu'il sera ordonné par le jugement définitif.

CHAPITRE VII.

DES DROITS D'EXPÉDITION ET AUTRES ALLOUÉS AUX GREFFIERS.

« ART. 33. Il est dû aux greffiers des cours royales, des tribunaux correctionnels et des tribunaux de police, suivant les cas, des droits d'expédition, des droits fixes et des indemnités, indépendamment du traitement fixe qui leur est accordé sur le Trésor colonial.

« ART. 34. Des droits d'expédition sont dus pour tous les actes et pièces dont il est fait mention dans les articles du Code d'instruction criminelle sous les nos 31, 63, 65, 66, 68, 81, 86, 114, 117, 118, 120, 122, 123, 124, 125, 128, 129, 130, 131, 146, 153, 157, 158, 159, 160, 161, 188, 190, 191, 192, 193, 248, 281, 304, 305, 343, 358, 396, 397, 398, 415, 419, 452, 454, 455, 456, 465, 481 et 601.

« ART. 35. Ces droits d'expédition ne sont dus que lorsque les expéditions sont demandées, soit par les parties qui en requièrent la délivrance à leurs frais, soit par le ministère public; dans ce dernier cas, le Trésor colonial en fait les avances, s'il n'y a pas de partie civile ou si la partie civile est dans un état d'indigence dûment constaté.

« Hors les cas ci-dessus, il n'est rien dû aux greffiers pour les actes sus-énoncés, lorsque notification, signification ou communication en est faite sur les minutes, ainsi qu'il sera dit ci-après.

« ART. 36. Il n'est dû qu'un droit fixe aux greffiers pour les extraits qu'ils sont tenus de délivrer en conformité des articles 198, 202 et 472 du Code d'instruction criminelle et de l'article 36 du Code pénal.

« ART. 37. Il leur est accordé une indemnité pour leur assistance aux actes désignés dans l'article 378 du Code d'instruction criminelle et pour l'accomplissement des formalités prescrites par l'article 83 du Code civil.

« ART. 38. Les droits d'expédition dus aux greffiers des cour et tribunaux sont fixés à 30 centimes par rôle de vingt-huit lignes à la page et de quatorze à seize syllabes à la ligne. Néanmoins les mêmes droits, pour les greffiers des tribunaux de police, seront seulement de 20 centimes par rôle composé du même nombre de lignes et de syllabes.

« Art. 39. Les droits fixes pour les extraits sont réglés à 30 centimes, quel que soit le nombre de rôles de chaque extrait.

« Art. 40. L'état de liquidation des frais et dépens sera dressé par le greffier, et les copies qu'il en délivrera lui seront payées à raison de 5 centimes par article.

« Art. 41. Lors des exécutions des arrêts criminels, le greffier de la cour ou du tribunal du lieu où se fera l'exécution sera tenu d'y assister, d'en dresser procès-verbal, et, dans le cas d'exécution à mort, il fera parvenir à l'officier de l'état civil les renseignements prescrits par le Code civil.

« A cet effet, le greffier se rendra dans une maison située sur la place publique où se fera l'exécution et qui lui sera désignée par l'autorité administrative.

« Art. 42. Il est alloué aux greffiers pour tout droit d'assistance, transcription du procès-verbal au bas de l'arrêt et déclaration à l'officier de l'état civil, savoir :

« 1° Pour les exécutions à mort........................... 10^f

« 2° Pour les exécutions par effigie et exposition, et quel que soit le nombre des condamnés............................... 3

« Art. 43. Les accusés payeront aux taux réglés par le présent tarif les expéditions et copies qu'ils demanderont outre celles qui leur seront délivrées gratuitement, aux termes de l'article 305 du Code d'instruction criminelle.

« Art. 44. Dans les cas de renvoi des accusés devant un autre juge d'instruction ou un autre tribunal, il ne pourra leur être délivré aux frais du Trésor colonial de nouvelles copies des pièces dont ils auront déjà reçu une copie en exécution du susdit article 305.

« Art. 45. En matière correctionnelle, de simple police, aucune expédition ou copie de pièces de la procédure ne pourra être délivrée aux parties sans une autorisation expresse du procureur général; mais il leur sera délivré, sur leur demande, expédition de la plainte, de la dénonciation des ordonnances et des jugements définitifs.

« Toutes ces expéditions seront à leurs frais.

« Art. 46. Les greffiers ne délivreront aucune expédition ou copie susceptible d'être taxée par rôle, ni aucun extrait, sans les avoir soumis à l'examen du ministère public, qui en fera prendre note sur un registre tenu au parquet.

« Les procureurs du Roï viseront en outre les expéditions.

« ART. 47. Ne seront point insérés dans la rédaction des arrêts et jugements les plaidoyers prononcés soit par le ministère public, soit par les défenseurs des prévenus ou accusés, mais seulement leurs conclusions.

« ART. 48. Toutes les fois qu'une procédure en matière criminelle, de police correctionnelle ou de simple police, devra être transmise à quelque cour ou tribunal que ce soit, ou au ministère de la justice, la procédure et les pièces seront envoyées en minutes sans en excepter aucune, à moins que le ministre de la marine ou, à défaut, le gouverneur ne désigne des pièces pour n'être expédiées que par copie ou par extrait.

« ART. 49. Dans tous les cas où il y aura renvoi de pièces d'une procédure, le greffier sera tenu d'y joindre un inventaire qu'il dressera sans frais, ainsi qu'il est prescrit par l'article 423 du Code d'instruction criminelle.

« ART. 50. Ne seront expédiés dans la forme exécutoire que les arrêts, jugements ou ordonnances de justice que les parties et le ministère public demanderont dans cette forme.

« ART. 51. Il n'est rien alloué aux greffiers pour les écritures qu'ils sont tenus de faire sous la dictée et l'inspection des magistrats, ni pour la minute d'aucun acte quelconque, non plus aussi que pour les simples renseignements qui leur sont demandés par le ministère public pour être transmis aux ministères.

« ART. 52. Il est très-expressément défendu, sous les peines prévues par la loi, aux greffiers et à leurs commis d'exiger d'autres ou plus forts droits que ceux qui leur sont attribués par le présent tarif, soit à titre de prompte expédition, soit comme gratification, ni pour quelque cause et sous quelque prétexte que ce soit.

CHAPITRE VIII.

DES SALAIRES DES HUISSIERS ET DES FRAIS DE CAPTURE ALLOUÉS AUX AGENTS DE LA FORCE PUBLIQUE.

« ART. 53. Tous les huissiers pourront être appelés, indistinctement et à tour de rôle, à faire le service civil et le service criminel et correctionnel auprès des tribunaux auxquels ils sont attachés.

« Art. 54. Lorsqu'il n'aura pas été délivré au ministère public des expéditions des actes ou jugements à signifier, les significations seront faites par les huissiers sur les minutes qui leur seront confiées par les greffiers sur leur récépissé, à la charge par eux de les rétablir au greffe dans les vingt-quatre heures qui suivront la signification, sous peine d'y être contraints par corps en cas de retard.

« Lorsqu'un acte ou jugement aura été remis en expédition au ministère public, la signification sera faite sur cette expédition, sans qu'il en soit délivré une seconde pour cet objet.

« Les copies de tous les actes, arrêts, jugements et pièces à signifier seront toujours faites par les huissiers ou leurs scribes.

« Art. 55. Les salaires des huissiers, pour tous les actes de leur ministère résultant du Code d'instruction criminelle et du Code pénal, sont réglés et fixés ainsi qu'il suit et néanmoins sans que, dans aucun cas, les huissiers puissent en réclamer ou répéter le coût contre la caisse coloniale :

« 1° Pour toutes les citations, significations, notifications, communications et mandats de comparution, dans les cas prévus par les articles 34, 72, 81, 91, 97, 109, 114, 116, 117, 128, 145, 146, 149, 151, 157, 158, 160, 172, 174, 182, 185, 186, 187, 188, 190, 199, 203, 205, 212, 213, 214, 229, 230, 231, 242, 266, 269, 281, 292, 303, 321, 354, 355, 356, 358, 415, 452, 454, 456, 466, 479, 487, 492, 500, 507, 517, 519, 528, 531, 532, 538, 546, 547, 548 et 567 du Code d'instruction criminelle, et 86 et 115 de l'ordonnance royale du 7 février 1842,

« Pour l'original seulement, lequel, pour tous les actes ci-dessous indiqués, sera uniquement libellé en langue française. . . . . o^f 30^c

« Et pour la copie de chacune desdites significations, laquelle, pour les Européens et descendants d'Européens, ne pourra plus être notifiée qu'en français, et seulement en tamoul aux natifs. . . . . o 30

« Sont toutefois exceptés de la présente disposition :

« 1° Les actes d'accusation,

« Et 2° les citations en police correctionnelle, lesquelles devront être signifiées aux accusés ou prévenus indigènes en français et en tamoul.

« Les copies, soit en langue française, soit en langue tamoule, de l'exploit portant signification de l'acte d'accusation et de la citation correctionnelle, seront également payées aux huissiers 30 centimes, sauf ce qui sera dit ci-après concernant la copie des pièces dont la notification pourrait être ordonnée;

« 2° Pour l'exécution des mandats de dépôt, aux cas prévus par les articles 34, 40, 61, 86, 100, 193, 214, 237, 248 et 490 du Code d'instruction criminelle, y compris l'exploit de signification et la copie. 0f 75

« 3° Pour la capture de chaque prévenu, accusé ou condamné en exécution d'un mandat d'arrêt, ordonnance de prise de corps, arrêt ou jugement quelconque emportant saisie de la personne, y compris l'exploit de signification, la copie et le procès-verbal de perquisition, lors même qu'il s'agirait de l'exécution d'un seul mandat d'arrêt, ordonnance de prise de corps, arrêt ou jugement qui concernerait plusieurs individus, par les articles 80, 94, 109, 110, 134, 157, 193, 214, 231, 232, 237, 239, 343, 355, 361, 452, 454, 456, 500 et 522 du Code d'instruction criminelle, et par les articles 46 et 52 du Code pénal, savoir. 3 50

« 4° Pour l'extraction de chaque prisonnier, sa conduite devant le juge et sa réintégration dans la prison. 0 30

« 5° Pour le procès-verbal de perquisition dont il est fait mention dans l'article 109 du Code d'instruction criminelle et qui n'est pas suivi de capture, y compris l'exploit de signification et la copie du mandat d'arrêt, de l'ordonnance de prise de corps ou de l'arrêt ou jugement qui auront donné lieu à la perquisition. 2 00

« 6° Pour la publication au son de trompe ou de caisse et les affiches de l'ordonnance qui, aux termes des articles 465 et 466 du Code d'instruction criminelle, doit être rendue et publiée contre les accusés contumax, y compris le procès-verbal de la publication et les frais de trompe ou de caisse qui seront à la charge de l'huissier. 3 50

« 7° Pour la lecture de l'arrêt de condamnation à mort dont il est fait mention dans l'article 13 du Code pénal. 5 00

« 8° Pour salaire particulier des scribes employés pour les copies de tous les actes dont il est fait mention ci-dessus et de toutes les autres pièces dont il doit être donné copie, et ce pour chaque rôle d'écriture de trente lignes à la page et de dix-huit à vingt syllabes à la ligne, non compris le premier rôle...................... 0^f 30^c

« 9° Pour assistance à l'inscription de l'écrou, lorsque le prévenu se trouve déjà incarcéré, et pour la radiation de l'écrou dans tous les cas. o 30

« ART. 56. Il ne sera alloué aucune taxe aux agents de la force publique pour raison des citations, notifications et significations dont ils seront chargés par les officiers de police judiciaire et par le ministère public.

« ART. 57. Si un mandat d'amener et un mandat de dépôt ont été décernés dans les mêmes vingt-quatre heures contre le même individu et par le même magistrat, il n'y aura pas lieu de cumuler et d'allouer aux huissiers la taxe ci-dessus établie pour l'exécution des deux mandats; mais, audit cas, il leur sera alloué pour toute taxe........................... 2^f 00^c

« ART. 58. Lorsque des individus contre lesquels il aura été décerné des mandats d'arrêt et ordonnances de prise de corps, ou rendu des arrêts ou jugements emportant saisie de la personne, se trouveront déjà arrêtés d'une manière quelconque, l'exécution des actes ci-dessus à leur égard ne sera payée aux huissiers qu'aux taux réglés par le n° 1 de l'article 55 pour les citations, significations et notifications.

« Il en sera de même pour l'exécution des mandats d'amener, lorsque l'individu se trouvera arrêté, lorsqu'il se sera présenté volontairement, ou qu'il n'aura pu être saisi.

« ART. 59. Les huissiers ne dresseront un procès-verbal de perquisition qu'en vertu d'un mandat d'arrêt, ordonnance de prise de corps, arrêt ou jugement de condamnation à peine afflictive ou infamante ou à l'emprisonnement.

« ART. 60. Il ne sera payé, dans une même affaire, qu'un seul procès-verbal pour chaque individu, quel que soit le nombre des perquisitions qui auront été faites dans la même commune.

« ART. 61. Lorsque les publications et affiches prescrites par l'article 466 du Code d'instruction criminelle se feront dans deux districts différents, chacun des deux huissiers qui en seront chargés ne recevra que la moitié de la taxe fixée par l'article 55, n° 6.

« ART. 62. Les frais de voyage et de séjour des huissiers seront alloués ainsi qu'il sera dit dans le chapitre IX ci-après.

« ART. 63. Le procureur général, chef de l'administration de la justice, fera dresser et parvenir aux procureurs du Roi et aux officiers chargés des fonctions du ministère public des modèles des mémoires que les huissiers auront à fournir pour la répétition de leurs salaires, et les huissiers seront tenus de s'y conformer exactement, sous peine de rejet de leurs mémoires.

« ART. 64. Pour faciliter la vérification de la taxe des mémoires des huissiers, il sera tenu au parquet des cour et tribunaux un registre des actes de ces officiers ministériels. On y désignera sommairement chaque affaire, et en marge ou à la suite de cette désignation, on relatera, par ordre de dates, l'objet et la nature des diligences à mesure qu'elles seront faites, ainsi que le montant du salaire qui y est affecté.

« Les procureurs du Roi et les officiers qui en remplissent les fonctions examineront en même temps leurs écritures, afin de s'assurer qu'elles comprennent le nombre de lignes à la page et de syllabes à la ligne prescrit par l'article 55, n° 8, et ils réduiront au taux convenable le prix des écritures qui ne seraient pas dans la proportion établie par ledit article.

CHAPITRE IX.

TRANSPORT DES MAGISTRATS ET JUGES NOTABLES.

« ART. 65. Dans les cas prévus par les articles 32, 36, 43, 46, 47, 49, 50, 51, 52, 59, 60, 62, 83, 84, 87, 88, 90, 464, 488, 497, 511 et 616 du Code d'instruction criminelle, les juges, les officiers du ministère public, les greffiers et autres agents recevront les indemnités fixées conformément au règlement du 30 octobre 1827, concernant les frais de conduite et vacations [1].

---

[1] *Arrêté du 17 août 1865, relatif aux frais de route et de séjour à allouer aux magistrats déplacés pour des transports judiciaires.*

Nous, Commissaire général de la marine, Gouverneur des établissements français dans l'Inde;

Vu le décret impérial en date du 18 juin 1811, contenant règlement pour l'administration de la justice en matière criminelle, de police correctionnelle et de simple police;

Vu le décret présidentiel du 1er octobre 1851, portant règlement sur les indemnités de route et de séjour;

CHAPITRE X.

DES FRAIS D'EXÉCUTION DES ARRÊTS.

« Art. 66. Il sera accordé aux exécuteurs de la haute justice les salaires ci-après fixés, savoir :

« 1° Pour chaque exécution à la peine de mort............... 30^f

« 2° Pour chaque exposition............................ 10

« Dans le cas où plusieurs individus figureraient dans la même exposition, le salaire sera fixé, pour quelque nombre que ce soit, à 15 francs.

CHAPITRE XI.

DES POURSUITES D'OFFICE.

« Art. 67. Les frais des actes et procédures faits sur la poursuite d'office du ministère public dans les cas d'interdiction, et, en outre, dans les cas prévus par le Code civil, et notamment par les articles 50, 53, 81, 184, 191 et 192, relativement aux actes de l'état civil, seront payés, taxés et recouvrés conformément au présent tarif.

Vu l'arrêté du 27 mai 1847, portant adoption des règlement et tarif des frais en matière criminelle, correctionnelle et de police;

Vu l'arrêté du 27 septembre 1861, réglant à nouveau les frais de route et de vacations;

Considérant qu'il est généralement admis de traiter sur un pied d'égalité les magistrats qui effectuent des transports judiciaires;

Vu l'article 48 de l'ordonnance organique de 1840;

Sur le rapport de l'ordonnateur;

Le conseil d'administration entendu,

Avons arrêté et arrêtons ce qui suit :

« Art. 1er. Les magistrats de tous rangs recevront des frais de route et de séjour égaux quand ils se déplaceront dans les cas prévus à l'article 88 du décret du 18 juin 1811.

« Ces indemnités seront réglées d'après celles allouées par le tarif du 27 septembre 1861 ^(*) au magistrat de l'ordre le plus élevé, le procureur général excepté, qui est considéré comme chef d'administration.

« Art. 2. L'ordonnateur et les chefs de service des dépendances sont chargés, chacun en ce qui le concerne, de l'exécution du présent arrêté, qui sera enregistré partout où besoin, sera inséré au Moniteur et au Bulletin officiel de la colonie et déposé au contrôle colonial. »

Remplacé par l'arrêté du 29 octobre 1866.

« Art. 68. Il en sera de même lorsque le ministère public poursuivra d'office les rectifications des actes de l'état civil en conformité de l'avis du Conseil d'État du 12 brumaire an xi (3 novembre 1802), comme aussi au sujet des poursuites faites en conformité des lois sur le notariat, et généralement dans tous les cas où le ministère public agit dans l'intérêt de la loi et pour assurer son exécution.

CHAPITRE XII.

DES INSCRIPTIONS HYPOTHÉCAIRES REQUISES PAR LE MINISTÈRE PUBLIC.

« Art. 69. Les frais d'inscription hypothécaire, lorsqu'elle sera requise par le ministère public en conformité de l'article 121 du Code d'instruction criminelle, continueront à être portés en débet.

« Art. 70. Il en sera de même dans tous les cas où le ministère public est tenu, conformément à la loi, de prendre des inscriptions d'office dans l'intérêt des femmes, des mineurs, du Trésor colonial, etc.

CHAPITRE XIII.

DU RECOUVREMENT DES AMENDES ET CAUTIONNEMENTS.

« Art. 71. Les frais de recouvrement des amendes prononcées dans les cas prévus par le Code d'instruction criminelle et par le Code pénal seront taxés conformément au tarif en vigueur pour la procédure civile.

« Art. 72. Il en sera de même pour le recouvrement des cautionnements fournis à l'effet d'obtenir la liberté provisoire des prévenus, et dans les cas prévus par les articles 122 et 123 du Code d'instruction criminelle.

« Art. 73. La même disposition est applicable, quant à la taxe, aux poursuites faites par les cautions, à l'effet d'obtenir les restitutions, dans les cas de droit, des sommes déposées dans la caisse du domaine, aux termes de l'article 117 du Code d'instruction criminelle.

CHAPITRE XIV.

DU MODE DE PAYEMENT.

« Art. 74. Le mode de payement des frais diffère suivant leur nature et leur urgence; il est réglé ainsi qu'il suit.

« Art. 75. Les frais urgents sont acquittés à Pondichéry par le receveur du domaine, sur la taxe du juge et l'ordonnance du chef du service administratif;

« Et, dans les établissements secondaires, par l'agent chargé de la perception des revenus du domaine, sur la taxe du juge et l'ordonnance du chef de service.

« La taxe du juge et l'ordonnance de payement seront toujours mises au bas des réquisitions, copies de convocations ou de citations, états ou mémoires des parties [1].

« Art. 76. Sont réputés frais urgents :

« 1° Les indemnités des témoins ;

« 2° Toutes dépenses relatives à des fournitures ou opérations pour lesquelles les parties prenantes ne sont pas habituellement employées;

« 3° Les frais d'extradition des prévenus, accusés ou condamnés.

« Art. 77. Lorsqu'un témoin se trouvera hors d'état de fournir aux frais de son déplacement, il lui sera délivré par le président de la cour ou du tribunal du lieu de sa résidence, et, à son défaut, par le juge de paix, un mandat provisoire, à-compte de ce qui pourra lui revenir pour son indemnité.

« Le receveur ou agent chargé de la perception des revenus du domaine qui acquittera ce mandat fera mention de l'à-compte en marge ou au bas de la copie de la citation.

---

[1] *Décision concernant la régularisation des frais argents en matière de justice.*

Par suite d'une décision rendue par M. le gouverneur en conseil, dans la séance du 17 février 1865, l'arrêté du 27 mai 1847 a été modifié dans le sens des dispositions suivantes :

« A partir de l'exercice 1865, les frais urgents seront acquittés par le receveur du domaine, à Pondichéry, sur la taxe du juge, sans autre formalité. En fin de trimestre, le receveur du domaine dressera l'état récapitulatif desdits payements et le soumettra au visa du procureur général et à la vérification du contrôle, avec les pièces à l'appui. Ces formalités accomplies, il provoquera l'émission d'un mandat de l'ordonnateur, au moyen duquel il sera couvert de ses avances.

« Pour les établissements secondaires, les états trimestriels, envoyés au chef-lieu avec les pièces de la comptabilité, seront transmis par l'ordonnateur au procureur général, puis au contrôle, pour recevoir les visa préalables à la régularisation de la dépense.

« Le visa du procureur général est obligatoire sur tous états récapitulatifs de frais de justice urgents ou non urgents. »

« Art. 78. Dans le cas où l'instruction d'une procédure criminelle exigerait des dépenses extraordinaires et non prévues par le présent arrêté, elles
ne pourront être faites qu'avec l'autorisation du procureur général, et à la
charge d'en rendre immédiatement compte au Gouverneur.

« Art. 79. Les dépenses non réputées urgentes seront payées sur les
états ou mémoires des parties prenantes, revêtus de la taxe et de l'exécutoire et du visa, selon le lieu, du chef du service administratif ou des chefs
de service.

« Art. 80. Les états ou mémoires seront taxés article par article et l'exécutoire sera délivré à la suite.

« Art. 81. Les formalités de la taxe, de l'exécutoire seront remplies sans
frais par les présidents, les juges d'instruction et les juges de paix, chacun
en ce qui le concerne.

« L'exécutoire sera décerné sur les réquisitions de l'officier du ministère
public, lequel signera la minute de l'ordonnance.

« Art. 82. Les juges qui auront décerné les mandats ou exécutoires et
les officiers du ministère public qui y auront apposé leur signature seront
responsables de tout abus ou exagération dans les taxes, solidairement avec
les parties prenantes et sauf leur recours contre elles.

« Art. 83. Les présidents et les juges d'instruction ne pourront refuser
de taxer et de rendre exécutoires, s'il y a lieu, des états ou mémoires de
frais de justice criminelle, par la seule raison que ces frais n'auraient pas été
faits par leur ordre direct, pourvu toutefois qu'ils aient été faits en vertu
des ordres d'une autorité compétente, dans le ressort de la cour ou du
tribunal que ces juges président ou dont ils sont membres.

« Art. 84. Les états ou mémoires seront dressés de manière que les officiers de justice et les chefs d'administration puissent y apposer leurs taxes,
exécutoires, règlement et ordonnance; autrement ils seront rejetés, ainsi
que les mémoires de greffiers ou d'huissiers qui ne seraient point conformes
aux modèles qui seront annexés à la suite du présent arrêté.

« Art. 85. Il sera fait de chaque état ou mémoire deux expéditions;
chacune de ces expéditions sera revêtue de la taxe et de l'exécutoire du
juge, du visa de l'officier du ministère public et de l'ordonnance du chef du

service administratif, à Pondichéry, ou du chef de service, dans les établissements secondaires.

« En cas de difficulté sur le règlement des taxes et sur le payement au Trésor colonial, les pièces seront adressées au procureur général, qui provoquera par un rapport une décision du gouverneur en conseil.

« ART. 86. Les états ou mémoires qui comprendraient des dépenses autres que celles qui, d'après le présent tarif, doivent être considérées comme frais de justice, seront rejetés, sauf aux parties réclamantes à diviser leurs mémoires par nature des dépenses, pour le montant en être acquitté par qui de droit.

« ART. 87. Les mémoires qui n'auront pas été présentés à la taxe du juge dans le délai d'une année à partir de l'époque à laquelle les frais auront été faits, ou dont le payement n'aura pas été réclamé dans les six mois de leur date, ne pourront être acquittés qu'autant qu'il sera justifié que les retards ne sont point imputables à la partie dénommée dans l'exécutoire. Cette justification ne pourra être admise que par le gouverneur en conseil, sur le rapport du procureur général.

« ART. 88. Les greffiers, les huissiers ou porteurs de contrainte ne pourront réclamer directement des parties condamnées le payement des droits qui leur sont attribués. Ces droits leur seront payés, après recouvrement, à la diligence du percepteur des amendes.

CHAPITRE XV.

DE LA LIQUIDATION ET DU RECOUVREMENT DES FRAIS.

« ART. 89. En matière de police simple ou correctionnelle, la partie civile qui n'aura pas justifié de son indigence sera tenue, avant toutes poursuites, de déposer entre les mains du percepteur des amendes la somme présumée nécessaire pour les frais de la procédure.

. « Il ne sera exigé aucune rétribution pour la garde de ce dépôt.

« ART. 90. Dans les exécutoires décernés soit sur la caisse du domaine, soit sur le Trésor, pour des frais qui ne sont pas à la charge de la colonie, il sera fait mention qu'il n'y a point de partie civile en cause ou que la partie civile a justifié de son indigence.

« Art. 91. Sont seules déclarées à la charge de la colonie, et sans recours, toutes les dépenses relatives à l'exécution des arrêts criminels, le recours contre tout condamné étant de droit pour toutes les autres dépenses, quelles qu'en soient la nature et la désignation.

« Art. 92. Il sera dressé, pour chaque affaire criminelle, correctionnelle ou de simple police, un état de liquidation des frais à la charge des condamnés, et lorsque cette liquidation n'aura pu être insérée, soit dans l'ordonnance de mise en liberté, soit dans l'arrêt ou le jugement de condamnation, d'absolution ou d'acquittement, le juge compétent décernera exécutoire contre qui de droit au bas dudit état de liquidation.

« Continueront d'ailleurs d'être exécutées les dispositions de l'arrêté du 28 juillet 1842, sur le recouvrement des amendes et autres condamnations pécuniaires au profit du Trésor.

« Art. 93. Toutes les fois que le procureur général s'apercevra que des sommes ont été indûment allouées à titre de frais de justice criminelle, il en fera dresser des rôles de restitution, lesquels seront déclarés, par le gouverneur en conseil d'administration, exécutoires contre qui de droit, lors même que ces sommes se trouveraient comprises dans des états déjà ordonnés et payés, pourvu néanmoins qu'il ne se soit pas écoulé plus de deux ans depuis la date de ces ordonnances. »

ARRÊTÉ

Du 8 mai 1857, relatif aux consignations de frais en matière de police simple et de police correctionnelle.

ÉTABLISSEMENTS FRANÇAIS DANS L'INDE.

Nous, Commissaire général de la marine, Gouverneur des établissements français dans l'Inde ;

Vu l'article 89 du règlement du 27 mai 1847, reproduisant l'article 9 de l'arrêté du 4 novembre 1833 et prescrivant le dépôt au bureau des amendes

des sommes dont la consignation est ordonnée, avant poursuites, pour garantie des frais en matière de police simple ou correctionnelle ;

. Vu l'article 160 du décret du 18 juin 1811, autorisant la consignation de ces frais, soit entre les mains des receveurs de l'enregistrement, soit aux greffes des divers tribunaux ;

Vu la circulaire de S. Exc. le garde des sceaux du 3 mai 1825, prescrivant, par suite des inconvénients présentés par les dépôts entre les mains des receveurs de l'enregistrement, la consignation des sommes dont il s'agit entre les mains des greffiers, exclusivement ;

Vu l'ordonnance royale du 28 juin 1832, réglant la comptabilité, l'application et le remboursement de ces dépôts ;

Vu l'avis émis par le chef du service des contributions ;

Sur le rapport et la proposition de l'ordonnateur, faisant fonctions de directeur de l'intérieur, et du procureur général impérial ;

Le conseil d'administration entendu ,

Avons arrêté et arrêtons ce qui suit :

« Art. 1er. Les sommes dont la consignation est ordonnée par le ministère public, pour répondre des frais à faire en matière de police simple ou correctionnelle, seront désormais consignées entre les mains des greffiers, qui demeurent chargés d'acquitter, au fur à mesure et jusqu'à due concurrence, le coût des actes faits à la requête des parties soumises à la consignation.

« Art. 2. Il sera tenu sous la surveillance des procureurs impériaux près les tribunaux et des juges de paix, par les greffiers, un registre dans lequel sera ouvert, pour chaque affaire, un compte particulier aux parties civiles qui auront consigné le montant présumé des frais de la procédure.

« Art. 3. Sur ce registre, qui sera coté et parafé par les procureurs impériaux et par les juges de paix, les greffiers porteront exactement les sommes reçues et payées.

« Art. 4. Dans tous les cas, les sommes non employées et qui seront restées entre les mains du greffier seront remises par lui sur simple récépissé à la partie civile, lorsque l'affaire sera terminée par une décision qui, à l'égard de cette partie civile, aura force de chose jugée.

« Art. 5. Quant aux sommes qui auront servi à solder les frais dans les affaires criminelles, la partie civile qui n'aura pas succombé fournira, pour en obtenir le remboursement, un mémoire en double expédition, revêtu des formalités prescrites par les articles 79, 80, 81 et 85 du règlement du 27 mai 1847.

« Ce mémoire sera payé comme les autres frais de justice criminelle.

« Art. 6. A l'expiration de chaque année, les greffiers adresseront, par l'intermédiaire des procureurs impériaux, au procureur général impérial, un compte sommaire tant des sommes consignées entre leurs mains que de celles qu'ils auront employées ou qui auront été restituées aux parties civiles.

« Art. 7. Le commissaire de la marine, ordonnateur, faisant fonctions de directeur de l'intérieur, et le procureur général impérial sont chargés, chacun en ce qui le concerne, de l'exécution du présent arrêté, qui sera enregistré partout où besoin sera. »

ORDONNANCE DU ROI

Du 6 juillet 1834, concernant les condamnés qui subissent leur peine dans les colonies.

LOUIS-PHILIPPE, etc.

Vu l'ordonnance royale du 6 février 1818, contenant des dispositions d'indulgence et de clémence en faveur des condamnés qui se font remarquer par leur bonne conduite pendant l'expiation de leur peine;

Voulant étendre aux colonies le bienfait de ces dispositions en les mettant en harmonie avec le régime constitutif et avec les éléments judiciaires et administratifs de ces établissements;

Sur le rapport de notre ministre de la marine et des colonies;

Le conseil des délégués des colonies entendu,

Nous avons ordonné et ordonnons ce qui suit:

« Art. 1er. Dans chacune des colonies de la Martinique, de la Guadeloupe, de la Guyane française et de Bourbon, et dans les établissements français de l'Inde, le chef de l'administration intérieure, ainsi que le procureur général et les procureurs du Roi, se feront remettre tous les trois mois, par les directeurs, concierges et surveillants des bagnes, des maisons de reclusion, détention et prisons quelconques, des comptes détaillés de la conduite des individus libres et esclaves détenus en vertu d'arrêts et jugements en matière criminelle et correctionnelle.

« Art. 2. Dans la première quinzaine du mois de novembre de chaque année, le chef de l'administration intérieure enverra à notre procureur général la liste de ceux des condamnés libres et esclaves qui se seront fait particulièrement remarquer par leur bonne conduite et leur assiduité au travail et qui seront jugés susceptibles de participer aux effets de notre clémence [1].

« Cette liste sera ensuite transmise au gouverneur de la colonie par notre procureur général avec ses observations et propositions.

« Art. 3. Après avoir été examinées en conseil privé, les listes seront adressées par les gouverneurs à notre ministre secrétaire d'État de la marine et des colonies, qui prendra nos ordres sur les propositions qui y seront contenues.

« Art. 4. Les condamnés continueront à subir leur peine jusqu'à ce que les lettres de grâce ou de commutation qui les concernent aient été notifiées dans la colonie et aient pu avoir leur effet [2].

« Art. 5. Il n'est pas dérogé par la présente ordonnance au mode que les ordonnances royales sur le gouvernement des colonies ont déterminé pour le sursis à fin de recours à notre clémence en matière criminelle.

« Art. 6. Notre ministre secrétaire d'État de la marine et des colonies est chargé de l'exécution de la présente ordonnance. »

[1] Le travail collectif doit parvenir au ministre dans la première quinzaine de juillet.

Le rapport du procureur général au conseil d'administration doit résumer les principaux éléments de l'affaire. (Dépêche du 12 juin 1852. *Bulletin* 1852, page 247.)

[2] Les condamnés ne doivent être l'objet d'une proposition de grâce qu'après avoir subi la moitié de leur peine.

Les condamnés aux travaux forcés à perpétuité peuvent, après une épreuve de dix ans seulement et non de vingt ans, être compris dans des propositions de grâce, conformément à une circulaire du garde des sceaux du 9 août 1828. (Dépêche du 13 juin 1851. *Bulletin* 1851, page 138.)

ARRÊTÉ

Du 16 septembre 1833, qui détermine le mode d'entérinement des lettres de grâce ou de commutation de peines, lorsque les graciés seront restés dans la prison du lieu où la condamnation aura été portée.

AU NOM DU ROI DES FRANÇAIS.

Nous, Gouverneur des établissements français de l'Inde;

Considérant que les graciés n'ayant point appelé des jugements portés contre eux sont dans les prisons de Karikal et de Yanaon, où ils subissent la reclusion, et qu'il ne saurait être procédé à la lecture et à l'entérinement des lettres de grâce, devant la cour royale de Pondichéry, en la présence des impétrants, comme de droit, sans un déplacement onéreux pour le Trésor et qui, dans les cas semblables, serait parfois impossible et toujours difficile et dangereux à raison de la distance qui sépare les chefs-lieux des divers établissements de l'Inde, de Pondichéry où siége la cour royale;

Qu'il y a lieu aussi de pourvoir à l'exécution des lettres de grâce pour le cas où le gracié n'est pas à Pondichéry;

Sur le rapport et la proposition de l'avocat général, chef du ministère public;

De l'avis du conseil privé;

Provisoirement et sauf l'approbation de Sa Majesté,

Avons arrêté et arrêtons ce qui suit :

« Art. 1er. Les lettres de grâce ou de commutation de peines accordées par Sa Majesté, qui doivent être lues et entérinées devant la cour royale de Pondichéry sur la présentation qui en est faite par le procureur général, en présence des impétrants debout à la barre de la cour et la tête nue, seront lues et entérinées en l'absence de ces derniers, toutes les fois que les graciés seront restés dans la prison du lieu où la condamnation aura été portée.

« Art. 2. L'expédition de l'arrêt d'entérinement et copie authentique des lettres de grâce seront délivrées, dans le dernier cas spécifié, par le greffier de la cour au procureur général, qui les transmettra à son substitut près le tribunal qui aura rendu le jugement, à l'effet de produire l'arrêt et faire la présentation des lettres de grâce en audience publique, de requérir la transcription du tout sur les registres du tribunal, et ce, après lecture préalable de l'ordonnance du Roi portant lettres de grâce ou commutation de peines, en présence des impétrants debout à la barre du tribunal et la tête nue, ce qui sera constaté par jugement.

« Art. 3. L'avocat général chef du ministère public, faisant fonctions de procureur général, est chargé de l'exécution du présent arrêté, qui sera enregistré partout où besoin sera. »

VII.

DROIT PÉNAL.

Le Code pénal a été promulgué dans la colonie par l'arrêté que nous avons reproduit, du 6 février 1819; les diverses modifications qui ont été apportées à ce code par les lois des 25 janvier 1824 et 28 avril 1832 ont été aussi promulguées. Il n'est pas nécessaire de reproduire en entier cette dernière loi, qui se trouve dans les éditions nouvelles des codes. Il suffira de rapporter les articles qui ont subi des modifications adaptées aux besoins de la colonie.

D'autres modifications ont été introduites dans le droit pénal par des arrêtés qui seront rapportés à la suite de l'ordonnance de 1836.

ARRÊTÉ

Du 1er septembre 1836, portant promulgation de l'ordonnance royale du 29 mars 1836, qui déclare applicable aux établissements français de l'Inde la loi du 28 avril 1832, modificative du Code d'instruction criminelle et du Code pénal.

Nous, Pair de France, etc.;

Vu l'ordonnance royale du 29 mars 1836, portant application aux établissements français de l'Inde de la loi du 28 avril 1832, modificative du Code d'instruction criminelle et du Code pénal, ensemble le rapport au Roi à la date du 29 mars et à nous transmis avec l'ordonnance par dépêche ministérielle du 12 avril 1636, n° 44;

Vu également la loi du 28 avril 1832;

Sur le rapport et la proposition du procureur général du Roi,

Avons ARRÊTÉ et ARRÊTONS ce qui suit :

« ART. 1er. L'ordonnance royale du 29 mars 1836 déclarant applicable aux établissements français de l'Inde la loi du 28 avril 1832, modificative du Code d'instruction criminelle et du Code pénal, ensemble la loi du 28 avril 1832, sauf les dispositions et les suppressions exprimées en l'ordonnance, sont promulguées dans les établissements français de l'Inde.

« ART. 2. L'arrêté local du 15 novembre 1833 est rapporté, ainsi que toutes dispositions contraires à l'ordonnance royale dans l'arrêté du 4 novembre même année.

« ART. 3. L'ordonnateur, le procureur général et les chefs de service sont chargés, chacun en ce qui le concerne, de l'exécution du présent arrêté, qui sera enregistré partout où besoin sera. »

ORDONNANCE DU 29 MARS 1836.

. . . .

« ART. 17. La peine de la déportation consistera à être transporté et à demeurer à perpétuité dans un lieu déterminé par le Gouvernement, hors du territoire continental de la France et du territoire de la colonie.

« Si le déporté rentre sur le territoire qui lui est interdit, il sera, sur la seule preuve de son identité, condamné aux travaux forcés à perpétuité.

« Le déporté qui ne sera pas rentré sur le territoire qui lui est interdit, mais qui sera saisi dans des pays occupés par les armées françaises, sera conduit dans le lieu de sa déportation.

« Tant qu'il n'aura pas été établi un lieu de déportation ou lorsque les communications seront interrompues entre le lieu de déportation et le territoire interdit au condamné, celui-ci subira à perpétuité la peine de la détention.

. . . .

« ART. 20. Quiconque aura été condamné à la détention sera renfermé dans l'une des forteresses situées sur le territoire continental du royaume qui auront été déterminées par une ordonnance du Roi, rendue dans la forme des règlements d'administration publique.

« Il communiquera avec les personnes placées dans l'intérieur du lieu de détention, ou avec celles du dehors, conformément aux règlements de police établis par ordonnance du Roi.

« La détention ne peut être prononcée pour moins de cinq ans ni pour plus de vingt ans, sauf le cas prévu par l'article 33 du Code, tel qu'il est modifié ci-après.

« Toutefois, les gouverneurs pourront ordonner que le condamné à la détention restera enfermé dans une des prisons de la colonie où il aura été jugé.

. . . .

« ART. 29. Quiconque aura été condamné à la peine des travaux forcés à temps, de la détention ou de la reclusion, sera de plus, pendant la durée de sa peine, en état d'interdiction légale ; la gestion de ses biens sera dévolue, à défaut de parents et d'amis, au curateur d'office aux successions vacantes, qui sera tenu d'en rendre compte conformément à la législation en vigueur sur cette matière.

. . . .

« ART. 33. Si le banni, avant l'expiration de sa peine, rentre sur le territoire qui lui est interdit, il sera, sur la seule preuve de son identité, condamné à la détention pour un temps au moins égal à celui qui restait à courir jusqu'à l'expiration du bannissement et qui ne pourra excéder le double de ce temps.

. . . .

« ART. 132. Quiconque aura contrefait ou altéré les monnaies d'or ou d'argent ayant cours légal en France ou dans les colonies françaises, ou participé à l'émission ou exposition desdites monnaies contrefaites ou altérées, ou à leur introduction sur le territoire français, sera puni des travaux forcés à perpétuité.

« ART. 133. Celui qui aura contrefait ou altéré des monnaies de billon ou de cuivre ayant cours légal en France ou dans lesdites colonies, ou participé à l'émission ou exposition desdites monnaies contrefaites ou altérées, ou à leur introduction sur le territoire français, sera puni des travaux forcés à temps.

. . . .

« ART. 139. Ceux qui auront contrefait le sceau de l'État ou des colonies françaises, ou fait usage de l'un de ces sceaux contrefaits,

« Ceux qui auront contrefait ou falsifié, soit des effets émis par le Trésor public ou colonial, avec leur timbre, soit des bons de la caisse d'escompte et de prêts, soit des billets de banques coloniales également autorisées, ou qui auront fait usage de ces effets, bons et billets contrefaits ou falsifiés, ou qui les auront introduits dans l'enceinte du territoire français, seront punis des travaux forcés à perpétuité. »

DÉCRET

Du 28 août 1853, relatif à l'envoi dans les établissements pénitentiaires de la Guyane des individus d'origine africaine ou asiatique condamnés aux peines des travaux forcés ou de la réclusion. (Promulgué dans l'Inde le 5 novembre 1853.)

NAPOLÉON, etc.

Vu les articles 15, 16 et 21 des ordonnances des 30 décembre 1827, 29 octobre 1828 et 15 février 1829, portant application du Code pénal aux colonies de la Martinique, de la Guadeloupe, de la Guyane française et de la Réunion, lesdits articles déterminant pour ces colonies le mode d'exécution de la peine des travaux forcés et de celle de la réclusion ;

Vu le décret du 27 mars 1852, portant création d'un établissement pénal à la Guyane française ;

Notre Conseil d'État entendu ;

Sur le rapport de notre ministre secrétaire d'État de la marine et des colonies,

AVONS DÉCRÉTÉ et DÉCRÉTONS ce qui suit :

« ART. 1er. Peuvent être envoyés dans les établissements pénitentiaires de la Guyane française :

« 1° Les individus des deux sexes d'origine africaine ou asiatique condamnés aux travaux forcés par les tribunaux de la Guyane, de la Martinique, de la Guadeloupe et de la Réunion ;

« 2° Les individus des deux sexes de même origine condamnés à la réclusion dans ces colonies.

« Art. 2. Les condamnés aux travaux forcés qui sont envoyés à la Guyane, conformément à l'article qui précède, sont soumis aux dispositions du décret du 27 mars 1852.

« Néanmoins, les articles 6 et 11 de cet acte ne sont pas applicables aux individus condamnés pour crimes commis antérieurement à la promulgation du présent décret.

« Art. 3. Le régime applicable dans les établissements pénitentiaires de la Guyane aux individus condamnés à la reclusion est ainsi réglé :

« Les condamnés à la reclusion seront complétement séparés des condamnés aux travaux forcés.

« Ils pourront être employés, hors des prisons, à des travaux d'utilité publique; ces travaux seront distincts de ceux auxquels sont assujettis les condamnés aux travaux forcés.

« La nature et la durée journalière de ces travaux seront l'objet d'un règlement local, qui devra être confirmé par décret.

« Art. 4. Tout condamné à la reclusion qui se sera rendu coupable d'évasion sera puni de deux ans à cinq ans de prolongation de la même peine.

« Art. 5. Sont applicables aux condamnés à la reclusion les articles 4, 5, 7 et 9 du décret du 27 mars 1852.

« Art. 6. Notre ministre secrétaire d'État au département de la marine et des colonies est chargé de l'exécution du présent décret. »

DÉCRET

Du 10 mars 1855, qui déclare exécutoires dans les établissements français de l'Inde, etc. la loi du 31 mai 1854, portant suppression de la mort civile, et celle du 30 du même mois, sur l'exécution de la peine des travaux forcés.

NAPOLÉON, etc.

Sur le rapport de notre ministre secrétaire d'État au département de la marine et des colonies;

Vu les deux sénatus-consultes du 24 février 1855, qui portent :

Le premier, promulgation dans les colonies de la Martinique, de la Guadeloupe et de la Réunion, de la loi du 31 mai 1854, abolissant la mort civile ;

Le second, promulgation et modification de la loi du 30 mai 1854, sur l'exécution de la peine des travaux forcés, en ce qui concerne les mêmes colonies ;

Vu l'article 18 du sénatus-consulte du 3 mai 1854, portant :

« Art. 18. Les colonies autres que la Martinique, la Guadeloupe et la Réu-
« nion seront régies par décrets de l'Empereur, jusqu'à ce qu'il ait été statué à
« leur égard par un sénatus-consulte, »

AVONS DÉCRÉTÉ et DÉCRÉTONS ce qui suit :

« ART. 1er. La loi du 31 mai 1854, portant suppression de la mort civile, est rendue exécutoire à la Guyane française, dans les établissements français de l'Inde, au Sénégal, à Gorée et dépendances, aux îles Saint-Pierre et Miquelon, dans les établissements français de l'Océanie, à Mayotte et dépendances, à Sainte-Marie de Madagascar.

« ART. 2. La loi du 30 mai 1854, sur l'exécution de la peine des travaux forcés, est rendue exécutoire dans les mêmes colonies, sous les modifications suivantes :

« 1° La peine pourra, selon la décision de l'autorité locale, être subie, soit dans la colonie où la condamnation aura été prononcée, soit dans un des établissements pénitentiaires spécialement prévus au premier paragraphe de l'article 1er de la loi ;

« 2° Quand le libéré sera autorisé à s'absenter momentanément de la colonie, il ne pourra se rendre ni en France ni dans les autres colonies françaises ;

« 3° Les peines prévues contre les évasions seront applicables à dater de la mise à exécution de la peine.

« ART. 3. Notre ministre secrétaire d'État au département de la marine et des colonies est chargé de l'exécution du présent décret, qui sera inséré au Bulletin des lois. »

LOI

Du 30 mai 1854, sur l'exécution de la peine des travaux forcés [1].

NAPOLÉON, etc.

Avons sanctionné et sanctionnons, promulgué et promulguons ce qui suit :

Le Corps législatif a adopté le projet de loi dont la teneur suit :

« Art. 1er. La peine des travaux forcés sera subie à l'avenir dans des établissements créés par décrets de l'Empereur, sur le territoire d'une ou de plusieurs possessions françaises autres que l'Algérie.

« Néanmoins, en cas d'empêchement à la translation des condamnés, et jusqu'à ce que cet empêchement ait cessé, la peine sera subie provisoirement en France.

« Art. 2. Les condamnés seront employés aux travaux les plus pénibles de la colonisation et à tous autres travaux d'utilité publique.

« Art. 3. Ils pourront être enchaînés deux à deux ou assujettis à traîner le boulet à titre de punition disciplinaire ou par mesure de sûreté.

« Art. 4. Les femmes condamnées aux travaux forcés pourront être conduites dans un des établissements créés aux colonies; elles seront séparées des hommes et employées à des travaux en rapport avec leur âge et avec leur sexe.

« Art. 5. Les peines des travaux forcés à perpétuité et des travaux forcés à temps ne seront prononcées contre aucun individu âgé de soixante ans accomplis au moment du jugement; elles seront remplacées par celle de la reclusion, soit à perpétuité, soit à temps, selon la durée de la peine qu'elle remplacera.

« L'article 72 du Code pénal est abrogé.

« Art. 6. Tout individu condamné à moins de huit années de travaux

---

[1] L'article 22 du Code pénal a été abrogé par le décret du 12 avril 1848, promulgué dans la colonie.

forcés sera tenu, à l'expiration de sa peine, de résider dans la colonie pendant un temps égal à la durée de sa condamnation.

« Si la peine est de huit années, il sera tenu d'y résider pendant toute sa vie.

« Toutefois, le libéré pourra quitter momentanément la colonie en vertu d'une autorisation expresse du gouverneur. Il ne pourra, en aucun cas, être autorisé à se rendre en France.

« En cas de grâce, le libéré ne pourra être dispensé de l'obligation de la résidence que par une disposition spéciale des lettres de grâce.

« Art. 7. Tout condamné à temps qui, à dater de son embarquement, se sera rendu coupable d'évasion, sera puni de deux ans à cinq ans de travaux forcés.

« Cette peine ne se confondra pas avec celle antérieurement prononcée.

« La peine pour les condamnés à perpétuité sera l'application à la double chaîne pendant deux ans au moins et cinq ans au plus.

« Art. 8. Tout libéré coupable d'avoir, contrairement à l'article 6 de la présente loi, quitté la colonie sans autorisation, ou d'avoir dépassé le délai fixé par l'autorisation, sera puni de la peine d'un an à trois ans de travaux forcés.

« Art. 9. La reconnaissance de l'identité de l'individu évadé, ou en état d'infraction aux dispositions de l'article 6, sera faite soit par le tribunal désigné dans l'article suivant, soit par la cour qui aura prononcé la condamnation.

« Art. 10. Les infractions prévues par les articles 7 et 8, et tous crimes ou délits commis par les condamnés, seront jugés par un tribunal maritime spécial établi dans la colonie.

« Jusqu'à l'établissement de ce tribunal, le jugement appartiendra au premier conseil de guerre de la colonie, auquel seront adjoints deux officiers du commissariat de la marine.

« Les lois concernant les crimes et délits commis par les forçats, et les peines qui leur sont applicables, continueront à être exécutées.

« Art. 11. Les condamnés des deux sexes qui se seront rendus dignes d'indulgence par leur bonne conduite, leur travail et leur repentir, pourront obtenir :

62

« 1° L'autorisation de travailler aux conditions déterminées par l'Administration, soit pour les habitants de la colonie, soit pour les administrations locales;

« 2° Une concession de terrain et la faculté de le cultiver pour leur propre compte.

« Cette concession ne pourra devenir définitive qu'après la libération du condamné.

« ART. 12. Le Gouvernement pourra accorder aux condamnés aux travaux forcés à temps l'exercice, dans la colonie, des droits civils ou de quelques-uns de ces droits, dont ils sont privés par leur état d'interdiction légale.

« Il pourra autoriser ces condamnés à jouir ou disposer de tout ou partie de leurs biens.

« Les actes faits par les condamnés dans la colonie, jusqu'à leur libération, ne pourront engager les biens qu'ils possédaient au jour de leur condamnation ou ceux qui leur seront échus par succession, donation ou testament, à l'exception des biens dont la remise aura été autorisée.

« Le Gouvernement pourra accorder aux libérés l'exercice, dans la colonie, des droits dont ils sont privés par les troisième et quatrième paragraphes de l'article 34 du Code pénal.

« ART. 13. Des concessions provisoires ou définitives de terrains pourront être faites aux individus qui ont subi leur peine et qui restent dans la colonie.

« ART. 14. Un règlement d'administration publique déterminera tout ce qui concerne l'exécution de la présente loi, et notamment : 1° le régime disciplinaire des établissements de travaux forcés; 2° les conditions sous lesquelles des concessions de terrains, provisoires ou définitives, pourront être faites aux condamnés ou libérés, eu égard à la durée de la peine prononcée contre eux, à leur bonne conduite, à leur travail et à leur repentir; 3° l'étendue du droit des tiers, de l'époux survivant et des héritiers du concessionnaire sur les terrains concédés.

« ART. 15. Les dispositions de la présente loi, à l'exception de celles prescrites par les articles 6 et 8, sont applicables aux condamnations antérieurement prononcées et aux crimes antérieurement commis. »

LOI

Du 28 mai 1858, qui modifie l'article 259 du Code pénal. (Promulguée dans la colonie le 2 février 1860.)

NAPOLÉON, etc.

Avons sanctionné et sanctionnons, promulgué et promulguons ce qui suit :

Le Corps législatif a adopté le projet de loi dont la teneur suit :

« Article unique. L'article 259 du Code pénal est modifié ainsi qu'il suit :

« Art. 259. Toute personne qui aura publiquement porté un costume, « un uniforme ou une décoration qui ne lui appartiendrait pas, sera punie « d'un emprisonnement de six mois à deux ans.

« Sera puni d'une amende de 500 francs à 10,000 francs quiconque, sans « droit et en vue de s'attribuer une distinction honorifique, aura publique-« ment pris un titre, changé, altéré ou modifié le nom que lui assignent les « actes de l'état civil.

« Le tribunal ordonnera la mention du jugement en marge des actes « authentiques ou des actes de l'état civil dans lesquels le titre aura été pris « indûment ou le nom altéré.

« Dans tous les cas prévus par le présent article, le tribunal pourra ordon-« ner l'insertion intégrale ou par extrait du jugement dans les journaux qu'il « désignera.

« Le tout aux frais du condamné. »

LOI

Des 11 octobre, 19 et 27 novembre 1849, qui modifie les articles 414, 415 et 416 du Code pénal. (Promulguée en exécution du décret du 15 septembre 1856.)

. . . .

« Les articles 414, 415 et 416 du Code pénal sont modifiés comme il suit :

« Art. 414. Sera punie d'un emprisonnement de six jours à trois mois et d'une amende de 16 francs à 3,000 francs :

« 1° Toute coalition entre ceux qui font travailler des ouvriers tendant à forcer l'abaissement des salaires, s'il y a eu tentative ou commencement d'exécution;

« 2° Toute coalition de la part des ouvriers pour faire cesser en même temps de travailler, interdire le travail dans un atelier, empêcher de s'y rendre avant ou après certaines heures, et, en général, pour suspendre, empêcher, enchérir les travaux, s'il y a eu tentative ou commencement d'exécution.

« Dans les cas prévus par les deux paragraphes précédents, les chefs ou moteurs seront punis d'un emprisonnement de deux ans à cinq ans.

« Art. 415. Seront aussi punis des peines portées dans l'article précédent, et d'après les mêmes distinctions, les directeurs d'ateliers ou entrepreneurs d'ouvrage et les ouvriers qui, de concert, auront prononcé des amendes autres que celles qui ont pour objet la discipline intérieure de l'atelier, des défenses, des interdictions, ou toutes proscriptions sous le nom de *damnations* ou sous quelque qualification que ce puisse être, soit de la part des directeurs d'ateliers ou entrepreneurs contre les ouvriers, soit de la part de ceux-ci contre les directeurs d'ateliers ou entrepreneurs, soit les uns contre les autres.

« Art. 416. Dans les cas prévus par les deux articles précédents, les chefs ou moteurs pourront, après l'expiration de leur peine, être mis sous la surveillance de la haute police pendant deux ans au moins et cinq ans au plus. »

ORDONNANCE

Du 24 juillet 1826, sur la répression du vagabondage et de la mendicité.

AU NOM DU ROI.

Nous, Eugène Panon, vicomte des Bassayns de Richemont, etc. ;

Vu notre ordonnance, en date de ce jour, sur l'administration de bienfaisance ;

Vu l'ordonnance de même date, portant création d'ateliers de charité à Pondichéry ;

Considérant que, pour compléter le système établi par ces deux ordonnances, il est nécessaire de porter des peines contre le vagabondage et la mendicité dans les établissements français de l'Inde ;

Après en avoir délibéré en conseil d'administration et de gouvernement ;

Provisoirement et sauf l'approbation de Sa Majesté,

Avons ordonné et ordonnons ce qui suit :

« Art. 1er. Les articles 269, 270, 271, 272, 273, 274, 275 et 276 du Code pénal, concernant le vagabondage et la mendicité, seront publiés et affichés de nouveau, tant en langue française qu'en langue malabare, dans les établissements français de l'Inde, pour recevoir la plus stricte exécution.

« Art. 2. Les individus valides ou invalides admis à des pensions ou secours du comité de bienfaisance, qui seront trouvés mendiant ou qui exposeront leurs infirmités à la vue du public pour exciter sa compassion, seront punis de trois à six mois d'emprisonnement.

« Art. 3. Les vagabonds ou mendiants indiens nés sur le territoire français et condamnés à l'emprisonnement, en exécution de l'article précédent et des articles 271, 275 et 276 du Code pénal, seront employés sur les travaux du Gouvernement, dans un atelier de répression qui sera formé à cet effet et où ils seront forcés au travail par des pions armés.

« Art. 4. L'insubordination dans les ateliers de répression sera punie de peines corporelles, et, dans le cas où elle aurait été accompagnée de violences ou de menaces, d'un emprisonnement qui ne peut excéder deux années; la peine est double en cas de récidive.

« Art. 5. Les Indiens étrangers, valides ou invalides, convaincus d'avoir mendié dans les rues ou voies publiques seront conduits hors du territoire; dans le cas de récidive, ils seront condamnés à une punition corporelle et expulsés de nouveau.

« Art. 6. Sont exceptés des peines portées contre la mendicité par le Code pénal et par l'article 5 de la présente ordonnance les faquirs, les pandarams et tous autres mendiants religieux, indous ou musulmans.

« Art. 7. Les enfants en bas âge des vagabonds ou mendiants qui seront emprisonnés seront remis au comité de bienfaisance pour qu'il en soit pris soin jusqu'à l'époque de la libération de leur père ou mère.

« Art. 8. Les peines portées contre les vagabonds et mendiants seront appliquées par le tribunal de la police.

« L'appel à la cour royale ne sera recevable que lorsque la durée de l'emprisonnement excédera trois mois.

« Art. 9. Les administrateurs chefs de service dans les établissements secondaires, le chef du ministère public à Pondichéry et à Chandernagor et les commissaires de police dans tous les établissements français de l'Inde sont chargés de l'exécution de la présente ordonnance, qui sera enregistrée, publiée et affichée partout où besoin sera [1]. »

---

[1] Cet arrêté n'a pas été approuvé par le ministre; il nous paraît inconstitutionnel, parce qu'il a été rendu hors des pouvoirs du gouverneur. Il résulte, en effet, des instructions données au gouverneur de l'Inde par dépêche non publiée, qu'il n'avait que le pouvoir de prononcer des peines de simple police. Or, d'après l'ordonnance organique de l'île Bourbon, que l'on suivait à Pondichéry jusqu'à la promulgation d'une ordonnance spéciale à l'Inde, le gouverneur pouvait édicter des peines d'un à quinze jours d'emprisonnement et de 5 à 100 francs d'amende.

ORDONNANCE

Du 28 décembre 1826, sur les réunions et associations illicites et les requêtes et adresses collectives.

AU NOM DU ROI.

Nous, Eugène Panon, vicomte des Bassayns de Richemont, etc.;

Vu le paragraphe 5 de l'article 43 de l'ordonnance royale du 21 août 1825, sur l'organisation de l'île de Bourbon, qui charge le gouverneur « d'interdire et de dissoudre toutes réunions ou assemblées qui peuvent troubler l'ordre public, de s'opposer aux adresses collectives, quel qu'en soit l'objet, et de réprimer toute entreprise qui tend à affaiblir le respect dû aux dépositaires de l'autorité. »

Considérant que les articles 291, 292, 293 et 294 du Code pénal sont suffisants pour remplir ce but, et voulant prévenir désormais les désordres qui sont résultés en dernier lieu de la tolérance de réunions et d'adresses collectives non autorisées;

Après en avoir délibéré en conseil d'administration et de gouvernement;

Provisoirement et sauf l'approbation de Sa Majesté,

Avons ordonné et ordonnons ce qui suit :

« Art. 1er. Nulle association religieuse, littéraire, scientifique ou de toute autre nature dont le but serait de se rassembler tous les jours ou à certains jours, nulle réunion ayant pour objet de s'occuper d'affaires politiques, administratives ou de caste, ne pourront se former ou avoir lieu qu'avec l'agrément du Gouvernement et sous les conditions qu'il lui plaira d'imposer, si elles sont composées de plus de dix personnes.

« Dans le nombre des personnes indiquées par le présent article ne sont pas comprises celles domiciliées dans la maison où les réunions ont lieu.

« Art. 2. Toute association ou réunion de la nature de celles désignées en l'article précédent, qui serait formée sans autorisation ou qui, après avoir été autorisée, aurait enfreint les conditions à elle imposées, sera dissoute.

« ART. 3. Des adresses ou requêtes collectives ne pourront être faites, sous quelque forme ou pour quelque objet que ce soit, sans l'autorisation du Gouvernement, et seront arrêtées de suite par la police.

« ART. 4. Les chefs, directeurs, administrateurs, auteurs et instigateurs de réunions ou associations non autorisées, ou qui auraient enfreint les règles à elles imposées, et les auteurs, rédacteurs, traducteurs ou colporteurs de requêtes ou adresses collectives, faites sans une permission spéciale, seront punis d'une amende de 20 à 200 francs.

« Les simples membres de réunions ou associations qui y auraient pris une part active et les signataires de requêtes, d'adresses collectives seront punis d'une amende de 5 à 50 francs.

« Les amendes infligées dans ces deux cas aux Indiens pourront être converties, soit intégralement, soit partiellement, en une peine corporelle de dix à vingt-cinq coups de rotin.

« ART. 5. Si, par des discours, exhortations, invocations ou prières, en quelque langue que ce soit, ou par lecture, affiche, publication ou distribution d'écrits quelconques, il a été fait, dans les assemblées désignées par l'article 1er, quelque provocation à des crimes, des délits ou des actes injurieux aux dépositaires de l'autorité, la peine sera de 100 francs à 300 francs d'amende et de trois mois à deux ans d'emprisonnement contre les chefs, directeurs, administrateurs, auteurs et instigateurs des associations ou réunions, sans préjudice des peines plus fortes qui seraient édictées par les lois contre les individus personnellement coupables de la provocation, lesquels ne pourront, en aucun cas, être punis d'une peine moindre que celles portées au présent article.

« Les mêmes peines seront également applicables aux auteurs, rédacteurs et colporteurs d'adresses ou de requêtes collectives qui contiendraient des provocations de même nature.

« ART. 6. Tout individu qui, sans la permission de l'autorité, aura accordé ou consenti l'usage de sa maison ou de son appartement, en tout ou en partie, pour l'exercice d'un culte ou pour une réunion, même autorisée, mais de la nature de celle désignée en l'article 1er, sera puni d'une amende de 16 à 200 francs.

« Art. 7. Les articles 291, 292, 293 et 294 du Code pénal sont remplacés par les dispositions de la présente ordonnance, qui sera enregistrée, publiée et affichée partout où besoin sera dans les établissements français de l'Inde [1]. »

ARRÊTÉ

Du 26 décembre 1838, relatif à l'ordonnance locale du 25 mai 1827, sur les vols, larcins et filouteries.

AU NOM DU ROI.

Nous, Pair de France, Maréchal des camps et armées du Roi, Gouverneur des établissements français dans l'Inde;

Sur le rapport et la proposition du procureur général du Roi;

Provisoirement et sauf l'approbation de Sa Majesté,

Avons arrêté et arrêtons ce qui suit :

« Art. 1er. L'arrêté local du 25 mai 1827 continuera à être exécuté, sauf les modifications qui vont suivre; toutes dispositions contraires sont abrogées.

« Art. 2. Le procureur général et les chefs de service des établissements secondaires son tchargés de l'exécution du présent arrêté, qui sera enregistré suivant sa forme et teneur. »

---

[1] Cet arrêté n'a pas été enregistré à la cour; il est dès lors non promulgué. D'ailleurs, cet arrêté est inconstitutionnel, ayant été pris en dehors des pouvoirs du gouverneur.

ARRÊTÉ

Du 25 mai 1827, portant des peines contre certains délits commis par des Indiens.
(Modifié par l'arrêté du même jour.)

AU NOM DU ROI.

Nous, Pair de France, Maréchal des camps et armées du Roi, Gouverneur des établissements français de l'Inde ;

Vu l'article 463 du Code pénal, qui autorise les juges à réduire les peines correctionnelles lorsque le préjudice causé n'excède pas 25 francs et lorsque les circonstances paraissent atténuantes;

Considérant qu'il est certains délits commis par les Indiens qui n'ont point à leurs yeux le même degré de gravité qu'ils ont pour les Européens et qu'il a toujours été d'usage de punir dans ce pays de peines corporelles;

Après en avoir délibéré en Conseil de gouvernement et d'administration ;

Provisoirement et sauf l'approbation de Sa Majesté,

Avons ARRÊTÉ et ARRÊTONS ce qui suit :

« ART. 1er. Les vols, larcins et filouteries qui font l'objet de l'article 401 du Code pénal et les tentatives des mêmes délits commis par des Indiens de toute caste seront, lorsqu'ils ne présenteront pas de circonstances aggravantes et que la valeur des objets n'excédera pas 10 roupies, soit 24 francs, punis d'un emprisonnement de quinze jours à un mois et de quinze à vingt-cinq coups de rotin [1].

---

[1] L'article 85 de l'arrêté du 15 novembre 1833 ajoute à cet article ces mots : « Et hors les *cas de récidive*. En cas de doute sur la valeur de l'objet volé, elle sera fixée par trois experts nommés par le juge de paix. »

Cet arrêté, qui rendait applicables dans la colonie les modifications apportées au Code pénal par la loi de 1832, a été implicitement rapporté par la promulgation subséquente de la loi.

La modification introduite dans la rédaction est celle-ci : l'arrêté non modifié ne porte la valeur des objets volés qu'à 2 roupies, soit 4 fr. 80 cent., tandis que la rédaction nouvelle élève la valeur à 10 roupies, soit 24 francs.

« Art. 2. Les rixes et voies de fait entre parias et autres gens de basses castes à l'occasion desquelles des coups auront été donnés, sans qu'il en soit résulté aucune maladie ou incapacité de travail, seront, lorsque les délinquants ne pourront être considérés comme malintentionnés, punies de cinq à quinze jours de prison et de cinq à quinze coups de rotin.

« Art. 3. Dans le cas où les délits prévus par les articles précédents auraient été commis par des femmes, la peine du rotin sera convertie en un temps d'emprisonnement double.

« Art. 4. La présente ordonnance sera enregistrée, publiée et affichée partout où besoin sera dans les établissements français de l'Inde. »

ARRÊTÉ

Du 28 mars 1839, qui modifie les articles 2 et 3 de l'arrêté du 25 mai 1827.

AU NOM DU ROI.

Nous, Pair de France, Maréchal des camps et armées du Roi, Gouverneur des établissements français dans l'Inde ;

Vu notre arrêté, en date du 20 décembre dernier, qui modifie l'article 1er de l'arrêté local du 25 mai 1827 ;

Considérant que des doutes ont pu s'élever sur l'application des articles 2 et 3 dudit arrêté, combiné avec l'arrêté du 17 avril 1833 ;

Sur le rapport et la proposition du procureur général du Roi,

Avons arrêté et arrêtons ce qui suit :

« Art. 1er. Les articles 2 et 3 de l'arrêté du 25 mai 1827 sont remplacés par les suivants :

« Art. 2. Les rixes et voies de fait à l'occasion desquelles des coups auraient été donnés, sans qu'il en soit résulté aucune maladie ou incapacité de travail et que, d'ailleurs, il n'existera pas de circonstances aggravantes,

63.

seront jugées par le tribunal de police et punies d'un emprisonnement de cinq jours à un mois et d'une amende de 1 à 16 francs.

« ART. 3. Dans le cas où le délit prévu par l'article 1er de l'arrêté local du 25 mai 1827, modifié par l'arrêté du 20 décembre 1838, aurait été commis par des femmes, la peine du rotin serait convertie en un temps d'emprisonnement calculé sur deux jours par coup de rotin.

« ART. 4. Le procureur général du Roi est chargé de l'exécution du présent arrêté, qui sera enregistré partout où besoin sera [1]. »

---

[1] Le ministre, par une dépêche du 17 avril 1840, considère cet arrêté comme n'ayant aucune valeur, incompétemment rendu, en tant qu'il modifie des dispositions pénales confirmées et approuvées par l'ordonnance royale du 23 décembre 1827 (art. 20); que cet arrêté doit être tenu pour nul et non avenu; qu'il est nécessaire de recourir à la législation du 25 mai 1827, modifiée par l'arrêté du 17 avril 1833.

Cette dépêche n'ayant pas été enregistrée à la cour et publiée, les tribunaux ont continué à appliquer cet arrêté, ainsi que le précédent, tel qu'il a été modifié.

JURISPRUDENCE. La cour a interprété la signification des mots *circonstance aggravante*, contenus dans l'arrêté :

« Attendu que des termes comme de l'esprit des arrêtés locaux des 25 mai 1827, 20 décembre 1838 et 28 mars 1839, relatifs aux vols, rixes et voies de fait entre Indiens, il résulte que le législateur n'a voulu distraire les inculpés de ces délits de la juridiction correctionnelle et les soumettre à celle de la simple police que lorsque les coups et blessures n'auraient occasionné aucune maladie ou incapacité de travail et ne seraient d'ailleurs accompagnés d'aucune *circonstance aggravante* (mots auxquels, en appréciant le but de la disposition qu'ils consacrent, ne saurait être attaché le sens rigoureusement légal), c'est-à-dire lorsque les faits seraient à tous égards dépouillés de gravité et d'importance, et quant à leurs circonstances, et quant à leurs résultats, entendant bien que, lorsqu'il en serait autrement, la juridiction correctionnelle devrait continuer à être saisie. » (Arrêts des 18 octobre 1842 et 31 décembre 1849.)

L'article 20 de l'ordonnance organique du 7 février 1842 maintient expressément les deux ordonnances de 1827, modificatives du Code pénal. Il nous semble, dès lors, que ces deux ordonnances seules sont en vigueur et que l'arrêté de 1833, réprouvé par le ministre et implicitement rapporté par l'ordonnance de 1842, ne doit pas être appliqué par les tribunaux. De ces deux arrêtés de 1827, l'un, relatif aux contraventions, remplace le livre IV du Code pénal.

Le livre IV du Code pénal est remplacé, dans la colonie, par l'arrêté du 25 mai 1827, ci-après :

ARRÊTÉ

Du 25 mai 1827, sur les contraventions et les peines de police.

« ART. 1er. Les peines de police sont l'emprisonnement, le rotin [1], l'amende et la confiscation de certains objets saisis.

« ART. 2. L'emprisonnement pour contravention de police ne pourra être moindre d'un jour, ni excéder cinq jours, selon les classes, distinctions et cas ci-après spécifiés.

« Les jours d'emprisonnement sont des jours complets de vingt-quatre heures.

« Les Indiens de basses castes seront, pendant le temps de leur détention, employés à l'un des travaux établis dans la prison.

« ART. 3. . . . .

« ART. 4. Les amendes pour contraventions pourront, suivant les distinctions et les classes ci-après spécifiées, être prononcées depuis une demi-roupie, soit 1 fr. 20 cent., jusqu'à 8 roupies, soit 19 fr. 20 cent., pour les Européens et gens à chapeau; et depuis 1 fanon, soit 30 centimes, jusqu'à 4 roupies, soit 9 fr. 60 cent., pour les Indiens.

« Elles seront toujours appliquées au profit du Trésor colonial, sous la déduction d'un tiers qui sera attribué aux pions et autres agents inférieurs de la police, du domaine ou des ponts et chaussées qui auront dénoncé les contraventions.

« ART. 5. La contrainte par corps a lieu pour le payement de l'amende; néanmoins, le condamné ne pourra être, pour cet objet, détenu plus de quinze jours, s'il justifie, par les voies de droit, de son insolvabilité absolue, sauf à reprendre plus tard la même contrainte, s'il lui survient quelque moyen de solvabilité.

---

[1] Une dépêche du ministre du 17 octobre 1848 ordonne de surseoir à l'exécution de toute condamnation à la peine du rotin.

« Art. 6. En cas d'insuffisance des biens, les restitutions et les indemnités dues à la partie lésée sont préférées à l'amende.

« Art. 7. Les restitutions, indemnités et frais entraîneront la contrainte par corps, et le condamné gardera prison jusqu'à parfait payement; néanmoins, si ces condamnations sont prononcées au profit de l'État, les condamnés pourront jouir de la faculté accordée par l'article 5, dans le cas d'insolvabilité prévu par cet article.

« Art. 8. Les maris, pères, mères, tuteurs, instituteurs, maîtres, commettants et entrepreneurs de toute espèce seront, conformément aux dispositions du Code civil, civilement responsables des restitutions, indemnités, dans le cas de contraventions commises par leurs femmes et enfants, pupilles, mineurs, élèves, domestiques, préposés, ouvriers, voituriers, bergers et autres subordonnés.

« Art. 9. Les dégâts occasionnés par la divagation ou l'abandon des bestiaux, bêtes de trait ou de somme ou autres animaux de toute espèce, seront payés par les personnes qui en ont la jouissance, ou, si elles sont insolvables, par celles qui en ont la propriété.

« Dans tous les cas, lesdits animaux resteront en fourrière jusqu'à parfait payement, et, s'il n'a pas lieu dans la huitaine du jour de la contravention, ils seront vendus pour y satisfaire.

« Art. 10. Les domestiques, ouvriers, voituriers, gardiens, bergers ou autres subordonnés seront responsables de leurs contraventions envers ceux qui les emploient.

« Art. 11. Les tribunaux de police pourront, dans les cas déterminés par la loi, prononcer la confiscation, soit des choses saisies en contravention, soit des choses produites par la contravention, soit des matières ou des instruments qui ont servi ou étaient destinés à la commettre.

CONTRAVENTIONS ET PEINES.

PREMIERE CLASSE.

« Art. 12. Seront punis d'une amende d'une demi-roupie, soit 1 fr. 20 cent., à 2 roupies, soit 4 fr. 80 cent., pour les Européens ou gens à chapeau, et de 1 fanon, soit 30 centimes, à 1 roupie, soit 2 fr. 40 cent., pour les Indiens :

« 1° Ceux qui auront embarrassé la voie publique en y déposant ou laissant des matériaux ou des choses quelconques qui empêchent ou diminuent la sûreté du passage;

« 2° Ceux qui, sans permission, auront fait des trous ou des excavations dans les rues, carrefours, places et chemins, ou qui, en ayant obtenu la permission, n'auront pas exécuté les mesures de précaution qui leur auront été prescrites pour prévenir les accidents;

« 3° Ceux qui, sans permission, auront établi devant leurs maisons ou boutiques, des abat-vent, paillottes ou autres constructions fixes de même nature donnant sur la rue, et propres à obstruer ou à gêner le passage;

« 4° Ceux qui auront bâti, sur les rues ou places publiques, des constructions nouvelles en terre dite *caliment,* ou réparé les anciennes sans avoir demandé l'alignement;

« 5° Ceux qui auront négligé, retardé ou refusé d'obéir à la sommation des autorités administratives de détruire ou réparer les édifices menaçant ruine, et généralement d'exécuter les règlements et arrêtés de petite voirie;

« 6° Ceux qui auront négligé de faire balayer, nettoyer et arroser le devant de leur porte, jusqu'au milieu de la rue, avant l'heure prescrite, et de réunir les balayures dans les lieux déterminés, pour être enlevées par les charrettes du Gouvernement;

« 7° Ceux qui auront jeté dans les rues ou exposé devant leurs maisons, même parmi les balayures, des fumiers, terreaux, décombres, verres, bouteilles ou panelles cassés, et autres choses de nature à ne pouvoir être enlevées par les charrettes du Gouvernement et à nuire à la commodité et à la sûreté de la voie publique;

« 8° Ceux qui auront jeté ou déposé des animaux morts ou des ordures dans les rues et places publiques et autres lieux défendus;

« 9° Ceux qui auront laissé stationner des eaux devant leur porte, ou qui auront laissé écouler dans la rue des eaux infectes et croupissantes;

« 10° Ceux qui auront jeté ou déposé, au devant de leurs maisons ou édifices, des choses de nature à nuire par leur chute ou par leurs exhalaisons insalubres;

« 11° Ceux qui auront sali des murs appartenant à autrui, d'une manière quelconque;

« 12° Ceux qui auront imprudemment jeté des immondices sur quelque personne;

« 13° Ceux qui, sans permission, auront planté des arbres sur la voie publique; .

« 14° Ceux qui auront négligé d'arroser ou d'entretenir les jeunes arbres plantés devant leur maison, sans préjudice des peines correctionnelles portées contre ceux qui viendraient à les faire périr;

« 15° Ceux qui auront arraché les graines de cocotiers ou de palmiers plantés sur la voie publique ou sur les digues des étangs;

« 16° Ceux qui auront laissé leurs bestiaux manger les pousses des arbres plantés sur la voie publique ou les écorcer, ou qui les auront effeuillés eux-mêmes;

« 17° Ceux qui auront pioché des herbes ou racines dans les rues ou places de la ville;

« 18° Ceux dont les chevaux, bœufs, buffles, chèvres, moutons ou cochons seront trouvés dans les rues et places de la ville sans guide ni conducteur, ou sur les digues des étangs, sans que l'amende puisse être inférieure à 1 fanon, soit 30 centimes, pour chaque chèvre, mouton ou cochon, et à 2 fanons, soit 60 centimes, pour chaque âne, bœuf, buffle ou cheval;

« 19° Ceux qui auront fait camper leurs bœufs, vaches ou buffles dans les rues et places de la ville;

« 20° Ceux qui auront fait ou laissé courir des chevaux, bêtes de trait, de charge ou de monture, dans l'intérieur d'un lieu habité, ou qui conduiront trop rapidement leurs voitures;

« 21° Les cantiniers qui auront ouvert leurs boutiques avant le jour, ou ne les auront point fermées aux heures prescrites par les règlements;

« 22° Ceux qui auront exposé ou vendu des grains mêlés de pierres, de sable ou de poussière, des riz humides ou des huiles mélangées;

« 23° Les coulis, corvas, boués et autres ouvriers de la campagne ou gens de peine qui se seront ligués entre eux pour faire hausser et déterminer le prix des gages ou salaires, ou pour se refuser, sans raison valable, à remplir leur profession habituelle ;

« 24° Les domestiques et gens à gages qui se seront absentés sans excuse légitime et sans la permission de leur maître ;

« 25° Ceux qui, sans avoir été provoqués par des outrages, auront proféré contre quelqu'un des injures verbales autres que celles prévues depuis l'article 367 jusques et y compris l'article 378 du Code pénal, quand même elles ne contiendraient l'imputation d'aucun fait ni d'aucun vice déterminé ;

« 26° Ceux qui auront laissé dans les rues, chemins ou places publiques, ou dans les champs, des coutres de charrue, pinces, barres, barreaux, ou autres machines, instruments ou armes dont puissent abuser les voleurs ou malfaiteurs ;

« 27° Ceux qui, sans autre circonstance prévue par les lois, auront cueilli et mangé sur les lieux mêmes des fruits appartenant à autrui ;

« 28° Ceux qui, sans autre circonstance, auront glané dans les champs non encore entièrement dépouillés et vidés de leurs récoltes, ou dans un enclos rural, soit avant le lever, soit après le coucher du soleil ;

« 29° Ceux qui, avant leur maturité, auront coupé ou détruit de petites parties de grains verts ou d'autres productions de la terre, sans intention manifeste de les voler ;

« 30° Ceux qui, n'étant pas propriétaires, usufruitiers, locataires, fermiers, ni jouissant d'un terrain ou d'un droit de passage, ou qui, n'étant agents ni préposés d'aucune de ces personnes, seront entrés et auront passé sur ce terrain ou sur partie de ce terrain, s'il est préparé ou ensemencé ;

« 31° Ceux qui auront fait ou laissé passer leurs troupeaux, bêtes de trait, de charge ou de monture sur le terrain d'autrui, avant l'enlèvement de la récolte ;

« 32° Ceux qui auront laissé pacager leurs bestiaux sur les terres même incultes et appartenant à autrui ;

« 33° Ceux qui auront comblé des fossés, dégradé des clôtures, coupé des branches des haies vives ou enlevé du bois sec des haies ;

« 34° Ceux qui auront déclos un champ pour se faire un passage dans leur route, à moins que le chemin public ne fût impraticable.

« ART. 13. Seront, en outre, confisqués les coutres, instruments et armes mentionnés dans le n° 26 de l'article précédent.

« ART. 14. La peine de l'emprisonnement pendant trois jours pourra, de plus, être prononcée, suivant les circonstances, dans les cas des n⁰ˢ 15, 17, 20, 27, 29, 31 et 33 de l'article 12.

« ART. 15. La peine du rotin, au nombre de dix coups au plus, pourra également être portée contre les parias et autres gens de basses castes qui auraient arraché des graines de cocotiers ou de palmiers, effeuillé des pousses d'arbres, cueilli et mangé des fruits appartenant à autrui, injurié des Européens, ou qui se seraient ligués entre eux, dans le cas du n° 23 de l'article 12. (*Abrogé.*)

« ART. 16. Les contraventions prévues par les n⁰ˢ 7, 8, 17, 18, 20, 27, 33 et 34 de l'article 12 seront punies d'une amende double, dans le cas où elles auraient été commises pendant la nuit.

« ART. 17. La peine de l'emprisonnement contre toutes les personnes mentionnées en l'article 12 aura toujours lieu, en cas de récidive, pendant trois jours au plus.

SECONDE CLASSE.

« ART. 18. Seront punis d'amende, depuis 2 roupies, soit 4 fr. 80 cent., jusqu'à 4 roupies, soit 9 fr. 60 cent., pour les Européens et gens à chapeau, et depuis 1 roupie, soit 2 fr. 40 cent., jusqu'à 2 roupies, soit 4 fr. 80 cent., pour les Indiens :

« 1° Les aubergistes, hôteliers, logeurs ou loueurs de maisons garnies qui auront négligé d'inscrire de suite et sans aucun blanc, sur un registre tenu régulièrement, les noms, qualités, domicile habituel, dates d'entrée et de sortie de toute personne étrangère qui aurait séjourné dans leur maison pendant un temps quelconque; ceux d'entre eux qui auront manqué à représenter ce registre aux officiers et agents de police aux époques déterminées par les règlements ou toutes les fois qu'ils en auront été requis, sans préjudice des cas de responsabilité mentionnés à l'article 73 du Code pénal relativement aux crimes ou aux délits de ceux qui, ayant logé ou séjourné chez eux, n'auraient pas été régulièrement inscrits;

« 2° Ceux qui auront étalé, dans les rues ou places publiques, des fruits, légumes, poissons et autres objets destinés à être vendus dans les bazars;

« 3° Ceux qui, sans permission, auront colporté ou fait colporter des objets de mercerie, quincaillerie, friperie et autres marchandises sèches;

« 4° Les cantiniers et débitants qui auront établi leurs cantines et débits sans permission de la police;

« 5° Ceux qui auront vendu ou débité des boissons falsifiées, sans préjudice de peines correctionnelles dans les cas où elles contiendraient des mixtions nuisibles à la santé, et de celles portées par les ordonnances spéciales contre les débitants de calou, de rhum et d'arrack;

« 6° Ceux qui auront établi ou tenu, dans les rues, chemins, places ou autres lieux publics, des jeux de loterie ou autres jeux de hasard, quelle que soit leur nature ou leur forme;

« 7° Les charretiers, conducteurs de voitures quelconques ou de bêtes de charge qui auront négligé de se tenir constamment à portée de leurs chevaux, bêtes de trait et de charge, ou de leurs voitures, pour les guider et conduire, d'occuper un seul côté des rues, chemins ou voies publiques, de se détourner ou se ranger devant toutes autres voitures, et de laisser libre au moins la moitié des rues, chaussées, routes ou chemins;

« 8° Ceux qui auront laissé divaguer des fous ou des furieux étant sous leur garde ou des animaux malfaisants ou féroces; ceux qui auront excité ou qui n'auront pas retenu leurs chiens lorsqu'ils attaquent ou poursuivent les passants, quand même il n'en serait résulté aucun mal ni dommage;

« 9° Ceux qui auront tiré des balles ou du plomb, jeté ou lancé des pierres ou autres corps durs contre les maisons, édifices ou clôtures d'autrui ou dans les jardins ou enclos, et ceux aussi qui auraient volontairement jeté des corps durs, du sable ou des immondices sur quelqu'un [1];

---

[1] *Arrêté du 21 janvier 1861, qui édicte de nouvelles peines contre ceux qui tirent des balles ou du plomb contre les maisons, édifices ou clôtures d'autrui, ou dans les jardins et enclos.*

ÉTABLISSEMENTS FRANÇAIS DANS L'INDE.

Nous, Commissaire général de la marine, Gouverneur des établissements français dans l'Inde;

Vu l'article 48 de l'ordonnance du 23 juillet 1840;

« 10° Ceux qui auront refusé de recevoir les espèces ou monnaies coloniales non fausses ni altérées, selon la valeur pour laquelle elles ont cours ;

« 11° Ceux qui, n'étant pas propriétaires, usufruitiers, ni jouissant d'un
terrain, y sont entrés dans le temps où ce terrain était chargé de grains en
tuyaux, de cannes à sucre, de coton, d'indigo, de menus grains ou d'autres
produits mûrs ou voisins de la maturité ou de l'exploitation ;

« 12° Ceux qui auront fait ou laissé passer des bestiaux ou animaux
de charge, de trait ou de monture sur le terrain d'autrui ensemencé ou
chargé d'une récolte, ou dans les jardins, vergers ou pépinières ;

« 13° Les domestiques et autres gens à gages qui auront quitté leurs
maitres sans motif légitime et sans les avoir prévenus quinze jours à l'avance ;
les nourrices qui n'auront point rempli les mêmes formalités un mois avant
leur départ ;.

« 14° Les boués qui auront, sans raison valable, abandonné des voyageurs

Vu l'article 1er de l'ordonnance du 20 janvier 1847 ;

Considérant que des faits récents ont démontré l'insuffisance des peines édictées par l'arrêté du
25 mai 1827 contre ceux qui tirent des balles ou du plomb contre les maisons, édifices ou clôtures d'autrui, ou dans les jardins ou enclos ;

Sur le rapport et la proposition du procureur général ;

Le conseil d'administration entendu,

Avons arrêté et arrêtons ce qui suit :

« Art. 1er. Les dispositions des articles 18, paragraphe 9, et 20 de l'arrêté du 25 mai 1827,
relatives à ceux qui tirent des balles ou du plomb contre les maisons, édifices ou clôtures d'autrui,
ou dans les jardins et enclos, sont remplacées par les suivantes :

« Art. 2. Ceux qui auront tiré des balles ou du plomb contre les maisons, édifices ou clôtures
d'autrui, ou dans les jardins et enclos, seront punis d'une amende de 15 francs à 50 francs et d'un
emprisonnement de cinq jours à dix jours, sans distinction de classes d'individus.

« Ils seront, en cas de récidive, punis d'une amende de 50 à 100 francs et d'un emprisonnement
de dix jours à quinze jours.

« Ces contraventions seront jugées par le tribunal de simple police.

« Art. 3. Les autres dispositions des articles 18, paragraphe 9, et 20 du susdit arrêté, non
modifiées par le présent, demeurent en vigueur.

« Art. 4. Le procureur général et les chefs de service des établissements secondaires sont
chargés, chacun en ce qui le concerne, de l'exécution du présent arrêté, qui sera enregistré partout où besoin sera. »

en route ou qui, ayant reçu des avances, auront manqué de se rendre aux relais à eux indiqués.

« Art. 19. Seront saisis et confisqués :

« 1° Les tables, instruments, appareils des jeux ou des loteries établis dans les rues, chemins ou voies publiques, ainsi que les enjeux, les fonds, denrées, objets ou lots proposés aux joueurs.

« 2° Les boissons falsifiées trouvées appartenir aux vendeurs et débitants : ces boissons seront répandues.

« Art. 20. Pourra, suivant les circonstances, être prononcé, outre l'amende portée en l'article 18, l'emprisonnement pendant trois jours au plus, contre les charretiers, voituriers et conducteurs en contravention, contre les vendeurs et débitants de boissons falsifiées, contre ceux qui auront tiré des balles ou du plomb, jeté ou lancé des corps durs, sable ou immondices, contre les domestiques ou nourrices qui auront quitté leurs maîtres sans avertissement préalable, contre les boués qui auront abandonné des voyageurs.

« Les parias et autres gens de basses castes pourront, dans les mêmes cas, être punis de cinq à dix coups de rotin, en outre de l'amende. (*Abrogé.*)

« Art. 21. Les contraventions prévues par les n⁰ˢ 7, 8, 9, 11 et 12 de l'article 18 seront punies d'une amende double, dans le cas où elles auraient été commises pendant la nuit.

« Art. 22. La peine de l'emprisonnement pendant cinq jours au plus sera toujours prononcée, en cas de récidive, contre toutes les personnes mentionnées dans l'article 18.

TROISIÈME CLASSE.

« Art. 23. Seront punis d'une amende de 4 roupies, soit 9 fr. 60 cent. à 8 roupies, soit 19 fr. 20 cent., pour les Européens et gens à chapeau, et 2 roupies, soit 4 fr. 80 cent., à 4 roupies, soit 9 fr. 60 cent., pour les Indiens :

« 1° Ceux qui, hors les cas prévus depuis l'article 434 jusques et y compris l'article 462 du Code pénal, auront volontairement causé du dommage aux propriétés mobilières d'autrui ;

« 2° Ceux qui auront occasionné la mort ou la blessure des animaux ou bestiaux appartenant à autrui, par l'effet de la divagation des fous et furieux ou d'animaux malfaisants et féroces, ou par la rapidité ou la mauvaise direction des voitures, chevaux, bêtes de trait, de charge ou de monture;

« 3° Ceux qui auront occasionné les mêmes dommages par l'emploi ou l'usage d'armes sans précaution ou avec maladresse, ou par jet de pierres ou autres corps durs;

« 4° Ceux qui auront causé les mêmes accidents par la vétusté, la dégradation, le défaut de réparation des bâtiments ou édifices, ou par l'excavation, l'encombrement ou telles autres œuvres dans ou près les rues, chemins ou voies publiques, sans les précautions ou signaux ordinaires ou d'usage;

« 5° Ceux qui, sans permission, auront dressé des tentes ou auront fait camper leurs chevaux, éléphants ou chameaux dans les rues, places ou autres lieux publics de l'intérieur de la ville;

« 6° Ceux qui auront élagué les arbres plantés sur la voie publique, sans préjudice de peines correctionnelles contre ceux qui les auront mutilés ou coupés de manière à les faire périr;

« 7° Ceux qui auront bâti, sur les rues ou places publiques, des constructions nouvelles en briques ou réparé les anciennes, sans avoir demandé l'alignement;

« 8° Ceux qui auront construit devant leurs maisons des bancs, marches, perrons ou trottoirs, sans autorisation préalable;

« 9° Les aubergistes, traiteurs, cafetiers et maîtres de billard qui auront établi leurs maisons sans permission de la police;

« 10° Les cantiniers, aubergistes, traiteurs, cafetiers et maîtres de billard, qui auront donné à boire ou à jouer à des militaires, à des gens de mer, après la retraite battue, et les cafetiers ou maîtres de billard qui, après dix heures du soir, auront du monde chez eux ou auront donné à jouer à qui que ce soit;

« 11° Les bouchers, boulangers et marchands de comestibles qui auront exposé ou vendu des denrées gâtées, avariées, mélangées, de mauvaise qualité ou d'une qualité pour une autre;

« 12° Les boulangers qui auront mis en vente des pains qui n'auront point le poids fixé par le règlement;

« 13° Ceux qui auront de faux poids ou de fausses mesures dans leurs magasins, boutiques, ateliers ou maisons de commerce ou dans les bazars ou marchés, sans préjudice des peines correctionnelles portées contre ceux qui auraient fait usage de ces faux poids ou fausses mesures;

« 14° Les bouchers qui auront tué des bestiaux sur la voie publique ;

« 15° Ceux qui auront exporté sans permission, par terre ou par mer, des nelys, riz, blés, petits grains, copras, cocos et graines oléagineuses, sans préjudice des peines correctionnelles portées par l'article 413 du Code pénal contre les manœuvres frauduleuses qui seraient employées pour opérer la hausse ou la baisse des denrées ou des marchandises ;

« 16° Ceux qui, sans en avoir obtenu les autorisations nécessaires, auront distribué ou débité des recettes, drogues, médicaments, compositions ou secrets pour la guérison des maladies, infirmités ou blessures, sans préjudice des peines à prononcer en cas d'accidents survenus par suite de l'usage de ces compositions ou recettes, ou contre les personnes qui exerceraient la médecine sans titre ;

« 17° Ceux qui auront fait le métier de pronostiquer, deviner ou expliquer les songes, à l'exception toutefois des astrologues indiens;

« Les auteurs de fausses nouvelles inquiétantes pour le public ou de nature à troubler l'ordre établi ;

« 18° Les auteurs ou complices de rixes, attroupements, de bruits ou tapages injurieux ou nocturnes, de voies de fait et violences légères, pourvu qu'ils n'aient frappé ni blessé personne et qu'ils ne soient pas notés comme gens sans aveu ou mal intentionnés ;

« 19° Ceux qui auront affiché, vendu ou distribué des écrits, dessins ou gravures contraires à la morale ou aux bonnes mœurs, s'ils en ont fait connaître les auteurs;

« 20° Ceux qui, sans raison valable, auront négligé ou refusé de faire les travaux, le service, ou de prêter le secours dont ils auront été requis dans les circonstances d'accident, tumulte, inondation, incendie ou autres calamités, ainsi que dans les cas de brigandage, pillage, flagrant délit, clameur publique ou exécution judiciaire ;

« 21° Les domestiques ou gens à gages qui auront proféré contre leurs maîtres des grossièretés ou injures verbales;

« 22° Les concessionnaires, cultivateurs ou fermiers d'une même aldée ou d'aldées voisines, qui se coaliseraient pour faire baisser ou fixer à vil prix les journées des coulis et autres ouvriers des campagnes;

« 23° Les cultivateurs ou tous autres qui auront détérioré ou dégradé, de quelque manière que ce soit, les chemins publics ou usurpé sur leur largeur;

« 24° Ceux qui auront élargi les canaux d'irrigation qui arrosent leurs champs;

« 25° Ceux qui auront empiété sur les canaux ou sur les digues, sans autres circonstances prévues par les lois et sans préjudice des peines portées par l'article 437 du Code pénal, s'il y a lieu;

« 26° Ceux qui auront étendu leurs cultures, plantations, ensemencements ou récoltes au delà des limites qui séparent leurs propriétés de celles d'autrui, déterminées par opérations de bornage ou par dernier état de possession, sans préjudice des peines portées par l'article 456 du Code pénal, dans le cas de déplacement ou suppression de bornes ou autres limites;

« 27° Ceux qui, soit volontairement, soit par négligence, auront inondé l'héritage de leurs voisins ou lui auront transmis les eaux d'une manière nuisible, quand les dommages occasionnés n'excéderont point la valeur de 20 roupies, soit 48 francs, et sans préjudice des peines criminelles et correctionnelles portées par le Code pénal, si le cas y échoit [1];

« 28° Ceux qui auront enlevé sans permission des terres, pierres, sables, caliments, soit sur les terres de l'État, soit sur celles d'autrui;

« 29° Ceux qui, sans la permission du propriétaire, auront enlevé des engrais portés sur ces terres, sans préjudice de peines correctionnelles dans le cas où les délinquants auraient détourné lesdits engrais à leur profit;

« 30° Ceux qui, même sur leur propre terrain, auront, méchamment et sans nécessité, estropié ou blessé des chevaux, bêtes de trait, de charge ou monture, des bestiaux, de quelque espèce qu'ils soient, ou des chiens appartenant à autrui, sauf compensation jusqu'à concurrence des restitutions des indemnités pour les dommages faits par ces animaux;

---

[1] La peine, dans le cas où la valeur du dommage est supérieure à 20 roupies, est égale à la valeur du dommage causé. (Arrêté du même jour.)

Cette disposition nous paraît inconstitutionnelle.

« 31° Ceux qui auront commis les contraventions mentionnées aux n°s 11 et 12 de l'article 18, si le lieu de la contravention était clos;

« 32° Ceux qui, sans nécessité, auront fait passer une voiture dans un terrain ensemencé ou chargé d'une récolte quelconque;

« 33° Ceux qui auront laissé pacager leurs bestiaux sur un terrain appartenant à autrui, ensemencé ou non dépouillé de sa récolte, ou dans un enclos rural, sans préjudice des peines correctionnelles contre ceux qui garderaient à vue leurs bestiaux dans les récoltes d'autrui;

« 34° Ceux qui auront conduit leurs troupeaux atteints de maladies contagieuses sur des pâturages autres que ceux qui leur auraient été désignés pour eux seuls par les agents de la police ou du domaine;

« 35° Ceux qui auront maraudé ou dérobé des productions de la terre qui peuvent servir à la nourriture des hommes ou d'autres productions utiles, sans préjudice des peines plus graves dans le cas de vols de récoltes faits avec des paniers ou des sacs, ou à l'aide d'animaux de charge;

« 36° Ceux qui auront maraudé ou enlevé à dos d'homme des bois provenant de bois taillis ou futaies, ou d'autres plantations d'arbres appartenant à des particuliers ou à des aldéens;

« 37° Ceux qui auront violé la défense de tirer, en certains lieux, des boîtes ou pièces d'artifice, sans la permission de la police;

« 38° Les Indiens qui, sans permission ou d'une manière autre que celle permise, auront établi des pandals sur la voie publique, joué ou fait jouer des instruments de musique, porté ou fait porter des pavillons ou insignes, traîné ou porté des chars et généralement célébré au dehors des fêtes ou cérémonies, sans préjudice des peines plus graves qui seraient portées par l'administrateur général dans le cas où il serait résulté de ces contraventions des troubles ou contestations majeures entre une et plusieurs castes.

« ART. 24. Pourra, suivant les circonstances, être prononcée la peine de l'emprisonnement, pendant cinq jours au plus, contre les auteurs et complices des contraventions prévues par les n°s 2, 3, 6, 13, 15, 17, 20, 21, 22, 25, 28, 29, 35, 36, 37 et 38 de l'article précédent.

« ART. 25. La peine du rotin pourra également être appliquée aux parias et autres gens de basses castes dans les cas des n°s 2, 3, 6, 21, 28, 35, 36, 37 et 38 de l'article 23. (*Abrogé.*)

« ART. 26. Seront, de plus, saisis et confisqués :

« 1° Les faux poids et les fausses mesures;

« 2° Les instruments, ustensiles et costumes servant ou destinés à l'exercice du métier de devin, pronostiqueur ou interprète de songes;

« 3° Les denrées avariées, de mauvaise qualité ou d'une qualité pour une autre ;

« 4° Les pains qui ne seront pas du poids voulu ;

« 5° Les grains exportés sans permission;

« 6° Les écrits ou gravures contraires aux mœurs : ces objets seront brûlés;

« 7° Les drogues ou médicaments prohibés;

« 8° Les boites et les pièces d'artifice.

« ART. 27. La peine de l'emprisonnement pendant cinq jours aura toujours lieu pour récidive contre les personnes et dans les cas mentionnés dans l'article 23.

DISPOSITIONS COMMUNES AUX TROIS SECTIONS CI-DESSUS.

« ART. 28. Il y a récidive dans tous les cas prévus par la présente ordonnance, lorsqu'il a été rendu contre le contrevenant, dans les douze mois précédents, un premier jugement pour contravention de police.

DISPOSITIONS GÉNÉRALES.

« ART. 29. Toutes dispositions antérieures relatives aux contraventions et aux peines de police sont abrogées par la présente ordonnance, laquelle sera enregistrée, publiée et affichée partout où besoin sera, dans les établissements français de l'Inde, pour être exécutée en remplacement du quatrième livre du Code pénal. »

L'article 463 du Code pénal est applicable à toutes ces contraventions, en vertu de l'article 102 de la loi du 28 avril 1832, promulgué dans la colonie et ainsi conçu :

« Il y a récidive dans tous les cas prévus par le présent livre, lorsqu'il

« a été rendu contre le contrevenant, dans les douze mois précédents, un
« premier jugement pour contravention de police commise dans le ressort
« du même tribunal.

« L'article 463 du présent Code sera applicable à toutes les contraventions
« ci-dessus indiquées. »

Il est évident que cet article serait inutile si on ne l'appliquait pas à l'arrêté que nous citons, puisque la même loi déclare non exécutoires dans la colonie les articles 471, 475, 476, 477, 478, 479 et 480 du Code pénal.

ARRÊTÉ

Du 7 juillet 1857, portant promulgation d'un décret impérial qui rend exécutoires, dans les établissements français de l'Inde, les lois des 10, 19 et 27 mars 1851 et 5 mai 1855, concernant les fraudes à la vente de certaines marchandises et notamment des denrées alimentaires et médicamenteuses.

ÉTABLISSEMENTS FRANÇAIS DANS L'INDE.

Nous, Commissaire général de la marine, Gouverneur des établissements français dans l'Inde;

Vu la dépêche de S. Exc. le ministre de la marine et des colonies, du 1er mai 1857, numérotée 75;

Vu les articles 47 et 48 de l'ordonnance organique du 23 juillet 1840;

Sur le rapport et la proposition du commissaire de la marine, ordonnateur,

Avons ARRÊTÉ et ARRÊTONS ce qui suit :

« ART. 1er. Est promulgué dans la colonie le décret impérial du 29 avril 1857, rendant exécutoires, dans les établissements français de l'Inde, la loi des 10, 19 et 27 mars 1851, tendant à la répression plus efficace de certaines fraudes dans la vente des marchandises, et la loi du 5 mai 1855, qui en déclare les dispositions applicables aux boissons.

« ART. 2. Sont et demeurent rapportées toutes dispositions contraires aux textes desdites lois et spécialement, dans l'ordonnance locale du 25 mai 1827

65.

sur les contraventions et peines de police, le paragraphe 22 de l'article 12, le paragraphe 5 de l'article 18, le paragraphe 2 de l'article 19, la partie de l'article 20 concernant les vendeurs et débitants de boissons falsifiées, le paragraphe 13 de l'article 23, les paragraphes 1er et 3 de l'article 26 (de même que l'article 68 de l'arrêté local du 14 novembre 1832 et le paragraphe 19 de l'article 8 de l'arrêté local du 20 novembre 1847) [1].

« Art. 3. Le commissaire de la marine, ordonnateur, le procureur général et les chefs de service dans les établissements secondaires sont chargés, chacun en ce qui le concerne, de l'exécution du présent arrêté, qui sera enregistré partout où besoin sera. »

LOI

Des 10, 19 et 27 mars 1851, tendant à la répression plus efficace de certaines fraudes dans la vente des marchandises.

RÉPUBLIQUE FRANÇAISE.

LIBERTÉ, ÉGALITÉ, FRATERNITÉ.

AU NOM DU PEUPLE FRANÇAIS.

L'Assemblée nationale a adopté la loi dont la teneur suit :

« Art. 1er. Seront punis des peines portées par l'article 423 du Code pénal :

« 1° Ceux qui falsifieront des substances ou denrées alimentaires ou médicamenteuses destinées à être vendues;

« 2° Ceux qui vendront ou mettront en vente des substances ou denrées alimentaires ou médicamenteuses qu'ils sauront être falsifiées ou corrompues;

« 3° Ceux qui auront trompé ou tenté de tromper, sur la quantité des choses livrées, les personnes auxquelles ils vendent ou achètent, soit par

---

[1] Le membre de phrase inséré entre parenthèses a été rapporté par arrêté du 1er mars 1858.

l'usage de faux poids ou de fausses mesures, ou d'instruments inexacts servant au pesage ou mesurage, soit par des manœuvres ou procédés tendant à fausser l'opération du pesage ou mesurage ou à augmenter frauduleusement le poids ou le volume de la marchandise, même avant cette opération, soit enfin par des indications frauduleuses tendant à faire croire à un pesage ou mesurage antérieur et exact.

« ART. 2. Si, dans les cas prévus par l'article 423 du Code pénal ou par l'article 1er de la présente loi, il s'agit d'une marchandise contenant des mixtions nuisibles à la santé, l'amende sera de 50 à 500 francs, à moins que le quart des restitutions et dommages-intérêts n'excède cette dernière somme; l'emprisonnement sera de trois mois à deux ans.

« Le présent article sera applicable même au cas où la falsification nuisible serait connue de l'acheteur ou consommateur.

« ART. 3. Sont punis d'une amende de 16 à 25 francs et d'un emprisonnement de six à dix jours, ou de l'une de ces deux peines seulement, suivant les circonstances, ceux qui, sans motifs légitimes, auront dans leurs magasins, boutiques, ateliers ou maisons de commerce, ou dans les halles, foires ou marchés, soit des poids ou mesures faux, ou autres appareils inexacts servant au pesage ou au mesurage, soit des substances alimentaires ou médicamenteuses qu'ils sauront être falsifiées ou corrompues.

« Si la substance falsifiée est nuisible à la santé, l'amende pourra être portée à 50 francs et l'emprisonnement à quinze jours.

« ART. 4. Lorsque le prévenu, convaincu de contravention à la présente loi ou à l'article 423 du Code pénal, aura, dans les cinq années qui ont précédé le délit, été condamné pour infraction à la présente loi ou à l'article 423, la peine pourra être élevée jusqu'au double du maximum; l'amende prononcée par l'article 423 et par les articles 1er et 2 de la présente loi pourra même être portée jusqu'à 1,000 francs, si la moitié des restitutions et dommages-intérêts n'excède pas cette somme; le tout sans préjudice de l'application, s'il y a lieu, des articles 57 et 58 du Code pénal.

« ART. 5. Les objets dont la vente, usage ou possession constitue le délit seront confisqués, conformément à l'article 423 et aux articles 477 et 481 du Code pénal.

« S'ils sont propres à un usage alimentaire ou médical, le tribunal pourra les mettre à la disposition de l'Administration, pour être attribués aux établissements de bienfaisance.

« S'ils sont impropres à cet usage ou nuisibles, les objets seront détruits ou répandus aux frais du condamné. Le tribunal pourra ordonner que la destruction ou effusion aura lieu devant l'établissement ou le domicile du condamné.

« ART. 6. Le tribunal pourra ordonner l'affiche du jugement dans les lieux qu'il désignera et son insertion intégrale ou par extraits dans tous les journaux qu'il désignera, le tout aux frais du condamné.

« ART. 7. L'article 463 du Code pénal sera applicable aux délits prévus par la présente loi.

« ART. 8. Les deux tiers du produit des amendes sont attribués aux communes dans lesquelles les délits auront été constatés.

« ART. 9. Sont abrogés les articles 475, n° 14, et 479, n° 5, du Code pénal [1]. »

LOI

Du 5 mai 1855, qui déclare applicables aux boissons les dispositions de la loi du 27 mars 1851.

NAPOLÉON, etc.

AVONS SANCTIONNÉ et SANCTIONNONS, PROMULGUÉ et PROMULGUONS ce qui suit :

LOI.

(Extrait du procès-verbal du Corps législatif.)

LE CORPS LÉGISLATIF a adopté le projet de loi dont la teneur suit :

« ART. 1er. Les dispositions de la loi du 27 mars 1851 sont applicables aux boissons.

« ART. 2. L'article 318 et le n° 6 de l'article 475 du Code pénal sont et demeurent abrogés. »

[1] Ces articles du Code pénal ne sont pas applicables à la colonie.

LOI

Du 10 avril 1825, pour la sûreté de la navigation et du commerce maritime.
(Promulguée dans la colonie le 9 septembre 1829.)

CHARLES, etc.

Nous avons proposé, les Chambres ont adopté, NOUS AVONS ORDONNÉ et ORDONNONS ce qui suit :

TITRE Ier.

DU CRIME DE PIRATERIE.

« ART. 1er. Seront poursuivis et jugés comme pirates :

« 1° Tout individu faisant partie de l'équipage d'un navire ou bâtiment de mer quelconque, armé et naviguant sans être ou avoir été muni pour le voyage de passe-port, rôle d'équipage, commissions ou autres actes constatant la légitimité de l'expédition ;

« 2° Tout commandant d'un navire ou bâtiment de mer armé et porteur de commissions délivrées par deux ou plusieurs puissances ou États différents.

« ART. 2. Seront poursuivis et jugés comme pirates :

« 1° Tout individu faisant partie de l'équipage d'un navire ou bâtiment de mer français, lequel commettrait à main armée des actes de déprédation ou de violence, soit envers des navires français ou des navires d'une puissance avec laquelle la France ne serait pas en état de guerre, soit envers les équipages ou chargements de ces navires ;

« 2° Tout individu faisant partie de l'équipage d'un navire ou bâtiment de mer étranger, lequel, hors l'état de guerre et sans être pourvu de lettres de marque ou de commissions régulières, commettrait lesdits actes envers des navires français, leurs équipages ou chargements ;

« 3° Le capitaine et les officiers de tout navire ou bâtiment de mer quelconque qui auraient commis des actes d'hostilité sous un pavillon autre que celui de l'État dont ils auraient commission.

« Art. 3. Seront également poursuivis et jugés comme pirates :

« 1° Tout Français ou naturalisé Français qui, sans l'autorisation du Roi, prendrait commission d'une puissance étrangère pour commander un navire ou bâtiment de mer armé en course ;

« 2° Tout Français ou naturalisé Français qui, ayant obtenu, même avec l'autorisation du Roi, commission d'une puissance étrangère pour commander un navire ou bâtiment de mer armé, commettrait des actes d'hostilité envers des navires français, leur équipage ou chargement.

« Art. 4. Seront encore poursuivis et jugés comme pirates :

« 1° Tout individu faisant partie de l'équipage d'un navire ou bâtiment de mer français qui, par fraude ou violence envers le capitaine ou commandant, s'emparerait dudit bâtiment ;

« 2° Tout individu faisant partie de l'équipage d'un navire ou bâtiment de mer français qui le livrerait à des pirates ou à l'ennemi.

« Art. 5. Dans le cas prévu par le paragraphe 1er de l'article 1er de la présente loi, les pirates seront punis, savoir : les commandants, chefs et officiers, de la peine des travaux forcés à perpétuité, et les autres hommes de l'équipage, de celle des travaux forcés à temps.

« Tout individu coupable du crime spécifié dans le paragraphe 2 du même article sera puni des travaux forcés à perpétuité.

« Art. 6. Dans les cas prévus par les paragraphes 1er et 2 de l'article 2, s'il a été commis des déprédations et violences sans homicide ni blessures, les commandants, chefs et officiers seront punis de mort, et les autres hommes de l'équipage seront punis des travaux forcés à perpétuité.

« Et si ces déprédations ou violences ont été précédées, accompagnées ou suivies d'homicide ou de blessures, la peine de mort sera indistinctement prononcée contre les officiers et les autres hommes de l'équipage.

« Le crime spécifié dans le paragraphe 3 du même article sera puni des travaux forcés à perpétuité.

« Art. 7. La peine du crime prévu par le paragraphe 1er de l'article 3 sera celle de la reclusion.

« Quiconque aura été déclaré coupable du crime prévu par le paragraphe 2 du même article sera puni de mort.

« Aʀᴛ. 8. Dans le cas prévu par le paragraphe 1ᵉʳ de l'article 4, la peine sera celle de mort contre les chefs et contre les officiers, et celle des travaux forcés à perpétuité contre les autres hommes de l'équipage.

« Et si le fait a été précédé, accompagné ou suivi d'homicide ou de blessures, la peine de mort sera indistinctement prononcée contre tous les hommes de l'équipage.

« Le crime prévu par le paragraphe 2 du même article sera puni de la peine de mort.

« Aʀᴛ. 9. Les complices des crimes spécifiés dans le paragraphe 2 de l'article 1ᵉʳ, le paragraphe 3 de l'article 2, le paragraphe 2 de l'article 3 et le paragraphe 2 de l'article 4, seront punis des mêmes peines que les auteurs principaux desdits crimes.

« Les complices de tous autres crimes prévus par la présente loi seront punis des mêmes peines que les hommes de l'équipage ;

« Le tout suivant les règles déterminées par les articles 59, 60, 61, 62 et 63 du Code pénal, et sans préjudice, le cas échéant, de l'application des articles 265, 266, 267 et 268 dudit Code.

« Aʀᴛ. 10. Le produit de la vente des navires et bâtiments de mer capturés pour cause de piraterie sera réparti conformément aux lois et règlements sur les prises maritimes. Lorsque la prise aura été faite par des navires du commerce, ces navires et leurs équipages seront, quant à l'attribution et à la répartition du produit, assimilés à des bâtiments pourvus de lettres de marque et à leurs équipages.

TITRE II.

DU CRIME DE BARATERIE.

« Aʀᴛ. 11. Tout capitaine, maître, patron ou pilote chargé de la conduite d'un navire ou autre bâtiment de commerce, qui, volontairement et dans une intention frauduleuse, le fera périr par des moyens quelconques, sera puni de la peine de mort.

« Aʀᴛ. 12. Tout capitaine, maître ou patron chargé de la conduite d'un navire ou autre bâtiment de commerce, qui, par fraude, détournera à son profit ce navire ou bâtiment, sera puni des travaux forcés à perpétuité.

« Art. 13. Tout capitaine, maître ou patron, qui, volontairement et dans l'intention de commettre ou de couvrir une fraude au préjudice des propriétaires, armateurs, chargeurs, facteurs, assureurs et autres intéressés,

« Jettera à la mer ou détruira sans nécessité tout ou partie du chargement, des vivres ou des effets de bord;

« Ou fera fausse route;

« Ou donnera lieu, soit à la confiscation du bâtiment, soit à celle de tout ou partie de la cargaison,

« Sera puni des travaux forcés à temps.

« Art. 14. Tout capitaine, maître ou patron, qui, avec une intention frauduleuse,

« Se rendra coupable d'un ou plusieurs des faits énoncés en l'article 236 du Code de commerce;

« Ou vendra, hors le cas prévu par l'article 237 du même Code, le navire à lui confié;

« Ou fera des déchargements en contravention à l'article 248,

« Sera puni de la reclusion.

« Art. 15. L'article 386, paragraphe 4, du Code pénal est applicable aux vols commis à bord de tout navire ou bâtiment de mer par les capitaines, patrons, subrécargues, gens de l'équipage et passagers.

« L'article 387 du même Code est applicable aux altérations de vivres et marchandises commises à bord par les mêmes personnes.

TITRE III.

POURSUITES ET COMPÉTENCE.

« Art. 16. Lorsque des bâtiments de mer auront été capturés pour cause de piraterie, la mise en jugement des prévenus sera suspendue jusqu'à ce qu'il ait été statué sur la validité de la prise. Cette suspension n'empêchera ni les poursuites ni l'instruction de la procédure criminelle.

« Art. 17. S'il y a capture de navire ou arrestation de personnes, les prévenus de piraterie seront jugés par le tribunal maritime du chef-lieu de l'arrondissement maritime dans les ports duquel ils auront été amenés.

« Dans tous les autres cas, les prévenus seront jugés par le tribunal maritime de Toulon, si le crime a été commis dans le détroit de Gibraltar, la mer Méditerranée ou les autres mers du Levant, et par le tribunal de Brest, lorsque le crime aura été commis sur les autres mers.

« Toutefois, lorsqu'un tribunal maritime aura été régulièrement saisi du jugement de l'un des prévenus, ce tribunal jugera tous les autres prévenus du même crime, à quelque époque qu'ils soient découverts et dans quelque lieu qu'ils soient arrêtés.

« Sont exceptés des dispositions du présent article les prévenus du crime spécifié au paragraphe 1er de l'article 3, lesquels seront jugés suivant les formes et par les tribunaux ordinaires.

« ART. 18. Il sera procédé à l'instruction et au jugement conformément à ce qui est prescrit par le règlement du 12 novembre 1806.

« Néanmoins, si, pour quelque cause que ce soit, des témoins ne peuvent être produits aux débats, il y sera suppléé par la lecture des procès-verbaux et de toutes autres pièces qui seront jugées par le tribunal maritime être de nature à éclaircir la vérité.

« ART. 19. Les complices des crimes de piraterie spécifiés au titre Ier de la présente loi seront jugés par les tribunaux maritimes, ainsi qu'il est prescrit par les deux articles précédents.

« Sont exceptés et seront jugés par les tribunaux ordinaires les prévenus de complicité, Français ou naturalisés Français, autres néanmoins que ceux qui auraient aidé ou assisté les coupables dans le fait même de la consommation du crime.

« Et, dans les cas où des poursuites seraient exercées simultanément contre les prévenus de complicité compris dans l'exception ci-dessus et contre les auteurs principaux, le procès et les parties seront renvoyés devant les tribunaux ordinaires.

« ART. 20. Les individus prévenus des crimes ou de complicité des crimes spécifiés au titre II de la présente loi seront poursuivis et jugés suivant les formes et par les tribunaux ordinaires.

DISPOSITIONS GÉNÉRALES.

« ART. 21. Les lois et règlements auxquels il n'est point dérogé par la présente loi, notamment ceux relatifs à la navigation, aux armements en course et aux prises maritimes, continueront d'être exécutés en ce qui n'est pas contraire à la présente loi.

« La présente loi, discutée, délibérée et adoptée par la Chambre des pairs et par celle des députés, et sanctionnée par nous cejourd'hui, sera exécutée comme loi de l'État; voulons, en conséquence, qu'elle soit gardée et observée dans tout notre royaume, terres et pays de notre obéissance.

« Si donnons en mandement à nos cours et tribunaux, préfets, corps administratifs et tous autres, que les présentes ils gardent et maintiennent, fassent garder, observer et maintenir, et, pour les rendre plus notoires à tous nos sujets, ils les fassent publier et enregistrer partout où besoin sera, car tel est notre plaisir; et afin que ce soit chose ferme et stable à toujours, nous y avons fait mettre notre scel. »

LOI DU 3 MARS 1822.

. . . .

« ART. 7. Toute violation des lois et des règlements sanitaires sera punie :

« De la peine de mort, si elle a opéré communication avec des pays dont les provenances sont soumises au régime de la patente brute, avec ces provenances ou avec des lieux, des personnes ou des choses placés sous ce régime;

« De la peine de la reclusion et d'une amende de 200 à 20,000 francs, si elle a opéré communication avec des pays dont les provenances sont soumises au régime de la patente suspecte, avec ces provenances ou avec des lieux, des personnes ou des choses placés sous ce régime;

« De la peine d'un an à dix ans d'emprisonnement et d'une amende de 100 à 10,000 francs, si elle a opéré communication prohibée avec des lieux, des personnes ou des choses qui, sans être dans l'un des cas ci-dessus spécifiés, ne seraient point en libre pratique.

« Seront punis de la même peine ceux qui se rendraient coupables des communications interdites entre des personnes ou des choses soumises à des quarantaines de différents termes.

« Tout individu qui recevra sciemment des matières ou des personnes en contravention aux règlements sanitaires sera puni des mêmes peines que celles encourues par le porteur ou le délinquant pris en flagrant délit.

« Art. 8. Dans le cas où la violation du régime de patente brute mentionnée à l'article précédent n'aurait point occasionné d'invasion pestilentielle, les tribunaux pourront ne prononcer que la reclusion et l'amende portées au second paragraphe dudit article.

« Art. 9. Lors même que ces crimes ou délits n'auraient point occasionné d'invasion pestilentielle, s'ils ont été accompagnés de rébellion ou commis avec des armes apparentes ou cachées, ou avec effraction, ou avec escalade,

« La peine de mort sera prononcée en cas de violation du régime de la patente brute.

« La peine des travaux forcés à temps sera substituée à la peine de la reclusion pour la violation du régime de la patente suspecte; et la peine de la reclusion à l'emprisonnement pour les cas déterminés dans les deux avant-derniers paragraphes de l'article 7;

« Le tout indépendamment des amendes portées audit article et sans préjudice des peines plus fortes qui seraient prononcées par le Code pénal.

« Art. 10. Tout agent du Gouvernement au dehors, tout fonctionnaire, tout capitaine, officier ou chef quelconque d'un bâtiment de l'État ou de tout autre navire ou embarcation, tout médecin, chirurgien, officier de santé attaché, soit au service sanitaire, soit à un bâtiment de l'État ou du commerce, qui, officiellement, dans une dépêche, un certificat, un rapport, une déclaration ou une déposition, aurait sciemment altéré ou dissimulé les faits, de manière à exposer la santé publique, sera puni de mort s'il s'en est suivi une invasion pestilentielle.

« Il sera puni des travaux forcés à temps et d'une amende de 1,000 à 20,000 francs, lors même que son faux exposé n'aurait point occasionné d'invasion pestilentielle, s'il était de nature à pouvoir y donner lieu en empêchant les précautions nécessaires.

« Les mêmes individus seront punis de la dégradation civique et d'une amende de 500 à 10,000 francs, s'ils ont exposé la santé publique en négligeant, sans excuse légitime, d'informer qui de droit de faits à leur connaissance de nature à produire ce danger, ou si, sans s'être rendus complices de l'un des crimes prévus par les articles 7, 8 et 9, ils ont sciemment, et par leur faute, laissé enfreindre ou enfreint eux-mêmes des dispositions réglementaires qui eussent pu le prévenir.

« Art. 11. Sera puni de mort tout individu faisant partie d'un cordon sanitaire ou en faction pour surveiller une quarantaine ou pour empêcher une communication interdite, qui aurait abandonné son poste ou violé sa consigne.

« Art. 12. Sera puni d'un emprisonnement d'un an à cinq ans, tout commandant de la force publique qui, après avoir été requis par l'autorité compétente, aurait refusé de faire agir, pour un service sanitaire, la force sous ses ordres.

« Seront punis de la même peine et d'une amende de 50 à 500 francs :

« Tout individu attaché à un service sanitaire ou chargé par état de concourir à l'exécution des dispositions prescrites pour ce service, qui aurait, sans excuse légitime, refusé ou négligé de remplir ces fonctions;

« Tout citoyen faisant partie de la garde nationale qui se refuserait à un service de police sanitaire pour lequel il aurait été légalement requis en cette qualité;

« Toute personne qui, officiellement chargée de lettres ou paquets par une autorité ou une agence sanitaire, ne les aurait point remis ou aurait exposé la santé publique en tardant à les remettre, sans préjudice des réparations civiles qui pourraient être dues aux termes de l'article 10 du Code pénal.

« Art. 13. Sera puni d'un emprisonnement de quinze jours à trois mois et d'une amende de 50 à 500 francs, tout individu qui, n'étant dans aucun des cas prévus par les articles précédents, aurait refusé d'obéir à des réquisitions d'urgence pour un service sanitaire, ou qui, ayant connaissance d'un symptôme de maladie pestilentielle, aurait négligé d'en informer qui de droit.

« Si le prévenu de l'un ou de l'autre de ces délits est médecin, il sera, en outre, puni d'une interdiction d'un an à cinq ans.

« Art. 14. Sera puni d'un emprisonnement de trois à quinze jours et d'une amende de 5 à 50 francs, quiconque, sans avoir commis aucun des délits qui viennent d'être spécifiés, aurait contrevenu, en matière sanitaire, aux règlements généraux ou locaux, aux ordres des autorités compétentes.

« Art. 15. Les infractions en matière sanitaire pourront n'être passibles d'aucune peine lorsqu'elles n'auront été commises que par force majeure ou pour porter secours en cas de danger, si la déclaration en a été immédiatement faite à qui de droit.

« Art. 16. Pourra être exempté de toute poursuite et de toute peine, celui qui, ayant d'abord altéré la vérité ou négligé de la dire dans les cas prévus par l'article 10, réparerait l'omission ou rétracterait son faux exposé, avant qu'il eût pu en résulter aucun danger pour la santé publique et avant que les faits eussent été connus par toute autre voie. »

DÉCISION DU 10 FÉVRIER 1855.

Le conseil, dans sa séance du 10 février 1855, a décidé que le facteur qui se rend à bord des navires, à leur arrivée sur la rade de Pondichéry, doit s'abstenir de communiquer avec eux avant de s'être assuré qu'il n'y a point de malades à bord; et que, si du rapport de cet agent il résulte qu'il règne quelque maladie parmi les hommes de l'équipage ou les passagers, un médecin devra se transporter immédiatement à bord, et toute communication restera interdite jusqu'à ce que l'administration autorise la libre pratique.

DÉCRET

Du 25 mars 1852, relatif aux clubs et aux réunions publiques.

LOUIS-NAPOLÉON, Président de la République française;

Vu les articles 291 et suivants du Code pénal, qui prononcent les peines applicables à ceux qui font partie des associations ou réunions illicites;

Vu la loi du 10 avril 1834, sur les associations;

Vu le décret du 28 juillet 1848, sur les clubs;

Sur le rapport du ministre de la police générale;

Considérant que le droit d'association et de réunion doit être réglementé de manière à empêcher le retour des désordres qui se sont produits sous le régime d'une législation insuffisante pour les prévenir;

Qu'il est du devoir du Gouvernement d'apprécier et de prendre les mesures nécessaires pour qu'il puisse exercer sur toutes les réunions publiques une surveillance qui est la sauvegarde de l'ordre et de la sûreté de l'État;

Considérant que la loi du 22 juin 1849, suspensive du décret du 22 juillet 1848, ayant déjà reconnu le danger des clubs, avait décidé qu'un projet de loi serait présenté à l'Assemblée pour interdire les clubs et régler l'exercice du droit de réunion,

Décrète :

« Art. 1er. Le décret du 28 juillet 1848, sur les clubs, est abrogé, à l'exception, toutefois, de l'article 13 de ce décret, qui interdit les sociétés secrètes [1].

« Art. 2. Les articles 291, 292 et 294 du Code pénal et les articles 1, 2 et 3 de la loi du 10 avril 1834 seront applicables aux réunions publiques de quelque nature qu'elles soient.

« Art. 3. Le ministre de la police générale est chargé de l'exécution du présent décret, qui sera inséré au Bulletin des lois. »

---

[1] « Art. 13. Les sociétés secrètes sont interdites. Ceux qui seront convaincus d'avoir fait partie d'une société secrète seront punis d'une amende de 100 à 500 francs, d'un emprisonnement de six mois à deux ans et de la privation des droits civiques d'un an à cinq ans.

» Ces condamnations pourront être portées au double contre les chefs ou fondateurs desdites sociétés.

« Ces peines seront prononcées sans préjudice de celles qui pourraient être encourues pour crimes ou délits prévus par les lois. »

LOI

Du 7 juin 1848, sur les attroupements. (Promulguée en exécution du décret
du 22 janvier 1852.)

ASSEMBLÉE NATIONALE.

RÉPUBLIQUE FRANÇAISE.

LIBERTÉ, ÉGALITÉ, FRATERNITÉ.

La Commission du Pouvoir exécutif a proposé ;

L'ASSEMBLÉE NATIONALE a adopté ;

La Commission du Pouvoir exécutif promulgue le décret dont la teneur suit :

« ART. 1er. Tout attroupement armé formé sur la voie publique est interdit.

« Est également interdit sur la voie publique tout attroupement non armé qui pourrait troubler la tranquillité publique.

« ART. 2. L'attroupement est armé :

« 1° Quand plusieurs des individus qui le composent sont porteurs d'armes apparentes ou cachées ;

« 2° Lorsqu'un seul de ces individus, porteur d'armes apparentes, n'est pas immédiatement expulsé de l'attroupement par ceux-là même qui en font partie.

« ART. 3. Lorsqu'un attroupement armé ou non armé se sera formé sur la voie publique, le maire ou l'un de ses adjoints, à leur défaut le commissaire de police ou tout autre agent ou dépositaire de la force publique et du Pouvoir exécutif, portant l'écharpe tricolore, se rendra sur le lieu de l'attroupement.

« Un roulement de tambour annoncera l'arrivée du magistrat.

« Si l'attroupement est armé, le magistrat lui fera sommation de se dissoudre et de se retirer.

« Cette première sommation restant sans effet, une seconde sommation, précédée d'un roulement de tambour, sera faite par le magistrat.

« En cas de résistance, l'attroupement sera dissipé par la force.

« Si l'attroupement est sans armes, le magistrat, après le premier roulement de tambour, exhortera les citoyens à se disperser. S'ils ne se retirent pas, trois sommations seront successivement faites.

« En cas de résistance, l'attroupement sera dissipé par la force.

« Art. 4. Quiconque aura fait partie d'un rassemblement armé sera puni comme il suit :

« Si l'attroupement s'est dissipé après la première sommation et sans avoir fait usage de ses armes, la peine sera d'un mois à un an d'emprisonnement.

« Si l'attroupement s'est formé pendant la nuit, la peine sera d'un an à trois ans d'emprisonnement.

« Néanmoins, il ne sera prononcé aucune peine pour fait d'attroupement contre ceux qui, en ayant fait partie sans être personnellement armés, se seront retirés sur la première sommation de l'autorité.

« Si l'attroupement ne s'est dissipé qu'après la deuxième sommation, mais avant l'emploi de la force et sans qu'il ait fait usage de ses armes, la peine sera d'un an à trois ans, et de deux à cinq ans si l'attroupement s'est formé pendant la nuit.

« Si l'attroupement ne s'est dissipé que devant la force ou après avoir fait usage de ses armes, la peine sera de cinq à dix ans de détention pour le premier cas et de cinq à dix ans de reclusion pour le second cas.

« Si l'attroupement s'est formé pendant la nuit, la peine sera la reclusion.

« L'aggravation de peine résultant des circonstances prévues par la disposition du paragraphe 5 qui précède ne sera applicable aux individus non armés faisant partie d'un attroupement réputé armé, dans le cas d'armes cachées, que lorsqu'ils auront eu connaissance de la présence dans l'attroupement de plusieurs personnes portant des armes cachées, sauf l'application des peines portées par les autres paragraphes du présent article.

« Dans tous les cas prévus par les troisième, quatrième et cinquième paragraphes du présent article, les coupables condamnés à des peines de police correctionnelle pourront être interdits pendant un an au moins et cinq ans au plus de tout ou partie des droits mentionnés en l'article 42 du Code pénal.

« Art. 5. Quiconque faisant partie d'un attroupement non armé ne l'aura pas abandonné après le roulement de tambour précédant la deuxième sommation, sera puni d'un emprisonnement de quinze jours à six mois.

« Si l'attroupement n'a pu être dissipé que par la force, la peine sera de six mois à deux ans.

« Art. 6. Toute provocation directe à un attroupement armé ou non armé, par des discours proférés publiquement et par des écrits ou des imprimés, affichés ou distribués, sera puni comme le crime et le délit, selon les distinctions ci-dessus établies.

« Les imprimeurs, graveurs, lithographes, afficheurs et distributeurs seront punis comme complices lorsqu'ils auront agi sciemment.

« Si la provocation faite par les moyens ci-dessus n'a pas été suivie d'effet, elle sera punie, s'il s'agit d'une provocation à un attroupement nocturne et armé, d'un emprisonnement de six mois à un an; s'il s'agit d'un attroupement non armé, l'emprisonnement sera d'un mois à trois mois.

« Art. 7. Les poursuites dirigées pour crimes ou délits d'attroupement ne font aucun obstacle à la poursuite pour crimes et délits particuliers qui auraient été commis au milieu des attroupements.

« Art. 8. L'article 463 du Code pénal est applicable aux crimes et délits prévus et punis par la présente loi.

« Art. 9. La mise en liberté provisoire pourra toujours être accordée avec ou sans caution.

« Art. 10. Les poursuites pour délits et crimes d'attroupements seront portées devant la cour d'assises [1]. »

---

[1] Les délits d'attroupements seront jugés par les tribunaux correctionnels. (Art. 1ᵉʳ du décret du 5 mars 1852.)

LOI

Du 2 juillet 1850, relative aux mauvais traitements exercés envers les animaux domestiques.
(Promulguée en exécution du décret du 22 janvier 1852.)

RÉPUBLIQUE FRANÇAISE.

LIBERTÉ, ÉGALITÉ, FRATERNITÉ.

AU NOM DU PEUPLE FRANÇAIS.

L'Assemblée nationale a adopté la loi dont la teneur suit :

« Article unique. Seront punis d'une amende de 5 à 15 francs et pourront l'être d'un à cinq jours de prison, ceux qui auront exercé publiquement et abusivement de mauvais traitements envers les animaux domestiques.

« La peine de la prison sera toujours appliquée en cas de récidive.

« L'article 463 du Code pénal sera toujours applicable. »

DÉCRET

Du 16 octobre 1849, relatif à l'usage des timbres-poste.

AU NOM DU PEUPLE FRANÇAIS.

L'Assemblée nationale législative a adopté la loi dont la teneur suit :

« Article unique. Quiconque aura sciemment fait usage d'un timbre-poste ayant déjà servi à l'affranchissement d'une lettre sera puni d'une amende de 30 francs à 1,000 francs.

« En cas de récidive, la peine sera d'un emprisonnement de cinq jours à un mois, et l'amende sera doublée.

« Sera punie des mêmes peines, suivant les distinctions susétablies, la vente ou tentative de vente d'un timbre-poste ayant déjà servi.

« L'article 463 du Code pénal sera applicable dans les divers cas prévus par le présent article de loi. »

LOI

Du 24 mai 1834, sur les détenteurs d'armes ou de munitions de guerre.

LOUIS-PHILIPPE, etc.

« Art. 1er. Tout individu qui aura fabriqué, débité ou distribué des armes prohibées par la loi ou par des règlements d'administration publique, sera puni d'un emprisonnement d'un mois à un an et d'une amende de 16 francs à 500 francs.

« Celui qui sera porteur desdites armes sera puni d'un emprisonnement de six jours à six mois et d'une amende de 16 francs à 200 francs.

« Art. 2. Tout individu qui, sans y être légalement autorisé, aura fabriqué, débité ou distribué de la poudre, ou sera détenteur d'une quantité quelconque de poudre de guerre ou de plus de 2 kilogrammes de toute autre poudre, sera puni d'un emprisonnement d'un mois à deux ans, sans préjudice des autres peines portées par les lois.

« Art. 3. Tout individu qui, sans y être légalement autorisé, aura fabriqué ou confectionné, débité ou distribué des armes de guerre, des cartouches ou autres munitions de guerre, ou sera détenteur d'armes de guerre, cartouches ou munitions de guerre, ou d'un dépôt d'armes quelconques, sera puni d'un emprisonnement d'un mois à deux ans et d'une amende de 16 francs à 1,000 francs.

« La présente disposition n'est point applicable aux professions d'armurier et de fabricant d'armes de commerce, lesquelles resteront seulement assujetties aux lois et règlements particuliers qui les concernent.

« Art. 4. Les infractions prévues par les articles précédents seront jugées par les tribunaux de police correctionnelle.

« Les armes et munitions fabriquées, débitées, distribuées ou possédées sans autorisation seront confisquées.

« Les condamnés pourront, en outre, être placés sous la surveillance de la haute police pendant un temps qui ne pourra excéder deux ans.

« En cas de récidive, les peines pourront être élevées jusqu'au double.

« Art. 5. Seront punis de la détention les individus qui, dans un mouvement insurrectionnel, auront porté soit des armes apparentes ou cachées ou des munitions, soit un uniforme ou costume, ou autres insignes civils ou militaires.

« Si les individus porteurs d'armes apparentes ou cachées ou de munitions étaient revêtus d'un uniforme, d'un costume ou d'autres insignes civils ou militaires, ils seront punis de la déportation.

« Les individus qui auront fait usage de leurs armes seront punis de mort.

« Art. 6. Seront punis des travaux forcés à temps les individus qui, dans un mouvement insurrectionnel, se seront emparés d'armes ou de munitions de toute espèce, soit à l'aide de violences ou de menaces, soit par le pillage de boutiques, postes, magasins, arsenaux et autres établissements publics, soit par le désarmement des agents de la force publique. Chacun des coupables sera, de plus, condamné à une amende de 200 francs à 5,000 francs.

« Art. 7. Seront punis de la même peine les individus qui, dans un mouvement insurrectionnel, auront envahi, à l'aide de violences ou menaces, une maison habitée ou servant à l'habitation.

« Art. 8. Seront punis de la détention les individus qui, dans un mouvement insurrectionnel, auront, pour faire attaque ou résistance envers la force publique, envahi ou occupé des édifices, postes et autres établissements publics.

« La peine sera la même à l'égard de ceux qui, dans le même but, auront occupé une maison habitée ou non habitée avec le consentement du propriétaire ou du locataire, et à l'égard du propriétaire ou du locataire qui, connaissant le but des insurgés, leur aura procuré sans contrainte l'entrée de ladite·maison.

« Art. 9. Seront punis de la détention les individus qui, dans un mouvement insurrectionnel, auront fait ou aidé à faire des barricades, des retranchements ou tous autres travaux ayant pour objet d'entraver ou d'arrêter l'exercice de la force publique;

« Ceux qui auront empêché, à l'aide de violences ou de menaces, la convocation ou la réunion de la force publique, ou qui auront provoqué ou facilité le rassemblement des insurgés, soit par la distribution d'ordres ou de proclamations, soit par le port de drapeaux ou autres signes de ralliement, soit par tout autre moyen d'appel;

« Ceux qui auront brisé ou détruit un ou plusieurs télégraphes, ou qui auront envahi, à l'aide de violences ou de menaces, un ou plusieurs postes télégraphiques, ou qui auront intercepté par tout autre moyen, avec violences ou menaces, les communications ou la correspondance entre les divers dépositaires de l'autorité publique.

« Art. 10. Les peines portées par la présente loi seront prononcées sans préjudice de celles que les coupables auraient pu encourir comme auteurs ou complices de tous autres crimes. Dans le cas du concours de deux peines, la plus grave seule sera appliquée.

« Art. 11. Dans tous les cas prévus par la présente loi, s'il existe des circonstances atténuantes, il sera fait application de l'article 463 du Code pénal.

« Néanmoins, les condamnés pourront toujours être placés sous la surveillance de la haute police pendant un temps qui ne pourra excéder le maximum de la durée de l'emprisonnement prononcée par la loi. »

LOI

Du 21 mai 1836, portant prohibition des loteries.

LOUIS-PHILIPPE, etc.

Nous avons proposé, les Chambres ont adopté, NOUS AVONS ORDONNÉ et ORDONNONS ce qui suit :

« Art. 1er. Les loteries de toute espèce sont prohibées.

« Art. 2. Sont réputées loteries et interdites comme telles :

« Les ventes d'immeubles, de meubles ou de marchandises effectuées par la voie du sort, ou auxquelles auraient été réunies des primes ou autres bénéfices dus au hasard, et généralement toutes opérations offertes au public pour faire naître l'espérance d'un gain qui serait acquis par la voie du sort.

« Art. 3. La contravention à ces prohibitions sera punie des peines portées à l'article 410 du Code pénal.

« S'il s'agit de loteries d'immeubles, la confiscation prononcée par ledit article sera remplacée, à l'égard du propriétaire de l'immeuble mis en loterie, par une amende qui pourra s'élever jusqu'à la valeur estimative de cet immeuble.

« En cas de seconde ou ultérieure condamnation, l'emprisonnement et l'amende portés en l'article 410 pourront être élevés au double du maximum.

« Il pourra, dans tous les cas, être fait application de l'article 463 du Code pénal.

« Art. 4. Ces peines seront encourues par les auteurs, entrepreneurs ou agents des loteries françaises ou étrangères, ou des opérations qui leur sont assimilées.

« Ceux qui auront colporté ou distribué les billets, ceux qui, par des avis, annonces, affiches ou par tout autre moyen de publication, auront fait connaître l'existence de ces loteries ou facilité l'émission des billets, seront punis des peines portées en l'article 411 du Code pénal; il sera fait application, s'il y a lieu, des deux dernières dispositions de l'article précédent.

« Art. 5. Sont exceptées des dispositions des articles 1er et 2 ci-dessus, les loteries d'objets mobiliers exclusivement destinées à des actes de bienfaisance ou à l'encouragement des arts, lorsqu'elles auront été autorisées dans les formes qui seront déterminées par des règlements d'administration publique.

« La présente loi, discutée, délibérée et adoptée par la Chambre des pairs et des députés, et sanctionnée par nous cejourd'hui, sera exécutée comme loi de l'État.

« Donnons en mandement à nos cours et tribunaux, préfets, corps administratifs et tous autres, que les présentes ils gardent et maintiennent, fassent garder, observer et maintenir, et, pour les rendre plus notoires à tous, ils les fassent publier et enregistrer partout où besoin sera; et afin que ce soit chose ferme et stable à toujours, nous y avons fait mettre notre sceau. »

DÉCRET

Du 24 mars 1852, disciplinaire et pénal pour la marine marchande.

. . . .

SECTION III.

DES CRIMES.

« Art. 89. Tout individu inscrit sur le rôle d'équipage qui, volontairement, et dans une intention criminelle, échoue, perd ou détruit, par quelque moyen que ce soit, autre que celui du feu ou d'une mine, le navire sur lequel il est embarqué, est puni de dix à vingt ans de travaux forcés.

« Si le coupable était, à quelque titre que ce soit, chargé de la conduite du navire, il lui sera appliqué le maximum de la peine.

« S'il y a eu homicide ou blessure par le fait de l'échouement, de la perte ou de la destruction du navire, le coupable sera, dans le premier cas, puni de mort, et dans le second, puni des travaux forcés à temps.

« Art. 90. Tout capitaine, maître ou patron qui, dans une intention frauduleuse, détourne à son profit le navire dont la conduite lui est confiée, est puni de vingt ans de travaux forcés, sans préjudice de l'action civile réservée à l'armateur.

« Art. 91. Est puni de travaux forcés à temps tout capitaine, maître ou patron qui, volontairement, et dans une intention criminelle, fait fausse route, ou jette à la mer ou détruit sans nécessité tout ou partie du chargement, des vivres ou des effets du bord.

« Art. 92. Est puni de la réclusion tout capitaine, maître ou patron qui, dans une intention frauduleuse, se rend coupable de l'un des faits énoncés à l'article 236 du Code de commerce, ou vend, hors le cas prévu par l'article 237 du même code, le navire dont il a le commandement, ou opère des déchargements en contravention à l'article 248 dudit code [1].

---

[1] Art. 236, emprunts sans nécessité; art. 237, défense de vendre le navire hors le cas d'innavigabilité; art. 248, défense de décharger le navire hors le cas de péril imminent.

68

« Art. 93. Les vols commis à bord de tout navire par les capitaines, officiers, subrécargues ou passagers, sont punis de la réclusion.

« La même peine est prononcée contre les officiers mariniers, marins, novices et mousses, quand la valeur de l'objet volé excède 10 francs ou quand le vol a été commis avec effraction.

« Art. 94. Sont punies de la même peine toutes personnes embarquées, à quelque titre que ce soit, qui altèrent volontairement les vivres, boissons ou autres objets de consommation, par le mélange de substances malfaisantes.

Art. 95. Tout acte de rébellion commis par plus du tiers de l'équipage est puni de la réclusion.

« Si les rebelles étaient armés, la peine des travaux forcés à temps sera prononcée.

« Les rebelles sont réputés armés s'il se trouve parmi eux un ou plusieurs hommes porteurs d'une arme ostensible.

« Les couteaux de poche entre les mains des rebelles sont réputés armes par le fait seul du port ostensible.

« Art. 96. Tout complot ou attentat contre la sûreté, la liberté ou l'autorité du capitaine, maître ou patron est puni de la réclusion.

« La peine des travaux forcés à temps sera prononcée contre tout officier impliqué dans le complot ou l'attentat.

« On entend par complot la résolution d'agir concertée et arrêtée entre deux personnes au moins embarquées à bord d'un navire.

TITRE IV.

DISPOSITIONS DIVERSES.

« Art. 97. Le capitaine, maître ou patron a, sur les gens de l'équipage et sur les passagers, l'autorité que comportent la sûreté du navire, le soin des marchandises et le succès de l'expédition.

« Art. 98. Le capitaine, maître ou patron est autorisé à employer la force pour mettre l'auteur d'un crime hors d'état de nuire, mais il n'a pas juridiction sur le criminel, et il doit procéder à son égard suivant les prescriptions des articles 49, 50 et 51 ci-dessus.

« Les marins de l'équipage sont tenus de prêter main-forte au capitaine pour assurer l'arrestation de tout prévenu, sous peine d'un mois à un an de prison, indépendamment d'une retenue de solde d'un à trois mois.

« Art. 99. En cas de mutinerie ou de révolte, la résistance du capitaine et des personnes qui lui restent fidèles est considérée comme un acte de légitime défense.

« Art. 100. Dans les cas prévus par le présent décret, l'action publique et l'action civile se prescrivent après cinq années révolues, à compter du jour où le délit a été commis.

« La prescription pour les crimes reste soumise aux règles du droit commun.

« Art. 101. Sont et demeurent abrogées toutes les dispositions contraires à celles du présent décret.

« Art. 102. Le ministre secrétaire d'État de la marine et des colonies et le garde des sceaux, ministre secrétaire d'État de la justice, sont chargés, chacun en ce qui le concerne, de l'exécution du présent décret. »

LOI

Du 19 juillet 1845, sur la vente des substances vénéneuses.

LOUIS-PHILIPPE, etc.

. Nous avons proposé, les Chambres ont adopté, NOUS AVONS ORDONNÉ et ORDONNONS ce qui suit :

« Art. 1er. Les contraventions aux ordonnances royales portant règlement d'administration publique, sur la vente, l'achat et l'emploi des substances vénéneuses seront punies d'une amende de 100 francs à 3,000 francs et d'un emprisonnement de six jours à deux mois, sauf l'application, s'il y a lieu, de l'article 463 du Code pénal.

« Dans tous les cas, les tribunaux pourront prononcer la confiscation des substances saisies en contravention.

« ART. 2. Les articles 34 et 35 de la loi du 21 germinal an xi seront abrogés à partir de la promulgation de l'ordonnance qui aura statué sur la vente des substances vénéneuses.

« La présente loi, discutée, délibérée et adoptée par la Chambre des pairs et des députés, et sanctionnée par nous cejourd'hui, sera exécutée comme loi de l'État.

« Donnons en mandement à nos cours et tribunaux, préfets, corps administratifs et tous autres, que les présentes ils gardent et maintiennent, fassent garder, observer, maintenir, et, pour les rendre plus notoires à tous, il les fassent publier et enregistrer partout où besoin sera; et afin que ce soit chose ferme et stable à toujours, nous y avons fait mettre notre sceau. »

Le décret du 15 janvier 1853 ne promulgue dans les colonies que l'article 1er de la loi du 19 juillet 1845, et promulgue en même temps l'ordonnance du 29 octobre 1846, portant règlement sur l'exécution de cette même loi.

ARRÊTÉ DU 10 AVRIL 1838.

« ART. 1er. Est promulgué, à Pondichéry et dans les établissements français de l'Inde, l'article 1er de l'ordonnance royale du 2 janvier 1817, lequel est ainsi conçu :

« Conformément à l'article 16, du titre III de la loi du 12 octobre 1791, « tout forçat qui s'évadera sera puni pour chaque évasion :
« Par trois années de travaux forcés, lorsqu'il ne sera condamné qu'à « terme, et par l'application à la double chaîne pendant le même espace de « temps, s'il est condamné à perpétuité.

« ART. 2. Les peines ci-dessus, lorsqu'elles auront été encourues, seront prononcées, pour les forçats évadés du bagne de Pondichéry, en premier et dernier ressort, par la chambre de justice criminelle de la cour royale de Pondichéry, et, pour les condamnés aux travaux forcés à temps et à perpétuité, détenus dans les prisons des établissements secondaires, par les tribunaux criminels d'arrondissement jugeant en première instance, et sauf l'appel à la cour royale de Pondichéry, chambre de justice criminelle, dans les termes de droit. »

ARRÊTÉ

Du 20 novembre 1847, qui détermine les contraventions et peines en matière de contributions indirectes dans les établissements secondaires.

AU NOM DU ROI.

Nous, Capitaine de vaisseau, Officier de la Légion d'honneur, Gouverneur des établissements français dans l'Inde;

Vu les divers arrêtés et règlements concernant les droits et impôts perçus dans les établissements français de l'Inde, et notamment à Chandernagor, Karikal, Mahé et Yanaon, au profit du Trésor colonial;

Attendu qu'il importe de réprimer les actes de fraudes et les contraventions qui ont lieu en matière de contributions indirectes, soit que les revenus qui en font l'objet aient été affermés par l'administration, soit qu'elle en opère la perception en régie, par ses agents, et que lesdites fraudes et contraventions soient du fait des fermiers qu'elle a substitués à ses droits, ou de tous autres;

Attendu que les clauses pénales, en pareil cas, insérées jusqu'à ce jour aux cahiers des charges et conditions des fermiers n'ont et ne peuvent avoir d'effet qu'à l'égard des fermiers, et restent d'ailleurs limitées, même pour ces derniers, à des dommages-intérêts et à des réparations civiles;

Vu les lettres que nous ont, dans diverses circonstances, adressées les chefs de service des établissements secondaires, afin d'obtenir que l'administration y soit armée de moyens coercitifs semblables ou analogues à ceux qu'a consacrés, pour Pondichéry et ses districts, l'arrêté local du 14 novembre 1832;

Vu ledit arrêté;

Vu l'ordonnance du Roi du 20 janvier 1847, qui nous confère le droit d'édicter, pour la sanction des règlements d'administration et de police qui sont dans nos pouvoirs, des peines de police portées jusqu'à quinze jours d'emprisonnement et 100 francs d'amende;

Vu le règlement sur les contributions et divers droits indirects perçus à Chandernagor, Karikal, Mahé et Yanaon, arrêté en conseil d'administration, le 18 de ce mois;

Vu l'ordonnance organique du 23 juillet 1840, article 48;

Sur le rapport et la proposition du chef du service administratif et du procureur général du Roi;

Le conseil d'administration entendu,

Avons arrêté et arrêtons ce qui suit :

CHAPITRE Iᵉʳ.

DES PEINES.

« Art. 1ᵉʳ. Les peines de police, en matière de fraudes et de contraventions, lorsqu'il s'agit des contributions indirectes, dans les établissements de Chandernagor, Karikal, Mahé et Yanaon, sont l'emprisonnement, l'amende et la confiscation.

« Art. 2. L'emprisonnement ne pourra être moindre de trois jours, ni excéder quinze jours, selon les classes, les distinctions et les cas ci-après spécifiés.

« Les jours d'emprisonnement sont des jours complets de vingt-quatre heures.

« Art. 3. Les amendes pourront, dans les mêmes circonstances, être prononcées depuis 9 fr. 60 cent., ou 4 roupies, jusqu'à 100 francs, ou 41 roupies 5 fanons 8 caches.

« Art. 4. La contrainte par corps aura lieu pour le recouvrement de l'amende, des frais, indemnités et restitutions, dans la forme et d'après les règles en vigueur dans les établissements français de l'Inde.

« Art. 5. En cas d'insuffisance des biens des condamnés, les indemnités et dommages-intérêts dus aux parties lésées, de même que les frais, seront préférés à l'amende.

CHAPITRE II.

CONTRAVENTIONS ET PEINES.

PREMIÈRE CLASSE.

« ART. 6. Seront punis d'une amende de 9 fr. 60 cent., ou 4 roupies, à 19 fr. 20 cent., ou 8 roupies :

« 1° Les fermiers, leurs détaillants, agents et préposés qui se seront refusés, sans motif valable, à livrer aux consommateurs les denrées, boissons, marchandises et substances quelconques dont ils auront obtenu le monopole;

« 2° Les cantiniers qui n'indiqueront pas, par des signes apparents et tenant lieu, dans la localité, d'enseignes ou de bouchons, les débits et cabarets ouverts par eux;

« 3° Les cantiniers qui ouvriront leurs cantines ou y vendront des liqueurs avant le lever du soleil, ou passé neuf heures du soir;

« 4° Les cantiniers qui permettront à toute personne étrangère à la cantine d'y passer la nuit;

« Ceux qui ne préviendront pas immédiatement la police des rassemblements de gens sans aveu, mal famés ou mal intentionnés, qui se formeront dans leurs cantines;

« 5° Les cantiniers qui permettront qu'il soit bu dans leurs cantines une quantité de liqueurs fortes ou fermentées assez considérable pour occasionner l'ivresse;

« 6° Les distillateurs qui auront reçu du calou, du jagre, du padany ou du vesou, au plus tôt une demi-heure avant le lever et au plus tard une demi-heure après le coucher du soleil;

« 7° Tout individu qui aura livré les mêmes liqueurs à des heures autres que celles fixées par le paragraphe précédent;

« 8° Ceux qui n'auront pas fait mesurer par le fermier ou la régie les grains introduits par eux, soit par terre, soit par mer, soit de l'intérieur, soit de l'extérieur, dans une localité où il existe un service de mesurage, à moins toutefois que lesdits grains ne soient destinés à la consommation de celui qui les fera entrer et à celle de sa famille;

« 9° Les macouas pêcheurs et les plongeurs employés à la pêche des chanks qui n'auront pas rejeté immédiatement à la mer ceux de ces coquillages pris par eux qui seraient inférieurs à la dernière espèce ou classe du tarif du règlement arrêté pour cette pêche;

« 10° Les fermiers, leurs préposés et agents et ceux de l'administration qui, ayant opéré l'arrestation d'individus soupçonnés de fraude, ne les auront pas, dans le plus bref délai possible, conduits devant le commissaire de police ou employé en faisant fonctions, ou ne les remettront pas immédiatement, si l'arrestation a lieu pendant la nuit, à la garde des thanadars ou chefs de poste de police;

« 11° Les fermiers, leurs agents et ceux de l'administration qui ne déposeront pas, dans les mêmes conditions et de la même manière, les marchandises introduites, recelées, fabriquées ou vendues en fraude, ainsi que les objets pouvant servir de preuve, qu'ils auront saisis;

« 12° Les mêmes agents et les fermiers qui, dans tous les cas, ne feront pas au commissaire de police ou aux fonctionnaires qui le remplacent, dans le moindre délai possible, la déclaration des arrestations et des saisies qu'ils auront opérées.

« ART. 7. La peine de l'emprisonnement pendant trois jours au plus pourra, suivant les circonstances, être prononcée pour les contraventions prévues aux n° 2, 3 et 4 de l'article 6.

« Elle aura toujours lieu pour récidive, aux mêmes cas, dans la limite de cinq à huit jours.

CHAPITRE III.

DEUXIÈME CLASSE.

« ART. 8. Seront punis d'une amende de 21 fr. 60 cent., ou 9 roupies, à 43 fr. 20 cent., ou 18 roupies:

« 1° Ceux qui se seront refusés aux visites et perquisitions, pendant le jour, que les fermiers, leurs préposés et les agents de l'administration sont auto-risés à faire dans les boutiques, magasins, débits, étaux et échoppes;

« 2° Les cantiniers qui se refuseront aux mêmes visites et exercices, pen-dant tout le temps que les cantines et débits sont ouverts au public;

« 3° Les fermiers, leurs agents et préposés et ceux de l'administration qui pénétreront, sans l'assistance du juge de paix ou du fonctionnaire en ayant les attributions, dans les maisons, jardins, ou terrains fermés où ils soupçon-neraient que des boissons ou autres denrées ou marchandises prohibées ou soumises au monopole auraient été introduites.

« Toutefois, lesdits fermiers et agents seront dispensés d'observer les formalités prescrites par le paragraphe précédent, lorsqu'il s'agira de suivre des marchandises introduites en fraude qui, au moment d'être saisies, seront transportées dans une maison ou tout autre lieu, afin de les soustraire à leurs recherches;

« 4° Les fermiers, cantiniers et débitants quelconques qui auront tenu des débits et cantines non autorisés, qui n'en auront pas déclaré l'emplacement à la police, ou qui les auront établis dans d'autres lieux que ceux déterminés par l'administration;

« 5° Les cantiniers et débitants qui auront reçu le prix des liqueurs consommées dans leurs cantines et débits autrement qu'en espèces mon-nayées;

« Ceux qui ne donneront pas sur-le-champ avis à la police des offres qui leur seraient faites d'un payement en bijoux, linge et autres effets, ou qui auraient reçu lesdits objets en payement ou en nantissement, sans préjudice de peines plus graves au cas de recel de choses volées;

« 6° Les fermiers, cantiniers et détaillants et les agents des régies qui vendront de l'arrack et du rhum à un degré inférieur à celui déterminé par les règlements;

« 7° Les distillateurs qui opéreront le transport des produits de leur fabrication pour les déposer dans les magasins du fermier ou de l'administra-tration, suivant le cas, sans l'assistance des agents de la ferme ou de la régie;

« 8° Les distillateurs qui n'auront pas le registre dont la tenue est exigée par les règlements;

69

« Qui négligeront d'y porter, jour par jour, l'entrée des liqueurs et des matières destinées à la distillation ;

« Les produits de leurs distillations ;

« La sortie des liqueurs distillées ;

« Et toutes les indications qui seront nécessaires pour suivre et vérifier les opérations et les mouvements des distilleries ;

« Ceux qui ne feront pas arrêter leur registre à la fin de chaque mois, conformément aux règlements, ou qui refuseront de le représenter à toute réquisition, soit aux agents de l'administration, soit à ceux de la ferme ;

« 9° Les distillateurs qui commenceront ou cesseront leurs opérations sans en donner avis au fermier et à l'administration domaniale ;

« 10° Les distillateurs qui se refuseront aux visites du fermier, de ses agents et préposés ou de ceux de l'administration, dans les distilleries et dans les magasins qui en dépendent, sans distinction de jours et d'heures, lorsque les alambics sont en activité ;

« 11° Les propriétaires ou détenteurs d'alambics de tous genres, complets ou incomplets, quelle qu'en soit la capacité, qui n'en feront pas la déclaration au domaine dans les délais et aux cas prévus par les règlements ;

« 12° Les cultivateurs de bétel qui, avant de procéder à la cueillette de leur bétel, n'en obtiendront pas l'autorisation écrite du fermier ou de l'administration ;

« 13° Les cultivateurs qui cueilleront, dans leurs champs, pour leur usage et celui des propriétaires des terrains cultivés en bétel, une quantité de feuilles supérieure à celle permise ;

« 14° Les marchands en gros ou courtiers qui recevront du bétel, de qui que ce soit, sans qu'il leur soit justifié, par un reçu du fermier ou de la régie, que le droit acquis au Trésor ou à la ferme a été perçu ;

« 15° Tout individu qui aura, sans produire le même reçu, vendu ou tenté de vendre du bétel aux courtiers ou marchands en gros ;

« 16° Ceux de ces derniers qui se livreront, par eux-mêmes ou par leurs agents, au détail du bétel ;

« 17° Les marchands en gros ou courtiers qui ne remettront pas, au commencement de chaque mois, au fermier ou à la régie, un état des quantités de bétel par eux achetées et vendues dans le mois précédent ;

« 18° Les marchands en gros ou courtiers de bétel qui ne tiendront pas de leurs opérations journalières le registre exigé par les règlements;

« Ceux qui ne représenteront pas ledit registre au fermier, à ses préposés ou aux agents de l'administration, toutes les fois qu'ils en seront requis;

« 19° Les négociants, marchands, boutiquiers et débitants quelconques qui n'auront pas fait étalonner, dans les deux premiers mois de chaque année, les poids et mesures dont ils font usage ou qu'ils ont en leur possession;

« 20° Ceux qui n'étant ni fermiers, ni agents de l'administration, ou autorisés par elle, auront pêché ou fait pêcher dans les étangs, canaux et rivières où le droit de pêche est réservé au Gouvernement;

« 21° Ceux, dans les mêmes circonstances, qui se seront livrés à la pêche des chanks;

« 22° Ceux qui vendront des chanks introduits du territoire étranger à tous autres qu'au fermier ou à la régie;

« 23° Les macouas qui ne livreront pas au fermier ou à la régie les chanks trouvés par eux dans leurs filets;

« 24° Ceux qui auront acheté des chanks de tous autres que du fermier ou de ses agents, ou de ceux de l'administration;

« 25° Ceux qui, sans droit ou autrement que de la manière et dans les conditions permises, auront établi des bacs, bateaux, pirogues, radeaux ou catimarrons de passage quelconques, sur les rivières;

« 26° Les fermiers, leurs agents et préposés et ceux de l'administration qui auront livré aux consommateurs ou marchands et détaillants les denrées soumises au monopole, par quantités supérieures à celles fixées par les tarifs et les règlements;

« 27° Les fermiers, leurs préposés et détaillants et les agents de l'administration qui auront fait usage, pour la vente et le débit aux consommateurs et acheteurs de liqueurs et denrées quelconques, de poids et mesures non étalonnés.

« Art. 9. La peine de l'emprisonnement, pendant cinq jours au plus, pourra, suivant les circonstances, être prononcée pour les fraudes et contraventions prévues aux nos 1, 2, 3, 5, 6, 10, 15, 16, 23, 24 et 25 de l'article 8.

« Elle aura toujours lieu, pour récidive, aux mêmes cas, dans la limite de sept à dix jours.

CHAPITRE IV.

TROISIÈME CLASSE.

« Art. 10. Seront punis d'une amende de 5o francs, ou 2o roupies 6 fanons 16 caches, à 100 francs, ou 41 roupies 5 fanons 8 caches :

« 1° Les fermiers qui, sauf les cas de force majeure dûment constatés, n'approvisionneront pas les débits, en marchandises et denrées dont ils ont le monopole, des quantités nécessaires à la consommation des habitants, ou qui n'assureront pas, en ce qui les concerne, la marche et l'action régulières des services dont l'administration ou l'exploitation leur est confiée ;

« 2° Les fermiers, leurs détaillants et les agents des régies de l'administration qui livreront au public des poissons et des denrées de tous genres, soumises au monopole, qui seront reconnues falsifiées, mélangées, altérées d'une manière quelconque ou avariées, sans préjudice de peines plus graves, s'il en était résulté des accidents ou si l'altération présentait un caractère nuisible ;

« 3° Tout individu qui aura introduit sur le territoire français des marchandises et denrées quelconques prohibées ou soumises au monopole, sans en avoir obtenu l'autorisation du fermier ou de l'administration ;

« 4° Ceux qui n'acquitteront pas aux fermiers ou à l'administration les droits qui leur reviennent sur les denrées et marchandises importées ;

« 5° Ceux qui ne mettront pas en entrepôt, dans les formes déterminées par les règlements, les denrées et marchandises quelconques, soumises au monopole, qui seront introduites en transit sur le territoire français et destinées à être exportées ;

« 6° Ceux qui refuseront de laisser visiter par les fermiers, leurs agents et ceux de l'administration, les voitures, les palanquins, les coffres, les barriques, les futailles, etc. qu'ils suspecteraient de servir à une introduction frauduleuse, soit par terre, soit par mer ;

« 7° Ceux qui introduiront ou feront introduire en fraude des liqueurs, des marchandises et denrées quelconques prohibées ou soumises au monopole;

« 8° Ceux qui s'opposeront à ce que les denrées introduites en fraude et qui viendraient, au moment d'être saisies, à être transportées chez eux ou dans leurs magasins, y soient suivies par le fermier, ses agents ou ceux de l'administration, sans l'assistance du juge de paix;

« 9° Les individus qui établiront des alambics et distilleries, quels qu'ils soient, sans en avoir régulièrement obtenu l'autorisation, ceux qui transporteront lesdits appareils d'un lieu à un autre, sans la même autorisation;

« 10° Les fermiers et détaillants de l'arrack et du rhum, les agents de l'administration qui auront vendu ou laissé vendre ces liqueurs au-dessous du prix fixé par les tarifs;

« 11° Les fermiers et leurs détaillants qui auront vendu ou laissé vendre les liqueurs ci-dessus en gros, pendant le dernier mois des baux à ferme, sans l'autorisation de l'administration;

« 12° Les fermiers qui ne déclareront pas au domaine, quinze jours avant l'expiration des baux, la quantité de rhum et d'arrack qui leur restera en approvisionnement, et qui en auront conservé en leur possession une quantité supérieure à celle autorisée par l'administration;

« Sont applicables au fermier du sel et à ses préposés et détaillants les dispositions des paragraphes 11 et 12 ci-dessus;

« 13° Les capitaines, maîtres et patrons de bâtiments, choulias, dhonys et embarcations quelconques qui ayant tout ou partie de leur chargement en rhum ou arrack n'en feront pas la déclaration à l'administration domaniale et à la police lors de leur arrivée sur une rade ou dans une rivière d'un établissement français où la vente et le débit de ces liqueurs font l'objet d'un monopole;

« 14° Ceux qui auront vendu toutes autres liqueurs que celles soumises au monopole, par quantité inférieure à douze bouteilles ou un tierçon, les liqueurs fines exceptées;

« 15° Ceux qui auront fabriqué de l'arrack-patté;

« 16° Ceux qui n'auront pas livré aux fermiers ou aux régies le rhum et l'arrack distillés par eux au fur et à mesure de la distillation, ou qui ne les auront pas entreposés pour être exportés, soit par mer, soit par terre, sauf les quantités qu'ils auront été autorisés à conserver pour leur usage personnel;

« 17° Ceux qui ne préviendront pas les fermiers ou l'administration lors de l'expédition, par terre ou par mer, des liqueurs exportées par eux, et qui ne réclameront pas, pour les accompagner jusqu'au lieu de l'embarquement, ou jusqu'à la sortie du territoire français, la présence d'un agent de la ferme ou de la régie;

« 18° Les débitants de bétel qui s'approvisionneront des feuilles de cette plante chez tous autres que les courtiers ou marchands en gros commissionnés par l'administration;

« 19° Ceux qui auront exporté du bétel sans autorisation de la police et sans avoir préalablement acquitté le droit revenant au fermier ou à la régie;

« 20° Ceux qui auront, sans en avoir obtenu l'autorisation de l'administration, cultivé ou introduit le pavot, le ganja ou l'opium;

« ART. 11. La peine de l'emprisonnement pendant sept jours au plus, suivant les circonstances, pourra être prononcée pour les fraudes et contraventions prévues aux n°s 1, 2, 3, 7, 10, 13, 14, 15, 16, 17, 18, 19 et 20 de l'article 10.

« Elle aura toujours lieu, pour la récidive, aux mêmes cas, dans la limite de dix à quinze jours.

CHAPITRE V.

DISPOSITIONS COMMUNES AUX CHAPITRES II, III ET IV.

« ART. 12. Dans tous les cas de récidive, l'amende sera portée au maximum déterminé pour chaque classe des fraudes et contraventions commises.

« L'emprisonnement, dans les mêmes limites, pourra, de plus et sans distinction des fraudes et contraventions, être prononcé cumulativement avec l'amende, lorsque les contrevenants seront en état de récidive.

« ART. 13. Il y aura récidive toutes les fois qu'il aura été rendu, contre les contrevenants, dans les douze mois précédents, un premier jugement pour fraudes ou contraventions en matière de contributions indirectes.

« ART. 14. Seront toujours saisis et confisqués les choses introduites ou possédées en contravention, les choses produites par la contravention, les matières, instruments, ustensiles et objets quelconques qui auront servi ou qui étaient destinés à servir à la commettre.

« Les objets et denrées saisis pour fraudes et contraventions ne pourront être revendiqués par les propriétaires, ni le prix en être réclamé par aucun créancier privilégié, sauf leurs recours contre les auteurs des fraudes et contraventions.

« ART. 15. Les amendes et confiscations seront prononcées au profit de l'État, sauf à l'administration à en faire la répartition, quand il y aura lieu, entre les divers intéressés et ayants droit, conformément aux règles en vigueur sur la matière.

« ART. 16. Tous les cas de fraudes et de contraventions prévus par le présent arrêté seront portés et jugés au tribunal de simple police.

« ART. 17. Le juge ne pourra excuser les contrevenants sur l'intention, ni modérer les peines.

« Néanmoins, toute action sera éteinte lorsqu'il y aura transaction entre les fermiers et les contrevenants dans les termes de l'article 69 de notre arrêté du 18 de ce mois.

« ART. 18. Les fermiers, courtiers et marchands seront civilement responsables des faits de leurs facteurs, agents, ouvriers et domestiques, en ce qui concerne les droits, amendes, confiscations, restitutions, dommages-intérêts, indemnités et frais.

« Il n'est rien innové, d'ailleurs, aux règles générales, quant à la responsabilité, à la solidarité et la complicité qu'elles prononcent.

« ART. 19. Les défauts de forme, dans les procès-verbaux dressés pour la constatation des fraudes et contraventions prévues par le présent arrêté, n'entraîneront pas nullité.

« ART. 20. Les abus d'autorité et autres délits commis par les fermiers et leurs agents ou par ceux de l'administration, qui ne sont pas spécifiés par le présent arrêté, seront déférés aux tribunaux ordinaires et jugés comme s'agissant de fonctionnaires publics.

« ART. 21. Pourront être attaqués par la voie de l'appel devant les tribunaux de première instance, dans les délais et les formes déterminés par l'ordonnance locale du 26 mai 1827 :

« Les jugements rendus en police simple, pour les fraudes et contraventions qui font l'objet du présent arrêté, qui prononcent des amendes, restitutions et autres réparations civiles supérieures à 48 francs, ou 20 roupies, outre les frais et dépens;

« Ceux qui condamnent des Européens et gens à chapeau à un temps d'emprisonnement quelconque;

« Ceux contre des Indiens, qui emportent plus de huit jours de prison [1].

« Art. 22. L'appel est suspensif.

« Toutefois, si les condamnés ne fournissent point bonne et suffisante caution et qu'il y ait lieu de craindre qu'ils ne cherchent à abandonner le territoire français, leur détention provisoire sera ordonnée.

« Art. 23. Le chef du service administratif, le procureur général du Roi et les chefs de service des établissements secondaires sont chargés, chacun en ce qui le concerne, de l'exécution du présent arrêté, qui sera enregistré partout où besoin sera. »

ORDONNANCE

Du 7 juillet 1826, qui défend aux Indiens de toute caste de prendre le costume des topas ou gens à chapeau.

Considérant qu'il est nécessaire d'élever entre les gens à chapeau et les Indiens, gens de caste ou parias, une barrière insurmontable;

Vu les inconvénients très-graves qui sont déjà résultés du mélange de ces deux classes d'habitants;

Après en avoir délibéré en conseil d'administration et de gouvernement;

Provisoirement et sauf l'approbation de Sa Majesté,

Avons ordonné et ordonnons ce qui suit :

« Art. 1er. Les Indiens des deux sexes, chrétiens, maures, gentils ou parias, ne pourront, à l'avenir, prendre le costume des topas sous peine de vingt-cinq coups de rotin et de 25 roupies d'amende.

---

[1] Cet article a-t-il pu changer les règles de compétence déterminées par l'article 19 de l'ordonnance organique du 7 février 1842 ?

« Art. 2. Les chefs des différentes castes sont responsables de l'exécution de l'article précédent. Ils seront condamnés, par le tribunal de la police, à une amende de 25 roupies pour chaque individu de leur caste qui contreviendrait à l'article précité et qu'ils n'auraient pas dénoncé.

« Art. 3. La présente ordonnance sera enregistrée, publiée et affichée partout où besoin sera, à Pondichéry et à Karikal. »

ARRÊTÉ

Du 18 octobre 1831, portant défense à tous habitants d'acheter ou de recevoir en nantissement quelque marchandise que ce soit, de tout autre que des marchands connus, sans en avoir fait, au préalable, la déclaration à la police.

AU NOM DU ROI DES FRANÇAIS.

Nous, Gouverneur des établissements français dans l'Inde;

Vu le rapport de M. l'avocat général;

Considérant que la facilité que trouvent les malfaiteurs à se défaire des fruits de leurs vols est une des causes les plus actives des vols nombreux qui se commettent journellement;

Sur la proposition de l'avocat général, faisant fonctions de procureur général;

De l'avis du conseil privé,

Avons arrêté et arrêtons ce qui suit:

« Art. 1er. Il est expressément défendu à tous Européens, fils d'Européens, métis, Maures, Malabars, etc., de quelque caste que ce soit, d'acheter ou de recevoir en nantissement, de tout autre que des marchands connus, aucune matière d'or, d'argent ou de cuivre, des bijoux, marchandises et même du linge, sans avoir déclaré à la police, qui leur donnera un permis, la nature de l'objet qu'ils veulent acheter ou recevoir en nantissement, et le nom de la personne dont ils l'ont reçu.

« Art. 2. Il sera tenu à la police un registre sur lequel seront inscrites les déclarations faites en conformité de l'article ci-dessus.

« Art. 3. Quiconque aura contrevenu aux dispositions de l'article 1er sera condamné à une amende égale à la valeur de l'objet qu'il aura acheté ou reçu en nantissement; en cas de récidive, il sera condamné, outre l'amende, à un emprisonnement de huit jours à deux mois; le tout sans préjudice des peines qu'il pourrait avoir encourues comme receleur.

« Art. 4. Dans toute action devant les tribunaux qui aura pour objet la réclamation d'un gage ou du prix d'un objet compris dans l'article 1er, celui qui aura acheté ou reçu en gage devra présenter le permis de la police constatant qu'il a fait la déclaration exigée par cet article. S'il ne le présente pas, le ministère public en donnera sur-le-champ avis au lieutenant de police.

« Art. 5. Si l'objet vendu ou mis en gage provient d'un vol, il sera rendu au propriétaire, sans que celui qui l'a acheté ou reçu en gage puisse en réclamer la valeur.

« Art. 6. Les contraventions au présent arrêté seront jugées par le tribunal de police.

« Art. 7. Le procureur général est chargé de l'exécution du présent arrêté, qui sera enregistré partout où besoin sera. »

DÉCISION

Du 28 mars 1857, relative à l'entretien et à la direction du télégraphe électrique sur le territoire français.

ÉTABLISSEMENTS FRANÇAIS DANS L'INDE.

Nous, Gouverneur des établissements français dans l'Inde;

Vu la lettre de S. Exc. le très-honorable gouverneur du fort Saint-Georges, nous annonçant l'établissement d'un télégraphe électrique de Madras à Ceylan, par la voie de Pondichéry et de Karikal, et l'institution d'un bureau de télégraphe à Pondichéry;

Sur le rapport et la proposition du commissaire de la marine, ordonnateur, faisant fonctions de directeur de l'intérieur;

Le conseil d'administration entendu,

AVONS DÉCIDÉ et DÉCIDONS ce qui suit :

« ART. 1er. Tous les services de la colonie, dans la limite de leur compétence et de leurs attributions respectives, sont chargés de prêter au service du télégraphe électrique le concours compatible avec les prescriptions et les exigences de la loi.

« ART. 2. Toute entrave apportée à la libre exécution des travaux ou, lorsque ces travaux seront achevés, à la libre direction du télégraphe, tout dommage volontairement causé aux piliers ou aux fils qu'ils supportent, enfin tout fait volontaire de l'homme commis dans les limites d'un territoire français et ayant amené, par quelque moyen que ce soit, l'interruption soit des travaux dont il s'agit, soit des communications ou des correspondances, sera puni du maximum des peines de simple police, sans préjudice de peines plus fortes, s'il y a lieu.

« ART. 3. Le commissaire de la marine, ordonnateur, faisant fonctions de directeur de l'intérieur, est chargé de l'exécution de la présente décision, qui sera enregistrée partout où besoin sera. »

ARRÊTÉ

Du 7 mai 1859, qui contient des dispositions ayant pour but de prévenir les accidents pouvant résulter de la circulation des voitures sur la voie publique.

ÉTABLISSEMENTS FRANÇAIS DANS L'INDE.

NOUS, Commissaire général de la marine, Gouverneur des établissements français dans l'Inde;

Attendu que la législation locale ne contient aucune disposition ayant pour but de prévenir les accidents qui peuvent provenir de la circulation des voitures dans les rues;

Attendu que certains faits récents sont venus démontrer la nécessité de combler au plus tôt la lacune dont il s'agit ;

Vu l'article 4 de l'ordonnance organique du 23 juillet 1840, sur le gouvernement des établissements français dans l'Inde ;

Sur la proposition de l'ordonnateur ;

Le conseil d'administration entendu,

Avons arrêté et arrêtons ce qui suit :

« Art. 1er. Seront passibles d'une amende de 60 centimes à 4 fr. 50 cent. :

« 1° Ceux dont les voitures, de quelque nature qu'elles soient, les charrettes exceptées, n'auront pas de fanaux allumés pendant la nuit, lorsque la lune n'éclairera pas ;

« 2° Ceux qui ne suivront pas le côté gauche de la route en se croisant avec d'autres voitures ;

« Et 3° les piétons qui, avertis de l'approche d'une voiture, ne se rangeront pas sur les bas côtés pour lui laisser le passage libre.

« Art. 2. En cas de récidive, ces contraventions seront punies d'une amende s'élevant de 4 fr. 80 cent. à 12 francs.

« Art. 3. L'ordonnateur, le procureur général et les chefs de service dans les établissements secondaires sont chargés, chacun en ce qui le concerne, de l'exécution du présent arrêté, qui sera inséré au Bulletin et au Moniteur officiels de la colonie et publié partout où besoin sera. »

ARRÊTÉ

Du 7 mai 1859, qui réglemente le service de la boucherie.

ÉTABLISSEMENTS FRANÇAIS DANS L'INDE.

Nous, Commissaire général de la marine, Gouverneur des établissements français dans l'Inde ;

Attendu qu'il n'existe, dans la législation locale, aucune disposition réglementant le service de la boucherie ;

Considérant que les réclamations incessantes de la population contre la mauvaise qualité des viandes débitées démontrent la nécessité de combler au plus tôt cette lacune ;

Considérant, en outre, qu'en raison du climat il y a lieu de détruire immédiatement toute viande corrompue et de ne point attendre, pour cette denrée spéciale, les effets d'une poursuite en contravention ;

Vu l'article 48 de l'ordonnance organique du 23 juillet 1840, sur le gouvernement des établissements français dans l'Inde ;

Sur le rapport du maire directeur de la police et la proposition de l'ordonnateur ;

Le conseil d'administration entendu,

Avons arrêté et arrètons ce qui suit :

« Art. Ier. Sont passibles d'une amende de 2 fr. 40 cent. à 4 fr. 50 cent. et, en cas de récidive, de 5 francs à 12 francs :

« 1° Ceux qui exercent la profession de boucher et de charcutier sans permis de la police ;

« 2° Ceux qui, exerçant régulièrement la profession de boucher et de charcutier, débitent des viandes de boucherie et de charcuterie autre part qu'au bazar central ;

« 3° Ceux dont les tueries ne sont pas tenues dans un constant état de propreté ;

« 4° Ceux qui tuent des bestiaux sur la voie publique ;

« 5° Ceux qui vendent des viandes diverses au-dessus du tarif en vigueur, lequel est affiché à la porte du cotwal et signé du maire directeur de la police ;

« 6° Ceux qui n'étalent pas, chaque jour, la quantité de bœufs, moutons, agneaux et cochons qu'ils s'engagent à tuer en recevant leurs permis : l'étal ou l'emplacement qui leur est loué par l'administration peut, en outre, leur être retiré ;

« 7° Ceux qui apportent des viandes au bazar après sept heures du matin ;

« 8° Ceux qui étalent et vendent des viandes quelconques sans les soumettre préalablement à la visite de la police.

« Art. 2. La police est autorisée à accorder, après visite, des permis spéciaux de débit en ville, à un prix plus élevé que celui du bazar, à ceux qui n'étant ni bouchers, ni charcutiers de profession, engraissent chez eux, à l'occasion, un animal de boucherie.

« Art. 3. Sont confisquées et immédiatement enterrées les viandes reconnues avariées et corrompues, ainsi que celles provenant de bœufs, moutons, agneaux et cochons reconnus vieux, maigres, étiques ou maladifs par l'inspecteur de police, le paléagar ou le cotwal, sans préjudice des peines correctionnelles, quand il y a lieu.

« Art. 4. L'ordonnateur et le procureur général sont chargés, chacun en ce qui le concerne, de l'exécution du présent arrêté, qui sera publié partout où besoin sera. »

ARRÊTÉ

Du 27 octobre 1860, déterminant les pénalités que peuvent encourir les adjudicataires des débits de sel dans les aldées des trois districts de Pondichéry.

ÉTABLISSEMENTS FRANÇAIS DANS L'INDE.

Nous, Commissaire général de la marine, Gouverneur des établissements français dans l'Inde;

Attendu la nécessité d'assurer, par une pénalité, l'exécution des clauses et conditions prévues dans les cahiers des charges relatifs aux adjudications des débits de sel dans les districts;

Vu la dépêche ministérielle du 20 janvier 1847, ensemble l'ordonnance royale, en date du même jour, qui statue sur l'étendue des pouvoirs du gouvernement local pour la sanction des pénalités;

Vu les circulaires ministérielles des 3 et 6 juillet 1857;

Vu l'avis émis par le chef du service des contributions;

Sur le rapport et la proposition du commissaire de la marine, ordonnateur;

Le conseil d'administration entendu;

Avons arrêté et arrêtons ce qui suit :

« Art. 1er. Tout refus de vendre du sel aux mesures, prix et quantités indiqués dans les cahiers des charges, pourvu qu'il n'en soit pas demandé plus de quatre marécals par le même individu, tout mélange dans le sel vendu, tout faux mesurage ou toute contravention aux clauses et conditions desdits cahiers des charges, donneront lieu à une amende de 1 à 20 roupies, qui sera prononcée par le tribunal de police.

« Art. 2. Le commissaire de la marine, ordonnateur, et le procureur général sont chargés, chacun en ce qui le concerne, de l'exécution du présent arrêté, qui sera enregistré partout où besoin sera. »

ARRÊTÉ

Du 29 août 1861, qui rend applicables à Karikal les dispositions de l'arrêté du 27 octobre 1860, contre les adjudicataires des débits de sel.

ÉTABLISSEMENTS FRANÇAIS DANS L'INDE.

Nous, Commissaire général de la marine, Gouverneur des établissements français dans l'Inde ;

Vu la lettre de M. le chef de service de Karikal, en date du 23 de ce mois, qui demande l'application, contre les adjudicataires de débits de sel de cet établissement, des dispositions de notre arrêté du 27 octobre 1860, qui est spécial à Pondichéry ;

Attendu la nécessité d'assurer, par une pénalité, l'exécution des clauses et conditions prévues dans les cahiers des charges relatifs aux adjudications des débits de sel dans les aldées de Karikal ;

Vu la dépêche ministérielle du 29 janvier 1847, ensemble l'ordonnance royale, en date du 20 du même mois, qui statue sur l'étendue des pouvoirs du gouvernement local pour la sanction des pénalités ;

Vu les circulaires ministérielles des 3 et 6 juillet 1857 ;

Vu l'avis émis par le chef du service des contributions ;

Sur le rapport et la proposition du commissaire de la marine, ordonnateur;

Le conseil d'administration entendu,

Avons arrêté et arrêtons ce qui suit :

« Art. 1er. Tout refus de vendre du sel aux mesures, prix et quantités indiqués dans les cahiers des charges, pourvu qu'il n'en soit pas demandé plus de six marécals par le même individu, tout mélange dans le sel vendu, tout faux mesurage ou toute contravention aux clauses et conditions desdits cahiers des charges, donneront lieu à une amende de 1 à 20 roupies, soit 2 fr. 40 cent. à 48 francs, qui sera prononcée par le tribunal de police.

« Art. 2. Le commissaire de la marine, ordonnateur, le procureur général et le chef de service de Karikal sont chargés, chacun en ce qui le concerne, de l'exécution du présent arrêté, qui sera enregistré partout où besoin sera. »

Article du Code pénal colonial promulgué en exécution du décret du 15 janvier 1853.

« Art. 187. Toute suppression, toute ouverture de lettres confiées à la poste, commise ou facilitée par un fonctionnaire ou un agent du Gouvernement ou de l'administration des postes, sera punie d'une amende de 101 fr. à 600 francs. Le coupable sera, de plus, interdit de toute fonction ou emploi public pendant cinq années au moins et dix ans au plus.

« Tout capitaine de navire chargé du transport des lettres, qui se rendrait coupable d'un des délits prévus par le présent article, sera puni des peines qui y sont énoncées. »

Nous avons reproduit les lois et arrêtés qui rentrent exclusivement dans le droit pénal. La législation locale renferme, en outre, un grand nombre d'arrêtés relatifs à des matières administratives, qui édictent des pénalités.

Il suffira d'indiquer la date de ces arrêtés pour y recourir en cas de poursuites :

Ordonnance du 3 juin 1825, qui règle les mesures de précaution pour la fabrication, le commerce et le transport des poudres de guerre. (*Bulletin officiel*[1], 1825, pp. 18 [a], 107 [n].)

Ordonnance du 20 juillet 1826, relative aux déclarations à faire à l'embarquement et au débarquement des marchandises. (*Bulletin officiel*, 1826, p. 52.)

Ordonnance du 29 octobre 1827, modificative de la précédente. (*Bulletin officiel*, 1827, p. 180.)

Arrêté du 14 novembre 1832, sur les contraventions aux objets soumis au monopole. (*Bulletin officiel*, 1832, p. 165.)

Arrêté du 26 novembre 1851, qui modifie la rédaction de neuf articles de l'arrêté précédent. (*Bulletin officiel*, 1851, p. 156.)

Arrêté du 21 décembre 1832, sur la libre circulation des grains nourriciers. (*Bulletin officiel*, 1832, p. 195.)

Arrêté du 8 octobre 1835, sur l'étalonnage à Chandernagor (*Bulletin officiel*, 1846, p. 227), et arrêté du 2 novembre 1863. (*Bulletin officiel*, 1863, p. 337.)

Arrêté du 16 décembre 1835, qui astreint les hommes de peine à Pondichéry à se faire inscrire à la police. (*Bulletin officiel*, 1835, p. 135.) Il est tombé en désuétude.

Arrêté du 16 décembre 1835, qui astreint les domestiques à se munir d'un livret. (*Bulletin officiel*, 1835, p. 119.)

Arrêté du 26 décembre 1835, relatif à la police des chiens. (*Bulletin officiel*, 1835, p. 124.)

Règlement sur la vente du sel à Pondichéry et dans les districts de Bahour et de Villenour, du 27 décembre 1837. (*Bulletin officiel*, 1838, p. 27.) Les articles 10 et 11, qui punissent les contraventions, renvoient par erreur à

---

[1] Par *Bulletin officiel* on a voulu désigner le *Bulletin des actes administratifs* des établissements français de l'Inde.

l'arrêté du 14 novembre 1833 : il faut lire 14 novembre 1832. Il n'y a pas eu d'*errata* officiel.

Arrêté du 10 avril 1838, relatif au service de la voirie. (*Bulletin officiel,* 1838, p. 62.)

Arrêté du 30 septembre 1839, sur l'entourage des puits à Pondichéry. (*Bulletin officiel,* 1839, p. 257.)

Arrêté du 7 avril 1840, sur les tabacs. (*Bulletin officiel,* 1840, p. 49.)

Arrêté du 12 septembre 1842, sur l'étalonnage à Karikal. (*Bulletin officiel,* 1842, p. 257.)

Arrêté du 7 mars 1842, sur la régie du callou à Karikal. (*Bulletin officiel,* 1842, p. 56.)

Arrêté du 27 janvier 1842, sur l'étalonnage à Mahé. (*Bulletin officiel,* 1842, p. 21.)

Arrêté du 3 août 1842, sur la police du canal de Soutoucany. (*Bulletin officiel,* 1842, p. 242.)

Ordonnance royale du 30 septembre 1843, sur l'instruction publique. (*Bulletin officiel,* 1843, p. 355.)

Arrêté du 1er décembre 1843, sur la régie du callou à Pondichéry. (*Bulletin officiel,* 1843, p. 301.)

Arrêté du 7 juin 1844, sur la vente du sel à Mahé. (*Bulletin officiel,* 1844, p. 212.)

Loi du 5 juillet 1844, sur les brevets d'invention. (*Bulletin officiel,* 1849, p. 108.)

Arrêté du 25 novembre 1844, sur la libre exploitation des cocotiers à Pondichéry. (*Bulletin officiel,* 1844, p. 392.)

Arrêté du 25 novembre 1844, sur l'importation et la vente du tabac à Pondichéry et dans les trois districts. (*Bulletin officiel,* 1844, p. 382.)

Arrêté du 8 février 1845, sur l'étalonnage à Yanaon. (*Bulletin officiel,* 1845, p. 39.)

Arrêté du 6 mars 1845, sur l'exportation des grains. (*Bulletin officiel,* 1845, p. 57.)

Arrêté du 3 décembre 1845, sur la police des chiens. (*Bulletin officiel*, 1845, p. 254.)

Arrêté du 30 juillet 1847, sur l'entourage des puits dans les établissements secondaires. (*Bulletin officiel*, 1847, p. 199.)

Arrêté du 16 juin 1849, relatif à la perception du droit sur le bétel. (*Bulletin officiel*, 1849, p. 277.)

Arrêté du 1er septembre 1849, concernant l'impôt foncier à Mahé. (*Bulletin officiel*, 1849, p. 385.)

Arrêté du 23 avril 1850, sur la police des cimetières. (*Bulletin officiel*, 1850, p. 81.)

Arrêté du 24 août 1850, relatif à l'exercice de la pharmacie et au commerce de la droguerie par les Indiens. (*Bulletin officiel*, 1850, p. 153.)

Arrêté du 3 décembre 1851, qui prononce des peines contre ceux qui exploitent frauduleusement des palmiers. (*Bulletin officiel*, 1851, p. 167.)

Arrêté du 13 mars 1852, sur les établissements insalubres. (*Bulletin officiel*, 1852, p. 31.)

Décret du 19 mars 1852, concernant les rôles d'équipage et les indications des bâtiments et embarcations exerçant une navigation maritime. (*Bulletin officiel*, 1852, p. 369.)

Décret du 27 mars 1852, sur l'émigration. (*Bulletin officiel*, 1852, p. 369.)

Règlement du 23 septembre 1854, relatif à la police des cours d'eau. (*Bulletin officiel*, 1855, p. 15.)

Arrêté du 7 avril 1855, relatif à l'alignement des rues de la ville de Karikal. (*Bulletin officiel*, 1855, p. 86.)

Arrêté du 7 juillet 1855, sur la police des cours d'eau à Pondichéry. (*Bulletin officiel*, 1855, p. 123.)

Arrêté du 28 juillet 1855, sur le service de la voirie. (*Bulletin officiel*, 1855, p. 132.)

Arrêté du 1er décembre 1855, relatif au recouvrement de l'impôt. (*Bulletin officiel*, 1855, p. 311.)

Arrêté du 13 mai 1856, relatif au numérotage des maisons dans la ville de Pondichéry. (*Balletin officiel*, 1856, p. 131.)

Arrêté du 20 novembre 1856, portant fixation du budget des recettes. (*Bulletin officiel*, 1856, p. 283.)

Décision du chef du service à Karikal, du 31 décembre 1856, relative à la perception du droit sur le bétel, sur le tabac, l'arrack et sur l'entrepôt. (*Bulletin officiel*, 1857, p. 5.)

Arrêté du 26 décembre 1856, sur la perception du droit de mesurage à Pondichéry. (*Bulletin officiel*, 1857, p. 242.)

Arrêté du 24 novembre 1857, relatif à la perception du droit sur le bétel à Pondichéry. (*Bulletin officiel*, 1857, p. 242.)

Arrêté du 24 novembre 1857, portant fixation du budget des recettes. (*Bulletin officiel*, 1857, p. 252.)

Arrêté du 21 décembre 1857, réglant l'exécution de l'article 10 de l'arrêté précédent. (*Bulletin officiel*, 1857, p. 312.)

Décision du chef du service à Karikal, du 26 décembre 1857, relative à la perception du droit de mesurage des grains à Karikal. (*Bulletin officiel*, 1857, p. 316.)

Arrêté du 12 mai 1858, exemptant de tous droits le callou employé à la distillation de l'arrack à Pondichéry et à Karikal. (*Bulletin officiel*, 1858, p. 138.)

Arrêté du 24 novembre 1858, portant fixation du budget des recettes. (*Bulletin officiel*, 1858, p. 243.)

Arrêté du 24 novembre 1858, sur la police des licences. (*Bulletin officiel*, 1858, p. 247.)

Arrêté du 18 mai 1859, concernant la construction et la réparation, à Karikal, des avancées provisoires et fixes connues sous le nom d'auvents, de paillottes, de pandals. (*Bulletin officiel*, 1859, p. 79.)

Arrêté du 6 décembre 1859, portant fixation du budget des recettes. (*Bulletin officiel*, 1859, p. 247.)

Arrêté du 6 décembre 1860, sur la police de la rade à Pondichéry. (*Bul-

letin officiel, 1861, p. 53.) — *Abrogé* par l'arrêté du 9 janvier 1867. (*Bulletin officiel,* 1867, p. 6.)

Décision du 13 février 1862, relative au mode de perception du droit sur l'introduction du tabac à Mahé. (*Bulletin officiel,* 1862, p. 297.)

Décret du 26 février 1862, réglant les conditions de la navigation au cabotage dans les colonies. (*Bulletin officiel,* 1862, p. 67.)

Arrêté du 3 juillet 1862, relatif à l'émigration des travailleurs indiens. (*Bulletin officiel,* 1862, p. 100.)

Arrêté du 11 avril 1863, relatif à l'assainissement de Chandernagor. (*Bulletin officiel,* 1863, p. 73.) — *Modifié* par l'arrêté du 9 janvier 1867. (*Bulletin officiel,* 1867, p. 29.)

Arrêté du 13 avril 1863, sur les voitures publiques et particulières à Chandernagor. (*Bulletin officiel,* 1863, p. 98.)

Arrêté du 17 octobre 1863, relatif à l'établissement des machines à vapeur et de chaudières devant produire la vapeur. (*Bulletin officiel,* 1863, p. 290.)

Arrêté du 17 octobre 1863, relatif aux licences et à la vente du tabac à Mahé. (*Bulletin officiel,* 1863, p. 309.)

Arrêté du 2 mai 1864, portant règlement sur la boulangerie à Pondichéry. (*Bulletin officiel,* 1864, p. 390.)

Arrêté du 3 février 1865, sur la destruction des raquettes. (*Bulletin officiel,* 1865, p. 54.)

Arrêté du 14 mai 1865, qui réglemente la boulangerie à Mahé. (*Bulletin officiel,* 1865, p. 87.)

Arrêté du 28 novembre 1865, relatif à la perception des divers droits dans tous les établissements. (*Bulletin officiel,* 1865, p. 320.)

Arrêté du 23 août 1866, portant création du droit de quai et de débarcadère. (*Bulletin officiel,* 1866, p. 223.)

Arrêté du 9 janvier 1867, sur la police sanitaire. (*Bulletin officiel,* 1867, p. 24.)

VIII.

LÉGISLATION SUR LA PRESSE
ET LA PROPRIÉTÉ LITTÉRAIRE.

Les lois des 17 mai 1819, 26 mai 1819 et 25 mars 1822 ont été promulguées dans la colonie le 26 avril 1823. Elles ne sont pas insérées au Bulletin des actes administratifs.

Le régime de la presse périodique est réglé par le décret du 30 avril 1852, rendu applicable par la dépêche ministérielle du 17 décembre 1858.

LOI DU 17 MAI 1819.

CHAPITRE Ier.

DE LA PROVOCATION PUBLIQUE AUX CRIMES ET DÉLITS.

« ART. 1er. Quiconque, soit par des discours, des cris ou menaces proférés dans des lieux ou réunions publics, soit par des écrits, des imprimés, des dessins, des gravures, des peintures ou emblèmes vendus ou distribués, mis en vente ou exposés dans des lieux ou réunions publics, soit par des placards et affiches exposés aux regards du public, aura provoqué l'auteur ou les auteurs de toute action qualifiée crime ou délit à la commettre, sera réputé complice et puni comme tel.

« ART. 2. Quiconque aura, par l'un des moyens énoncés en l'article 1er, provoqué à commettre un ou plusieurs crimes, sans que ladite provocation ait été suivie d'aucun effet, sera puni d'un emprisonnement qui ne pourra être de moins de trois mois ni excéder cinq années, et d'une amende qui ne pourra être au-dessous de 5o francs ni excéder 6,ooo francs.

« Art. 3. Quiconque aura, par l'un des mêmes moyens, provoqué à commettre un ou plusieurs délits, sans que ladite provocation ait été suivie d'aucun effet, sera puni d'un emprisonnement de trois jours à deux années, et d'une amende de 3o francs à 4,ooo francs, ou de l'une de ces deux peines seulement, selon les circonstances, sauf les cas dans lesquels la loi prononcerait une peine moins grave contre l'auteur même du délit, laquelle sera alors appliquée au provocateur.

« Art. 6. La provocation, par l'un des mêmes moyens, à la désobéissance aux lois, sera punie des peines portées en l'article 3.

« Art. 7. Il n'est point dérogé aux lois qui punissent la provocation et la complicité résultant de tous actes autres que les faits de publication prévus par la présente loi.

CHAPITRE II.
DES OUTRAGES À LA MORALE PUBLIQUE ET RELIGIEUSE OU AUX BONNES MŒURS.

« Art. 8. Tout outrage à la morale publique et religieuse ou aux bonnes mœurs, par l'un des moyens énoncés en l'article 1er, sera puni d'un emprisonnement d'un mois à un an et d'une amende de 16 francs à 5oo francs.

CHAPITRE III.
DES OFFENSES ENVERS LE ROI.

« Art. 9. Quiconque, par l'un des moyens énoncés en l'article 1er de la présente loi, se sera rendu coupable d'offense envers la personne du Roi sera puni d'un emprisonnement qui ne pourra être de moins de six mois ni excéder cinq années et d'une amende qui ne pourra être au-dessous de 5oo francs ni excéder 10,ooo francs. Le coupable pourra, en outre, être interdit de tout ou partie des droits mentionnés en l'article 42 du Code pénal, pendant un temps égal à celui de l'emprisonnement auquel il aura été condamné. Ce temps courra à compter du jour où le coupable aura subi sa peine.

CHAPITRE IV.

DES OFFENSES PUBLIQUES ENVERS LES MEMBRES DE LA FAMILLE ROYALE, LES CHAMBRES, LES SOUVERAINS ET LES CHEFS DES GOUVERNEMENTS ÉTRANGERS.

« Art. 10. L'offense, par l'un des moyens énoncés en l'article 1er, envers les membres de la famille royale, sera punie d'un emprisonnement d'un mois à trois ans et d'une amende de 100 francs à 5,000 francs.

« Art. 11. L'offense, par l'un des mêmes moyens, envers les Chambres ou l'une d'elles, sera punie d'un emprisonnement d'un mois à trois ans et d'une amende de 100 francs à 5,000 francs.

« Art. 12. L'offense, par l'un des mêmes moyens, envers la personne des souverains ou envers celle des chefs des gouvernements étrangers, sera punie d'un emprisonnement d'un mois à trois ans et d'une amende de 100 francs à 5,000 francs.

CHAPITRE V.

DE LA DIFFAMATION ET DE L'INJURE PUBLIQUES.

« Art. 13. Toute allégation ou imputation d'un fait qui porte atteinte à l'honneur ou à la considération de la personne ou du corps auquel le fait est imputé, est une diffamation. Toute expression outrageante, terme de mépris ou invective, qui ne renferme l'imputation d'aucun fait, est une injure.

« Art. 14. La diffamation et l'injure commises par l'un des moyens énoncés en l'article 1er de la présente loi seront punies d'après les distinctions suivantes.

« Art. 15. La diffamation ou l'injure envers les cours, tribunaux ou autres corps constitués, sera punie d'un emprisonnement de quinze jours à deux ans et d'une amende de 50 francs à 4,000 francs.

« Art. 16. La diffamation envers tout dépositaire ou agent de l'autorité publique, pour des faits relatifs à ses fonctions, sera punie d'un emprisonnement de huit jours à dix-huit mois et d'une amende de 50 francs à 3,000 francs. L'emprisonnement et l'amende pourront, dans ce cas, être infligés cumulativement ou séparément, selon les circonstances.

« Art. 17. La diffamation envers les ambassadeurs, ministres plénipotentiaires, envoyés, chargés d'affaires ou autres agents diplomatiques accrédités
près du Roi, sera punie d'un emprisonnement de huit jours à dix-huit mois
et d'une amende de 5o francs à 3,ooo francs, ou de l'une de ces deux peines
seulement, selon les circonstances.

« Art. 18. La diffamation envers les particuliers sera punie d'un emprisonnement de cinq jours à un an et d'une amende de 2 5 francs à 2,ooo francs,
ou de l'une de ces deux peines seulement, selon les circonstances.

« Art. 19. L'injure contre les personnes désignées par les articles 16 et
17 de la présente loi sera punie d'un emprisonnement de cinq jours à un
an et d'une amende de 2 5 francs à 2,ooo francs, ou de l'une de ces deux
peines seulement, selon les circonstances. L'injure contre les particuliers
sera punie d'une amende de 16 francs à 5oo francs.

« Art. 20. Néanmoins, l'injure qui ne renfermerait pas l'imputation d'un
vice déterminé, ou qui ne serait pas publique, continuera d'être punie des
peines de simple police.

CHAPITRE VI.

DISPOSITIONS GÉNÉRALES.

« Art. 21. Ne donneront ouverture à aucune action les discours tenus
dans le sein de l'une des deux Chambres, ainsi que les rapports ou toutes
autres pièces imprimés par ordre de l'une des deux Chambres.

« Art. 22. Ne donnera lieu à aucune action le compte fidèle des séances
publiques de la Chambre des députés, rendu de bonne foi dans les journaux.

« Art. 23. Ne donneront lieu à aucune action en diffamation ou injure
les discours prononcés ou les écrits produits devant les tribunaux; pourront,
néanmoins, les juges saisis de la cause, en statuant sur le fond, prononcer
la suppression des écrits injurieux ou diffamatoires, et condamner qui il
appartiendra en des dommages-intérêts. Les juges pourront aussi, dans le
même cas, faire des injonctions aux avocats et officiers ministériels, ou même
les suspendre de leurs fonctions. La durée de cette suspension ne pourra
excéder six mois; en cas de récidive, elle sera d'un an au moins et de cinq

ans au plus. Pourront, toutefois, les faits diffamatoires étrangers à la cause donner ouverture, soit à l'action publique, soit à l'action civile des parties, lorsqu'elle leur aura été réservée par les tribunaux, et dans tous les cas, à l'action civile des tiers.

« Art. 24. Les imprimeurs d'écrits dont les auteurs seraient mis en jugement en vertu de la présente loi, et qui auraient rempli les obligations prescrites par le titre II de la loi du 21 octobre 1814, ne pourront être recherchés pour le simple fait d'impression de ces écrits, à moins qu'ils n'aient agi sciemment, ainsi qu'il est dit à l'article 60 du Code pénal qui définit la complicité.

« Art. 25. En cas de récidive des crimes et délits prévus par la présente loi, il pourra y avoir lieu à l'aggravation des peines prononcées par le chapitre IV, livre Ier, du Code pénal.

« Art. 26. Les articles 102, 217, 367, 368, 369, 370, 371, 372, 374, 375 et 377 du Code pénal, et la loi du 9 novembre 1815, sont abrogés. Toutes les autres dispositions du Code pénal auxquelles il n'est pas dérogé par la présente loi continueront d'être exécutées. »

LOI DU 26 MAI 1819.

« Art. Ier. La poursuite des crimes et délits commis par la voie de la presse, ou par tout autre moyen de publication, aura lieu d'office et à la requête du ministère public, sous les modifications suivantes :

« Art. 2. Dans le cas d'offense envers les Chambres ou l'une d'elles, par voie de publication, la poursuite n'aura lieu qu'autant que la Chambre qui se croira offensée l'aura autorisée.

« Art. 3. Dans le cas du même délit contre la personne des souverains et celle des chefs des gouvernements étrangers, la poursuite n'aura lieu que sur la plainte ou à la requête du souverain ou du chef du gouvernement qui se croira offensé.

« Art. 4. Dans le cas de diffamation ou d'injure contre les cours, tribunaux ou autres corps constitués, la poursuite n'aura lieu qu'après une délibération de ces corps, prise en assemblée générale et requérant les poursuites.

« ART. 5. Dans le cas des mêmes délits contre tout dépositaire ou agent de l'autorité publique, contre tout agent diplomatique étranger, accrédité près du Roi, ou contre tout particulier, la poursuite n'aura lieu que sur la plainte de la partie qui se prétendra lésée.

« ART. 6. La partie publique, dans son réquisitoire, si elle poursuit d'office, ou le plaignant, dans sa plainte, seront tenus d'articuler et de qualifier les provocations, attaques, offenses, outrages, faits diffamatoires ou injures, à raison desquels la poursuite est intentée, et ce, à peine de nullité de la poursuite.

« ART. 7. Immédiatement après avoir reçu le réquisitoire ou la plainte, le juge d'instruction pourra ordonner la saisie des écrits, imprimés, placards, dessins, gravures, peintures, emblèmes ou autres instruments de publication. L'ordre de saisir et le procès-verbal de saisie seront notifiés, dans les trois jours de ladite saisie, à la personne entre les mains de laquelle la saisie aura été faite, à peine de nullité.

« ART. 8. Dans les huit jours de ladite notification, le juge d'instruction est tenu de faire son rapport à la chambre du conseil, qui procède ainsi qu'il est dit au Code d'instruction criminelle, livre Ier, chapitre IX, sauf les dispositions ci-après [1].

« ART. 9. Si la chambre du conseil est unanimement d'avis qu'il n'y a pas lieu à poursuivre, elle prononce la mainlevée de la saisie.

« ART. 10. Dans le cas contraire, ou dans le cas de pourvoi du procureur du Roi ou de la partie civile contre la décision de la chambre du conseil, les pièces sont transmises, sans délai, au procureur général près la cour royale, qui est tenu, dans les cinq jours de la réception, de faire son rapport à la chambre des mises en accusation, laquelle est tenue de prononcer dans les trois jours dudit rapport.

« ART. 11. A défaut par la chambre du conseil du tribunal de première instance d'avoir prononcé dans les dix jours de la notification du procès-verbal de saisie, la saisie sera de plein droit périmée. Elle le sera également,

---

[1] Il n'y a pas dans l'Inde de chambre du conseil. Le rapport devrait être fait à la chambre des mises en accusation.

La procédure indiquée dans cet article et les suivants n'est possible qu'en supprimant le premier degré de juridiction.

à défaut par la cour royale d'avoir prononcé sur cette même saisie dans les dix jours du dépôt en son greffe de la requête que la partie saisie est autorisée à présenter, à l'appui de son pourvoi, contre l'ordonnance de la chambre du conseil. Tous les dépositaires des objets saisis seront tenus de les rendre au propriétaire, sur la simple exhibition du certificat des greffiers respectifs, constatant qu'il n'y a pas eu d'ordonnance ou d'arrêt dans les délais ci-dessus prescrits.

« Les greffiers sont tenus de délivrer ce certificat à la première réquisition, sous peine d'une amende de 300 francs, sans préjudice des dommages-intérêts, s'il y a lieu.

« Toutes les fois qu'il ne s'agira que d'un simple délit, la péremption de la saisie entraînera celle de l'action publique.

« Art. 12. Dans les cas où les formalités prescrites par les lois et règlements concernant le dépôt auront été remplies, les poursuites à la requête du ministère public ne pourront être faites que devant les juges du lieu où le dépôt aura été opéré, ou de celui de la résidence du prévenu.

« En cas de contravention aux dispositions ci-dessus rappelées, concernant le dépôt, les poursuites pourront être faites, soit devant le juge de la résidence du prévenu, soit dans les lieux où les écrits et autres instruments de publication auront été saisis.

« Dans tous les cas, la poursuite à la requête de la partie plaignante pourra être portée devant les juges de son domicile, lorsque la publication y aura été effectuée.

« Art. 13. Les crimes et délits commis par la voie de la presse ou tout autre moyen de publication, à l'exception de ceux désignés dans l'article suivant, seront renvoyés, par la chambre des mises en accusation de la cour royale, devant la cour d'assises, pour être jugés à la plus prochaine session [1]. L'arrêt de renvoi sera de suite notifié au prévenu.

« Art. 14. Les délits de diffamation verbale ou d'injure verbale contre toute personne, et ceux de diffamation ou d'injure par une voie de publication quelconque contre des particuliers, seront jugés par les tribunaux de police correctionnelle, sauf les cas attribués aux tribunaux de simple police.

[1] Modifié par l'article 2 du décret du 15 mai 1852.

« ART. 15. Sont tenues, la chambre du conseil du tribunal de première instance, dans le jugement de mise en prévention, et la chambre des mises en accusation de la cour royale, dans l'arrêt de renvoi devant la cour d'assises, d'articuler et de qualifier les faits à raison desquels lesdits prévention ou renvoi sont prononcés, à peine de nullité dudit jugement ou arrêt.

« ART. 16. Lorsque la mise en accusation aura été prononcée pour crimes commis par voie de publication, et que l'accusé n'aura pu être saisi ou qu'il ne se présentera pas, il sera procédé contre lui, ainsi qu'il est prescrit au livre II, titre IV, du Code d'instruction criminelle, chapitre *des Contumaces.*

« ART. 17. Lorsque le renvoi à la cour d'assises aura été fait pour délits spécifiés dans la présente loi, le prévenu, s'il n'est présent au jour fixé pour le jugement par l'ordonnance du président, dûment notifiée audit prévenu ou à son domicile dix jours au moins avant l'échéance, outre un jour par cinq myriamètres de distance, sera jugé par défaut. La cour statuera sans assistance ni intervention de jurés, tant sur l'action publique que sur l'action civile.

« ART. 18. Le prévenu pourra former opposition à l'arrêt par défaut dans les dix jours de la notification qui lui en aura été faite ou à son domicile, outre un jour par cinq myriamètres de distance, à charge de notifier son opposition tant au ministère public qu'à la partie civile.

« Le prévenu supportera sans recours les frais de l'expédition et de la signification de l'arrêt par défaut et de l'opposition, ainsi que de l'assignation et de la taxe des témoins appelés à l'audience pour le jugement de l'opposition.

« ART. 19. Dans les cinq jours de la notification de l'opposition, le prévenu devra déposer au greffe une requête tendant à obtenir du président de la cour d'assises une ordonnance fixant le jour du jugement de l'opposition ; cette ordonnance fixera le jour aux plus prochaines assises ; elle sera signifiée, à la requête du ministère public, tant au prévenu qu'au plaignant, avec assignation au jour fixé dix jours au moins avant l'échéance. Faute par le prévenu de remplir les formalités mises à sa charge par le présent article, ou de comparaître par lui-même ou par un fondé de pouvoirs au jour fixé par l'ordonnance, l'opposition sera réputée non avenue et l'arrêt par défaut sera définitif.

« ART. 20. Nul ne sera admis à prouver la vérité des faits diffamatoires, si ce n'est dans le cas d'imputation contre les dépositaires ou agents de l'autorité, ou contre toute personne ayant agi dans un caractère public, de faits relatifs à leurs fonctions. Dans ce cas, les faits pourront être prouvés par-devant la cour d'assises par toutes les voies ordinaires, sauf la preuve contraire par les mêmes voies.

« La preuve des faits imputés met l'auteur de l'imputation à l'abri de toute peine, sans préjudice des peines prononcées contre toute injure qui ne serait pas nécessairement dépendante des mêmes faits.

« ART. 21. Le prévenu qui voudra être admis à prouver la vérité des faits dans le cas prévu par le précédent article devra, dans les huit jours qui suivront la notification de l'arrêt de renvoi devant la cour d'assises ou de l'opposition à l'arrêt par défaut rendu contre lui, faire signifier au plaignant :

« 1° Les faits articulés et qualifiés dans cet arrêt, desquels il entend prouver la vérité;

« 2° La copie des pièces;

« 3° Les noms, professions et demeures des témoins par lesquels il entend faire sa preuve.

« Cette signification contiendra élection de domicile près la cour d'assises, le tout à peine d'être déchu de la preuve.

« ART. 22. Dans les huit jours suivants, le plaignant sera tenu de faire signifier au prévenu, au domicile par lui élu, la copie des pièces et les noms, professions et demeures des témoins par lesquels il entend faire la preuve contraire; le tout également sous peine de déchéance.

« ART. 23. Le plaignant en diffamation ou injure pourra faire entendre des témoins qui attesteront sa moralité; les noms, professions et demeures de ces témoins seront notifiés au prévenu ou à son domicile un jour au moins avant l'audition.

« Le prévenu ne sera point admis à faire entendre des témoins contre la moralité du plaignant.

« ART. 24. Le plaignant sera tenu, immédiatement après l'arrêt de renvoi, d'élire domicile près la cour d'assises et de notifier cette élection au prévenu et au ministère public, à défaut de quoi toutes significations seront faites valablement au plaignant au greffe de la cour.

« Lorsque le prévenu sera en état d'arrestation, toutes notifications, pour être valables, devront lui être faites à personne.

« ART. 25. Lorsque les faits imputés seront punissables selon la loi et qu'il y aura des poursuites commencées à la requête du ministère public, ou que l'auteur de l'imputation aura dénoncé ces faits, il sera, durant l'instruction, sursis à la poursuite et au jugement du délit de diffamation.

« ART. 26. Tout arrêt de condamnation contre les auteurs ou complices des crimes et délits commis par voie de publication ordonnera la suppression ou la destruction des objets saisis ou de tous ceux qui pourront l'être ultérieurement, en tout ou en partie, suivant qu'il y aura lieu pour l'effet de la condamnation.

« L'impression ou l'affiche de l'arrêt pourront être ordonnées aux frais du condamné.

« Ces arrêts seront rendus publics dans la même forme que les jugements portant déclaration d'absence.

« ART. 27. Quiconque, après que la condamnation d'un écrit, de dessins ou gravures sera réputée connue par la publication dans les formes prescrites par l'article précédent, les réimprimera, vendra ou distribuera, subira le maximum de la peine qu'aurait pu encourir l'auteur.

« ART. 28. Toute personne inculpée d'un délit commis par la voie de la presse ou par tout autre moyen de publication, contre laquelle il aura été décerné un mandat de dépôt ou d'arrêt, obtiendra sa mise en liberté provisoire, moyennant caution. La caution à exiger de l'inculpé ne pourra être supérieure au double du maximum de l'amende prononcée par la loi contre le délit qui lui est imputé.

« ART. 29. L'action publique contre les crimes et délits commis par la voie de la presse ou tout autre moyen de publication se prescrira par six mois révolus, à compter du fait de la publication qui donnera lieu à la poursuite.

« Pour faire courir cette prescription de six mois, la publication d'un écrit devra être précédée du dépôt et de la déclaration que l'éditeur entend le publier.

« S'il a été fait, dans cet intervalle, un acte de poursuite ou d'instruction, l'action publique ne se prescrira qu'après un an à compter du dernier acte, à l'égard même des personnes qui ne seraient pas impliquées dans ces actes d'instruction ou de poursuite.

« Néanmoins, dans le cas d'offense envers les Chambres, le délai ne courra pas dans l'intervalle de leur session.

« L'action civile ne se prescrira, dans tous les cas, que par la révolution de trois années, à compter du fait de la publication.

« Art. 30. Les délits commis par la voie de la presse ou par tout autre moyen de publication, qui ne seraient point encore jugés, le seront suivant les formes prescrites par la présente loi.

« Art. 31. La loi du 28 février 1817 est abrogée.

« Les dispositions du Code d'instruction criminelle auxquelles il n'est point dérogé par la présente loi continueront d'être exécutées. »

LOI

Du 25 mars 1822, relative à la répression et à la poursuite des délits commis par la voie de la presse ou par tout autre moyen de publication.

TITRE Ier.

DE LA RÉPRESSION.

« Art. 1er. Quiconque, par l'un des moyens énoncés en l'article 1er de la loi du 17 mai 1819, aura outragé ou tourné en dérision la religion de l'État sera puni d'un emprisonnement de trois mois à cinq ans et d'une amende de 300 francs à 6,000 francs.

« Les mêmes peines seront prononcées contre quiconque aura outragé ou tourné en dérision toute autre religion dont l'établissement est légalement reconnu en France.

« Art. 2. Toute attaque, par l'un des mêmes moyens, contre la dignité royale, l'ordre de successibilité au trône, les droits que le Roi tient de sa naissance, ceux en vertu desquels il a donné la charte, son autorité constitutionnelle, l'inviolabilité de sa personne, les droits ou l'autorité des Chambres, sera punie d'un emprisonnement de trois mois à cinq ans et d'une amende de 300 francs à 6,000 francs.

« Art. 3. L'attaque, par l'un de ces moyens, des droits garantis par les articles 5 et 9 de la charte constitutionnelle sera punie d'un emprisonnement d'un mois à trois ans et d'une amende de 100 francs à 4,000 francs.

« Art. 4. Quiconque, par l'un des mêmes moyens, aura excité à la haine ou au mépris du Gouvernement du Roi sera puni d'un emprisonnement d'un mois à quatre ans et d'une amende de 150 francs à 5,000 francs.

« La présente disposition ne peut pas porter atteinte au droit de discussion et de censure des actes des ministres.

« Art. 5. La diffamation ou l'injure, par l'un des mêmes moyens, envers les cours, tribunaux, corps constitués, autorités ou administrations publiques, sera punie d'un emprisonnement de quinze jours à deux ans et d'une amende de 150 francs à 5,000 francs.

« Art. 6. L'outrage fait publiquement, d'une manière quelconque, à raison de leurs fonctions ou de leur qualité, soit à un ou plusieurs membres de l'une des deux Chambres, soit à un fonctionnaire public, soit enfin à un ministre de la religion de l'État ou de l'une des religions dont l'établissement est légalement reconnu en France, sera puni d'un emprisonnement de quinze jours à deux ans et d'une amende de 100 francs à 4,000 francs.

« Le même délit envers un juré, à raison de ses fonctions, ou envers un témoin, à raison de sa déposition, sera puni d'un emprisonnement de dix jours à un an et d'une amende de 50 francs à 3,000 francs.

« L'outrage fait à un ministre de la religion de l'État ou de l'une des religions légalement reconnues en France, dans l'exercice même de ses fonctions, sera puni des peines portées par l'article 1er de la présente loi.

« Si l'outrage, dans les différents cas prévus par le présent article, a été accompagné d'excès ou de violences prévus par le premier paragraphe de l'article 228 du Code pénal, il sera puni des peines portées audit paragraphe et à l'article 229 et, en outre, de l'amende portée au premier paragraphe du présent article.

« Si l'outrage est accompagné des excès prévus par le second paragraphe de l'article 229 et par les articles 231, 232 et 233, le coupable sera puni conformément audit code.

« Art. 7. L'infidélité et la mauvaise foi dans le compte que rendent les journaux et écrits périodiques des séances des Chambres et des audiences des cours et tribunaux seront punies d'une amende de 1,000 francs à 6,000 francs.

« En cas de récidive, ou lorsque le compte rendu sera offensant pour l'un des pairs et députés, ou injurieux pour la cour, le tribunal ou l'un des magistrats, des jurés ou des témoins, les éditeurs du journal seront, en outre, condamnés à un emprisonnement d'un mois à trois ans.

« Dans les mêmes cas, il pourra être interdit, pour un temps limité ou pour toujours, aux propriétaires et éditeurs du journal ou écrit périodique condamné, de rendre compte des débats législatifs ou judiciaires. La violation de cette défense sera punie de peines doubles de celles portées au présent article.

« ART. 8. Seront punis d'un emprisonnement de six jours à deux ans et d'une amende de 16 francs à 4,000 francs, tous cris séditieux publiquement proférés.

« ART. 9. Seront punis d'un emprisonnement de quinze jours à deux ans et d'une amende de 100 francs à 4,000 francs :

« 1° L'enlèvement ou la dégradation des signes publics de l'autorité royale opérés en haine ou mépris de cette autorité;

« 2° Le port public de tous signes extérieurs de ralliement non autorisés par le Roi ou par des règlements de police;

« 3° L'exposition dans les lieux ou réunions publics, la distribution ou la mise en vente de tous signes ou symboles destinés à propager l'esprit de rébellion ou à troubler la paix publique.

« ART. 10. Quiconque, par l'un des moyens énoncés en l'article 1er de la loi du 17 mai 1819, aura cherché à troubler la paix publique, en excitant le mépris ou la haine des citoyens contre une ou plusieurs classes de personnes, sera puni des peines portées en l'article précédent.

« ART. 11. Les propriétaires ou éditeurs de tout journal ou écrit périodique seront tenus d'y insérer, dans les trois jours de la réception ou dans le plus prochain numéro, s'il n'en était pas publié avant l'expiration des trois jours, la réponse de toute personne nommée ou désignée dans le journal ou écrit périodique, sous peine d'une amende de 50 francs à 500 francs, sans préjudice des autres peines et dommages-intérêts auxquels l'article incriminé pourrait donner lieu. Cette insertion sera gratuite, et la réponse pourra avoir le double de la longueur de l'article auquel elle sera faite.

« Art. 12. Toute publication, vente ou mise en vente, exposition, distribution, sans l'autorisation préalable du Gouvernement, de dessins gravés ou lithographiés, sera, pour ce seul fait, punie d'un emprisonnement de trois jours à six mois et d'une amende de 10 francs à 500 francs, sans préjudice des poursuites auxquelles pourrait donner lieu le sujet du dessin.

« Art. 13. L'article 10 de la loi du 9 juin 1819 est commun à toutes les dispositions du présent titre, en tant qu'elles s'appliquent aux propriétaires ou éditeurs d'un journal ou écrit périodique.

« Art. 14. Dans les cas de délits correctionnels prévus par les premier, deuxième et quatrième paragraphes de l'article 6, par l'article 8 et par le premier paragraphe de l'article 9 de la présente loi, les tribunaux pourront appliquer, s'il y a lieu, l'article 463 du Code pénal.

TITRE II.

DE LA POURSUITE.

« Art. 15. Dans le cas d'offense envers les Chambres ou l'une d'elles par l'un des moyens énoncés en la loi du 17 mai 1819, la Chambre offensée, sur la simple réclamation d'un de ses membres, pourra, si mieux elle n'aime autoriser les poursuites par la voie ordinaire, ordonner que le prévenu sera traduit à sa barre. Après qu'il aura été entendu ou dûment appelé, elle le condamnera, s'il y a lieu, aux peines portées par les lois. La décision sera exécutée sur l'ordre du président de la Chambre.

« Art. 16. Les Chambres appliqueront elles-mêmes, conformément à l'article précédent, les dispositions de l'article 7 relatives au compte rendu de leurs séances.

« Les dispositions du même article 7, relatives au compte rendu des audiences des cours et tribunaux, seront appliquées directement par les cours et tribunaux qui auront tenu ces audiences.

« Art. 17. Seront poursuivis devant la police correctionnelle et d'office les délits commis par la voie de la presse et les autres délits énoncés en la présente loi et dans celle du 17 mai 1819, sauf les cas prévus par les articles 15 et 16 ci-dessus. Néanmoins la poursuite n'aura lieu d'office, dans le cas prévu par l'article 12 de la loi du 17 mai 1819 et dans celui de diffamation ou d'injure contre tout agent diplomatique étranger accrédité près du Roi ou contre tout particulier, que sur la plainte ou à la requête, soit du souverain ou du chef du gouvernement qui se croira offensé, soit de l'agent diplomatique ou du particulier qui se croira diffamé ou injurié.

« Les appels des jugements rendus par les tribunaux correctionnels sur les délits commis par des écrits imprimés par un procédé quelconque seront portés directement, sans distinction de la situation locale desdits tribunaux, aux cours royales, pour y être jugés par la première chambre civile et la chambre correctionnelle réunies, dérogeant quant à ce aux articles 200 et 201 du Code d'instruction criminelle.

« Les appels des jugements rendus par les mêmes tribunaux sur tous les autres délits prévus par la présente loi et par celle du 17 mai 1819 seront jugés dans la forme ordinaire fixée par le Code pour les délits correctionnels.

« Art. 18. En aucun cas, la preuve par témoins ne sera admise pour établir la réalité des faits injurieux ou diffamatoires. »

DÉPÊCHE MINISTÉRIELLE DU 22 NOVEMBRE 1858.

Monsieur le Gouverneur,

. . . .

Le régime de la presse coloniale sera réglé dorénavant par l'application pure et simple du décret du 30 avril 1852.

Vous restez armé du pouvoir qui vous est légalement conféré; mais je veux que la censure préventive soit abolie partout où elle existe. Vous ne prendrez aucune mesure répressive qu'avec l'avis préalable du conseil privé, en cas de nécessité seulement et sous votre responsabilité personnelle.

Je me plais à croire que la situation plus libre et plus légale faite à la presse coloniale sera pour elle l'occasion de se livrer d'une façon sérieuse et indépendante à l'examen des intérêts locaux, et qu'elle saura reconnaître la sollicitude dont elle est l'objet, en évitant ce qui serait de nature à compromettre l'ordre public et à réveiller d'anciennes haines causées par des différences d'origine.

Signé : NAPOLÉON (Jérôme).

DÉCRET

Du 30 avril 1852, sur la presse aux colonies. (Promulgué le 15 mai 1852.)

LOUIS-NAPOLÉON, Président de la République française;

Vu le décret du 20 février 1852;

Considérant que la législation actuelle laisse sans moyen de répression judiciaire certains délits dont la punition importe essentiellement au maintien de l'ordre dans les colonies;

Vu l'article 25 du décret du 17 février 1852, sur le régime de la presse en France;

Sur le rapport du ministre de la marine et des colonies,

Décrète :

« Art. 1er. Le décret du 2 mai 1848 et la loi du 7 août 1850, sur la presse aux colonies, continueront à recevoir leur exécution en ce qui n'est pas contraire aux articles 42 de l'ordonnance du 21 août 1825, sur le gouvernement de la Réunion, 44 de l'ordonnance du 9 février 1827, sur le gouvernement des Antilles, et 43 de l'ordonnance du 27 août 1828, sur le gouvernement de la Guyane française [1].

« Art. 2. La connaissance de tous les délits prévus par les lois sur la

---

[1] Aucun de ces textes n'est applicable dans l'Inde.

L'article 26 de l'ordonnance du 23 juillet 1840 détermine les pouvoirs du gouverneur en matière de presse.

« Art. 26. Le gouverneur surveille l'usage de la presse.

« Il commissionne les imprimeurs, donne les autorisations de publier les journaux et les révoque « en cas d'abus.

« Aucun écrit autre que les jugements, arrêts et actes publiés par autorité de justice, ne peut « être imprimé dans la colonie sans sa permission. »

presse en vigueur aux colonies sera déférée aux tribunaux de police correctionnelle.

« ART. 3. Le ministre de la marine et des colonies est chargé de l'exécution du présent décret. »

LOI

Du 7 août 1850, sur la presse dans les colonies [1].

L'ASSEMBLÉE NATIONALE a adopté d'urgence la loi dont la teneur suit :

TITRE Iᵉʳ.

DISPOSITIONS GÉNÉRALES.

« ART. Iᵉʳ. Les lois et ordonnances qui font l'objet de l'article 2 du décret du 2 mai 1848 et les lois du 30 décembre 1830 [2], du 11 août 1848 et du 27 juillet 1849, sur l'affichage et sur la presse, continueront à être exécutées ou seront exécutoires dans les colonies de la Martinique, de la Guadeloupe et dépendances, de l'île de la Réunion et de la Guyane française, sous les modifications suivantes :

TITRE II.

DE LA RÉPRESSION DES DÉLITS ET CRIMES COMMIS PAR LA VOIE DE LA PRESSE OU PAR TOUTE AUTRE VOIE DE PUBLICATION.

« ART. 2. La reproduction par voie de publication, dans les colonies, des articles de journaux ou écrits périodiques et de tous autres écrits publiés dans la métropole pourra être poursuivie et punie, en vertu de la présente loi, comme si la première publication en avait eu lieu dans la colonie.

« ART. 3. La provocation directe ou indirecte au rétablissement de l'esclavage ;

« L'excitation au mépris ou à la haine entre les anciennes classes de la population coloniale ;

---

[1] Cette loi avait déjà été promulguée dans la colonie le 17 décembre de la même année.
[2] Il faut lire 10 décembre.

« L'excitation à la résistance contre l'autorité métropolitaine, commise par l'un des moyens énoncés en l'article 1er de la loi du 17 mai 1819;

« L'outrage fait publiquement, d'une manière quelconque, au représentant du Gouvernement métropolitain;

« La publication, la reproduction ou la propagation, faites de mauvaise foi, de nouvelles fausses impliquant le rétablissement de l'esclavage,

« Seront poursuivis d'office et punis de trois mois à deux ans d'emprisonnement et d'une amende de 500 francs à 4,000 francs, sans préjudice de peines plus graves pour tous autres crimes et délits prévus par les lois.

« ART. 4. Seront poursuivis en vertu de la présente loi et punis des peines portées en l'article 3 ceux qui auront, avec connaissance, publié ou distribué dans les colonies des journaux ou écrits périodiques ou non périodiques, imprimés dans la métropole ou à l'étranger, qui contiendront l'un des délits prévus par ledit article.

« ART. 5. Dans le cas où une feuille périodique compromettrait gravement l'ordre public, le gouverneur pourra, par arrêté motivé et sous sa responsabilité, en suspendre la publication pour un mois au plus. Il rendra immédiatement compte de cette mesure au Gouvernement.

« ART. 6. Si, nonobstant la suspension, le journal ou écrit périodique continue de paraître, cette infraction sera punie correctionnellement des mêmes peines que s'il avait paru sans cautionnement.

« ART. 7. L'article 463 du Code pénal est applicable aux délits prévus par les articles 2, 3, 4 et 6 de la présente loi.

TITRE III.

DISPOSITIONS DIVERSES.

« ART. 8. La juridiction correctionnelle continuera de connaître des délits de diffamation verbale ou d'injure verbale contre toute personne et de ceux de diffamation et d'injure, par une voie de publication quelconque, contre les particuliers, sur la plainte de la partie lésée, après instruction, ou sur citation directe au jour indiqué par ordonnance du président, sauf les cas attribués aux tribunaux de simple police.

« ART. 9. Le décret du 2 mai 1848 cessera d'avoir ses effets dans les établissements coloniaux autres que ceux énumérés en l'article 1er. Ces établissements seront de nouveau soumis à la législation qui les régissait avant ledit décret.

« Les lois relatives aux écrits non périodiques et à la police de l'imprimerie, de la librairie, de l'affichage et de la vente ou distribution des écrits ou imprimés, pourront être rendues, en tout ou en partie, applicables à ces établissements par des règlements d'administration publique. »

DÉCRET

Du 2-4 mai 1848, concernant la liberté de la presse aux colonies.

. . . .

« Art. 2. Sont exécutoires aux colonies, jusqu'à ce qu'il ait été statué par l'Assemblée nationale, et sous les modifications résultant des décrets du Gouvernement provisoire, les lois et ordonnances concernant la police de la presse et de l'imprimerie, la répression et la poursuite des crimes, délits ou contraventions commis par la voie de la presse ou autres moyens de publication des journaux ou écrits périodiques. »

LOI

Du 10 décembre 1830, sur les afficheurs et les crieurs publics.

« Art. 1er. Aucun écrit soit à la main, soit imprimé, gravé ou lithographié, contenant des nouvelles politiques ou traitant d'objets politiques, ne pourra être affiché ou placardé dans les rues, places ou autres lieux publics.

« Sont exceptés de la présente disposition les actes de l'autorité publique.

« Art. 2. Quiconque voudra exercer, même temporairement, la profession d'afficheur ou crieur, de vendeur ou distributeur, sur la voie publique, d'écrits imprimés, lithographiés, gravés ou à la main, sera tenu d'en faire préalablement la déclaration devant l'autorité municipale et d'indiquer son domicile.

« Le crieur ou afficheur devra renouveler cette déclaration chaque fois qu'il changera de domicile.

« Art. 3. Les journaux, feuilles quotidiennes ou périodiques, les jugements et autres actes d'une autorité constituée, ne pourront être annoncés dans les rues, places et autres lieux publics, autrement que par leur titre.

« Aucun autre écrit imprimé, lithographié, gravé ou à la main ne pourra être crié sur la voie publique qu'après que le crieur ou distributeur aura fait connaître à l'autorité municipale le titre sous lequel il veut l'annoncer et qu'après avoir remis à cette autorité un exemplaire de cet écrit.

« Art. 4. La vente ou distribution de faux extraits de journaux, jugements et actes de l'autorité publique est défendue et sera punie des peines ci-après.

« Art. 5. L'infraction aux dispositions des articles 1er et 4 de la présente loi sera punie d'une amende de 25 à 500 francs et d'un emprisonnement de six jours à un mois, cumulativement ou séparément.

« L'auteur ou l'imprimeur des faux extraits défendus par l'article ci-dessus sera puni du double de la peine infligée au crieur, vendeur ou distributeur de faux extraits.

« Les peines prononcées par le présent article seront appliquées sans préjudice des autres peines qui pourraient être encourues par suite des crimes et délits résultant de la nature même de l'écrit.

« Art. 6. La connaissance des délits punis par le précédent article est attribuée aux cours d'assises. Ces délits seront poursuivis conformément aux dispositions de l'article 4 de la loi du 8 octobre 1830.

« Art. 7. Toute infraction aux articles 2 et 3 de la présente loi sera punie, par la voie ordinaire de police correctionnelle, d'une amende de 25 à 200 francs et d'un emprisonnement de six jours à un mois, cumulativement ou séparément.

« Art. 8. Dans les cas prévus par la présente loi, les cours d'assises et les tribunaux correctionnels pourront appliquer l'article 463 du Code pénal, si les circonstances leur paraissent atténuantes et si le préjudice causé n'excède pas 25 francs.

« Art. 9. La loi du 5 nivôse an v, relative aux crieurs publics, et l'article 290 du Code pénal sont abrogés. »

74

LOI

Du 11-12 août 1848, relative à la répression des crimes et délits commis par la voie de la presse.

Les lois des 17 mai 1819 et 25 mars 1822 sont modifiées ainsi qu'il suit :

« ART. 1er. Toute attaque, par l'un des moyens énoncés en l'article 1er de la loi du 17 mai 1819, contre les droits et l'autorité de l'Assemblée nationale, contre les droits et l'autorité que les membres du pouvoir exécutif tiennent des décrets de l'Assemblée, contre les institutions républicaines et la constitution, contre le principe de la souveraineté du peuple et du suffrage universel, sera punie d'un emprisonnement de trois mois à cinq ans et d'une amende de 300 francs à 6,000 francs.

« ART. 2. L'offense, par l'un des moyens énoncés en l'article 1er de la loi du 17 mai 1819, envers l'Assemblée nationale sera punie d'un emprisonnement d'un mois à trois ans et d'une amende de 100 francs à 5,000 francs.

« ART. 3. L'attaque par l'un de ces moyens contre la liberté des cultes, le principe de la propriété et les droits de la famille sera punie d'un emprisonnement d'un mois à trois ans et d'une amende de 100 francs à 4,000 francs.

« ART. 4. Quiconque, par l'un des moyens énoncés en l'article 1er de la loi du 17 mai 1819, aura excité à la haine ou au mépris du Gouvernement de la République sera puni d'un emprisonnement d'un mois à quatre ans et d'une amende de 150 francs à 5,000 francs.

« La présente disposition ne peut porter atteinte au droit de discussion et de censure des actes du Pouvoir exécutif et des ministres.

« ART. 5. L'outrage fait publiquement d'une manière quelconque, à raison de leurs fonctions ou de leur qualité, soit à un ou plusieurs membres de l'Assemblée nationale, soit à un ministre de l'un des cultes qui reçoivent un salaire de l'État, sera puni d'un emprisonnement de quinze jours à deux ans et d'une amende de 100 francs à 4,000 francs.

« ART. 6. Seront punis d'un emprisonnement de quinze jours à deux ans et d'une amende de 100 francs à 4,000 francs :

« 1° L'enlèvement ou la dégradation des signes publics de l'autorité du Gouvernement républicain, opéré en haine ou mépris de cette autorité;

« 2° Le port public de tous signes extérieurs de ralliement non autorisés par la loi ou par des règlements de police;

« 3° L'exposition dans les lieux ou réunions publics, la distribution ou la mise en vente de tous signes ou symboles propres à propager l'esprit de rébellion ou à troubler la paix publique.

« ART. 7. Quiconque, par l'un des moyens énoncés en l'article 1er de la loi du 17 mai 1819, aura cherché à troubler la paix publique en excitant le mépris ou la haine des citoyens les uns contre les autres, sera puni des peines portées en l'article précédent.

« ART. 8. L'article 463 du Code pénal est applicable aux délits de la presse. »

LOI

Du 27-29 juillet 1849, sur la presse.

CHAPITRE Ier.

DÉLITS COMMIS PAR LA VOIE DE LA PRESSE OU PAR TOUTE AUTRE VOIE DE PUBLICATION.

« ART. 1er. Les articles 1 et 2 du décret du 11 août 1848 sont applicables aux attaques contre les droits et l'autorité que le Président de la République tient de la constitution, et aux offenses envers sa personne.

« La poursuite sera exercée d'office par le ministère public.

« ART. 2. Toute provocation, par l'un des moyens énoncés en l'article 1er de la loi du 17 mai 1819, adressée aux militaires des armées de terre et de mer, dans le but de les détourner de leurs devoirs militaires et de l'obéissance qu'ils doivent à leurs chefs, sera punie d'un emprisonnement d'un mois à deux ans et d'une amende de 25 francs à 4,000 francs, sans préjudice des peines plus graves prononcées par la loi, lorsque le fait constituera une tentative d'embauchage ou une provocation à une action qualifiée crime ou délit.

« ART. 3. Toute attaque, par l'un des mêmes moyens, contre le respect dû aux lois et l'inviolabilité des droits qu'elles ont consacrés, toute apologie de faits qualifiés crimes ou délits par la loi pénale, sera punie d'un emprisonnement d'un mois à deux ans et d'une amende de 16 francs à 1,000 francs.

« Art. 4. La publication ou reproduction, faite de mauvaise foi, de nouvelles fausses, de pièces fabriquées, falsifiées ou mensongèrement attribuées à des tiers, lorsque ces nouvelles ou pièces seront de nature à troubler la paix publique, sera punie d'un emprisonnement d'un mois à un an et d'une amende de 50 francs à 1,000 francs.

« Art. 5. Il est interdit d'ouvrir ou annoncer publiquement des souscriptions ayant pour objet d'indemniser des amendes, frais, dommages et intérêts prononcés par des condamnations judiciaires. La contravention sera punie, par le tribunal correctionnel, d'un emprisonnement d'un mois à un an et d'une amende de 500 francs à 1,000 francs.

« Art. 6. Tous distributeurs ou colporteurs de livres, écrits, brochures, gravures et lithographies devront être pourvus d'une autorisation qui leur sera délivrée, pour le département de la Seine, par le préfet de police, et pour les autres départements, par le préfet.

« Ces autorisations pourront toujours être retirées par les autorités qui les auront délivrées.

« Les contrevenants seront condamnés, par les tribunaux correctionnels, à un emprisonnement d'un mois à six mois et à une amende de 25 francs à 500 francs, sans préjudice des poursuites qui pourraient être dirigées pour crimes ou délits, soit contre les auteurs ou éditeurs de ces écrits, soit contre les distributeurs ou colporteurs eux-mêmes.

« Art. 7. Indépendamment du dépôt prescrit par la loi du 21 octobre 1814, tous écrits traitant de matières politiques ou d'économie sociale et ayant moins de dix feuilles d'impression, autres que les journaux ou écrits périodiques, devront être déposés par l'imprimeur au parquet du procureur de la République du lieu de l'impression, vingt-quatre heures avant toute publication et distribution.

« L'imprimeur devra déclarer, au moment du dépôt, le nombre d'exemplaires qu'il aura tirés.

« Il sera donné récépissé de la déclaration.

« Toute contravention aux dispositions du présent article sera punie, par le tribunal de police correctionnelle, d'une amende de 100 francs à 500 francs.

CHAPITRE II.

DISPOSITIONS RELATIVES AUX JOURNAUX ET ÉCRITS PÉRIODIQUES.

« ART. 8. Le décret du 9 août 1848, relatif au cautionnement des journaux et écrits périodiques, est prorogé jusqu'à la promulgation de la loi organique sur la presse.

« ART. 9. Aucun journal ou écrit périodique ne pourra être signé par un représentant du peuple en qualité de gérant responsable. En cas de contravention, le journal sera considéré comme non signé, et la peine de 500 francs à 3,000 francs d'amende sera prononcée contre les imprimeurs et propriétaires.

« ART. 10. Il est interdit de publier les actes d'accusation et aucun acte de procédure criminelle avant qu'ils aient été lus en audience publique, sous peine d'une amende de 100 francs à 2,000 francs.

« En cas de récidive commise dans l'année, l'amende pourra être portée au double et le coupable condamné à un emprisonnement de dix jours à six mois.

« ART. 11. Il est interdit de rendre compte des procès pour outrages ou injures et des procès en diffamation où la preuve des faits diffamatoires n'est pas admise par la loi.

« La plainte pourra seulement être annoncée sur la demande du plaignant. Dans tous les cas, le jugement pourra être publié.

« Il est interdit de publier les noms des jurés, excepté dans le compte rendu de l'audience où le jury aura été constitué ;

« De rendre compte des délibérations intérieures, soit des jurés, soit des cours et tribunaux.

« L'infraction à ces dispositions sera punie d'une amende de 200 francs à 3,000 francs.

« En cas de récidive commise dans l'année, la peine pourra être portée au double.

« ART. 12. Les infractions aux dispositions des deux articles précédents seront poursuivies devant les tribunaux de police correctionnelle.

« ART. 13. Tout gérant sera tenu d'insérer en tête du journal les documents officiels, relations authentiques, renseignements et rectifications qui lui seront adressés par tout dépositaire de l'autorité publique. La publication devra avoir lieu le lendemain de la réception des pièces, sous la seule condition du payement des frais d'insertion. Toute autre insertion réclamée par le Gouvernement, par l'intermédiaire des préfets, sera faite de la même manière, sous la même condition, dans le numéro qui suivra le jour de la réception des pièces. Les contrevenants seront punis, par les tribunaux de police correctionnelle, d'une amende de 50 à 500 francs.

« L'insertion sera gratuite pour les réponses et rectifications prévues par l'article 11 de la loi du 25 mars 1822, lorsqu'elles ne dépasseront pas le double de la longueur des articles qui les auront provoquées; dans le cas contraire, le prix d'insertion sera dû pour le surplus seulement.

« Art. 14. En cas de condamnation du gérant pour crime, délit ou contravention de la presse, la publication du journal ou écrit périodique ne pourra avoir lieu, pendant toute la durée des peines d'emprisonnement et d'interdiction des droits civiques et civils, que par un autre gérant remplissant toutes les conditions exigées par la loi. Si le journal n'a qu'un gérant, les propriétaires auront un mois pour en présenter un nouveau, et, dans l'intervalle, ils seront tenus de désigner un rédacteur responsable. Le cautionnement entier demeurera affecté à cette responsabilité.

« Art. 15. La suspension autorisée par l'article 15 de la loi du 18 juillet 1828 pourra être prononcée par les cours d'assises, toutes les fois qu'une deuxième ou ultérieure condamnation pour crime ou délit sera encourue, dans la même année, par le même gérant ou par le même journal.

« La suspension pourra être prononcée, même par un premier arrêt de condamnation, lorsque cette condamnation sera encourue pour provocation à l'un des crimes prévus par les articles 87 et 91 du Code pénal.

« Dans ce dernier cas, l'article 28 de la loi du 26 mai 1819 cessera d'être applicable.

CHAPITRE III.
DE LA POURSUITE.

« Art. 16. Le ministère public aura la faculté de faire citer directement à trois jours, outre un jour par cinq myriamètres de distance, les prévenus devant la cour d'assises, même après qu'il y aura eu saisie.

« La citation contiendra l'indication précise de l'écrit ou des écrits, des imprimés, placards, dessins, gravures, peintures, médailles ou emblèmes incriminés, ainsi que l'articulation et la qualification des délits qui ont donné lieu à la poursuite.

« Dans le cas où une saisie aurait été ordonnée ou exécutée, copie de l'ordonnance ou du procès-verbal de ladite saisie sera notifiée au prévenu en tête de la citation, à peine de nullité.

« ART. 17. Si le prévenu ne comparait pas au jour fixé par la citation, il sera jugé par défaut par la cour d'assises, sans assistance ni intervention de jurés.

« L'opposition à l'arrêt par défaut devra être formée dans les trois jours de la signification à personne ou à domicile, outre un jour par cinq myriamètres de distance, à peine de nullité.

« L'opposition emportera de plein droit citation à la première audience.

« Si, à l'audience où il doit être statué sur l'opposition, le prévenu n'est pas présent, le nouvel arrêt rendu par la cour sera définitif.

« ART. 18. Toute demande en renvoi, pour quelque cause que ce soit, tout incident sur la procédure suivie devront être présentés avant l'appel et le tirage au sort des jurés, à peine de forclusion.

« ART. 19. Après l'appel et le tirage au sort des jurés, le prévenu, s'il a été présent à ces opérations, ne pourra plus faire défaut.

« En conséquence, tout arrêt qui interviendra, soit sur la forme, soit sur le fond, sera définitif, quand bien même le prévenu se retirerait de l'audience et refuserait de se défendre. Dans ce cas, il sera procédé avec le concours du jury et comme si le prévenu était présent.

« ART. 20. Aucun pourvoi en cassation sur les arrêts qui auront statué, soit sur les demandes en renvoi, soit sur les incidents de procédure, ne pourra être formé qu'après l'arrêt définitif, et en même temps que le pourvoi contre cet arrêt, à peine de nullité.

« ART. 21. Le pourvoi en cassation devra être formé dans les vingt-quatre heures au greffe de la cour d'assises; vingt-quatre heures après, les pièces seront envoyées à la cour de cassation. Dans les dix jours qui suivront l'arrivée des pièces au greffe de la cour de cassation, l'affaire sera instruite et jugée d'urgence, toutes autres affaires cessantes.

« ART. 22. Si, au moment où le ministère public exerce son action, la session de la cour d'assises est terminée, et s'il ne doit pas s'en ouvrir d'autres à une époque rapprochée, il pourra être formé une cour d'assises extraordinaire par ordonnance motivée du premier président. Cette ordonnance prescrira le tirage au sort des jurés conformément à la loi.

« Les dispositions de l'article 81 du décret du 6 juillet 1810 seront applicables aux cours d'assises extraordinaires formées en exécution du paragraphe précédent.

« ART. 23. L'article 463 du Code pénal est applicable aux délits prévus par la présente loi.

« Lorsque, en matière de délits, le jury aura déclaré l'existence des circonstances atténuantes, la peine ne s'élèvera jamais au-dessus de la moitié du maximum déterminé par la loi. »

DÉCRET

Du 9 décembre 1857, qui rend exécutoires, dans les colonies, les lois et autres actes sur la propriété littéraire et artistique auxquels il se réfère. (Promulgué le 5 février 1858.)

NAPOLÉON, etc.

Sur le rapport de notre ministre secrétaire d'État de la marine et des colonies;

Vu les articles 6 et 18 du sénatus-consulte du 3 mai 1854, qui règle la constitution des colonies;

Vu l'avis du comité consultatif des colonies, en date du 30 novembre 1857,

AVONS DÉCRÉTÉ et DÉCRÉTONS ce qui suit :

« ART. 1er. Sont déclarés exécutoires, dans les colonies de la Martinique, de la Guadeloupe, de la Guyane française, de la Réunion, du Sénégal, de Gorée, des établissements français dans l'Inde et dans l'Océanie, les lois et autres actes ci-après désignés qui régissent la propriété littéraire et artistique dans la métropole, savoir :

« 1° Les articles 2, 3, 4 et 5 de la loi du 13 janvier 1791, relative à la propriété des œuvres dramatiques;

« 2° Les articles 1 et 2 de la loi du 19 juillet 1791, sur les droits des auteurs de productions dramatiques;

« 3° Le décret du 19 juillet 1793, relatif à la propriété littéraire et artistique;

« 4° Les articles 2 et 3 du décret du 1er septembre 1793, relatif à la propriété des ouvrages;

« 5° Le décret du 25 prairial an III (13 juin 1795), relatif aux autorités chargées de constater les délits de contrefaçon;

« 6° Le décret impérial du 1er germinal an XIII (22 mars 1805), relatif à la propriété des œuvres posthumes;

« 7° Les articles 10, 11 et 12 du décret impérial du 8 juin 1806, relatif à la représentation des œuvres dramatiques posthumes;

« 8° Le décret impérial du 20 février 1809, relatif à l'impression des manuscrits des bibliothèques et des établissements publics;

« 9° Les articles 39, 41 (1er alinéa, n° 7), 42, 43, 45, 47 du décret impérial du 5 février 1810, relatif à l'imprimerie et à la propriété littéraire;

« 10° Les articles 72 et 73 du décret impérial du 15 octobre 1812, relatif à la représentation des œuvres dramatiques;

« 11° La loi du 3 août 1844, relative à la propriété des œuvres dramatiques;

« 12° Le décret du 28 mars 1852, relatif à la propriété littéraire et artistique des ouvrages publiés à l'étranger;

« 13° La loi du 8 avril 1854, portant extension de la durée des droits de propriété littéraire et artistique.

« ART. 2. Notre ministre secrétaire d'État de la marine et des colonies est chargé de l'exécution du présent décret, qui sera inséré au Bulletin des lois. »

LOI

RELATIVE AUX SPECTACLES.

(Décret de l'Assemblée nationale, du 13 janvier 1791.)

. . . .

« ART. 2. Les ouvrages des auteurs morts depuis cinq ans et plus sont une propriété publique et peuvent, nonobstant tous anciens priviléges qui sont abolis, être représentés sur tous les théâtres indistinctement.

« ART. 3. Les ouvrages des auteurs vivants ne pourront être représentés sur aucun théâtre public, dans toute l'étendue de la France, sans le consentement formel et par écrit des auteurs, sous peine de confiscation du produit total des représentations au profit des auteurs.

« ART. 4. La disposition de l'article 3 s'applique aux ouvrages déjà représentés, quels que soient les anciens règlements; néanmoins, les actes qui auraient été passés entre des comédiens et des auteurs vivants, ou des auteurs morts depuis moins de cinq ans, seront exécutés.

« ART. 5. Les héritiers ou les cessionnaires des auteurs seront propriétaires de leurs ouvrages durant l'espace de cinq années après la mort de l'auteur. »

. . . .

LOI

RELATIVE AUX SPECTACLES.

(Décret de l'Assemblée nationale, du 19 juillet 1791.)

. . . .

« ART. 1er. Conformément aux dispositions des articles 3 et 4 du décret du 13 janvier dernier, concernant les spectacles, les ouvrages des auteurs vivants, même ceux qui étaient représentés avant cette époque, soit qu'ils fussent ou non gravés ou imprimés, ne pourront être représentés sur aucun théâtre public, dans toute l'étendue du royaume, sans le consentement for-

mel et par écrit des auteurs, ou sans celui de leurs héritiers ou cessionnaires pour les ouvrages des auteurs morts depuis moins de cinq ans, sous
peine de confiscation du produit total des représentations au profit de l'auteur ou de ses héritiers ou cessionnaires.

« Art. 2. La convention entre les auteurs et les entrepreneurs de spectacles sera parfaitement libre, et les officiers municipaux, ni aucuns autres
fonctionnaires publics, ne pourront taxer lesdits ouvrages, ni modérer ou
augmenter le prix convenu; et la rétribution des auteurs, convenue entre
eux ou leurs ayants cause et les entrepreneurs de spectacles, ne pourra être
ni saisie ni arrêtée par les créanciers des entrepreneurs de spectacles. »

. . . .

DÉCRET DE LA CONVENTION NATIONALE

*Du 19 juillet 1793 (an II de la République française), relatif aux droits de propriété des
auteurs d'écrits en tout genre, des compositeurs de musique, des peintres et des dessinateurs.*

La Convention nationale, après avoir entendu son comité d'instruction
publique, décrète ce qui suit :

« Art. 1er. Les auteurs d'écrits en tout genre, les compositeurs de musique, les peintres et dessinateurs qui feront graver des tableaux ou dessins,
jouiront durant leur vie entière du droit exclusif de vendre, faire vendre,
distribuer leurs ouvrages dans le territoire de la République et d'en céder
la propriété, en tout ou partie.

« Art. 2. Leurs héritiers ou cessionnaires jouiront du même droit durant
l'espace de dix ans après la mort des auteurs.

« Art. 3. Les officiers de paix seront tenus de faire confisquer, à la réquisition et au profit des auteurs, compositeurs, peintres ou dessinateurs
et autres, leurs héritiers ou cessionnaires, tous les exemplaires des éditions
imprimées ou gravées sans la permission formelle et par écrit des auteurs.

« Art. 4. Tout contrefacteur sera tenu de payer au véritable propriétaire
une somme équivalente au prix de trois mille exemplaires de l'édition originale.

« Art. 5. Tout débitant d'édition contrefaite, s'il n'est pas reconnu contrefacteur, sera tenu de payer au véritable propriétaire une somme équivalente au prix de cinq cents exemplaires de l'édition originale.

« Art. 6. Tout citoyen qui mettra au jour un ouvrage, soit de littérature ou de gravure, dans quelque genre que ce soit, sera obligé d'en déposer deux exemplaires à la Bibliothèque nationale ou au Cabinet des estampes de la République, dont il recevra un reçu signé par le bibliothécaire, faute de quoi il ne pourra être admis en justice pour la poursuite des contrefacteurs [1].

« Art. 7. Les héritiers de l'auteur d'un ouvrage de littérature ou de gravure, ou de toute autre production de l'esprit ou de génie qui appartienne aux beaux-arts, en auront la propriété exclusive pendant dix années. »

DÉCRET DE LA CONVENTION NATIONALE

Du 1er septembre 1793, qui rapporte la loi du 30 août 1792, relative aux ouvrages dramatiques, et ordonne l'exécution de celles des 13 janvier 1791 et 19 juillet 1793.

. . . .

« Art. 2. Les lois des 13 janvier 1791 et 19 juillet 1793 leur sont appliquées dans toutes leurs dispositions.

« Art. 3. La police des spectacles continuera d'appartenir exclusivement aux municipalités. Les entrepreneurs ou associés seront tenus d'avoir un registre dans lequel ils inscriront et feront viser, par l'officier de police de service, à chaque représentation, les pièces qui seront jouées, pour constater le nombre de représentations de chacune. »

. . . .

[1] Le dépôt prescrit par cet article est fait, dans la colonie, au secrétariat de l'ordonnateur, aux termes de l'arrêté du 18 juin 1858.

DÉCRET

Du 25 prairial an III, interprétatif de celui du 19 juillet 1793 (vieux style), qui assure
aux auteurs et artistes la propriété de leurs ouvrages.

LA CONVENTION NATIONALE, après avoir entendu le rapport de ses comités
de législation et d'instruction publique sur plusieurs demandes en explication de l'article 3 de la loi du 19 juillet 1793, dont l'objet est d'assurer aux
auteurs et artistes la propriété de leurs ouvrages, par des mesures répres-
sives contre les contrefacteurs,

DÉCRÈTE ce qui suit :

« ART. Iᵉʳ. Les fonctions attribuées aux officiers de paix par l'article 3
de la loi du 19 juillet 1793 (vieux style) seront à l'avenir exercées par les
commissaires de police, et par les juges de paix dans les lieux où il n'y a
pas de commissaires de police.

« ART. 2. Le présent décret sera inséré au Bulletin de correspondance. »

DÉCRET IMPÉRIAL

Du 1ᵉʳ germinal an XIII, concernant les droits des propriétaires d'ouvrages posthumes.

NAPOLÉON, EMPEREUR DES FRANÇAIS,

Sur le rapport du ministre de l'intérieur;

Vu les lois sur les propriétés littéraires;

Considérant qu'elles déclarent propriétés publiques les ouvrages des auteurs morts depuis plus de dix ans;

Que les dépositaires, acquéreurs, héritiers ou propriétaires des ouvrages
posthumes d'auteurs morts depuis plus de dix ans, hésitent à publier ces ouvrages, dans la crainte de s'en voir contester la propriété exclusive et dans
l'incertitude de la durée de cette propriété;

Que l'ouvrage inédit est comme l'ouvrage qui n'existe pas, et que celui qui le public a les droits de l'auteur décédé, et doit en jouir pendant sa vie ;

Que, cependant, s'il réimprimait, en même temps et dans une seule édition, avec les œuvres posthumes, les ouvrages déjà publiés du même auteur, il en résulterait en sa faveur une espèce de privilége pour la vente d'ouvrages devenus propriété publique ;

Le Conseil d'État entendu,

Décrète :

« Art. 1ᵉʳ. Les propriétaires, par succession ou à autre titre, d'un ouvrage posthume ont les mêmes droits que l'auteur, et les dispositions des lois sur la propriété exclusive des auteurs et sur sa durée leur sont applicables, toutefois à la charge d'imprimer séparément les œuvres posthumes et sans les joindre à une nouvelle édition des ouvrages déjà publiés et devenus propriété publique.

« Art. 2. Le grand juge ministre de la justice et les ministres de l'intérieur et de la police générale sont chargés, chacun en ce qui le concerne, de l'exécution du présent décret. »

DÉCRET IMPÉRIAL,

Du 8 juin 1806, concernant les théâtres.

. . . .

TITRE III.

DES AUTEURS.

« Art. 10. Les auteurs et les entrepreneurs seront libres de déterminer entre eux, par des conventions mutuelles, les rétributions dues aux premiers, par somme fixée ou autrement.

« Art. 11. Les autorités locales veilleront strictement à l'exécution de ces conventions.

« Art. 12. Les propriétaires d'ouvrages dramatiques posthumes ont les mêmes droits que l'auteur; et les dispositions sur la propriété des auteurs et sur sa durée leur sont applicables, ainsi qu'il est dit au décret du 1ᵉʳ germinal an XIII. »

. . . .

DÉCRET IMPÉRIAL

Du 20 février 1809, concernant les manuscrits des bibliothèques et autres établissements publics de l'Empire.

NAPOLÉON, Empereur des Français, Roi d'Italie et Protecteur de la Confédération du Rhin;

Sur le rapport de notre ministre des relations extérieures;

Notre Conseil d'État entendu,

Nous avons décrété et décrétons ce qui suit :

« Art. 1ᵉʳ. Les manuscrits des archives de notre ministère des relations extérieures et ceux des bibliothèques impériales, départementales et communales, ou des autres établissements de notre Empire, soit que ces manuscrits existent dans les dépôts auxquels ils appartiennent, soit qu'ils en aient été soustraits, ou que leurs minutes n'y aient pas été déposées, aux termes des anciens règlements, sont la propriété de l'État et ne peuvent être imprimés et publiés sans autorisation.

« Art. 2. Cette autorisation sera donnée par notre ministre des relations extérieures pour la publication des ouvrages dans lesquels se trouveront des copies, extraits ou citations des manuscrits qui appartiennent aux archives de son ministère, et par notre ministre de l'intérieur pour celle des ouvrages dans lesquels se trouveront des copies, extraits ou citations des manuscrits qui appartiennent à l'un des autres établissements publics mentionnés dans l'article précédent.

« Art. 3. Nos ministres des relations extérieures et de l'intérieur sont chargés, chacun en ce qui le concerne, de l'exécution du présent décret. »

. . . . . .

DÉCRET IMPÉRIAL

Du 5 février 1810, contenant règlement sur l'imprimerie et la librairie.

. . . .

TITRE VI.

DE LA PROPRIÉTÉ ET DE SA GARANTIE.

« Art. 39. Le droit de propriété est garanti à l'auteur et à sa veuve pendant leur vie, si les conventions matrimoniales de celle-ci lui en donnent le droit, et à leurs enfants pendant vingt ans.

. . . .

TITRE VII.

——

SECTION Ire.

DES DÉLITS EN MATIÈRE DE LIBRAIRIE, ET DU MODE DE LES CONSTATER ET DE LES PUNIR.

« Art. 41. Il y aura lieu à confiscation et amende au profit de l'État dans les cas suivants, sans préjudice des dispositions du Code pénal :

. . . .

« 7° Si c'est une contrefaçon, c'est-à-dire si c'est un ouvrage imprimé sans le consentement et au préjudice de l'auteur ou éditeur, ou de leurs ayants cause.

. . . .

« Art. 42. Dans ce dernier cas, il y aura lieu, en outre, à des dommages-intérêts envers l'auteur ou éditeur, ou leurs ayants cause, et l'édition ou les exemplaires contrefaits seront confisqués à leur profit.

« Art. 43. Les peines seront prononcées et les dommages-intérêts seront arbitrés par le tribunal correctionnel ou criminel, selon les cas et d'après les lois.

. . . .

SECTION II.

DU MODE DE CONSTATER LES DÉLITS ET CONTRAVENTIONS.

« ART. 45. Les délits et contraventions seront constatés par les inspecteurs de l'imprimerie et de la librairie, les officiers de police et, en outre, par les préposés aux douanes pour les livres venant de l'étranger.

« Chacun dressera procès-verbal de la nature du délit et contravention, des circonstances et dépendances, et le remettra au préfet de son arrondissement pour être adressé au directeur général.

. . . .

« ART. 47. Nos procureurs généraux ou impériaux seront tenus de poursuivre d'office, dans tous les cas prévus à la section précédente, sur la simple remise qui leur sera faite d'une copie des procès-verbaux dûment affirmés.

. . . .

DÉCRET IMPÉRIAL

Du 15 octobre 1812, sur la surveillance, l'organisation, l'administration, la comptabilité, la police et la discipline du Théâtre-Français.

. . . .

« ART. 72. La part d'auteur dans le produit des recettes, le tiers prélevé pour les frais, est du huitième pour une pièce en cinq ou en quatre actes, du douzième pour une pièce en trois actes, et du seizième pour une pièce en un et en deux actes. Cependant les auteurs et les comédiens peuvent faire toute autre convention de gré à gré.

« ART. 73. L'auteur jouit de ses entrées, du moment où sa pièce est mise en répétition, et les conserve trois ans après la première représentation pour un ouvrage en cinq et en quatre actes, deux ans pour un ouvrage en trois actes, un an pour une pièce en un et deux actes. L'auteur de deux pièces en cinq ou en quatre actes, ou de trois pièces en trois actes, ou de quatre pièces en un acte, restées au théâtre, a ses entrées sa vie durant. »

. . . .

LOI

Du 3 août 1844, relative au droit de propriété des veuves et des enfants des auteurs d'ouvrages dramatiques.

LOUIS-PHILIPPE, etc.

Les Chambres ont adopté, NOUS AVONS ORDONNÉ et ORDONNONS ce qui suit :

« ARTICLE UNIQUE. Les veuves et les enfants des auteurs d'ouvrages dramatiques auront, à l'avenir, le droit d'en autoriser la représentation et d'en conférer la jouissance pendant vingt ans, conformément aux dispositions des articles 39 et 40 du décret impérial du 5 février 1810.

« La présente loi, discutée, délibérée et adoptée par la Chambre des pairs et par celle des députés, et sanctionnée par nous cejourd'hui, sera exécutée comme loi de l'État.

« Donnons en mandement à nos cours et tribunaux, préfets, corps administratifs et tous autres, que les présentes ils gardent et maintiennent, fassent garder, observer et maintenir, et, pour les rendre plus notoires à tous, ils les fassent publier et enregistrer partout où besoin sera; et afin que ce soit chose ferme et stable à toujours, nous y avons fait mettre notre sceau. »

DÉCRET

Du 28 mars 1852, relatif à la propriété littéraire et artistique des ouvrages publiés à l'étranger.

LOUIS-NAPOLÉON, PRÉSIDENT DE LA RÉPUBLIQUE FRANÇAISE;

Sur le rapport du garde des sceaux, ministre secrétaire d'État au département de la justice;

Vu la loi du 19 juillet 1793, les décrets du 1er germinal an XIII et du 5 février 1810, la loi du 25 prairial an III et les articles 425, 426, 427 et 429 du Code pénal,

Décrète :

« Art. 1er. La contrefaçon, sur le territoire français, d'ouvrages publiés à l'étranger et mentionnés en l'article 425 du Code pénal, constitue un délit.

« Art. 2. Il en est de même du délit de l'exportation et de l'expédition des ouvrages contrefaits. L'exportation et l'expédition de ces ouvrages sont un délit de la même espèce que l'introduction, sur le territoire français, d'ouvrages qui, après avoir été imprimés en France, ont été contrefaits chez l'étranger.

« Art. 3. Les délits prévus par les articles précédents seront réprimés conformément aux articles 427 et 429 du Code pénal.

« L'article 463 du même Code pourra être appliqué.

« Art. 4. Néanmoins, la poursuite ne sera admise que sous l'accomplissement des conditions exigées relativement aux ouvrages publiés en France, notamment par l'article 6 de la loi du 19 juillet 1793.

« Art. 5. Le garde des sceaux, ministre secrétaire d'État au département de la justice, est chargé de l'exécution du présent décret. »

LOI

Du 8 avril 1854, sur le droit de propriété garanti aux veuves et aux enfants des auteurs, des compositeurs et des artistes.

NAPOLÉON, etc.

Avons sanctionné et sanctionnons, promulgué et promulguons ce qui suit :

Le Corps législatif a adopté le projet de loi dont la teneur suit :

LOI.

(Extrait du procès-verbal du Corps législatif.)

« Article unique. Les veuves des auteurs, des compositeurs et des artistes jouiront, pendant toute leur vie, des droits garantis par les lois des 13 janvier 1791 et 19 juillet 1793, le décret du 5 février 1810, la loi du 3 août 1844 et les autres lois ou décrets sur la matière.

« La durée de la jouissance accordée aux enfants par ces mêmes lois et décrets est portée à trente ans, à partir soit du décès de l'auteur, compositeur ou artiste, soit de l'extinction des droits de la veuve. »

DÉCRET

Du 1er mai 1858, qui confère aux gouverneurs et directeurs de l'intérieur, dans les colonies, les attributions réservées aux ministres et aux préfets par les lois rendues applicables aux colonies par le décret du 9 décembre 1857, sur la propriété littéraire.

NAPOLÉON, etc.

Sur le rapport de notre ministre secrétaire d'État de la marine et des colonies ;

Vu les articles 6 et 18 du sénatus-consulte du 3 mai 1854, qui règle la constitution des colonies ;

Vu le décret du 9 décembre 1857, qui a déclaré exécutoires dans ces établissements les lois et actes en vigueur dans la métropole sur la propriété littéraire et artistique ;

Attendu la nécessité de pourvoir, dans les colonies, aux détails administratifs que comporte cette législation ;

Vu l'avis du comité consultatif des colonies, en date du 30 novembre 1857,

Avons DÉCRÉTÉ et DÉCRÉTONS ce qui suit :

« ART. 1er. Toutes les attributions réservées aux ministres et aux préfets par les lois précitées, que notre décret du 9 décembre 1857 a déclarées applicables aux colonies, sont dévolues, dans ces établissements, aux gouverneurs et directeurs de l'intérieur.

« ART. 2. Notre ministre secrétaire d'État au département de la marine et des colonies est chargé de l'exécution du présent décret, qui sera inséré au Bulletin des lois. »

IX.

NOTARIAT ET TABELLIONAGE.

Dans le principe, un des membres du conseil souverain était notaire; les revenus de son office appartenaient à la compagnie. Plus tard, ces fonctions furent données à un sous-marchand et cessèrent d'être remplies par un conseiller.

Les fonctions de tabellion ou notaire indien sont héréditaires dans la même famille depuis plus de cent cinquante ans. Elles étaient occupées en 1729 par Naïniapa, ancêtre du tabellion actuel, homme riche et très-influent, à qui elles avaient été données comme récompense. Avant lui, elles étaient mises en ferme. La compagnie, qui considérait le tabellionage comme un droit seigneurial, le revendiqua; le tabellion étant propriétaire de sa charge, elle donna ordre de la racheter pour 400 pagodes. L'administration de Pondichéry fit observer à la compagnie qu'il y aurait injustice et danger à exécuter les ordres qu'elle avait donnés. Ce droit fut néanmoins racheté.

Le notariat fut dans l'origine une fonction rétribuée. En 1773, un ordre du Roi fit supprimer le traitement attaché à cet office. Le conseil supérieur prépara en 1773 un tarif qui fut revisé en 1775; ce dernier tarif est encore en vigueur.

Il n'y a qu'un notaire européen dans tous nos établissements; il réside à Pondichéry. Dans les établissements secondaires, les fonctions en sont remplies par les greffiers.

RÈGLEMENT DU 30 DÉCEMBRE 1775.

Vu, par le conseil supérieur de Pondichéry, séant MM. Potier de Courcy, président; Russel, conseiller; Banal et Perichon de Vendeuil, conseillers assesseurs, le mémoire présenté à M. le président en date du 8 août dernier et la requête, en date du 6 septembre, présentée à la cour par Me Joseph Weilliez, notaire royal en cette ville, contenant : que beaucoup d'actes relatifs à son ministère n'ont point été compris dans le tarif homologué par arrêt du 11 décembre 1773; qu'il y en a aussi quelques-uns auxquels il est attaché de trop modiques émoluments; que les actes des notaires sont susceptibles de plus ou moins d'étendue, quoique sous une même dénomination, et ne peuvent par conséquent être taxés à leur juste valeur par l'arrêté susdit, qui taxe chaque acte à une somme déterminée; qu'il propose à la cour un projet de règlement par lequel il porte indistinctement tous les actes à 2 roupies, le rôle, la minute, et 1 roupie le rôle, l'expédition; les copies collationnées, à 4 fanons le rôle; les recherches et dépôts, comme ils ont été taxés par le tarif du greffe; les vacations des comptes de partages de succession, communauté, tutelle, etc., à 3 roupies, indépendamment des minutes des comptes; les ventes, à 1 p. o/o; concluant à ce qu'il plaise à la cour communiquer ledit projet au procureur général du Roi, et sur ses conclusions en consentir l'homologation;

Vu les tarifs du greffe et du notariat homologués par l'arrêt susdit du 11 décembre 1773 et le supplément au tarif du greffe du 22 juillet dernier, le rapport de Me Russel susdit, ensemble le tarif dressé par lui en date du 23 du courant, les conclusions du procureur général du Roi;

Tout considéré, la cour a homologué et homologue ledit tarif du 23 du courant, et ordonne qu'il sortira son effet.

Ensuite la teneur dudit tarif :

« Art. 1er. Les minutes de tous actes et contrats seront taxées à 2 roupies le rôle : le rôle de deux pages, la page de vingt-deux lignes et la ligne de quinze syllabes.

« Les expéditions d'iceux seront taxées à 1 roupie le rôle.

« Art. 2. Les inventaires resteront taxés à 3 roupies par vacation et les expéditions d'iceux à 1 roupie le rôle.

« Art. 3. Les copies collationnées resteront à 4 fanons le rôle.

« Art. 4. Les recherches des pièces dans l'année courante et dont la date sera certaine, gratis. Depuis la première année révolue jusqu'à cinq, elles

seront taxées à 1 roupie, et de cinq jusqu'à dix et au delà, à 2 roupies.
Les communications de pièces qui auront occasionné une recherche et
l'examen par la partie passant une heure de temps, la vacation sera taxée à
3 roupies.

« Art. 5. Consignations d'espèces, dépôts quelconques, il sera prélevé
1 p. o/o à compter du jour du présent règlement.

« Art. 6. Les vacations des comptes de partages, de succession, communauté, tutelle, etc. seront taxées à 3 roupies, indépendamment des minutes.

« Art. 7. Il sera alloué au notaire 1 p. o/o sur la vente des meubles et
sur celle des immeubles, 1 roupie pour 100 roupies, et passé 100 roupies
il sera alloué une demi-roupie d'augmentation sur chaque 100 roupies.
(*Modifié.* — Arrêté du 19 juin 1852.)

« Art. 8. La signature sur les olles de ventes de maisons passées à la
Chaudrie sera payée 2 fanons, et celle sur les olles de ventes d'esclaves
4 fanons, attendu qu'il faut les enregistrer. »

ARRÊTÉ DU 27 OCTOBRE 1830.

. . . .

« Art. 1er. Lorsque le notaire titulaire à Pondichéry sera empêché légitimement de passer les actes de son ministère, le greffier en chef de la cour
royale et, à son défaut, également pour cause d'empêchement légitime, le
greffier en chef du tribunal de première instance de Pondichéry, sont autorisés à le suppléer et à passer tous les actes de la compétence du notaire.

« Dans ce cas, mention sera faite, sur l'acte requis, des empêchements
ci-dessus mentionnés.

« Art. 2. Les greffiers de la cour royale et du tribunal de première instance de Pondichéry seront tenus de se conformer à toutes les règles actuellement en vigueur, prescrites pour le régime du notariat.

« Ils prêteront serment, en cette nouvelle qualité, devant la cour royale.

« Art. 3. Le procureur général devra être toujours informé, par les divers officiers publics, des causes d'empêchement qui se trouveront en eux pour la passation de l'acte requis. »

ARRÊTÉ DU 23 MAI 1834.

« ART. 1er. Au cas d'empêchement légitime du greffier notaire dans chacun des établissements secondaires, cet officier sera remplacé audit titre de notaire par le greffier du tribunal de paix ou de police, lequel est autorisé à passer tous actes en se conformant aux lois.

« Il sera fait mention, sur l'acte requis, de l'empêchement du notaire ordinaire, et procès-verbal sera dressé, par ce dernier, du dépôt, au rang de ses minutes, d'une expédition, qui lui sera remise par le notaire suppléant, de chaque acte par lui reçu dans les trois jours de la passation de l'acte au plus tard, indépendamment de l'inscription sur les répertoires du notaire.

« La double minute autre que celle destinée au dépôt de Versailles, d'après l'édit du Roi de 1776, restera au greffe du tribunal auquel est attaché le greffier remplissant la fonction de notaire suppléant, pour y avoir recours au besoin, et les deux notaires pourront indifféremment délivrer expédition de l'acte aux parties intéressées.

« ART. 2. Le greffier remplaçant le notaire prêtera serment comme notaire devant le tribunal de première instance de l'arrondissement.

« ART. 3. Le procureur du Roi devra être immédiatement prévenu de l'empêchement qui motive le remplacement, et il devra en prévenir également ment le procureur général. »

ORDONNANCE DU ROI

Du 30 juin 1814, relative à la délivrance des certificats de vie aux rentiers viagers et pensionnaires de l'État.

LOUIS, par la grâce de Dieu, ROI DE FRANCE ET DE NAVARRE ;

Sur le rapport de notre ministre secrétaire d'État des finances ;

Le Conseil d'État entendu,

Avons ordonné et ordonnons ce qui suit :

« Art. 1er. A compter de ce jour, tous les notaires de Paris, indistinctement, pourront délivrer des certificats de vie aux rentiers viagers et pensionnaires de l'État, à la charge par eux de se conformer exactement aux dispositions du décret du 21 août 1806 et au modèle ci-annexé, dont l'impression et le format seront uniformément déterminés.

« Art. 2. Les dispositions du décret du 21 août 1806 concernant le choix des notaires certificateurs dans les départements, la tenue du registre des rentiers viagers et pensionnaires, la connaissance des décès à donner par les notaires à notre ministre des finances, la garantie et la responsabilité des notaires envers le Trésor royal, la valeur du timbre et celle de la rétribution des notaires, sont confirmées.

« Art. 3. Les dispositions du décret du 23 septembre 1806 relatives aux attestations à délivrer aux rentiers viagers et pensionnaires qui ne peuvent, pour cause de maladie ou d'infirmités, se transporter au domicile du notaire, sont également maintenues.

« Art. 4. Les certificats de vie des rentiers et pensionnaires résidant hors du royaume continueront à être délivrés par les chancelleries de nos légations et consulats, ou par les magistrats du lieu, dans le cas où le domicile desdits rentiers et pensionnaires serait éloigné de plus de six lieues de la résidence de nos ambassadeurs, envoyés ou consuls. Ces certificats seront admis au Trésor royal revêtus de la légalisation de nos agents diplomatiques, ou de ceux des puissances étrangères et amies, résidant dans ces pays.

« Art. 5. Nos ministres secrétaires d'État des affaires étrangères et des finances sont chargés de l'exécution de la présente ordonnance. »

ORDONNANCE DU ROI

Du 20 juin 1817, qui règle le mode d'exécution du titre IV de la loi de finances du 25 mars 1817, concernant les pensions.

LOUIS, par la grâce de Dieu, Roi de France et de Navarre;

. . . .

« Art. 12. Ces titulaires seront tenus de produire des certificats de vie délivrés par les notaires certificateurs. Ces certificats seront exempts du droit de timbre, comme l'étaient précédemment ceux délivrés par les maires. Il ne sera donc rien exigé pour le prix du papier. La rétribution des notaires certificateurs est réglée comme suit :

« 1 franc, pour les sommes à recevoir de 601 francs et au-dessus;

« 50 centimes, pour celles de 301 à 600 francs;

« 35 centimes, pour celles de 101 à 300 francs;

« 25 centimes, pour celles de 50 à 100 francs:

« o pour celles au-dessous de 50 francs. »

. . . .

ARRÊTÉ DU 6 DÉCEMBRE 1838.

« Art. 1er. L'article 4 du règlement du 18 novembre 1769, dont la teneur va suivre, est maintenu en tant que de besoin et continuera à être exécuté rigoureusement. En conséquence, tout acte sous seing privé qui contiendra une vente simulée sera déclaré nul et de nul effet.

Article 4 du Règlement du 18 novembre 1769.

« Tous actes sous seing privé, pour vente et achat de maisons, jardins,
« terrains ou autres immeubles, ne pourront être passés entre parties, que
« sous la condition et promesses exprimées dans lesdits actes d'en passer
« contrat dans l'espace d'un mois, par-devant le notaire public ou le tabellion
« de la Chaudrie, suivant l'ordre des parties, laquelle acquérante décidera de
« l'un ou l'autre de ces notaires : faute de quoi, tout acquéreur ne pourra
« prétendre jouir des maisons, jardins, terrains ou autres immeubles dont
« le billet sous seing privé de vente et d'achat n'aurait pas été ratifié par un
« contrat par-devant le notaire public ou le tabellion de la Chaudrie, dans
« ledit espace d'un mois; la propriété devenant alors dévolue de droit au
« vendeur, quand bien même il se serait dessaisi desdits immeubles[1]. »

[1] Un arrêté du 19 avril 1856 (*Bulletin officiel*, p. 98) a fixé, par un enregistrement sommaire dans les bureaux du domaine, l'authenticité prescrite pour la validité des actes de ventes d'immeubles faites sous seing privé.

« Art. 2. L'article 8 du titre IV du règlement du 27 janvier 1778 est maintenu et sera exécuté selon sa forme et teneur.

Article 8 du titre IV du Règlement du 27 janvier 1778.

« Les Malabars, Maures, Persans, Indiens et autres, qui ne sont pas de
« l'ordre des gens à chapeau, ne pourront passer aucun acte par-devant les
« notaires européens, et ce sous peine de nullité; mais lorsque aucun des
« susdits sera dans le cas de passer acte avec un Européen quelconque, alors
« ledit acte sera reçu par un notaire européen et un tabellion malabar, les-
« quels en garderont, chacun et séparément, minute dans leur langue, pour
« en être expéditions délivrées aux parties. »

« Art. 3. Les actes reçus conformément à l'article 9 du titre IV dudit règlement du 27 janvier 1778 n'auront de date contre les tiers qu'à dater de leur dépôt chez le tabellion, et dans les circonstances mentionnées en l'article 1328 du Code civil.

« Art. 4. Les tabellions inscriront leurs actes, minutes, grosses, expéditions et brevets sur papier d'Europe, en se conformant au tarif ci-après.

« Art. 5. L'article 10 du règlement précité du 18 novembre 1769 est abrogé.

« Art. 6. Une seconde charge de tabellion est créée à Pondichéry et à Karikal.

« Art. 7. Dans les établissements où il se trouvera plusieurs tabellions, chacun devra adresser, chaque jour, à son confrère, un extrait de son répertoire contenant mention des actes qu'il aura passés dans la journée; cet extrait devra être transcrit par les autres tabellions sur un registre à ce destiné.

« Chaque infraction aux dispositions du présent article sera punie d'une amende de 5 roupies, sans préjudice de dommages-intérêts, dans le cas où quelque fraude ou stellionat aurait été commis.

« Art. 8. Toutes dispositions contraires au présent arrêté sont abrogées. »

TARIF DES TABELLIONS.

« Art. 1er. Il sera taxé aux tabellions pour tous les actes :

« Pour chaque vacation de trois heures,

« 1° Aux compulsoires faits dans leurs études;

« 2° Devant le juge, en cas que le transport devant lui ait été requis (article 852 du Code de procédure civile);

« 3° Aux inventaires contenant estimation des biens, meubles et immeubles;

« 4° A tous les procès-verbaux qu'ils dresseront en tous autres cas et dans lesquels ils seront tenus de constater le temps qu'ils y auront employé :

« A Pondichéry, Chandernagor et Karikal, 2 roupies;

« A Mahé et Yanaon, 1 roupie 4 fanons.

« Art. 2. Pour la minute de tous actes pour la rédaction desquels il n'est pas alloué de vacation, le rôle contenant trente lignes à la page et vingt syllabes à la ligne :

« A Pondichéry, Chandernagor et Karikal, 1 roupie;

« A Mahé et Yanaon, 6 fanons.

« Art. 3. Lorsque les tabellions auront à se transporter à plus d'un mille de la ville où ils résident, il leur sera alloué des frais de transport d'après la taxe du cotwal.

« Art. 4. Pour les ventes passées devant eux, il leur sera alloué, savoir :

« Dans les ventes depuis 400 roupies jusqu'à 4,000 roupies, un demi pour cent;

« Sur une somme excédant 4,000 roupies, un huitième pour cent.

« Au moyen de ces remises, il ne sera alloué au tabellion, pour ses minutes et expéditions, que la moitié de ses droits dans les ventes au-dessous de 4,000 roupies, et rien dans les ventes d'une valeur supérieure à 4,000 roupies. Dans les ventes inférieures à 400 roupies, le tabellion ne percevra que son droit sur la minute et l'expédition de l'acte. (*Modifié.* — Arrêté du 19 juin 1852.)

« Art. 5 Tous les autres actes du ministère des tabellions, notamment les partages, seront taxés par le juge royal suivant leur nature et les difficultés que leur rédaction aura présentées, et sur les renseignements qui lui seront fournis par le tabellion et les parties.

« Art. 6. Les expéditions de tous les actes reçus par les tabellions, y compris celles des inventaires et de tous procès-verbaux, contiendront trente lignes à la page et vingt syllabes à la ligne, et leur seront payées 4 fanons, pour Pondichéry, Chandernagor et Karikal; et Mahé et Yanaon, 3 fanons.

« Art. 7. Lorsque le tabellion sera appelé chez le notaire pour passer des actes entre natifs et Européens, il ne percevra que la moitié de ses droits. »

ARRÊTÉ DU 5 AVRIL 1841.

« Art. 1er. Les minutes des tabellions démissionnaires, destitués ou décédés seront remises au successeur, à charge, par ce dernier, de tenir compte, à qui de droit, des recouvrements, à raison des actes dont les honoraires sont encore dus et du bénéfice des expéditions.

« Art. 2. La remise des minutes du tabellionage sera faite en présence du procureur du Roi, au fur et à mesure de la levée des scellés par le juge de paix, sur un état double et sommaire en langue native, lequel sera traduit en regard en langue française, ledit état dressé contradictoirement entre le successeur désigné et les héritiers ou ayants droit du tabellion destitué ou décédé, ou avec le démissionnaire.

« Un double de l'état sera déposé au greffe du tribunal de première instance de l'arrondissement, où il pourra en être pris connaissance par tous intéressés.

« Art. 3. Si le tabellion destitué ou révoqué est en état d'interdiction légale, l'état sera dressé contradictoirement avec le curateur aux biens vacants, à défaut de parents ou d'amis également désignés conformément à l'article 29 du Code pénal.

« Art. 4. Les frais d'opposition et levée des scellés seront avancés par le tabellion dernier, et retenus sur le montant des recouvrements dont il est parlé en l'article 1er. »

COMMISSAIRES-PRISEURS.

ARRÊTÉ DU 3 AVRIL 1832.

« ART. 1er. Il sera nommé, pour l'arrondissement du tribunal de première instance de Pondichéry, et, s'il y a lieu, ultérieurement, pour chacun des établissements français de Chandernagor et Karikal, un commissaire-priseur-vendeur, lequel, conformément à la loi du 28 avril 1816, se référant à celle de 27 nivôse an IX, est autorisé à procéder à la prisée et exposition publique, comme à la vente aux enchères, des marchandises, meubles et effets mobiliers, et ce, à compter du jour de sa prestation de serment devant le tribunal de première instance du ressort.

« Le greffier actuel de la cour royale et celui du tribunal de première instance conserveront, à Pondichéry, la concurrence avec le commissaire-priseur; mais, arrivant mutation par décès, ou autrement, des greffiers, le commissaire-priseur aura le droit exclusif de procéder, comme le veut la loi, dans le lieu de son établissement et en concurrence dans le reste de l'arrondissement.

« ART. 2. Il est défendu à tous particuliers, comme à tous autres officiers publics, de s'immiscer dans lesdites opérations de prisée, exposition publique et vente à l'encan, qui se feraient à Pondichéry ou autres lieux des établissements français où il serait établi des commissaires-priseurs, à peine d'amende qui ne pourra excéder le quart du prix des objets prisés ou vendus, conformément aux articles 7 de la loi du 22 pluviôse an VII, 2 de la loi du 27 ventôse an IX, et aux anciens édits et arrêts du conseil ci-devant datés de 1771, 1772, 1775 et 1778.

« ART. 3. Il sera dressé procès-verbal en forme des ventes; ce procès-verbal comprendra tous les articles exposés en vente, tant ceux adjugés, soit en totalité ou sur simple échantillon, avec les noms et domiciles des adjudicataires, que ceux retirés ou livrés par les propriétaires ou héritiers pour le prix de l'enchère ou de la prisée; les prix d'adjudication seront portés de suite au procès-verbal en toutes lettres et reportés hors ligne en chiffres.

« Chaque séance sera close et signée par l'officier public et deux témoins domiciliés; en outre, chaque vente sera insérée sur un répertoire tenu par l'officier public, visé et parafé à chaque page, antérieurement, par le juge royal ou juge auditeur délégué.

« Art. 4. L'omission au procès-verbal d'articles adjugés sera punie de 100 francs d'amende par chaque omission, conformément à la loi du 22 pluviôse an VII.

« Pour chaque article non écrit en toutes lettres dans le procès-verbal, l'officier sera passible de 15 francs d'amende.

« Toutes les amendes seront versées dans la caisse du comité de bienfaisance.

« Art. 5. Conformément à l'article 625 du Code de procédure civile, les commissaires-priseurs et autres officiers en faisant fonctions sont personnellement responsables du prix des adjudications.

« Ils ne peuvent recevoir des adjudicataires une somme au-dessus de l'enchère, à peine de concussion.

« Art. 6. Les commissaires-priseurs pourront recevoir toute déclaration concernant les ventes auxquelles ils procéderont, recevoir et viser toutes les oppositions qui y seront formées, introduire devant les autorités compétentes tous référés auxquels leurs opérations pourront donner lieu, et citer, à cet effet, les parties intéressées devant lesdites autorités.

« Art. 7. Toute opposition, toute saisie-arrêt, formées entre les mains des commissaires-priseurs et relatives à leurs fonctions, toute signification de jugement prononçant la validité desdites opposition ou saisie-arrêt, seront sans effet, à moins que l'original desdites opposition, saisie-arrêt ou signification de jugement, n'ait été visé par le commissaire-priseur. En cas d'absence ou de refus, il en sera dressé procès-verbal par l'huissier, qui sera tenu de faire viser son exploit par le juge de paix.

« Art. 8. Les commissaires-priseurs auront la police dans les ventes et pourront faire toutes réquisitions pour y maintenir l'ordre; ils y paraîtront vêtus en noir.

« Art. 9. Les commissaires-priseurs seront nommés par nous sur la présentation de l'avocat général, chef du ministère public.

« Art. 10. Nul ne pourra être commissaire-priseur s'il n'a vingt-cinq ans accomplis, ou s'il n'a obtenu des dispenses d'âge.

« Art. 11. Les fonctions de commissaire-priseur sont incompatibles, aux termes de l'ordonnance du Roi du 31 juillet 1822, avec celles de notaire; elles demeurent compatibles, aux termes de l'article 11 de celle du 26 juin 1816, avec les fonctions de greffier de justice de paix ou de tribunal de police et d'huissier.

« Art. 12. Défense est faite, aux termes de la dernière ordonnance, à tous commissaires-priseurs ou officiers en faisant fonctions, d'exercer la profession de marchand de meubles de hasard, ni même d'être associé à aucun commerce de cette nature, à peine de destitution.

« Art. 13. Les commissaires-priseurs sont placés sous la surveillance du procureur du Roi près le tribunal de première instance de l'arrondissement où ils sont établis.

« Art. 14. Le commissaire-priseur à Pondichéry, avant d'entrer en fonctions et de prêter serment en cette qualité devant le juge royal, justifiera du versement, à titre de cautionnement, dans la caisse du Trésor colonial, ou à la caisse des consignations, à Paris, d'une somme de 4,000 francs en numéraire.

« Si le versement est fait à Pondichéry, il ne portera point intérêt.

« Le commissaire-priseur-vendeur ne sera point admis au serment avant d'avoir justifié du payement du cautionnement.

« A Chandernagor et à Karikal, le cautionnement sera de 1,000 francs.

« Art. 15. Le cautionnement est affecté, par premier privilége, à la garantie des condamnations qui pourraient être prononcées contre les commissaires-priseurs, par suite de l'exercice de leurs fonctions; par second privilége, au remboursement des fonds qui leur auraient été prêtés pour tout ou partie de leur cautionnement, et, subsidiairement, au payement, dans l'ordre ordinaire, des créances particulières exigibles contre eux.

« Art. 16. Les réclamants, aux termes de l'article précédent, seront admis à faire, sur ces cautionnements, des oppositions motivées aux greffes des tribunaux de première instance dans le ressort desquels les titulaires exercent leurs fonctions.

« L'original des oppositions faites sur les cautionnements restera déposé pendant vingt-quatre heures au greffe, pour y être visé.

« Art. 17. La déclaration au profit des prêteurs de fonds du cautionnement, faite soit au Trésor colonial, soit à la caisse des consignations à Paris, au cas où ledit cautionnement y serait versé, tiendra lieu d'opposition pour leur assurer l'effet du privilége de second ordre, aux termes de l'article 16 ci-dessus.

« Art. 18. Avant de pouvoir réclamer leur cautionnement, les commissaires-priseurs seront tenus de déclarer au greffe du tribunal dans le ressort duquel ils exercent, qu'ils cessent leurs fonctions.

« Cette déclaration sera affichée dans le lieu des séances du tribunal pendant trois mois.

« Elle sera insérée trois fois au Bulletin des actes administratifs.

« En outre, pour obtenir le certificat de quitus du produit des ventes faites par les commissaires-priseurs, exigé par le décret du 24 mars 1809, le commissaire-priseur, ses héritiers ou ayants cause, seront tenus, indépendamment des formalités ci-dessus, de justifier au procureur du Roi près le tribunal du ressort, de toutes les quittances du produit des ventes ou du récépissé de la consignation au Trésor des fonds restés en leurs mains.

« Sur le vu de ces pièces, le certificat en sera délivré par le procureur du Roi; il sera visé par le président du tribunal.

« Si les titulaires, leurs héritiers ou ayants cause se trouvaient dans l'impossibilité de représenter toutes les pièces comptables nécessaires pour obtenir le certificat de quitus, le procureur du Roi du ressort, dans les cas prévus par l'ordonnance du 9 janvier 1818, constatera cette impossibilité et en déduira les motifs dans un avis donné sur la demande des titulaires, de leurs ayants cause ou de leurs créanciers.

« Le certificat du procureur du Roi, attestant l'accomplissement des formalités réglées ci-dessus, tiendra lieu du certificat de quitus exigé par le décret du 24 mars 1809.

« Art. 19. Les commissaires-priseurs seront admis à faire régler chaque année, par le procureur du Roi, le compte de leur gestion antérieure.

« Ce règlement de compte, qui ne pourra porter aucun préjudice aux droits des tiers intéressés, aura pour effet de décharger les titulaires de

78

l'obligation de représenter, lors de la cessation de leurs fonctions et pour tout le temps compris audit règlement, le certificat de quitus ci-dessus mentionné.

« Art. 20. Les commissaires-priseurs seront admis, dans les termes de l'article 91 de la loi du 28 avril 1816, à présenter des successeurs, pourvu qu'ils réunissent les qualités exigées par les lois.

« Cette faculté n'aura pas lieu pour les titulaires destitués.

« Art. 21. Les commissaires-priseurs sont autorisés à recevoir dans des magasins et à exposer en vente publique, dans une salle à ce consacrée, les meubles, effets et marchandises qui leur seraient apportés comme ne pouvant être vendus dans les lieux où ils sont déposés par les propriétaires.

« Et pour tous frais de magasinage et de location de salle, quel que soit le temps que les effets et marchandises soient déposés et exposés avant la vente, il sera perçu, au profit du commissaire-priseur, 2 centimes et demi par franc sur le produit de la vente, plus, et indépendamment, le droit aujourd'hui perçu de 2 centimes et demi par franc pour tenir lieu de vacations, frais de publication, de crieur et tous autres, sur le produit brut des ventes par adjudication.

« Sous aucun prétexte, les commissaires-priseurs ne pourront refuser de procéder à la vente dans les lieux qui leur seront indiqués par les parties. La rétribution de 2 centimes et demi pour location et magasinage reste à la charge des vendeurs. »

ARRÊTÉ

Du 14 mai 1838, interprétatif de celui du 3 avril 1832, sur l'établissement des commissaires-priseurs.

AU NOM DU ROI.

Nous, Pair de France, Maréchal des camps et armées du Roi, Gouverneur des établissements français dans l'Inde ;

Vu la pétition à nous adressée au nom des orfèvres par le nommé Vaïtilingonpattin, sollicitant l'autorisation de continuer leur ancien mode d'exploiter le commerce des pierreries non montées, qui consiste à se réunir en société pour acheter une partie de pierreries et ensuite d'arriver à un partage entre eux par une vente à l'encan à laquelle les coassociés seuls sont appelés;

Vu l'article 2 de l'arrêté local du 3 avril 1832;

Attendu qu'évidemment cet article ne s'applique pas à l'espèce prévue par les orfévres et qu'aucune loi n'interdit aux particuliers le droit de vendre entre associés et non publiquement quelques marchandises que ce soit;

« Voulant néanmoins rassurer le commerce des orfévres et leur enlever la crainte de poursuites;

Interprétant l'article 2 précité;

Sur le rapport et la proposition du procureur général,

Avons arrêté et arrêtons ce qui suit:

« Art. 1er. L'article 2 de l'arrêté local du 3 avril 1832 ne s'applique qu'au seul cas où la vente serait publique et dans laquelle toute personne pourrait surenchérir.

« En conséquence, ne seront passibles d'aucune peine les individus qui, après avoir acheté une partie de marchandises en commun, en feraient entre eux le partage par voie d'encan, lorsque ladite vente ne sera pas publique et qu'aucun étranger n'y sera admis.

« Le procureur général est chargé de l'exécution du présent arrêté, qui sera enregistré partout où besoin sera. »

ARRÊTÉ

Du 6 novembre 1835, qui attribue au commissaire-priseur le droit de vendre les objets provenant de procès déposés dans les greffes et qui sont remis au domaine par les greffiers des divers tribunaux.

AU NOM DU ROI.

Nous, Pair de France, etc.

Vu l'ordonnance royale du 7 novembre 1830, qui dispose que les préposes du domaine procéderont à la vente (des objets déposés dans les greffes des tribunaux et à eux remis) dans les formes suivies pour l'aliénation des objets non réclamés et sur lesquels l'État a un droit éventuel;

Vu l'ordonnance du 23 janvier 1821, visée dans celle du 22 février 1829, rendue applicable aux colonies par l'ordonnance du 7 novembre 1830, laquelle dit, article 1er, que les objets dont il s'agit seront remis aux receveurs des domaines pour être vendus aux enchères;

Vu l'arrêté local du 3 avril 1832, qui dispose, article 2, que le commissaire-priseur peut seul procéder aux ventes aux enchères;

Attendu, dès lors, que c'est ce fonctionnaire qui doit aussi procéder aux ventes des objets déposés aux greffes des tribunaux par suite de procès et remis au domaine en vertu de l'ordonnance royale du 7 novembre 1830 susrelatée;

Sur le rapport et la proposition du commissaire ordonnateur;

De l'avis du conseil privé,

Avons arrêté et arrêtons ce qui suit:

« Art. 1er. A l'avenir, le domaine fera procéder par les soins des commissaires-priseurs, à la vente des objets provenant de procès et qui lui seront remis par les greffiers des divers tribunaux.

« Art. 2. Le commissaire ordonnateur est chargé de l'exécution du présent arrêté, qui sera enregistré partout où besoin sera. »

ARRÊTÉ DU 18 AOÛT 1832.

« Art. 1er. Il est alloué au commissaire-priseur:

« 1° Pour frais de prisée de toute nature de meubles et effets mobiliers, faite soit volontairement, soit après décès, ou en vertu d'ordonnance du juge, par chaque vacation de trois heures, 3 roupies;

« 2° Pour déclaration de la vente à faire, 4 fanons;

« 3° Pour composition de l'affiche annonçant la vente, 1 roupie;

« 4° Pour vacation en référé, 3 roupies;

« 5° Visa de chaque opposition formée à la vente, 2 fanons;

« 6° Extrait des oppositions, pour chacune, 2 fanons;

« 7° Pour l'expédition du procès-verbal de vente, par chaque rôle de vingt-deux lignes à la page et de seize syllabes à la ligne, 4 fanons;

« 8° Affiches (leur coût);

« 9° Annonces aux journaux de Madras ou autres lieux (leur coût);

« 10° Papier (les déboursés);

« 11° Hommes de peine ou coulis (les déboursés);

« 12° Transport de meubles (les déboursés);

« 13° Pour procès-verbal d'arrangement des meubles et effets mobiliers avant la vente, à l'effet de faciliter et de préparer à l'avance les différents lots et tirer le meilleur parti possible du tout, si d'ailleurs la vente est faite dans les lieux et l'arrangement requis par les parties, par vacation de trois heures, 3 roupies;

« 14° Requêtes et ordonnances, 3 roupies;

« 15° Pour le clerc, par vacation, 1 roupie;

« 16° Pour vacation à la rédaction du compte, 3 roupies;

« 17° Pour vacation à la taxe des frais qui sera faite par le juge royal ou le juge auditeur délégué, sur la minute du procès-verbal de vente, 2 roupies;

« 18° Pour les procès-verbaux de constatation d'avarie de marchandises où le ministère du commissaire-priseur est requis, par vacation de trois heures, 3 roupies.

« Art. 2. Le présent tarif est commun, en ce qui les concerne, aux greffiers encanteurs, dont les droits de vente sont et demeurent fixés à 2 centimes et demi par franc, pour tenir lieu de vacations à la vente, frais de publication, de crieurs et tous autres, comme il est attribué au commissaire-priseur lorsqu'il ne vend pas dans la salle à ce consacrée, conformément à l'article 21 de l'arrêté du 3 avril 1832.

« Art. 3. Le droit de faire les ventes du mont-de-piété est attribué au commissaire-priseur, à Pondichéry, en se conformant aux articles 22, 23, 24 et 25 de l'ordonnance locale du 1er mai 1827, et sans que, sous aucun prétexte, les droits de vente et vacations du commissaire-priseur-vendeur puissent excéder 2 centimes et demi par franc du produit de la vente. »

ARRÊTÉ

Du 14 septembre 1866, relatif aux commissaires-priseurs dans les établissements français
de l'Inde.

Nous, Commissaire général de la marine, Gouverneur des établissements français dans l'Inde;

Vu l'arrêté du 3 avril 1832, portant institution de commissaires-priseurs à Pondichéry, Chandernagor et Karikal, et celui du 18 août de la même année, qui fixe le tarif des droits et vacations que les commissaires-priseurs ont droit de répéter indépendamment des droits de vente;

Vu également l'arrêté interprétatif du 14 mai 1838;

Vu la loi du 25 juin 1841, sur la vente aux enchères des marchandises neuves et celle du 18 juin 1843, sur le tarif des commissaires-priseurs;

Attendu qu'il est juste, tout en respectant les nécessités du commerce et les droits des particuliers, de faire bénéficier les commissaires-priseurs de la colonie des améliorations introduites par la métropole dans la position de ces officiers ministériels;

Sur la proposition du procureur général;

Le conseil d'administration entendu,

Avons ARRÊTÉ et ARRÊTONS ce qui suit:

« Art. 1er. Les commissaires-priseurs auront le droit exclusif de procéder, conformément à la loi, dans la ville de leur résidence et les faubourgs adjacents, et en concurrence dans le reste de l'établissement.

« Art. 2. Le procès-verbal des ventes par eux opérées mentionnera l'heure de l'ouverture et de la clôture de chaque vente.

« Art. 3. Les commissaires-priseurs, en procédant aux ventes, seront vêtus de noir; ils porteront comme insigne une ceinture de soie noire.

« Art. 4. Les commissaires-priseurs ne pourront, comme par le passé, exercer la profession de marchand de meubles ni être associés à aucun commerce de cette nature, à peine de destitution; toutefois il leur est permis de recevoir en dépôt toute espèce de marchandises d'occasion destinées à être, par leurs soins, vendues à l'amiable.

« Art. 5. Le cautionnement de 4,000 francs à fournir par le commissaire-priseur à Pondichéry pourra être effectué en numéraire ou en immeubles francs d'hypothèques ; dans ce dernier cas, l'immeuble offert et agréé par l'administration devra être d'une valeur de 6,000 francs au moins. Si le cautionnement est en argent, il produira, au profit du déposant, un intérêt de 3 p. o/o.

« A Chandernagor et à Karikal, le cautionnement sera de 1,000 francs en numéraire, également productifs d'intérêt, ou de 2,000 francs en immeubles.

« Art. 6. Il sera alloué aux commissaires-priseurs, pour tous droits de vente, non compris les déboursés pour y parvenir et en acquitter les droits non plus que la rédaction des placards, 6 p. o/o sur le produit brut des ventes qui auront lieu chez eux et 3 p. o/o dans celles qui seront opérées au dehors.

« Cette commission tiendra lieu des droits alloués aux commissaires-priseurs par l'article 21 de l'arrêté du 3 avril 1832.

« Art. 7. Ces deux droits de 6 p. o/o et de 3 p. o/o seront désormais supportés par l'acheteur, et les déboursés pour parvenir à la vente le seront par le vendeur.

« Art. 8. Il pourra être adjoint aux commissaires-priseurs un commis assermenté, présenté par eux, agréé et nommé par l'administration, avec faculté de remplacer le titulaire en cas d'empêchement.

« Les commissaires-priseurs seront personnellement responsables des actes de leurs commis, lesquels devront, en outre, fournir un cautionnement qui sera, à Pondichéry, de 1,000 francs en numéraire ou de 1,800 francs en immeubles, à Karikal et à Chandernagor, de 500 francs en numéraire ou de 1,000 francs en immeubles.

« Art. 9. L'article 1er de l'arrêté du 18 août 1832, portant tarif pour les divers actes des commissaires-priseurs, sera complété ainsi qu'il suit :

. . . .

« 19° Vacations pour versement à la caisse des dépôts et consignations des sommes non réclamées ou de celles pour lesquelles il y a opposition, 3 roupies.

« 20° Pour droit de recherche dans les procès-verbaux des ventes autres que celles de l'année courante, 2 roupies.

« Art. 10. Pour les ventes d'objets provenant du mont-de-piété, attribuées aux commissaires-priseurs par l'article 3 de l'arrêté du 18 août 1832, il ne sera perçu que le droit de 2 1/2 p. o/o stipulé par l'article 23 de l'arrêté du 1ᵉʳ mai 1827, lequel sera payé par l'acheteur.

« Les bijoux, joyaux et effets mobiliers provenant du mont-de-piété devront être exposés par les commissaires-priseurs, pendant trois jours au moins, dans une salle publique à ce destinée.

« Art. 11. Auront lieu dans les mêmes conditions les ventes opérées à la requête du domaine et ayant pour objet des effets mobiliers déposés dans les greffes à titre de pièces de conviction.

« Art. 12. Tous les six mois, les commissaires-priseurs soumettront leurs comptes et les pièces à l'appui à l'examen et au visa du procureur impérial.

« Art. 13. L'arrêté du 14 mai 1838, autorisant le partage et la vente entre les intéressés de lots de marchandises achetées par eux en commun, est et demeure modifié en ce sens que les reventes entre les associés n'auront pas lieu par voie d'enchère ou d'encan, si ce n'est par l'intermédiaire du commissaire-priseur.

« Art. 14. Les dispositions des arrêtés des 3 avril et 18 août 1832 continueront à être exécutées en ce qui n'est pas contraire au présent arrêté.

« Art. 15. Le procureur général est chargé de l'exécution du présent arrêté, qui sera enregistré partout où besoin sera. »

X.

ARRÊTÉS DIVERS

RELATIFS A DES INSTITUTIONS AUXILIAIRES
DE L'ADMINISTRATION DE LA JUSTICE.

ORDONNANCE

Du 30 octobre 1827, portant création, à Pondichéry, d'un comité consultatif
de jurisprudence indienne.

AU NOM DU ROI.

Nous, Eugène Panon, vicomte des Bassayns de Richemont, Administrateur général, par intérim, des établissements français dans l'Inde;

Les abus de toute nature qui se sont introduits dans la composition et dans le mode de procéder de la chambre de consultation ayant affaibli depuis longtemps la considération dont cette institution devait jouir et diminué en même temps l'utilité dont elle pouvait être, nous avons jugé nécessaire de la réorganiser sur des bases fixes qui présentassent à l'avenir une garantie certaine du bon choix, de la capacité et de l'indépendance de ses membres, de l'ordre, de la célérité et de l'impartialité de ses délibérations;

A ces causes, après en avoir délibéré en conseil d'administration et de gouvernement, provisoirement et sauf l'approbation de Sa Majesté,

Avons ordonné et ordonnons ce qui suit:

CHAPITRE Iᵉʳ.
DU COMITÉ CONSULTATIF DE JURISPRUDENCE INDIENNE.

« Art. 1ᵉʳ. Un comité consultatif de jurisprudence indienne est établi à

79

Pondichéry pour éclairer les décisions du Gouvernement et des tribunaux dans les questions dont la solution exige la connaissance des lois indiennes et des us et coutumes des Malabars.

CHAPITRE II.

DE LA COMPOSITION DU COMITÉ CONSULTATIF.

« Art. 2. Le comité consultatif est composé de neuf membres, savoir :

« Deux brahmes ;

« Deux vellagers ;

« Un caveré ;

« Le dessaye, chef supérieur des basses castes ;

« Un berger ;

« Un cometty ;

« Un chetty.

« Neuf suppléants, choisis dans la même proportion, pour chaque caste, sont appelés à remplacer, au besoin, les titulaires.

« Art. 3. Les membres du comité et leurs suppléants sont nommés par l'administrateur général.

« Les uns et les autres sont renouvelés tous les deux ans, par quart, à partir du 1er janvier prochain.

« Les membres sortants sont désignés par la voie du tirage. Il est pourvu par l'administrateur général à leur remplacement, ainsi qu'aux vacances survenues par mort ou par démission, sur une liste triple de candidats élus par le comité au scrutin secret et à la majorité des voix.

« Art. 4. Les candidats doivent être choisis parmi les Indiens les plus recommandables par leur probité et par leur connaissance des lois, us et coutumes, et de préférence parmi ceux dont la fortune assure l'indépendance.

« A l'exception du dessaye, qui est appelé au comité en raison de ses fonctions, nul ne peut être élu s'il n'est âgé de vingt-cinq ans révolus et né à Pondichéry, ou domicilié depuis cinq ans sur le territoire.

« Art. 5. Les fonctions de greffier, d'interprète près des tribunaux, de conseil et d'officier ministériel, sont incompatibles avec celles de membre du comité.

« Le père et le fils, l'oncle et le neveu, les deux frères ne peuvent y siéger simultanément.

« Les membres sortants sont rééligibles.

« Art. 6. Les fonctions de membre du comité sont gratuites.

« Art. 7. Les membres titulaires ont droit, pendant qu'ils sont en exercice, de porter une canne à pomme d'or, ornée des armes du Roi, avec l'exergue : *Comité consultatif de jurisprudence indienne.*

« Le président porte, en outre, en sautoir, et suspendue à un ruban aurore, une médaille d'or à l'effigie du Roi et avec le même exergue.

« Les membres titulaires passent, dans les assemblées, fêtes et cérémonies, immédiatement après le chef de leur caste.

« Les membres suppléants portent la canne à pomme d'or, avec l'exergue et les armes en argent, et passent après les membres titulaires.

« Les uns et les autres peuvent se faire porter en palanquin dans la ville Blanche, et lorsqu'ils s'en sont rendus dignes par leur zèle et par leur application à leurs devoirs, ils obtiennent le droit de se servir, à l'occasion de leur mariage et de celui de leurs enfants, du grand tam-tam, dit *nagabatou*, et des autres instruments de musique indienne [1].

« Art. 8. Les membres du comité auxquels leur âge ou leurs infirmités ne permettent point de continuer leurs fonctions peuvent, après dix ans d'exercice, obtenir le titre de membres honoraires et jouir, en cette qualité, leur vie durant, de tous les droits, honneurs et prérogatives attribués aux titulaires.

« Art. 9. Avant d'entrer en fonctions, les membres du comité prêtent serment en audience publique de la cour royale.

CHAPITRE III.

DES SÉANCES DU COMITÉ CONSULTATIF, DE LA FORME ET DE L'OBJET DE SES DÉLIBÉRATIONS.

« Art. 10. Au commencement de chaque année, l'administrateur général

---

[1] Le Gouvernement n'accorde cette distinction qu'aux Indiens qui se sont fait remarquer par leurs services.

nomme, sur une liste triple de candidats à lui présentée par le comité, un président et un vice-président.

« Art. 11. Les membres prennent rang et séance dans l'ordre établi par l'article 2.

« Les suppléants ne peuvent être présents qu'autant qu'ils remplacent les titulaires; ils siégent après ces derniers.

« Art. 12. Le comité s'assemble dans un local spécialement affecté à ses séances.

« Il se réunit le lundi de chaque semaine ou le mercredi, si le lundi est un jour férié ou néfaste.

« Il s'assemble, en outre, sur la convocation de son président, toutes les fois que des affaires urgentes nécessitent sa réunion ou que l'administrateur général, le chef du ministère public ou les tribunaux jugent convenable de le consulter [1].

« Art. 13. Le comité ne peut délibérer qu'autant que tous ses membres sont présents ou légalement remplacés.

« Les membres ne peuvent se dispenser de siéger que pour cause d'empêchement légitime.

« Dans ce cas, les titulaires sont tenus de faire connaître de suite leurs motifs d'excuse au président et de prévenir en même temps leurs suppléants; si ces derniers se trouvent aussi dans l'impossibilité de siéger, le président désigne pour les remplacer un des suppléants des autres castes dans l'ordre du tableau.

« Art. 14. L'absence des membres sans motif légitime est punie par le comité, sur la dénonciation du président, et sans appel, d'une amende de 2 fanons au moins et de 2 roupies au plus.

« Tout membre qui a encouru trois amendes dans le délai d'un mois est dénoncé par le président au chef du ministère public.

« Art. 15. Le comité consultatif de jurisprudence indienne ne peut délibérer que sur les affaires qui lui sont envoyées par l'une des autorités désignées en l'article 1 2.

[1] L'ordonnateur a le droit, d'après l'arrêté du 27 août 1833, de poser des questions au comité.

« Art. 16. Les questions de droit sur lesquelles le comité est appelé à donner son avis doivent être posées d'une manière abstraite et sans acception de personnes.

« Les ordonnances de renvoi sont, à cet effet, rendues par les tribunaux en chambre et ne sont point communiquées aux parties.

« Le comité délibère à huis clos.

« Art. 17. Dans les affaires de castes et toutes autres où le mode de procéder établi par l'article précédent serait insuffisant ou impraticable, les tribunaux peuvent, en ordonnant le renvoi, tracer au comité la marche spéciale qu'il doit suivre et autoriser la communication des pièces, l'audition des parties, celle des témoins ou tous autres actes d'instruction jugés nécessaires.

« L'ordonnance de renvoi est alors signifiée aux parties, et elles sont admises à présenter, dans les trois jours de la signification, leurs motifs de récusation contre les membres du comité; le tribunal les admet ou les rejette.

« Art. 18. Les assignations à fin de comparution par-devant le comité consultatif sont, dans les cas prévus par l'article précédent, ordonnées, sur la requête du président du comité, par le juge de police, dans la forme et les délais établis pour son tribunal.

« Les amendes en cas de non-comparution sont prononcées de la même manière.

« Art. 19. Les questions et affaires renvoyées au comité consultatif par les tribunaux sont portées, au fur et à mesure de leur réception, sur un rôle coté et parafé par le chef du ministère public, et sont délibérées dans l'ordre d'inscription.

« Les questions posées par l'administrateur général ne sont point mises au rôle et sont toujours résolues avant toutes autres.

« Art. 20. Les avis du comité consultatif sont rendus séance tenante et sans désemparer, sauf les cas où il fait comparaître les parties devant lui.

« Le comité délibère à la pluralité des voix; elles sont recueillies par le président dans l'ordre inverse des rangs; le président vote le dernier.

« Art. 21. Le président est chargé de la police des séances. Il rappelle à l'ordre tout membre qui s'écarte des égards et du respect dus au Gouvernement, aux tribunaux ou au comité; mention en est faite au procès-verbal.

« Dans le cas de manquements graves, le président en rend compte au chef du ministère public.

« ART. 22. La plume est tenue, auprès du comité consultatif, par un greffier.

« Cet agent est soldé par le Gouvernement et nommé par l'administrateur général, sur la présentation du comité. Il fournit un cautionnement égal à deux années de ses appointements et prête serment en audience de la cour royale [1].

« Les fonctions incompatibles avec celles de membre du comité le sont également avec celles de greffier [2].

« ART. 23. Le greffier rédige, séance tenante, le procès-verbal des délibérations en langue malabare; il est tenu d'y insérer le texte de la loi appliquée ou de déclarer qu'il n'en existe point.

« Le procès-verbal ne fait mention que de l'avis de la majorité; toutefois, le greffier doit, lorsqu'il en est requis, y insérer les opinions rédigées séance tenante.

« ART. 24. Les membres du comité ne peuvent se séparer avant d'avoir signé le procès-verbal en minute. Il est ensuite transcrit sur un registre coté et parafé par le chef du ministère public, et qui est également signé de tous les membres.

« ART. 25. Extrait du procès-verbal de chaque séance, en forme d'avis, est dressé et certifié par le greffier, visé par le président et remis, dans les trois jours de la délibération, avec sa traduction en langue française, à l'autorité qui l'a requis.

« En cas de retard, le greffier est puni d'une amende de 2 roupies, soit 4 fr. 80 cent.

« Il lui est interdit, sous peine de destitution, de délivrer, sans ordre des autorités, aucune autre expédition.

« ART. 26. Les avis du comité, traduits en langue française, en exécution de l'article précédent, sont transcrits sur un registre coté et parafé par le chef du ministère public et soumis à son visa à la fin de chaque trimestre.

---

[1] Cette obligation de fournir un cautionnement a été suspendue par arrêté du 18 juin 1846.

[2] L'arrêté du 24 février 1834 lève toute incompatibilité entre les fonctions de greffier du comité et celles de conseil agréé.

« Le dépôt en est fait au greffe de la cour royale, le 1er janvier de chaque année, pour servir à former un répertoire de jurisprudence indienne.

« Art. 27. Le greffier a dans ses attributions le dépôt et la garde du sceau du comité, de ses archives et de la bibliothèque qui sera formée par le Gouvernement pour son usage.

« Il veille à l'entretien du local destiné à ses séances.

« Il est chargé de la convocation des membres du comité et des avis à leur donner, sur l'ordre du président; de la réunion de tous les documents nécessaires pour éclairer ses délibérations et de tout ce qui est relatif à la rédaction, l'enregistrement, la traduction et l'expédition de ses procès-verbaux et avis.

« Art. 28. Il est attaché au comité un pion chargé de porter les avis de convocation.

« Art. 29. La rentrée des amendes prononcées par le comité, en exécution des articles 14 et 15, sera, à défaut de payement dans les trois jours, poursuivie, sur la dénonciation du président, par le commissaire juge de police.

« Le montant en sera déposé entre les mains du greffier et employé en achat de livres pour l'usage du comité.

CHAPITRE IV.

DE LA DISCIPLINE DU COMITÉ CONSULTATIF DE JURISPRUDENCE INDIENNE.

« Art. 30. Le comité consultatif ne peut, sous quelque prétexte que ce soit, même du silence ou de l'obscurité de la loi, refuser ou différer de faire connaître son avis sur les questions qui lui sont soumises.

« Dans le cas où il persévérerait dans son déni, après avertissement ou injonction des tribunaux ou des autorités administratives qui auront requis son opinion, ses membres seront poursuivis et punis, conformément au Code pénal, comme coupables de déni de justice.

« Art. 31. Les tribunaux inférieurs peuvent, lorsque le comité s'écarte des questions qui lui ont été posées ou des formes qui lui sont tracées, ou encore lorsqu'il néglige de leur transmettre ses avis dans les délais voulus, lui donner un avertissement d'être plus exact à l'avenir et même en ordonner l'inscription sur ses registres; mais il leur est interdit de le reprendre, et, dans le cas où ils passent outre à son opinion, ils sont tenus d'en déduire les motifs au jugement.

« ART. 32. L'administrateur général et la cour royale ont droit de censure et de discipline sur le comité consultatif et peuvent réformer ses avis, s'il y a lieu.

« La cour royale peut suspendre les membres du comité pour fautes graves et provoquer leur destitution auprès de l'administrateur général.

« Elle connaît par appels des avertissements donnés au comité par les tribunaux inférieurs.

« ART. 33. Le chef du ministère public veille au maintien et à l'exécution des dispositions prescrites par la présente ordonnance. Il signale au président du comité les irrégularités commises, les dénonce, s'il y a lieu, à la cour royale en chambre de conseil et provoque, dans l'intérêt de la loi, la réforme des avis émis par le comité.

« ART. 34. Il exerce, en outre, directement la discipline sur ceux des membres qui compromettraient leur caractère ou qui, par leur inexactitude, entraveraient la marche des délibérations.

« A cet effet, il prononce contre eux, après les avoir entendus, soit d'office, soit sur la dénonciation du président, le rappel à l'ordre, la censure simple, la censure avec réprimande, et leur donne tous avertissements qu'il juge convenables.

« A l'égard des peines plus graves, telles que la suspension, le remplacement pour défaut d'assiduité ou la destitution, il fait les propositions qu'il croit nécessaires à l'administrateur général, qui statue.

« ART. 35. Tout membre qui se trouve sous les liens d'un mandat d'arrêt ou dépôt, ou d'une ordonnance de prise de corps, est suspendu provisoirement de ses fonctions.

« Les condamnations pour crime ou délit et l'emprisonnement pour dettes emportent la destitution.

« Ces peines sont prononcées par l'autorité administrative, sur le rapport du chef du ministère public.

« ART. 36. Les membres du comité consultatif coupables de corruption ou de forfaiture sont poursuivis et punis comme fonctionnaires publics.

« ART. 37. La chambre de consultation créée par le titre VII du règlement local du 17 janvier 1778 est abolie.

« Les archives de son greffe seront inventoriées et déposées au greffe du comité consultatif.

« ART. 38. La présente ordonnance sera enregistrée, publiée et affichée partout où besoin sera. »

ARRÊTÉ

Du 28 novembre 1835, relatif aux séances du comité consultatif de jurisprudence indienne et à la police de ces séances.

AU NOM DU ROI.

Nous, Général Saint-Simon, Pair de France, Maréchal des camps et armées du Roi, Gouverneur des établissements français dans l'Inde ;

Vu la dépêche ministérielle du 1ᵉʳ mars 1828, qui a prescrit de constater la législation civile des Indiens et de faire examiner par une commission spéciale les modifications que cette législation serait susceptible de recevoir d'après les us et coutumes, en prenant l'avis des divers chefs de caste qu'il est également prescrit de consulter ;

Vu également l'ordonnance du 30 octobre 1827, remplaçant par un comité consultatif de jurisprudence indienne, composé des chefs de caste, l'ancienne chambre de consultation, à qui fut vainement demandé dès 1778 le travail important commencé depuis, en 1833, par le comité sous les directions et d'après l'insistance réitérée du procureur général, justifiée par ses correspondances avec le comité aux dates des 10 octobre, 8 et 25 novembre 1833, 5 février, 7 et 24 mars et 10 octobre 1834, 18 mai et 20 juin 1835 et par les décision et arrêté des 24 février et 24 mars 1834, lesquels, sur la proposition du procureur général, ont accordé en premier lieu à un membre du comité le traitement mensuel demandé pour se livrer exclusivement à la traduction des textes de lois hindoues du sanscrit en malabar, en second lieu une somme également réclamée pour acquérir les textes, et enfin un traitement spécial et supplétif au conseil indien greffier du comité pour traduction du tamoul ou malabar en français des textes du sanscrit vérifiés, constatés et adoptés par le comité;

Considérant qu'il n'a été tenu par le comité que trente-deux séances, qui ont été loin de suffire pour mettre à fin le travail important et de longue haleine entrepris par lui;

Qu'il nous est représenté l'utilité d'astreindre le comité à des séances régulières plus nombreuses que celles prescrites par l'ordonnance locale précitée du 30 octobre 1827, qui se réduisent à une seule par semaine, et de ne point exiger, pour commencer les séances, que tous les membres du comité soient présents, comme le veut l'ordonnance, pour les cas où le comité doit rendre des jugements ou doit donner des avis dans les contestations litigieuses actuellement pendantes devant les tribunaux;

Qu'il importe aussi de fortifier, pour le cas particulier, le lien de la discipline confiée au chef du ministère public par l'ordonnance en vigueur, en mettant au nombre des cas de discipline celui de l'absence volontairement prolongée des membres titulaires et suppléants pendant plusieurs séances sans fait établi de force majeure par maladie ou autrement, et que ces mesures sont désirées par les membres du comité les plus animés des vues de bien public et d'être utiles à leur pays, en lui assurant le bienfait d'un code de ses lois, us et coutumes appropriés à l'âge présent;

Sur le rapport et la proposition du procureur général du Roi,

AVONS ARRÊTÉ et ARRÊTONS ce qui suit :

« ART. 1er. Indépendamment de la séance hebdomadaire prescrite par le règlement d'institution du comité consultatif de jurisprudence indienne pour l'examen des procès et des questions qui sont renvoyés par les autorités et par les tribunaux, il sera tenu par le comité au moins deux séances extraordinaires, chaque semaine, uniquement consacrées à la constatation des lois, us et coutumes des Hindous encore en vigueur dans les établissements français de l'Inde.

« ART. 2. Les séances extraordinaires auront lieu aux jours fixés par le comité, de dix heures du matin à trois heures après midi.

« Les membres du comité seront prévenus la veille, sur la convocation du président, par les soins du greffier.

« Art. 3. A moins d'empêchement jugé légitime par le procureur général, les membres dont l'absence sera constatée au procès-verbal seront, par ce seul fait, passibles du maximum de l'amende spécifiée en l'article 14 du règlement du 30 octobre 1827, et le recouvrement en sera poursuivi sur le vu du procès-verbal dont il sera envoyé extrait au procureur général, ainsi qu'il est prescrit par l'article 29.

« Trois amendes encourues emporteront démission du membre titulaire ou suppléant à qui elles sont imposées; le procureur général provoquera leur remplacement en la forme ordinaire.

« Art. 4. Le comité pourra délibérer à la majorité de cinq membres présents titulaires ou suppléants.

« Art. 5. Le greffier du comité est dispensé de traduire du malabar en français les textes des lois hindoues rejetés à l'unanimité par le comité comme n'étant plus en usage; mais ces textes traduits du sanscrit en malabar ne seront pas néanmoins retranchés du cahier annexé au procès-verbal sur lequel est mentionnée l'adoption des textes conservés.

« Art. 6. En cas d'absence par empêchement jugé légitime du président et du vice-président, le membre titulaire le plus ancien présidera le comité.

« Art. 7. Le procès-verbal de chaque séance sera signé en minute par le président et le greffier, à la fin de chaque séance, à peine contre le greffier de l'amende spécifiée en l'article 25 du règlement de 1827 précité.

« Art. 8. Le procureur général du Roi est chargé de l'exécution du présent arrêté. »

ARRÊTÉ

Du 11 novembre 1861, réglant les attributions des cazis et moullahs à Karikal.

ÉTABLISSEMENTS FRANÇAIS DANS L'INDE.

Nous, Commissaire général de la marine, Gouverneur des établissements français dans l'Inde;

Vu l'article 48 de l'ordonnance du 23 juillet 1840;

Vu l'article 1ᵉʳ de l'ordonnance du 28 janvier 1847;

Vu les consultations données par le cazi et les moulvies du Madrissa collége, de Calcutta;

Considérant que des discussions graves se sont élevées entre le cazi et les moullahs de Karikal, au sujet de leurs attributions respectives; que ces discussions, fomentées par quelques personnes malintentionnées, ont amené des troubles et des rixes dans une mosquée de Karikal;

Considérant qu'il devient nécessaire, pour mettre un terme à ces dissensions et prévenir de nouveaux troubles, de déterminer les attributions du cazi et des moullahs;

Sur le rapport et la proposition de l'ordonnateur et du procureur général;

Le conseil d'administration entendu,

Avons arrêté et arrêtons ce qui suit :

« Art. 1ᵉʳ. Le cazi est un magistrat mahométan qui juge en matière civile et religieuse, et devant lequel se passent les contrats et tous actes destinés à devenir authentiques.

« Il a, en cette qualité, dans ses attributions, exclusivement à tous autres, la rédaction des actes constitutifs de douaire, quand ils ne sont pas passés par acte sous seing privé.

« Il procède à la cérémonie du mariage, quand les parties requièrent son assistance.

« Il donne son avis sur les contestations entre les musulmans, quand elles sont renvoyées par-devant lui par les tribunaux.

« Il a, à l'égard des musulmans, les attributions qui sont accordées au comité de jurisprudence indoue à l'égard des Indous.

« Il décide les questions civiles et religieuses de caste.

« Il procède, quand il en est requis, aux partages entre majeurs et aux partages entre majeurs et mineurs, quand ils sont renvoyés devant lui par les tribunaux.

« Il préside, à l'exclusion de tous autres, l'assemblée des notables et des parents, en cas de renvoi devant elle de la part des tribunaux.

« Art. 2. Les fonctions religieuses du cazi consistent à lire les prières dans les mosquées; à lire les prières d'usage dites *cottoubas* et autres dans

les célébrations de mariage, lorsque son ministère est requis par les parties;
à présider à toutes les fêtes musulmanes.

« Art. 3. Les fonctions des moullahs sont d'ensevelir et d'enterrer les
morts et de lire les prières d'usage lors des cérémonies funèbres.

« Hors ces cas, ils n'exercent aucune autorité civile ou religieuse qu'en
vertu de la délégation expresse du cazi. Cette délégation devra, afin d'éviter
toute contestation, être donnée par écrit.

« Le moullah remplace le cazi, en cas d'empêchement, dans tous les
actes indiqués aux articles 1 et 2.

« Le cazi devra donner avis de son empêchement au moullah et en informer le commissaire de police.

« Art. 4. Les moullahs et toutes autres personnes qui, sans y être expressément autorisés par le cazi et hors le cas d'empêchement de celui-ci,
feraient l'un des actes spécifiés aux articles 1 et 2, seront poursuivis devant
le tribunal de simple police sur la dénonciation du cazi et punis d'un emprisonnement d'un à cinq jours et d'une amende de 5 à 25 francs.

« En cas de récidive, dans les termes de l'article 483, paragraphe 1er, du
Code pénal, le contrevenant sera puni d'un emprisonnement de cinq à dix
jours et d'une amende de 25 à 50 francs.

« Art. 5. Il n'est pas innové à l'arrêté du 28 décembre 1852, qui détermine les attributions du catif.

« Art. 6. L'ordonnateur, le procureur général et le chef de service de
Karikal sont chargés, chacun en ce qui le concerne, de l'exécution du présent arrêté, qui sera enregistré partout où besoin sera. »

ARRÊTÉ

Du 5 mars 1840, qui, statuant sur les réclamations du cazi Badourdine Saëb, fixe d'une ma-
nière précise les attributions du cazi et du moullah de Pondichéry, et ordonne une nouvelle
publication des décisions des 23 juillet 1777 et 3 septembre 1796.

AU NOM DU ROI.

Nous, Pair de France, Maréchal des camps et armées du Roi, Grand Officier de la Légion d'honneur, Gouverneur des établissements français dans l'Inde;

Vu la requête à nous adressée, le 20 septembre dernier, par le cazi ou cadhy de Pondichéry, Badourdine Saëb, tendante à maintenir la ligne de démarcation entre ses fonctions et celles du moullah, telle que les lois mahométanes et les décisions des autorités supérieures, notamment celles du cazi de Madras du 3 septembre 1796, publiées à Pondichéry le 21 février 1797, 26 novembre 1806 et 27 juin 1816, l'ont tracée et déterminée;

Vu lesdites décisions, les avis de l'assemblée des notables mahométans, dont la majorité est favorable à la réclamation du cazi, ensemble la traduction des lois mahométanes et notamment celle de l'un des livres de la loi, intitulé *Ravoudatilibou*, traitant des devoirs et des fonctions du cazi d'un pays, d'après la religion mahométane : ladite traduction certifiée par le cazi;

Vu aussi les pièces produites par le moullah;

Et vu, enfin, l'article 2 de l'ordonnance locale du 26 janvier 1819, qui veut que les Indiens, soit chrétiens, soit maures ou gentils, soient jugés, comme par le passé, suivant les lois, us et coutumes de leur caste;

Considérant que le cazi est un magistrat mahométan qui juge en matière civile et religieuse, devant lequel se passent aussi les contrats et tous écrits destinés à devenir authentiques;

Que les fonctions du moullah, communes à l'égard de certaines fonctions religieuses, sont distinctes quant au droit de juridiction et à la prééminence, étant sous les ordres du cazi; que les fonctions du moullah sont principalement d'ensevelir et enterrer les morts, de lire les prières d'usage et autres choses de cette nature; qu'il ne peut rien faire sans en donner avis au cazi, qui, seul, peut l'appeler, soit pour le remplacer, soit pour décider avec lui dans les assemblées des parents et notables de la caste devant lesquels il y a renvoi de la part de l'autorité supérieure;

Sur le rapport et la proposition du procureur général du Roi,

Avons arrêté et arrêtons ce qui suit :

« Art. 1er. Les décisions des 23 juillet 1777 et 3 septembre 1796, publiées anciennement, et en dernier lieu en 1816, à Pondichéry, seront de nouveau publiées par les soins du juge de paix, lieutenant de police de la ville, dans les deux langues; à l'effet, par les maures ou mahométans, de s'y conformer comme par le passé.

« Art. 2. Lorsque les cour et tribunaux renverront les parties devant la caste, l'assemblée des notables et des parents sera présidée par le cazi, qui reste libre d'y appeler le moullah, soit pour le remplacer, soit pour donner son avis conjointement.

« Le moullah peut, néanmoins, être appelé à présider, au cas d'empêchement du cazi légalement constaté.

« Art. 3. Le procureur général du Roi est chargé de l'exécution du présent arrêté, qui sera enregistré à la cour royale et partout où besoin sera. »

DÉCISION DU CAZI DE MADRAS

En date du 3 septembre 1796, relatant l'arrêt rendu par la cour de cette ville le 23 juillet 1777.

Je, serviteur de la sublime loi, cazi Mohédine Mohammed Aboubaker, fais connaître que Check Miran, cazi de Pondichéry, m'a adressé, par l'intermédiaire de son frère Mohammed Cazim, une lettre dans laquelle il dit : « que le conseil supérieur de Pondichéry désire savoir si les fonctions du cazi sont égales ou supérieures à celles du moullah, et si le cazi, seul, doit examiner et juger les discussions qui surviennent entre les musulmans, ou si le moullah doit lui être adjoint pour l'examen et le jugement de ces discussions. » Check Miran m'a envoyé aussi plusieurs pièces relatives aux fonctions qu'il a droit d'exercer comme moullah. D'un autre côté, Check Mohammed, moullah de Pondichéry, m'a transmis par son frère, Saïd Mohammed, une lettre et les pièces à l'appui de ses prétentions en sa qualité de moullah. J'ai examiné avec soin les raisons et les titres de l'un et de l'autre; comme c'est à l'occasion d'une discussion semblable survenue jadis entre le moullah Mohammed Ibrahim et moi que la cour de Madras, voulant fixer d'une manière précise les fonctions du cazi et celles du moullah, a rendu, le 23 juillet 1777, un arrêt convenable, lequel a été inséré dans le

livre des minutes, je crois utile de joindre ici extrait de cet arrêt, et je fais
observer, en outre, que le cazi Check Miran et le moullah Check Mohammed de Pondichéry ont tous les deux entre les mains des prononcés conformes des savants de Porto-Novo et de Chellambarom et des gens de loi
résidant à Arcate. Je pense qu'il doit leur être enjoint de s'y conformer, afin
que chacun s'en tienne aux fonctions déterminées par l'usage.

Extrait de l'arrêt rendu par la cour de Madras le 23 juillet 1777.

« Les membres de la cour ont, après examen, reconnu que les fonctions
du moullah sont distinctes de celles du cazi ; que le cazi, soit par lui-même,
soit par ses députés, peut exercer les fonctions de moullah dans le service
de la mosquée, et que le moullah est sous les ordres du cazi ; que les fonctions du cazi, supérieures à celles du moullah, sont de juger les discussions
des musulmans, d'apposer son cachet sur les papiers des gens d'affaires et
autres, et de faire tout ce que son devoir lui ordonne en sa qualité de cazi,
et que celles du moullah consistent à ensevelir et enterrer les morts, à lire
les prières d'usage et autres choses de cette nature, et à ne rien faire sans
en donner avis au cazi. »

Tel est le prononcé de la loi.

APPENDICE.

DÉCRET

*Du 18 août 1868, indiquant les conditions d'âge pour remplir certains emplois
de la magistrature coloniale.*

NAPOLÉON, par la grâce de Dieu et la volonté nationale, EMPEREUR DES FRANÇAIS, à tous présents et à venir, SALUT.

Sur le rapport de notre ministre secrétaire d'État au département de la marine et des colonies et de notre garde des sceaux, ministre secrétaire d'État au département de la justice et des cultes;

Vu l'article 18 du sénatus-consulte du 3 mai 1854;

Vu l'ordonnance du 7 février 1842, concernant l'organisation judiciaire des établissements français dans l'Inde;

Vu l'ordonnance du 4 décembre 1847 et le décret du 9 août 1854, concernant l'organisation judiciaire du Sénégal;

Vu l'ordonnance du 21 décembre 1828 et le décret du 16 août 1854, concernant l'organisation judiciaire de la Guyane française;

Vu l'ordonnance du 26 juillet 1833 et le décret du 4 avril 1868, concernant l'organisation judiciaire des îles Saint-Pierre et Miquelon;

Vu l'ordonnance du 26 août 1847 et le décret du 30 janvier 1852, concernant l'organisation judiciaire de Mayotte et de Nossi-Bé;

Vu les décrets des 25 juillet 1864, 10 novembre 1866 et 7 mars 1868, concernant l'organisation judiciaire dans les possessions françaises de la Cochinchine;

Vu les décrets des 28 novembre 1866 et 7 mars 1868, concernant l'organisation judiciaire de la Nouvelle-Calédonie,

Avons décrété et décrétons ce qui suit :

« Art. 1er. Dans les colonies françaises autres que la Martinique, la Guadeloupe et la Réunion, l'âge requis pour remplir les fonctions ci-après désignées est fixé ainsi qu'il suit, savoir :

« Vingt-deux ans pour les juges auditeurs et les juges suppléants;

« Vingt-cinq ans pour les conseillers auditeurs et les lieutenants de juge;

« Vingt-sept ans pour les juges impériaux de première instance;

« Trente ans pour les présidents de conseil d'appel et de tribunal supérieur.

« Nul ne peut être nommé à l'un des emplois ci-dessus, s'il n'est licencié en droit. Pour tous les autres emplois, les conditions d'âge et d'aptitude sont les mêmes qu'en France.

« Art. 2. Sont et demeurent abrogés les articles 91 à 98 inclusivement de l'ordonnance du 21 décembre 1828, sur l'organisation judiciaire de la Guyane française et toutes autres dispositions contraires au présent décret.

« Art. 3. Notre ministre secrétaire d'État au département de la marine et des colonies et notre garde des sceaux, ministre secrétaire d'État au département de la justice et des cultes, sont chargés, chacun en ce qui le concerne, de l'exécution du présent décret, qui sera inséré au Bulletin des lois et au Bulletin officiel de la marine.

« Fait au palais de Fontainebleau, le 18 août 1868. »

Signé : NAPOLÉON.

DÉCRET

Du 29 août 1863, portant modification, pour les établissements français de l'Inde, de divers délais en matière civile et commerciale. (Promulgué le 7 août 1868.)

NAPOLÉON, par la grâce de Dieu et la volonté nationale, EMPEREUR DES FRANÇAIS, à tous présents et à venir, SALUT.

Sur le rapport de notre ministre secrétaire d'État au département de la marine et des colonies;

Vu l'article 18 du sénatus-consulte du 3 mai 1854;

Vu l'arrêté local du 6 janvier 1819, sur le mode de procéder en matière civile dans nos établissements français de l'Inde;

Vu la loi des 21-29 novembre et 7 décembre 1850, relative à la promulgation du Code de commerce dans les colonies;

Vu la loi du 3 mai 1862, qui a abrégé les délais en matière civile et commerciale pour les tribunaux de France et de l'Algérie;

Vu notre décret du 26 février 1862, sur les limites du grand et du petit cabotage aux colonies;

Vu l'avis du comité consultatif des colonies, en date du 6 août 1862;

Vu la lettre du ministre de la justice et des cultes, en date du 14 août 1863,

AVONS DÉCRÉTÉ et DÉCRÉTONS ce qui suit :

CODE DE PROCÉDURE.

« ART. 1er. L'article 73 du Code de procédure civile, tel qu'il a été rendu exécutoire dans les établissements français de l'Inde par l'arrêté local susvisé du 6 janvier 1819, sera remplacé par les dispositions suivantes :

« Art. 73. Si celui qui est assigné demeure hors de la colonie, le délai « sera :

« 1° Pour ceux qui demeurent dans l'Indostan, de quatre mois;

« 2° Pour ceux qui demeurent dans les pays situés sur la mer de Chine
« et la mer de Java, à la Réunion, à l'île Maurice, dans les pays du littoral
« de la mer Rouge, en Algérie, sur le continent et dans les îles de l'Europe,
« de cinq mois;

« 3° Pour ceux qui demeurent dans les autres pays situés entre le cap de
« Bonne-Espérance et les détroits de Malacca et de la Sonde, de six mois;

« 4° Pour ceux qui demeurent dans toutes les autres parties du monde,
« de dix mois.

« Les délais ci-dessus seront doublés en cas de guerre maritime.

« Pour les habitants des établissements français de l'Inde qui demeurent
« hors du chef-lieu du tribunal, le délai sera réglé par un arrêté du gouverneur
« rendu en conseil d'administration. »

« Art. 2. Les articles 443, 445 et 446 du même Code seront remplacés
par les articles suivants :

« Art. 443. Le délai pour interjeter appel sera de deux mois; il courra,
« pour les jugements contradictoires, du jour de la signification à personne
« ou à domicile;

« Pour les jugements par défaut, du jour où l'opposition ne sera plus rece-
« vable.

« L'intimé pourra, néanmoins, interjeter appel incidemment, en tout état
« de cause, quand même il aurait signifié le jugement sans protestation.

« Art. 445. Ceux qui demeurent hors du chef-lieu du tribunal ou hors du
« territoire de la colonie auront, pour interjeter appel, outre le délai de
« deux mois depuis la signification du jugement, le délai des ajournements
« fixé par l'article 73 ci-dessus.

« Art. 446. Ceux qui sont absents du territoire de la colonie pour cause
« de service public auront pour interjeter appel, outre le délai de deux
« mois depuis la signification du jugement, le délai de dix mois. Il en sera
« de même en faveur des gens de mer absents pour cause de navigation. »

« Art. 3. Les articles 483, 484, 485 et 486 du même Code seront remplacés par les articles suivants :

« Art. 483. La requête civile sera signifiée avec assignation, dans le délai
« de deux mois, à l'égard des majeurs, à compter du jour de la signification
« du jugement attaqué, à personne ou domicile.

« Art. 484. Le délai de deux mois ne courra contre les mineurs que du
« jour de la signification du jugement faite, depuis leur majorité, à personne
« ou domicile.

« Art. 485. Lorsque le demandeur sera absent de la colonie pour cause
« de service public, il aura, outre le délai ordinaire de deux mois depuis la
« signification du jugement, le délai de dix mois; il en sera de même en fa-
« veur des gens de mer absents pour cause de navigation.

« Art. 486. Ceux qui demeurent hors du chef-lieu du tribunal ou hors
« du territoire de la colonie auront, outre le délai de deux mois depuis la
« signification du jugement, le délai des ajournements réglé par l'article 73
« ci-dessus. »

« Art. 4. L'article 1033 du même Code sera remplacé par les dispositions suivantes :

« Art. 1033. Le jour de la signification et celui de l'échéance ne sont
« point comptés dans le délai général fixé pour les ajournements, les cita-
« tions, sommations et autres actes faits à personne ou à domicile.

« Si le dernier jour du délai est un jour férié, le délai sera prorogé au
« lendemain. »

CODE DE COMMERCE.

« Art. 5. Les articles 160 et 166 du Code de commerce seront remplacés par les dispositions suivantes :

« Art. 160. Le porteur d'une lettre de change tirée de l'une des pos-
« sessions françaises dans l'Inde sur un autre point desdites possessions, soit
« à vue, soit à un ou plusieurs jours, mois ou usances de vue, doit en exiger
« le payement ou l'acceptation dans les trois mois de sa date, sous peine de
« perdre son recours sur les endosseurs, et même sur le tireur si celui-ci a
« fait provision.

« Le délai est de cinq mois pour les lettres de change tirées des autres

« points de l'Indostan sur les possessions françaises dans l'Inde, et récipro-
« quement.

« Le délai est d'un an pour les lettres de change tirées des pays situés sur
« la mer de Chine et la mer de Java, sur la mer des Indes, entre le cap de
« Bonne-Espérance et les détroits de Malacca et de la Sonde, de l'Algérie,
« du continent et des îles de l'Europe, et réciproquement.

« Le délai est de quatorze mois pour les lettres de change tirées de toute
« autre partie du monde sur lesdites possessions françaises dans l'Inde, et
« réciproquement.

« Les délais ci-dessus seront doublés en temps de guerre maritime.

« Les dispositions ci-dessus ne préjudicieront néanmoins pas aux stipula-
« tions contraires qui pourraient intervenir entre le preneur, le tireur et
« même les endosseurs.

« Art. 166. Les lettres de change tirées de la colonie et payables hors de
« son territoire étant protestées, les tireurs et endosseurs résidant dans cette
« même colonie seront poursuivis dans les délais ci-après :

« De quatre mois pour celles qui étaient payables dans l'Indostan ;

« De cinq mois pour celles qui étaient payables dans les pays situés sur les
« mers de Chine et de Java, à la Réunion, à l'île Maurice, dans les pays du lit-
« toral de la mer Rouge, en Algérie, sur le continent et dans les îles de l'Eu-
« rope ;

« De six mois pour celles qui étaient payables dans tous les autres pays
« situés entre le cap de Bonne-Espérance et les détroits de Malacca et de la
« Sonde ;

« De dix mois pour celles qui étaient payables dans toutes les autres par-
« ties du monde.

« Ces délais seront observés dans les mêmes proportions pour le recours
« à exercer contre les tireurs et endosseurs résidant en France ou dans les
« autres colonies françaises.

« Les délais ci-dessus seront doublés en cas de guerre maritime.

« A l'égard des tireurs et endosseurs résidant dans la colonie hors du chef-
« lieu du tribunal, il sera ajouté aux délais ci-dessus fixés un délai qui sera
« déterminé, suivant les distances, par un arrêté du gouverneur rendu en
« conseil d'administration. »

« Art. 6. Les articles 373, 375 et 377 du Code de commerce seront remplacés par les dispositions suivantes :

« Art. 373. Le délaissement doit être fait aux assureurs dans le terme de « six mois, à partir du jour de la réception de la nouvelle de la perte arrivée « aux ports ou côtes de l'Indostan, ou bien, en cas de prise, de la réception « de celle de la conduite du navire dans l'un des ports ou lieux situés aux « côtes ci-dessus mentionnées;

« Dans le délai d'un an après la réception de la nouvelle ou de la perte « arrivée ou de la prise conduite dans tous·les autres pays situés entre le cap « de Bonne-Espérance et les détroits de Malacca et de la Sonde;

« Dans le délai de dix-huit mois après la nouvelle des pertes arrivées ou « des prises conduites dans toutes les autres parties du monde.

« Et ces délais passés, les assurés ne seront plus recevables à faire le délais-« sement.

« Art. 375. Si, après six mois expirés, à compter du jour du départ du na-« vire ou du jour auquel se rapportent les dernières nouvelles reçues, pour « les voyages ordinaires;

« Après un an pour les voyages au long cours,

« L'assuré déclare n'avoir reçu aucune nouvelle de son navire, il peut faire « le délaissement à l'assureur et demander le payement de l'assurance, sans « qu'il soit besoin d'attestation de la perte.

« Après l'expiration des six mois ou de l'an, l'assuré a pour agir les délais établis par l'article 373.

« Art. 377. Sont réputés voyages de long cours ceux qui se font en de-« hors des limites du grand cabotage, fixées pour les établissements français « de l'Inde par l'article 2, paragraphe 3, de notre décret susvisé du 26 fé-« vrier 1862. »

« Art. 7. L'article 645 du Code de commerce sera remplacé par l'article suivant :

« Art. 645. Le délai pour interjeter appel des tribunaux de commerce « sera de deux mois, à compter du jour de la signification du jugement, pour

« ceux qui auront été rendus contradictoirement, et du jour de l'expiration
« du délai de l'opposition, pour ceux qui auront été rendus par défaut.
« L'appel pourra être interjeté du jour même du jugement. »

« ART. 8. Notre ministre secrétaire d'État au département de la marine
et des colonies est chargé de l'exécution du présent décret, qui sera inséré
au Bulletin des lois et au Bulletin officiel de la marine.

« Fait au palais de Saint-Cloud, le 29 août 1863. »

Signé : NAPOLÉON.

Par l'Empereur :

Le Ministre secrétaire d'État de la marine et des colonies,
Signé : Comte P. de CHASSELOUP-LAUBAT.

ARRÊTÉ

Du 17 août 1868, concernant les établissements français dans l'Inde.

Nous, Commissaire général de la marine, Gouverneur des établissements
français dans l'Inde ;

Vu le décret du 29 août 1863, portant modification, pour les établissements français de l'Inde, de divers délais en matière civile et commerciale,
promulgué dans la colonie le 7 août 1868 ;

Vu les articles 1, 2 et 3, promulguant avec des modifications nouvelles
les articles 73, 445, 486 du Code de procédure civile, qui nous confèrent
le pouvoir de régler par arrêté les délais pour les habitants des établissements français de l'Inde qui demeurent hors du chef-lieu du tribunal ;

Vu l'article 5 dudit décret, promulguant l'article 166 du Code de commerce, lequel nous confère les mêmes pouvoirs ;

Vu l'article 48 de l'ordonnance du 23 juillet 1840 ;

Sur le rapport du procureur général ;

Le conseil d'administration entendu,

Avons ARRÊTÉ et ARRÊTONS ce qui suit :

« ART. 1er. Les délais des ajournements pour les habitants des établissements français de l'Inde qui demeurent hors du chef-lieu du tribunal sont fixés ainsi qu'il suit :

« ÉTABLISSEMENT DE PONDICHÉRY. — Le délai sera de dix jours pour les personnes domiciliées dans les districts de Villenour et de Bahour.

« ÉTABLISSEMENT DE KARIKAL. — Le délai sera de dix jours pour les personnes domiciliées dans les maganoms de la Grande-Aldée, de Nedouncadou, Cotchéry, Tirnoullar.

« ART. 2. Les délais des ajournements pour les personnes domiciliées à Karikal et dans le ressort du tribunal, qui seraient assignées devant le tribunal de Pondichéry, seront de trente jours.

« Ils seront de deux mois pour celles qui sont domiciliées à Chandernagor, Mahé et Yanaon.

« Les délais seront les mêmes pour les personnes domiciliées à Pondichéry, qui seront assignées devant le tribunal de l'un des établissements secondaires.

« Les délais seront de deux mois pour les personnes domiciliées dans un établissement autre que Pondichéry, et qui seraient assignées devant le tribunal de l'un de ces établissements.

« ART. 3. Les personnes qui demeurent hors du chef-lieu du tribunal auront pour interjeter appel, outre le délai de deux mois depuis la signification du jugement, les délais de distance déterminés dans les articles 1 et 2, paragraphes 1 et 2.

« Les délais seront les mêmes dans le cas prévu à l'article 486.

« ART. 4. Il sera, en cas de protèt d'une lettre de change, ajouté aux délais ordinaires les délais fixés dans les articles 1 et 2, à l'égard des tireurs et endosseurs résidant dans la colonie hors du chef-lieu du tribunal.

« ART. 5. Le procureur général par intérim est chargé de l'exécution du présent arrêté, qui sera enregistré partout où besoin sera.

« Donné en l'hôtel du Gouvernement, à Pondichéry, le 17 août 1868. »

Signé : BONTEMPS.

Par le Gouverneur :

Le Procureur général par intérim,
Signé : LAUDE.

ARRÊTÉ

Du 22 février 1869, concernant les établissements français dans l'Inde.

Nous, Commissaire général de la marine, Gouverneur des établissements français de l'Inde;

Vu l'arrêté du 29 février dernier;

Vu la demande formée par M. le juge de paix de Karikal, en date du 21 novembre dernier, demandant l'application à cet établissement des dispositions dudit arrêté;

Considérant que les émoluments du greffier de la justice de paix de Karikal ont subi une diminution notable, par suite de la promulgation de nos arrêtés des 2 septembre 1864 et 10 janvier 1867;

Considérant que l'augmentation fixée par notre arrêté du 29 février dernier sur les droits d'expédition et de rédaction des qualités est trop élevée; que la pratique a démontré qu'elle est préjudiciable aux intérêts des justiciables et à ceux du greffier; qu'en établissant une législation uniforme pour les deux établissements de Pondichéry et de Karikal, il y a lieu de réduire les droits précédemment fixés;

Sur la proposition du procureur général;

Le conseil d'administration entendu,

Avons arrêté et arrêtons ce qui suit :

« Art. 1ᵉʳ. L'article 1ᵉʳ de l'arrêté du 29 février 1868 est modifié ainsi qu'il suit :

. . . .

« 2° Expéditions de toute nature et copies en français par rôle de vingt-« deux lignes à la page et quinze syllabes à la ligne, 2 fanons 12 caches;
« 3° Rédaction des qualités, 12 fanons 2 caches. »

« Art. 2. Le présent arrêté est applicable aux deux établissements de Pondichéry et de Karikal.

« Art. 3. Le procureur général et le chef de service de Karikal sont chargés, chacun en ce qui le concerne, de l'exécution du présent arrêté, qui sera enregistré partout où besoin sera.

« Donné en l'hôtel du Gouvernement, à Pondichéry, le 22 février 1869. »

Signé : BONTEMPS.

Par le Gouverneur :

Le Procureur général par intérim,
Signé : LAUDE.

DÉCRET

Du 9 janvier 1867, rendant applicable aux colonies la loi sur les chèques.

NAPOLÉON, par la grâce de Dieu et la volonté nationale, EMPEREUR DES FRANÇAIS, à tous présents et à venir, SALUT.

Sur la proposition de notre ministre de la marine et des colonies;
Vu le sénatus-consulte du 3 mai 1854;
Vu l'avis du comité consultatif des colonies,

AVONS DÉCRÉTÉ et DÉCRÉTONS ce qui suit :

« Art. 1er. La loi du 14 juin 1865, sur les chèques, est applicable aux colonies.

« Art. 2. Notre ministre de la marine et des colonies est chargé de l'exécution du présent décret, qui sera inséré au Bulletin des lois.

« Fait au palais des Tuileries, le 9 janvier 1867. »

Signé : NAPOLÉON.

Par l'Empereur :

Signé : P. de CHASSELOUP-LAUBAT.

LOI

Du 14 juin 1865, concernant les chèques.

NAPOLÉON, par la grâce de Dieu et la volonté nationale, EMPEREUR DES FRANÇAIS, à tous présents et à venir, SALUT.

AVONS SANCTIONNÉ et SANCTIONNONS, PROMULGUÉ et PROMULGUONS ce qui suit :

LOI.
(Extrait du procès-verbal du Corps législatif.)

LE CORPS LÉGISLATIF a adopté le projet de loi dont la teneur suit :

« ART. 1er. Le chèque est l'écrit qui, sous la forme d'un mandat de paye-ment, sert au tireur à effectuer le retrait, à son profit ou au profit d'un tiers, de tout ou partie de fonds portés au crédit de son compte chez le tiré, et disponibles.

« Il est signé par le tireur et porte la date du jour où il est tiré.

« Il ne peut être tiré qu'à vue.

« Il peut être souscrit au porteur ou au profit d'une personne dénommée.

« Il peut être souscrit à ordre et transmis même par voie d'endossement en blanc.

« ART. 2. Le chèque ne peut être tiré que sur un tiers ayant provision préalable; il est payable à présentation.

« ART. 3. Le chèque peut être tiré d'un lieu sur un autre ou sur la même place.

« ART. 4. L'émission d'un chèque, même lorsqu'il est tiré d'un lieu sur un autre, ne constitue pas, par sa nature, un acte de commerce.

« Toutefois, les dispositions du Code de commerce relatives à la garantie solidaire du tireur et des endosseurs, au profit et à l'exercice de l'action en garantie, en matière de lettres de change, sont applicables aux chèques.

« ART. 5. Le porteur d'un chèque doit en réclamer le payement dans le délai de cinq jours, y compris le jour de la date, si le chèque est tiré de la place sur laquelle il est payable, et dans le délai de huit jours, y compris le jour de la date, s'il est tiré d'un autre lieu.

« Le porteur d'un chèque qui n'en réclame pas le payement dans les délais ci-dessus perd son recours contre les endosseurs; il perd aussi son recours contre le tireur, si la provision a péri par le fait du tiré, après lesdits délais.

« ART. 6. Le tireur qui émet un chèque sans date ou qui le revêt d'une fausse date est passible d'une amende égale à 6 p. o/o de la somme pour laquelle le chèque est tiré.

« L'émission d'un chèque sans provision préalable est passible de la même amende, sans préjudice de l'application des lois pénales, s'il y a lieu.

« ART. 7. Les chèques sont exempts de tout droit de timbre pendant dix ans, à dater de la promulgation de la présente loi. »

FIN.

CORRECTIONS.

Page 217, ligne 11, *au lieu de :* du 10 mars 1808, *lisez :* du 14 mars 1808.
Page 370, ligne 1re, *au lieu de :* IV, *lisez :* V.
Page 378, ligne 1re, *au lieu de :* V, *lisez :* VI.

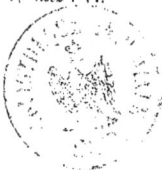

TABLE DES MATIÈRES.

I. — DROIT PUBLIC ET LÉGISLATION INDOUE.

II. — ORGANISATION JUDICIAIRE.

[1] Arrêté du 24 février 1834, qui complète les règles de compétence, p. 61.

[2] Arrêté du 31 juillet 1842, concernant le remplacement du lieutenant de juge dans les fonctions d'instruction criminelle, lorsqu'il est momentanément empêché, p. 66.

[3] Ordonnance modificative du 3 février 1846, p. 68.

[1] Décret du 14 septembre 1853, qui détermine la limite du pouvoir attribué aux gouverneurs quant à la suspension des officiers ministériels, p. 92.

[2] Décret du 14 juin 1813, portant règlement sur l'organisation et le service des huissiers, p. 95.

III. — DROIT CIVIL.

IV. — PROCÉDURE CIVILE.

MODE DE PROCÉDER POUR LES AFFAIRES INTÉRESSANT :

[1] Arrêté du 23 octobre 1854, relatif à la perception des droits par le greffier de la justice de paix. p. 342.

V. — DROIT COMMERCIAL.

VI. — INSTRUCTION CRIMINELLE.

[1] Arrêté du 3 avril 1849, qui modifie l'article 10 du tarif du 27 mai 1847, p. 459.

VII. — DROIT PÉNAL.

[1] Arrêté du 17 août 1865, relatif aux frais de route et de séjour à allouer aux magistrats déplacés pour des transports judiciaires, p. 470.

[2] Décision du 17 février 1865, concernant la régularisation des frais urgents en matière de justice, p. 473.

---

[1] Arrêté du 21 janvier 1861, qui édicte de nouvelles peines contre ceux qui tirent des balles ou du plomb contre les maisons, édifices ou clôtures d'autrui, ou dans les jardins et enclos, p. 507.

IX. — NOTARIAT ET TABELLIONAGE.

NOTARIAT.

TABELLIONAGE.

COMMISSAIRES-PRISEURS.

X. — ARRÊTÉS DIVERS RELATIFS A DES INSTITUTIONS AUXILIAIRES
DE L'ADMINISTRATION DE LA JUSTICE.

FIN DE LA TABLE DES MATIÈRES

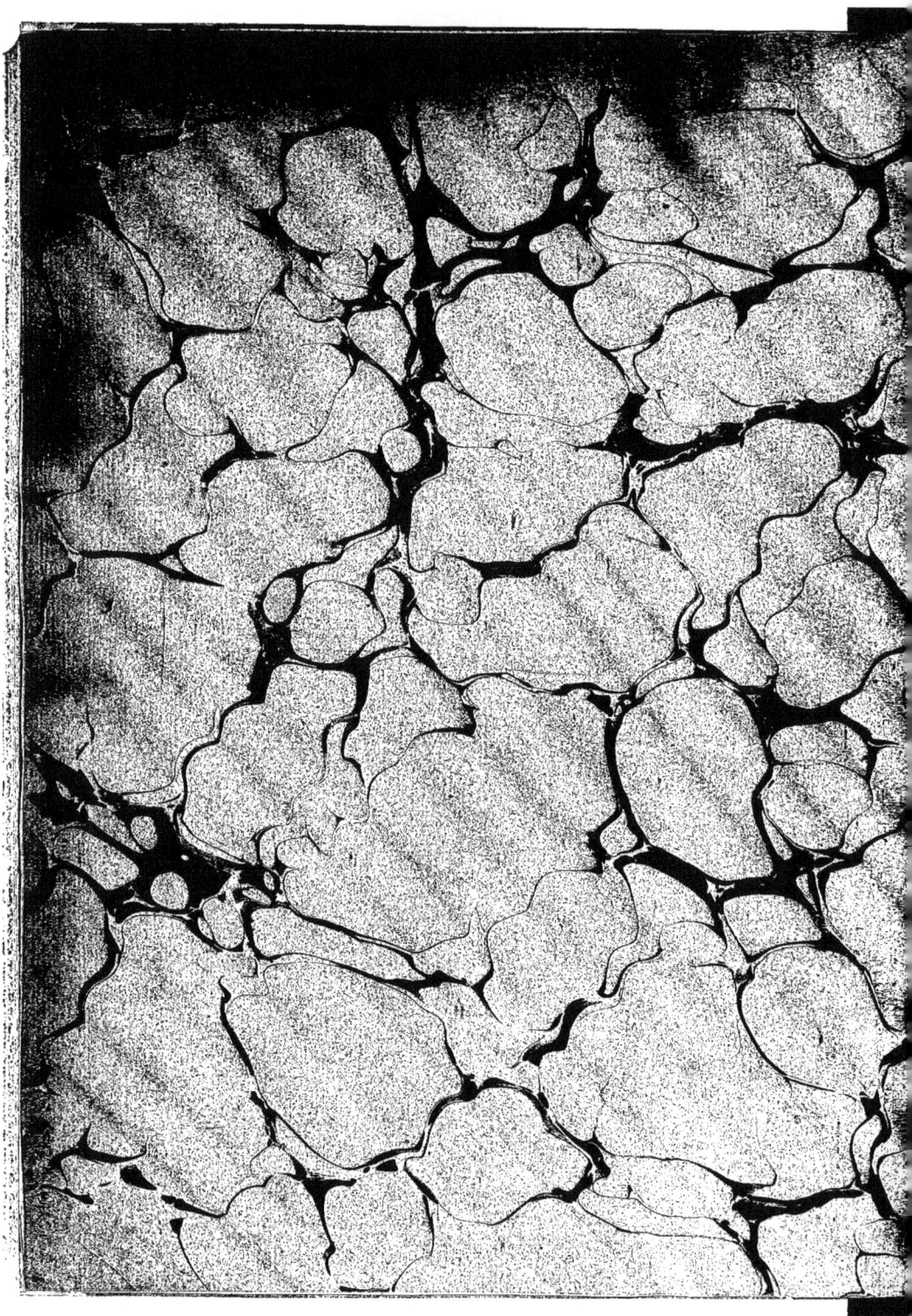

www.ingramcontent.com/pod-product-compliance
Lightning Source LLC
Chambersburg PA
CBHW031441210326
41599CB00016B/2078